图书在版编目（CIP）数据

拉丁美洲和加勒比经济发展分析与展望.2017／陈朝先等主编.—北京：中国社会科学出版社，2018.2

ISBN 978-7-5203-2217-1

Ⅰ.①拉… Ⅱ.①陈… Ⅲ.①经济分析—拉丁美洲—2017②经济展望—拉丁美洲—2017 Ⅳ.①F173

中国版本图书馆CIP数据核字(2018)第052692号

出 版 人 赵剑英
责任编辑 张 林
特约编辑 郑成花
责任校对 周晓东
责任印制 戴 宽

出 版 中国社会科学出版社
社 址 北京鼓楼西大街甲158号
邮 编 100720
网 址 http://www.csspw.cn
发 行 部 010-84083685
门 市 部 010-84029450
经 销 新华书店及其他书店

印 刷 北京明恒达印务有限公司
装 订 廊坊市广阳区广增装订厂
版 次 2018年2月第1版
印 次 2018年2月第1次印刷

开 本 710×1000 1/16
印 张 32.5
插 页 2
字 数 503千字
定 价 138.00元

序　言

陈朝先、刘学东两位教授主编的《拉丁美洲和加勒比经济发展分析与展望（2017）》一书即将出版。西南科技大学拉美研究中心主任刘捷教授嘱我为这本书写篇“序言”，深感荣幸！

这本书的问世可以说是“恰逢其时”。我们党的十九大刚刚开过。习近平同志在十九大报告中就中国关于构建人类命运共同体的主张做了全面深刻的论述。最近，他在会见巴拿马总统巴雷拉时强调指出，中国将拉美看作“一带一路”建设不可或缺的重要参与方，巴拿马可成为“21世纪海上丝绸之路”向拉美自然延伸的重要承接地。可以预期，在中国特色社会主义进入新时代的大背景下，中国与拉丁美洲和加勒比地区的关系将迎来新的发展机遇，双方经贸合作的发展将会从“一带一路”的宏伟战略中获取新的推动力。《拉丁美洲和加勒比经济发展分析与展望（2017）》一书的出版，正是为配合形势的发展而做出的一项重要学术贡献。

这本书集中分析了拉美地区当前的经济形势与经济政策。出书的目的很明确，就是为政府部门、工商企业和广大读者展示拉美经济的现实情况和发展态势，为推动中拉经贸合作提供决策咨询和学术研究方面的服务。因此，除拉美经济形势之外，中拉双方经贸合作的进展状况也是贯穿全书的重要内容。

全书由 14 个章节与附录组成。第一章主要从地区的角度，将拉美、加勒比经济自 2008 年国际金融与经济危机发生以来所经历的起伏变化整体加以介绍。其中，作者又着重论述了以下三个方面的问题：拉美各经济体之间的政治与文化差异；拉美经济形势中、短期展望；中拉经贸合作面临的机遇与风险。第三章到第十三章主要研究国别经济，作者采取了一种“全覆盖”“分主次”的写法。所谓“全覆盖”有两层意思：一是将拉美、加勒比33个经济体不论其规模大小全部涵盖；二是每个经济体所写的具体内容都包括基本国情、宏观经济政策、经济发展成就、经济形势展望、与中国的经贸合作状况等。所谓“分主次”，就是将地区的几个主要经济体各单写一章，其他次要经济体则按不同的次地区分布，几个临近国家合写一章。鉴于拉美地区大小经济体之间体量相差悬殊，这样安排符合实际需要。从这个编排可以看出，本书在内容方面力求具有全面性与系统性。第十四章“案例研究”应该说是颇有创意的。中国的企业到拉美那个遥远、陌生的市场里去闯荡，面临的困难很多，不论是成功的经验还是付了点学费的教训，实事求是地加以总结，提供给大家分享，应是一件很有意义的事。

自2008年国际金融危机爆发以来，拉美地区经济经历了比较剧烈的起伏波动。危机的第一次冲击波导致了拉美2003—2008年由大宗商品出口繁荣带动的高增长期的结束，2009年全地区出现-1.7%的衰退。由于多数拉美国家当时财政状况较好，外汇储备比较充裕，普遍采取了增加投资的“反周期”刺激政策，全地区2010—2013年依旧保持了3%左右的增长水平。2013年之后，拉美地区经济再度转入衰退，2014—2016年地区人均GDP连续三年负增长（-0.2%、-1.6%、-2.2%）。《拉丁美洲和加勒比经济发展分析与展望（2017）》一书的作者分析指出，拉美地区经济2017年会出现触底回升，但鉴于大部分拉美国家对大宗商品输出依赖程度高，而目前国际市场上这类商品仍处于价格低迷期，估计2—3年之内，拉美地区经济只能处于较低增长状态。这是一个重要的判断。作者认为，在这个背景下，中拉双方的合作将主要集中在大宗商品贸易、原材料加工、基础设施建设以及部分拉美国家的发展融资方面。

人们普遍关心的拉美国家产业结构调整问题，在2013年之前，拉美一些主要经济体都提出过产业结构调整计划，但基本上都没来得及付诸实施。到2013年之后，随着经济形势的逆转，产业结构调整显然没有被提上主要议事日程。不过，《拉丁美洲和加勒比经济发展分析与展望（2017）》一书的作者还是在国别经济部分介绍了各国的产业政策，包括当前的重点产业及结构调整的某些动向。

作者在这本书的写作中贯穿着一个重要的指导思想，就是强调要重视拉美、加勒比各国之间的差异性。这一思想在当前的拉美研究中尤其具有现实意义。拉美地区各国在历史、文化、人种、语言、政治与经济制度等方面存在较多的共性，但我们不能由此而忽略它们之间的差异性。这种差异性不仅是客观存在，而且还随着时间的推移和各国发展不平衡性的积累而不断地扩大。举个作者在书中描述的最新例子，20 世纪 70 年代时，人们普遍认为，阿根廷、巴西、墨西哥三国都属于拉美的新兴工业国，三国的工业，特别是制造业在国民经济中所占比重是不相上下的。短短几十年之后，如今，制造业在墨西哥经济总量，尤其是在进出口贸易中所占的比重，要明显地高于阿根廷、巴西两国。这种变化与墨西哥加入北美自由贸易区，而阿根廷、巴西两国固守于南方共同市场有着直接的关系。随着中国和拉美国家关系的发展，尤其是经贸合作的深化，我们的研究工作应该更好地反映出拉美各国自身的特点与变化，才能满足社会各方面的需求。

西南科技大学拉美研究中心是近年来国内新建立的众多拉美研究机构之一。一个规模不大的研究中心，经过短短几年的努力，就有能力推出一份专业性很强的拉美、加勒比经济形势分析与展望的专题报告，我作为国内同行，对此表示由衷的钦佩！这至少说明：其一，研究中心的领导是有作为、有担当的。要推出这样一本专题研究报告，不论人力物力还是专业水平方面的压力都不小，但他们敢于迎难而上，而且早在两三年前就开始为这个项目进行规划与筹备；其二，中心在培养研究队伍方面着实花了力气，可能采取了一种在经济研究领域重点突破的方针；其三，中心在开辟信息渠道和积累资料方面所做的工作也是卓有成效的。

对于西南科技大学拉美研究中心而言，《拉丁美洲和加勒比经济发展分析与展望（2017）》的出版，就意味着为落实这项长期性的重大科研计划迈出了关键性的一步，值得庆贺！我希望中心的同行们继续努力，把这项研究不断推向更高的水平，打造成中心的一项标志性成果。

苏振兴

2017 年 12 月于北京

目　　录

第一章

2017年拉美地区经济发展展望与中拉合作走向

刘学东[①]

摘要： 2017年，尽管仍处于较低的发展水平，拉美与加勒比地区经济在经历了连续两年的萎缩之后，终于开始走出衰退。根据国际货币基金组织和拉丁美洲和加勒比经济委员会2017年12月最新经济预测，此地区经济预期可达到1.3%的增长速度。在分地区上，加勒比地区的经济增长速度预期为0.1%。南美地区为0.8%，中北美地区则可达到2.5%。中拉合作潜力巨大，双边应具有全局视野，找准双方经济合作的契合点，最大限度地促进双边合作。中国与拉美各经济体之间的合作不能遵循一个固定的模式，更不能使用同一指标衡量中国与拉美各国之间的合作状况。

关键词： 经济发展；中拉合作；拉美与加勒比地区；经济结构

2016年以来，尽管国际市场大宗商品的价格开始低位反弹，但却一直在低水平徘徊，起色不大。因此，经济发展主要依赖大宗商品、原材料和石油出口的拉美地区在未来较长时间内，经济形势很难有较大改善，将依然呈低速发展状态。与此同时，国际金融市场的持续波动以及

① 刘学东，现为墨西哥国立自治大学阿拉贡校区研究生院终身教授，西南科技大学拉美研究中心特聘教授，博士生导师。主要研究方向：土地制度变更与城市建设、汇率制度与货币政策对经济发展的影响等。

主要经济大国贸易保护主义政策的实施，会使已然非常脆弱的经济复苏变得更加困难。在此期间，不少拉美主要经济体发生的执政党更替，使其执政理念出现了较大的转变，故在短期内对经济的正常发展会带来一些负面影响。因此，我们有必要对拉美地区经济发展现状与趋势进行分析，以便对中拉之间的多边与双边合作前景有较为客观的、清晰的认识。

一 拉美地区各经济体之间的语言和风俗习惯以及政治差异

从整体上看，拉美地区大多数国家语言相近，并且在历史上都经历了相当长的殖民时期，各自独立之后实行的经济政策也几乎相近。20 世纪 40—70 年代，在拉美和加勒比经济委员会（Comisión Económica para América Latina y el Caribe，CEPALAC，当时为拉丁美洲经济委员会，即ComisiónEconómica para América Latina，CEPAL）倡导的“进口替代”经济发展战略指导下，拉美国家都或多或少在工业化进程中取得了一定成就。因此，一个根据语言定义的非严格意义上的地域概念，逐渐展现在世人的视野中。实际上，拉美几乎涵盖了除美国和加拿大以外的整个美洲大陆以及加勒比地区大部分经济体。目前的拉美地区，不仅语言上已经超出了拉丁语范围，在经济发展和政治格局等各个方面，也都呈现出巨大的差异。

（一）语言和风俗习惯的差异

严格地说，拉美地区是指那些以拉丁语系（西班牙语、葡萄牙语和法语）作为其政府用语的国家。1948 年，这些国家组建了拉丁美洲经济委员会（CEPAL）。该组织最初的 20 个成员国包括南美地区 10 国，中北美洲地区 7 国，加勒比地区 3 国。其中，巴西官方用语为葡萄牙语，海地属于法语国家，其他 18 个经济体使用西班牙语。1984 年，拉丁美洲经济委员会决定接收加勒比 13 国作为成员国，并将机构名称改为现在的称谓：拉美和加勒比经济委员会（Economic Commission for Latin America and Caribbean，英文简称 ECLAC，西班文简称 CEPAL）。由于这些国家基本上都将英语作为其官方用语（苏里南为荷兰语国家），由此可见加勒比 13 国并不是传统意义上的拉美国家。另外，拉美和加勒比经济委员会（以下简称“拉美经委会”）也没有包含所有加勒比岛国或地区，比如英属维尔京群岛和美属维尔京群岛以及波多黎各等。

鉴于语言文化以及社会发展历程的不同，各个国家在风俗习惯上也存在较大差异。比如，处于南美地区的阿根廷、智利、巴拉圭和乌拉圭等国，由于其人口基本属于非西班牙后裔，故大多数居民基本延续了欧洲国家但又迥异于其当初宗主国的生活习俗。而同属南美国家的巴西、玻利维亚和秘鲁等国的人口，则以当地印第安人或者与其他民族的混血后代为主。特别是在地广人稀以大农场经营为主的巴西，由于在葡萄牙殖民时期输入了大量非洲劳工，便成了拉美地区人口最多，同时地域面积、经济总量最大的国家，形成了独特的文化、社会与传统。而玻利维亚和秘鲁，则在很大程度上继承了印加文化的传统。

同样，中北美地区国家之间也存在很大差别。不仅如此，即使在同一国家的不同地区，文化习俗也存在差异。比如墨西哥：尤卡坦半岛以及与危地马拉接壤的南部各州，玛雅文化的影响非常明显；在瓦哈卡和维拉克鲁兹州南部地区，由于在殖民时期输入了大量非洲劳工，故当地居民的生活习俗与巴西人有相似之处；围绕墨西哥城的中部各州，居民的日常生活处处被打上阿兹特克文明的烙印。而如果来到北部地区，又会让人感觉来到了美国的中西部，甚至当地的农业生产方式，尤其是玉米的产量，也基本达到了美国的现代化水平。不仅如此，这个拥有 50 多个民族的北美国家的独特之处，还在于其自身极强的包容性，对身份的认同也一直处于变化之中。例如，根据墨西哥社会学家阿图罗·瓦曼（Arturo Warman，2003）的研究，“印第安人”这一概念就曾发生过很大的变化：1910 年革命时期，参加战争的大量农民属于多民族的混血后代，当时被认为是土著印第安人（Indio），而随着时间的推移，这一概念已经发生演变，他们不再被称作“印第安人”，而是成了真正的墨西哥人的代表（Mestizo）。因此，如果采用 1910 年革命时期的观念，可以说土著印第安人是当时革命的骨干力量。而如果用现在的认识来区分，参加 1910 年革命的土著印第安人便是寥寥无几了。

位于加勒比地区的 13 个岛国，不仅在语言上与拉美国家不同，且土著居民在经历了西班牙、英国、法国和荷兰等国的殖民统治之后，亦所剩无几。目前，这里的居民基本上以当时输入的非洲奴隶劳工与其他民族结合的后裔为主。

（二）拉美地区的政治差异

拉美国家脱离殖民统治走上独立道路之后，纷纷建立了总统代议制政体，但其民主发展过程并非一帆风顺，且各个国家的情况也不尽相同。20 世纪以来，军事政变以及由此成立的军人政府，不时打断许多国家的经济社会正常发展进程，有的国家尽管政局相对稳定，却在很长时期内无法实现执政党的轮换，出现了一党或者一人长期执政的情况。

1. 军事政变与军人政府

20 世纪以来，拉美不少国家特别是南共体国家（比如阿根廷、智利、巴西、乌拉圭和巴拉圭等国），都经历过相当长的军政府统治时期。这不仅使这些国家正常的经济发展受到影响，也使其民主化进程受到冲击。其中，智利在 1973 年爆发了由皮诺切特（Augusto Pinochet）领导的军事政变，推翻了当时民选的阿连德（Salvador Allende）左派政府，开始了长达 27 年之久的军人统治。

1930—1983 年，阿根廷数次经由军事政变而处于军政府的统治之下。1930 年的世界经济大萧条给阿根廷经济带来极大冲击。由于其经济高度依赖对外贸易，世界经济与贸易的萧条导致其财政收入大幅下降，经济发展速度大不如前，失业率直线上升，民怨沸腾。在这种情况下，军人出身的乌里武鲁（José Félix Benito Uriburu）发动政变，取代了当时宪政总统伊波利托·伊里戈延（Hipólito Yrigoren），由此开始了阿根廷长达 50 多年断断续续的军人执政时期。这一时期的最后一次军事政变发生于 1976 年，通过利用国家重组运动（Proceso de Reorganización Nacional），由魏地拉（Jorge Rafael Videla）等 3 人组成的军事委员会推翻了伊莎贝尔·贝隆政府（María Estela Martínezde Perón），由此开始了又一次军政府统治。1982 年，随着马岛战争的战败，军政府权威扫地，军政府统治在 1983 年宣告结束。

在巴西，军人政府始于 1964 年。当时巴西经济陷入高通胀，时任总统若昂·古拉特（João Goulart）与以右翼势力为主的反对派之间的矛盾不断升级。总统签署的炼油厂和土地国有化命令，以及正在酝酿中的巴西新宪法成为军事政变的导火索。以大资本家、大庄园主、知识精英为主的保守派开始组织“与上帝结伴争取自由的家庭游行”（Marcha de la Familia con Dios por la Libertad）。在部分军人的支持下，卡斯特洛·布朗库（Humbertode AlencarCastelo Branco）取代古拉特行使总统职权，由此开始了巴西军政权时代。1985 年，在军事政变后第一次进行的、只有非军人候选人参加的大选中，坦克雷多·内维斯（TancredoNeves）获胜，巴西重回宪政轨道。①

2. 政局相对稳定的国家

墨西哥，可以作为此类国家的代表。1910 年反独裁革命战争后，由于军事力量干政以及其他一些国内外因素的影响，墨西哥政局在 20 多年里一直处于动荡之中。在 1934 年之前，由于军人或者军人背景因素干扰之下，没有一届总统能够顺利完成六年任期。卡德纳斯（Lázaro Cárdenas）上台之后，通过成立全国性的工人和农民组织，依靠工人和农民的力量改变了军队干政局面，从而减少了政局波动对经济社会发展的负面影响。但墨西哥的民主进程并未完全走向正轨，很长时间内处于一党执政状态，革命制度党（Partido Revolucionario Institucional，PRI）自 1928 年成立以来（当时称为国家革命党，即 Partido Nacional Revolucionario，PNR）连续执政 72 年之久，一直到 2000 年才实现了执政党的轮替。除此之外，古巴不仅成功取得了左派革命的胜利，并且一直将其政治体制延续至今。

（三）21 世纪拉美国家政治发展趋势

进入 21 世纪以来，拉美国家的政治生活更加丰富多彩：一方面，大多数国家基本脱离了军人干政状态，民选政府逐渐成为主流，选举已经成为人们政治生活中的一个重要内容；另一方面，还有不少国家朝着逆民主化方向发展，选举流于形式，甚至出现了个人执政地位固化的现象。

20 世纪 80 年代，作为拉美经济问题的一个解决方案，新自由主义政策曾大行其道，但其实施效果却并不理想，拉美地区经济发展速度并没有达到人们期望的水平，民众生活甚至受到很大影响，许多国家甚至出现了下降，贫富差距也一度有所扩大。不少拉美国家在对新自由主义政策进行反思的基础上，做出了许多调整：无论左派还是右派政府，都增

① 需要指出的是，巴西军人政府的成功在很大程度上与美国支持有关。在当时的情况下，巴西右派非常担心巴西当时执政政府过于向左的方向发展，从而会如同古巴一样，走进苏联和中国的阵营，而美国政府对此持同样的态度，并且准备一旦政变失败，将会为发动政变的军人提供海军舰队支援。

加了民生方面的支出；实行了许多改善医疗卫生、教育、住房条件和增加就业机会的措施；通过再分配过程加大对弱势群体的保护。政府的社会职能因此逐步得到了强化。

与此同时，有的国家在这方面走得较远，不少带有民粹主义思想的政客（大多数情况下属于传统上的左派势力），利用民众对现行政策和经济形势的不满情绪赢得了选举，上台后加大在民生方面的开支，通过充分发挥政府对收入分配的调节作用，使弱势群体在很大程度上获益。但是由于力度过大，这样做带来的后果也显而易见。政府开支增加过快，很大程度上超过了其财政支付能力，导致财政赤字不断增加，影响了经济发展的可持续性，从长远来看反而不利于人们生活的改善。

拉美国家经济结构较为单一，抵御外部风险能力差，在世界经济繁荣，能源、原材料等大宗商品价格居高不下时，执政者还可以勉强实现其民生目标。但是，每当世界经济不振、大宗商品价格走低时，拉美国家的经济运转就会受到严重冲击，往往出现经济增速减缓甚至负增长、失业率上升、财政赤字扩大、债务增加、通胀高企、本币贬值等连锁效应。经济下行背景下，政府开支远远超出其承受能力是许多拉美国家执政党轮替的直接原因。而更加深层次的原因则是拉美各国的经济结构问题：过度依赖单一能源、原材料出口的经济模式，导致了拉美国家经济（乃至政治）的脆弱性。①

此外，部分拉美国家在其政治发展进程中遇到了另外一个问题，即带有左派色彩的政党通过民主选举途径获得执政地位后，往往利用修改宪法的方式将其执政地位长期化、固定化，从而使民主进程受阻。委内瑞拉、玻利维亚和尼加拉瓜，目前都出现了这种情况。

1. 美洲玻利瓦尔联盟—美洲自由贸易区建设

进入21世纪以来，在拉美政治中除了政府通过增加民生开支赢取支持率的情况外，还出现了两个政治阵营对垒的局面：一方为由古巴和委

---

① 国内许多学者通过这种分析，认为过度的民生承诺加大了政府开支，以此来解释拉美国家为何长期陷入中等收入陷阱，具有一定的说服力。但是需要指出的是，过度的民生承诺并不能完全解释拉美国家的中等收入陷阱，其深层原因则是拉美国家的经济结构过于脆弱，尤其是出口产品过于单一。另外，这种解释只能解释部分拉美国家长期陷入中等收入陷阱，并不能解释所有拉美国家的情况，当然也无法解释2000年之前的形势。

内瑞拉发起的美洲玻利瓦尔联盟，另一方为美国倡导的美洲自由贸易区。

美洲玻利瓦尔联盟（Alianza Bolivariana para América，ALBA）是一个非官方称谓，其正式名称是“我们美洲人的玻利瓦尔联盟—人民贸易协定”（La Alianza Bolivariana para los Pueblos de Nuestra América-Tratado de Comercio de los Pueblos，ALBA-TCP），它是一个成立于2004年的区域性国际组织，由古巴和委内瑞拉发起、部分拉美和加勒比国家组成。该组织试图以左派执政理念为基础，增加各成员国之间在政治、社会和经济方面的互助与合作，战胜贫困和社会分隔，并与美洲自由贸易区抗衡。目前，美洲玻利瓦尔联盟共有12个成员国，除发起国古巴和委内瑞拉外，后来又分别吸收了安提瓜和巴布达、玻利维亚、多米尼克、厄瓜多尔、格拉纳达、尼加拉瓜、圣基茨和尼维斯、圣露西亚、圣文森特和格林纳丁斯、苏里南10个国家。

2010年4月，在委内瑞拉举行的第九次美洲玻利瓦尔联盟首脑会议中，成员国共同签署了“巩固新独立的加拉加斯声明”，其主题是寻求战胜外国干涉、不屈服于帝国主义指令，并建立一个社会主义的经济基础。时任委内瑞拉总统乌戈·查韦斯（Hugo Chávez）表示，玻利瓦尔联盟的目的是“通过革命途径和社会主义旗帜实现独立，因此该联盟代表着自由、革命与社会主义”。

美洲自由贸易区（El Área de Libre Comercio de las Américas，ALCA）是北美自由贸易区（美国、加拿大和墨西哥）的扩大版，包含34个成员国（拉美和加勒比地区有32个成员国，加上加拿大和美国，共34个成员，不包括古巴）。其目的是通过逐步降低各国之间的贸易关税和投资障碍，建立一个包含有8亿人口和21万亿美元经济总量的美洲大陆贸易自由区。对该贸易自由区持积极态度者认为，通过降低关税，可以进一步改善各成员国之间的贸易关系，提升各经济体的专业化生产水平，增强区域整体竞争力，加强基础设施投资，改善人民的生活质量。然而，该协定自始至终都受到了来自多方的指责，比如巴西前总统卢拉和阿根廷前总统基什内尔曾分别强调，他们并不反对自由贸易，但实现真正的自由贸易需要各参与国协调行动，使美国最终取消对农产品的补贴政策，并保证市场准入。围绕美洲自由贸易区最激烈的争论，集中在知识产权和专利问题上。如果按美洲自由贸易区的规定，拉美地区的科技发展将更加困难，对发达国家的依赖度会越来越大。

由于上述分歧，在2005年于阿根廷马德普拉塔（Mar de Plata）举行的第四次美洲峰会上，各参与国无法形成统一意见，由此导致在最后的声明中出现了两种截然相反的提法：一种观点由巴拿马提出并得到美国的支持，强调重新开启美洲自由贸易区建设的重要性；另一种观点由南美国家共同体和委内瑞拉共同提出，认为面对美洲各个经济体之间事实上存在的不平衡关系，将无法实施美洲自由贸易区计划。由于各个参与国无法达成共识，所以把重启自贸区建设的主张写入了会议的最后文件。鉴于此，会议结束时，时任美国总统布什对阿根廷总统、该次峰会主持人基什内尔表示了无奈："对这里发生的一切，我感到惊奇，与预期相差太远。"此后，美洲自由贸易区建设进入危机期，基本上被宣布了死刑。

自2014年以来，随着国际原油价格的大幅下滑，委内瑞拉也渐渐陷入了经济危机之中，经济危机和政治危机正在考验着现任政府。因此，不管是美洲自由贸易区计划，还是美洲玻利瓦尔联盟，都基本处于瘫痪之中。

2. 拉美国家政治局面未来走向展望

通过分析可以发现，无论在军事政变频繁发生的20世纪，还是在政府不断加大民生开支和两大阵营对垒的21世纪，拉美各国的政治都表现出了较大差异，左右两大执政理念同时存在，并且难分优劣。目前，受到国际市场原材料和大宗商品价格下滑、中国经济发展速度放缓以及美国联邦储蓄委员会提高利率及其货币政策回归正常化等因素的影响，拉美大多数国家出现了对外贸易下滑、货币贬值压力增加和通胀持续高企的不利局面，很大程度上加大了现任政府的执政困难。在那些由左派执政的国家，因在扩大民生开支方面走得较远，所以经济危机表现得更为突出，面临空前的执政困难。有的国家，比如阿根廷进行了执政党的轮替，有的则出现了政治经济局势混乱，比如委内瑞拉。而巴西从表面上看是由于总统失职被弹劾，实际上很大程度是经济衰退、人民生活水平下降等因素导致政府失去民意所致。

相比之下，墨西哥的情况有些特殊。除受到上述不利因素的影响之外，美国政党轮替以及特朗普的意外上台，使墨西哥经济政治形势雪上加霜。因此，如何面对国内外各种困境，使不利因素转为有利因素，是墨西哥现任政府面临的巨大挑战。

然而，尽管在拉美国家同时存在左右两种不同的执政理念，但其经济与社会政策却表现出巨大的相似性，即都支持自由贸易并且都在努力加大民生开支。因此，在较长时期内，拉美国家虽然可能会发生执政党轮替，而实施已久的基本经济与社会政策，却很难会有较大范围的调整。

二　拉美国家经济发展现状及展望

对拉美地区经济形势的判断和经济发展的展望，这里可通过以下三个角度进行观察：第一是当前各国的经济发展水平比较；第二是各经济体产业结构现状，尤其是对外贸易的特点；第三是该地区 21 世纪以来年均经济发展速度分析。无论从哪个角度分析，拉美及加勒比地区各国之间都表现出较大差别，每个经济体各有自己的鲜明特点，并且从长期来看，这种差别将会继续存续下去。

（一）拉美各国经济发展现状

经济发展水平的差异不仅体现在不同国家之间，在同一个国家内部的不同地区之间也同样具有差异性。比如，根据拉美和加勒比经济委员会 2016 年的数据统计，按现行价格计算，传统拉美 20 国经济总量在全部 33 个经济体中占主导地位，为 98.6%，而 13 个加勒比岛国仅占 1.4%。如果从国别来看，巴西国内生产总值达 1.796 万亿美元，位居拉美第一，占全地区总额的 39.1%；墨西哥以 1.05 万亿美元位居第二，占全地区总额的 22.8%；阿根廷处于第三位，其国内产值为 33 国总和的 11.9%。换句话说，拉美和加勒比地区经济总量约 73.7% 来自巴西、墨西哥和阿根廷 3 个国家。如果考虑到第四、第五位置的哥伦比亚和智利，居于前五位国家的经济总量占到该地区国内生产总值的 85% 以上。①

不仅在经济总量上各个国家相差较大，从人均国内生产总值来看，也具有一定差异。2015 年，33 个国家的人均国内生产总值为 9886.3 美元，加勒比国家的数据稍高，为 9909.0 美元，传统拉美国家稍低，为

---

① 需要指出的是，在拉美经济委员会的报告中，没有委内瑞拉和秘鲁两个经济体的数据。因此，这里的拉美地区经济总量中，不包含这两个国家的数据。Naciones Unidas，Cepal（2017），“EstudioEconómico de América Latina y el Caribe，La dinámica del cicloeconómico actualy los desafíos de política para dinamizarla inversión y el crecimiento”.

9886.1 美元（见图 1—1）。

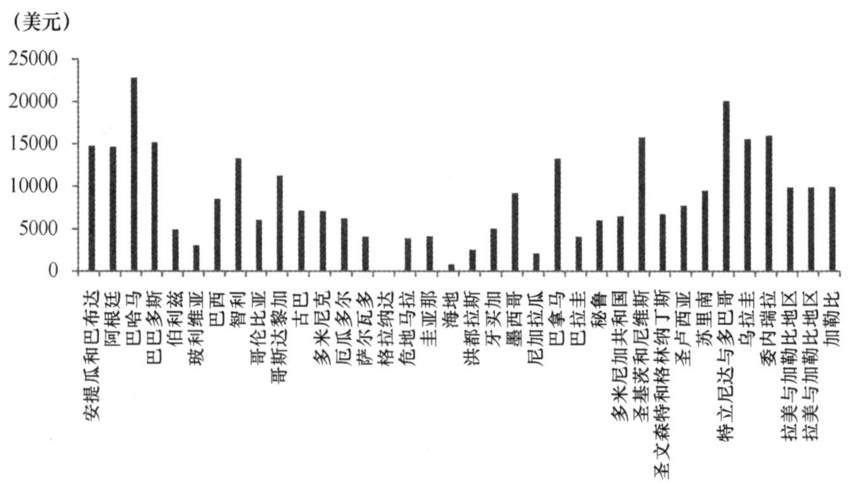

图 1—1　2015 年拉美和加勒比国家人均国内生产总值

（按当时价格计算的美元数值）

资料来源：笔者根据拉美和加勒比经济委员会提供的数据整理，其中委内瑞拉数据是 2014 年。

从图 1—1 可以看出，2015 年人均国内生产总值超过 1 万美元的国家有 11 个，接近拉美和加勒比国家数量的 1/2，其中巴哈马最高，为 22817.2 美元。同时，特立尼达和多巴哥也超过 2 万美元，位居第二。其他人均国内生产总值超过 1 万美元的国家分别为安提瓜和巴布达、阿根廷、巴巴多斯、智利、哥斯达黎加、巴拿马、圣基茨和尼维斯、乌拉圭和委内瑞拉（2014 年数据）。

人均国内生产总值在 5000—10000 美元的国家共 12 个，分别为巴西、哥伦比亚、古巴、多米尼克、厄瓜多尔、格林纳达、墨西哥、秘鲁、多米尼加共和国、圣文森特和格林纳丁斯、圣卢西亚和苏里南。

人均国内生产总值低于 5000 美元的经济体共有 10 个，它们是伯利兹、玻利维亚、萨尔瓦多、危地马拉、圭亚那、海地、洪都拉斯、牙买加、尼加拉瓜和巴拉圭，其中海地最低，仅有 790.8 美元。

（二）拉美各国经济结构概况

除经济发展水平的差异外，各国的经济结构也完全不同。整体来看，拉美和加勒比地区的工业化水平较低。由于长期被殖民的历史，工业尤其是制造业无法得到正常发展，所以第三产业在国内生产总值中一直占比较大，通常在 60% 以上。第二产业尽管在 20 世纪 40—70 年代实施“进口替代”战略期间获得了较快发展，墨西哥、巴西、智利和阿根廷等国家的工业化进程更是突飞猛进，但在重要性上却一直无法与第三产业相提并论。这种经济结构和产业结构导致初级产品和原材料出口始终在拉美国家对外贸易中占主导地位，而工业品特别是生活必需品则一直依赖进口。具体到各个国家，这种情况又存在一定差别。

首先，由于得天独厚的地理与气候优势，旅游业成为加勒比大部分经济体的支柱产业，这一点在其经济结构上表现得非常明显。除了几个矿产资源较为丰富的国家，比如特立尼达和多巴哥、牙买加等，由采矿业带动的第一产业在经济结构中占据重要地位之外，其余大多数国家的第三产业在国民经济中都占据了绝对优势，通常在 80% 以上，其特点是以旅游业为支柱，带动其他服务业的发展。①

其次，大多数中北美洲和南美国家的经济结构则呈现出另外一种特点，包括农业和采矿业在内的第一产业在经济发展中起着重要作用，其

---

① 首先，国际货币基金组织完全按照地域划分标准，将拉美和加勒比地区与美国、加拿大和波多黎各共 35 个经济体，合称为西半球。其中拉美国家为 20 个，加勒比地区 12 个，共 32 个国家组成拉美和加勒比地区。而拉丁美洲和加勒比地区经济委员会既使用了地域标准，同时又照顾了文化因素，共包含有 33 个国家（古巴不属于国际货币基金组织成员国，但属于拉美和加勒比经委会成员）。因此，在加勒比地区和拉美国家的具体组成上，与国际货币基金组织存在一定的差异。并且在分地区的国家组成中，也不一致。其次，在具体地域分布上，按照国际货币基金组织的划分，墨西哥属于北美国家；南美包括阿根廷、玻利维亚、巴西、智利、哥伦比亚、厄瓜多尔、圭亚那、巴拉圭、秘鲁、苏里南、乌拉圭和委内瑞拉 12 个国家；中美洲则由伯利兹、哥斯达黎加、萨尔瓦多、危地马拉、洪都拉斯、尼加拉瓜和巴拿马 7 个国家组成；最后，安提瓜和巴布达、巴哈马、巴巴多斯、多米尼克、多米尼加共和国、格林纳达、海地、牙买加、圣基茨和尼维斯、圣卢西亚、圣文森特和格林纳丁斯、特立尼达和多巴哥 12 个国家，属于加勒比地区经济体。拉丁美洲和加勒比地区经济委员会的分地区标准，则与上述表现出了许多不同之处。其中，不存在北美地区，取而代之的是，墨西哥与哥斯达黎加、古巴、萨尔瓦多、危地马拉、海地、洪都拉斯、尼加拉瓜、巴拿马和多米尼加共和国共同组成中美洲和墨西哥 10 国，而国际货币基金组织中美洲地区的伯利兹，并没有在此出现。另外，南美地区则并不包含圭亚那和苏里南，只有 10 个国家。最后，属于加勒比地区的经济体，则变成了 13 个。最后，国际货币基金组织根据加勒比国家的具体经济特点，又将伯利兹、圭亚那、苏里南与特立尼达和多巴哥 4 个国家，定义为原材料出口依赖经济体；安提瓜和巴布达、巴哈马、巴巴多斯、多米尼克、格林纳达、牙买加、圣基茨和尼维斯、圣卢西亚、圣文森特和格林纳丁斯，合称为旅游依赖国。

出口也基本以第一产业产品为主。这些经济体中，有的依靠地广人稀的优势，在农业方面发展较快，出口基本以农产品为主，比如中美洲的危地马拉、洪都拉斯、萨尔瓦多和尼加拉瓜，南美的哥伦比亚、玻利维亚、巴拉圭等；有的利用其丰富的矿产资源作为经济发展的支柱，比如委内瑞拉；还有的在两方面都具备优势，比如巴西、阿根廷、智利和秘鲁（见表1—1）。

目前，秘鲁有7类产品在世界贸易中占据首位，分别为鱼粉、鱼油、芦笋、藜麦、漆、西米面粉与古柯叶；处于第二位的产品有16种，主要是铁铜铅锌以及其他矿产资源。根据2015年数据，铜矿石、制成铜、鱼粉、铁矿石4类产品的出口额共占秘鲁出口总额的31.2%，秘鲁上述4类产品的对华出口额分别占秘鲁该类产品出口总额的55.3%、52.9%、74.4%和94.1%。阿根廷和巴西的玉米生产与出口都排在世界前列，其中巴西玉米年产量仅次于美国与中国，居第三位，阿根廷则排名第六。由于巴西、阿根廷两国国内需求较小，大部分玉米销往国际市场，所以玉米出口分别处于世界第二和第四的位置。此外，这两个国家都具有丰富的石油资源，巴西的铁矿石储量也较大。

表1—1　2016年拉美主要国家三大产业在国内生产总值中占比[1]　单位:%

	阿根廷	巴西	智利	哥伦比亚	墨西哥	秘鲁[2]
第一产业	9.7	5.6	12.0	11.9	7.4	17.1
第二产业	19.1	17.5	20.5	24.4	26.9	23.4
加工业	13.8	10.1	11.0	11.5	17.9	14.8
第三产业	71.2	76.9	67.5	63.6	65.7	59.5

注：1. 数据都是以各国本币现行价格计算得出。

2. 秘鲁的数据为2013年。

资料来源：笔者根据拉丁美洲和加勒比地区经济委员会数据整理。

与拉美多数国家的工业化水平、经济结构、出口产品结构相比，墨西哥体现出了不同的特点。

墨西哥工业化水平较高，但自20世纪80年代以来，由于其对外开放步伐较快，来自外部产品的竞争使其工业化进程一度受到较大冲击，甚至出现倒退。当时，随着外债危机的加深以及其后果的扩延，尤其是新自由主义经济政策的实施，墨西哥对外开放程度不断加大，从贸易自由逐步发展到金融自由，直到最后的全面开放。对外开放程度的加大带来了两方面的效应：一方面，自由市场机制淘汰了大量低效产业，尤其是那些在“进口替代”政策实施期间受到关税和非关税壁垒大力保护的制造业；另一方面，造成了部分产业的生存危机，不少有潜力的企业在全面开放政策和进口产品的冲击下不得不关门歇业，大量此类企业陷于倒闭浪潮之中。为降低外来商品（当时主要是中国产品）大量进入墨西哥市场对本国工业带来的冲击，1993年4月，墨西哥宣布对中国十大类别的4000多种产品进行反倾销调查，同时开征高额临时反倾销税，涉及商品约占中国对墨出口额的3/4，特别是鞋类和服装类，其最高税额达1000%以上。①

与此同时，1994年由美国、加拿大和墨西哥共同签署的北美自由贸易协定正式实施。北美自由贸易区成立后，一直到中国加入世界贸易组织（WTO）之前，在国际市场尤其是美国市场上，墨西哥产品的竞争环境相对宽松，北美自贸协定在促进墨西哥对美出口方面效果明显，最初的6—7年墨西哥对美出口每年都以两位数的速度增长。2002年之前，美国进口市场上墨西哥产品一直紧跟在加拿大产品之后，占据第二位，且两国间的差距也在不断缩小。随着中国的崛起，特别是中国正式成为WTO成员国之后，墨西哥产品与中国产品在国际市场上的竞争逐渐白热化，墨西哥产品很快处于劣势。2003年，即中国加入WTO后的第二年，中国便取代墨西哥，占据了美国市场第二大供应商的位置。

面对来自中国的激烈竞争，墨西哥并没有放弃努力，经过一段时间

---

① 需要指出的是，征收反倾销税或者制定进口产品参考价格机制，有其积极的一面，国内相关产业可以得到一定程度的保护，也同时会保护当地的就业机会。但是，如果长期实行这种做法，就会使当地工业生产效率一直得不到提高，从长远来看，则造成消费者利益的损害以及社会福利水平的降低。墨西哥经济竞争委员会最近的一份研究指出，墨西哥的制衣和制鞋产业一直依赖关税的保护而得不到生产效率的提高，国内市场供应也长期依赖进口作为补充。而有趣的是，这两个行业的进口产品，并不来自同墨西哥签有自贸协定的国家，而是来自那些保持正常贸易关系的经济体，在产品进入墨西哥市场之前，必须按照规定按照进口参考价缴纳25%的关税。其结果是，当地消费者为此付出了巨大的经济代价。

调整后逐渐走出了对美贸易的低谷。2009 年以来，墨西哥对美贸易逐渐恢复了北美自贸区成立之初的活力。2015 年，墨西哥对美出口额超过加拿大，重新占据美国进口市场第二大供应商的位置。

可以看出，自北美自贸协定实施以来，墨西哥对美国市场的依赖从未发生过变化，其出口产品总额的 80% 以上一直以美国市场为导向。而在同期，美国对墨出口占墨西哥进口市场的比重却在逐渐减小。1994—2000 年，美国对墨出口在墨西哥进口市场中的份额持续增长，并保持在 70% 以上的高水平；2001 年以来这一比重逐渐降低，2015 年已降至 47.26%。同一时期，墨西哥与中国的双边贸易则形成了进出口双双增长的局面：2003 年，中国正式取代日本成为墨西哥的第二大贸易伙伴；2015 年，中国在墨西哥进出口两个市场分别占到了 17.71% 和 1.28% 的份额，比 1993 年分别提高了 17.12 个和 1.19 个百分点。

北美自贸区为墨西哥产品带来了优越的竞争条件，墨西哥的产业结构因此发生了很大变化，在国际市场上，尤其是在美国市场上的竞争优势越来越明显，需要特别提到的是汽车产业。最新统计数据显示，2016 年墨西哥汽车产量和出口量双双创下历史最高水平，分别达 350 万辆和 280 万辆，成为世界第七大汽车生产国和第四大出口国。在墨西哥出口结构中，明显可以看出其制造业所占比重越来越大。根据墨西哥经济部提供的数据，协定中第 84 章、第 85 章和第 87 章所涉及的产品，包括机器、电器设备及零部件、组合机器及多功能机器、通信设备、音像设备、电子元器件、照明设备、机动车、拖拉机、轮车，以及其他地面行驶车辆和零部件与配件等，在墨西哥出口中发挥的作用越来越重要。2008 年，这三部分产品的出口量占当年墨西哥出口总额的 25.1%，8 年之后的 2016 年，这一比重上升至 34.8%，增幅接近 10 个百分点（见表 1—2），总额 1301 多亿美元，仅汽车产业就达 606.3 亿美元。

表 1—2　2008—2016 年墨西哥主要出口部门在出口总量中比重　单位:%

年份	第 84 章	第 85 章	第 87 章	合计
2008	3.5	11.1	10.5	25.1

续表

年份	第 84 章	第 85 章	第 87 章	合计
2009	4.7	11.1	10.4	26.2
2010	5.8	10.0	12.2	28.1
2011	6.4	8.5	12.2	27.1
2012	6.9	8.5	12.5	28.0
2013	6.8	8.6	14.3	29.7
2014	7.8	8.9	14.7	31.4
2015	7.8	9.8	16.1	33.8
2016	8.8	9.7	16.2	34.8

资料来源：笔者根据墨西哥联邦政府经济部数据整理。

制造业的不断壮大和出口总量的大幅增加，使墨西哥的经济结构在拉美国家和地区中独树一帜。同时还应看到，墨西哥农产品以及以此为基础加工品的出口也正处于明显上升期，啤酒、西红柿和牛油果等产品逐渐走向世界，越来越受到各国人民的喜爱，2016 年牛油果出口总额达 19.4 亿美元，整个农业部门的出口创汇能力也已经接近于旅游业和侨汇收入，成为墨西哥目前外汇净流入的三个主要来源。①

（三）21 世纪以来拉美国家经济发展速度比较

拉美地区经济波动幅度较大，尤其是在“进口替代”战略实施结束之后更是如此，这种情况既有经济方面的原因，又有非经济方面的原因。前面提到，为应对债务危机导致的经济困境，在“华盛顿共识”的一整套新自由主义经济理念指导下，拉美地区实施了一系列旨在促进经济发展的改革措施，如大幅削减政府开支、解散国有企业、减少国家对经济活动的干预、增加外贸领域的开放程度、解除对资本自由流动的限制等。但是，这些措施并没有带来预期的经济发展和人们生活水平的改善。相反，通货膨胀、本币贬值、实际工资减少、失业率上升等问题，却一直困扰着拉美各国。

① 墨西哥原油一直在出口中占据着主要位置，并且也是主要的外汇净流入来源。但是，该部门在 2015 年以来，随着国际原油价格的大幅下滑和燃油进口的上升，该产业出现了大幅贸易赤字，达 146.09 亿美元，2016 年继续赤字，为 131.35 亿美元。

1. 21 世纪的两个发展阶段

进入 21 世纪以来，拉美地区的经济发展基本上经历了两个阶段，在这两个阶段中，各个国家的表现差异较大。2012 年之前，许多国家，尤其是巴西、阿根廷、智利、秘鲁等南美几个主要经济体在对外贸易和吸收投资等方面，与中国的合作不断加强。这些经济体抓住机遇搭上了中国经济高速发展的快车，不仅在农产品、原材料和能源出口方面从中国巨大的市场获得了经济发展的动力，而且同时接收了中国“走出去”战略的配套资金。因此，许多南美国家在这个时期的经济发展速度处于一个较高的水平。

随着中国经济减速并进入新常态以及对原材料、能源等产品需求的逐渐减少，再加上全球经济不景气等因素，导致国际市场上大宗商品价格进入下行区，并在 2016 年年初达到低谷。其时，国际市场原油价格一度跌至每桶 30 美元以下，与 2014 年最高时的 120 多美元相比，几乎下降 3/4。另外，美国联邦储蓄委员会宣布其货币政策正常化并开始逐步调高利息，导致美元纷纷离开发展中国家和新兴经济体而流回美国。面对这一严峻形势，许多国家由于货币贬值幅度较大不得不提高利息，而本币贬值又直接引起了通胀水平的上升，故导致了财政压力的增加和债务水平的提高，加大了这些国家在国际金融市场上的融资难度。因此，南美主要国家在 2013 年之后，经济发展速度逐渐下降，有些经济体通胀水平失控，货币贬值严重，甚至走向衰退。阿根廷更是在这种压力之下出现债务违约，失去了从国际金融市场融资的途径。

中北美洲国家在 21 世纪的发展，则展现了与上述南美国家不同的特征。作为北美自贸区成员国之一的墨西哥，与美国经济的关联程度很高，其他中美洲经济体很大程度上也依赖对美国的农产品贸易和侨汇收入。与美国经济较高的相关程度，使这些国家经济发展过程中与南美主要国家相比表现出较大差异。在第一个时期，当南美国家搭乘中国经济发展快车获利之时，中北美经济由于受到美国经济的影响，发展速度明显落后；2012 年以来，当中国经济进入新常态，中北美经济虽仍然没有特别出色的表现，但也保持了稳定的发展趋势，超出了同时期南美国家的发展速度（见表 1—3、图 1—2）。

表 1—3　　2008—2016 年拉美地区主要经济体经济增长速度　　%

国家	2008 年	2009 年	2010 年	2011 年	2012 年	2013 年	2014 年	2015 年	2016 年
拉美和加勒比地区	4.1	-1.7	6.2	4.5	2.9	2.9	1.1	-0.4	-1.0
拉美国家	4.1	1.6	6.3	4.5	2.9	2.9	1.1	-0.4	-1.1
阿根廷	4.1	-5.9	10.1	6.0	-1.0	2.4	-2.5	2.6	-2.2
玻利维亚	6.1	3.4	4.1	5.2	5.1	6.8	5.5	4.9	4.3
巴西	5.1	-0.1	7.5	4.0	1.9	3.0	0.5	-3.8	-3.6
智利	3.7	-1.0	5.8	5.8	5.5	4.1	1.9	2.3	1.6
哥伦比亚	3.5	1.7	4.0	6.6	4.0	4.9	4.4	3.1	2.0
墨西哥	1.4	-4.7	5.2	3.9	4.0	1.4	2.2	2.6	2.3
秘鲁	9.1	1.1	8.3	6.3	6.1	5.9	2.4	3.3	3.9
委内瑞拉	5.3	-3.2	-1.5	4.2	5.6	1.3	-3.9	-5.7	无资料

资料来源：笔者根据拉美经委会资料整理。

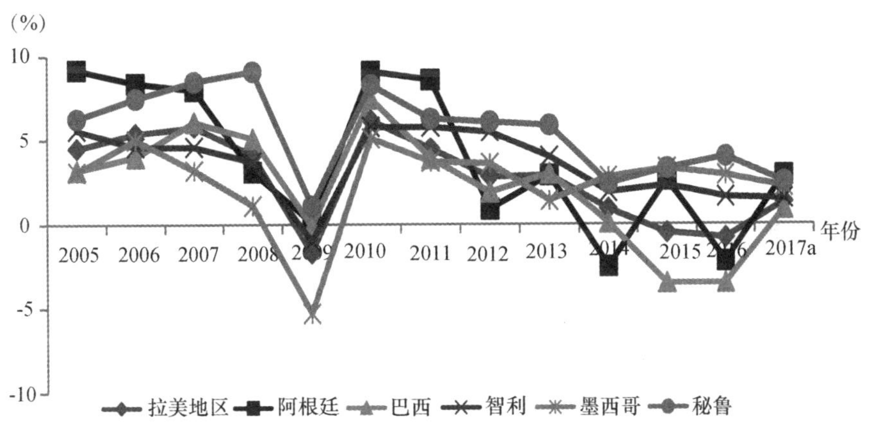

图 1—2　2005—2016 年拉美主要国家经济发展速度

资料来源：笔者根据拉美经委会数据整理，2016 年为预测数据。

2. 应对国际不利因素的措施

2014 年以来，在国际市场上大宗商品价格进入下行区、美联储蓄货币政策正常化并逐步调高利息等一系列国际不利因素影响下，拉美国家面临资本外流的挑战。面对这种情况，大部分南美国家，尤其是巴西和阿根廷，试图通过大幅提高利率、改善资金回报的方式来减少资本外流，但实际上不仅没有控制住资本外流，反而扩大了本币的贬值幅度。利率的上升加大了政府财政支出的负担，导致财政赤字进一步增加。与此同时，墨西哥采取了另外一种应对方式，即利用中央银行掌握的外汇储备对外汇市场进行有条件的、透明的干预，保持了利率在相当长的一个时期的稳定。尽管本币贬值有些失控，但在2015年之前，其贬值幅度大大低于巴西雷亚尔和阿根廷比索的贬值水平。此外，利率的稳定也缓解了财政支出的压力，通货膨胀也依然在可控范围之内（见图1—3、图1—4）。

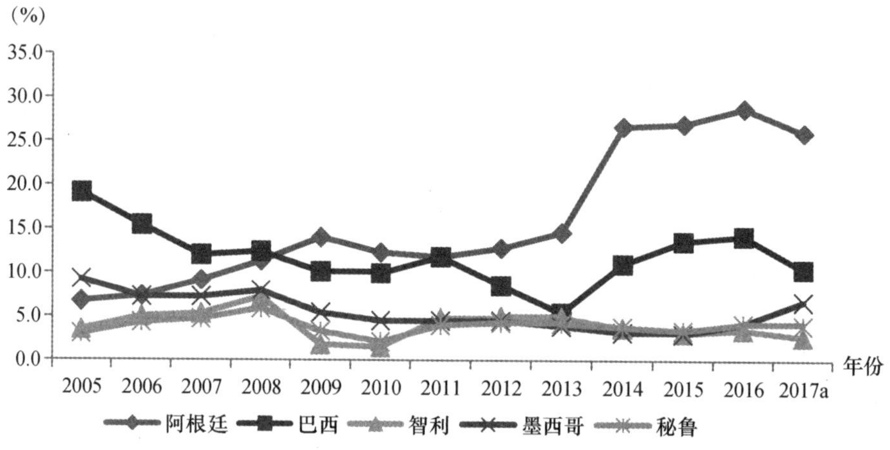

图1—3 2005—2016年拉美主要国家利率水平

资料来源：笔者根据拉美经委会数据整理，2016年为预测数据。

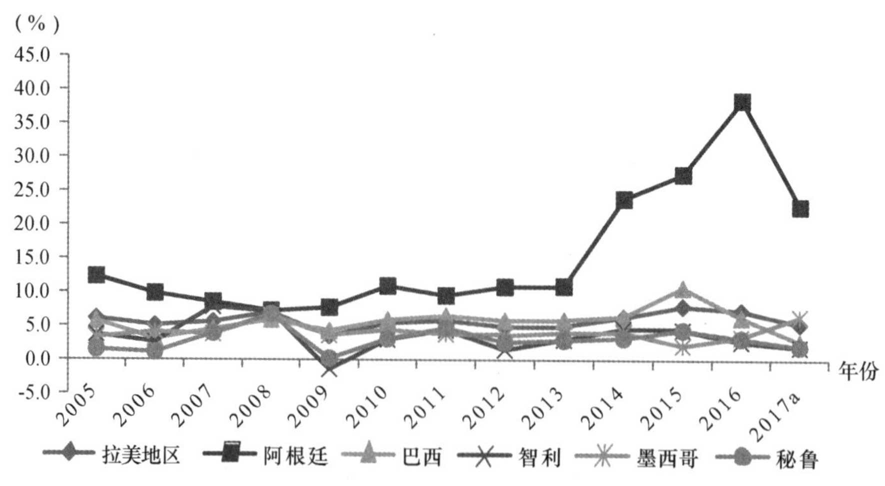

图1—4 2005—2016年拉美主要国家通货膨胀率

资料来源：笔者根据拉美经委会数据整理，2016年为预测数据。

实际上，墨西哥中央银行在国际国内许多不利条件的影响之下，实施的利率政策一直是较为稳定的，尽管本币比索贬值压力较大，但是加息的决定晚于美联储，即在美联储 1995 年年底首次宣布加息 25 个基点之后，墨西哥中央银行才以同样幅度将利息做了上调。利用外汇储备干预外汇市场的同时，墨西哥由于比索汇率的变化，其中央银行在每年的运营中都产生了一定数量的结余，特别是最近两年该数额连创新高：2016 年，在 2015 年基础之上又增加了 800 多亿比索，达 3216.5 亿比索，相当于 171.7 亿美元，为当年国内生产总值的 1.6%。这在很大程度上缓解了国家财政由于石油出口收入减少而产生的紧张局面，也最大限度地减少了特朗普因素引起的经济发展困难。

（四）拉美地区经济发展展望

根据拉美经委会的预测，在经历了两年的经济萎缩之后，拉美经济有望在 2017 年走出衰退。国际货币基金组织与拉丁美洲和加勒比经济委员会 10 月的最新经济发展预测，对其前一期的预测（2017 年 4 月）增加了 0.1 个百分点，由之前的 1.1% 提升到 1.2%。在分地区方面，拉美经委会将南美地区由原来的 0.6% 调高至 0.7%；中北美地区则由 2.3% 调高至 2.5%，都属于微调。比较而言，加勒比地区的预测数据相差较大，拉丁美洲和加勒比经济委员会认为，该地区本年度经济增长速度仅为 0.3%，与其前期预测的 1.4% 相比，下降了 0.9 个百分点。

笔者认为，尽管在以后的时间里，墨西哥经济可能会在一定程度上受到北美自贸谈判的影响，会受到不少冲击，但这些影响和冲击不会对其形成过多的负面效果，因此中北美的发展速度有望超过预期。相对中北美的发展，南美的形势不容乐观，很有可能达不到拉美经委会的预期。中北美地区尤其是墨西哥，年初受特朗普因素的干扰，北美自贸协定重新谈判的不确定性和美墨双边关系的恶化，一度使人们对今年的经济发展形势产生过多的悲观情绪。但是，随着北美自贸协定重新谈判形势的逐渐明朗，墨西哥比索兑美元汇率自 2 月底以来已经升值 20% 以上，基本上恢复到了特朗普当选前的水平，外贸出口尤其是对美出口不仅没有减少还有所上升，特别是汽车产业更是超出了普遍的预期。因此，在 2017 年 5 月的报告中，墨西哥财政部调高了本年度经济发展预期，由之前的 1.3%—2.3% 上调至 1.5%—2.5%。11 月的分析报告，依然维持其前期对经济增长所做出的判断。而拉美经委会在 12 月的报告，也继续其之前的判断，并预测 2018 年的增长速度攀升至 2.4%。

与此同时，南美国家的经济形势却出现了不少问题，具体表现在巴西和阿根廷这两个经济体。2016 年，巴西前总统迪尔马·罗塞夫（Dilma Rousseff）被弹劾下台，由米歇尔·特梅尔（Michel Temer）接任。面对经济萎缩、通胀压力和失业率高水平徘徊的局面，更加上受到被弹劾的困境影响，其改革措施尤其是如何改善难以为继的退休金制度，诚可谓阻力重重。更为重要的是，世界经济在 2017 年很难有重大起色，其依赖的原材料和石油出口市场很难改观，估计会勉强实现其预期经济发展速度，即 0.7%。拉美经委会预测，南美第二大经济强国阿根廷的经济发展速度为 2.4%。然而，由于巴西是阿根廷的第一大贸易伙伴，占了 20% 以上的阿根廷对外贸易，因此巴西经济的不景气将会牵连到阿根廷。另外，马克里政府在减少财政赤字、减少国家在用电和液化气的补贴问题上因阻力较大，并未获得预期效果。更需要指出的是，新政府上台之后，承认其所欠外债并开始偿还，由此也获得了在国际金融市场融资的可能，但这个过程还很长，外资需要重新认识和评估阿根廷主权债务的时间。因此，2018 年，两国经济将会继续低速增长。拉美经委会最近一期的研究报告认为，巴西经济增速为 2.0%，阿根廷则有微弱改善，期望达到 3.0%（Cepal，2016）。

总之，拉美地区经济在整体上开始走出低谷，可能需要 2—3 年的时间，很大程度上会受到国际市场大宗商品价格的左右。如果国际市场大宗商品价格在短期内大幅走高，比如原油价格攀升至每桶 70 美元以上，那么拉美国家将会以巨大得益彻底告别目前经济不景气的状态。然而根据多方机构评估，这种可能性较小，所以从中期来看，拉美地区的经济仍将在低水平徘徊。

三　中拉合作宏观环境、机遇及风险

虽然中拉合作的潜力巨大，但仍然需要具有全局视野。鉴于拉美地区经济体之间发展的不均衡，以及与中国合作的广度、深度的差异性，找准双方经济战略合作的契合点，对问题的普遍性和特殊性进行区分对待，才有可能将彼此之间的优势最大化。

（一）中拉关系新格局

2003—2008 年，由于亚洲新兴经济体对于拉美能源以及原材料的巨大需求，拉美经济强势发展。2008 年，国际金融危机对拉美造成较大冲击，使其出口大幅下降。但由于 2012 年之前，中国经济依然以高速度发展，且拉美各国政府采取了较为正确的应对措施和经济政策，因此整个地区的经济迅速复苏。当下，受大宗商品和石油价格下跌、全球经济复苏无力以及中国经济增速放缓的影响，中拉之间的贸易增额也在不断下降，拉美地区似乎正在经历 2008 年金融危机以来最艰难的时刻。

（二）中拉经济领域合作特点分析

中拉之间经济领域的合作与发展，可以从两个层次来考虑：第一，通过多边合作方式进行；第二，中国与拉美各经济体之间的双边合作关系，即两个经济体之间的直接交流。笔者认为，中拉之间经济领域的合作，不仅需要通过直接的方式进行，还要充分利用多国合作组织的渠道展开，二者可以相互补充、相互促进，以进一步巩固与加强两国之间的经济合作关系。需要强调的是，无论是通过多边合作的途径，还是通过直接交流的方式，合作双方无疑都需要根据各自的特点和对方的具体情况做出相关决定，拿出实施办法。面临当前的形势，既要认识到相互之间需要合作的领域越来越广并且应不断深化，这是中拉经济合作与发展的基础，同时更应该清醒地认识到：双方之间的需求与供应并非完全一致，存在许多差异，且每个经济体具有自身的特点，故中拉之间经济领域的合作，具有高度的多样性。

从我国情况来看，在以前 30 多年改革开放政策的实施过程中，基本上是以开拓国外市场、加大对外出口贸易为主，之后开始向国际市场转移产能和投资。在拉美地区，我国的投资往往以基础设施建设和原材料勘探、开采为主。根据 2001—2016 年的统计数据，中国在拉美地区投资总额达 1136.62 亿美元，其中 65% 以上属于这一领域。从接收国的情况来看，巴西占据首位，达总额的 48.3%，秘鲁与阿根廷分别列属第二与第三位置，占比为10.9%和9.3%，墨西哥在此期间仅占2.8%。[①]

作为拉美地区经济总量仅次于巴西的大国，墨西哥与我国之间经济交流的基本特点是重贸易轻投资，接收我国对外投资总额不仅低于巴西、秘鲁和阿根廷等经济体，且位于古巴、牙买加和智利之后。究其原因，并非墨西哥没有与我国进行金融交流的需求，或者墨西哥资金充足（不需要吸引外资也不需要在国际市场融资）。实际上，2000年之后，根据其国家外资委员会（COMISIÓN NACIONAL DE INVERSIONES EXTRANJERAS）的统计，进入墨西哥的外资数量每年基本保持在200亿美元以上，其中2013年曾达到其历史最高水平，为475.4亿美元。2016年，尽管受到外部因素特别是美国大选的干扰，实际吸收外资数量仍然超过平均水平，为338.1亿美元。[②] 所以，中墨之间在投资金融领域出现的低水平交流，很大程度上反映出了两个经济体之间供应与需求的不协调。

当然，中墨两国之间在金融方面的低水平双边交流，并不代表着双方在经济领域的合作水平低于其他拉美国家，而主要取决于墨西哥经济自身的特点。统计数据显示：一方面，在中国与拉美国家双边贸易总额中，墨西哥的比重超过1/3；另一方面，拉美国家与我国贸易所产生的逆差中，墨西哥占比接近3/4。2014年的数据表明，二者分别为36.9%和73.5%。[③] 相对墨西哥在拉美经济总体所占22.8%的比重，这表明了中墨两国之间贸易关系的重要性。21世纪初，墨西哥与中国每年双边贸易逆差为30亿美元左右，至2016年，达641.1亿美元。[④] 尽管如此，两个经

---

① Dussel Peters, Enrique y Samuel Ortiz Velásquez. 2017. Monitor de la OFDI de China en América Latina y el Caribe. Red Académica de América Latina y el Caribe sobre China (Red ALC-China) y Monitor de la OFDI de China en América Latina y el Caribe, México, junio 8.

② 2013年，墨西哥吸收外资数量达到历史最高水平，主要归因于当年荷兰Heineken啤酒公司收购墨西哥Modelo啤酒集团。INFORME ESTADÍSTICO SOBRE EL COMPORTAMIENTO DE LA INVERSIÓN EXTRANJERA DIRECTA EN MÉXICO (enero-diciembre de 2016), COMISIÓN NACIONAL DE INVERSIONES EXTRANJERAS，墨西哥。

③ Adriana Roldán Pérez等：" Presencia de China en América Latina "，2016年版，哥伦比亚。

④ 笔者根据墨西哥联邦政府经济部数据库数据（Sistema de Consulta de Información Estadísticapor País）计算得出。

济体之间的贸易摩擦、纠纷，没有重复 20 世纪末的紧张状态。其主要原因是中间产品和资本品占了贸易总数的 93% 以上，与中国的贸易从整体上对墨西哥经济产生了有利影响。换句话说，通过获得来自中国物美价廉的产品，墨西哥得以提高本国产业链的生产能力以及在国内和国际市场上的竞争力，由此带动了当地相关产业参与到世界价值链循环之中，并为当地创造了大量的就业机会。① 也就是说，中墨之间的双边贸易产品结构表明，两国逐渐达成了互补的贸易伙伴关系。

（三）中拉经济领域合作形成机制分析

拉美地区各经济体与我国的经济合作具有多样性。促成这一局面出现的原因较多，其中既有政治因素，也有经济因素。

1. 组织之间的金融合作

由前面的分析可见，拉美地区大部分经济体很长时间受到军事政变的影响，政局不稳定，且许多国家曾经发生外债违约，凡此种种导致了这些经济体在国际金融市场的融资困难，且融资成本较高。比较而言，墨西哥则是政治形势相对稳定的国家，在 2000 年结束了长达 70 多年的一党连续执政历史，成功且稳定地实现了执政党的地位转变，其实施已久的经济政策也基本保持了连续性。受长期稳定政局的积极影响，加上 1994 年以来，由墨西哥、加拿大和美国共同组建的北美自由贸易区不仅创造了大量的投资机会，而且更是在软件方面为外资、国际贸易等领域的许多纠纷提供了符合国际规则的保护，由此接收到较多的美国资金。所以，长期以来每年流入的外商直接投资一直是墨西哥作为其平衡国际

---

① 根据相关估算，电子和电器（主要是第 84 章、第 85 章产品）属于北美自由贸易区收益最大的两个部门。许多国际厂商利用当地廉价劳力和政府提供的宽松投资环境，将墨西哥作为跳板，通过从我国以及世界其他地区进口的原材料和中间产品的当地加工，最终产品销往美国市场以及拉美相关市场。当然，由此也导致了当地产业链无法获得更大经济利益，许多出口产品对进口产品具有高度依赖性，在其出口产品中，国内成分仅有 30% 左右。Arturo Ortiz Wadgmar，“LA POLÍTICA COMERCIAL DE MÉXICO：UNA VISIÓN CRÍTICA”；José Luis de la Cruz Gallegos & Vanessa Veintimilla，“EVALUACIÓN DEL TLCAN Y LA COMPETENCIA CON CHINA”，TLCAN 20 AÑOS ¿Celebración，desencanto o replanteamiento? 墨西哥国立自治大学，2014 年，第 151、496 页。

收支的重要手段之一①。从我国流向拉美地区的资金来看，大部分并不是严格意义上的外商直接投资。因此，这在很大程度上形成了拉美国家吸收我国对外资金的差异。

同时，墨西哥的高水平对外开放，使各类法规建设基本与国际接轨，共与世界上45个国家和地区签署自由贸易协定，各类经济指标处于稳定状况。在此基础之上，三大国际主权债务信誉评级组织都给予了墨西哥较高的投资级别，目前处于“稳定趋势”。其中，穆迪为“A3”，惠誉和标准普尔均为“BBB+”。正因为具备这些有利因素，墨西哥与其他拉美地区经济体形成了巨大差别。即不仅一直可以通过国际金融市场获得融资，而且条件优惠，融资成本较低。2016年，尽管受到国外许多不利因素的影响，墨西哥仍然在国际金融市场获得融资91.12亿美元，其中以美元融资的数额为50.1亿美元、日元1350.0亿、欧元25.0亿，期限为10—30年。② 相比之下，中国对外投资或者由中国主导的多国合作组织所提供的金融服务，尽管在评价政治局势以及执政党理念方面没有具体的严格限制，但在融资成本方面特别是利率上，与墨西哥通过国际金融市场的融资条件相比，往往缺乏竞争力，最多处于同等水平。换句话说，我国以及我国主导的多边合作组织之间的金融合作，对墨西哥并没有太多的吸引力。

2. 双边和多边之间的合作

需要指出的是，墨西哥的经济结构与拉美地区其他国家相比表现出明显差异，第二产业尤其是加工业不仅在国内生产总值中占比最高，而且在其出口结构中也占据优势。根据拉美和加勒比经济委员会的数据，2016年，第二产业在墨西哥国内生产总值中达26.9%，其中加工业为17.9%，明显高于其他经济体（见表1—1）。相对而言，第一产业尤其是

① 根据墨西哥中央银行公布的数据，墨西哥金融账户一直处于顺差状态，从而弥补经常账户的逆差，而在金融账户中，其主要收入来源为外商直接投资。2016年，3/4以上的金融账户顺差，归功于外商直接投资。需要指出的是，墨西哥平衡其国际收支的另外一个外汇来源是国外汇款，每年数额在260亿美元以上。数据来源：“la Balanza de Pagos en 2016”，Banco de México，2017年2月24日简报。http：//www.banxico.org.mx/dyn/informacion-para-la-prensa/comunicados/sector-externo/balanza-de-pagos/%7BB39B45E3-CB11-761B-AF87-96B602B4D6A9%7D.pdf.

② Banorte-Ixe Estrategia，“México：Exitosa colocación de bonos en dólares a 10 y 30 años”.

采矿业占比则低于其他拉美经济体。不仅如此，在石油勘探和开采等领域，墨西哥一直受制于该国的宪法规定，无法接收外国直接投资。因此，中墨之间在金融领域的合作，由于墨西哥自身优势，能够在国际市场上获得的条件较为优惠，或者至少相同条件的融资，在一定程度上不会如同巴西、阿根廷和委内瑞拉等国那样，会主动、积极与中国加强联系，利用中国在融资方面具有的便利条件。同时，鉴于墨西哥矿产资源不如智利和秘鲁等经济体丰富，也无法吸引我国的对外直接投资。

需求和供应之间的脱节，使中国与墨西哥两国之间在金融领域方面的合作机会较少，数量不多。但是双边贸易领域的合作却充满生机，且前景看好。从上述分析可以看到，中国与拉美国家之间的经济合作，并没有固定的模式，同时也不应当以统一模式来衡量中国与拉美各经济体之间合作的紧密程度，而应根据各国特点，通过因地制宜的不同合作方式，实现和进一步加强双边和多边之间的合作，达到共赢目的。

（四）中拉经济合作前景展望

鉴于拉美地区经济体之间发展的不均衡、多样化，以及与中国合作的广度、深度之差异，虽然中拉合作的潜力巨大，但仍然需要具有全局视野，找准双方经济战略合作的切合点，对问题的普遍性和特殊性区分对待，争取将彼此的竞争优势最大化地得以发挥。因此，中拉之间经济领域的合作与发展，既不能遵循一个固定的模式，千篇一律地对待各个不同的经济体，也不能使用同一指标去衡量中国与拉美各国之间的合作水平和进展状况。有的国家可能会需要在金融领域进行合作或加强与中国的合作；有些经济体往往因具有在国际金融市场畅通的融资渠道并且条件优越，与中国在该方面的合作进展就会慢一些，但在中间产品和资本品等方面，会需要与中国展开多层次和多领域的互补贸易。

长期以来，墨西哥经济已与美国经济实现了高度链接，特别是随着北美自由贸易协定的全部实施，这种链接更加紧固。我们不仅要看到墨西哥将美国市场作为主要出口目的地，在 21 世纪以来的 17 年里，每年进入墨西哥的外商直接投资中 46% 来自美国，同时也要看到：墨西哥许多产业的发展，离不开美国的原材料以及中间产品。因此，一个基本事实是：无论未来的北美自贸谈判是否顺利结束，也不管未来的北美自贸谈判以何种方式结束，墨西哥与美国目前的这种经济关系在短期内都不可能发生太大变化。如果考虑到墨美之间地理上的天然优势，当前已经形成的双边经贸关系更不可能在短期内脱节。

基于上述认识，尽管墨西哥经济迫切需要走向多元化的发展轨道，尤其是在特朗普围绕北美自贸协定的相关主张使这种迫切性更为强烈的情况下。但是，从墨西哥的角度来看，实施多元化发展战略和加强与其他经济体之间的合作，无疑依然需要将发展与美国的关系作为首位考虑，不能影响其与美国的合作。在这种背景下，多元化发展道路将是一个长期目标，只能循序渐进，短期内摆脱与美国目前的依赖关系，不仅不可行，也不符合其经济利益。因此，中墨之间在经济领域之间的双边和多边合作，希望在短期之内得到较大的提升是不切实际的，且在将来很长一个时期，仅目前这种多边和双边合作关系的保持，也依然会面临许多困难，且有可能将受到不少杂音的干扰。因此可以认为，中墨之间目前的这种以双边贸易为主的经济合作方式，将很有可能在未来较长时期里继续主导两国之间的经济关系。但是，两国也需要抓住时机尝试金融领域的合作，进一步推进双边和多边之间的全方位关系发展，并且要随时准备好应对各种来自国内和国外不利因素的干扰。

可以预见的是，随着中国对外开放程度的加大，与其他大部分拉美经济体在金融领域的合作将会更上一层楼，不仅在基础设施建设、原材料开发以及能源利用等方面会继续多年来蓬勃发展的态势，还会在对外直接投资方面有所创新，朝着长远的、可持续的发展阔步迈进。

四 结论

（1）从已有的相关研究中可以看出，由于拉美地区经济、社会等方面的复杂性和较强的独立性，各国之间差异较大，故很难在整体上简单地做出概括。在未来一个相当长的时期内，这种情况不会有较大变化，发展的差异性与个性化特点将保持不变。

（2）除极少数经济体外，大部分拉美国家，特别是那些主导拉美经济发展趋势的国家，会由于政府执政透明度的不断增强，以及大部分宏观经济指标制度化约束的形成，政府参与经济活动将逐渐规则化。因此，即使发生持不同执政理念的执政党的变更（比如左、右派政府的更迭），现行的经济政策与发展轨迹也很难改变，即在宏观政策的制定和实施方面具有相对的稳定性。

（3）历史上长期形成的产业结构和经济发展模式，尽管存在各种不足，尤其是在外部不利因素影响之下显得较为脆弱，但短期内亦很难发生改变。这些模式依然会主导拉美国家未来的经济发展方向，即依赖原材料和能源出口的状况将持续下去。在这种形势下，如何进一步改善投资环境，继续巩固并提高传统出口产品在国际市场上的竞争力，并在此基础上逐渐升级并优化产业结构，增强经济的抗风险能力，将是拉美地区共同面临的挑战。所以基础设施投资与建设，无疑是中国加强与拉美国家双边合作的重要方向，也是最近一个时期以来中国对拉美投资的主导方向。同时，随着双边合作走向深入和更进一步实现双赢，如何在当地开展原材料和能源等传统出口产品的简单以及深层次加工，也应该逐渐列入中国生产型企业向外投资的日程之中。

（4）就目前情况来看，一方面，拉美国家左派势力正处于下行之势，美国对拉美地区的影响力同世界其他各地情况类似，正逐渐减弱；另一方面，中国与拉美国家之间的多边与双边合作关系，尤其是在经贸合作领域的发展，无论是广度还是宽度，都在进一步拓宽与加深。对此，我们应当有一个清醒的认识：我国在拉美地区许多领域的合作可能才刚刚开始，有的领域还处于未开垦状态，与美国比较明显处于劣势，并且在将来很长时间内，这种情况很难有较大改变。因此，美国对拉美地区的影响力，在将来一个很长的时期里依然会占据主导地位。比如，尽管自20世纪90年代以来，中国对墨西哥的出口业务不断增加，2016年对墨西哥出口在墨西哥当年进口总额中所占比重为18.0%，而2016年美国对墨西哥出口占墨西哥当年进口总额的比重却高达46.4%，差距仍达28.4个百分点。中国政府和企业对此要有清醒的认识，既要利用好当前拉美地区渴望拉近与中国距离的现象，又需要做好长期努力的准备，树立政治、经济、人文、国际和地区事务等多方面全方位合作理念。同时，还要避免交流过程中的误解和误判，以免影响多边与双边关系正常发展的节奏。

（5）由于当地土地制度的差异和风俗习惯等因素的影响，加上美国以及其他发达经济体资本多年的经营，中国在加强与拉美地区双边合作的形势下，走出去的中国企业在当地可能会遭遇不和谐的声音。对此，无论是国家主导的大型基础设施投资项目，还是企业自主的投资活动，都应预先进行细致的可行性分析，尽量降低风险。

（6）从当前经济发展形势来看，拉美地区经济在整体上走出低谷可能需要2—3年的时间。这是因为，拉美经济发展速度在很大程度上会受到国际市场大宗商品价格的左右，如果国际市场大宗商品价格在短期内大幅走高，比如原油价格攀升至每桶70美元以上，那么拉美国家将会得到巨大益处并彻底告别经济不景气的状态。根据多方估计，这种可能性较小，所以从中期来看，拉美地区经济将会在低水平持续徘徊相对长的一个时期。具体到各个国家，情况会有所差异。随着北美自由贸易协定重启谈判的逐渐明朗，到目前为止已经结束的五轮会谈情况来看，三个国家围绕着自贸协定的许多章节基本达成共识，在那些争议较大的题目上也进行了充分交流，并且各方都表达了继续讨论的愿望。因此，取得了较为满意的进展，有望在今年底或者明年初结束。届时，墨西哥经济发展前景将会被继续看好，投资环境将会得到改善。无论接下来的谈判是否顺利，也不管最终是否能够获得圆满结果，甚至不排除北美自由贸易协定被搁置的可能性，墨西哥在将来都需要进一步加强同其他经济体的交流与合作。同时还要看到，墨西哥正在收获其能源改革的红利，在结束的第一轮和刚开始的第二轮竞标中，其许多深海油区受到投资者的青睐就是很好的例证。与此相对的则是南美地区的主要经济体。由于各方面的原因，其经济复苏和振兴将可能遇到巨大的挑战。除了国际市场大宗商品价格的低水平徘徊之外，巴西、阿根廷和委内瑞拉等国也面临着国内较大的矛盾，政局出现的震荡，使其摆脱目前经济萎缩的任务变得更为艰巨。与此同时，智利和秘鲁两国经济发展相对稳定，这一趋势也将持续下去。

总而言之，虽然中拉合作有着被广泛看好的前景，但仍然需要具有全局视野，找准经济战略合作的契合点，对问题的普遍性和特殊性做仔细分析、区别对待，争取将彼此的竞争优势得到最大限度的发挥，最终实现互利共赢。

参考文献

1. Adriana Roldán Pérez 等："Presencia de China en América Latina"，2016年版，哥伦比亚。

2. Arturo Ortiz Wadgmar, "La política comercial de México: una visión crítica", TLCAN 20 AÑOS ¿Celebración, desencanto o replanteamiento? 墨西哥国立自治大学, 2014 年, 第 151、496 页。

3. Arturo Warman, "Los indios mexicanos en el umbral del milenio", *Fondo de Cultura* Económica, México, 2003.

4. Banco de México, "la Balanza de Pagos en 2016", 2017 年 2 月 24 日简报。http: //www. banxico. org. mx/dyn/informacion-para-la-prensa/comunicados/sector-externo/balanza-de-pagos/%7BB39B45E3-CB11-761B-AF87-96B602B4D6A9%7D. pdf.

5. Banorte-Ixe Estrategia, "México: Exitosa colocación de bonos en dólares a 10 y 30 años".

6. Cepal, "Balance Preliminar de las Economíasde América Latina y el Caribe 2016", 2016.

7. NacionesUnidas, Cepal (2017), "EstudioEconómico de América Latina y el Caribe, La dinámica del cicloeconómico actualy los desafíos de política para dinamizarla inversión y el crecimiento".

8. Dussel Peters, Enrique y Samuel Ortiz Velásquez. 2017. "Monitor de la OFDI de China en América Latina y el Caribe. Red Académica de América Latina y el Caribe sobre China (Red ALC-China) y Monitor de la OFDI de China en América Latina y el Caribe", México, junio 8.

9. Informe EstadíStico Sobre el Comportamiento de la Inversió n Extranjera Directa en México (enero-diciembre de 2016), Comisión Nacional de Inversiones Extranjeras, 墨西哥。

10. José Luis de la Cruz Gallegos & Vanessa Veintimilla, "Evaluación del TLCAN y la competencia con China", TLCAN 20 AÑOS ¿Celebración, desencanto o replanteamiento? 墨西哥国立自治大学, 2014 年, 第 151、496 页。

11. Secretaria de Economía (墨西哥联邦政府经济部数据库数据) (Sistema de Consulta de Información Estadística por País)。

12. 刘学东:《"高铁梦" 变背后的中墨双边关系发展》, 载《环球财经》2015 年第 4 期。

第 二 章

2017 年拉美和加勒比地区经济展望与中拉合作

(Perspectivas del Crecimiento Económico en América Latina y Caribe para 2017 y Cooperación Sino-Latinoamericana)

Liu Xuedong①

Resumen: Después de registrar contracciones del crecimiento económico en dos años consecutivos, la economía de la región de América Latina y Caribe espera un resultado positvo a pesar de un nivel relativamente bajo. Por su parte, la característica bien marcada y reconocida en la zona, la diversidad que existe entre las 33 distintas naciones no solamente se ve en tasas variadas del crecimiento, sino también se refleja por las políticas econónimcas instrumentadas de manera distinta en cada una de las economías. Los vínculos económicos entre China y América Latina y Caribe han tenido avances importantes durante los últimos 20 años, debido a los esfuerzos efectuados por ambas partes en aspectos de llevar a cabo las medidas para impulsar las aperturas comerciales y las integraciones globales,

① Liu Xuedong, profesor de carrera de la Facultad de Estudios Superiores Aragón, Universidad Nacional Autónoma de méxico, profesor especial de Latin America Study Institute, Southwest University of Sciences and Technologies, miembro del Sistema Nacional de Investigadores (SNI).

aunque cada economía del continente americano ha sostenido esquemas distintos de cooperación con el país asiático. Sin duda, los lazos entre ambas partes han traído resultados positivos tanto para la economía china como para las latinoamericanas y se espera consolidar y fortalecer aun más.

Palabras claves: crecimiento económico, intercambio comercial, inversiones

En este reporte sobre la situación económica actual y sus perspectivas del crecimiento económico, el análisis se refiere exclusivamente a las 33 economías de la región, miembros de la Comisión Económica para América Latina y el Caribe (Cepal)① . Para este apartado de introducción está conformado por 4 secciones. En primer lugar, se realizará una breve descripción sobre la estructura del reporte, cuyo contenido se basa tanto en países particulares como en grupos de los mismos. En la segunda parte, se analizará la diversidad por la que se caracterizan los países de la región, sobre todo en el ámbito del crecimiento económico. Para la tercera sección se concentrará principalmente en los temas sobresalientes de las políticas económicas que se han venido aplicando en lo que va del presente año y sus respectivas secuelas. Finalmente se terminará con una sección para hacer algunas reflexiones sobre las cooperaciones económicas sostenidas entre China y la región en conjunto.

1. Estructura principal de este estudio

El estudio se efectuará con propósito de analizar las particularidades

---

① La Comisión Económica para América Latina (CEPAL) fue establecida por la resolución 106 (VI) del Consejo Económico y Social, del 25 de febrero de 1948, y comenzó a funcionar ese mismo año. En su resolución 1984/67, del 27 de julio de 1984, el Consejo decidió que la Comisión pasara a llamarse Comisión Económica para América Latina y el Caribe. La CEPAL es una de las cinco comisiones regionales de las Naciones Unidas y su sede está en Santiago de Chile. Se fundó para contribuir al desarrollo económico de América Latina, coordinar las acciones encaminadas a su promoción y reforzar las relaciones económicas de los países entre sí y con las demás naciones del mundo. Posteriormente, su labor se amplió a los países del Caribe y se incorporó el objetivo de promover el desarrollo social. Consulta en: https://www.cepal.org/es/acerca-de-la-cepal, a 3 de noviembre de 2017.

propias que representa cada una de las 33 economías dela región de América Latina y de Caribe. Para tal efecto, estas economías se encuentran agrupados en dos niveles. En primer lugar, son los países cuyo Producto Interno Bruto respectivo (PIB) representa una participación mayor al 3% en el total de la zona de acuerdo con el promedio de las cifras registradas en el lapso de 2014—2016. En esta lista, se encuentran Brasil, México, Argentina, Venezuela, Colombia, Chile y Perú①, entre estas 7 economías, 6 son de América del Sur, solamente México como una excepción. Para ellos se asigna un capítulo exclusivo para dedicar a los análisis de cada uno.

En segundo lugar, los demás países en la subregión de América del Sur, concretamente Bolivia, Ecuador, Paraguay y Uruguay juntos ocupan un capítulo. Para los países de América Central y México, se catalogan en dos grupos: uno se refiere a los países centroamericanos: Costa Rica, El Salvador, Guatemala, Honduras, Nicaragua y Panamá en un capítulo, mientras que los tres países caribeños, que incluyen Cuba, Haití, y la República Dominicana, se analizan en el otro. Finalmente, los 13 países no pertenecientes a hispanohablantes se conocen como los de la zona caribeña en un capítulo de este reporte, de los cuales se encuentran Antigua y Barbuda, Bahamas, Barbados, Belice, Dominica, Granada, Guayana, Jamaica, Saint Kitts y Nevis, San Vicente y las Granadinas, Santa Lucía, Surinam, Trinidad y Tobago②.

En tercer lugar, los estudios por capítulo se estructura bajo la misma lógica que se aplica por las importantes organizaciones, por ejemplo, la Comisión Económica para América Latina y el Caribe (CEPAL), el FondoM-

① De acuerdo con las cifras proporcionadas por la Cepal, en 2016 ni Perú ni Venezuela cuentan con información del PIB en términos absolutos, para el caso de este último país, tampoco tiene el registro en 2015; por ello, el promedio para Perú es de 2 años y para Venezuela solamente se considera la cifra de 2014. Fuente: "Cuadro A. 2 América Latina y el Caribe: producto interno bruto en millones de dólares (A precios corrientes)", página 176, "Estudio Económico de América Latina y el Caribe, 2017, La dinámica del ciclo económico actualy los desafíos de política para dinamizar la inversión y el crecimiento", Comisión Económica para América Latina y Caribe.

② La clasificación de los países entre distintas subregiones de América Latina y el Caribe está basada en la utilizada por la Cepal en sus respectivas proyecciones del crecimiento económico.

onetario Internacional (FMI), etc. Esto es, desde la subregión de América del Sur hasta la de América Central y México, y la caribeña ocupa el último sitio. Además, dentro de cada grupo, el análisis se realiza de acuerdo con el orden alfabético①.

2. Diversidad de las economías latinoamericanas

La diversidad de las naciones en la región de América Latina y el Caribe siempre ha sido una característica bien marcada y reconocida al nivel tanto regional como internacional, en todos los ámbitos quc van dcsdc culturalcs, históricos, hasta económicos y sociales, además, dentro de cada países, las entidades federativas también regsitran diferencias importantes. En este sentido, el estudio elaborado y presentado aquí también ha concordado con esta realidad compleja que no solamente se refleja entre los países involucrados sino también dentro de cada una de las economías. Desde este punto de vista, se puede entender porqué los vínculos económicos en los aspectos de intercambios comerciales y de flujos financieros entre China y las economías latinoamericanas han venido desarrollándose de manera distinta.

2. 1. Una descripción breve sobre la situación económica prevalecida en la región

Entre las 33 economías de la región, Brasil ocupa el primer lugar de acuerdo con el volumen de su Producto Interno Bruto (PIB), ya que en 2016 este indicador ascendió con un monto de 1, 795, 603 millones de dólares a precios corrientes, que representaban el 39. 1% dentro del total de la zona. En seguida, se encuentran México y Argentina con las cifras respectivas, de 1, 046, 925 millones de dólares y el 22. 8% para el primero; 545, 866 millones de dólares y el 11. 9% para el segundo.

En el otro extremo, Dominica, San Vicente y las Granadinas, Saint Kitts

① Para el Fondo Monetario Internacional, las economías caribeñas son 12, entre las cuales incluyen tanto las hispanohablantes como las demás, mientras que la Cepal considera a 13 como de la región del Caribe, los cuales se refieren exclusivamente a los países distintos a hispanohablantes.

y Nevis son los tres países cuyo PIB respectivo se ubicaba por debajo de mil millones de dólares, con un importe de 525, 761 y 917 millones de dólares, respectivamente.

En términos del PIB per cápita, las cifras de Cepal revelan que en 2015 América Latina y el Caribe alcanzó a 9, 886. 1 dólares a precios corrientes en promedio①. Se puede observar que entre los 11 países cuyo PIB por habitante superó a 10, 000 dólares, 5 se encuentran en Caribe y 6 en América Latina (Bahamas, 22, 817. 2; Trinidad y Tobago, 20, 118. 9; Saint Kitts y Nevis, 15, 771. 9; Uruguay, 15, 579. 6; Barbados, 15, 144. 8; Antigua y Barbuda, 14, 764. 5; Argentina, 14, 615. 9; Chile, 13, 312. 0; Panamá, 13, 268. 2; Costa Rica, 11, 232. 6; y Venezuela a cifras de 2014, 15, 991. 9) .

Cuadro 2 – 1 Importancia de las economías latinoamericanas por su PIB total y per cápita

Indicador	Categorías	Países involucrados
PIB total (2016)	1er sitio	Brasil con una participación de 39. 1%
	2do sitio	México con una participación de 22. 8%
	3er sitio	Argentina con una participación de 11. 9%
PIB per cápita (2015)	>10, 000 dólares	Bahamas, Trinidad y Tobago, Saint Kitts y Nevis, Uruguay, Barbados, Antigua y Barbuda, Argentina, Chile, Panamá, Costa Rica, yVenezuela (a cifras de 2014)
	De 5, 000 a 10, 000 dólares	Brasil, Colombia, Cuba, Dominica, Ecuador, Granada, México, Perú, República Dominicana, San Vicente y Granadinas, Santa Lucía y Surinam
	<5000 dólares	Belice, Bolivia, El Salvador, Guatemala, Guayana, Haití, Honduras, Jamaica, Nicaragua y Paraguay

Fuente: Elaboración propia de acuerdo con la información de la Cepal.

① CEPAL-CEPALSTAT, ESTAD? STICAS E INDICADORES ECON? MICOS, Cuentas nacionales anuales en dólares, Producto interno bruto (PIB) total anual por habitante a precios corrientes en dólares.

De acuerdo con la misma fuente de información, 12 países se ubican en el rango de 5, 000—10, 000 dólares por el indicador de PIB per cápita, entre ellos destacan las primeras dos economías más importantes de la región, es decir, Brasil y México; y otros países son Colombia, Cuba, Dominica, Ecuador, Granada, Perú, la República Dominicana, San Vicente yGranadinas, Santa Lucía y Surinam.

Finalmente, 10 naciones restantes de los miembros pertenecientes a la Cepal registran su PIB por habitante menor a 5, 000 dólares en 2015: Belice, Bolivia, El Salvador, Guatemala, Guayana, Haití, Honduras, Jamaica, Nicaragua y Paraguay. Cabe mencionar que Haití se sitúa en el último sitio en esta lista por la situación económica prevaleciente en ese país caribeño, con una cifra de 790. 8 dólares.

2. 2. Particularidades de la estructura económica y las tendencias del crecimiento

Por su parte, las propias características experimentadas históricamente por cada país en gran medida han sido factores determinantes en la formación de la estructura sectorial y delpatrón del crecimiento económico que predominan actualmente. Como se puede observar que, la mayoría de las economías de la región se encuentra especializada en la producción y exportación de bienes primarios, tales como petróleo, minerales y alimentos; mientras que algunos países caribeños dependen del ingreso del sector turístico básicamente. En este sentido, el Fondo Monetario Internacional cataloga a Antigua y Barbuda, Bahamas, Barbados, Granada, Jamaica, Saint Kitts y Nevis, Santa Lucía, y San Vicente y Granadinas, como economías dependientes de las actividades de turismo①. Finalmente, en pocos casos como México y Costa Rica, sobre todo en el país azteca, las ramas manufactureras y las actividades exportadoras representan

① "Cuadro 1. Hemisferio Occidental: Principales indicadores económicos", en Perspectivas Económicas: las Américas, página 23, el Fondo Monetario Internacional, 7 de octubre de 2017. Washington D. C.

un peso importante en el crecimiento económico, distinguiendo considerablemente con sus similares de la misma región.

Justamente por ello, la Comisión Económica para América Latina y el Caribe reconoció las particularidades de las distintas economías de la región y señaló en múltiples ocasiones en sus proyecciones del crecimiento económico, "Como ha sido característico en los últimos años, la dinámica del crecimiento mostraría diferencias entre países y subregiones... Las economías de América del Sur, especializadas en la producción de bienes primarios, en especial petróleo, minerales y alimentos, crecerían a una tasa positiva (0.7%) este año, luego de dos años de contracción económica. Para el año 2018 se espera un mayor dinamismo en esta subregión, que crecería al 2% en promedio".

"Para las economías de Centroamérica por su parte, se espera una tasa de crecimiento de 3.4% para este año y de 3.5% para el 2018. Para el Caribe de habla inglesa u holandesa se estima un crecimiento promedio de 0.3% para 2017, cifra revisada a la baja respecto de la proyección de julio, principalmente como consecuencia del daño causado por los huracanes Irma y María en algunos de los países de la subregión. Para 2018 sin embargo, se prevé un aumento del dinamismo con una tasa de crecimiento de 1.9%, influida en algunos casos por esfuerzos de gasto para la reconstrucción además de un contexto global algo más dinámico en términos de crecimiento y comercio internacional[①]".

3. Políticas económicas aplicadas por las principales economías de la región y sus impactos sobre el crecimiento económico

Desde la segunda mitad de 2016, los precios de los commodities en los mercados internacionales han empezado a registrar alguna mejoría; sin embargo, siguen manteniendo en un nivel relativamente bajo y todavía se encuentran lejos

---

① "Actividad económica de América Latina y el Caribe se expandirá 1, 2% en 2017 y 2, 2% en 2018", Comunicado de Prensa, 12 de octubre de 2017, La Comisión Económica para América Latina y el Caribe (CEPAL). https://www.cepal.org/es/comunicados/actividad-economica-america-latina-caribe-se-expandira-12-2017-22-2018. Consulta a 11 de noviembre de 2017.

a las cotizaciones observadas antes de 2014. Por ello, la región de América Latina y el Caribe cuya economía en general estáaltamente dependiente de las exportaciones de las materias primas y del petróleo crudo, se vería difícil todavía superar las dificultades económicas actuales y lograr un crecimiento riguroso en un futuro cercano.

Por su parte, la continua volatilidad de los mercados financieros internacionales y la proliferación de proteccionismo en algunas economías importantes del mundo han propiciado un ambiente lleno de incertidumbres y de persistencia de riesgos de orígenes variados para el crecimiento económico de la zona. Aunando de lo anterior, varios países latinoamericanos tuvieron la alternancia del poder, lo cual podría implicar ajustes en la aplicación de políticas públicas en comparación con las instrumentadas por sus antecesores. En cara a estos acontecimientos, las economías de América Latina tendrían que superar retos importantes todavía para este año y el futuro cercano. A consecuencia de estos y otros factores, no se esperaría una tasa de crecimiento económico riguroso para la región de América Latina y de Caribe en un futuro cercano, de acuerdo con las proyecciones realizadas por la Cepal y otras instituciones internacionales multilaterales.

3. 1. Políticas fiscales consistentes y responsables

Ante este panorama, los países de América Latina y el Caribe están instrumentando medidas divergentes entre el norte y el sur de la región en la aplicación de sus gastos públicos respectivos. De acuerdo con la Cepal, en el norte, incluyendo Centroamérica, Haití, la República Dominicana y México, se prevé que los gastos públicos totales se mantendrán estables en un 18. 7% del PIB en 2017; mientras que en América del Sur, se pronostica un recorte significativo del gasto público al pasar del 24. 3% del PIB en 2016 al 24. 0% en 2017 (Cepal, 2017a, pág. 67) .

En cuanto a la contratación de la deuda pública, la mayoría de las economías de la región seguirá llevando a cabo acciones responsables apostando por una deuda pública sostenible para 2017. De acuerdo con lascifras reveladas por la Cepal, durante 2016 la deuda pública del gobierno central alcanzó en

América Latina un promedio simple del 37.3% del PIB, cifra que se mantuvo durante el primer trimestre de 2017.

3.2. Instrumentación de medidas monetarias ante choques externos

Por su parte, el análisis y la evaluación de los impactos relacionados con las medidas instrumentadas por los bancos centrales deben distinguir dos categorías de países distintas, pues varios miembros de la organización internacional de la región latinoamericana han adoptado un regimen cambiario totalmente flexible; mientras que otros con menor medida. Para los países del primer grupo, se encuentran Chile, Colombia, México y Perú, los choques tanto internos como externos han sido absorbidos mayoritariamente por los ajustes cambiarios desde hace buen tiempo. Por ello, la instrumentación de políticas monetarias está orientada considerablemente por la variación de los precios, pues mantener la tasa inflacionaria bajo control y estable ha sido establecido como la función casi exclusiva de los organismos financieros centrales de esos países. Al mismo tiempo, otras economías de la región, tales como Bolivia, Ecuador y Venezuela, las políticas cambiarias se ven menos flexibles por el régimen cambiario adopatado.

Ante caídas pronunciadas en las cotizaciones de los commodities registradas en los mercados internacionales desde el mediano de 2014, las monedas locales han sido golpeadas y depreciadas de manera considerable en términos tanto nominales como reales en este grupo de países donde el tipo de cambio está sujeto a un régimen de libre fluctuación. Sin embargo, para las economías de la región cuyo régimen cambiario es menos flexible, las monedas locales se encuentran apreciadas en términos reales debido a la alta tasa inflacionaria prevalecidas, por ejemplo, Argentina (antes de 2016), Bolivia, Ecuador y Venezuela (FMI, 2017).

Es importante mencionar que los márgenes de maniobras para cada país particular han sido distintos debido a las capacidades diversas de resistir los impactos causados por los factores no favorables sobre el crecimiento económico, y por ende las medidas aplicadas para contrarrestar las presiones tampoco han sido unánimes. De tal manera, se puede observar que en gran parte de este periodo la mayoría de las economías importantes de la región han ajustado en primera instancia sus tasas de interés de referencia por sus bancos centrales respectivos, además de las depreciaciones considerables realizadas en sus monedas locales.

No obstante, para el caso de México, el ajuste de la tasa de referencia por el Banxico no fue inmediato como se ocurrió en otros países de la región. Ante los choques externos, las intervenciones de manera transparente y predeterminada por las autoridades monetarias centrales a través de ventas directas de divisas extranjeras (principalmente dólar norteamericano), a costa de ajustes en las reservas internacionales, en los mercados cambiarios han sido frecuentes antes de 2016 para aliviar las presiones sobre el peso mexicano. Lo anterior ha sido posible gracias a la estabilidad de los precios registrados en el mismo lapso y a que las variaciones correspondientes se encuentran dentro del rango de la meta preestablecida. A consecuencia de esta diferencia en la instrumentación de las políticas monetarias entre México y otras economías de la región, durante este lapso, tanto la tasa de interés como la inflacionaria se ubicaban por debajo en México en comparación con los mismos indicadores registrados en Argentina y Brasil, además de que el peso mexicano se ajustó a la baja con una magnitud menor que las monedas locales de otras dos mismas economías.

Sin embargo, al final del 2015, el panorama empezaba a modificarse radicalmente en México ante el aumento de tasa de interés por la ReservaFederal de los Estados Unidos y las complicaciones derivadas de las elecciones presidenciales de su vecino norte, pues la moneda comenzaba a depreciarse fuertemente y la inflación también estaba a punto de despegar. Como respuesta, a pesar del PIB que se encontraba estable y registraba signos de debilitarse, el banco central de México inició un agresivo ciclo de ajuste que lleva la tasa de política monetaria del 3 por ciento en diciembre del 2015 al 7 por ciento en junio del 2017 (Banco Mundial, 2017). En contraste, otras economías de la región aparentemente han hecho los ajustes pero de manera inversa sobre la tasa de interés llevados a cabo por las autoridades monetarias centrales respectivas.

En la actualidad①, aunque se efectuban los ajustes importantes en Argentina para combatir la tasa inflacionaria, hasta septiembre de 2017 todavía se ubicaba en 24. 2% en términos anualizados y sigue posicionando en el primer sitio en la región de América Latina y el Caribe②. Por su parte, después de un largo periodo de que la inflación se encontraba bajo control, México inició este año con tendencia al alza, y para octubre la cifra anualizada alcanzó a 6. 37%, nivel que no se observó desde diciembre de 2008③. Esta secuela se debe a varios factores combinados, entre los cuales, destacan el efecto de fuertes depreciaciones de lamoneda local sufridas en 2016 y a principios de 2017, la liberación de los precios de combustibles y otros artículos energéticos, por ejemplo, el gas LP, etc. Por ello, la aplicación de las políticas monetarias todavía enfrentará retos importantes en el aspecto de llevar la tasa inflacionaria bajo control y con tendencia convergente hacia su meta preestablecida en varios países latinoamericanos.

4. Vínculos económicos entre China, América Latina y el Caribe

Los vínculos económicos entre China, América Latina y el Caribe se han venido creciendo y consolidándose de manera importante durante las últimas dos décadas, tanto en el aspecto de intercambios comerciales como de inversiones mutuas.

4. 1. Intercambios comerciales entre China y América Latina

Los datos estadísticos deLa Organización de las Naciones Unidas (ONU) revelan que en 2014, los intercambios comerciales entre China y el continente de América Latina y el Caribe alcanzaron un volumen superior a 277 mil millones de dólares; entre ellos, México representaba 26. 1%, ligeramente inferior a la cifra registrada por Brasil, de 28. 1%. Por otro lado, si se revisan los

---

① No está considerada la cifra inflacionaria de Venezuela por la indisponibilidad.

② "Informes técnicos", Vol 1, No 187. Índices de Precios", Vol 1, No 31, Ministro de Hacienda, Presidencia de la República, Instituto Nacional de Estadísticas y Censo (INDECO), Argentina.

③ Banco de México.

datos de balanza comercial, se puede encontrar que el déficit comercial entre la región de América Latina y China es de 82. 1 mil millones de dólares al nivel general, de los cuales México representaba casi 3 cuartas partes, mientras que Brasil registraba un superávit de 3. 3 mil millones de dólares (Cuadro 2—2)①. Asimismo también se puede observar que Chile también tuvo saldo superavitario en sus intercambios comerciales con China durante el mismo lapso, con un monto de 3. 7 mil millones de dólares.

Por su parte, otras economías que contribuyeron al saldo deficitario de manera positiva son Argentina, Colombia, Ecuador, Paraguay, Perú, etc., a pesar con una magnitud mucho menor que México.

Cuadro 2 – 2 Estructura de los Intercambios comerciales entre China y la región de América Latina por país, 2014 %

Países	Volumen	Balanza Comercial
Total	100. 0	100. 0
México	26. 1	73. 4
Brasil	28. 1	-4. 0
Chile	12. 2	-4. 5
Argentina	5. 5	7. 6
Colombia	6. 3	7. 4
Ecuador	1. 8	5. 0
Paraguay	1. 1	3. 7
Perú	5. 8	2. 3
Resto	13. 1	9. 1

Fuente: Elaboración propia de acuerdo con las cifras estadísticas de Comtrade (2015), citadas por Adriana Roldán, etc. (2016), "Presencia de China en América Latina", Colombia.

4. 2. Inversiones extranjeras realizadas por China y su distribución en AL

Desde el ámbito de inversiones extranjeras realizadas en el continente de América Latina por China, Brasil sigue ocupando el primer sitio como el recep-

① Naciones Unidas, Comtrade.

tor mayoritario. Desde 2001 hasta 2016, China ha invertido un total de 113, 662 miles de millones de dólares por la vía de salida de inversión extranjera directa (Outward Foreign Direct Investment, OFDI) a los países latinoamericanos, entre los cuales, el destino principal ha sido Brasil, con una participación de 48. 3%, le siguen las economías como Perú, Argentina, Cuba, Jamaica y Chile, con 10. 9%, 9. 3%, 5. 1%, 4. 3% y 2. 9%, respectivamente; México ocupa la sexta posición, de 2. 8%.

Lo anterior demuestra una gran diferencia entre Brasil y México en las relaciones económicas que se han sostenido con China, respectivamente. Por un lado, el país de América del Sur hasobresalido en los aspectos tanto de los intercambios comerciales como de las inversiones recibidas, cuyos vínculos concuerdan con la importancia que significa la economía brasileña en la región. Por otro lado, México ha concentrado principalmente en los intercambios comerciales mientras que la recepción de las inversiones chinas ha sido relativamente reducida en comparación con el peso que representa la economía mexicana dentro de la región América Latina y el Caribe.

4. 3. Tendencias de los vínculos económicos

Es bien sabido que la cooperación económica entre las distintas economías pueden llevarse a cabo con alta probabilidad de éxito a través defortalecer las ventajas competitivas de cada país. En este sentido, se debe reconocer que dada la diversidad de las economías latinoamericanas, los vínculos económicos entre China y las economías de la zona no necesariamente tendrían que seguir el mismo esquema. Es decir, las cooperaciones podrían llevarse a cabo con distintos enfoques, ya sea por la vía de intercambios comerciales, o por la de inversiones, o por ambas. Además, en la misma vía, todavía se puede explorar las diferentes modalidades de acuerdo con las particularidades propias de cada una de las economías.

Por ello, cómo efectuarse las cooperaciones económicas entre China y cada una de las economías particulares de la región de América Latina y el Caribe con éxito y con beneficios mutuos para todos los participantes, sin duda, implicarían retos y complicaciones. Su superación requeriría talentos y habilidades de todas las partes involucradas a sus distintos niveles.

Ante el crecimiento sostenido y estable de la economía china y sus políticas consistentes en la promoción del libre comercio y flujo de inversiones al nivel mundial cada vez con mayor magnitud que antes, las oportunidades de realizar y profundizar todavía más los vínculos económicos entre China y los países en la región de América Latina y el Caribe seguramente serán amplias. En futuro, se espera que las cooperaciones económicas entre China y la región de América Latina y el Caribe sigan los mismos patrones registrados durante los últimos 20 años. Es decir, algunos países concentrarán sus esfuerzos en el ámbito de intercambios comerciales y otros están interesados en las cooperaciones de inversiones.

Por su parte, las medidas concretas para llevarse a cabo reformas estructurales pendientes y las continuas mejorías registradas en la construcción de infraestructuras en la zona de América Latina también implican que los países se encuentran cada vez mejor que antes preparados para integrarse con la economía china y con el resto del mundo tanto en los intercambios comerciales como en las inversiones. En este sentido, los vínculos económicos entre China y los miembros de la Cepal podrán profundizarse y ampliarse a partir de lo logrado en la actualidad.

Referencias

1. Adriana Roldán, etc. (2016), "Presencia de China en América Latina", Colombia.

2. Banco Mundial (2017). "ENTRE LA ESPADA Y LA PARED, LA ENCRUCIJADA DE LA POLÍTICA MONETARIA EN AMÉRICA LATINA Y EL CARIBE", Informe Semestral Oficina del Economista Jefe Regional, Octubre 2017.

3. Comisión Económica para América Latina y Caribe (2017a). "Estudio Económico de América Latina y el Caribe, 2017, La dinámica del ciclo económico actualy los desafíos de política para dinamizar la inversión y el crecimiento".

4. Comisión Económica para América Latina y el Caribe (2017b). "Actividad económica de América Latina y el Caribe se expandirá 1, 2% en 2017 y 2, 2% en 2018", Comunicado de Prensa, 12 de octubre de 2017.

5. Enrique Dussel Peters y Samuel Ortiz Velásquez (2017). "Monitor de la OFDI de China en América Latina y el Caribe". Red Académica de América Latina y el Caribe sobre China (Red ALC-China), México, junio 8.

6. Fondo Monetario Internacional (2017). "Cuadro 1. Hemisferio Occidental: Principales indicadores económicos", en Perspectivas Económicas: las Américas, 7 de octubre de 2017. Washington D. C.

7. "Informes técnicos", Vol 1, No 187. Índices de Precios", Vol 1, No 31, Ministro de Hacienda, Presidencia de la República, Instituto Nacional de Estadísticas y Censo (INDECO), Argentina.

第三章

阿根廷经济发展分析与展望

王建洪[①]

摘要：受到外贸形势好转和内部经济结构调整效果初显的影响，2016年下半年以来，阿根廷经济萎缩基本见底，通货膨胀率有望降低，外贸形势趋于改善，整体宏观经济出现了明显复苏的迹象；然而，阿根廷经济体系的结构性问题仍未得到根本改变，后续宏观经济政策走向值得关注。本章回顾了2017年阿根廷的宏观经济形势，梳理了美国次贷危机以来阿根廷宏观经济政策的演进趋势，总结了21世纪以来阿根廷所取得的经济成就，分析了中阿经贸往来的现状与前景，最后对阿根廷2018年经济形势进行了简要展望。

关键词：阿根廷；宏观经济形势；宏观经济成就；经济展望

引 言

2016年第四季度以来，受外部条件改善与内部结构调整的影响，阿根廷经济总体上呈现触底反弹的趋势，具体表现如下：

经济呈现复苏趋势。根据拉丁美洲及加勒比海经济委员会（CEPAL，以下简称拉美经委会）发布的《2017年拉丁美洲和加勒比经济初步概述》，2017年前9个月阿根廷国内生产总值（以下简称GDP）增长率为

---

① 王建洪，西南科技大学副教授，博士，主要研究方向：农（业）村经济学、金融学和公共经济学等领域。

2.5%，预计本年度增长率将达到2.9%。在拉丁美洲和加勒比（以下简称拉美）33个国家和地区中，阿根廷经济增长表现优于拉美地区整体（1.3%），但低于世界同期平均水平的3.6%。同时，阿根廷人均GDP出现了一定的回升。2017年阿根廷人均GDP增长率预计为2.0%，相比2016年的-3.2%，上升5.2个百分点。2017年第一季度起，阿根廷国内生产总值增长率止跌反升，连续三个季度GDP实现增长，经济复苏态势已然显现。

失业率小幅度上升。目前来看，阿根廷的失业率略有上升，2017年阿根廷公开城市失业率为9.0%，这与2015年和2016年的6.5%和8.5%相比，有小幅增加。阿根廷居民真实平均工资在2015—2016年也出现了波动，但总体呈上升趋势。由2014年的11500比索上升到2016年的20699比索。

通货膨胀有所缓解。由于克里斯蒂娜政府长期实行进口管制，阿根廷物价不断上涨，国内通货膨胀压力不断增加。美联储于2015年12月17日实施的加息政策，引发了多个新兴市场国家汇率波动，其中对阿根廷影响最为严重。2016年上半年，阿根廷的核心通胀率达到42%，比2014年的10.9%多出31.1个百分点。随着马克里政府实施的紧缩性货币政策初见成效，阿根廷的平均通货膨胀率由2016年的40.5%下降至2017年1—10月期间的26%。预期未来三年，通货膨胀率仍将持续下降。

固定资本投资贡献率小幅降低。2013—2016年，阿根廷固定资本投资占GDP的比重分别为17.3%、17.3%、16.9%和16.4%。

公共债务总额继续扩大。相较2015年的53.5%和2014年的44.7%，2016年阿根廷政府公共债务的总额和所占GDP的比重都有所增加。债务总额达到2447.72亿美元，占当年GDP的53.9%。其中，内部负债占GDP的比例达到36%，外债占17.9%。

财政赤字扩大压力有所减轻。2014—2016年阿根廷的财政赤字占GDP的比重从4.2%上升至4.6%。2017年财政赤字形势依然严峻，前10个月财政赤字占GDP的4.7%。虽然从数据上看，阿根廷财政赤字表现为扩张态势，但是马克里政府明确提出了未来三年财政赤字率缩减的目标，并出台了与之配套的一系列强有力的政策，这将会对财政赤字的缩减起到积极作用，预期财政赤字扩张将有所放缓。

对外贸易形成触底反弹趋势。2016 年阿根廷进出口总额为 1110.26 亿美元，同比下降 2.7%。其中，出口额为 577.835 亿美元，同比上升 1.7%；进口额为 532.43 亿美元，同比下降 6.9%。值得注意的是，这已经是阿根廷进出口连续三年下降。2013—2016 年，阿根廷对外贸易累计下降 24.6%，其中出口下降 23.9%，进口下降 25.3%。但随着 2016 年年末以来国际大宗商品市场的持续回暖，阿根廷对外贸易呈现复苏态势。2017 年 1—9 月阿根廷对外贸易额为 931.8 亿美元，其中出口 439.90 亿美元，进口 491.9 亿美元，分别同比增长 9.0%、0.7% 和 17.7%。

第一节　阿根廷概况[①]

早在石器时代，阿根廷就有了早期人类活动的痕迹。16 世纪初西班牙殖民者侵入阿根廷，至 16 世纪末西班牙殖民者已征服阿根廷中部、东北部和西北部地区。1776 年，殖民者设置以布宜诺斯艾利斯为首府的拉普拉塔总督区，在此之前它一直是秘鲁总督区的一部分。1816 年，爱国者在图库曼召开国民会议，通过《独立宣言》，正式宣布拉普拉塔联合省独立。1853 年，阿根廷通过第一部宪法，确立了联邦共和体制。如今，阿根廷作为拉丁美洲第三大经济体，南美洲国家联盟的重要成员、20 国集团的成员之一的同时，也是综合国力较强的发展中国家。阿根廷的官方语言是西班牙语。

地理位置

阿根廷位于南美洲南部，地跨 52°W—72°W，21°S—55°S。国土面积 273.67 万平方千米，排名世界第八，海岸线长 4000 余千米。北接玻利维亚、巴拉圭，西同智利接壤，东北部与巴西和乌拉圭为邻，东濒大西洋，南与南极洲隔海相望。

气候条件

由于领土狭长，阿根廷国内气候呈现出明显的多样化特点。北部属热带气候，夏季最高温度可达 40℃以上，全年雨量丰沛，冬季约 20℃；

---

①　中华人民共和国外交部，http：//www.fmprc.gov.cn/web/gjhdq_ 676201/gj_ 676203/nmz_ 680924/1206_ 680926/1206x0_ 680928/。

中部属亚热带和温带气候，气候温和，终年无雪；南部属寒带，冬季温度低于零度。阿根廷年平均气温北部为 21.6℃，南部为 6.3℃，首都为 17.7℃。

行政区划

阿根廷全国分为 23 个省和 1 个联邦首都区（布宜诺斯艾利斯）。其中，布宜诺斯艾利斯是阿根廷最大的城市，位于阿根廷东部沿海的拉普拉塔河的河口右岸，是全国政治、工业、商业、金融中心。科尔多瓦市是阿根廷第二大城市，是阿根廷的文化中心之一和重要的旅游胜地。

人口分布

阿根廷的主要民族是欧洲人和印第安人。截至 2016 年年底，阿根廷总人口数为 4384.74 万，为南美洲第三人口国。其中，白种人约占人口总数的 97% 且多属意大利和西班牙后裔，阿拉伯人和犹太人亦占一定比例。其中，最具阿根廷特色的当属由欧洲人和南美印第安人结合而成的高乔人，为潘帕斯草原、格兰查科和巴塔哥尼亚高原的居民，属混血人种，保留较多印第安传统。

政治制度

阿根廷为联邦制共和国，实行总统制代议制民主。总统是国家元首、政府首脑和陆海空三军总司令，由普选产生，总统任期 4 年，可以连任一次，现任总统是共和国方案联盟主席毛里西奥·马克里。国民议会由联邦参议院和众议院组成，为国家最高权力机关和立法机构。内阁为政府行政机构，内阁成员由总统任命。主要党派有正义党、激进党、激进公民联盟和共和国方案联盟等。

第二节　阿根廷宏观经济政策分析

自美国次贷危机以来，阿根廷一直被经济负增长和严重的通货膨胀问题所困扰。2009—2010 年，阿根廷政府通过举借外债来弥补财政赤字和推动经济增长，一定程度上改善了危机发生后的经济状况，但在经济结构性问题和严重通货膨胀问题的双重影响下，2011 年以后阿根廷的经济再度走弱。2014—2016 年，阿根廷 GDP 的增长率分别为 -2.5%、2.6% 和 -2.2%；同期人均 GDP 增长率分别为 -3.5%、1.6% 和

-3.2%。2017年，阿根廷经济形势有所好转，GDP增长率预期将达到2.9%，同期人均GDP增长率将达到2.0%。为了恢复经济增长，阿根廷政府加大了货币发放量，进而推升了通货膨胀指数。自2011年以来，消费价格指数同比增速不断攀升，2016年达到38.5%。

一　财政政策

为缓解经济萧条的负面影响，阿根廷政府大幅增加了财政支出，引发政府结余的下降，减弱了政府对于通胀的调节能力，迅速扩大的财政缺口只能通过超发货币和引入外资的方式来弥补。宽松的财政政策在实际中作用并不明显，经济持续疲软问题依旧严重、财政支出压力日益增加，这给阿根廷政府造成了巨大挑战。

（一）财政状况分析

税收与社保缴费是阿根廷政府主要的财政收入来源。由于经济疲软导致相应的税收收入难以增加，使各级政府不得不通过提高税率等方式应对日益扩大的政府开支。统计显示，在阿根廷全国24个地方政府中，有18个靠高税率维持开支，使该国成为典型的高赋税国家。在中央财政收入占GDP比重的增长上，税收增长的贡献已极为明显。2011—2015年，阿根廷的中央政府财政收入占GDP的比重从17.7%上升至20.7%，同时期税收收入占GDP的比重也从16.2%上升至17.6%（如图3—1所示）。

财政支出增加明显。2011年之前，阿根廷政府21世纪的财政支出占GDP的比重基本低于20%，2011—2012年，财政支出占GDP的比重从20.7%陡增至25.7%，2013—2015年分别为22.4%、24.8%和24.5%。

财政赤字率有所上升。收入增加较少加之支出的显著增加，2011年起阿根廷财政连年赤字。2011—2015年，阿根廷政府的财政赤字占GDP的比重分别为-1.9%、-2.8%、-2.5%、-4.2%和-3.8%（如图3—2所示）。

公共债务占GDP的比重持续增加。阿根廷政府债务总额占GDP的比重已经从2011年的38.9%上升至2016年的53.9%，总额高达2447.72亿美元。其中，内部负债增加尤为明显，其占GDP的比重从2011年的24.2%持续上升至2015年的37.1%，2016年占比有所下降，但仍然达到了 36%（如图 3—3 所示）。特别是，中央政府外部债务在 2017 年第二季度增长到 GDP 的 19.9%。公共债务的增加使阿根廷政府负债利息开支不断扩大，2015 年度债务利息支付达到了 1073.01 亿美元。

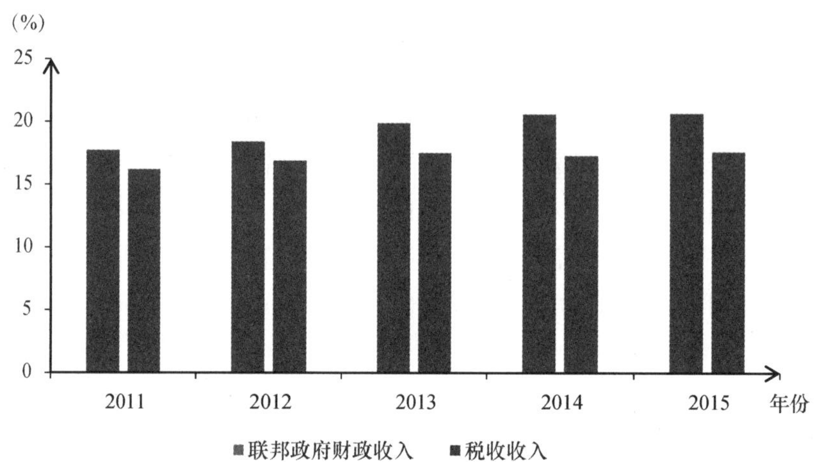

图 3—1　2011—2015 年阿根廷联邦政府总收入和税收收入占 GDP 的比重

资料来源：拉美经委会（CEPAL）官方统计数据库：ECLAC-CEPALSTAT。

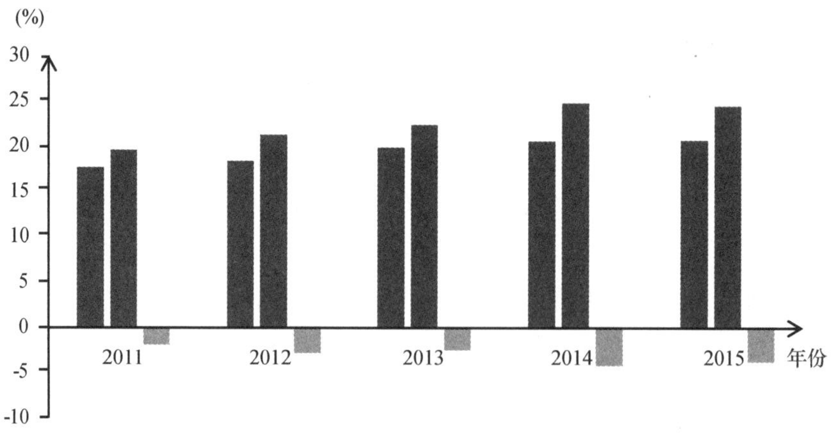

图 3—2　2011—2015 年阿根廷联邦政府财政收支状况占 GDP 的比重

资料来源：拉美经委会（CEPAL）官方统计数据库：ECLAC-CEPALSTAT。

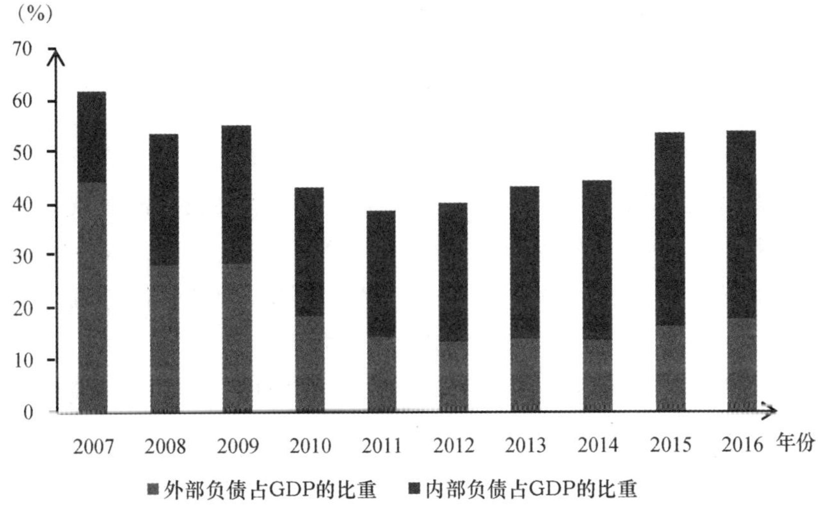

图 3—3 2007—2016 年阿根廷内外部负债占 GDP 的比重

资料来源：拉美经委会（CEPAL）官方统计数据库：ECLAC-CEPALSTAT。

外部借款占 GDP 的比重有所下降。2006—2015 年，阿根廷外部借款总额占 GDP 的比重由 48.6% 逐步下降至 2015 年的 24.2%，但是截至 2015 年，阿根廷外部借款总额仍然高达 1526.31 亿美元（如图 3—4 所示）。

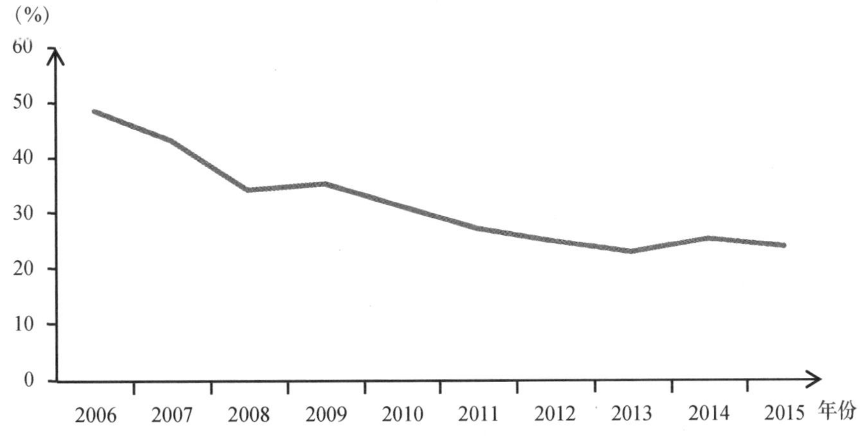

图 3—4 2006—2015 年阿根廷联邦政府外部借款占 GDP 的比重

资料来源：拉美经委会（CEPAL）官方统计数据库：ECLAC-CEPALSTAT。

（二）财政政策分析

1. 扩张性财政政策

2012 年以来，为恢复和促进经济增长，阿根廷政府实施了持续扩张性财政政策。2012 年 3 月，阿根廷议会通过中央银行改革议案，将中央银行对财政短期贷款额度由基础货币的 12% 提升至 20%，从而完成了财政政策的扩张。2012 年阿根廷政府连续 3 次追加财政预算，致使其当年总财政赤字达到了 530 亿比索，较上年增加 26.6%。在“低增长，高通胀”引发的收支双向作用下，2014 年、2015 年阿根廷政府财政赤字率连续两年突破 3% 的安全警戒线，财政压力巨大，企业税负居高不下。

2. 马克里政府的削减财政赤字政策

2015 年年底，马克里政府的上台成为财政政策转变的一个开始。新政府主张大力削减财政赤字，争取在 2019 年实现财政预算基本平衡。马克里政府对上届政府公共部门进行审计，精简公共部门，减少公务人员以降低政府开支；削减公共服务补贴，提高水电煤气价格并优化补贴结构。2016 年，马克里政府大幅上调了公共事业费，并成功实施了资金漂白计划，迅速扭转了 2011 年以来财政赤字不断攀升的趋势，将年度赤字占 GDP 的比重控制在 4.6%（3593 亿比索），预计未来三年这一数字有望进一步下降。根据 2016 年 11 月的财政预算案，马克里政府将通过适度扩大公共投资支出以拉动经济增长。2017 年 3 月，马克里政府更是宣布政府将创造条件实现 3%—4% 的长期增长目标。

3. 马克里政府财政政策的展望

2017 年 9 月公布的 2018 年财政预算详细文件，马克里政府基本延续其上任以来的财政政策。在公共事业费方面，政府将进一步调高水电及公共交通费用，在能源领域的投资预期也将从 2017 年的 2098.04 亿比索下降至 1758.33 亿比索；在社会福利方面，政府将加大福利支出水平，计划于 2018 年将该方面开支增长 22%；在财政赤字方面，2018 年阿根廷政府希望将初级赤字水平下降至国内生产总值的 3.2%，但是由于阿根廷财政的不足，国家将会采取必要的方式弥补，将会从公共部门、国际组织、私人部门等主体借款，预计财政预算将持续增长至 2020 年，其本金与利息之和预计将占国内生产总值的 37.3%；在税务方面，预计总税务水平将从 2017 年的 24.93% 下降至 24.61%；在基础设施建设方面，阿根廷政府将积极采取 PPP 模式，预计 2018 年采用该模式的基础设施建设项目将达到 52 个，总投资金额为 210 亿美元。[①]

二　货币政策

货币政策方面，阿根廷在 2002 年经济与货币危机以后，被迫放弃了联系汇率制度。此后，阿根廷比索汇率不断贬值，在多数年份中，通货膨胀率均高于 10%。阿根廷共和国中央银行（BCRA）不断通过调整基准利率与货币发行量等方式对经济进行调控。

（一）过去 10 年货币政策分析

过去 10 年，根据不同阶段的经济形势，阿根廷央行采取了明显不同的货币政策。大体而言，可分为四个阶段的四种货币政策。

第一阶段：2007—2009 年，延续趋紧的货币政策。

2003—2008 年的 6 年间，在新政府、IMF 等国际组织的资金支持以及国际大宗商品向好的形势下，阿根廷的经济实现了复苏及快速增长。但是，阿根廷经济增长的同时也伴随着通货膨胀的高企，为遏制通胀，中央银行不断上调基准利率，其中 2007—2009 年货币基准利率从 9.1% 上升至 14%。适度控制广义货币发行量、提高基准利率这一手段取得了良好效果，2007—2009 年阿根廷的 CPI 一直保持在 8.5% 以下。

第二阶段：2009—2012 年，宽松的货币政策。

2009 年起，次贷危机带来的负面影响日益显现，引发了阿根廷国内经济的快速下滑。除政府采取了筹集外债，扩大财政支出的方式刺激经济发展外，阿根廷央行也将基准利率从 2009 年的 14% 下调至 2011 年的 11.8%，2012 年虽然基准利率有所提升但也仅维持在 12.8%，其目的是通过降低利率来降低资金成本，刺激消费与投资，带动经济复苏。与此同时，2010—2012 年连续三年广义货币发行量增幅超过 30%，这向经济体释放了大量流动性。

---

① 阿根廷财政部，https://www.minfinanzas.gob.ar/secretarias/finanzas/。

第三阶段：2012—2015 年年底，货币政策频繁调整时期。

2012 年 3 月议会通过了克里斯蒂娜政府提出的中央银行改革议案，主要内容涉及如下几个方面：第一，“刺激经济增长”被列入阿根廷中央银行目标；第二，中央银行对财政短期贷款额度由基础货币的 12% 提升至基础货币的 20%；第三，基础货币发行量将依据经济增长水平而非通胀率；第四，政府可以动用外汇储备偿还债务。由此，货币政策由单目标调控（通货膨胀）转变为多目标调控，此后货币政策更呈现出短期性、应急性的特点。2012 年，广义货币投放量增长达到 32.4%，远超当年设定目标的 26.4%，甚至超过了发行量的上限设定 31.5%。2013 年虽然货币供应量有所减少，但总体上仍然保持宽松。但由于本币流动性过剩、通胀率迅速攀升，阿根廷央行不得不于 2013 年 12 月宣布减少货币发行量以应对通货膨胀。2014 年广义货币发行量增速降低至 23.1%，比索的流动性显著下降，然而通货膨胀却仍在不断攀升，经济陷入衰退状态，2015 年政府又不得不将货币供应量提升 33.2%。[①] 外汇方面，为了防止资本外流，克里斯蒂娜政府密集出台了一系列外汇管制措施，使资本净流出量大幅度下降。

第四阶段：2015 年年底至今，紧缩性货币政策。

2015 年年底马克里政府上台后，采取了一系列有效措施遏制通货膨胀。一是发行短期中央票据收回流动性，使货币供应量（M_2）从高峰时期的 40% 下降至 20% 左右；二是通过正利率政策将基准利率调整至高于通货膨胀 4% 左右[②]，基准利率（年均）也达到了 2002 年以来的最高值 28.8%，2016 年 4 月甚至调整至 38%；三是从大量超发货币转变为债务融资弥补财政赤字；四是压低薪酬涨幅控制通货膨胀。这些措施在 2016 年年中已初见成效，2016 年 6 月起，核心通胀年率已由年初的 40% 下降至 20% 左右。下半年开始，阿根廷央行根据经济形势连续 24 次降低基准利率至 24.75%。2017 年，阿根廷央行正式开始实行通货膨胀目标制，2017 年将通货膨胀目标区间定在 12%—17%。此后在公共服务价格上涨

---

① CEPAL, Estudios Económicos de América Latina y el Caribe 2013 - 2015, Santiago de Chile.

② 杨静：《阿根廷近期政治经济形势与趋势分析》，载《海外投资与出口信贷》2017 年第 3 期。

与通货膨胀的压力下，基准利率又从 1 月的 24.75% 上升至 11 月的 28.75%（如图 3—5 所示）。

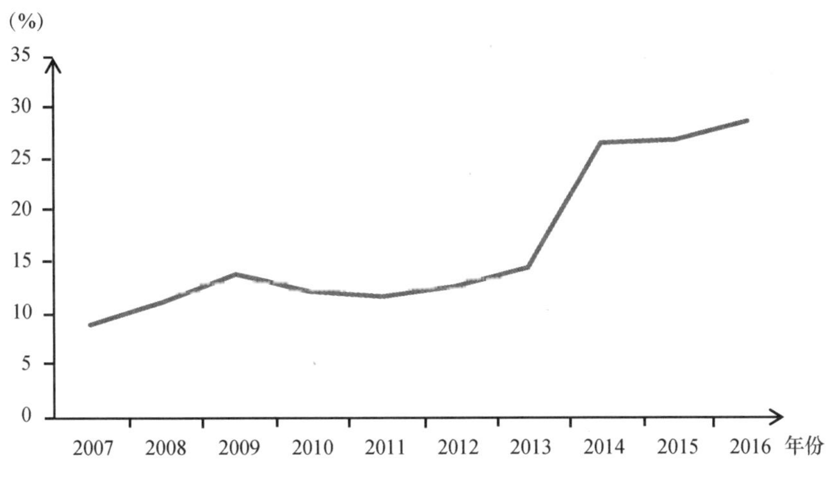

图 3—5　2007—2016 年阿根廷基准利率统计

资料来源：拉美经委会（CEPAL）官方统计数据库：ECLAC-CEPALSTAT。

阿根廷央行的货币政策目标同样可以从图 3—6 中表现出来，从图 3—6 可以较为清晰地看出 2007—2009 年，货币政策的主要目标是为了遏制通货膨胀，对经济发展有一定抑制作用。2009—2011 年为了促进经济增长，货币政策利率下调，GDP 便有了明显的反弹。而 2011 年至今，货币政策利率的趋势大抵与通货膨胀率保持一致，表明此时阿根廷央行采取的货币政策目标从促进经济增长转变至控制通货膨胀。

客观而言，2015 年以前，克里斯蒂娜政府惯用超发货币的方式振兴经济。在经济不景气的 2010—2015 年，阿根廷央行的广义货币发行量增速超过 25%，尤其是 2010 年、2011 年、2012 年连续三年超过 30%。2015 年以来，马克里政府迅速回收中短期流动性，同时配合信贷利率的调整，明显起到了遏制通货膨胀的效果，为经济企稳创造了较好的融资环境（如图 3—7 所示）。

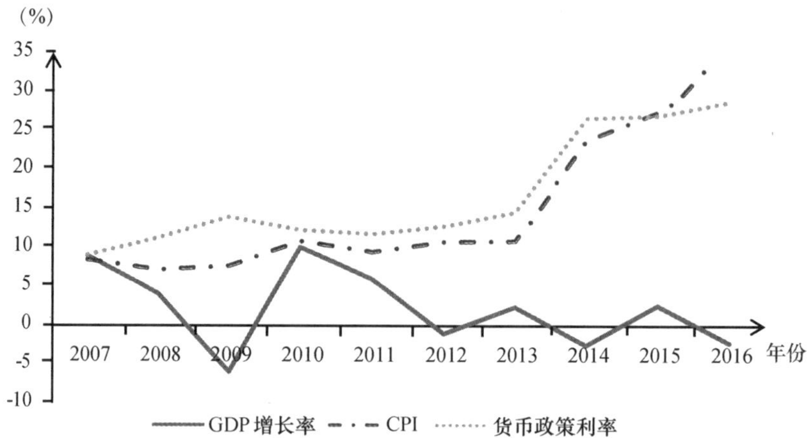

图 3—6 2007—2016 年阿根廷货币政策利率与 CPI 和 GDP 增长率的关系

资料来源：拉美经委会（CEPAL）官方统计数据库：ECLAC-CEPALSTAT。

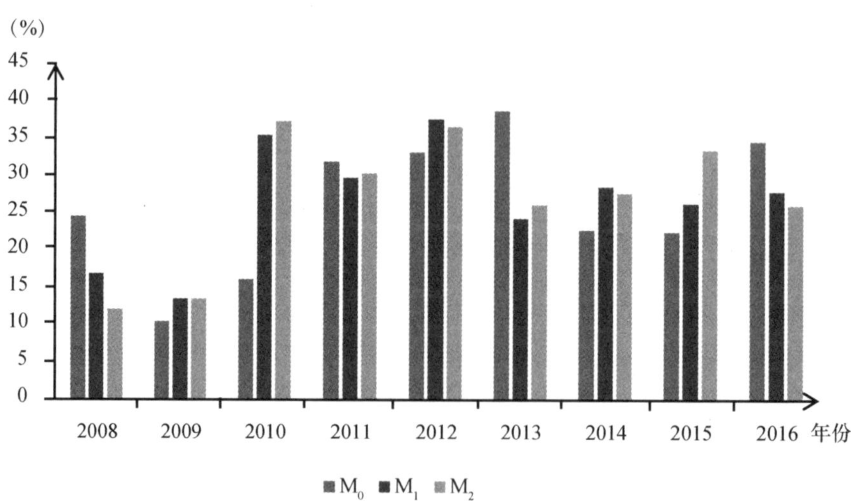

图 3—7 2008—2016 年阿根廷货币指标（相对于前一年的变动百分比）

资料来源：拉美经委会（CEPAL）官方统计数据库：ECLAC-CEPALSTAT。

（二）当前货币政策分析与展望

以上数据显示，自2016年下半年以来，阿根廷央行仍以控制通货膨胀作为货币政策的主要目标，至2019年年末，若其通胀率降低至6.5%的目标能够实现，比索中长期利率预计还将有大幅度的下降。

阿根廷央行降低基准利率的原因主要有以下几点：第一，2016年下半年开始，阿根廷经济改革措施效果开始显现，消费、投资、政府支出开始增长，并且在取消出口限制、降低关税后，阿根廷出口额回升明显，2016年第三、第四季度GDP环比上升了0.1%和0.5%。多方预计2017年起阿根廷GDP将会持续增长，预计未来三年GDP增幅将会达到2.8%、3.2%、3.5%，经济将会缓慢复苏。经济复苏期间需要一个较低的资金成本促进消费与投资，因此需要降低基准利率。第二，阿根廷通货膨胀率的迅速下降。控制通胀是马克里政府的主要工作，而目前核心通货膨胀率下降至20%。与此同时，阿根廷政府于2016年3月成功解决了主权债务纠纷，重新打开了国际市场融资的渠道，截至2017年3月，阿根廷政府已在国际市场上发行298亿美元外币债务，减轻了通过发钞弥补财政赤字给国内通货膨胀造成的压力。政策多管齐下应对通货膨胀形成了通货膨胀减轻的预期，在此情况下可以适当降低基准利率，将部分工作视线转变至促进经济增长、降低失业率和改善社会福利方面。

目前阿根廷的经济迫切需要投资和消费拉动，经济迅速复苏的压力迫使阿根廷央行开始适度放宽目前的货币政策，通胀压力见效的预期又为降低基准利率提供了活动空间。因此，预计2018年内阿根廷基准利率有望保持稳中有降的状态。

三 产业政策

阿根廷作为拉丁美洲仅次于巴西和墨西哥的第三大经济体，是一个自然资源丰富、基础设施较为完备的国家。阿根廷投资环境较为宽松，外国投资者可以在除军事领域外的各个领域进行投资活动，但是阿根廷存在贸易保护主义倾向，会通过配额制、特殊税、最低限价、反倾销等措施，限制和阻止与本国产品有激烈竞争的产品进口。阿根廷矿产资源丰富，在世界矿产资源排行榜中阿根廷位列第六位，其优势矿产资源主要有石油、天然气、金、铁、铀、锌等，由于对矿产资源开发的重视程度不够，目前约有75%的资源尚未开发。阿根廷的农业十分发达，机械化水平高，是世界最大的豆粉、豆油、葵花籽油、蜂蜜、梨和柠檬出口国，高粱第二大出口国、玉米和大豆第三大出口国、小麦和牛肉第五大出口国，在畜禽生产、良种培育、果树种植等方面具有竞争优势。[①] 工业方面，阿根廷工业门类较为齐全，其中核工业、食品加工、生物医药、汽车制造业具有一定的比较优势。阿根廷的服务业也十分发达，第三产业占GDP的比重达62.8%，对阿根廷经济的影响不容小觑。为了促使经济发展，阿根廷政府根据本国经济特点出台了一系列产业政策促进经济发展。

（一）农业产业政策

阿根廷是传统的农业大国，农业（农牧业）一直都是其支柱产业。阿根廷也是世界重要的肉类及粮食出口大国，虽然目前农业产值仅占GDP的5%左右，但是其农产品出口却占到阿根廷出口总额的50%以上；全国的就业人口中也有21%从事农牧业或相关产业。因此，农业在阿根廷的产业结构中占据重要地位，对于缓解就业压力、创造外汇收入具有巨大作用。阿根廷的农业是典型的外向型发展模式，需要积极参与全球农业市场的竞争，因此阿根廷的农业产业政策也主要以提升本国农产品国际竞争力为主，其手段主要有“松绑减负”、改革口岸政策、政府谈判、完善基础设施建设、吸引外资、科研与推广等。

第一，松绑减负。1991年以前，阿根廷农民面临的税负十分繁重，严重阻碍了农民生产的积极性，不利于阿根廷农业的良性发展。1991年以后，阿根廷政府开始对农牧业实施轻税原则，减少一系列税种并使用统一的征税体系对农牧民征税。例如，对出口农产品上游环节全额退税、农业营业税按最低的1%税率征收等，这些减税措施有效地降低了农民的成本，提高了他们的生产积极性。

第二，改革口岸政策。为了增强农产品在国际市场的竞争力，打开本国农产品出口价格空间，阿根廷政府从1994年起将小麦、大豆等优势

① 中华人民共和国驻阿根廷共和国大使馆经济商务参赞处，http://ar.mofcom.gov.cn/article/ddgk/。

农产品出口关税从 1989 年的平均占价格的 30%—41% 降低至 3.5%，并同时降低或取消了各项出口检查费用。除此之外，取消或降低农业生产资料进口关税与进口限额，直接降低了农产品生产成本。

第三，政府谈判。阿根廷政府积极在各个国际组织之间为进一步减少农产品贸易限制方面做着极大努力。在 WTO 中，阿根廷政府极力建议加速补贴与关税减免；在各区域性国际组织中阿根廷政府一直竭尽全力促成谈判的活跃与富有成效；阿根廷政府还积极与各国政府开展贸易谈判，建议各国减少乃至取消贸易壁垒，推行自由的国际贸易政策。

第四，完善基础设施建设。完善的基础设施与高效便捷的物流系统是降低运输费用、减少农产品国际运输中间费用、提升农产品竞争力的行之有效的办法。阿根廷实行私有化政策以来，政府便全面利用公共资金与私人资金改善本国基础设施与运输系统，以期全面提高运输效率。目前阿根廷政府出台了 2016—2019 年交通基础设施建设计划，该计划包括 224 个涉及公路、铁路、机场和港口的公开招标项目，预算金额为 332.3 亿美元①，与此同时，阿根廷政府还积极引进外国资本用于改善本国基础设施。

第五，积极引进外资。农业领域是阿根廷政府着力进行外资引进的部门，外资进入农业市场一方面将为其带来丰富的发展资金，另一方面也会为其带来先进的生产技术与管理理念。杂交技术、转基因技术的引进，提升了阿根廷的育种能力；农用机械的引进更是提高了整个阿根廷农业机械化率，大幅度提升了阿根廷农业生产效率。

第六，科研与推广。先进的农业生产技术与优良的品种需要一定的推广普及才能得到广泛认知与运用。为此阿根廷政府早在 1956 年便成立了农牧业技术研究所进行科研与推广工作。经过半个多世纪的发展，目前该国已形成覆盖全国的农牧业技术普及体系，高效传播最新农牧业信息与技术指导。

（二）汽车产业政策

汽车产业是阿根廷的支柱产业，对阿根廷经济的发展具有不可忽视

---

① 中华人民共和国商务部，http：//www.mofcom.gov.cn/。

的作用。阿根廷生产的汽车2/3以上销往巴西。以2016年为例，阿根廷汽车的产量为47.28万辆，位居全球汽车产量排名第24位，南美洲产量的第3位。[①] 近年来，受到巴西经济衰退的影响，阿根廷汽车产业也受到严重波及，汽车产量与出口量持续下降。总体来看，阿根廷历届政府对汽车产业都十分重视，出台了一系列政策，以促进该产业的发展。

第一，积极引进海外投资。阿根廷政府对外国资本采取完全开放的态度，允许不同国家、地区的汽车厂商在阿设厂。目前，外资企业是阿根廷汽车市场的主角，主要品牌包括大众、福特、标志、雷诺、丰田、菲亚特等。我国的部分汽车品牌，如奇瑞、长城等，也进入了阿根廷汽车市场。

第二，实行税收优惠。近年来，由于国内经济停滞不前、汽车主要出口对象巴西等地区的经济发展放缓，马克里政府出台了削减消费税的新政，以促进汽车业发展。例如，售价超过35万比索的汽车税收由30%下降至10%，售价高于80万比索的汽车，税收由原来的50%下降至20%。

第三，积极签订贸易协定。为了应对当前汽车业的萧条形势，阿根廷政府与其汽车主要出口国巴西、墨西哥、哥伦比亚等，修订或签订了双边汽车贸易协定。其中，与墨西哥签订的《汽车互补协定》（ACE）将延续实施5年，设定配额由原先的5.7亿美元逐步提升至2019年的6.4亿美元，超配额需支付35%的关税，协议期满即开始实施自由贸易协定。与巴西签订的《一般性汽车协定》（PAC）延续实施4年，即巴西进口1美元阿根廷汽车产品，巴西可出口1.5美元汽车产品至阿根廷，超过部分则需支付35%关税。[②] 2017年4月哥伦比亚与阿根廷签订双边贸易协定，确定车辆配额及取消双边汽车关税，这对阿根廷来说相当于每年创造了7亿美元收入的新市场。

---

① 世界汽车组织，http://www.oica.net/。

② 中国企业报道，http://www.ceccen.com/quanqiushiye/1496371382.html。

第三节　阿根廷经济发展成就

阿根廷是拉丁美洲第三大经济体，其经济体量仅次于巴西与墨西哥，经济发展水平较高。近年来，阿根廷在国际上得到了越来越多的关注。2010 年阿根廷召开第 20 届伊比利亚美洲首脑会议；2015 年举办了人工智能国际联合大会；2017 年举办了世界电信发展大会。这些重要会议主办权的落户源于阿根廷本身经济实力与政治地位的提升。作为南美洲国家联盟、20 国集团成员，21 世纪以来阿根廷借助良好的世界经济环境取得了一系列的成就，虽然金融危机对阿根廷造成重创，但是随着马克里政府一系列改革政策的实施，阿根廷的经济形势有了明显的好转，有望实现经济的再次腾飞。

一　经济增长

2002 年，阿根廷曾经遭受严重的货币危机，经济受到重创。2003—2008 年，得益于国际大宗商品繁荣周期以及国际组织的援助，阿根廷经济实现较快增长。2009 年受金融危机的影响，阿根廷经济出现了负增长。2010 年阿根廷经济实现快速复苏，并在阿根廷存在的"选举经济"现象刺激下在 2011 年实现 6. 0% 的 GDP 增幅。[①] 然而 2012 年以来，由于克里斯蒂娜政府应对不利国际条件、国内经济结构问题和通胀问题的一系列政策未见明显成效，阿根廷经济再次陷入困境。2015 年 11 月马克里的当选开启了经济自由化改革的进程。2016 年下半年开始，马克里政府的一系列政策效果开始显现。阿根廷各项经济指标开始明显好转。虽然 21 世纪以来，阿根廷的经济有所起伏，但其取得的成就同样有目共睹。

从总量来看，其国内生产总值从 2000 年的 2842. 0375 亿美元上升到 2015 年最高时的 5847. 1 亿美元，增长 105. 7%（如图 3—8 所示）。

① IMF, World Economic Outlook, Washington D. C. October 2016, p. 233.

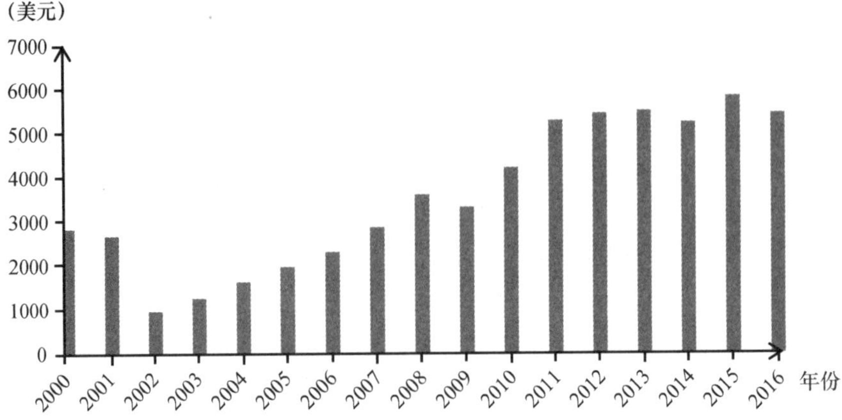

图3—8　2000—2016年阿根廷GDP

资料来源：世界银行数据库，http：//databank. worldbank. org/data/home. aspx。

从人均量来看，阿根廷人均GDP也从2000年的7669.3亿美元上升到2015年最高时的13467.1美元，增长75.5%（如图3—9所示）。

从增长率来看，2000—2015年阿根廷GDP平均增长率为2.71%，人均GDP增长率为6.84%（如图3—10所示）。

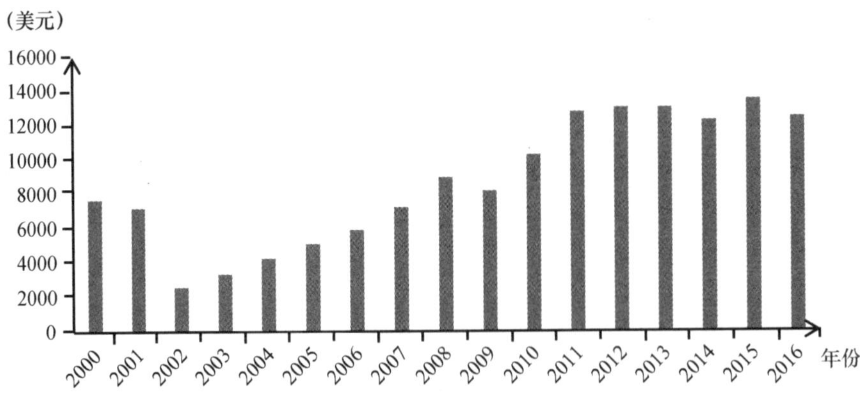

图3—9　2000—2016年人均GDP

资料来源：世界银行数据库，http：//databank. worldbank. org/data/home. aspx。

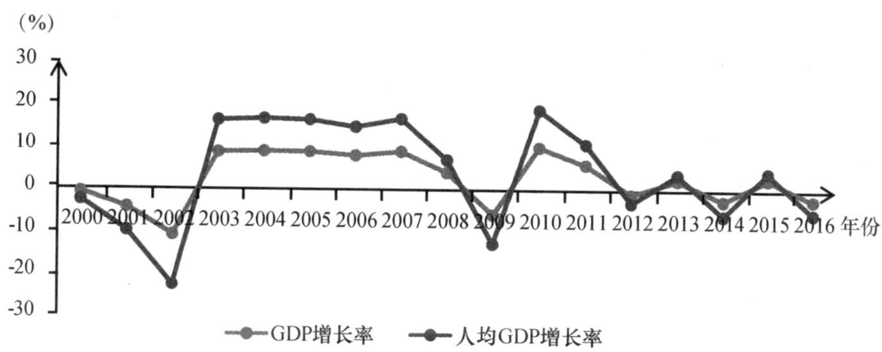

图 3—10 2000—2016 年阿根廷 GDP 和人均 GDP 增长率

资料来源：世界银行数据库，http：//databank. worldbank. org/data/home. aspx。

目前，阿根廷经济金融形势总体稳定。2017 年第一季度国内生产总值增长 0. 3%，预计全年增长 2. 4%。根据阿根廷国家统计与人口普查研究所的数据，2017 年 6 月阿根廷国内生产总值已恢复到 2015 年的平均水平，其中工业和建筑业的增长尤为显著。① 预计 2017 年阿根廷国内生产总值增长率为 2. 9%。

二 通货膨胀

由于克里斯蒂娜政府长期实行进口管制，阿根廷物价不断上涨，国内的通货膨胀压力不断加大（如图 3—11 所示）。马克里上台之后，实行了紧缩性货币政策，阿根廷通货膨胀状况有所好转。数据显示，2016 年 6 月以来，核心通胀年率已经从上半年的 42% 大幅下降到 20% 左右，2017 年 1—10 月核心通胀率大约为 26%。阿根廷央行于 2016 年制定了 2017 年、2018 年及 2019 年的通胀目标，分别为 17%、12% 和 6. 5%。

三 汇率

自阿根廷前政府从 2011 年 10 月 31 日起实行汇率管制政策以来，阿根廷本币比索贬值近 230%，外汇储备减少了近一半，严重影响了阿根廷

① 驻阿根廷共和国大使馆经济商务参赞处，http：//ar. mofcom. gov. cn/article/ddgk/。

经济的可持续发展。2015 年 12 月 17 日，马克里新政府执政一周即宣布取消汇率管控，当天美元兑比索即升值 41.8%。为防止比索过度贬值推高物价，阿根廷央行提高基准利率，吸纳了市场上过剩比索，随后两周汇市趋于平稳，但阿根廷仍然面临较大的货币贬值压力。

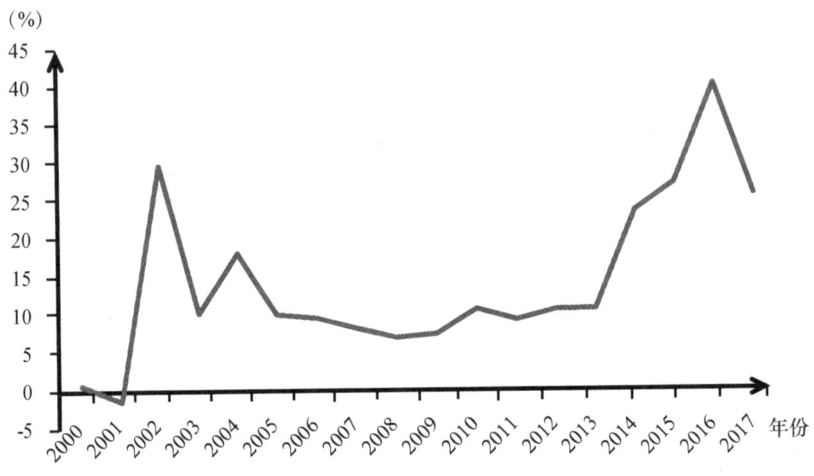

图 3—11　2000—2017 年 10 月通货膨胀率（CPI）

资料来源：世界银行数据库，http：//databank. worldbank. org/data/home. aspx。

从 2017 年 1 月开始，受到美元资金持续流入的影响，阿根廷比索甚至有所升值。截至 2017 年 3 月底，阿根廷比索即期汇率较 2016 年年底升值 2.3%；三个月远期的汇率波动率从上年第一季度约 15.28% 急剧下降到今年第一季度的 6.69%，阿根廷比索汇率波动幅度有所收窄（如图 3—12 所示）。

四　外商直接投资（FDI）净流入

2001 年，阿根廷因主权债务违约难以从国际市场获得融资；2003 年基什内尔总统执政，经济环境趋好，经济迅速恢复，外国投资也呈不断增长趋势；2008 年下半年，受金融危机的影响，阿根廷吸引外资总额下降；2010 年经济形势好转，外商投资也随之增加。近年来，外国直接净投资（FDI）流入波动性加大：2012 年同比上升 27%，2013 年下降 25%，

2014 年受国有化政策影响因而进一步下降 41%（如图 3—13 所示）。

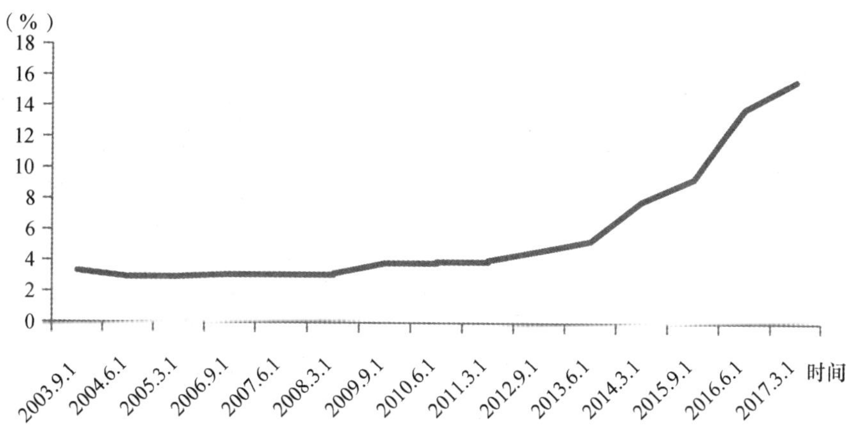

图 3—12　美元阿根廷比索汇率

资料来源：阿根廷中央银行，http：//www. safe. gov. cn/wps/portal/sy/tjsj。

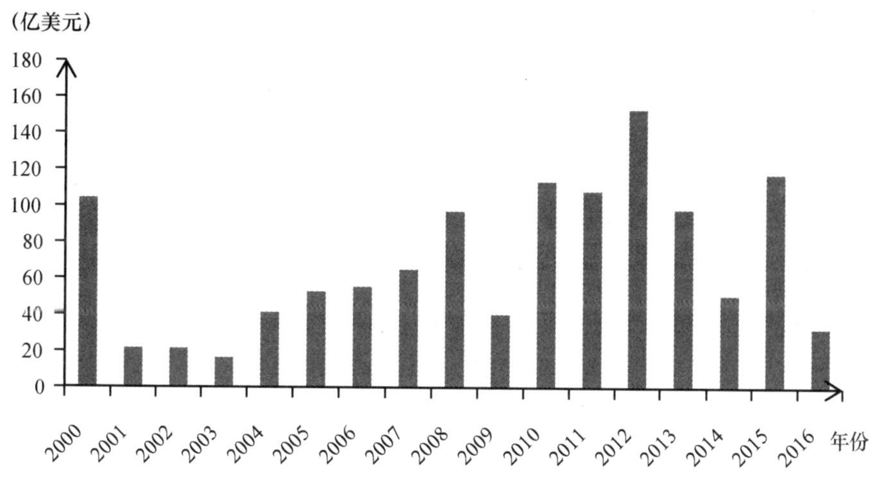

图 3—13　2000—2015 年阿根廷 FDI 净流入

资料来源：世界银行数据库，http：//databank. worldbank. org/data/home. aspx。

五　对外贸易

对外贸易方面，2012 年，因为进口下降、干旱以及外部需求疲软等因素的影响，阿根廷农产品与工业制成品的出口量显著萎缩。2013 年以后，随着贸易条件不断恶化，商品贸易顺差持续收窄，服务贸易赤字持续扩大，但得益于2015年与中国签署的110亿美元货币互换协议，以及坚定的资本管制，阿根廷在资本账户上实现了顺差。①

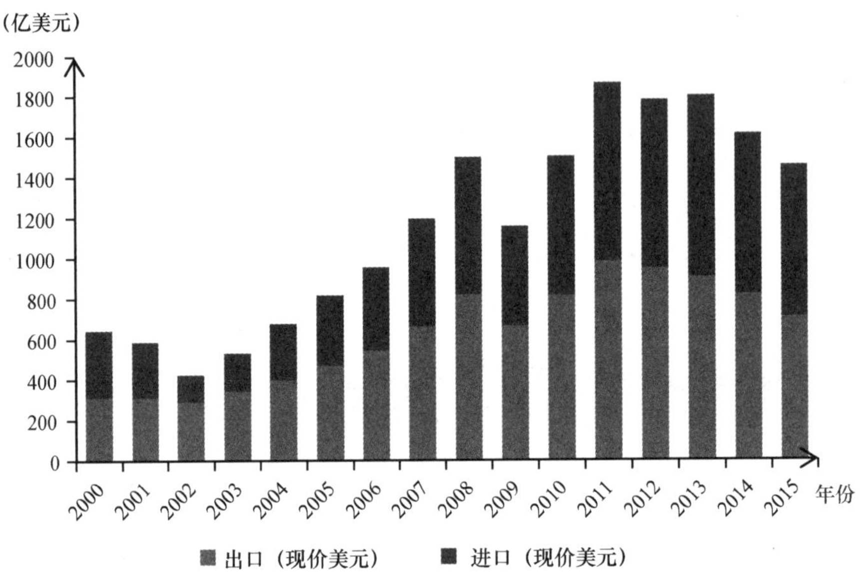

图3—14　2000—2015年阿根廷进出口总额

资料来源：世界银行数据库，http：//databank. worldbank. org/data/home. aspx。

总体来看，2000年阿根廷进出口总额仅为643.05亿美元，2008年首次突破了1450亿美元，2011—2014年进出口总额都超过了1600亿美元。2000—2014年对外贸易年均增长率为7.47%。出口方面，2000年阿根廷的出口总额为312.3亿美元，2011年出口总额最高，达982.1亿美元，虽然近几年出口有所萎缩但仍高于700亿美元。2000—2014年出口年均增长率为8.1%。进口方面，2000年进口总额为330.7亿美元，2011年进口总额最高，达到882.4亿美元，虽然近两年进口有所萎缩，但近六年进口总额都超过1500亿美元。2000—2014年进口年均增长率为10.9%（如图3—14所示）。

对外贸易对阿根廷经济的重要性不言而喻。1997—2001年，进出口占GDP的比重变化平缓，随后有一个大幅上涨的趋势，但2009年以后对

① CEPAL，Estudios Económicos de América Latina y el Caribe 2013 -2016，Santiago de Chile.

外贸易占 GDP 的比重又不断下降；若以进出口总额占 GDP 的比重来衡量一国经济对外依存度，则 2002—2014 年阿根廷经济对外依存度一直高于 28%，2002 年最高时对外依存度高达 41.8%，表明阿根廷已经成为出口导向型国家（如图 3—15 所示）。

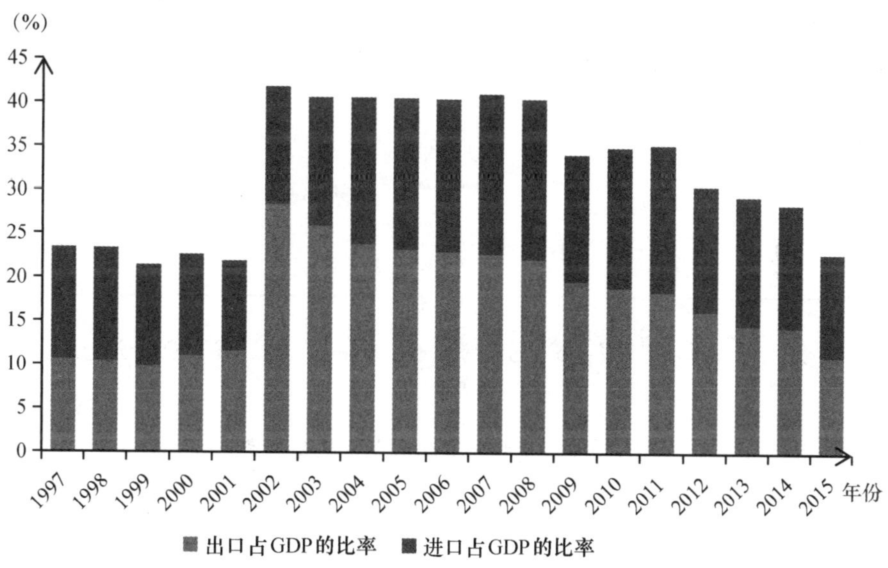

图 3—15　1997—2015 年进出口贸易占 GDP 的百分比

资料来源：世界银行数据库，http://databank.worldbank.org/data/home.aspx。

从进出口主要对象来看，以 2015 年上半年为例，巴西为阿根廷第一大贸易伙伴，占阿根廷出口总额的 18.9%，占阿根廷进口总额的 22.5%；中国和美国分别是阿根廷的第二大和第三大贸易伙伴，两国合计占阿根廷出口市场的 15.6%，两国合计占阿根廷进口市场的 31.2%；智利是阿根廷最大的贸易顺差国，1—6 月阿根廷对智利的顺差额为 9.1 亿美元；美国为阿根廷最大的贸易逆差来源国，1—6 月逆差额为 23.5 亿美元。

六　就业

2000 年以来，伴随着经济的稳定增长，阿根廷失业率逐步降低。从 2000—2016 年，阿根廷失业率从 19.6% 逐年下降到 6.6%（如图 3—16 所示）；从 2002 年阿根廷最高失业率 19.6% 逐步下降，2013 年达到最低失业率 6.6%，2014 年和 2015 年也保持了失业率的最低纪录。目前来看，阿根廷的失业率略有上升，2017 年度失业率预计为 9.0%。[①]

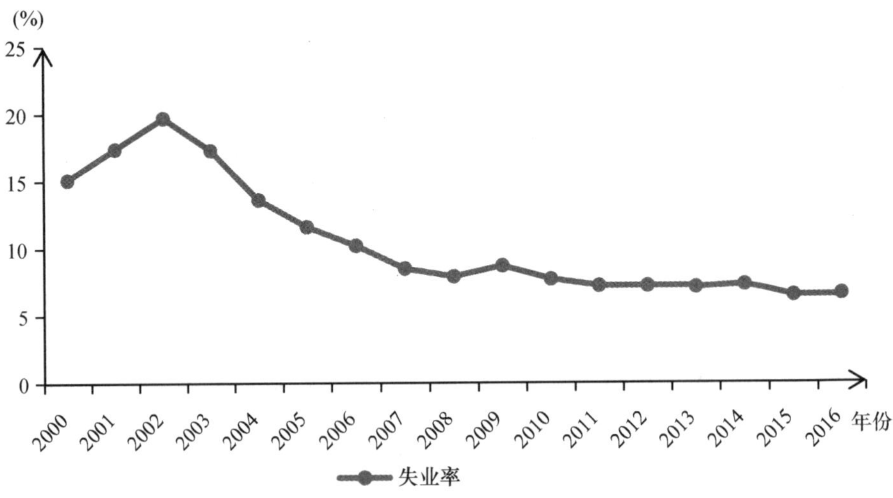

图 3—16 2000—2016 年阿根廷失业率

资料来源：世界银行数据库，http：//databank. worldbank. org/data/home. aspx。

从三大产业的就业情况来看，阿根廷农业、工业和服务业的就业比重比较稳定。三者之间的比例大概为 0.1∶2∶7.5，就业中服务业占比十分突出（如图 3—17 所示）。

七 贫困人口

在 2001 年经济危机的影响下，2003 年阿根廷贫困人口比例在 1994 年的基础上飙升了 3 倍。同时，贫富差距也进一步扩大，从 10% 最富裕阶层与 10% 最贫困阶层的收入比例来看，2002 年，阿根廷富人收入是穷人收入的 29.8 倍。基于这种现实，阿根廷政府在 2003—2013 年期间实施包容性发展政策，取得了年均 6% 的经济增长成绩，处于拉美地区的领先水平。同时，贫困率趋于下降，社会财富分布结构趋于公平，中产阶层占比在 2000 年 34% 的基础上大幅上升到 2011 年的 53%。

① 中华人民共和国外交部。

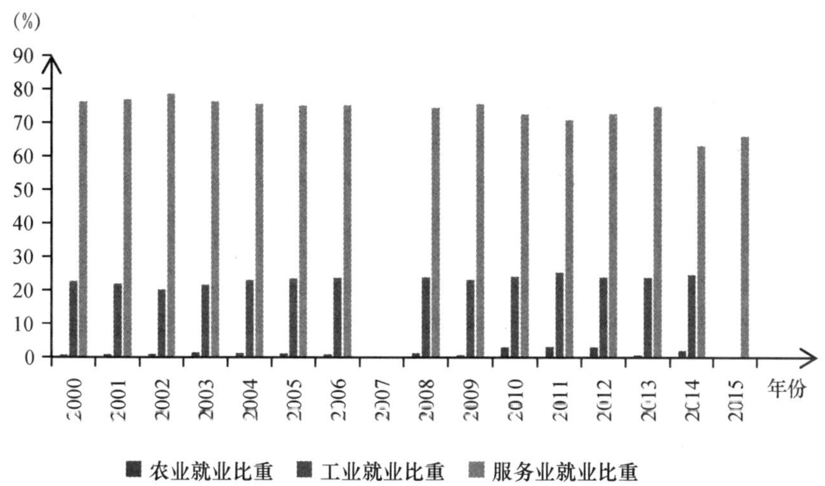

图 3—17　2000—2015 年三大产业就业比重

注：图中为零的部分代表当年数据缺失。

资料来源：世界银行数据库，http：//databank. worldbank. org/data/home. aspx。

2016 年，阿根廷贫困人口总数达到了总人口的 32. 2%，即 1300 万人口，350 万个家庭，其中 170 万为特困人口。① 2017 年 3 月 9 日，阿根廷天主教大学 UCA 社会债务研究部公布研究数据表示，在 2016 年的前三个季度里，阿根廷又有 150 万人跌入贫困线，赤贫线以下新增了 60 万人。

八　特色产业

阿根廷的特色产业包括农牧业、矿业和汽车业。

（一）农牧业

阿根廷的可耕地和人均耕地面积均较多。其中可耕地 3563 万公顷、长期牧场面积 14210 万公顷、灌溉面积 169 万公顷，分别占国土面积的 12. 8%、51. 2% 和 6. 8%。人均耕地面积居世界前列，达到 0. 77 公顷。阿根廷大部分地区气候温和，土壤肥沃，有利于农牧业发展，因此成为世界重要的粮食、肉类生产国和出口国，有“世界粮仓和肉库”的美称。其中，最著名的农牧业区分布于东部和中部的潘帕斯草原。阿根廷

① 阿根廷国家统计与人口普查研究所（INDEC）。

是世界上最大的马黛茶生产国，其马黛茶产量占全球产量的一半以上。[①] 阿根廷的主要农作物包括玉米、小麦、高粱、水稻、大豆和葵花籽，其产量如图 3—18 所示。

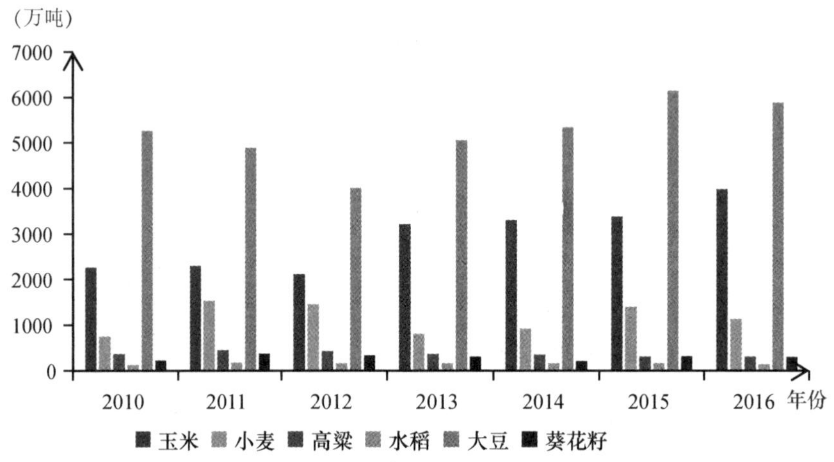

图 3—18 2010—2016 年阿根廷主要农产品产量

资料来源：阿根廷农业部。

作为世界著名的畜牧业大国，阿根廷牲畜品种以及畜牧水平在世界均处于先进地位。从地位上看，畜牧业占阿根廷农牧业总产值的 40%，80%来自潘帕斯大草原。该产业以牛羊养殖为主，其中牛肉生产、出口和消费居世界前列。以 2014 年为例，牛肉产量达 269 万吨，出口量 19.3 万吨。此外，阿根廷是世界重要的皮革出口国，其皮制品质地柔软细腻，价格便宜，深受旅游者喜爱。阿根廷主要畜牧产品产量分布如图 3—19 所示、消费量分布如图 3—20 所示。

（二）汽车业

阿根廷汽车工业起步较早，在拉美地区处于相对发达的水平。1920 年，阿根廷建立了第一家汽车厂。1959 年，阿根廷开始批量生产汽车，1974 年产量曾达到 32.3 万辆，20 世纪 80 年代徘徊在 16 万—19 万辆。1991 年兑换性计划实施以来，汽车制造业迅速发展。1994 年产量达 40 万

① 基于 2016 年数据。

辆以上，1999 年生产各种汽车 30.48 万辆；出口 9.8 万辆，进口汽车 25360 辆。1999 年市场共销售汽车 38 万辆。据阿根廷汽车制造业协会统计，2010 年，阿根廷汽车产量达到创纪录的 72.4 万辆，比 2009 年增长 41.2% 。据阿根廷工业部统计，2011 年汽车产量提升至 84 万辆。

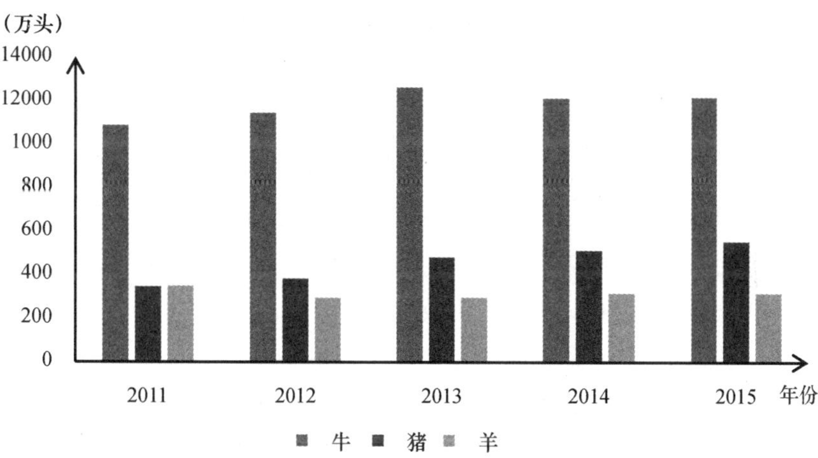

图 3—19　2011—2015 年阿根廷主要牲畜产量

资料来源：阿根廷农商部。

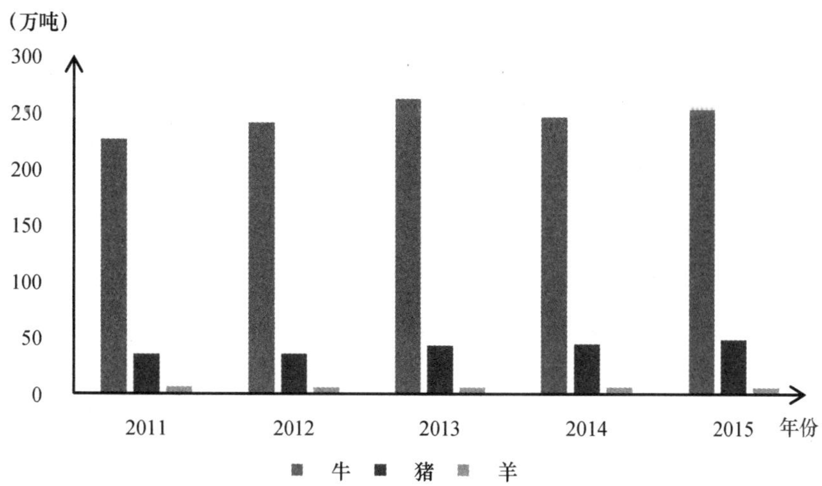

图 3—20　2011—2015 年阿根廷主要牲畜消费量

资料来源：阿根廷农商部。

阿根廷现有12家汽车制造商，其中8家生产轿车及轻型货车，包括雷诺、福特、福斯、菲亚特、通用汽车、本田、标致、雪铁龙、丰田等汽车厂，其余制造商为生产卡车及大客车，包括依维柯、克莱斯勒、斯堪尼亚及安格雷。阿根廷每年可生产88万辆汽车，该国有500个汽车销售据点，四成位于首都布宜诺斯艾利斯及布宜诺斯艾利斯周围城市，另有500家中小型汽车零配件厂商，前40名厂商市占率达八成。

由于阿根廷人民相信如奔驰、IVECO等欧美品牌，主要购买欧美车，导致汽车市场中客车和货车的份额较小：公共汽车和学校校车均为巴西组装进口的奔驰车；重型货车除了一些欧美品牌以斯堪尼亚车为主；我国少量的江淮、跃进、金杯现代、雪佛莱、三星和五十铃等轻型卡车也进入阿根廷市场。2002年，1.65万辆的国内市场销售量中进口车1.04万辆，国产车辆仅为6000辆，占比微乎其微。

总销量约为10万辆的摩托车市场中，主要以本田、铃木、雅马哈等日本品牌为主，占比最大的为在巴西组装的本田车；我国出口的摩托车主要为轻型摩托车，主要品牌有龙鑫、东申、轻骑、力帆及嘉陵等，占比也比较突出；此外，还有来自美国的哈雷品牌（已被本田收购）、印度的巴贾杰品牌以及产于意大利的比亚娇。

汽车工业一直以来都是阿根廷及邻国巴西双边贸易的大宗商品，也是其支柱性产业，自然而然成为双方贸易战的焦点之一。导致两国的生产厂家必须持有许可证，而且政府关于汽车及其零件进口颁布各种限制措施。2000年3月，历经多年的激烈谈判终于签订协议，运用逐步放开限制措施，其中确定了2000—2005年的汽车贸易差额百分比，这6年间属于自由贸易过渡期，直至2006年完全放开。此外，两国各自汽车生产中零件国产化的比例受到严格限制，必须大于等于30%，若超过规定出口汽车数量，将高额处罚出口商；在汽车零件的出口关税方面，双方也达成共识。在某种程度上，这些协议使阿根廷免受进口汽车和零件的冲击，其汽车市场得到一定的保护。相关消息显示，阿根廷近期有可能提前与巴西实行汽车贸易自由化。近年来阿根廷汽车产量与销量统计如图3—21、图3—22所示。

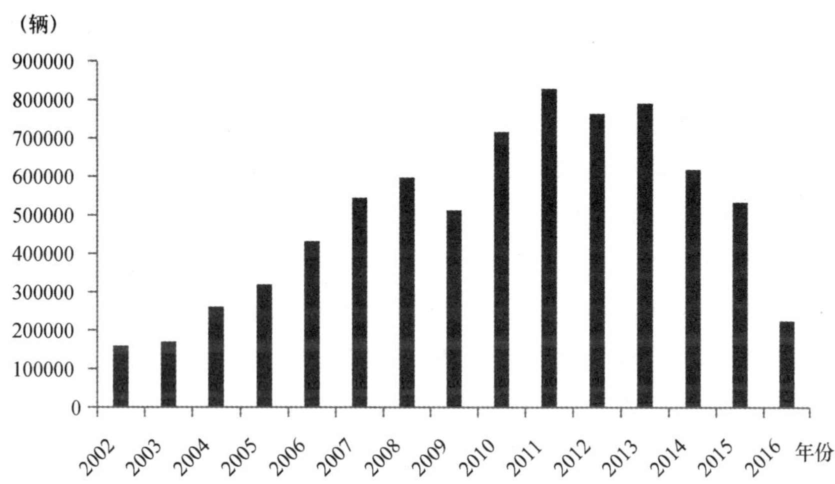

图 3—21　2002—2016 年阿根廷汽车产量

资料来源：OICA. http：//www. oica. net/。

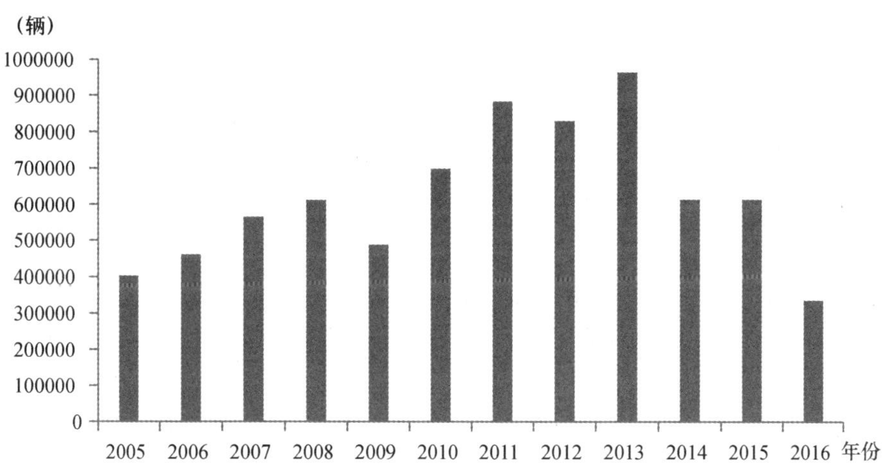

图 3—22　2005—2016 年阿根廷汽车销量

资料来源：OICA. http：//www. oica. net/。

2002—2013 年，阿根廷汽车业产量与销量总体呈上升趋势，2014 年开始出现下降。阿根廷汽车制造协会（ADEFA）发布的数据显示，至 2015 年 4 月，阿根廷的汽车产量已经连续 20 个月同比下降；汽车销量自

2014年1月以来，也仅在2015年3月出现一次回升，4月又继续下滑。自2014年以来，阿根廷的汽车销量在月均5万辆的水平徘徊，而2015年更是呈下降趋势。[①] 其下降原因总结如下：

第一，巴西经济衰退重创阿根廷汽车产业。

邻国巴西系阿根廷主要汽车出口市场，阿根廷生产的汽车72.4%销往巴西，随着巴西经济形势不佳，阿根廷汽车产业亦受到严重波击。2016年阿根廷汽车出口衰退20.8%（减少5700辆），生产衰退10.2%（53881辆），制造商采取停工减产措施。然而，2016年国产车与进口车总体销售增长22.9%，为721411辆，其中，新车登记60%以上为进口车，大部分来自巴西，其次为墨西哥及亚洲。

第二，2016年阿根廷汽车贸易呈现大幅逆差。

阿根廷2016年汽车贸易额约117亿美元，进口比出口多出249744辆。另外，由于2016年汽车产量下滑，汽车零件需求减少，据阿根廷零组件生产协会（AFAC）统计，2016年汽车零件出口与上年相较衰退9%，为15.08亿美元，回溯到2004年的金额。同时，2016年汽车零件进口下降8%，为73.26亿美元，符合同年汽车产量的收缩率。[②]

（三）矿业

阿根廷矿产资源丰富，是拉美地区主要的矿业国家之一，能源矿产有石油、天然气、铀；金属矿产有铜、金、银、锂、铅、锌、铁等。2013年矿业在阿根廷国民经济中的比重为2.8%。

在20世纪90年代，阿根廷石油工业迅猛发展，成为拉美地区主要的石油出口国之一，1998年石油产量达到3.08亿桶。但是，由于缺乏政策支持等原因，2000年起阿根廷石油、天然气产量一路紧缩。2015年阿根廷石油探明储量为2.38亿桶，占全球探明储量的0.14%，2015年石油产量为1.9亿桶，占全球产量的0.68%，截至2015年年底，阿根廷的石油探明储量比上年增长4.3%，在南美洲位居第三位，仅次于巴西（如图3—23所示）。阿根廷是南美洲最大的天然气生产国。截至2016年年底阿根廷天然气探明储量为0.4万亿立方米，占全球探明储量的0.2%，

---

① 威尔森研究中心，http：//www.way-s.cn/。

② http：//www.ceccen.com.

中部的内乌肯盆地、北部的萨尔塔省以及南部的火地岛居多。但是天然气远远不能满足其需要，每年都需大量进口。

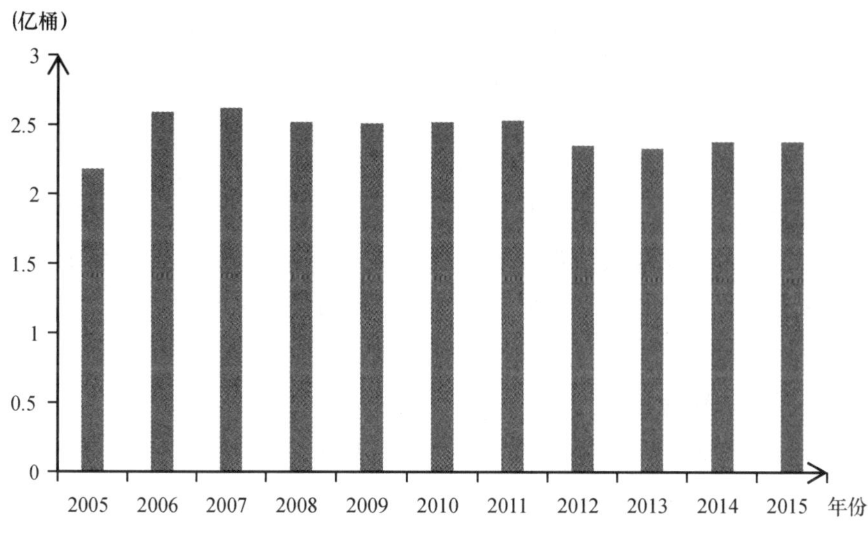

图 3—23　2005—2015 年阿根廷石油储量走势

资料来源：历年《BP 世界能源统计年鉴》。

阿根廷的铁矿石储量仅次于巴西，约为 11 亿吨，位居拉美地区第二位。里奥内格罗的谢拉格兰德矿和胡胡伊省的萨普拉矿为主要的铁矿生产区。至今，谢拉格兰德矿有 2.14 亿吨已探明铁矿石含量、2 亿吨以上的潜在资源量、超过 4 亿吨的可控资源量。尽管如此，阿根廷的铁矿石开采量依然很低，且无法满足市场需求，不得不依靠进口。

阿根廷是拉丁美洲重要的矿石生产国，除石油、天然气和铁矿石以外，阿根廷还有煤炭、钾、铍、铝、锡、钼、锑、绿柱石、石膏、硫黄、瓷土、石英等矿产资源。阿根廷的矿产资源勘探技术尚不成熟，大约 75% 的资源还没得到勘探开采，是矿产资源开发潜力较大的国家。

第四节　阿根廷与中国的经贸关系

阿根廷是我国在拉美地区的重要贸易伙伴。2004 年两国政府首脑实现互访，双方建立了“战略合作伙伴关系”，双边经贸关系在此背景下得到了进一步发展。近年来，伴随着中阿关系日益密切，两国的经贸关系迎来了关键性阶段。在双边贸易迅速发展过程中，中国已然成为阿根廷进出口的第二大贸易伙伴，双边贸易额占阿根廷对外贸易总额的1/10，同时阿根廷与中国在医疗、牧业、清洁能源、农业等多方面均有合作，阿根廷是中国重要的合作伙伴和原料供应地，而中国则是阿根廷重要的战略伙伴和农产品出口市场。在投资方面，阿根廷日益成为中国企业海外布局的目的地和产品销售市场。目前，中国由传统的经济模式跨越到新型的经济模式，促使中国与阿根廷以及拉美地区的合作范围持续扩大，积极发展中阿双边贸易将有利于两国的经济发展和民生利益。

一 双边贸易

（一）贸易总额：由高速增长转为平稳增长

中阿建交以来，双边贸易额增长迅速，经贸合作日益深化。据中国海关统计，1998 年双边贸易总额还仅为 12.7 亿美元，但 2005 年阿根廷与中国双边贸易就超过了 50 亿美元大关，2007 年超过 100 亿美元，2008 年突破 140 亿美元，2013 年达到 148 亿美元。纵向来看，2013 年中阿贸易额是 1998 年的近 12 倍，期间的年增长率最高达到了 73%（如图 3—24 所示）。但自 2011 年以来，中阿贸易未见明显增长，总体贸易额维持在 140 亿美元左右。进入 2017 年以来，中阿贸易大幅度增长，2017 年贸易总额达 169.22 亿美元，贸易额显著增加。

（二）贸易结构：双边贸易结构依然相对单一

长期以来阿根廷对中国的进出口结构相对单一，阿根廷和中国双边贸易的显著特点是集中在少数几种商品，阿根廷出口中国的前 3 种商品就占其对华出口总额的 85% 左右（如表 3—1 所示），而其从中国进口的前 3 种商品也占其进口总额的 60% 以上（如表 3—2 所示）。以油籽为主的植物产品是阿根廷对中国出口最多的商品，2016 年出口额为 28.4 亿美元，下降了 20.9%，占阿根廷对中国出口总额的 64.3%。动物产品是第二大类出口商品，出口额为 6.1 亿美元，增长了 24.9%。此外，矿产品出口 3.9 亿美元，大幅增长了 118.5%。上述两类商品合计占阿根廷对中国出口总额的 22.8%。动植物油脂出口 1.5 亿美元，下降了 66.1%，占

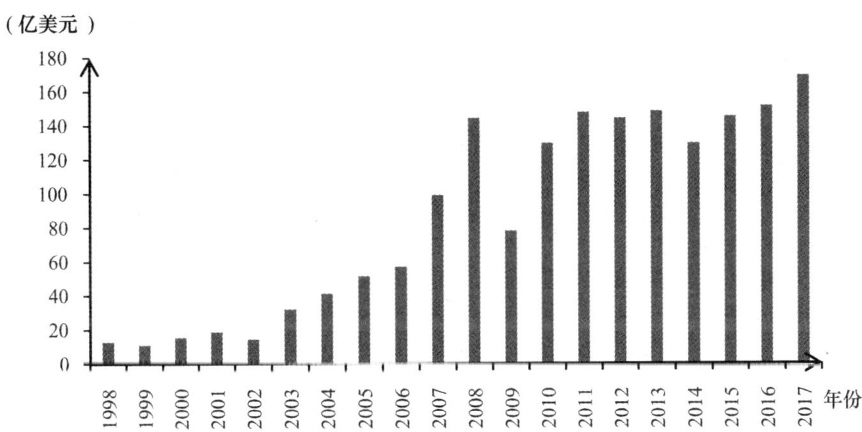

图 3—24　中阿双边贸易总额

资料来源：中华人民共和国国家统计局，http：//data. stats. gov. cn/。

阿根廷对中国出口总额的 3. 4%，为第四大类出口商品。

表 3—1　　阿根廷对华出口主要商品及其占出口的比重

单位：百万美元;%

商品类别	2016 年 1—12 月	上年同期	同比	占比
总值	4423	5174	-14. 5	100
植物产品	2844	3594	-20. 9	64. 3
活动物；动物产品	614	492	24. 9	13. 9
矿产品	391	179	118. 5	8. 9
动植物油脂	152	447	-66. 1	3. 4
食品、饮料、烟草	111	101	10. 3	2. 5
化工产品	101	102	-0. 7	2. 3
皮革制品；箱包	78	98	-20. 4	1. 8
纺织品及原料	66	52	27. 1	1. 5
塑料、橡胶	20	16	26. 4	0. 5
纤维素浆；纸张	19	0	28661	0. 4

续表

商品类别	2016 年 1—12 月	上年同期	同比	占比
木及制品	15	22	-28.9	0.4
机电产品	5	6	-15.5	0.1
运输设备	4	58	-92.5	0.1
贱金属及制品	2	8	-79.5	0
光学、钟表、医疗设备	0	0	-31.4	0
其他	0	0	72	0

资料来源：通过商务部国别报告统计数据库整理获得，https://countryreport.mofcom.gov.cn/default.asp。

机电产品是阿根廷自中国进口的第一大类商品，2016 年进口 36.6 亿美元，下降了 13.6%，占阿根廷自中国进口总额的 43.8%。化工产品为第二大类进口商品，进口额为 11.7 亿美元，下降 4.2%，占阿根廷自中国进口总额的 14.1%。此外，运输设备和贱金属及制品的进口纷纷下降，进口额为 8.7 亿美元和 4.4 亿美元，分别下降了 19.3% 和 21.6%，合计占阿根廷自中国进口总额的 15.7%。纺织品及原料、家具玩具等进口 5.9 亿美元和 4.3 亿美元，分别增长了 12.8% 和 18.8%，合计占阿根廷自中国进口总额的 12.2%。

表 3—2　　阿根廷自华进口主要商品及其占出口的比重

单位：百万美元;%

商品类别	2016 年 1—12 月	上年同期	同比	占比
总值	8352	9181	-9	100
机电产品	3659	4236	-13.6	43.8
化工产品	1173	1225	-4.2	14.1
运输设备	871	1079	-19.3	10.4
纺织品及原料	586	519	12.8	7
贱金属及制品	441	562	-21.6	5.3
家具、玩具、杂项制品	433	364	18.8	5.2
塑料、橡胶	360	384	-6.5	4.3

续表

商品类别	2016 年 1—12 月	上年同期	同比	占比
光学、钟表、医疗设备	213	203	4.8	2.6
鞋靴、伞等轻工产品	187	163	14.3	2.2
陶瓷；玻璃	140	130	7.6	1.7
皮革制品；箱包	109	93	17.3	1.3
纤维素浆；纸张	58	55	6.6	0.7
食品、饮料、烟草	32	25	28.2	0.4
矿产品	32	77	-58.9	0.4
木及制品	27	32	-17	0.3
其他	34	32	4.5	0.4

资料来源：通过商务部国别报告统计数据库整理获得，https：//countryreport. mofcom. gov. cn/default. asp。

（三）存在的问题

阿根廷与中国双边贸易发展较快，近年来贸易总量仍保持较高水平。但是两国贸易间存在的问题却难以避免。首先，阿根廷自华进口的增长速度远超对华出口，其中 2004—2011 年的自华进口增长速度高达 764%，同时出口增长速度只有 73%，这使对华贸易逆差逐年增大（仅 2017 年 1—6 月的贸易逆差就达到 19. 33 亿美元），如图 3—25 所示；其次，对华出口产品结构的不合理也是一方面原因，主要体现在初级产品较高的占比，以及科技和劳动力附加值的缺失。其中在对华出口的产品里，农产品占了 70%，石油占到%13. 5，工业制成品只占 3%。

二　双边投资

尽管相对于双边贸易而言，中阿双边投资相对较晚，但近年来发展迅速，并取得了明显进展。虽然阿根廷在中国投资企业效益不明显，但中资企业以各种形式到阿根廷投资，极大地带动了当地经济的发展（如图 3—26 所示）。

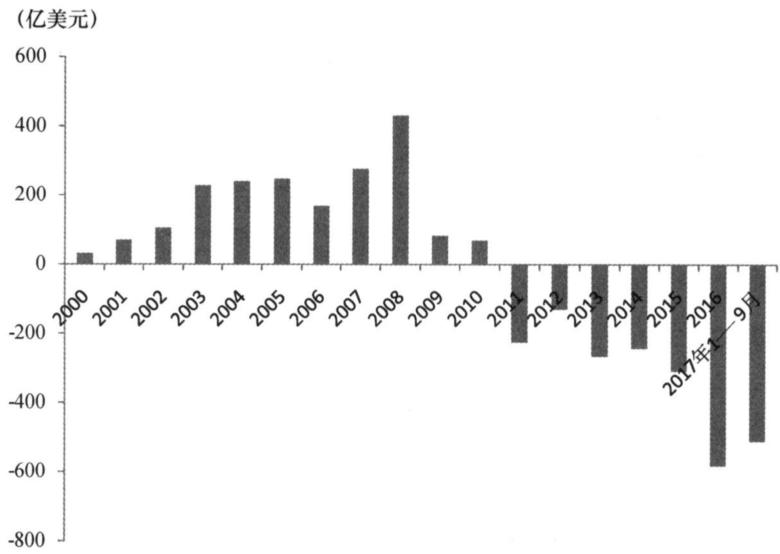

图3—25 阿根廷同中国贸易顺差情况

资料来源：中华人民共和国国家统计局，http：//data. stats. gov. cn/。

2011 年以前，阿根廷与我国贸易一直处于顺差，从 2011 年后，开始出现贸易逆差，并且逆差处于持续增长的状态，2016 年与 2017 年，逆差更是逐渐明显，据阿根廷国家统计局数据，2017 年 1—9 月，中阿双边贸易额为 124. 64 亿美元，同比增长 4. 0%；阿根廷自我进口 87. 89 亿美元，同比增长 10. 7%；阿根廷自我出口 36. 75 亿美元，同比下降 9. 3%。阿根廷自我逆差 51. 13 亿美元（如图 3—25 所示）。

（一）投资规模：增长迅速

在进入 21 世纪第二个十年之后，中国对阿根廷投资规模大幅度上涨，由于看到其巨大的发展潜力，近年来中国企业越来越热衷于到阿根廷投资，阿根廷成为中国企业拉美第三大投资目的地。2011—2015 年无论是中国企业对阿根廷直接投资的流量、存量还是对阿根廷承包工程营业额都显著增长。这三项数据在 2011 年前增长并不显著，但是 2011 年后大幅度增长，2015 年中国对阿根廷直接投资流量、存量分别达到 2. 1 亿美元、19. 4 亿美元；而 2015 年中国对阿根廷承包工程完成营业额达到 21. 7 亿美元（如图 3—27 所示）。

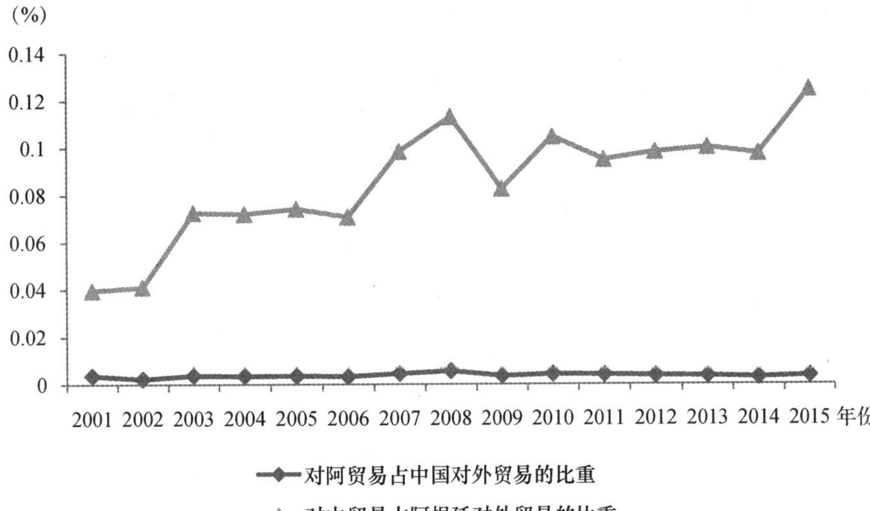

图 3—26　中阿双方在对方对外贸易中所占的比重

资料来源：中华人民共和国国家统计局，http：//data. stats. gov. cn/。

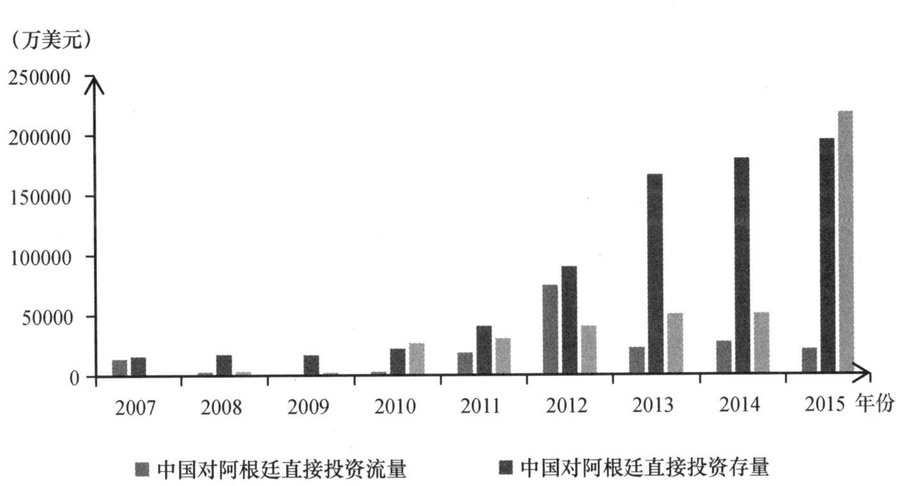

图 3—27　中国对阿根廷直接投资的流量、存量和经营情况

资料来源：中华人民共和国国家统计局，http：//data. stats. gov. cn/. http：//data. stats. gov. cn/search. htm? s = 阿根廷。

在2014年以前，中国对阿根廷承包工程完成的营业额都处在平稳增长状态，2015年完成营业额大幅增长，并呈现稳定增长趋势，极大地带动了当地一大批外资企业的发展，从而推动了阿根廷整体经济取得喜人的增幅。阿根廷成为中国资本在新兴经济体中的第一大和全球第三大并购对象国，特别是在机电、化工、运输设备等领域，中企表现抢眼，中国也成为阿根廷最大的外贸投资国。

（二）投资领域：从少数领域到全面投资

随着近几年中阿双边贸易的稳定发展，在阿根廷的华商投资量飞速增长。2009年，在阿根廷吸引外资总额中，中国的投资占到了50%以上；2010年，中国企业经商务部批准、备案后，在阿根廷的非金融领域直接投资额达到了6603万美元，在阿根廷对外承包项目的营业额中，中国达到了1亿美元。2004—2010年，中国每年对阿直接投资的增速实现了9%。

中国企业对包括阿根廷在内的整个拉美地区的投资始于2010年。最初主要集中于矿业等少数领域。2010年全球石油、金属和大多数其他商品的价格达到了几十年来的最高水平，拉丁美洲（特别是南美洲）的经济增长率高达6%，如表3—3所示。

表3—3　　2010年中国在拉丁美洲投资行业存量及其占比　　单位：亿美元；%

地区	行业名称	存量	占比
拉丁美洲	租赁和商务服务业	602.5	47.7
	金融业	230.7	18.3
	采矿业	121.5	9.6
	批发和零售业	96.2	7.6
	交通运输/仓储和邮政业	45.5	3.6
	小计	1096.4	86.8

资料来源：blomberg数据库。

近两年中国企业投资阿根廷已经不限于矿业等初级产品产业，而是涉及各个产业，双方在机电、化工、植物产业等领域合作正向产业链上游攀升。阿根廷企业也在加大对中国的投资。尽管总量还不大，但近年来阿根廷企业对华投资逐年增加，截至2015年年末实际投资额约17.6亿美元（如图3—28所示）。主要包括支线飞机制造、客车零部件生产、压缩机、无烟煤以及房地产、水力发电等项目。

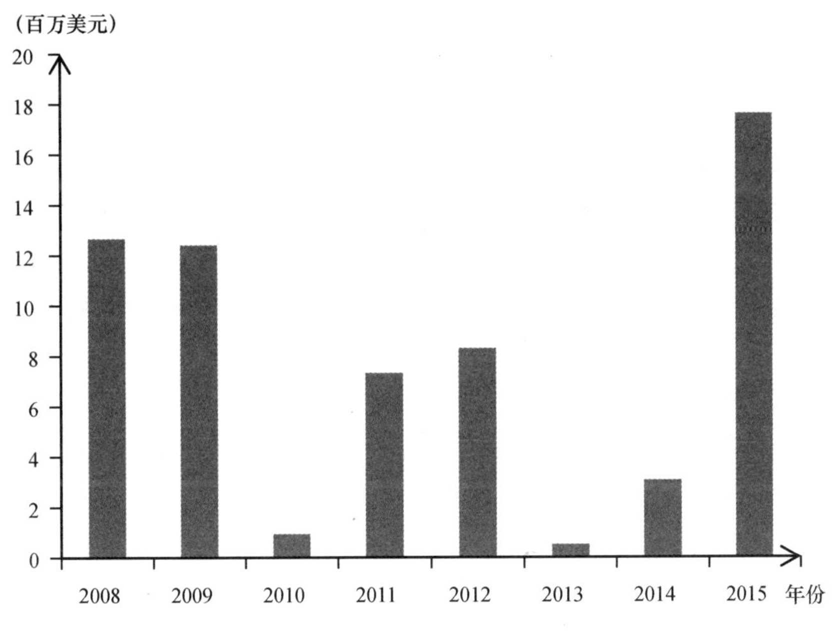

图3—28　中国实际利用阿根廷外商直接投资情况

资料来源：中华人民共和国国家统计局，http：//data. stats. gov. cn/. search. htm？ s = 阿根廷。

（三）投资风险：政治风险和环境风险

中资企业在对阿投资的过程中机遇与风险是并存的，需要小心谨慎，抓住有利时机，同时也要加强风险预防及控制。中国企业在巴西投资除了要重视一般海外投资需关注的法律和政策风险、劳资风险外，还应特别重视政治风险和汇率风险。

在政治风险方面，国有化风险较为显著。2012年5月3日《阿根廷石油主权》议案在阿根廷众议院生效，该国领头石油企业YPF公司将实现国有化，YPF公司第一大股东、西班牙雷普索尔公司持有的半数以上股份被阿政府强制收购，从而完成控股。阿根廷国内大多数民众对该国有化议案持支持态度，这在一定程度上警示了跨国公司对国有化风险的重视，降低这一风险的努力可以分为政府和企业两个方面。

在汇率风险方面，贸易和外汇管制程度不断加深。阿根廷政府通过严格限制进口产品，同时设立苛刻的外汇管理手段，从而稳定了贸易顺差规模，缓解了偿债压力。如根据全球贸易预警机构（Global Trade Alert）最新数据调查，目前多达191项进口设限措施在阿根廷得以实施，位列全球第一，近50%以上的限制措施与中国商品有关；自2012年2月1日起，阿根廷大范围施行进口提前申报制度，从2012年5月1日开始对本国可以生产的资本货物重新征收14%的进口关税，但是对于本国不生产的资本货物，也要征收进口关税，税率为2%。对此，中国可通过非现金方式，为了降低汇兑带来的损失，应当充分利用与阿根廷之间的双边贸易往来项目，如人民币结算、加工贸易、套期保值及货币互换协议。

三 中阿经贸合作前景展望

2017年5月，借助中阿建交50周年，以及“一带一路”国际合作高峰论坛的契机，中阿领导人会面并发表了联合声明，从而对未来中阿经贸合作产生强大的助推作用。

总体来看，中国和阿根廷两国未来的经贸合作，进口贸易和产能合作是两个重要方面。当前中阿已经在农业、航空航天、新型能源、矿业、基建等多个领域开展双边合作。借助铁路、水电、核电等基础设施建设的优势，加强产能合作，推动双边投资，拓展旅游合作等，从而有利于推动中阿贸易沿着更平衡的增长趋势发展。

（一）双边贸易：结构有望优化

阿根廷国家统计局数据显示，2016年阿对华贸易逆差达到了58.23亿美元，但是阿根廷对外贸易顺差总体达到了21.28亿美元。相较而言，阿对华贸易逆差较大，从而增大了两国的贸易摩擦。随着中国中产阶级占比的加大，对阿根廷的奶制品、牛肉等农产品会有较大的依赖。基于新签署的2017—2022年中阿农业合作战略行动计划，中国对阿农产品的进口将呈现较明显增长；此外，中阿未来在教育、旅游与体育等方面的合作，也将有利于促进双边的贸易平衡。

从世界银行最新季度大宗商品展望报告中可以看出，能源燃料类商品，如石油、煤炭即天然气等，将受益于需求的增加和供应的短缺，

2017 年阿根廷经济也许会止步下跌。经济的复苏将促进进口需求的增长，贸易额也会因出口大宗商品价格的抬升而上涨。

（二）双边投资：前景广阔

1. 中资企业大胆试水

受中阿两国政府合力，以及“一带一路”倡议的推动，中国企业广泛积极参与阿根廷基础设施建设项目。2015 年中国核电与阿签订的 60 亿美元核电机组合同，于 2017 年 5 月正式敲定，并预计于 2020 年正式实施，这一合同的签署，代表着中国核电出口的重大突破之一。地处阿根廷南方圣克鲁斯省的两座大型水电枢纽工程即将开工建设，这一工程是由葛洲坝集团承包建设的。这一总金额高达 41 亿美元的大型能源合作项目的启动，象征着两国经贸合作的规模和水平上升到了新的高度。阿根廷的能源发展极大受益于中国的资金和技术，一方面，水电设施的大力发展能够为阿根廷能源自给提供保障；另一方面，水电替代燃油进口将避免阿根廷每年数十亿美元外汇不必要的支出。

随着中国对阿投资规模的不断扩大，阿根廷从中受益越来越多。在投资达到白热化阶段的同时，阿根廷南方地区的油田开始被中石化开发，阿根廷标准银行的股份被中国工商银行顺利收购，一些老牌企业如华为、联想、中兴等也纷纷加入南方免税区投资建厂的队伍中。另外，由于阿根廷政府的资金缺乏和中资企业希望扩大在阿的市场份额，中阿双方在经贸合作和金融服务领域达成了一系列的协议，这不仅突出了双边合作在某些领域的优先性，也为中资企业在政策性融资和金融服务平台的建立提供了便利。

2. 农业合作潜力巨大

在中阿农牧业合作程度不断加深的背景下，许多阿根廷农产品逐步打入中国市场。这不仅改善了两国的贸易结构，同时也给中国的消费者在食品品质方面有了更多的选择。2016 年年初，继阿根廷牛肉获得重新进入中国市场的资格之后，阿根廷的乳制品如善可等品牌也开始进入中国市场。两国间农业领域合作始终是中阿经贸往来中的重要部分，每年阿根廷向世界出口大量农产品，其中大豆和豆油主要向中国出口。近三年来，中国自阿根廷每年的农产品进口总量始终保持 50 亿美元左右。随着中国和阿根廷在农业领域贸易的成果日益显著，两国间的农业科技交流也逐渐变为一种常态。作为全球顶尖的口蹄疫疫苗生产商，阿根廷的生源霸科公司与中国企业携手在中国建立了口蹄疫疫苗生产基地，该公司也是第一家被批准进入的外资企业。2017 年 5 月，中阿签署的联合声明指出，“中阿互为重要农业合作伙伴”，并签署 2017—2022 年农业合作战略行动计划，这将进一步提升中阿农业合作的潜力。

第五节 阿根廷经济发展展望

自 2016 年下半年以来，阿根廷已连续 4 个季度实现 GDP 的平稳增长，并且国内通货膨胀率快速下降，这可能得益于国际大宗商品的周期性反弹以及马克里政府极具针对性的经济政策。但是阿根廷自身存在的经济结构不合理问题并未得到根本解决，外贸依存度过高、人力成本高昂、产品缺乏核心竞争力等问题依旧制约着阿根廷经济的可持续发展。由此阿根廷未来的发展可以归结为“前景有所改善，上下行风险并存”这两点。

一 经济增长

目前，阿根廷经济金融形势总体稳定，有望告别负增长。2011—2015 年，阿根廷经济几乎为零增长，经季节调整后阿根廷经济季度增长率（年化）于 2016 年第 4 季度反弹至 2. 8%，并在 2017 年第 1 季度增至 4. 2%。据经济合作与发展组织（OECD）预测，阿根廷基本赤字目标占 GDP 的比重 2017 年、2018 年及 2019 年分别为 4. 2%、3. 2% 及 2. 2%，呈现下降趋势。根据阿根廷国家统计与人口普查研究所的数据，2017 年 6 月阿根廷国内生产总值已恢复到 2015 年的平均水平，其中工业和建筑业的增长尤为显著。不久前国际货币基金组织（IMF）将全球经济增长预期从 2016 年的 3. 1% 上升至 2017 年的 3. 5% 和 2018 年的 3. 6%，持续看好经济增长形势。然而，由于政治的不确定性，以及主要贸易伙伴经济形势前景不明朗，阿根廷经济能否持续保持增长势头仍然有待观察。

二 对外贸易

近年来，阿根廷对外贸易总额持续下降，阿根廷国家统计局公布的数据表明，2016 年阿根廷对外贸易额为 1133.47 亿美元，同比下降 2.7%，外贸顺差为 21.28 亿美元。阿根廷进口 556.10 亿美元，同比下降 6.9%，出口 577.37 亿美元，同比增长 1.7%。但 2016 年年末以来，随着国际大宗商品市场的回暖，阿根廷对外贸易被注入了一支强心剂，呈现出一定触底反弹的态势。阿根廷国家统计局统计数据显示，2017 年1—5 月，阿根廷对外贸易额为 417.91 亿元，同比增长 6.9%。其中出口 229.14 亿美元，进口 247.77 亿美元，分别同比增长 1.6% 和 12.4%，实现了止跌反升。

三　通货膨胀

由于阿根廷前政府克里斯蒂娜政府长期实行进口管制，阿根廷物价不断上涨，国内的通货膨胀压力不断加大。马克里政府上台以来，实行了一系列经济政策，并放开进口管制，使阿根廷通货膨胀率逐步下降。据预测，阿根廷在 2017 年通货膨胀率约为 21.6%，虽然高于马克里政府预测，但也远低于去年 40% 的高通货膨胀率。据 OECD 预测，阿根廷 2018 年的通货膨胀率将下降到 14.3%。总统马克里的新政府决心降低通胀、实现物价稳定，但这样做需要付出高昂的政治代价。紧货币和高利率抑制了投资，导致真实 GDP 收缩。与此同时，通胀从 20% 变成 15% 对公众来说感觉不明显。因此，政府必须付出短期政治代价才能实现长期经济收益。因此，阿根廷政府能否为长期经济收益付出短期政治代价，将成为阿根廷能否降低通胀的重要前提。

四　就业

据上文所述，2000 年以来，伴随着经济的稳定增长，阿根廷失业率逐步降低，2016 年阿根廷失业率大约为 6%。长期以来，阿根廷第三产业一直是吸收就业的主要部门，这使阿根廷的就业形势存在一定的稳定性。阿根廷统计数据表明，进入 2017 年以来，阿根廷失业率有所上升，达到 9.2%，但 2017 年以来整体经济形势的好转，将促进阿根廷就业情况的改善。但经济形势好转的脆弱性也会为阿根廷的就业形势带来不确定，因此，阿根廷政府必须采取更多的行动来维持当前的就业形势。

备注：由于本文使用数据较多，不便逐一给出注释。凡未标明来源的数据均出自：

1. 拉美经委会（CEPAL）官方统计数据库：ECLAC-CEPALSTAT。

2. CEPAL. *Preliminary Overview of the Economies of Latin America and the Caribbean*. http：//chetd. cn/bDW2.

3. 阿根廷央行，http：//www. bcra. gov. ar/。

参考文献

1. 毕夫：《阿根廷为何强行控股最大油企》，载《中国青年报》2012 年 5 月 2 日，第 2 版。

2. 查贵勇、徐宝娇：《我国企业赴阿根廷“走出去”投资环境与策略分析》，载《对外经贸实务》2012 年第 7 期。

3. 陈玉明、杨汇群：《阿根廷的矿产资源和矿业开发》，载《国土资源情报》2015 年第 2 期。

4. http：//intl. ce. cn/specials/zxgjzh/201201/30/t20120130_ 23027038. shtml，2012 年 1 月 30 日。

5. 董国辉、薛桐：《阿根廷高乔人形象与初级产品出口模式》，载《学术交流》2017 年第 7 期。

6. http：//news. xinhuanet. com/world/2012—01/24/c_ 111459786. htm，2015 年 1 月 25 日。

7. 黄希娜：《中国在阿根廷的石油投资：现状、反思与前景》，浙江大学硕士学位论文，2013 年。

8. 康立、王国梁：《阿根廷矿业投资环境分析》，载《资源与产业》2015 年第 6 期。

9. 康立：《 阿根廷投资环境研究》，山西师范大学硕士学位论文，2016 年。

10. 刘桐：《“首届阿根廷贸易和投资机会研讨会”在京举行》，载《中国特产报》，2011 年 7 月 27 日，第 A3 版。

11. 沈安：《 阿根廷经济跨国公司化及其后果——阿根廷金融危机探源之一》，载《拉丁美洲研究》2003 年第 2 期。

12. 沈安：《阿根廷债务危机的形成及启示——阿根廷金融危机探源之二》，载《拉丁美洲研究》2003 年第 3 期。

13. 吴婧：《阿根廷宏观经济问题及其根源（2011—2013 年）》，载《 拉丁美洲研究》2014 年第 2 期。

14. 吴婷婷、高静：《自由化改革、金融开放与金融危机——来自阿根廷的教训及启示》，载《拉丁美洲研究》2015 年第 5 期。

15. 赵旭梅：《后新自由主义经济模式与通胀治理困境——阿根廷通胀问题的成因分析与借鉴》，载《价格理论与实践》2013 年第 2 期。

16. 周静：《阿根廷强化外汇和贸易管制措施企业应注意》，载《东南商报》2012 年 2 月 28 日。

17. 朱晓金：《2012 年以来阿根廷宏观经济问题与政策分析》，载《 拉丁美洲研究》2017 年第 2 期。

18. 朱怡洁：《21 世纪初阿根廷债务金融危机研究》，东北财经大学硕士学位论文，2010 年。

第四章

巴西经济发展分析与展望

张　宇[①]

摘要：受全球经济复苏乏力、内部结构调整困难和政局深度震荡的影响，2016 年巴西整体宏观经济形势没有显著改善。本章首先回顾2016 年巴西整体宏观经济形势，然后对近10 年来巴西的宏观经济政策进行回溯分析，再对2017 年的巴西宏观经济政策提出展望。此外，在总结分析巴西21 世纪以来经济发展所取得的成就以及中巴经贸现状和存在问题的基础上，展望了巴西2017 年的经济形势。本章认为虽然2017 年巴西经济有望走出衰退、实现正增长，对外贸易能够恢复增长，通货膨胀率会进一步下降，但结构性问题和投资的减少仍然会使失业率居高不下。目前看来巴西经济复苏形势仍然是脆弱的，巴西政府必须推动更多实质性的改革，增强经济发展的动力。

关键词：巴西；宏观经济形势；宏观经济成就；经贸关系展望

引　言

进入2016 年，受外部不利条件和内部结构调整困难以及政局深度震荡的影响，巴西经济继续萎缩，整体宏观经济虽然有脆弱复苏迹象，但

① 张宇，西南科技大学副教授，博士，主要研究方向：产业经济、拉美经济等领域。

其基础仍然并不牢固。①

经济持续负增长。2016 年巴西 GDP（以现价美元计算）增长率为 -3.5%，与 2015 年同期持平。这也是 20 世纪 30 年代以来巴西经济首次连续负增长。在拉丁美洲和加勒比 33 个国家和地区中，巴西经济表现仅好于苏里南（-5.1%）以及特立尼达和多巴哥（-6.0%），低于拉美地区整体水平（-0.9%），更远低于世界同期平均水平（1.3%）。② 同时，巴西人均 GDP 也继续下滑。2016 年巴西人均 GDP 增长率为 -4.3%，与 2015 年相比，也仅收窄 0.1 个百分点。

失业率继续攀升。2016 年巴西公开城市失业率高达 13.0%，创 2012 年使用新统计方法以来的新高。与 2014 年 7.8% 和 2015 年 9.3% 的失业率相比，巴西失业率进一步提高，就业市场继续恶化。与就业市场不景气同步的是巴西人均工资的持续减少：2015 年巴西人均实际工资同比下降了 3.2%，2016 年同比又下降了 1.4%。

通货膨胀初步得到遏制。受多重因素叠加的影响，近年来巴西遭遇了一定程度的通货膨胀。2014 年年底巴西通货膨胀率突破央行规定的上限，此后一直高位运行，为此巴西联邦政府不得不将控制通货膨胀作为宏观调控的主要目标之一。2013—2016 年，巴西央行不断上调其基准利率，期间其基准利率水平值从 8.4% 上调至 14.25% 的历史高位。2016 年巴西通货膨胀率为 6.3%，大幅低于上年度的 10.7%，也略低于巴西央行通货膨胀目标区间（2.5%　6.5%），说明巴西通货膨胀已经得到初步遏制。

投资进一步下滑，固定资本投资持续减少。2013—2016 年巴西固定资本投资占 GDP 的比重分别为 21.4%、20.4%、18.2% 和 16.9%。2016 年已经是连续第三年下滑。巴西经济具有“拉美化经济”的典型特点，经济增长主要依赖私人消费，国家投资效率普遍较低。作为巴西经济最大的组成部分，居民和企业的消费能力因政治经济危机而疲软，固定投资的持续减少又进一步限制了巴西经济的复苏。

---

① 本部分数据除特别说明外，均来自拉美经委会（CEPAL）：*Preliminary Overview of the Economies of Latin America and the Caribbean* 2017。

② WTO：*World trade and GDP growth in* 2016 *and early* 2017，第 1 页。

公共债务总额继续扩大。2016 年巴西联邦政府公共债务总额高达 15714.3 亿美元，占巴西当年 GDP 的 69.9%（大幅高于拉美平均水平的 52.0%，更是南美地区比重最高的国家），同比上升 3.4 个百分点，创下了 21 世纪以来巴西最高的公共债务水平。

财政赤字进一步扩大。2016 年巴西联邦政府财政赤字占 GDP 的 2.5%，较前一年增幅达 31.6%，创下 1997 年以来最高水平。尽管财政政策目标是缩减公共开支，扭转财政赤字（巴西联邦政府的开支已从 2015 年占 GDP 的 29.9% 下降到了 2016 年占 GDP 的 28.6%），联邦政府收入占 GDP 的比重也略有上升：2016 年这一比重从 2015 年的 20.8% 上升到 21.0%，但考虑到巴西国内经济继续下滑，收入的绝对值仍在下降，并且由于社会支出承诺（如医疗和养老金支出）和债务利息支付支出不断增加，联邦政府赤字仍在继续扩大。

对外贸易进一步连续下滑。[①] 2016 年巴西货物与服务贸易进出口总额为 4209.16 亿美元，同比下降 9.87%。其中，出口额为 2177.53 亿美元，同比下降 2.73%；进口额为 2031.63 亿美元，同比下降 16.43%。值得注意的是，自 2013 年巴西对外贸易突破 6000 亿美元（具体值为 6051.59 亿美元）的历史高位以来，巴西进出口总额已经连续三年下滑，累计下滑达 30.4%。其中，出口下滑达 22.1%，进口下滑达 37.6%。

第一节　巴西概况

古代巴西是印第安人居住地，16 世纪初被葡萄牙航海家佩德罗·卡布拉尔发现之后，逐渐成为葡萄牙殖民地。1882 年葡萄牙王子佩德罗宣布巴西独立，建立巴西帝国。1889 年丰塞卡将军发动政变，废除帝制。1891 年，巴西通过第一部联邦共和国宪法，将国名定为巴西合众国。1960 年首都从里约热内卢迁至巴西利亚，1967 年改国名为巴西联邦共和国。[②] 如今，巴

---

① 本部分数据来自世界银行数据库（World Bank Database），http：//databank. worldbank. org/data/home. aspx（引用日期：2017 年 12 月 13 日）。

② 中华人民共和国商务部：《对外投资合作国别（地区）指南·巴西》（2016 年版），第 14 页，中华人民共和国商务部网站。

西作为拉丁美洲和加勒比地区第一大经济体，拥有着丰富的自然资源和完善的工业体系，是世界重要经济体之一。2016 年巴西是世界第九大经济体，与中国、印度、俄罗斯、南非并称为“金砖国家”。巴西官方语言为葡萄牙语，西班牙语、英语为其主要外语。

地理位置

巴西位于南美洲东南部，地跨 35°W—74°W，北纬 5°N—35°S。[①] 北邻法属圭亚那、苏里南、圭亚那、委内瑞拉和哥伦比亚，西邻秘鲁、玻利维亚，南接巴拉圭、阿根廷和乌拉圭，东濒大西洋。国土面积 851.49 万平方千米，是第五大世界国土面积的国家，海岸线长约 7400 千米。[②]

气候条件

巴西国土 80% 位于热带地区，最南端属亚热带气候。北部亚马孙平原属赤道（热带）雨林气候，年平均气温 27—29℃。中部高原属热带草原气候，分旱、雨两季，年平均气温 18—28℃。南部地区年平均气温 16—19℃。[③]

行政区划

巴西全国分为 26 个州和 1 个联邦区。州下设市，2013 年全国共有 5570 个市。[④] 其中，首都巴西利亚位于中西部，是巴西的政治中心。圣保罗是巴西第一大城市，是全国的工商、金融和交通中心，距其东南部 100 千米有南美最大的海港桑托斯港。里约热内卢是巴西第二大城市，是世界著名的旅游胜地和巴西第二大港口。[⑤]

人口分布

巴西是多民族国家。截至 2016 年年底，巴西总人口数约 2.08 亿（具

---

① 巴西：《百度百科》，https：//baike. baidu. com/item/% E5% B7% B4% E8% A5% BF/5422（引用日期：2017 年 12 月 13 日）。

② 中华人民共和国商务部：《对外投资合作国别（地区）指南·巴西》（2016 年版），第 14 页，中华人民共和国商务部网站。

③ 中华人民共和国商务部：《对外投资合作国别（地区）指南·巴西》（2016 年版），第 16 页，中华人民共和国商务部网站。

④ 中华人民共和国商务部：《对外投资合作国别（地区）指南·巴西》（2016 年版），第 15 页，中华人民共和国商务部网站。

⑤ 中华人民共和国商务部：《对外投资合作国别（地区）指南·巴西》（2016 年版），第 16 页，中华人民共和国商务部网站。

体数字为207652865)[①]，为第五大世界人口国。南部居民多有欧洲血统，可溯源到19世纪初的殖民时期，而北部和东北部的居民部分是土著，部分具有欧洲或非洲血统，东南地区是巴西民族分布最广泛的地区，该地区主要是葡萄牙后裔和意大利后裔、非洲巴西混血以及亚洲和印第安人后代。[②]

政治制度

巴西实行代议制民主政治体制。总统是国家元首和政府首脑兼武装部队总司令，由全国选民投票直接选举产生，任期四年，现任总统是民主运动党主席米歇尔·特梅尔。国民议会是国家最高权力机关和立法机构，由联邦参议院和众议院组成。内阁是政府行政机构，内阁成员由总统任命。国内主要党派有劳工党、民主运动党和工党等。[③]

第二节　宏观经济政策分析[④]

近年来巴西面临经济衰退和通货膨胀并存的难题，陷入滞胀陷阱。一方面，巴西经济增长率自2014年第二季度开始出现下滑。2014—2016年，巴西GDP增长率分别为0.5%、-3.5%和-3.5%；同期人均GDP增长率分别为-0.4%、-4.4%和-4.3%。另一方面，食品价格、油价和房租价格等的不断上涨使巴西通货膨胀水平居高不下。2015年通货膨胀率高达10.7%，创下2002年以来的最高水平，一直到2016年下半年通货膨胀率才有所下降。可以说，近几年巴西的宏观经济政策就是在实现经济增长和控制通货膨胀之间艰难平衡。

---

① 世界银行数据库，http://databank.worldbank.org/data/reports.aspx?（引用日期：2017年12月13日）。

② 百度百科，https://baike.baidu.com/item/%E5%B7%B4%E8%A5%BF/5422#5（引用日期：2017年12月13日）。

③ 中华人民共和国商务部：《对外投资合作国别（地区）指南·巴西》（2016年版），第17、18、19页，中华人民共和国商务部网站。

④ 本部分数据除特别说明外，均来自拉美经委会（CEPAL）：*Preliminary Overview of the Economies of Latin America and the Caribbean* 2017。除特别说明外，本部分使用到的2013年数据来自拉美经委会（CEPAL）：*Preliminary Overview of the Economiesof Latin America and the Caribbean* 2016。

一　财政政策

近年来巴西财政政策的主要目标是实现拉美经委会提出的可持续发展目标和减少财政赤字，为此巴西政府试图缩减财政支出、控制政府预算，并且这一紧缩性的财政政策延续到了2017年。但经济持续萎缩，特别是失业率连创新高，严重的失业已经成为巴西联邦政府无法忽视的问题。继续执行紧缩性财政政策的明智性存疑。

（一）财政状况分析

联邦收入持续减少，但2016年出现复苏趋势。经济不景气导致巴西企业活力和消费者消费能力下滑。2013年以来巴西联邦财政收入持续减少，总收入占GDP的比重不断下降，不过2016年开始出现缓慢复苏。2013—2016年联邦政府总收入占GDP的比重分别为22.2%、21.1%、20.8%和21.0%。联邦政府税收收入占GDP的比重相对稳定：同期税收收入占GDP的比重分别为19.7%、19.9%、19.7%和19.8%（如图4—1所示）。但若考虑到巴西经济的持续低迷，GDP持续下降，从绝对量来看，实际上无论是财政收入还是其中的税收收入都在持续下降。

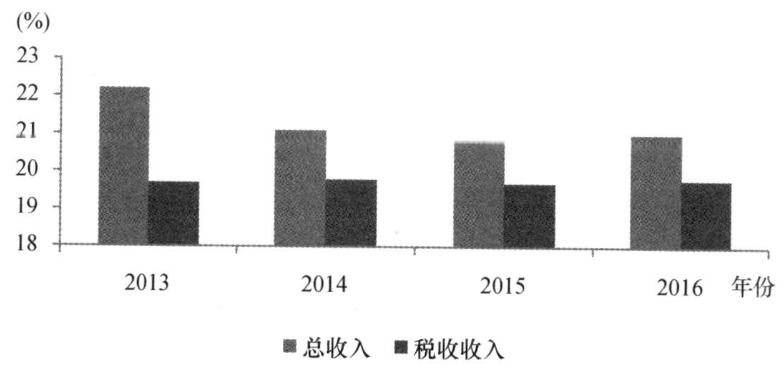

图4—1　2013—2016年巴西联邦政府总收入和税收收入占GDP的百分比

资料来源：拉美经委会（CEPAL）：Preliminary Overview of the Economies of Latin America and the Caribbean 2017，第129页表A—28。

财政支出有所下降。由于巴西财政政策的主要目标是缩减财政赤字，巴西政府近两年一致试图缩减财政支出。2016年巴西联邦政府总支出占

GDP的百分比从2015年的29.9%下降到28.6%，但仍高于2013年的24.8%和2014年的26.2%（如图4—2所示）。

公共债务持续增加。巴西联邦政府公共债务总额占GDP的比重已经从2008年的57.5%上升到2016年的69.9%（如图4—3所示），总额高达15714.3[①]亿美元。在经济陷入衰退的背景下，这一比重更是自2011年开始连续六年上升。公共债务的上升又使利息开支不断增加：2013—2016年巴西政府用于支付公共债务利息的开支占GDP的百分比分别达到GDP的4.1%、4.7%、7.1%和5.2%，在缩减财政支出的大背景下，又进一步使巴西政府用于公共投资的财政支出减少。

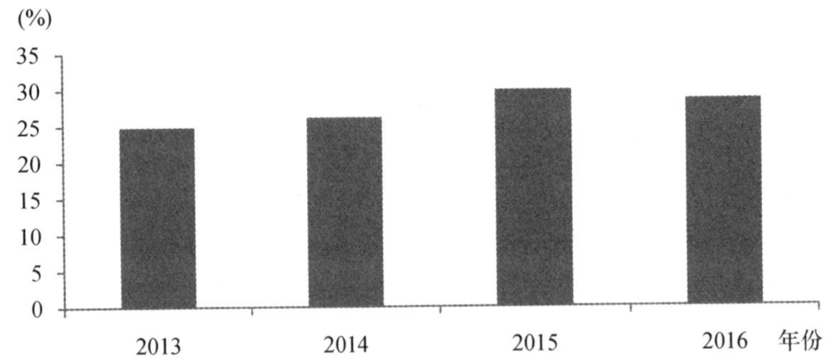

图4—2 2013—2016年巴西联邦政府支出占GDP的比重

资料来源：拉美经委会（CEPAL）：Preliminary Overview of the Economies of Latin America and the Caribbean 2017，第130页表A—29。

对外债务处于较高水平。从2008年开始，巴西对外债务逐年上升，2009年和2013年巴西对外债务总额分别突破3000亿美元和6000亿美元。2014年更是达到7126.55亿美元的历史最高点。2008—2016年巴西对外债务增长了133.7%，年均增长率16.7%。尽管近两年有所回落，但2015年和2016年巴西对外债务仍高达6651.01亿美元和6766.47亿美元（如图4—4所示）。

---

① 笔者根据拉美经委会（CEPAL）：*Preliminary Overview of the Economiesof Latin America and the Caribbean* 2017，第131页以及世界银行数据库巴西2016年GDP数据计算得出。

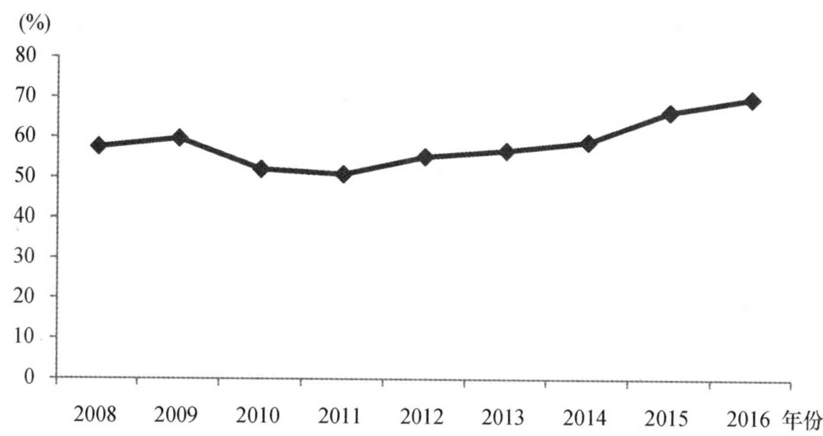

图 4—3　2008—2016 年巴西联邦政府总公共债务占 GDP 的百分比

资料来源：拉美经委会（CEPAL）：Preliminary Overview of the Economies of Latin America and the Caribbean 2017，第 131 页表 A—30。

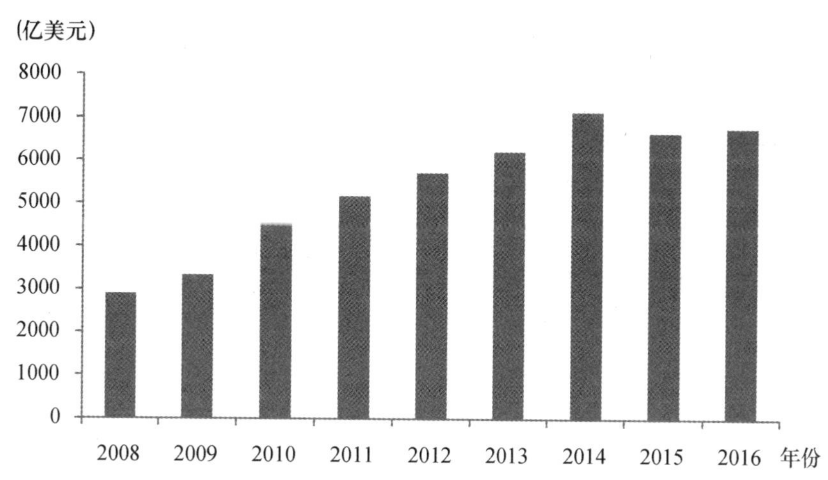

图 4—4　2008—2016 年巴西对外债务总额

资料来源：拉美经委会（CEPAL）：Preliminary Overview of the Economies of Latin America and the Caribbean 2017，第 113 页表 A—11。

(二) 巴西政府拟采取的财政政策分析

近年来，巴西政府财政政策主要目标是降低债务水平，减少财政赤字。这一做法有其理论基础。研究政府债务与经济增长的文献[①][②]表明，政府债务的增加会使一个国家银行利率提高，进而导致投资成本变大和消费能力下降，最终导致经济增长乏力。政府支出对经济增长存在阈值效应，超过一定的水平之后会对经济增长有副作用。因此一些国家试图实行紧缩性财政政策提振经济，比如陷入欧债危机的国家就通过强有力的财政紧缩政策降低债务水平，刺激经济增长。[③]

巴西在拉美地区是债务水平比较高的国家。2016 年在南美地区，巴西公共债务水平最高（占 GDP 的 69.9%），其次是阿根廷（占 GDP 的 54.2%）、乌拉圭（占 GDP 的 46.4%）和洪都拉斯（占 GDP 的 45.5%）。债务水平的持续上升已经成为巴西政府不能忽视的问题，因此巴西政府试图通过采取适度财政紧缩政策，降低债务水平。

目前看来短期内紧缩性的财政政策在巴西会得到持续发展。根据巴西财政部公布的 2017 年巴西财政目标，2017 年财政预算将削减开支 400 亿雷亚尔（约合 127 亿美元）至 650 亿雷亚尔（约合 207 亿美元），财政赤字不超过 1390 亿雷亚尔（约合 442 亿美元）。面对预算中的 582 亿雷亚尔赤字（约合 185 亿美元），为确保完成财政目标，巴西财政部长梅雷莱斯称，联邦政府将会通过增税的方式来增加收入。不过不是再设立新的税种，而是会提高现有的税率，并且将消除一些领域的税收豁免权来增加税收。[④] 2017 年 3 月 30 日，巴西政府颁布了 774 号临时举措，取消了将近 50 个行业的工资税减负政策，此举预计将会为巴西政府带来 48 亿雷亚尔（约合 15.3 亿美元）的收入。为完成财政目标，巴西政府减少了政府投资。2017 年前 4 个月巴西联邦政府的投资仅为 81 亿雷亚尔（约合

① Krugman P. Financing vs. forgiving a debt overhang. *Journal of Development Economics*, 1988, 29 (3): 253 – 268.

② 张启迪：《政府债务影响经济增长的利率传导机制研究》，载《当代经济管理》2015 年第 37 卷第 6 期。

③ 同上。

④ 南美侨报网：《巴西财长：或通过加税完成财政目标》，2017 年 3 月 24 日，http://sudamericaonlines.com/toutiao/Brazil/105.html，2017 年 12 月 13 日。

25.8亿美元），和2016年同期的191亿雷亚尔（约合60.9亿美元）相比减少了一半以上，是2009年以来的最低值。

二　货币政策

近年来，以宏观经济形势为参照，巴西央行通过调整其基准利率和控制货币发行速度等货币政策工具来实现不同的政策目标。

（一）过去十年巴西货币政策分析

过去十年，巴西央行根据本国宏观经济形势采取了明显不同的货币政策。可以将其分为三个阶段（如图4—5所示）。

第一阶段：2008—2013年，宽松的货币政策。

由于金融危机之后经济增速放缓，巴西央行实行了较为宽松的货币政策。其货币政策利率，即基准利率，从2008年的12.4%下调至最低的2013年的8.4%。在此期间，尽管巴西央行在2010年调高了基准利率，但整体上巴西央行实行的是较为宽松的货币政策，表明其政策目标是为了通过货币政策传导机制来刺激消费和投资，从而增加总需求，带动经济增长。

第二阶段：2013—2016年9月，趋紧的货币政策。

从2014年开始，受制于高通货膨胀率，巴西央行将货币政策目标转向控制通货膨胀，实现低水平的稳定的通货膨胀，实行了紧缩性的货币政策。为抑制通胀，巴西央行连续上调基准利率。其基准利率从2013年的8.4%逐年上升到2016年的14.25%。并且，连续9次在央行货币政策会议上选择将基准利率维持在14.25%的近10年历史高位。

第三阶段：2016年10月至今，较为宽松的货币政策。

自2016年10月以来，巴西经济和通胀出现了一系列的转好特征，导致巴西央行把政策目标从稳定的低通货膨胀转向低失业率和经济快速增长。为此，巴西央行已经进入新一轮的量化宽松政策。截至2017年4月巴西央行已经连续5次降低基准利率。2017年4月12日巴西央行大幅降低利率，将指标Selic利率下调100个基点至11.25%，为两年来的最低利率水平，其幅度也是2009年6月以来最大的一次。

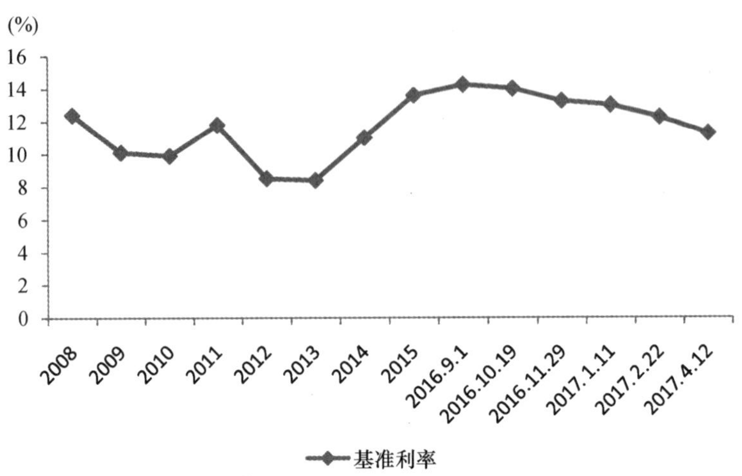

图 4—5 2008—2017 年巴西基准利率

资料来源：拉美经委会（CEPAL）：Preliminary Overview of the Economies of Latin America and the Caribbean 2017，第 124 页表 A—24；2016 年以后的数据来自巴西央行，http://www.bcb.gov.br/pt-br/。

巴西央行 2008—2016 年基本的货币政策目标也可以从图 4—6 中窥见。从图 4—6 中可以比较清楚地看到，在 2008—2013 年，货币政策利率趋势线与 GDP 增长率趋势线保持一致，说明巴西央行采取宽松性货币政策，目标是为了实现经济增长。而在 2013—2016 年，货币政策利率趋势线与通货膨胀率（以 CPI 衡量）趋势线保持一致，说明巴西央行采取紧缩性货币政策，目标是为了遏制通货膨胀。

为了配合完成货币政策目标，巴西央行有针对性控制货币发行速度。在 2008—2013 年，为了实现经济增长，巴西央行的货币发行速度加快。其 M_0、M_1、M_2 的发行增速较快，年均增长率大多在 10% 以上。而在 2013—2016 年，为了遏制通货膨胀，巴西央行有意减缓了货币发行速度。其 M_0、M_1、M_2 的发行速度明显减缓，年均增长率大多滑落到 5% 以内的水平，特别是 2015 年和 2016 年 M_1 的增速已经下降到 0 以下。这表明，在 2008—2013 年，巴西央行通过提高货币发行速度来刺激经济增长；而在 2013—2014 年，巴西央行有意通过降低货币发行速度来抑制通货膨胀（如图 4—7 所示）。

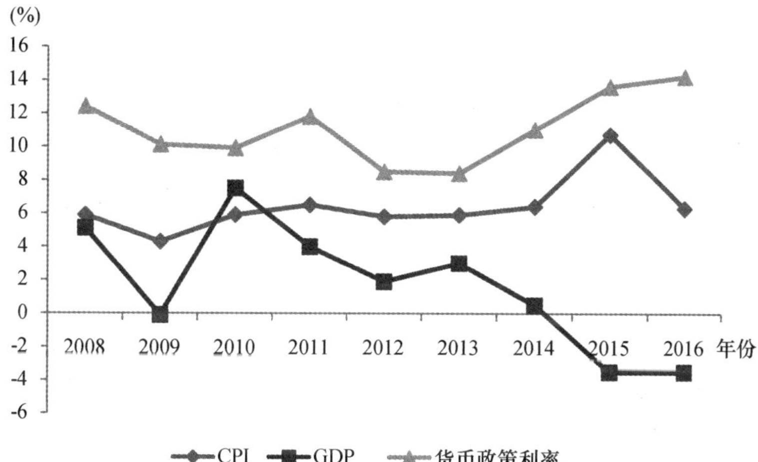

图4—6　2008—2016年巴西货币政策利率与CPI和GDP增长率的关系

资料来源：拉美经委会（CEPAL）：Preliminary Overview of the Economies of Latin America and the Caribbean 2017，第103页表A—2、第124页表A—24、第127页表A—26。

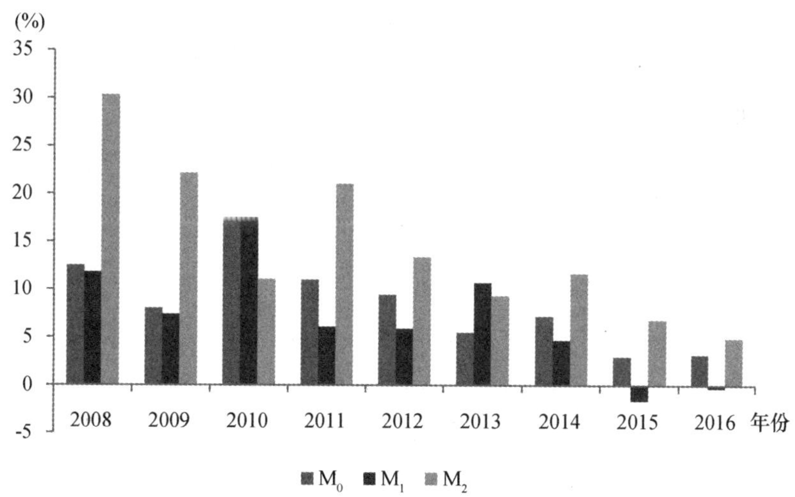

图4—7　2008—2016年巴西货币指标相对于前一年的变动百分比

资料来源：拉美经委会（CEPAL）：Preliminary Overview of the Economies of Latin America and the Caribbean 2017，第122页表A—22。

(二)当前货币政策分析与展望

当前巴西央行进入降息周期。根据经济学家们的预测，巴西基准利率有望在 2017 年年底下降至 8.5%。

巴西央行之所以如此大幅下调基准利率，主要是因为源于两方面的考虑。一方面，巴西经济虽然有复苏迹象，但预计仍只能实现弱复苏，预计 2017 年全年巴西经济同比增长 0.7% 左右。失业率仍然处于历史高位，国内需求疲软，进口大幅下降。另一方面，巴西通货膨胀率持续下降。2016 年巴西通胀已经从年初的 10.7% 高点下滑至年底的 6.29%，位于巴西央行通胀政策目标 2.5%—6.5% 区间内。进入 2017 年巴西通胀率继续下降。根据巴西央行公布的 2017 年第一季度宏观经济数据，巴西 2017 年的通货膨胀官方指数（IPCA）已经下降到了 4.47%，比公布前一周的数据下降了 0.17 个百分点，通货膨胀官方指数近期连续六次下降。随后，巴西央行更改了其通货膨胀报告，将巴西 2017 年的预期通货膨胀从原来的 3.9% 下调为 3.6%，2018 年的预期通货膨胀从原来的 4.2% 下调至 3.5%。较低的通胀率使巴西央行行长格尔德法因能够聚焦于经济增长和减少失业。考虑到高利率对消费和投资的抑制作用以及政府债务带来的巨大压力，降息将有助于提高总需求从而推动巴西经济增长。

经济增长和就业的压力驱使巴西央行改变 2013—2016 年紧缩的货币政策，转为实行宽松的货币政策。通货膨胀压力的减小又为降低利率提供了空间。所以预计巴西央行将会在 2017 年内稳步地调低基准利率从而刺激消费和投资以及增加就业。

三 产业政策

巴西作为拉美地区最大的经济体和全球第九大经济体，20 世纪 70 年代便已建成比较完备的工业体系。工业基础较雄厚，其中航天产业、可替代能源产业、汽车产业、钢铁业具有很强竞争力。巴西服务业较为发达，是巴西三大产业中最大的产业，占 GDP 的比重为 70% 左右，2016 年服务业占 GDP 的比重高达 76%。巴西工业和服务业的快速发展得益于巴西政府根据自身实际，采取了一系列积极有效的产业政策来促进其经济发展。本部分主要介绍其汽车产业政策和信息产业政策，在巴西特色产业部分介绍其生物能源政策。

（一）汽车产业政策

巴西汽车产业有超过60年的历史，现已发展成为巴西重要支柱产业。2012年巴西汽车产量高达334.26万辆，全球排名第七。受经济形势影响近年巴西汽车产量有所下降。2016年巴西汽车产量为215.64万辆，排名全球第十，同比下滑10.2%。巴西汽车产业已经发展成为包括上游研发、钢铁、汽车零配件产业和下游经销、售后、维修等一整套完整的产业体系。巴西生物能源的发展和广泛使用使巴西环保型车辆发展速度很快，在全球享有盛誉。此外，巴西也是全球主要的汽车零部件供应商，在汽车产业全球价值链中扮演着重要角色，是通用、大众和丰田等全球汽车厂商的重要零部件供应商。

巴西汽车产业的发展得益于巴西政府结合本国国情，通过推行“增长点”产业政策、积极吸引外国投资、税收优惠、积极推广使用清洁能源等产业政策，从而实现了发展目标。

巴西汽车产业从无到有、从小到大，政府产业政策对巴西汽车产业的发展起到了非常关键的作用。其中，比较重要的包括：

第一，将汽车产业作为“增长点”，有力推动汽车产业的发展。20世纪50年代中期汽车产业被确定为巴西经济的增长点，重点开发。早在1956年，巴西政府就通过“汽车工业发展计划”，确定汽车工业发展方针为进口替代，并试图带动其他关联产业发展。[①]

第二，积极吸引外国直接投资。在发展汽车产业过程中，巴西自身技术和资金都存在很大困难，所以巴西政府积极引进外资、技术和设备，并在税收上给予优惠和放宽股权比重的限制。

第三，汽车税率调整。20世纪90年代在节能和环保的浪潮下，为了鼓励人们使用更小排量的汽车，巴西政府将小汽车的销售税率从1991年的35.6%下调至1993年的17%，极大地促进了小型车的生产和销售。

第四，推广使用清洁能源。两次石油危机以及环保浪潮使巴西政府意识到发展清洁能源的重要性，通过“国家乙醇燃料计划”“国家生物柴油计划”和替代电力能源激励“（PROINFA）计划”，积极推广清洁能源

① 樊杜鑫：《巴西汽车产业发展经验对我国的借鉴》，载《对外经贸》2009年第4期。

的使用，并且以法律形式规定汽油中使用清洁能源的比例。

（二）信息产业政策

巴西是世界第七大信息市场。近 10 年来，巴西的信息产业得到迅速发展，信息产业总产值超过 100 亿美元。2014 年，巴西对信息技术、软件、知识产权产品的研发投资增加了 5.5%；信息技术市场总额达 600 亿美元，同比增长 6.7%，其中软件市场 112 亿美元，服务市场 140 亿美元，硬件市场 348 亿美元。巴西是拉美地区最大的信息市场，2014 年信息产业投资占到整个拉美地区的 46%。巴西信息产业的一个特点是缺乏行业巨头，大多是中小型企业，2016 年巴西 95% 的信息产业公司为中小企业。①

信息产业是巴西最重要产业之一。在其发展过程中，巴西政府结合本国实际，对信息产业实行完全放开、大力发展本土软件企业、积极吸引外资和技术。一系列产业政策有力地推动了本国信息产业的发展。

第一，完全放开。巴西政府对本国信息产业采取完全开放的态度，允许外来信息产品进入国内市场。并通过“网络社会计划”和“社会信息计划”等政策，一方面提高了本国企业和国内居民的信息化率，另一方面也通过不同电信企业之间的技术、人才、管理、服务和产业方向等方面的竞争，提高了本国电信企业服务水平，极大地促进了巴西国内电信产业发展。

第二，大力发展本土软件企业，提高信息产业核心竞争力。巴西政府通过税收优惠政策和对国内软件产业实施补贴，使本国软件产业能够专注于技术创新和服务水平提高。经过多年的发展，巴西已经成为拉美地区软件大国，同时软件产业在国际排名也名列前茅。不仅如此，巴西政府还通过电子政务向国内居民提供 800 多项服务，大力推动软件产业对其他产业的渗透和拉动，整个国家的信息化水平显著提高。

第三，引进技术和外资，推动本国技术进步。巴西在发展本国经济过程中，大力引进外资是其显著特点，发展信息产业也不例外。通过引

① 中华人民共和国商务部：《对外投资合作国别（地区）指南·巴西》（2016 年版），中华人民共和国商务部网站。

进外国的技术和资金，巴西的信息产业得到更快的发展。具体措施包括：其一，通过引进—仿制—创新的过程发展信息工业；其二，保护国内市场，扶助民族信息工业；其三，促进外资企业产品国产化；其四，重视自主技术创新和电子商务的应用。①

第三节　巴西经济发展成就

近十年来，巴西受到国际社会越来越广泛的关注：2012 年召开了联合国可持续发展大会；2014 年举办了世界杯；2016 年举办了奥运会。巴西之所以能够获得如此之多的重要活动的主办权，是与自身近年来经济成就密不可分的。作为拉美地区第一大经济体和金砖成员国，21 世纪以来，得益于良好的世界经济环境，以“雷亚尔计划”为中心的一系列改革政策以及丰富的自然资源，巴西经济取得了很大成就。

一　经济增长：较为稳定

21 世纪初，巴西经济度过了其黄金十年。特别是 2003 年全球大宗商品超级周期开启后，巴西丰富的资源和劳动力优势成为推动其经济增长的强大助推剂，经济实现了连续多年的增长。2006 年和 2010 年的经济总量分别突破 1 万亿美元和 2 万亿美元。2011 年其经济总量全球排名一度超过英国，位居全球第六。

从总量来看，巴西 GDP 从 2000 年的 6554. 2 亿美元上升到 2011 年最高时的 26162 亿美元，其间增长近 4 倍（如图 4—8 所示）。从人均量来看，巴西人均 GDP 也从 2000 年的 3739. 1 美元上升到 2011 年最高时的 13167. 5 美元，增长也超过 3. 5 倍（如图 4—9 所示）。从增长率来看，巴西 2000—2011 年 GDP 平均增长率为 3. 8%，人均 GDP 增长率为 2. 5%（如图 4—10 所示）。

---

① 王凯：《巴西软件产业发展迅速》，载《全球科技经济瞭望》2002 年第 2 期，第 44—45 页。

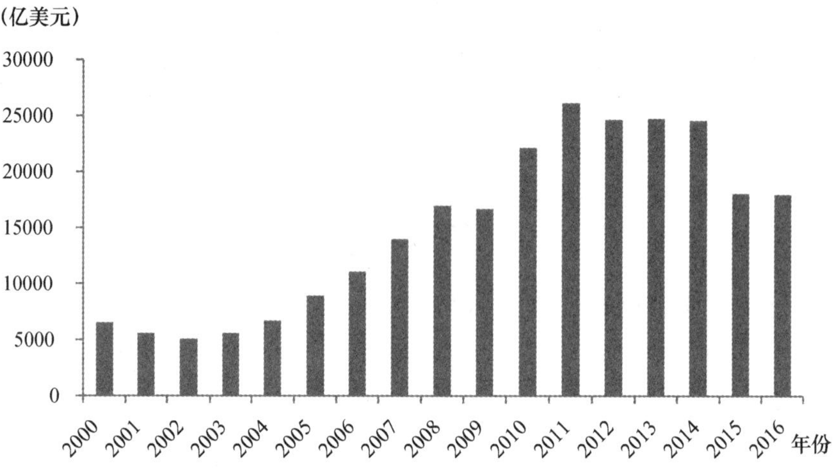

图 4—8　2000—2016 年巴西 GDP

资料来源：世界银行数据库（World Bank Database）。

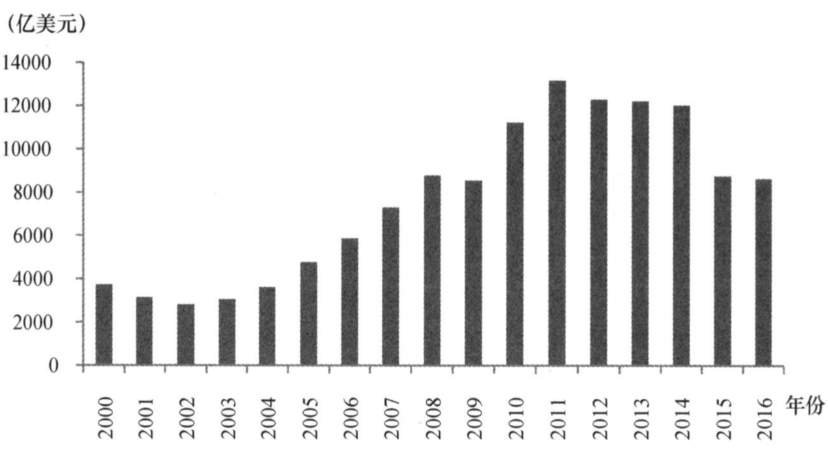

图 4—9　2000—2016 年巴西人均 GDP

资料来源：世界银行数据库（World Bank Database）。

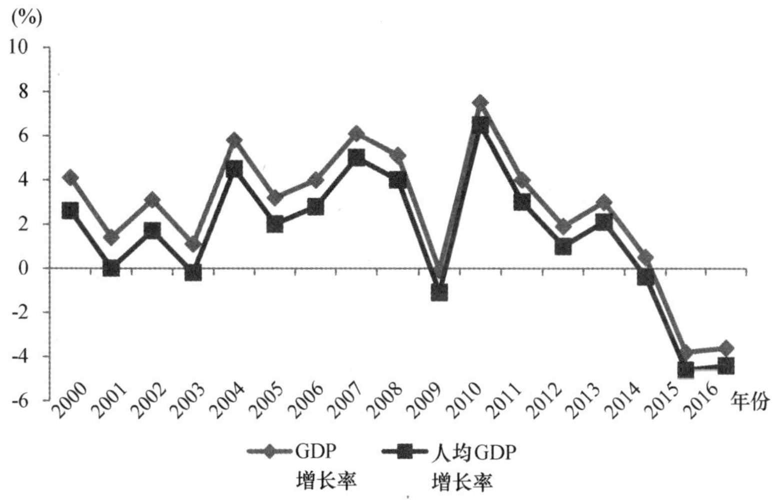

图 4—10　2000—2016 年巴西 GDP 和人均 GDP 增长率

资料来源：世界银行数据库（World Bank Database）。

虽然近几年出现一定程度的下滑，但整体来看，巴西经济延续了 20 世纪 90 年代后期以来的增长势头，实现了长期持续增长，无论是从总量还是从人均量而言，巴西经济都位于拉美地区前列，成功步入中高等收入国家行列。

二　通货膨胀：长期可控

进入 21 世纪以来，虽然个别年份巴西承受了一定程度的通货膨胀压力，但仍处于可控范围，巴西再没有出现过像 20 世纪 80—90 年代那种恶性通货膨胀。整体来看，2000—2016 年巴西平均通货膨胀率为 6.8%，其中最高值为 2003 年的 14.7%，最低值为 2006 年的 4.2%，通货膨胀整体表现温和，处于可控区间（如图 4—11 所示）。

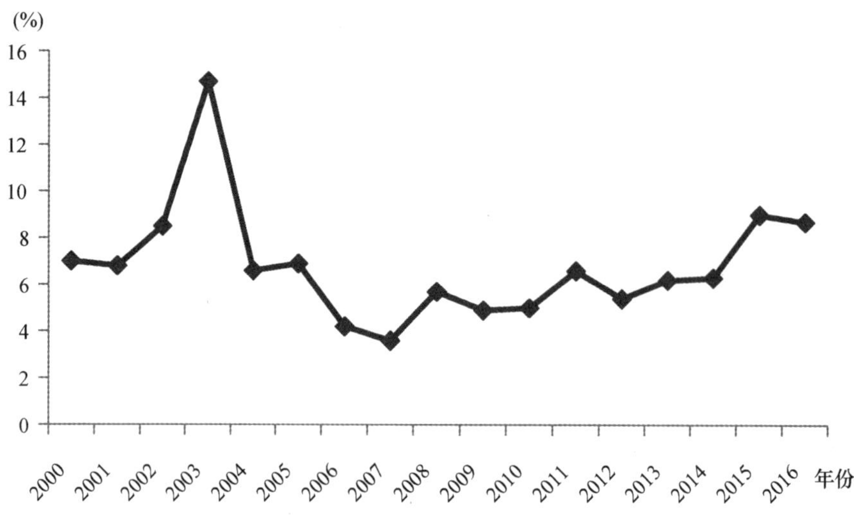

图 4—11　2000—2016 年通货膨胀率

资料来源：世界银行数据库（World Bank Database）。

三　汇率：进入升值周期

21 世纪以来，雷亚尔兑美元汇率经历了四个主要的周期。第一个周期（2000—2002 年），雷亚尔连续贬值，从 2000 年年初到 2002 年年底，雷亚尔累计贬值 44.7%。第二个周期（2003—2009 年），雷亚尔大幅升值。其间，受益于巴西经济的持续走强，雷亚尔连续升值。从 2003 年年初到 2010 年年底，雷亚尔兑美元累计升值 109.5%。第三个周期（2011—2015 年），雷亚尔大幅贬值。受累于自身经济的疲软以及美元持续走强，2011 年年初开始雷亚尔出现持续贬值。截至 2015 年年底，雷亚尔兑美元累计贬值 56.8%。特别是 2015 年，受大宗商品价格下降、美国货币政策正常化预期等因素的影响，巴西雷亚尔与美元比价下跌 32.0%。第四个周期（2016 年至今），雷亚尔进入新一轮升值周期。进入 2016 年，雷亚尔兑美元汇率有所上升，并且这种趋势延续到了 2017 年。截至 2017 年第一季度末，雷亚尔兑美元汇率相对于 2015 年年底升值 23.8%（如图 4—12 所示）。

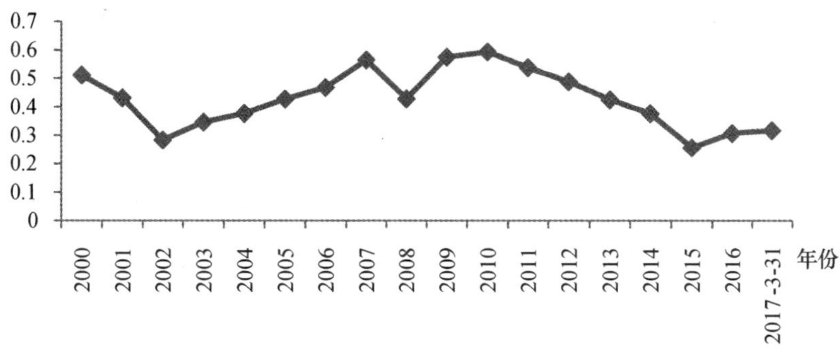

图4—12　2000—2017年巴西货币雷亚尔兑美元汇率（间接标价法）

资料来源：2000—2016年数据来源于OECD数据库；2017年3月31日数据来源于中国国家外汇管理局。

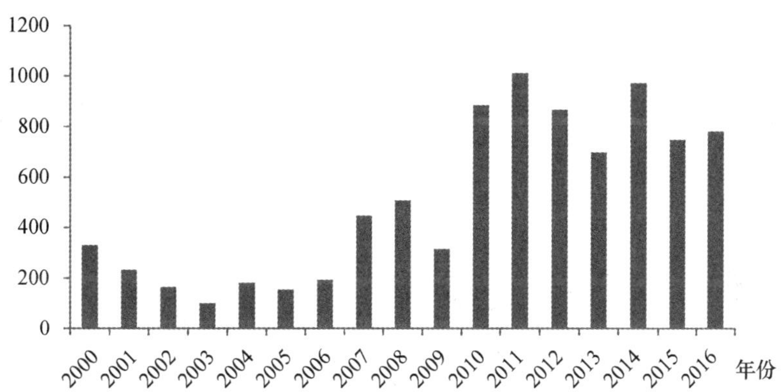

图4—13　2000—2016年巴西FDI流入

资料来源：世界银行数据库（World Bank Database）。

四　外商直接投资（FDI）净流入：增长较快，近年减缓

外商直接投资（Foreign Direct Investment，FDI）长期以来对巴西经济社会发展起到了巨大推动作用。由于其地域辽阔，物产丰富，经济总量和市场规模均位居拉美第一；经济基础稳固，经济政策成熟；对所有境内的外商独资或合资企业实行国民待遇，对投资准入和收益汇出等限制较少；对企业征收和补偿、赔偿损失以及争议解决有一套比较成熟的规定等优势，巴西成为很多跨国企业海外投资的重要目的地和很多公司拉

美投资首选目的地。

2000 年以来，巴西吸引了大量外国直接投资，特别是在矿业、基础设施、汽车和信息产业。其外国直接投资流入从 2000 年的 329.9 亿美元上升到了 2011 年最高时的 1011.6 亿美元。尽管近几年受全球经济疲软和自身经济增长乏力影响，巴西外国直接投资流入量有所减少，但仍稳定在 700 亿美元以上（如图 4—13 所示）。大量外国直接投资的流入为巴西带来先进的技术、管理经验以及自身欠缺的资金，帮助企业更快实现治理的现代化。巴西汽车产业和信息产业迅速发展的一个重要原因就在于积极引进外资。

五　对外贸易：对巴西经济至关重要

通过以“雷亚尔计划”为中心的一系列改革，巴西经济成功实现了由内向发展模式向外向发展模式的转变，对外贸易对巴西经济的重要性持续增加。21 世纪以来，巴西贸易进出口的规模保持了较快的增长。

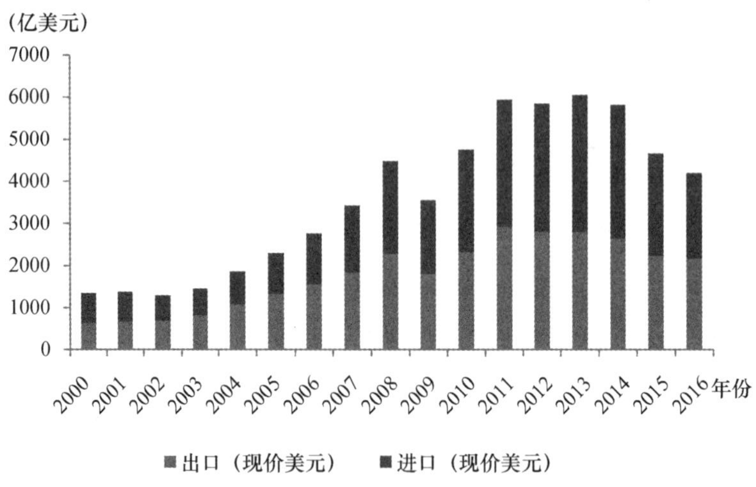

图 4—14　2000—2016 年巴西进出口总额

资料来源：世界银行数据库（World Bank Database）。

从进出口总量来看，巴西 2000 年进出口总额为 1352.9 亿美元，2013 年则首次突破了 6000 亿美元，2011—2014 年进出口总额都接近 6000 亿美元。2000—2013 年进出口总额年均增长率为 12.2%。进出口分开来看，2000 年出口总额为 667.8 亿美元；2011 年出口总额最高，达 2999.8 亿美元。2000—2011 年巴西出口年均增长率为 14.9%。虽然近几年出口有所萎缩，但仍高于 2100 亿美元。2000 年进口总额为 715.8 亿美元，2013 年进口总额最高，达 3255.7 亿美元，其间进口年均增长率为 13.6%。虽然近几年进口有所萎缩，但近六年进口总额都超过 2000 亿美元（如图 4—14 所示）。

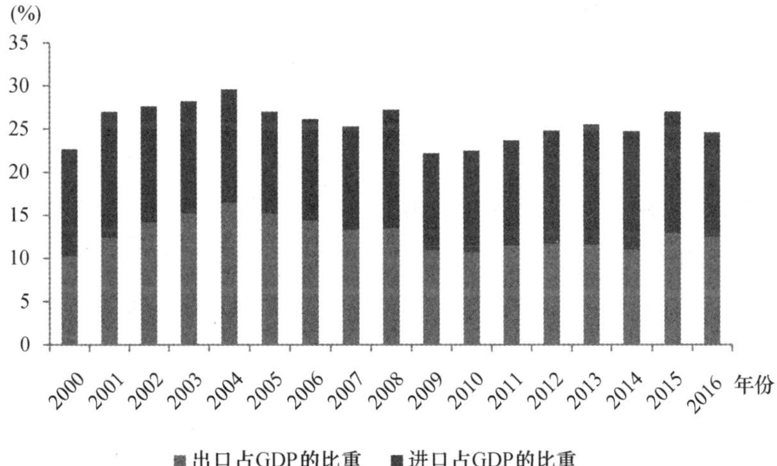

图 4—15　2000—2016 年巴西进出口贸易占 GDP 的比重

资料来源：世界银行数据库（World Bank Database）。

从对外贸易占 GDP 的比重来看，对外贸易对巴西经济重要性不言而喻。2000—2004 年，巴西进出口总额占 GDP 的比重逐年上升，2004—2009 年有一个下降的趋势，但 2009 年以后对外贸易占 GDP 的比重又不断上升。若以进出口总额占 GDP 的比重来衡量一国经济对外依存度，2000 年以来巴西经济对外依存度一直高于 20%，2004 年最高时对外依存度高达 29.6%，表明巴西已经成为出口导向型国家（如图 4—15 所示）。

从进出口主要对象来看，以 2015 年为例，巴西主要出口对象是：中国（19%）、美国（13%）、阿根廷（7%）、荷兰（5%）、德国（3%）

和日本（3%）；巴西主要进口对象是：中国（18%）、美国（15%）、德国（6%）和阿根廷（6%）、韩国（3%）。[①] 从进出口内容来看，以2015年为例，巴西进口的主要商品有燃油和润滑油、药品、电子设备、汽车及其零配件等。[②]

六 就业：失业率整体不高但近年上升，服务业就业比重较大

从失业率来看，巴西失业率整体不高但近年失业率上升，失业问题成了巴西政府不可忽视的问题。2000 年以来，伴随着经济的稳定增长，巴西失业率逐步降低。从2000—2012 年，巴西失业率从 15.3% 逐年下降到6.2%，失业率整体不高；但近几年随着巴西经济的下行，失业率也逐步上升。从2013 年开始，巴西失业率逐步上升，2013—2015 年的失业率分别为6.5%、6.8%和8.4%，2016 年更是创下了 11.6%的2000 年以来最高的失业纪录，失业成为巴西政府不可忽视的问题（如图 4—16 所示）。2014 年4 月以来，巴西正规就业岗位持续减少，直到2017 年2 月，经过22 个月下降后，巴西正规岗位就业率才首次上升，新增就业岗位超3.5 万个。[③]

从三大产业在整体就业中所占的比重来看，巴西农业、工业和服务业的就业比重比较稳定，三者之间的比例大概为2∶2∶6。其中服务业就业比重稳定在 60% 左右，这说明服务业是巴西最主要的就业部门（如图4—17 所示）。服务业不仅是巴西就业比重最高的部门，并且也是巴西增加就业岗位最多的部门。以 2017 年 2 月为例，巴西服务业创造岗位最多，多达5.06 万个。

---

① 中华人民共和国商务部：《对外投资合作国别（地区）指南·巴西》（2016 年版），第49 页，中华人民共和国商务部网站。

② 同上。

③ 中新社圣保罗3 月16 日电：《巴西就业岗位近两年来首次增加》，2017 年3 月16 日，https：//mini.eastday.com/a/170317155625412.html，2017 年12 月23 日。

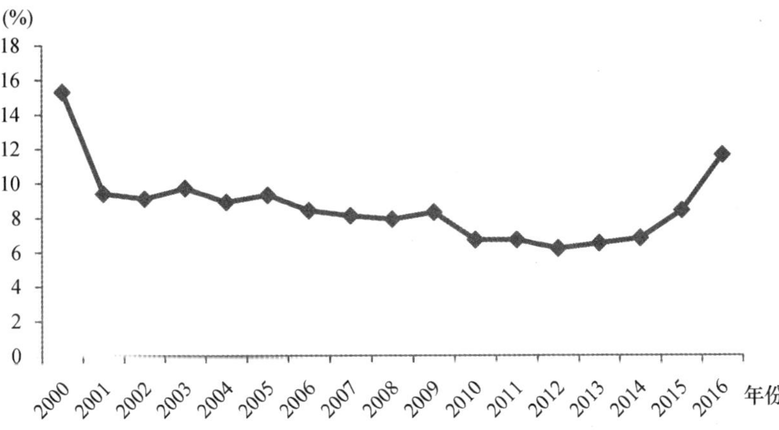

图 4—16 2000—2016 年巴西失业率

资料来源：世界银行数据库（World Bank Database）。

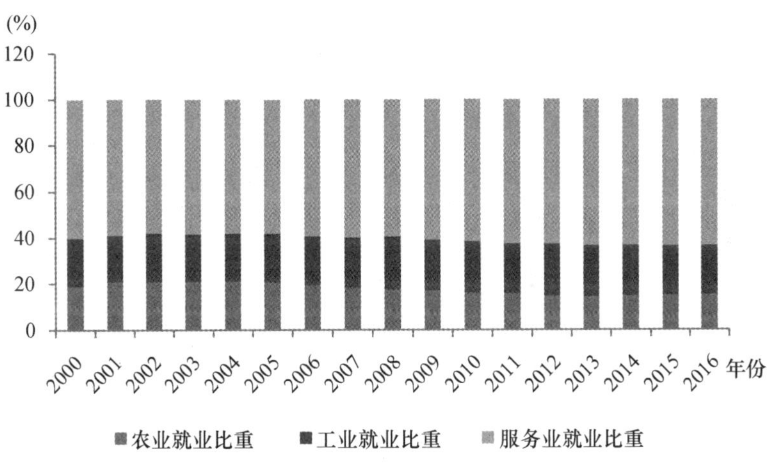

图 4—17 2000—2016 年三大产业就业比重

资料来源：世界银行数据库（World Bank Database）。

七 贫困人口：显著减少，但近年有增加趋势

得益于整体经济形势和巴西政府有力的减贫行动，21 世纪以来巴西贫困人口显著减少。多年来，由于巴西政府一直致力于减贫活动，特别是巴西前总统卢拉 2003 年上台后推出了“零饥饿”“家庭补助金”等贫困人口减少计划，继任者罗塞夫又接手并强化了这些措施，这些举

措使巴西贫困人口持续减少。2003 年，巴西贫困人口总数达 6180 万，其中 2600 万人处于绝对贫困。但到了 2013 年，贫困人口下降了 54%，绝对贫困人口下降了 60%。10 年中，巴西分别有 3310 万人和 1550 万人摆脱了贫困与绝对贫困。不过近年来巴西贫困人口有增加的趋势。根据世界银行 2017 年发布的报告显示，截至 2016 年年底，巴西将有 360 万人重回贫困线以下，2017 年巴西贫困人口总数将介于 1980 万—2090 万人。

八 特色产业：矿业和生物能源是其支柱产业

巴西有两大特色产业：一个是传统产业矿业，另一个是新兴产业生物能源。

（一）矿业

巴西矿业在全球享有盛誉，在巴西国民经济中扮演着重要的角色。巴西矿产资源丰富，吸引了包括中国企业在内的全世界企业的目光。

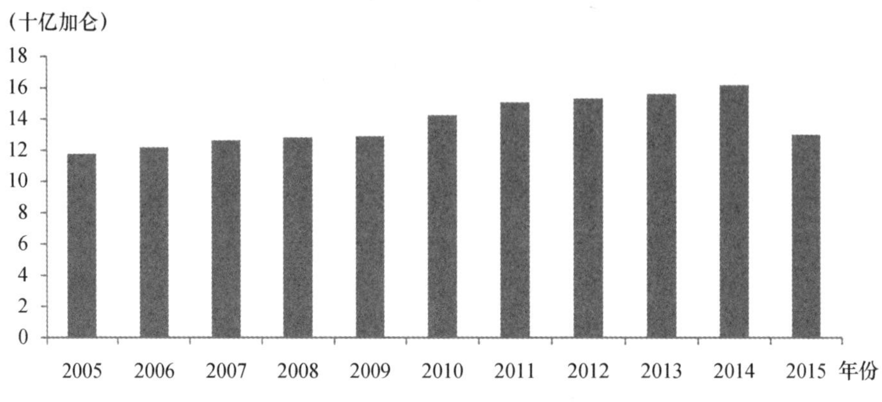

图 4—18 2005—2015 年巴西石油储量走势

资料来源：历年《BP 世界能源统计年鉴》。

巴西探明石油储量持续上升。历史上，由于开采技术落后，巴西一直被认为是一个石油资源贫乏的国家，石油大量依赖进口，但近年巴西石油探明储量逐渐增加。2005 年以来，巴西探明石油储量逐年上升。截至 2014 年年底，巴西石油储量为 16. 18 亿加仑，比上年增长 3. 7%，在南美地区位居第二，仅次于委内瑞拉（如图 4—18 所示）。

巴西是世界上煤炭资源储量较为丰富的国家。截至 2015 年年底，巴西煤炭可采储量 66.63 亿吨，占世界总量的 0.7%，其煤炭资源储量居世界前列。巴西煤炭的特点是高硫分、高灰分、低热量，主要煤的品种为次烟煤和褐煤，主要煤矿分布在巴拉那盆地。[①]

巴西是世界上铁矿石储量最为丰富的国家之一，铁矿业是其重要产业。巴西铁矿石资源主要分布在米纳斯吉那斯州，约占其国内总储量的 70%；其次是南马托格罗索州，约占其国内总储量的 21.5%。2009 年巴西产铁矿石 3 亿吨，占世界铁矿石总产量（15.9 亿吨）的 18.9%，而其中淡水河谷公司的产销量就占巴西铁矿石总产量的 82.2%。[②] 巴西的铁矿石企业淡水河谷公司是世界知名企业，在铁矿石全球定价博弈中拥有重要影响力。

巴西是拉丁美洲最大的矿石生产国，在世界范围内也位居前十。[③] 除了石油、煤和铁矿石以外，其锰、铬、铝、铜、镍、金等矿产的生产在世界范围内也有重要地位。

（二）生物能源

巴西是全球著名的生物能源生产和消费市场。2015 年巴西生物能源产量为 17636 千吨油当量，占全球生物能源产量的 23.6%，仅次于美国（30983 吨油当量，占全球总量的 41.4%），远高于中国（2430 吨油当量，占全球总量的 3.2%）（如图 4—19 所示）。根据英国能源资讯公司 2014 年发布的一份报告，2018 年巴西的生物质发电装机容量将从 2013 年的 1151 万千瓦上升到 1710 万千瓦，从而超越美国成为全球最大的生物能源市场。[④] 巴西的生物燃料产量位居世界第二，2013 年巴西生物能源产量占全球的 25%。[⑤]

---

① 苏亚红、刘小燕、路俊萍：《巴西铁矿石资源状况及政策分析》，载《国土资源情报》2011 年第 3 期，第 37—42 页。

② 同上。

③ 苏振兴：《巴西经济转型：成就与局限》，载《拉丁美洲研究》2014 年第 5 期，第 3—15 页。

④ 《巴西有望成为最大生物能源市场》，《人民日报》2014 年 11 月 24 日，第 22 版，http：//news. ifeng. com/a/20141124/42551816_ 0. shtml，2017 年 12 月 13 日。

⑤ 王卓宇：《巴西生物能源发展的成就与问题》，载《拉丁美洲研究》2016 年第 1 期，第 53—68 页。

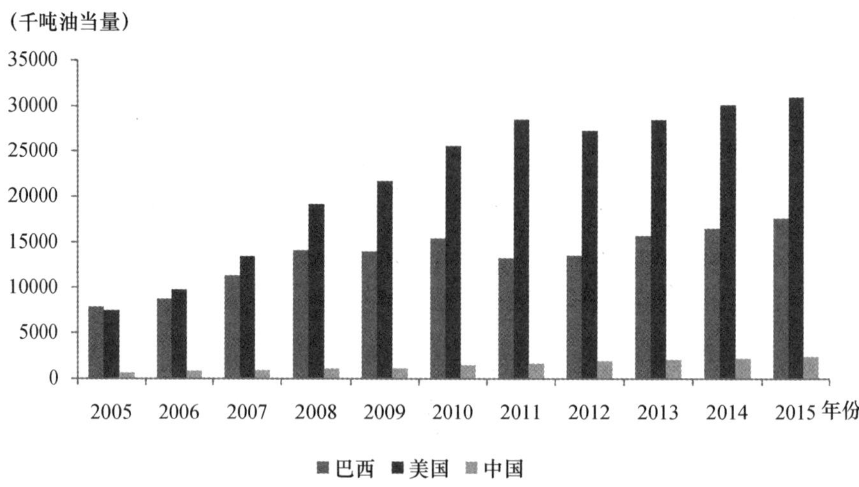

图4—19 2005—2015年巴西、美国、中国生物燃料产量

资料来源：历年《BP世界能源统计年鉴》。

生物能源成为巴西的重要产业甚至支柱性产业，和外部环境、自身有利条件以及内部推动是分不开的。

第一，外部环境所迫。历史上巴西探明的石油储量很低，并且自身开采技术落后，而大规模的工业化使用油量激增，巴西大量进口石油。其进口石油量一度占巴西国内石油消费总量的90%，且占其进口商品总额的50%以上。①

石油危机使巴西当时主要依靠进口石油的经济遭遇恶性通货膨胀，贸易收支严重失衡和发展资金严重短缺。② 两次石油危机使巴西政府深刻反思自身经济的脆弱性，特别是石油严重进口依赖性，从而开始寻找替代能源的道路。

第二，自身具有发展生物能源的有利条件。在发展生物能源的过程中，巴西充分结合本国国情，利用本国发展生物能源得天独厚的条件。

① 王卓宇：《巴西生物能源发展的成就与问题》，载《拉丁美洲研究》2016年第1期，第53—68页。

② 苏振兴：《巴西经济转型：成就与局限》，载《拉丁美洲研究》2014年第5期，第3—15页。

一方面，巴西是一个甘蔗产量极高的国家：巴西是世界第一大甘蔗生产国，全球头号食糖生产国及出口国，其产量占全世界的25%，食糖贸易出口量占世界的40%以上。甘蔗产业在巴西农业中占有举足轻重的地位。近年来，甘蔗种植面积在巴西主要农作物中位于第三，产值位列第二。较大的可耕地开发利用潜力和甘蔗突出的产业地位为巴西甘蔗产业未来进一步发展提供了基础。

另一方面，研究利用甘蔗来制造乙醇在巴西有很长的历史。早在20世纪初，巴西就已经有将甘蔗乙醇作为燃料的研究，该项研究由国家技术研究所（INT）主导，对巴西生物能源发展产生了深远的影响；1933年，巴西成立了糖和乙醇研究所（IAA）；1938年，第737号法律（Law No. 737）通过，强制要求所有石油中都要添加甘蔗乙醇。①

第三，政府积极推动。在发展生物能源过程中，巴西政府积极采取了很多有效的措施来推动其生物能源的发展。其一，法律、法规和政策推动。巴西政府积极推动立法强制要求汽油中添加一定比例的乙醇；要求联邦一级的单位购买公车必须是乙醇燃料汽车，对生物燃料实行低税率政策。其二，技术研发的投入，巴西政府非常重视乙醇应用技术的研发，并长期资助专门的技术研究部门。其三，金融税收政策的支持。巴西政府通过提供低息贷款来提高种植甘蔗和生产乙醇的个人和单位的积极性。其四，构建完善的配套设施。巴西政府邀请企业开发出多用燃料型汽车，并在加油站提供可以添加乙醇燃料的设备。其五，根据市场形势灵活配置生产方式。巴西国家政府规定，糖厂不能只生产糖或酒精，但厂商可以根据市场价格灵活选择生产比例。这种生产方式降低了乙醇的成本，提高了企业的效益。

利用自身的有利条件加上法律法规、政策、金融、研发投入等积极支持，巴西政府成功实施了两项生物能源计划。

第一，巴西乙醇计划。1975年巴西开始实施乙醇计划：利用本国丰富的甘蔗资源生产乙醇代替汽油。石油危机发生后，巴西本地的石油产量很少，又没有足够的财政来源支付石油的进口。巴西结合自身实际，

① 王卓宇：《巴西生物能源发展的成就与问题》，载《拉丁美洲研究》2016年第1期，第53—68页。

通过本国丰富的甘蔗资源来制造乙醇，进一步将制得的乙醇作为汽车的动力来源。具体来说，先用甘蔗汁来制造糖和乙醇，在甘蔗汁被挤压干净后，将剩余的甘蔗渣燃烧而实现生物质发电。① 这种甘蔗乙醇的制造成本比美国普遍利用玉米和欧洲利用小麦来制造乙醇的成本低很多。在上述方法实施了 40 多年后的今天，巴西有超过 90% 的汽车实现了 100% 依靠乙醇作为燃料。

第二，生物柴油计划。生物柴油是直接或间接来源于生物的化工产品，通过植物油（如大豆油、花生油、菜籽油等）、废弃的餐饮油和动物脂肪为原料制取的以脂肪酸甲脂为主的新型燃料，其性质与石化柴油非常接近，与普通能源相比，生物柴油是一种清洁的可再生能源。② 生物柴油的硫和芳烃含量低，污染少；分子中还含氧，有助于燃烧，降低了 CO 的排放量。③ 巴西利用本国丰富的大豆、蓖麻、棕榈油、棉籽、向日葵和玉米等来生产生物柴油。2007 年巴西颁布生物柴油法令 LEI No. 11097，该法令规定自 2008 年开始全国范围内销售的柴油都必须添加 2% 的生物柴油。2008 年年初巴西开始正式实施生物柴油计划。该计划要求巴西所有加油站停售普通柴油，所有出售的柴油为混合柴油，必须含有 2% 的生物柴油。2013 年起这一比例又提升到了 5%。2014 年年中巴西又将柴油中生物柴油的比例从 5% 提升到 6%，并在当年年末继续提升到 7%。根据巴西矿业和能源部发表的《可再生能源报告》，2015 年巴西生物柴油产量超过 400 万立方米，同比增加 85%。2015 年巴西授权可进行商业运作的生物柴油装机量达 730 万立方米，相对于 2008 年巴西生物柴油装机容量已增加了 103%。④

---

① 《巴西生物能源创新经验可借鉴》，2016 年 6 月 5 日，新华报业网，http：//www. sohu. com/a/77151977_ 115416，2017 年 12 月 13 日。

② 《2016 年全球生物柴油行业发展现状分析》，2016 年 12 月 7 日，行业频道，http：//www. chyxx. com/industry/201612/474995. html，2017 年 12 月 13 日。

③ 王卓宇：《巴西“能源独立”之路：进展与问题》，载《燕山大学学报》（哲学社会科学版）2014 年第 1 期，第 28—32 页。

④ 《2015 年巴西生物柴油产量增长 85%》，2014 年 11 月 24 日，中国信息技术信息网，http：//www. biotech. org. cn/information/139556，2017 年 12 月 13 日。

第四节　与中国的经贸关系

由于地理距离的限制，同中拉双边经贸关系一样，巴西与中国的大规模经贸联系相对较晚。2000 年中国仅是巴西第 12 大出口目的地和第 11 位进口来源国。但近十余年，同为新兴经济体和金砖国家成员国的两国经贸关系不断加速，中巴合作已经从传统的贸易领域向金融和投资领域进阶。

一　双边贸易

（一）贸易总额

21 世纪以来巴西与中国双边贸易发展迅速。1995 年双边贸易总额还仅为 19. 9 亿美元，但 2004 年巴西与中国双边贸易就首次超过 100 亿美元大关；2008 年双边贸易接近 500 亿美元；2011 年双边贸易首次突破 800 亿美元。2013 年，双方贸易总额创下了历史最高的 901. 9 亿美元，这一数字是 1998 年同期的 45. 3 倍，其间的年均增长率高达 23. 6%（如图 4—20 所示）。但之后双边贸易的这种高增长态势不再持续，双边贸易额 2014 年同比下降 4. 0%，2015 年又同比下降 17. 4%，2016 年再进一步同比下降 5. 1%。这意味着当前双边贸易的高速增长阶段已经结束，未来必须寻求双边贸易新的增长点。

（二）贸易结构

长期以来，巴西与中国双边贸易结构模式相对单一，双边贸易的模式一直维持“巴西出口初级产品，中国出口制成品”。巴西与中国双边贸易的显著特点是集中于少数几种商品。① 巴西出口中国 SITC0—SITC4 类商品就占其对华出口总额的 80% 左右（如表 4—1 所示）；而其从中国进

---

①　目前贸易产品分类的方法主要有两种，即国际贸易标准分类（SITC 编码）与国际协调产品名称和编码制度分类（HS 编码），前者将贸易产品分为十大类，后者分为二十大类，为了便于统计和分析，本章选用 SITC 编码，将贸易商品分为十大类：SITC0（食品及活动物）、SITC1（饮料及烟类）、SITC2（非食用原料）、SITC3（矿物燃料、润滑油及有关原料）、SITC4（动植物油脂及蜡）、SITC5（化学成品及有关产品）、SITC6（按原料分类的制成品）、S1TC7（机械及运输设备）、SITC8（杂项制品）和 SITC9（未分类产品）。其中，第 0—4 类商品为初级产品，第 5—9 类商品为制成品，第 5、7 类商品是资本或技术密集型产品，第 6、8 类商品为劳动密集型产品。

口 SITC5—SITC8 商品也占其进口总额的 60% 以上（如表 4—2 所示）。巴西从中国进口主要商品包括通信设备、电子产品和平轧钢板等；而巴西出口中国的主要商品包括大豆、铁矿砂、石油、大豆油、纸浆、蔗糖等。巴西向中国出口最多的商品是大豆，2016 年巴西共向中国出口了 143.9 亿美元的大豆，占巴西向中国出口总额的 41%；其次是铁矿石，2016 年巴西向中国出口了 73.1 亿美元的铁矿石，占总额的 21%；另一主要出口商品是石油，2016 年的出口额为 39.1 亿美元，占总额的 11%。2016 年，巴西向中国出口的基础商品总额为 281.43 亿美元，占对华出口总额的 80.9%。①

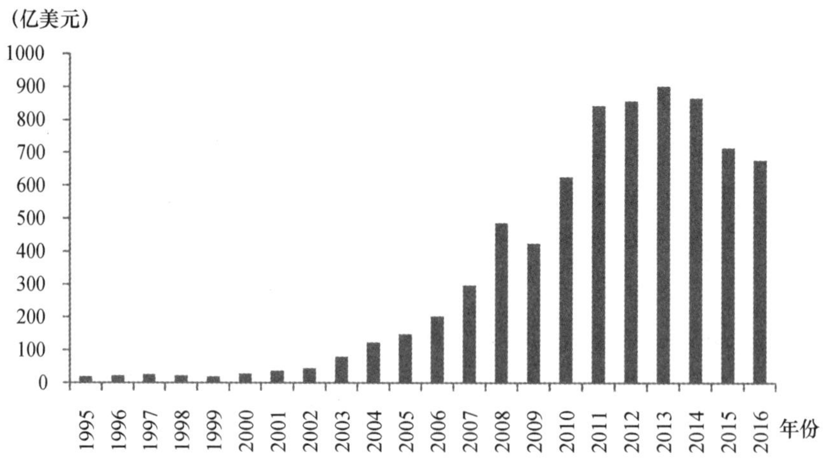

图 4—20　1995—2016 年中巴双边贸易总额

资料来源：联合国贸易数据库（Uncometrade）。

表 4—1　　巴西对华出口总额及分类商品额　　单位：亿美元

年份	总额	SITC0	SITC1	SITC2	SITC3	SITC4	SITC5	SITC6	SITC7	SITC8	SITC9
1995	12.32	0.78	0.04	2.70	0.01	null	0.28	1.85	1.10	0.04	0.00
1996	14.84	2.82	0.00	2.68	0.00	0.00	0.37	1.65	1.63	0.03	0.01
1997	14.89	4.37	0.14	4.64	0.00	0.00	0.30	1.31	0.57	0.01	0.01

① 《2016 年巴西对华贸易顺差超 117 亿美元　打破纪录》，2017 年 1 月 18 日，南美侨报网，http://www.cankaoxiaoxi.com/world/20170118/1623199.shtml，2017 年 12 月 13 日。

续表

年份	总额	SITC0	SITC1	SITC2	SITC3	SITC4	SITC5	SITC6	SITC7	SITC8	SITC9
1998	11.33	3.03	0.06	5.90	0.00	0.00	0.31	0.72	0.24	0.05	null
1999	9.69	0.91	0.01	5.99	0.00	null	0.45	0.97	0.45	0.30	0.00
2000	16.21	0.27	0.60	10.98	0.44	0.00	0.86	1.43	1.14	0.19	0.00
2001	23.47	0.37	1.20	16.47	0.00	0.00	0.70	1.88	2.65	0.17	null
2002	30.03	0.39	0.41	20.12	0.00	0.00	1.04	3.49	2.89	0.14	null
2003	58.42	0.53	0.86	35.83	0.22	0.00	1.70	11.19	5.07	0.14	0.20
2004	86.73	1.15	0.74	57.59	4.28	0.00	1.82	10.80	4.64	0.14	0.14
2005	99.93	2.01	1.77	72.52	4.89	0.00	2.36	10.16	4.27	0.21	0.00
2006	129.09	3.33	2.32	97.52	8.93	0.01	2.03	8.85	4.54	0.22	null
2007	183.42	3.19	2.51	145.17	9.82	0.01	3.64	11.84	3.82	0.26	null
2008	298.63	1.18	4.06	240.87	18.87	0.01	2.53	13.64	7.86	0.35	0.00
2009	282.81	2.05	3.92	221.59	16.13	0.02	5.13	23.14	6.30	0.59	null
2010	380.99	12.09	3.34	286.70	42.31	0.01	4.79	16.17	6.87	0.55	0.00
2011	523.87	20.83	4.38	407.07	48.85	0.01	6.48	17.30	11.89	0.88	0.00
2012	522.81	18.89	4.95	401.77	46.59	0.04	7.05	17.04	14.20	0.68	null
2013	542.99	20.68	4.02	439.34	38.10	0.05	6.10	21.50	6.82	1.23	null
2014	516.53	15.41	4.34	403.91	49.04	0.02	6.12	26.46	5.84	0.67	0.00
2015	440.89	20.77	2.85	327.17	52.98	0.02	37.84	48.76	111.00	67.52	0.06
2016	458.55	28.55	1.72	320.58	60.41	0.02	33.37	38.71	95.20	43.48	0.02

资料来源：笔者通过联合国商品贸易统计数据库整理获得。https：//comtrade.un.org/db/default.aspx。

表 4—2　　　巴西对华进口总额及分类商品额　　　单位：亿美元

年份	总额	SITC0	SITC1	SITC2	SITC3	SITC4	SITC5	SITC6	SITC7	SITC8	SITC9
1995	7.59	0.22	0.00	0.08	0.51	null	0.50	1.14	2.43	2.70	3.44
1996	7.63	0.31	0.01	0.11	0.35	0.00	0.72	0.97	1.97	3.18	1.85
1997	10.44	0.30	0.00	0.11	0.57	0.00	0.80	1.29	2.98	4.39	3.58
1998	10.85	0.24	null	0.13	0.84	0.00	0.86	1.17	3.51	4.08	0.06
1999	8.76	0.16	0.01	0.13	0.30	null	1.06	0.96	3.61	2.52	1.74
2000	12.24	0.11	0.00	0.06	0.67	0.00	1.67	1.43	5.11	3.18	5.14
2001	13.51	0.14	0.00	0.08	1.38	0.00	1.79	1.43	5.72	2.97	5.84

续表

年份	总额	SITC0	SITCl	SITC2	SITC3	SITC4	SITC5	SITC6	SITC7	SITC8	SITC9
2002	14.66	0.27	0.00	0.12	2.23	0.00	2.09	1.71	5.67	2.58	6.48
2003	21.43	0.24	0.00	0.12	3.44	0.00	2.71	2.61	9.13	3.18	9.61
2004	36.74	0.30	0.00	0.13	5.33	0.00	4.32	5.26	15.39	6.00	11.12
2005	48.27	0.63	0.00	0.21	2.85	0.00	5.40	7.17	23.95	8.06	16.06
2006	73.80	0.70	0.00	0.29	2.25	0.01	7.43	12.78	38.24	12.09	23.15
2007	113.98	0.94	0.01	0.53	5.16	0.01	13.28	21.58	53.58	18.88	21.80
2008	188.07	2.28	0.01	0.79	1717	0.01	19.35	35.08	87.42	31.00	17.10
009	141.19	1.83	0.01	0.60	0.25	0.02	14.65	23.48	72.23	28.11	16.29
2010	244.61	4.59	0.01	0.94	3.31	0.01	21.27	50.62	118.89	44.94	14.68
2011	318.37	5.54	0.02	1.47	3.79	0.01	31.46	63.63	153.32	59.09	23.43
2012	334.14	5.93	0.05	1.58	1.88	0.04	32.98	64.47	158.29	68.92	14.17
2013	358.95	7.48	0.03	1.92	1.94	0.05	38.60	70.51	167.20	71.23	17.29
2014	348.90	5.41	0.07	1.95	1.67	0.02	41.45	71.86	157.17	69.29	22.67
2015	274.12	4.77	0.05	1.78	2.38	0.02	23.20	5.20	0.53	null	23.81
2016	219.76	5.51	0.04	1.58	1.69	0.02	20.19	19.72	0.61	null	58.01

资料来源：笔者通过联合国商品贸易统计数据库整理获得，https：//comtrade. un. org/db/default. aspx。

(三) 贸易不平衡

目前，巴西与中国双边贸易存在比较严重的不平衡问题。除上述贸易结构不对称外，还表现在以下两方面：

第一，巴西在对华贸易中长期维持贸易顺差，且差额不断扩大。2000 年以前，由于双边贸易总额还不大，所以贸易不平衡现象在双边贸易中并不严重。但 21 世纪以来，巴西与中国双边贸易长期保持顺差且差额持续扩大，2011 年和 2016 年顺差都超过了 200 亿美元；2011—2016 年巴西对中国的贸易顺差累计超过 1100 亿美元（如图 4—21 所示）。由产品结构可知，初级产品顺差是巴西对中国贸易顺差的主因。

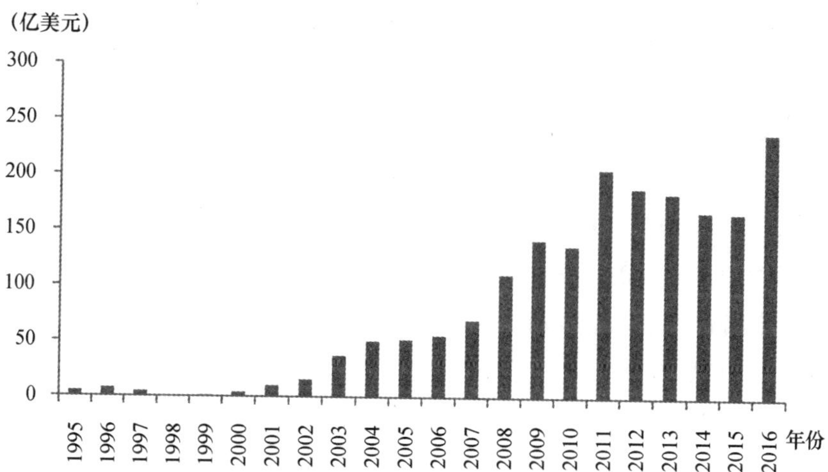

图 4—21　1995—2016 年巴西同中国贸易顺差情况

资料来源：联合国贸易数据库（Uncometrade）。

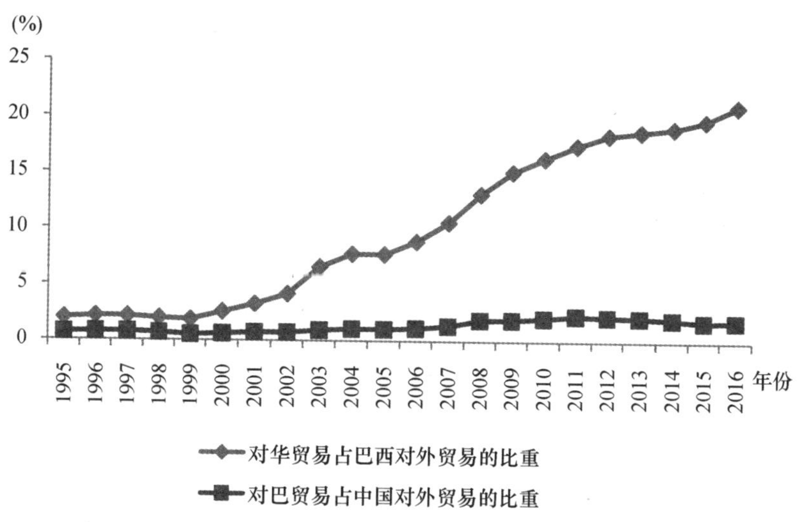

图 4—22　1995—2016 年双边贸易额在中巴对外贸易中所占的比重

资料来源：联合国贸易数据库（Uncometrade）。

第二，双边贸易在彼此对外贸易中的地位不同。对于巴西而言，截至 2016 年年底，中国是其最大的贸易伙伴、第一大出口市场和第一大进口来源地，中国连续七年保持巴西最大贸易伙伴地位。但对于中国而言，巴西仅是中国第十大贸易伙伴。2012 年以来对中贸易占巴西对外贸易的比重就维持在 14% 以上，而同期同巴西贸易占中国对外贸易的比重仅在 2% 上下（如图 4—22 所示）。这说明尽管中巴双边贸易相当重要，但对于中巴双方的重要性还是有所区别。

二 双边投资：快速发展与结构优化

尽管相对于双边贸易而言，中巴双边投资相对较晚，但近年来发展迅速并取得很大进展，特别是中资企业以各种形式到巴西投资。

（一）投资规模：不断扩大

由于看到巴西巨大的发展潜力，近年来中国企业越来越热衷于到巴西投资，巴西成为中国企业拉美第一大投资目的地。2007—2015 年无论是中国企业对巴西直接投资的流量、存量还是对巴西承包工程营业额都显著增长。这三项数据在 2007 年还仅为 0.5 亿美元、1.9 亿美元和 7.7 亿美元，但 2014 年中国对巴西投资达到顶峰，当年中国对巴西直接投资流量、存量分别达到 7.3 亿美元、28.3 亿美元；而 2015 年中国对巴西承包工程完成营业额达到 20.2 亿美元（如图 2—23 所示）。中国企业近几年在巴西直接投资的存量超过 300 亿美元，在巴西投资兴业的中资企业超过 200 家。2016 年巴西总统弹劾危机前后，由于巴西企业价格缩水，中国企业抓住有利时机，加快了在巴西的并购步伐。当年 1—11 月，中国企业对巴西收并购签约额达 119 亿美元，是 2015 年的 2 倍多。巴西成为中国资本在新兴经济体中的第一大和全球第三大并购对象国，特别是在电力、能源、矿产等领域，中资企业表现抢眼。[①]

（二）投资领域：从少数领域到全面投资

中国企业对包括巴西在内的整个拉美地区的投资始于 2010 年。最初主要集中于矿业等少数领域。2010 年全球石油、金属和大多数其他商品的价格达到了几十年来的最高水平，拉美地区整体的经济增长率高达 6%。以中石油、中石化、中海油为代表的国有企业大量投资巴西的矿

---

① 《在巴西投资兴业的中资企业超过 200 家》，《投资成中巴合作新亮点》，人民网，http://finance.people.com.cn/n1/2017 年/0105/c1004－28999440.html（引用日期：2017 年 12 月 13 日）。

业，并展开了大量收并购。比如2010年中石油收购巴西企业Repsol Brasil 40%的股份，涉及金额达71亿美元；2012年中石油收购Petrogal Brasil，涉及金额48亿美元。据拉美经委会的估计，2010—2014年，约有90%的中国对拉美直接投资流入拉美采掘业。①

近两年中国企业投资巴西已经不限于矿业等初级产品产业，而是涉及各个产业，双方在能源、制造业、信息产业等领域的合作正向产业链上游攀升。以2015—2016年中国企业对巴西企业最大10家并购为例（如表4—3所示），中国企业在巴西的并购已经不限于矿产等企业，而是拓宽到诸如能源、交通、农业、金融和机械等其他领域。截至2015年年底，中国企业对巴西的投资额累计达到199.4亿美元，包括国家电网公司的美丽山水电站项目、三峡公司的朱比亚和伊利亚水电项目，以及海南航空收购巴西蔚蓝航空公司等。

从投资主体来看，近年来除中石油、中海油和国家电网等中国国有企业以较大规模投资巴西能源开发、电力供应、农业等领域外，中国民营企业如格力、华为和百度等也纷纷加大投资力度，在巴西建厂、设立研究中心，拉动了巴西就业并不断扩大在巴西的市场份额。

目前，巴西企业对中国的投资总量还不大。2013年和2014年巴西企业对华投资流量均未超过0.3亿美元，2015年也仅为0.5亿美元（如图4—24所示）。截至2015年年末，巴西对华实际投资额约22.57亿美元，主要集中在支线飞机制造、客车零部件生产以及房地产、水力发电等项目。②

（三）投资风险：汇率风险和环境风险

中国企业在巴西投资除了要重视一般海外投资需关注的法律和政策风险、劳资风险外，还应特别重视汇率风险和环境风险。

---

① ECLAC, Economic Commission for Latin America and the Caribbean. 2013. Foreign Direct Investment in Latin America and the Caribbean, 2012. Santiago, Chile. http://www.cepal.cl/publicaciones/xml/9/43289/2011 - 322 - LIE - 2012 - WEB_ ULTIMO.pdf.

② 《巴西投资律师——京师律所封跃平律师解读巴西投资风险法律问题》，2017年9年20日，搜狐网，http://www.sohu.com/a/193218322_ 99935500，2017年12月13日。

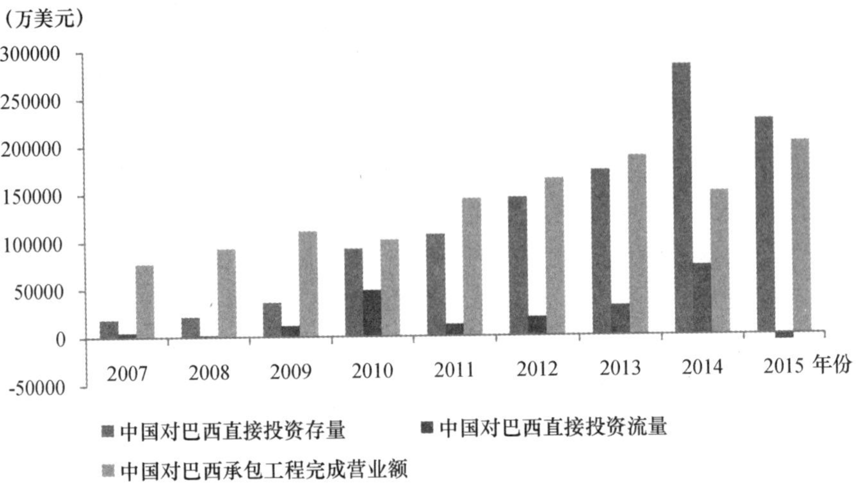

图 4—23 2007—2015 年中国对巴西直接投资的流量、存量和经营情况

资料来源：中华人民共和国国家统计局，http：//data. stats. gov. cn/search. htm? s = 巴西。

表 4—3 2015—2016 年度中国投资收购巴西企业最大 10 家并购案例

年份	收购商	被收购集团	金额	领域
2016	国家电网	CPFL 电企（收购 53%）	87.2 亿美元	能源
2015	三峡电力公司	Jupia 和 Solteria 岛水利公司	37.1 亿美元	能源
2016	金堆城钼业集团有限公司	英美资源集团	15 亿美元	矿产
2015	三峡电力集团	绿河能源集团	5.19 亿美元	能源
2015	海南航空	蓝色航空公司（收购 23.7% 股份）	4.5 亿美元	交通
2016	湖南大康牧业股份有限公司	Fiagril 牧业有限公司（收购 57.5% 股份）	2.5 亿美元	农业
2015	交通银行	BBM 银行（收购 80% 股份）	1.75 亿美元	金融
2016	中国交建	圣路易斯港口公司	1.16 亿美元	交通
2015	徐工香港国际集团	徐工巴西公司	6200 万美元	重型机械
2015	浙江众泰汽车公司	TAC 汽车公司	4900 万美元	机动车

资料来源：《中国投资强势驾临巴西：10 大中国投资商》，《圣保罗页报》2016 年 8 月 16 日，www. iestconsulting. com，2017 年 12 月 13 日。

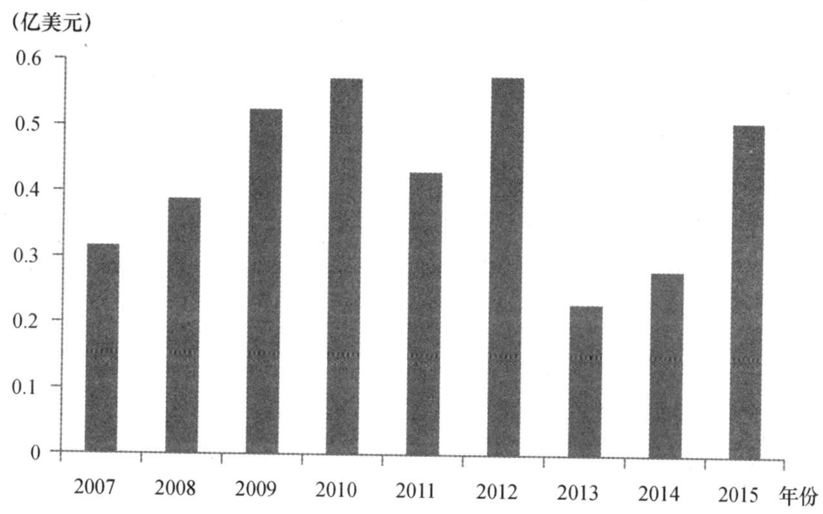

图4—24　2007—2015年中国实际利用巴西外商直接投资情况

资料来源：中华人民共和国国家统计局，http：//data. stats. gov. cn/search. htm？ s = 巴西。

1. 汇率风险

投资巴西汇率风险是必须重视的风险之一。巴西是一个实行金融市场完全开放、汇率完全市场化的国家。经济好的时候，外资会蜂拥而入进行投机，本币币值快速上涨，汇率急速上升；但当经济不景气时，外资就会快速出逃，本币币值快速下降，汇率快速下跌。这些因素造就了巴西在历史上曾饱受经济危机和金融危机的折磨，汇率波动幅度大、频率快。雷亚尔币值的不稳显然不利于中资企业在巴西的投资活动。对于越来越多在巴西建厂的中国企业而言，集团公司内部结算、国际汇兑、原材料采购、物流成本等经营活动会被突然发生的汇率变动所打乱，国际投资可行性也因汇率变动导致成本不确定，相关经济决策变量敏感性分析也可能导致错误。因此，对于中国企业而言，在投资巴西时，必须非常重视汇率风险。

2. 环境风险

除了汇率风险，环境风险也是投资巴西不可忽视的风险之一。巴西是一个非常注重环保的国家，环境保护法规比较健全，在环境方面要求严格，环境许可证的审批时间长，某些项目审批可能涉及多级政府（联邦、州和市）才能获批。项目如果没有达到相关的环境要求，无论是项目开展或运营都可能会导致项目实施公司及其集团总公司的民事和行政责任，严重时公司管理者还会被追究刑事责任。所以，中国企业在巴西投资建厂时，一定要了解清楚相关法律法规，避免潜在的环境风险。

三 中巴未来经贸合作前景展望

目前，中巴双边贸易已经进入平稳增长期，而双边投资却发展迅速，有望接棒成为推动中巴经贸关系发展的新动能。①

（一）双边贸易的前景展望

巴西和中国同为区域强国和世界大国，经济上各有特点。巴西国土面积辽阔，自然资源丰富，经济规模和市场规模均位居拉美第一，市场潜力巨大。巴西是中国在拉美地区最重要的石油、大豆、铁矿石、蔗糖、棉花等原材料进口来源国。根据中巴两国的国际贸易统计，巴西工业生产能力相对不足，对中国生产的电器和电子设备、机械设备、计算机等需求量大且进口量逐年增加。预计未来中巴双边贸易还会继续扩大，有望在农业、畜牧业、林业、可替代能源产业等巴西优势产业和信息、制造、装备、船舶等中国优势产业上继续扩大双方的贸易金额，双边贸易还有很大潜力可挖。可以预见，由于两国自身资源禀赋和产业优势的互补性，再加上两国自身国内庞大的消费能力，双边贸易基本面将保持稳定，双边贸易结构有望从现在单一结构向结构更加优化的方向转变。

（二）双边投资

中巴双边投资合作除了中资企业涉足较多的采矿业、木材加工和家电组装等制造业以外，以下几个产业投资合作前景广阔：

1. 农业

巴西农业发展前景巨大。巴西幅员辽阔、农业生产条件得天独厚，是全球主要的粮食出口国之一，其大豆、玉米、蔗糖、咖啡出口均位居前列。巴西是农牧业大国，农牧业是巴西经济的支柱产业。巴西有优质高产良田3.88亿公顷（其中的9000万公顷尚未被利用）以及2.2亿公顷

---

① 张勇：《探寻巴西：贸易失速，投资接棒》，载《进出口经理人》2017年第1期，第50—51页。

的牧场。但同时巴西农业也面临大而不强的局面。农业基础设施、物流落后，每100平方公里耕地的农业机械拥有量远远低于世界平均水平，机械化程度不高，农产品运输成本过高、出口价格缺乏竞争力，且农产品结构较为简单，供给和需求较为集中。农业生产严重依赖少数几种产品，农产品价格极易出现大幅波动。

中国农产品市场需求巨大。根据联合国《城镇化展望报告》[①]，2014年中国城市人口达到7.58亿（人口总数的54%），2050年时会扩增39%，届时城市人口总数将达到10.5亿（人口总数的76%），而中产阶级人数（每日支出介于10—100美元）2012年已经达到2.47亿（人口总数的18%），预估2020年会达到6.07亿。[②] 随着中国城镇化程度的提高，以及中产阶级群体的扩大，预计未来对农产品如豆类、蛋类和肉类的需求还会不断扩大。中国企业可以通过对巴西农业进行投资，产品既可以销往国内又可以销往世界其他地区。

不少中国企业已经看到这一点，比如中粮集团通过控股尼德拉和来宝农业初步完成了全球供应链布局，在巴西拥有出众的粮源掌控及货物中转物流能力。其大豆和玉米种子业务在南美领先，占巴西市场的14%。2016年6月15日，湖南大康国际农业食品股份有限公司宣布投资巴西农业企业Fiagril Ltda公司。根据协议，上海鹏欣集团旗下的大康农业以2亿美元的价格收购Fiagril 57.57%的股权。

巴西政府也大力欢迎中国企业投资巴西农业。巴西政府希望中资企业直接投资、承运或以合资形式参与到农业的全产业链之中[③]，以帮助巴西农业升级，提高附加值。中国企业特别是农牧企业通过投资巴西企业，可以将自身的资本和经验带到巴西，实现获利。对中巴双方而言，中国企业投资巴西都是互利共赢。预计未来还将有更多企业投资巴西农业。

2. 基础设施建设

按照人均GDP标准，巴西已经是中高等收入国家，但其国内基础设

① 联合国：《世界城镇化展望》，2014年版。

② Homi Kharas的估计，布鲁金斯学会，华尔街日报引用（2012），《西方企业艰难适应中国消费者口味》，2012年6月14日。

③ 《中巴经贸，前景广阔》，2015年5月20日，和讯新闻，http：//news.hexun.com/2015-05-20/175981279.html（引用日期：2017年12月13日）。

施建设水平较为落后，其建设水平和提供能力与经济增长动力未能很好匹配，是影响其经济增长速度的重要因素之一。目前，巴西政府接连制订了“经济加速发展计划”和多期“物流投资计划”，涵盖了1000多个基础设施项目。而中国经济增长的重要动力源之一就是其在基础设施建设上的大力投入，在基础设施建设上的经验、技术和资本都具有较大优势。中巴两国在基础设施建设上的合作将成为两国经贸合作的重要内容。巴西政府优先欢迎中国企业在巴西基础设施和物流领域投资，希望中国企业参与联邦政府公布的相关项目投标，帮助巴西提高基础设施和物流的现代化程度和效率。

3. 生物能源

生物能源是以生物质为载体的能源形式，是可再生能源的主要形式之一。巴西在以生物质能源代替石油能源方面在全球具有领先地位。与中巴两国在油气方面合作相比，两国在生物能源方面的合作仅仅是有了开始。巴西在燃料乙醇等生物液体燃料的开发和利用上掌握了一系列关键性技术，并且其产业化也非常成功。大力发展生物质能源一方面保障了能源安全，另一方面又利于可持续发展。中国应从长远规划角度积极布局巴西生物质能领域，丰富中巴能源合作的类型。

第五节 巴西经济发展展望

从2016年年底至2017年年初，巴西经济开始出现一些复苏的迹象。这主要得益于外部需求增加、大宗商品价格回升、经历大幅衰退后的周期性反弹以及特梅尔政府所采取的一系列稳定经济的政策。经济增长率转正，出口形势明显改善，通胀率进一步降低。但巴西经济受限于自身经济长期存在的结构性问题，成本高昂、技术落后等所导致的竞争力低下使经济的全面复苏依旧是一个缓慢的过程。2017年第一季度巴西失业率高达13.7%，创2012年使用新统计方法以来的新高。就业市场的不景气显示出巴西当前的经济复苏仍然是脆弱的。

一 经济增长：有望告别负增长，但增长速率仍然较低

总的来说，正如多家机构给出的预测一样，巴西经济将有望告别连

续两年的负增长，但仅能实现低速增长。根据巴西财政部 2017 年给出的预测，巴西经济增长预期从原来的 1% 下调至 0.5%。2017 年第一、第二、第三、第四季度，巴西经济环比增长分别为 0.49%、0.68%、0.73%、0.79%。而 IMF 发布的《2017 年世界经济展望报告》则显示巴西经济 2017 年有望增长 0.2%；而 2018 年有望增长 1.7%，比 1 月的预测上调了 0.2 个百分点。IMF 给出的理由是巴西政治环境趋于稳定，政府改革举措的效果开始显现，包括养老改革在内的改革如果能落到实处，将使巴西经济进一步增长。巴西央行预测巴西经济 2017 年将增长 0.4%，2018 年有望增长 2.5%。巴西央行公布的经济活动指数显示，2017 年第一季度巴西经济环比增长率为 1.12%，但 3 月的经济活动指数环比下滑 0.44%，为 2017 年第一次出现降幅，也是自 2016 年 8 月以来单月最大降幅。这些都意味着巴西经济有复苏的迹象，但仍然面临很大挑战。

二　对外贸易：出现复苏迹象但也存在潜在危机

2017 年，国际市场大宗商品价格上涨，巴西作为全球主要的大宗商品供应国受益明显，2017 年 4 月，巴西铁矿石、铜和石油的出口额都同比上涨了 50% 以上，巴西对外贸易出现了复苏的迹象。根据巴西工业外贸和服务部的统计数据，2017 年前四个月巴西外贸顺差为 214 亿美元，比 2016 年同期增长 61.4%，为近 28 年来最高水平。其中出口总额达 681 亿美元，同比增长 21.8%。对外贸易的复苏无疑有益于巴西经济的复苏与发展。

三　通货膨胀：逐步下降

2017 年以来，巴西整体通货膨胀延续了 2016 年的势头，呈现下降之势。2016 年巴西通胀从年初的 10.7% 高点下滑至年底的 6.29%，位于巴西央行通胀政策目标 2.5%—6.5% 区间内。根据巴西地理统计局（IB-GE）公布的 4 月的宏观经济数据，2017 年 4 月，巴西通胀率仅为 0.14%，并且过去 12 个月的年通胀率为 4.08%，低于目标区间中值的 4.5%，创 2007 年以来新低。过去几个月，多家机构均下调了巴西的通胀预期。比如巴西财政部将 2017 年通货膨胀预期由 4.7% 下调至 4.3%，低于巴西政府规定的通胀率管理目标中值。根据巴西央行发布的报告，巴西央行继续下调对2017年通胀率的预期，由4.09%降至4.06%。世界银行发布的《2017年世界经济展望报告》则预计2017年和2018年两年巴西的通胀率分别为4.4%和4.3%。2017年巴西通胀水平预计将相对较低，将位于4%—5%的目标区间内。通胀将不再是巴西经济面临的主要问题。

四 就业：短期仍然无法实现显著改善

受益于整体经济形势好转和巴西政府采取的一系列振兴经济的举措，巴西就业情况有改善的迹象：根据巴西劳工部公布的数据，经过连续22个月下降后，2017年2月巴西正规就业岗位首次出现增加，新增岗位超过3.5万个。但整体而言，就业情况仍然难言乐观。根据巴西地理统计局公布的数据，2017年第一季度巴西失业率达13.7%，创2012年使用新统计方法以来的新高。全国失业人口1420万，同样创下历史新高。失业率的居高不下表明，尽管当前巴西经济出现了一些复苏的迹象，但这种迹象无疑还是脆弱的。巴西政府必须采取更多的行动来提振巴西经济。

备注：由于本章使用数据较多，不便逐一给出注释。凡未标明来源的数据均出自：

（1）拉美经委会（CEPAL）官方统计数据库：ECLAC-CEPALSTAT；

（2）CEPAL. *Preliminary Overview of the Economies of Latin America and the Caribbean.* http：//chetd. cn/bDW2；

（3）巴西央行，http：//www. bcb. gov. br/pt-br/。

参考文献

1. Krugman P. Financing vs forgiving a debt overhang，*Journal of Development Economics*，1988，29（3）：253－268.

2. 张启迪：《政府债务影响经济增长的利率传导机制研究》，载《当代经济管理》2015年第6期，第70—74页。

3. 巴西财长：《或通过加税完成财政目标》，载 http：//sudamericaonlines. com/

toutiao/Brazil/105. html 。

4. 樊杜鑫：《巴西汽车产业发展经验对我国的借鉴》，载《对外经贸》2009 年第 4 期，第 13—15 页。

5. 中华人民共和国商务部：《对外投资合作国别（地区）指南：巴西》，2016 年版。

6. 王凯：《巴西软件产业发展迅速》，载《全球科技经济瞭望》2002 年第 2 期，第 44—45 页。

7. 苏亚红、刘小燕、路俊萍：《巴西铁矿石资源状况及政策分析》，载《国土资源情报》2011 年第 3 期，第 37—42 页。

8. 《在巴西投资兴业的中资企业超过 200 家，投资成中巴合作新亮点》，人民日报，http：//finance. people. com. cn/n1/2017 年/0105/c1004 – 28999440. html（引用日期：2017 年 12 月 13 日）。

9. 王卓宇：《巴西生物能源发展的成就与问题》，载《拉丁美洲研究》2016 年第 1 期，第 53—68 页。

10. 苏振兴：《巴西经济转型：成就与局限》，载《拉丁美洲研究》2014 年第 5 期，第 3—15 页。

11. 《明年巴西甘蔗产量或将下降》，2016 年 12 月 29 日，农产品期货网，http：//futures. hexun. com/2016—12—29/187549463. html，2017 年 12 月 13 日。

12. 《巴西生物能源创新经验可借鉴》，2016 年 6 月 5 日，新华报业网，http：//www. sohu. com/a/77151977_ 115416，2017 年 12 月 13 日。

13. 《2016 年全球生物柴油行业发展现状分析》，2016 年 12 月 7 日，行业频道，http：//www. chyxx. com/industry/201612/474995. html，2017 年 12 月 13 日。

14. 王卓宇：《巴西“能源独立”之路：进展与问题》，载《燕山大学学报》（哲学社会科学版）2014 年第 1 期，第 28—32 页。

15. 《2015 年巴西生物柴油产量增长 85%》，2014 年 11 月 24 日，中国信息技术信息网，http：//www. biotech. org. cn/information/139556，2017 年 12 月 13 日。

16. ECLAC，Economic Commission for Latin America and the Caribbean. 2013. Foreign Direct Investment in Latin America and the Caribbean，2012. Santiago，Chile. http：//www. cepal. cl/publicaciones/xml/9/43289/2011 – 322 – LIE – 2012 – WEB _ ULTIMO. pdf.

17. 张勇：《探寻巴西：贸易失速，投资接棒》，载《进出口经理人》2017 年第 1 期，第 50—51 页。

18. 联合国：《世界城镇化展望》，2014 年版。

19. Homi Kharas 的估计，布鲁金斯学会，华尔街日报引用（2012），《西方企业艰难适应中国消费者口味》，2012 年 6 月 14 日。

20. 《中巴经贸，前景广阔》，2015 年 5 月 20 日，和讯新闻，http：//news. hexun. com/2015 - 05 - 20/175981279. html（引用日期：2017 年 12 月 13 日）。

第五章

智利经济发展分析与展望

李仁方[①]

摘要：智利是一个资源丰富、人口不多、社会稳定、经济发达、市场开放的国家。近些年来，世界经济不景气、全球经济复苏乏力和大宗商品价格下滑，这些因素深刻影响了智利经济的发展。2016年智利经济继续维持低速增长态势，GDP（2010年不变价美元）总量比上年仅增长了1.6%，人均GDP比上年增长了0.75%，这都是进入21世纪以来第二低的增长率，但仍分别高于拉美及加勒比地区平均增速2.26个百分点和2.45个百分点。面对不利的国际经济形势，智利政府以其良好的宏观经济治理能力，娴熟地运用货币政策、财政政策和产业政策，未雨绸缪、积极应对，最终还是取得了不错的经济发展成效。2016年智利通货膨胀率和失业率分别为3.78%和6.56%；吸纳外国直接投资净额略超过51亿美元，比上年增加了近14亿美元；智利比索汇率稳定，汇率指数略有上升；进出口贸易额虽然下降了0.8%，但贸易顺差仍高达131亿美元。2016年智利各项经济发展指标虽然弱于往年，但仍优于拉美及加勒比地区平均水平。智利与中国继续保持紧密的经贸合作关系，2016年两国进出口贸易总额虽有所下降，但智利对华贸易顺差仍高达44亿美元，非矿产品对华出口增长明显，智中贸易结构有所改观，双边投资开始进入快

---

① 李仁方，西南科技大学副教授，硕士，主要研究方向：拉美经济、制度经济、环境经济和农业经济等领域。

速增长阶段。展望2017年经济发展形势，尽管全球经济形势依然严峻，但智利经济前景可能将略好于2016年，预期会延续2015年以来的低速经济增长态势，对外贸易会随国际铜价上涨而有所增长，通货膨胀率和失业率则将继续稳定在低水平，总体经济形势不会进一步恶化。

关键词： 智利；宏观经济形势；宏观经济成就；中智经贸关系；经济展望

引 言

回顾2016年智利经济发展状况。全球金融危机持续而深远的影响全面波及智利，国际大宗商品价格（尤其是铜价）深度下调，中国经济结构性调整又抑制了大宗商品的需求增长速度，诸多因素使智利对外出口增长乏力，智利经济也随之陷入困境，整体宏观经济继续维持低水平增长态势。

经济处于低速增长态势。按2010年不变价美元计，2016年智利GDP总量为2690亿美元，人均GDP超过15000美元，分别比上年增长1.59%和0.75%，比拉美及加勒比地区平均增速分别高出2.26个百分点和2.45个百分点，是该地区经济发展水平较好的国家之一。从总需求结构来看，2016年智利居民消费支出和政府支出分别比上年增长了2.37%和5.14%，是推动智利经济增长的两大重要动力；投资需求和出口需求分别比上年下降了0.82%和0.12%，降幅比上年都有明显减少，但仍是拉低经济增长的重要因素。从不同产业增长情况看，2016年智利农业和服务业分别比上年增长了3.66%和2.68%，而工业则比上年负增长0.71%，国际矿产品价格下跌对智利经济的不利影响非常突出。

就业人数增加，失业率保持低水平。根据智利中央银行统计数据显示，2016年年底就业人数比上年年底增加了80.5万人，失业人数比上年年底减少了30.4万人，但失业率却比上年略增长了0.3个百分点。根据世界银行统计数据，2016年智利平均失业率为6.57%，是拉美及加勒比地区失业率最低的国家之一。从2016年年底智利各行业就业分布来看，商业贸易吸纳了超过20%的就业劳动力，其次是制造业吸纳了11.14%，最后是农林渔牧业吸纳了9.84%。从失业人数分布来看，商业贸易、建筑业和制造业是2016年智利失业人数最多的三大产业，其失业率分别为19.15%、15.2%和9.5%。

通货膨胀控制在目标范围内。长期以来，智利中央银行的货币政策目标是将以居民消费价格指数（CPI，或者INPC）衡量的通货膨胀率控制在3%±1%范围区间内。尽管面对复杂而困难的国际经济形势，2016年智利仍然以其有效的货币政策和坚定的政策执行力将通货膨胀率控制在3.78%，为智利创造了一个良好的宏观经济环境，是拉美及加勒比地区通胀率最低的国家之一。从不同类型商品2016年CPI变化看，食品、饮料、酒、烟草、餐饮、酒店等价格上涨幅度较大，文化娱乐和交通运输行业价格涨幅不大，衣物、鞋类和通信等甚至出现了价格下降现象。

固定资本投资略有减少，外商直接投资（FDI）恢复增长但来源结构变化。智利宏观经济稳定，国内营商环境良好，是外国直接投资最偏爱的拉美国家之一。尽管如此，国际经济不景气仍然影响了智利投资增长。2016年智利固定资本投资延续了过去三年来的下降趋势，负增长0.82%。2014—2015年间智利吸纳外国直接投资的数额出现了大幅度减少，2016年开始恢复性增长，全年吸纳外国直接投资净额略超过51亿美元，比2015年增加近14亿美元，但还是比2014年少61亿美元。从FDI来源结构看，现阶段智利吸纳的外国直接投资存量主要还是来自美国、西班牙、加拿大、日本、荷兰等国家，但中国对智利直接投资开始加速增长。根据中国国家发改委最新消息，目前中国在智利投资存量大约为18亿美元。

财政赤字增加，收支结构有变。受国际大宗商品价格下跌和全球经济不景气影响，近几年里智利财政赤字出现了上升趋势。为了稳定宏观经济形势，2016年智利财政支出比上年增长了9.5%，而同期财政收入仅增加了5.2%，赤字达到4.5万亿比索（约合70亿美元），这是近20年来最高水平。受财政赤字持续数年增长的影响，2016年年底智利中央政府债务占GDP比重达到了21.3%，比2008年年初高出了近18个百分点。从智利财政收入结构看，2016年税收收入占比达到82.68%，铜矿收入占比则降到了21世纪以来的最低水平。从智利财政支出结构看，2016年公共部门人员经费、社会保障以及补贴和补助支出占智利财政总支出比重分别为 31%、19% 和 32%，各项支出额比上年分别增长了 10.1%、11.9%和4.3%。总体而言，智利财政支出占 GDP 比重并不高，2016 年仅为13.5%，相比拉美绝大多数国家而言都要低得多。

进出口贸易总额持续减少，出口产品更加多元化，贸易顺差继续增加。根据世界银行数据，2016 年智利进出口贸易总额为1643 亿美元，比2015 年下降了0.8%，这已是智利对外贸易额连续第三年下降。其中，出口887 亿美元，比2015 年下降0.12%；进口756 亿美元，比2015 年下降1.61%。尽管对外贸易总额持续减少，但贸易顺差已连续六年持续增加，2016 年超过了131 亿美元。根据智利外交部2017 年2 月发布的对外贸易情况报告，2016 年智利非铜产品出口 323.60 亿美元，同比增长 1.2%，出口产品结构多元化成就显著。2016 年智利农林渔业出口达到历史最高水平，出口额 58.10 亿美元，同比增长 11%，主要涨幅在美国和中国，樱桃、牛油果、莓类、核果、柑橘和榛子等产品出口都创下了新高。2016 年制造业出口也有亮眼表现，木板出口额从 2015 年 1.24 亿美元上升至2.40 亿美元，木门出口额从2015 年0.41 亿美元增加到0.45 亿美元。在服务业领域，智利信息和通信技术出口额 2016 年达到 2.77 亿美元，比2015 年增加8%。

第一节 智利概况

一 智利国家概况

智利，全称智利共和国（República de Chile），位于南美洲西南边缘，东部以安第斯山脉为界与阿根廷相邻，西邻太平洋，北与秘鲁和玻利维亚接壤，南与南极洲隔海相望，因此有“南美裙边”的美誉。在古代印第安人克丘亚语和艾依玛拉语中，“智利”意即“世界的边缘”“天之尽头”。[①] 智利国土面积756715 平方千米，是世界上最狭长的国家，境内南

① 中国银行股份有限公司、社会科学文献出版社编：《智利》，社会科学文献出版社 2016 年版，第 11 页。

北长4333.3千米，东西平均宽180千米，最宽处486千米[①]，最窄处只有96.8千米，因此又有“丝带之国”的昵称。

智利2017年人口数为1837万人，主要由印欧混血人（75%）、欧洲裔人（20%）、印第安人（4.6%）组成，其中85%的人口信仰天主教。生于21世纪的智利人约有93.4%是混血儿。智利领土上自古以来就居住着阿劳卡人、艾马拉人、马普切人、火地人等土著印第安人。目前，智利官方语言为西班牙语，但在印第安人集聚区广泛使用马普切语，复活节岛上的居民使用拉巴努伊语，北部山区印第安人流行讲艾马拉语。

1810年9月18日智利建国，实行总统共和制，是拉美地区民主共和传统最悠久且最稳定的国家之一。目前智利有社会党、争取民主党、民族革命新党等几个主要政党，在2017年12月17日第二轮选举中塞巴斯蒂安·皮涅拉时隔四年后第二次当选智利总统，2018年3月他领导新一届政府即将开始履职。智利行政区划分为大区和省，省级以下分为市镇。目前智利全国划分为16个大区[②]，下辖54个省和346个市镇。[③]

智利经济持续稳定增长，社会发展水平较高，目前已经与世界上60多个国家签署了自由贸易协定，是拉美地区最开放的经济体之一，2010年成为经济合作与发展组织（OECD）成员国，被世界银行和西方国家誉为拉美经济的样板。首都圣地亚哥是智利政治、经济、文化中心和交通枢纽，是智利经济最发达的地区，也是智利第一大工业区，其工业产值约占全国工业总产值的50%。瓦尔帕莱索是智利和南太平洋东岸最大的港口城市和商业中心，瓦尔帕莱索大区经济发达，全区生产总值约占智利GDP的30%。

智利是个多山国家，山地面积约占全国总面积的80%。智利处于环太平洋火山地震带上，全世界平均每年21%的火山和地震都发生在智利。整个智利有三种地貌结构：东部是巍峨的安第斯山脉，其高度自北向南逐渐降低；西部是低矮断续的海岸山脉；中部是这两道山脉之间的中央谷地。智利跨越38个纬度，地处安第斯山西坡季风带，安第斯山阻挡了

---

① 资料来源：中国驻智利大使馆经济商务参赞处，http：//cl.mofcom.gov.cn/article/ddgk/zwdili/200303/20030300074565.shtml。

② 智利第十六大区 Ñuble 正式成立于2017年8月22日。

③ 陈国青、张进、钱小军、姜朋主编：《掠影智利》，清华大学出版社2012年版，第3页。

来自大西洋的暖湿气流，西面受到太平洋秘鲁寒流影响，南面位于德雷克海峡一带处于信风带。智利气候极具多样性，大部分地区属海洋性气候，各季节气温从北向南稳定下降，年均最高和最低气温分别为21.8℃和8.6℃，雨量则是从北向南逐渐上升，冬季冷而多雨，夏季热而干燥，春秋两季温和。智利季节变化与北半球相反，其夏季自12月至次年2月，秋季自3月至5月，冬季自6月至8月，春季自9月至11月。

二 智利的资源状况

(一) 矿产资源

智利具有优越的大地构造成矿条件，各类矿产资源品质高，储量丰富，且成带成群聚集，尤以铜、钼、锂矿储量傲视全球诸雄，主要集中在北部地区，且开采历史非常悠久。

1. 铜矿

长期以来，铜矿业是智利的支柱产业，铜储藏量、生产量和出口量都为世界第一，素有“铜的王国”美誉。根据美国地质调查局（USGS）的资料，智利已探明铜储量为2亿吨以上，约占世界储量的1/3，位居世界第一位。[①] 目前，世界上已探明的28个最大铜矿中有6个在智利，超过500万吨储量的超大型铜矿床智利有10多个。比较著名的有丘基卡马塔铜矿（铜金属储量2235万吨，1915年投产）、厄尔萨尔瓦多铜矿（储量为1.2亿吨，铜品位为1.67%，1959年投产）、安迪纳铜矿（565万吨，1970年投产）、埃斯贡地达铜矿（4500万吨，世界上产量最大露天铜矿，1998年投产）、科亚瓦亚铜矿（铜储量为1195万吨，有含铜品位达11%的矿脉和含铜、金、银和锰的矿脉，已探明矿石储量为2.4亿吨）、拉坎德拉里亚铜矿（矿石储量超过3.9亿吨，铜品位1.14%，1994年投产）、塞罗·科洛拉多铜矿（矿石储量为1亿吨，含铜1.3%，1994年投产）、格布兰达·布兰卡铜矿（海拔4000—4500米，1992年已探明矿石储量为4.01亿吨，含铜0.81%，1994年投产）。[②]

① 中华人民共和国商务部：《对外投资合作国别（地区）指南·智利》（2016年版），第5页，中华人民共和国商务部网站。

② 中国驻智利大使馆经商参赞处：《智利矿业投资指南》，载《资源再生》2007年第6期。

2. 钼矿

智利铜矿有多种类型，但以斑岩铜矿占绝对优势，这种斑岩铜矿通常伴生着钼矿。据统计，智利伴生钼总储量大约564.8万吨，可回收钼金属总量294.9万吨，居世界第二位。[①] 目前，智利年产钼3万吨左右，是世界上最主要的钼生产国之一，且未来开发潜力巨大。

3. 盐类矿藏

智利干盐湖多，硝石资源丰富，是唯一天然硝石生产国，主产于阿塔卡马沙漠地区。硝石是提炼碘、锂、钠、硼、氮、钾等元素的天然原料。智利有锂储量300万吨，居世界第一位，也是世界最大碳酸锂生产国；碘储量90万吨，居世界第二位。[②]

（二）渔业资源[③]

智利约有1万千米海岸线，海洋资源得天独厚，海域内盛产1000多种鱼类、贝类、海藻等海产品，是世界上人工养殖三文鱼和鳟鱼的主要国家。强劲的秘鲁寒流从智利南部海岸经秘鲁和厄瓜多尔流向赤道，大量冷水鱼类被丰富的饵料吸引，从而形成南起智利安托法加斯塔港、北到秘鲁阿古哈角的大渔场。得此地利，智利如今已成为拉美第一、世界第四大渔业生产国，也是世界第一大鱼粉生产国。此外，智利南部的麦哲伦—南极大区盛产海蟹和海贝等海产品。除个别气候寒冷地区外，智利大部分海产品产区都可实现全年捕捞。伊基克是智利北方最大的渔港，鱼产量居全国之首，素有“鱼都”之称，该城工业也以鱼粉、鱼油、罐头加工业为主，安托法加斯塔和托科皮利亚也是鱼产品加工业集中的地区。

（三）森林资源

智利森林资源丰富，国土面积45%适合森林生长，主要森林地带集中于比奥比奥河以南地区的南纬37°—44°之间，包括瓦尔迪维亚、奥索尔诺、延基韦、艾森和麦哲伦诸省，该地区盛产温带林木，包括智利柏、南美松、皮尔格松、罗汉松和辐射松等，大多属于硬质木，其中智利的

---

① 陈国青等：《掠影智利》，清华大学出版社2012年版，第176页。

② 智利矿产资源与相关法规：《政策》，载《现代矿业》2009年第9期。

③ 陈国青等：《掠影智利》，清华大学出版社2012年版，第205—206页。

南美松和橡木享誉世界。[①]

根据联合国粮农组织《全球森林资源评估报告（2015）》[②]，智利森林资源面积1734万公顷，占国土面积的23%，其中天然林14181752公顷，人工林2958115公顷，混合林133259公顷，分别占森林资源总面积的81.8%、17.1%和0.7%，主要树种有辐射松、桉树、樟子松等。人工林种植园是智利工业林业部门的基地资源，主要林产品有木材、纸浆、纸张等。

第二节 智利宏观经济政策分析

自2008年席卷全球的金融危机爆发以来，智利实施了积极的经济政策来应对危机带来的各种困难和复杂影响。在货币政策上，智利政府努力维持国内物价和货币汇率稳定。在财政政策上，智利虽然支出持续增加，但其财政收支控制有度，公共债务负担可控。在产业政策上，智利政府在继续推动传统优势产业发展的基础上，采取积极措施发掘新的经济增长点，并在培育新产业、促进产业与出口多元化方面取得了较好成就。

一 货币政策：通胀可控，汇率稳定

智利货币委员会负责制定货币政策，中央银行负责发行货币和执行货币政策，银行及金融机构最高监察署负责监察包括央行在内的银行和金融机构执行金融法规的情况。与其他很多拉美国家一样，智利也曾经历过高通货膨胀和货币大幅贬值问题，因此其货币政策从来都是以谨慎和稳健为主，遏制通货膨胀和稳定本国货币汇率成为最重要的两大货币政策目标。一般情况下，货币政策工具主要包括法定准备金率、再贴现率和基准利率的调节、公开市场操作、货币发行等手段。总体来说，智利中央银行娴熟而灵活地运用各项货币政策手段，在实现各项政策目标

① 王晓燕：《列国志·智利》，社会科学文献出版社2011年版，第10页。

② 联合国粮食及农业组织：《全球森林资源评估报告（2015）》，http：//www. fao. org/forest - resources - assessment/zh/，具体数据来自该报告之子报告《智利国家报告（2015）》，http：//www. fao. org/3/a - az185s. pdf。

方面也卓有成效。

（一）稳定价格目标

自 1995 年以来，智利历年通货膨胀率从未超过 9%，绝大多数年份都控制在 4% 以内，远低于拉美地区同期平均水平。在全球金融危机影响下，2008 年智利通货膨胀达到了 8.7%，这是最近 22 年的最高水平。2009 年智利中央银行迅速将货币供给量 M_2 和 M_3 较上年分别减少 5.3% 和 1.4%，从而将通货膨胀率降到 0.07%。尽管经济在 2009 年出现了 21 世纪以来唯一一次经济负增长，GDP 比上年下降了 1.57%，但智利中央银行不惜一切代价遏制高通货膨胀，决心坚定且行动果断（如图 5—1 所示）。

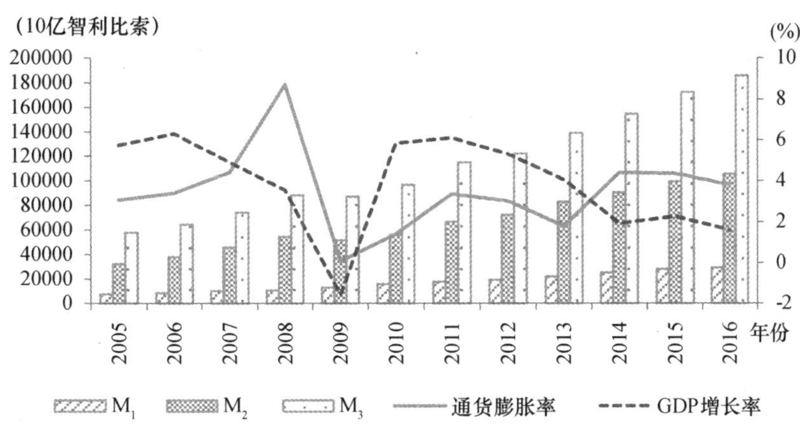

图 5—1　2005—2016 年货币供给量、GDP 增长率及通胀率

资料来源：智利中央银行。

在 2009—2016 年间，尽管货币供给量 M_2 年均增长率超过 10%，但智利年通货膨胀率仍然维持在较低水平，而且是拉美主要国家中通货膨胀率最低的国家之一。2016 年以来，智利经济增长回落趋势明显，但通货膨胀率也有显著下降。2017 年 4 月智利通货膨胀率已经下降到 2.7%。为了避免经济进一步下滑及通货紧缩问题，智利央行灵活调整各项基准利率和银行间拆借利率。2017 年 4 月，智利本币存贷款基准利率和银行间拆借平均利率已下调到 2.4%、2.9% 和 2.75%。可以说，无论是从长期还是从短期看，智利央行在调节和控制物价波动方面政策技术手段的选择及运用娴熟，调控成效也非常显著（如图 5—2 所示）。

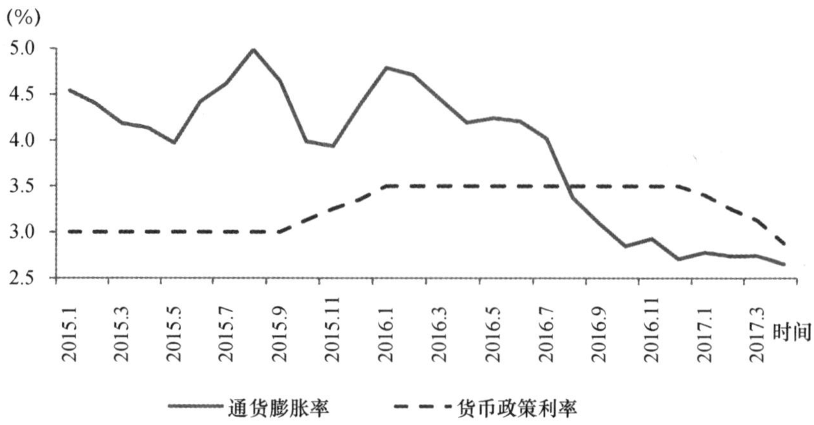

图5—2　2015—2017年通货膨胀率和货币政策利率

资料来源：智利中央银行。

当然，尽管在控制总体通货膨胀方面成效明显，但智利资产价格上涨速度仍然较快。在2010—2015年间，智利房价指数比GDP平减指数上涨速度高出21.3%，而且两者差距还在持续扩大。资产价格持续过快上涨，短期内又无法逆向调整宽松的货币政策，这是当前智利货币政策抉择面临的难题之一（如图5—3所示）。

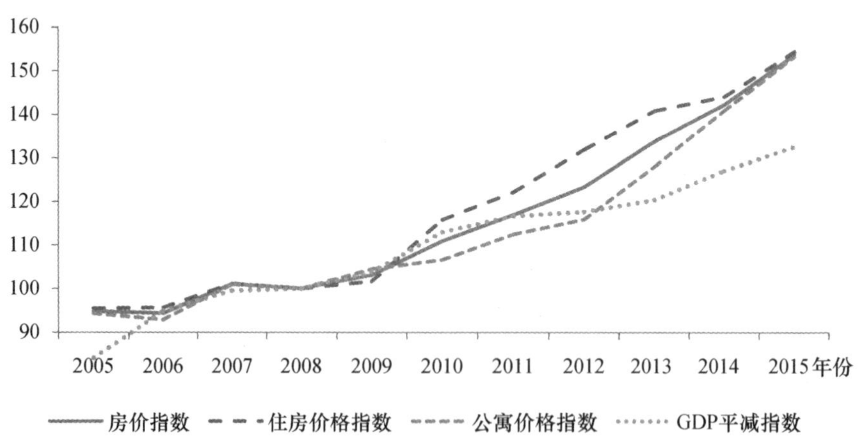

图5—3　2005—2015年房价指数和GDP平减指数（2008年=100）

资料来源：房价指数来自智利中央银行，GDP平减指数来自世界银行。

（二）努力实现本国货币汇率稳定

进入21世纪以来，受国际大宗商品周期上涨利好影响，智利出口收入快速增加，国际储备资产也出现了激增。截至2017年5月底，智利国际储备资产为384.7亿美元，这为智利中央银行稳定本国货币汇率提供了重要基础（如图5—4所示）。

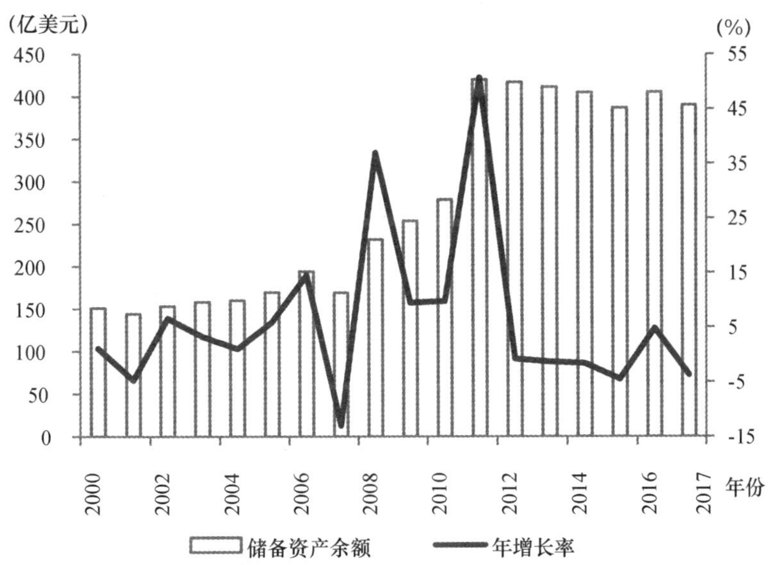

图5—4　2000—2017年智利国际储备资产年末余额及其增长率

注：2017年国际储备资产余额为截至5月底的数据。

资料来源：智利中央银行。

从2005—2017年汇率指数的长期变化来看，尽管智利比索兑美元的汇率指数波动幅度不小，但智利比索的实际汇率指数仍然较为稳定，基本维持为窄幅波动状况（如图5—5所示）。智利是拉美地区经济开放程度最高的国家之一，外部经济冲击（包括美国经济政策变化）容易波及甚至深度影响智利，因此可能引发智利比索兑美元汇率指数波动的很多因素难以被完全控制，其波动幅度相对较大也是可以理解的。

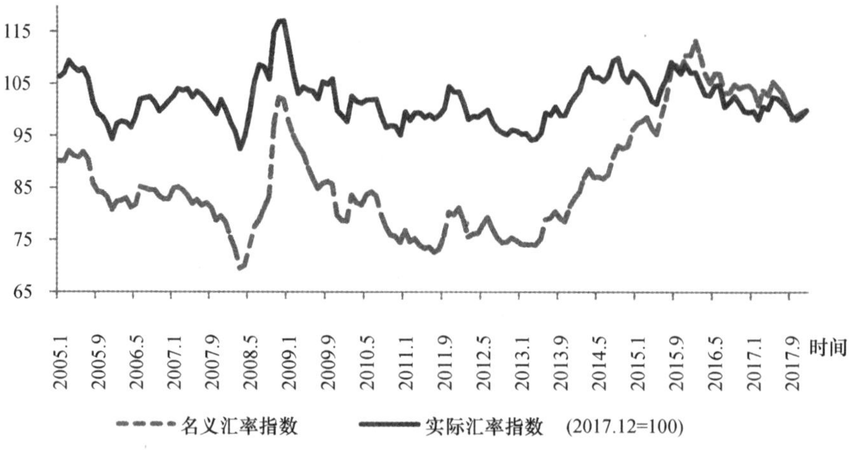

图 5—5 2005—2017 年智利比索汇率指数

资料来源：智利中央银行。

在 2012 年以前，因受惠于国际资源类产品价格高企，智利出口增长较快，贸易顺差积累较多，加之美国货币宽松政策的影响，智利比索出现了持续升值压力，智利中央银行也不得不以持久的货币宽松政策应对，力求避免本国货币兑美元汇率升值过快。到了 2012 年以后，智利出口增长势头开始减缓，智利比索兑美元汇率连续出现较大幅度贬值，智利中央银行也随之紧缩货币供给，以避免本国货币贬值过快影响经济增长。2016 年智利货币供给量 M_0 和 M_1 的增长速度分别为 6.66% 和 4.11%，都是 2000 年以来的最低增长速度；M_2 的增长速度为 6.34%，仅仅高于 2009 年的负增长速度；M_3 的增长速度也只有 7.65%，是 21 世纪以来的第三低速度（如图 5—6、图 5—7 所示）。

除了灵活调节货币供给量以实现本国货币汇率的长期稳定之外，智利中央银行还娴熟地参与外汇市场交易，尽可能避免短期内出现汇率异常波动问题。2014—2015 年，受新政府改革不顺和铜矿出口减少的影响，智利外汇存款数量波动幅度明显加大。当然，2017 年年初特朗普执掌白宫对整个拉美地区冲击巨大，但是，智利比索汇率仅在短期内出现了较大幅波动，这显然与智利中央银行在外汇市场上采取积极措施进行主动干预有着密不可分的关系。

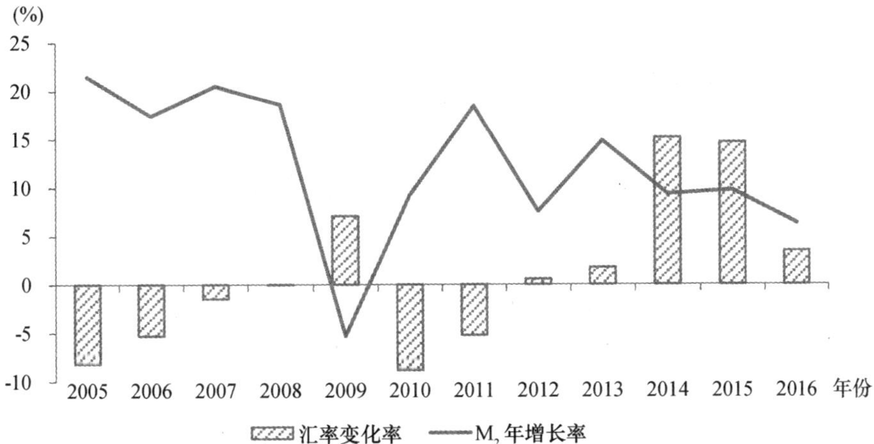

图 5—6　2005—2016 年 M_2 年增长率和汇率变化率

资料来源：智利中央银行。

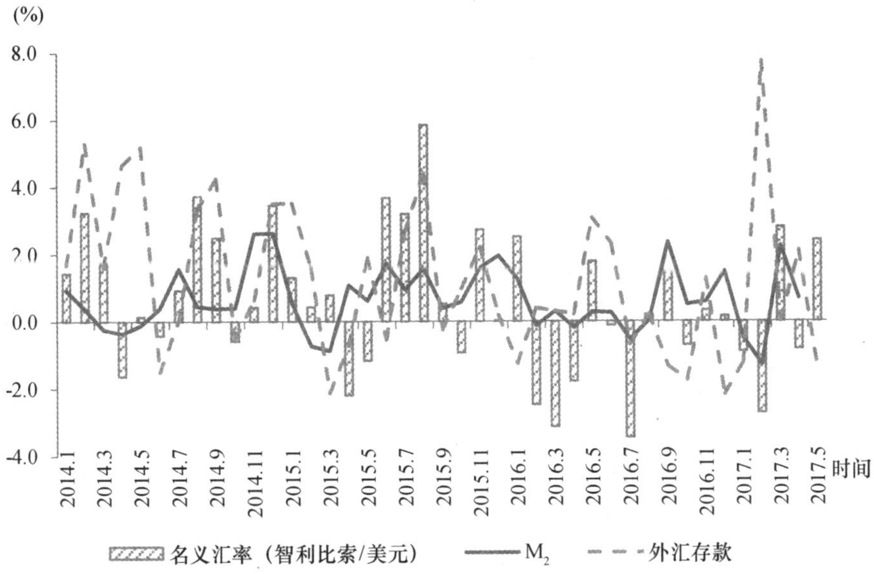

图 5—7　2014—2017 年 M_2、名义汇率、外汇存率的月度变化率

资料来源：智利中央银行。

（三）促进本国经济增长

在拉丁美洲及加勒比地区，智利不论是营商环境还是融资环境都比较好，这为其经济发展创造了良好的基础。因为智利通货膨胀率长期控制在较低水平，因此其中央银行的货币政策利率（包括本币存贷款基准利率）、银行间拆借平均利率以及商业银行的存贷款利率差都处于拉美地区的低水平，这为企业融资提供了便利，降低了政府和企业的融资成本。2012 年后，受世界宏观经济不景气的影响，智利中央银行继续实行相对宽松的货币政策，各项利率都处于明显下降趋势。2017 年 4 月智利商业银行及金融机构的商业信贷、外贸贷款（美元）、三年期以上住房贷款的平均利率分别为 7.48%、2.35% 和 3.42%。2017 年 5 月智利中央银行政策利率和银行间拆借平均利率都仅为 2.75%，同期在以智利比索计价的债券市场上 1 年期、2 年期、5 年期和 10 年期的融资利率也仅为 2.76%、2.87%、3.67% 和 4.03%（如图 5—8、图 5—9、图 5—10、图 5—11 所示）。

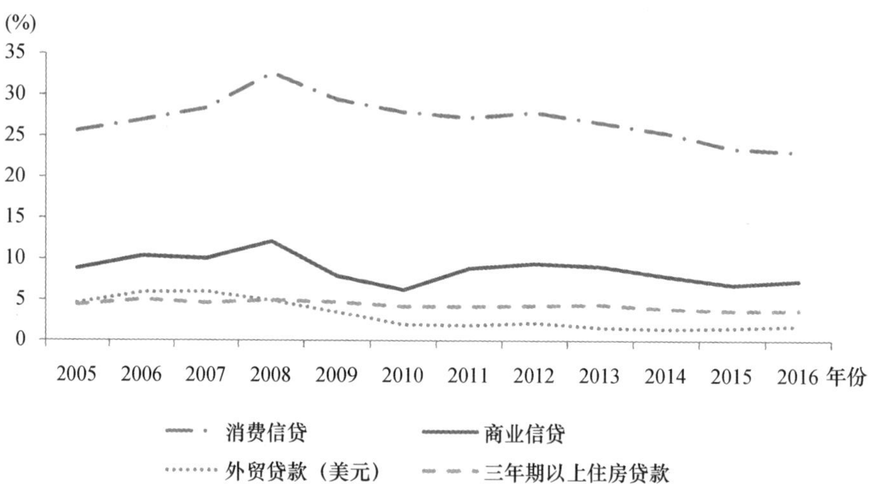

图 5—8　2005—2016 年智利商业银行及金融机构各类贷款平均利率

资料来源：智利中央银行。

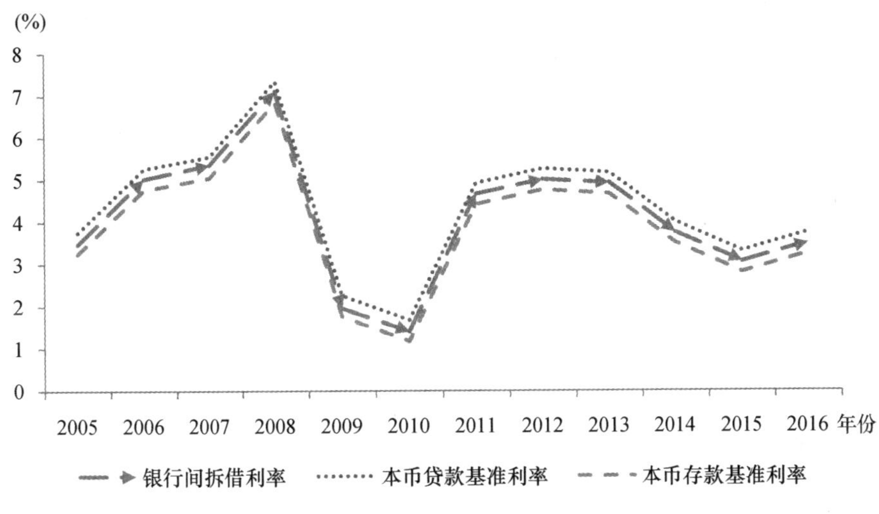

图 5—9 2005—2016 年智利银行间拆借平均利率和存贷款基准利率

资料来源：智利中央银行。

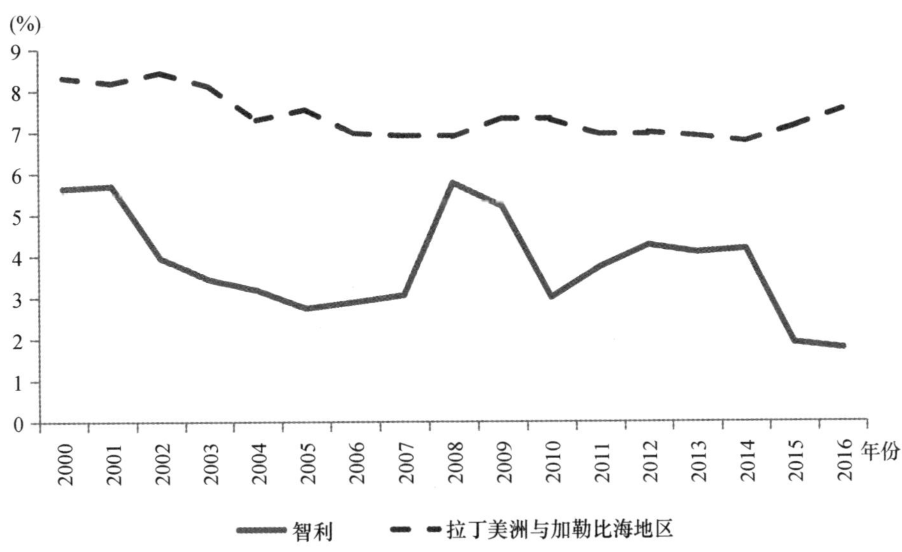

图 5—10 2000—2016 年智利与拉美及加勒比地区存贷款利率差

资料来源：世界银行数据库。

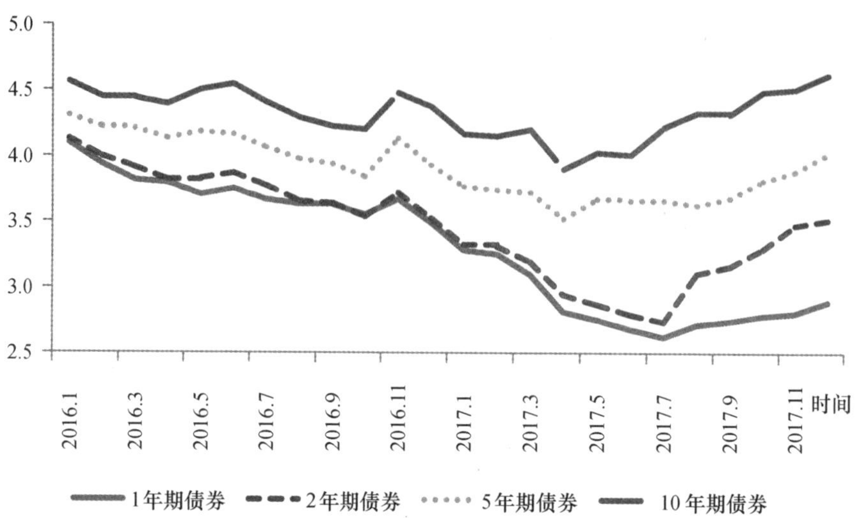

图5—11 2016—2017年以智利比索计价不同期债券融资利率

资料来源：智利中央银行。

在相对较低融资利率刺激下，智利信贷供给规模增长较快。2006—2016年，智利信贷总额增长了1.8倍，年均增长速度10.8%，其中商业贷款年均增长10.4%。总体上看，相对稳健的货币政策为智利在价格稳定前提下促进经济走出衰退贡献明显（如图5—12、图5—13所示）。

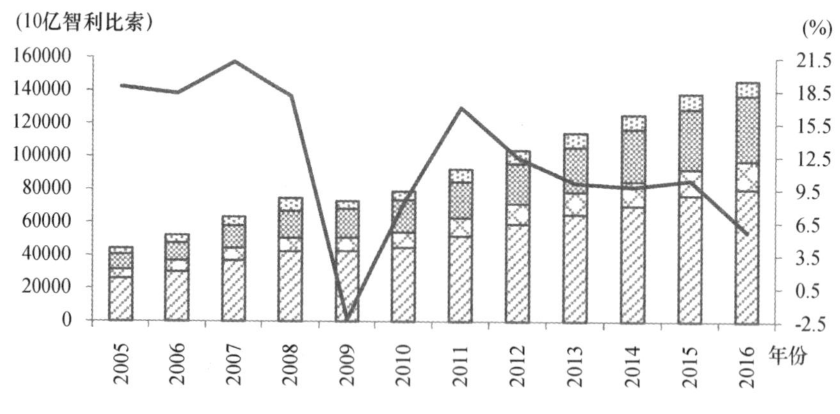

图5—12 2005—2016年贷款总量构成及其增长率

资料来源：智利中央银行。

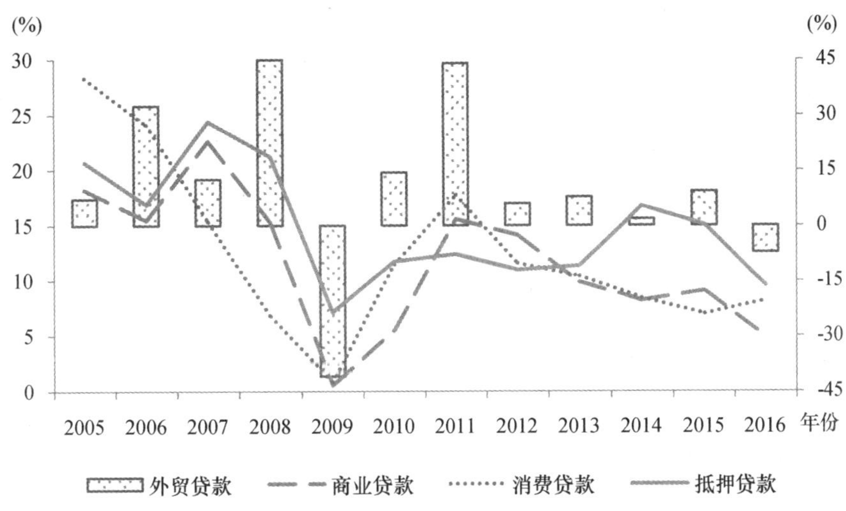

图 5—13 2005—2016 年各项贷款年增长率

注：外贸贷款增长率在次坐标轴（右），其余各项在主坐标轴（左）。

资料来源：智利中央银行。

二 财政政策：财政赤字增加，收支结构有变

智利实行中央、省、市三级财政管理制度，是拉美地区财政制度比较严格的国家之一。智利国家财政预算由财政部每年根据宏观经济变量及社会经济发展计划需要提出，确定中央各部及其公共部门在下一财年的开支规模，报议会审议通过和总统批准。财政预算由预算局具体负责制定和实施，并检查预算执行情况。预算局是一个高度专业化的机构，由 170 名专家组成，其职责除制定每年预算外，在议会讨论预算计划时要给财政部出谋划策，定期向议会通报公共部门预算执行情况，对公共财政的执行和发展提出研究报告，向议会通报经济、财政、管理方面以及政府各部提出的有关预算执行计划等。一旦预算被议会通过，各部及公共部门开支都要严格按照预算执行。

长期以来，智利财政收支状况深受国际大宗商品价格及全球经济周期波动的影响。2000—2016 年，由于国际市场上铜价多数时间都维持在较高水平，虽然全球金融危机对智利经济影响不小，但其财政总收入和总支出年均增长速度仍然分别达到 9.2% 和 9.74%。2016 年智利财

政总收入和总支出分别相当于2000年的4.09倍和4.43倍（如图5—14所示）。

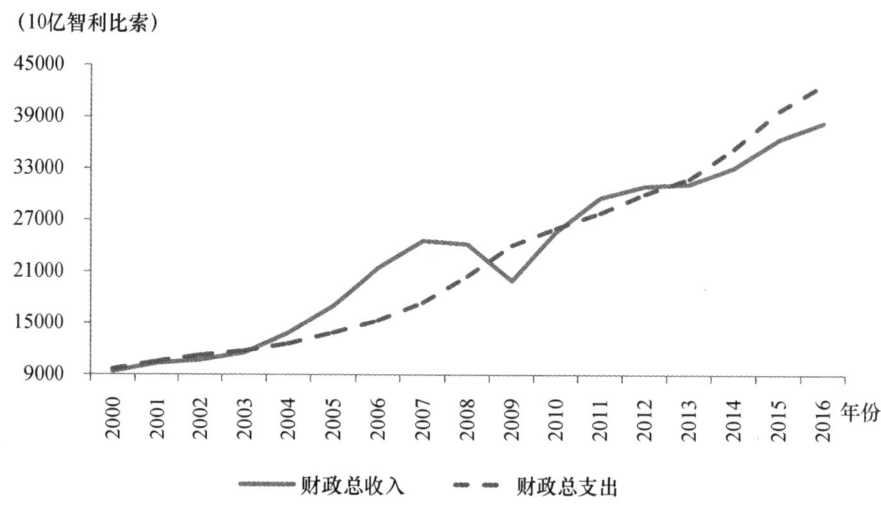

图5—14 2000—2016年智利公共财政收入与支出

资料来源：智利中央银行。

进入21世纪以来，智利有10年出现了财政赤字，有7年保持了财政盈余，但累计财政盈余还是超过了7.5万亿比索（按现价约合120亿美元），这些财政盈余主要是在2004—2008年铜价高企时期形成。2008年以后，受全球金融危机和国际铜价下跌影响，智利财政在绝大多数年份都出现了较大赤字，尤其是最近四年里连续出现财政赤字，而且逐年增长。2014—2016年智利财政赤字分别增长了242%、50%和35%，虽然赤字增长速度呈下降趋势，但绝对增加额仍然很高。为稳定呈衰退趋势的宏观经济，2016年智利财政赤字高达4.5万亿比索（约合70亿美元），这也是近20年来的最高水平（如图5—15所示）。

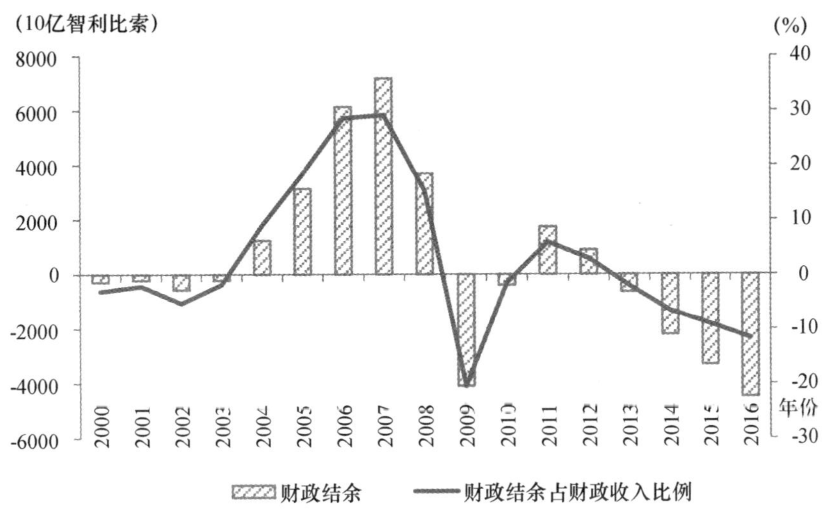

图5—15　2000—2016年智利公共财政结余及其占财政总收入比例

资料来源：智利中央银行。

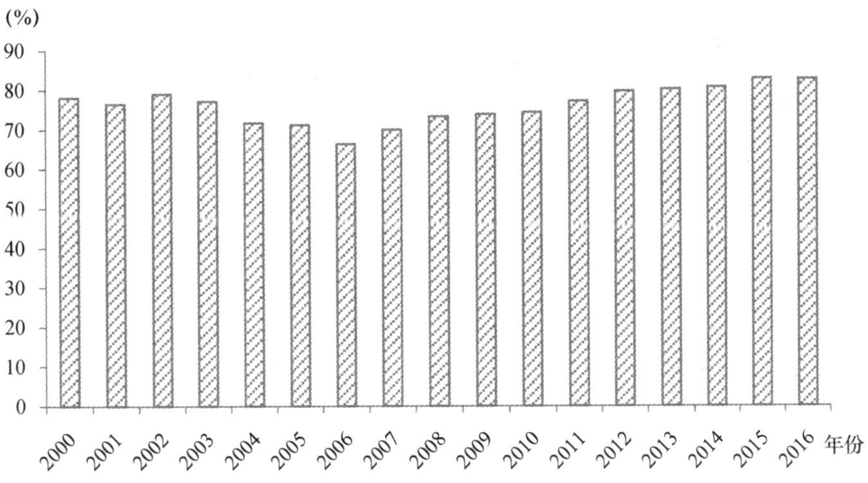

图5—16　2000—2016年智利净税收收入占财政收入比例

资料来源：智利中央银行。

从智利财政收入结构看，税收收入始终是最重要的来源。2000年以来，智利净税收收入占财政收入比重基本处于77%，税收收入占

GDP 比重平均约为 18%。不过，近几年受国际经济危机、国内经济增速缓慢以及巴切莱特政府税收改革的影响，智利非税收收入来源大幅减少，各项税收收入占比逐渐提高。2016 年智利净税收收入占财政收入比重高达 83%，税收收入占 GDP 比重上升到 22%，总税率（占商业利润的百分比）也提高到 30.5%，比 2013 年高出近 3 个百分点（如图 5—16、图 5—17 所示）。

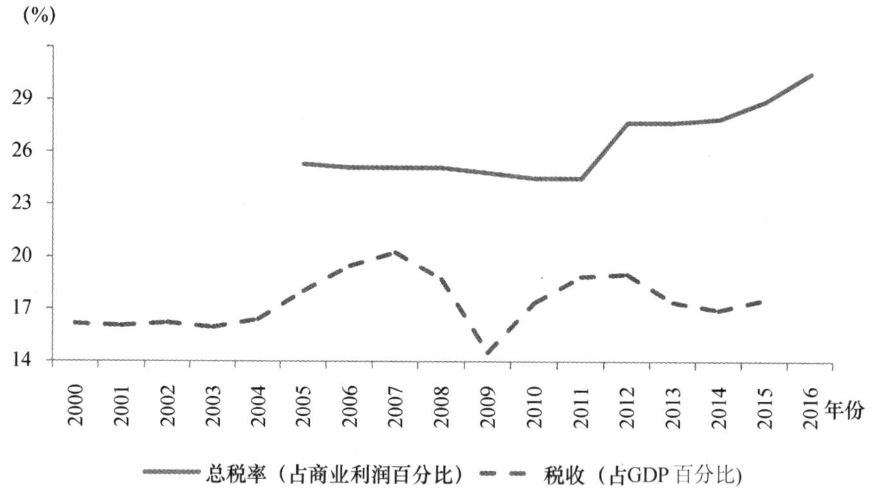

图 5—17　2000—2016 年智利总税率和税收占 GDP 比重

资料来源：世界银行数据库。

除税收外，铜矿收入及社会保障费收入是两项重要的收入来源。受国际铜矿价格影响，智利铜矿收入年增长率起伏很大，2004 年曾经高达 309%，2010 年也曾达到 91%，但此后出现了连续六年负增长，2015 年甚至比上年下降 48%，2016 年又进一步下降 15%。与此同时，铜矿收入占智利财政收入比重的波动幅度也很大，2006 年占比曾高达 21%，但 2016 年又下降到 1.6%，这也是进入 21 世纪以来的最低水平。另外，经过多年社会保障体制改革之后，智利社会保障费收入保持了稳定的增长速度，2016 年社会保障费收入占财政收入比重约为 6.4%，基本保持着多年以来的平均水平（如图 5—18、图 5—19、图 5—20 所示）。

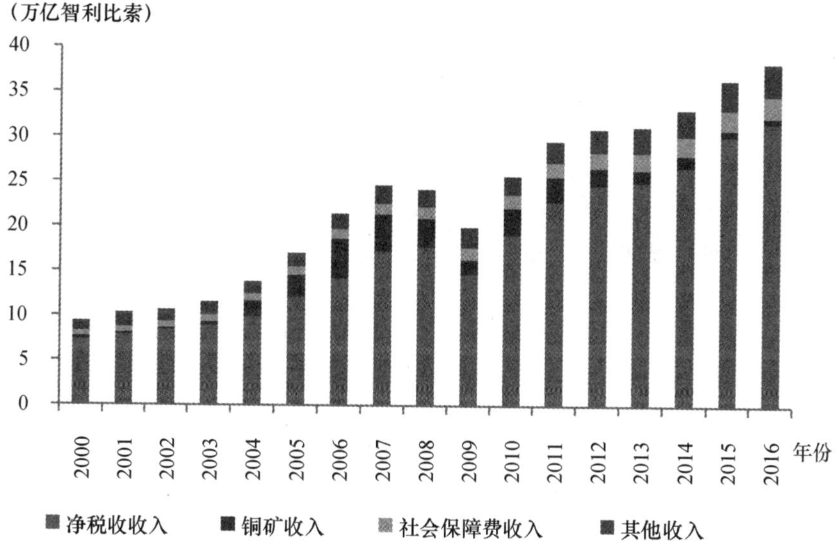

图5—18　2000—2016年智利公共财政收入结构

资料来源：智利中央银行。

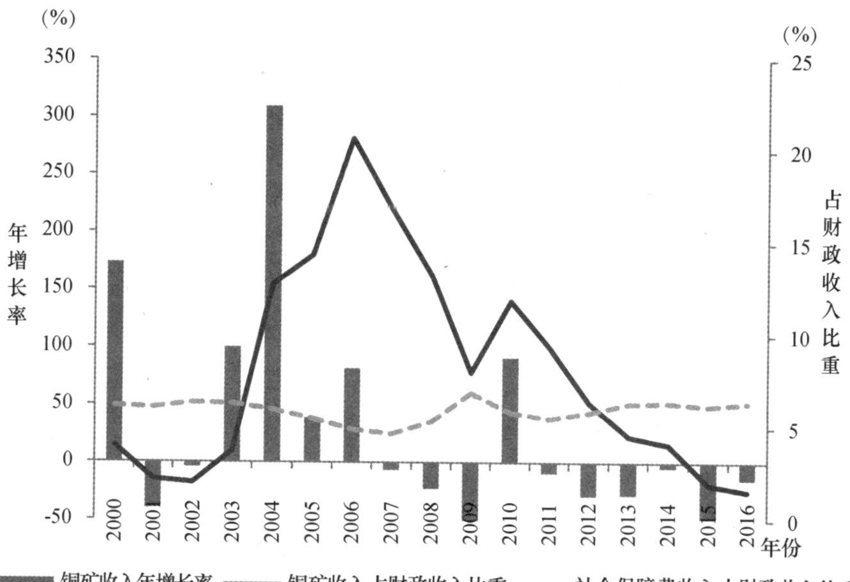

图5—19　2000—2016年智利铜矿收入年增长率及其占财政收入的比重

资料来源：智利中央银行。

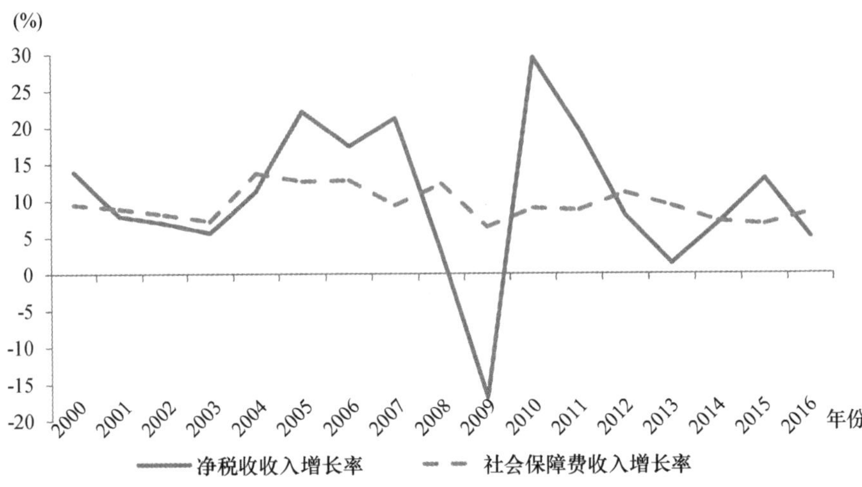

图 5—20 2000—2016 年智利净税收收入和社会保障费收入年增长率

资料来源：智利中央银行。

从智利财政支出结构看，公共部门人员经费、社会保障以及补贴和补助支出是最重要的三大支出项目。2000—2016 年，智利公共部门人员经费占财政支出比重基本保持在 29% 左右，社会保障以及补贴和补助这两个大项占财政支出比重之和为 50% 左右，但社会保障占财政支出比重持续下降，而各种社会补贴和补助占财政支出比重则持续上升。从这个时期智利财政主要支出项目变化看，公共部门人员经费以及补贴和补助支出年均增长率分别为 9.94% 和 12.02%，都明显高于财政支出年均增长率，而社会保障支出年均增长率只有 7.12%，比财政支出年均增长率低 2.53 个百分点。公务员工会持续罢工与抗议推动了公共部门人员经费支出的增加，经济增长乏力导致对贫困家庭补贴和补助比过去明显增多，而更依赖于私有化市场体制的养老金制度改革则相对减少了财政在社会保障方面的负担。2016 年公共部门人员经费、补贴和补助支出及社会保障支出分别比上年增长了 10.1%、11.9%、4.3%。总体而言，智利财政支出占其 GDP 比重并不高，2016 年仅为 13.5%，相比拉美绝大多数国家而言都要低得多（如图 5—21、图 5—22、图 5—23、图 5—24 所示）。

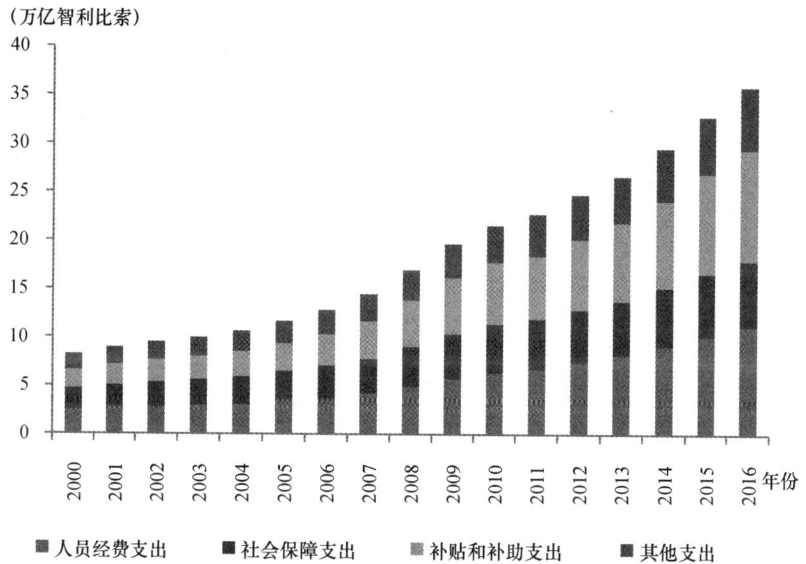

图 5—21　2000—2016 年智利主要项目的财政支出结构

资料来源：智利中央银行。

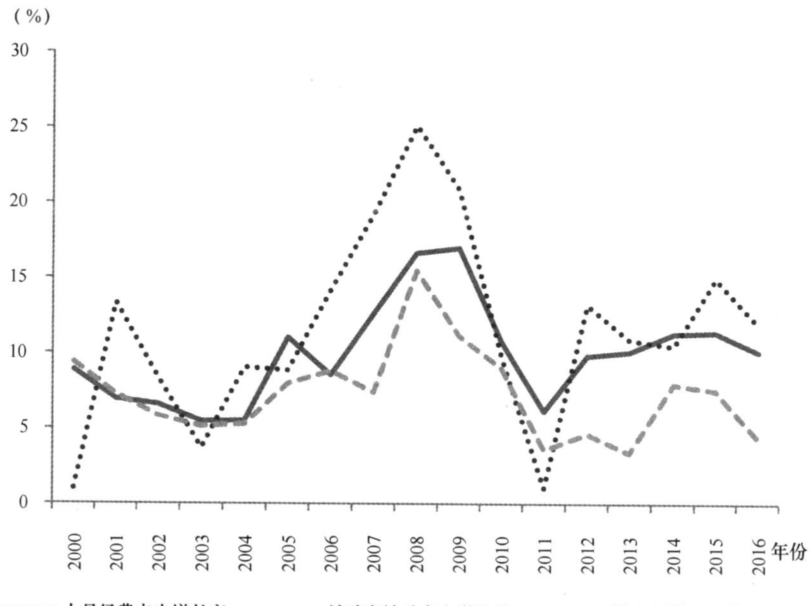

图 5—22　2000—2016 年智利各主要财政支出项目的年增长率

资料来源：智利中央银行。

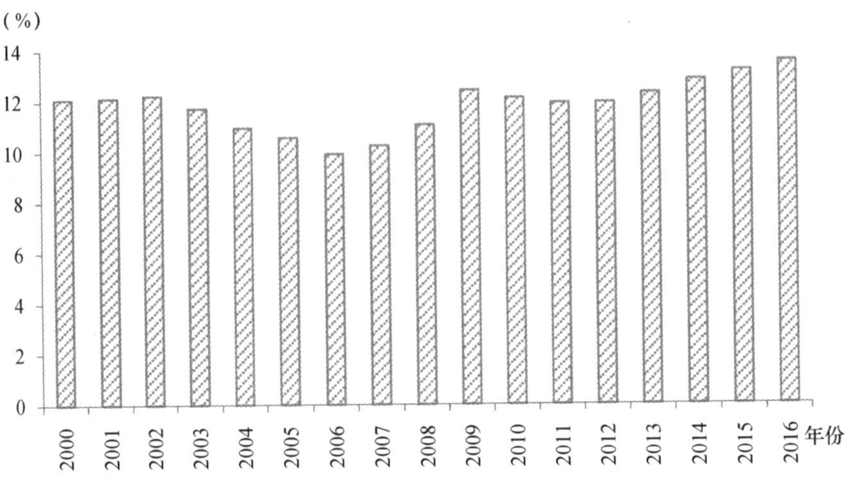

图 5—23 2000—2016 年一般政府最终消费支出占智利 GDP 的百分比

资料来源：世界银行数据库。

在 2008 年以后，智利经济发展受到全球金融危机和国际铜矿价格下跌的双重影响，财政赤字持续增加，债务负担也因此上升。2016 年年底智利中央政府债务占 GDP 比重达到了 21.3%，比 2008 年年初高出了近 18 个百分点。

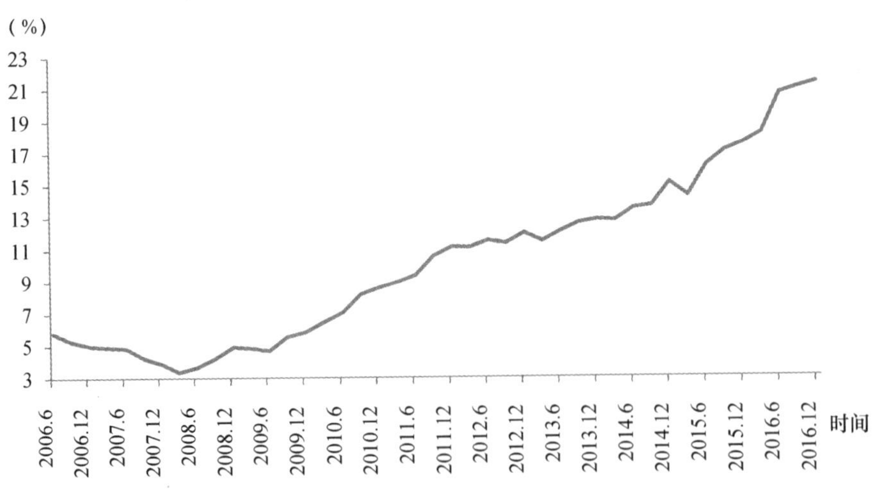

图 5—24 2006—2016 年智利中央政府债务占 GDP 比重

资料来源：智利中央银行。

三　产业政策：培育新产业，促进多元化

智利历来被视为自由开放经济的典范，无论是左翼政党还是右翼政党上台执政，其政府对宏观经济干预都相对较少。因此，智利产业政策与很多国家不同，几乎不针对特定企业或部门制定特殊政策，政府也不直接“挑选”特定的优先发展产业。智利产业政策主要由国家生产开发促进局（CORFO）①、智利基金会（FUNDACION CHILE）②、智利出口促进局（Chilean Promotion Bureau，ProChile）③、智利外国投资委员会（Foreign investment committee ，CIEChile）④、智利全国工业促进会（SOFOFA）⑤、智利国家科学技术委员会（CONICYT）⑥ 等机构负责，旨在推动产业发展进程，同时兼顾环境保护、出口增长和创新发展等多重目标。

从智利 GDP 组成结构来看，服务业增加值占比份额最大，其次是工业增加值，农业增加值占比则不足 5%。从工业增加值的来源结构看，主要还是矿业及矿产品加工业和食品加工业，而制造业所占份额仅为 12% 左右。这种产业结构形成与智利的资源禀赋优势、产业发展理念及其产业政策导向有着密不可分的关系（如图 5—25 所示）。

进入 21 世纪以来，智利出台了多项优惠措施促进服务业发展，服务业目前已经成为经济增长的重要支撑点。2017 年第二季度，智利服务业总产值占全国 GDP 比重已经达到了 65%，其中家庭服务、商业服务、批发与零售各项服务产业的占比都已分别超过 10%。近些年来，智利还在首都圣地亚哥努力建设拉美地区金融中心，现阶段已经取得了一些进展，金融业产值占其 GDP 比重也达到了 6% 左右（如图 5—26 所示）。

---

① 官方网址：https：//www. corfo. cl/sites/cpp/webingles？ resolvetemplatefordevice = true。

② 官方网址：http：//www. fundacionchile-espana. org/。

③ 官方网址：http：//www. prochile. gob. cl/importers/。

④ 官方网址：http：//www. vecie. cl/（中文网，重点面向中国企业）；http：//www. inversionextranjera. cl/（西语网）；http：//www. foreigninvestment. cl/（英文网）。

⑤ 官方网址：http：//web. sofofa. cl/。

⑥ 官方网址：http：//www. conicyt. cl/。

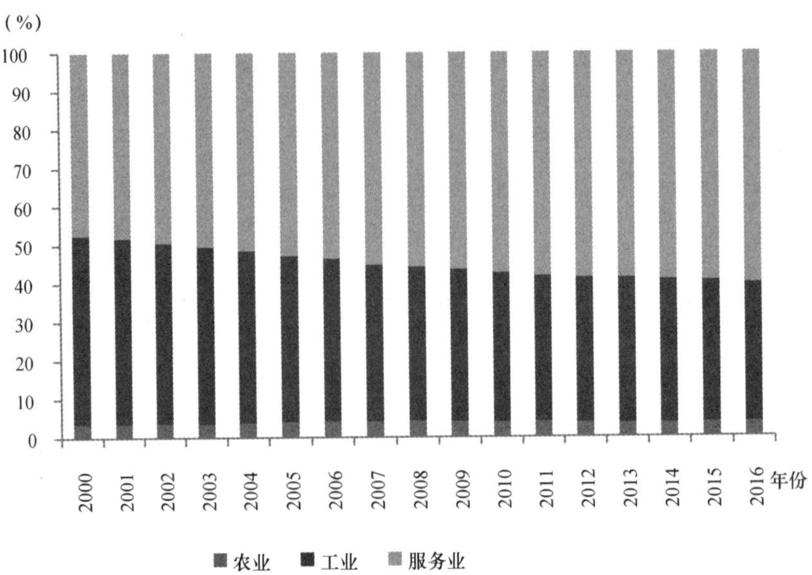

图 5—25 2000—2016 年智利农业、工业和服务业占 GDP 比重

资料来源：世界银行数据库。

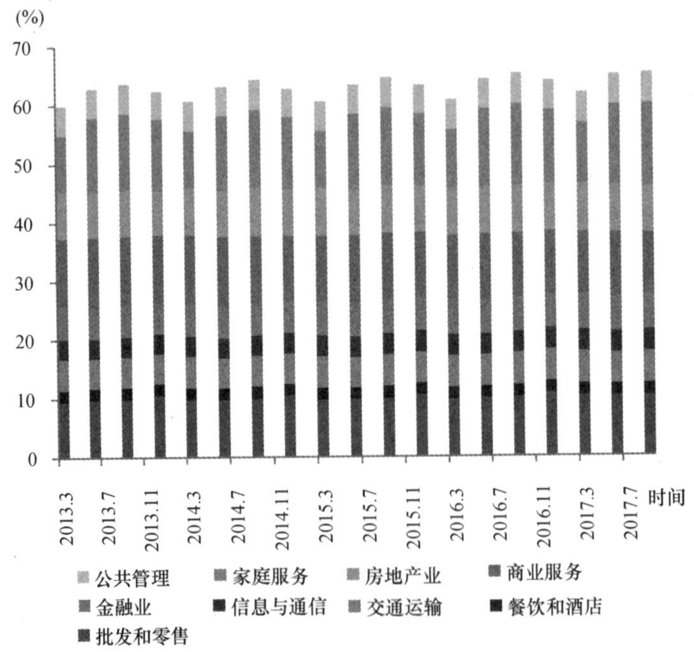

图 5—26 2013 年第一季度至 2017 年第二季度智利服务业产值占 GDP 比重

资料来源：智利中央银行。

长期以来，智利在全面审视自身禀赋优势基础上确立了绿色发展之路，制订并执行严格的环境保护法律，始终坚持可持续的产业发展理念。智利在发展矿业及矿产品加工业方面具有突出的资源禀赋优势，历届政府也都在产业政策方面给予了支持，这是该产业持续繁荣的重要原因。在制造业发展方面，智利为了保护资源环境，从产业政策上约束或限制具有潜在环境污染或环境破坏影响的产业的发展，因此，2013 年以来智利制造业产值占 GDP 比重基本处于 12% 左右，近几年甚至还有所下降。在能源产业领域，尽管智利经常出现电力短缺问题，石油和天然气也需要大规模进口，但智利政府及民众仍不鼓励发展火电和水电，转而大力支持太阳能发电等新能源产业，并已取得明显成绩（如图 5—27 所示）。

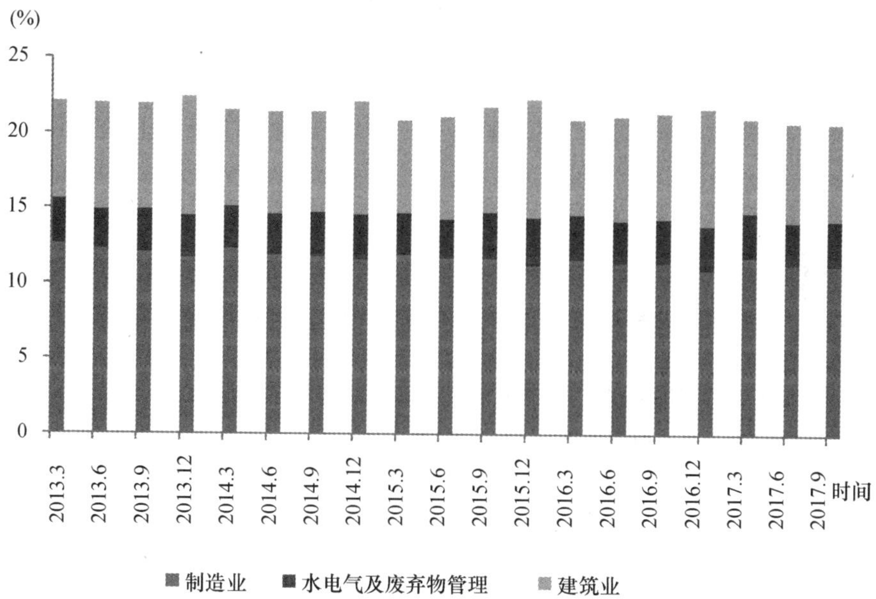

图 5—27　2013 年第一季度至 2017 年第二季度智利第二产业产值占 GDP 比重

资料来源：智利中央银行。

此外，智利生产开发促进局专门设立了“创新智利”项目，向企业提供技术补贴和研发支持，包括向有创新意向的中小企业提供技术支持、向有技术潜力的公司提供启动资金，还通过对新技术的识别和分级向企业提供公共信息。智利国家竞争力委员会则重在创建技术创新产业发展平台及培育战略性产业。智利生产开发促进局还下设“智利投资促进局”(Invest Chile)[①]，为有意在智利非传统产业投资的外国企业提供前期支持，比如提供经营战略分析、信息服务、帮助进入业务网络和公共服务等。多年以来，智利创业环境在拉美地区始终名列前茅，国民创新创业积极性很高，在全球拥有自主创业愿望的人数国家排名中列第三位。

图5—28 2003—2017年智利铜矿及铜产品出口收入占出口总额比重

资料来源：根据Uncomtrade数据库数据计算得出。

促进出口增长历来是智利经济发展战略的重要目标。从商品出口贸易来看，矿业、林业、渔业和农业是智利国民经济的四大支柱产业，其中工矿业是国民经济的命脉。智利传统出口商品以铜矿及其加工产品为主，铜矿及铜产品出口收入占出口总额比重基本处于45%以上，但国际市场上矿产品价格的频繁波动很容易对智利出口收入产生严重影响。从2010年以后，因为世界铜矿产品价格持续下降，智利铜矿及铜产品出口

① 官方网址：https：//investchile. gob. cl/es/。

收入连续五年下降。2016 年智利铜矿及铜产品出口收入为 280.91 亿美元，仅相当于 2010 年的 62.89%，占同期该国出口总额的比重下降了 8.49 个百分点（如图 5—28 所示）。

针对铜矿及铜产品出口收入持续下降的状况，智利政府采取了多种办法扩大和鼓励非传统产品出口，改变出口结构，实现出口商品多样化。经过多年努力，智利水果及坚果、渔业产品、纸浆、葡萄酒、木材等产品出口收入增长势头良好。与 2010 年相比，五大类非传统产品 2016 年出口收入增长了 26.92%，占智利同期出口总额比重上升了 10.28 个百分点。这在推动智利经济结构多元化发展的同时，也在很大程度上弥补了传统商品出口收入减少对其经济增长的不利影响（如图 5—29 所示）。

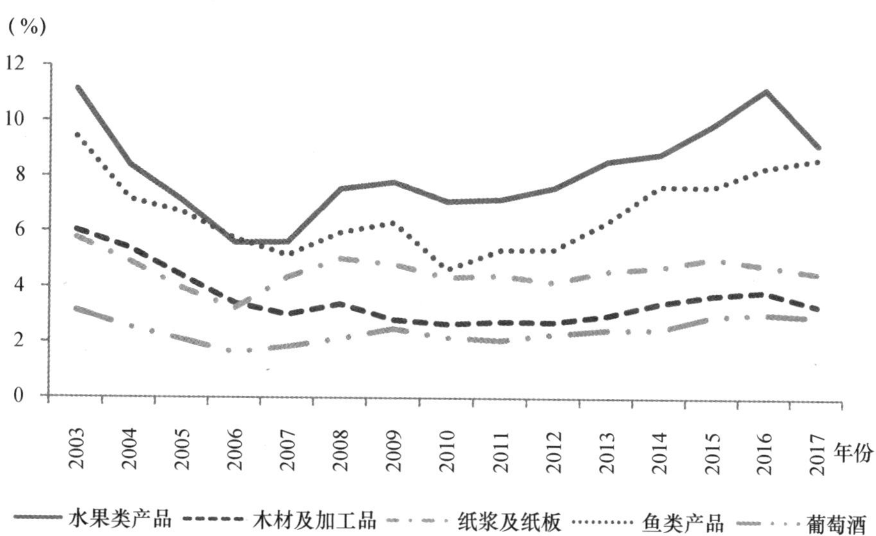

图 5—29　2003—2017 年智利主要非传统产品出口收入占出口总额比重

资料来源：根据 Uncomtrade 数据库数据计算得出。

第三节　智利经济成就分析

一　GDP 增长：增速降，失业涨

智利是拉丁美洲及加勒比地区经济发展水平最高的国家之一。按 2010 年不变价美元计，2016 年智利 GDP 为 2690 亿美元，经济规模居拉

美地区第五位；同期人均 GDP 超过 15000 美元，仅仅略低于巴哈马和特立尼达多巴哥等几个加勒比岛国，远高于巴西、阿根廷、墨西哥和哥伦比亚这四个经济规模更大的拉美国家。从增长速度看，2016 年智利 GDP 总量及人均 GDP 分别比上年增长 1.59% 和 0.75%，比拉美及加勒比地区平均增速分别高出 2.26 个百分点和 2.45 个百分点。尽管近几年来拉丁美洲及加勒比地区受全球金融危机影响严重，部分拉美国家甚至因大宗商品价格下跌而连续数年陷入经济衰退之中，但智利在促进出口产业多样化方面取得了明显成就，所以其经济仍然保持着缓慢增长势头，这也是智利经济能够持续领先于其他拉美主要国家的关键所在（如图 5—30、图 5—31、图 5—32 所示）。

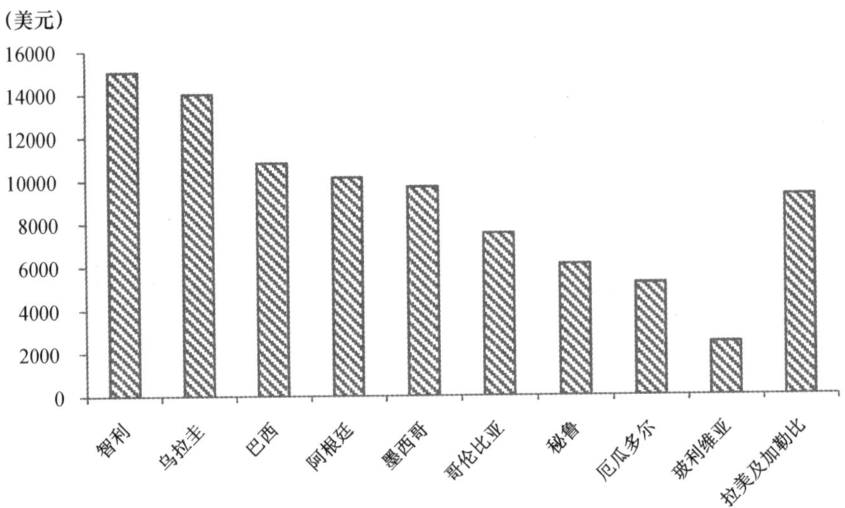

图 5—30　2016 年拉美与加勒比及其主要国家人均 GDP（2010 年不变价美元）

资料来源：世界银行数据库。

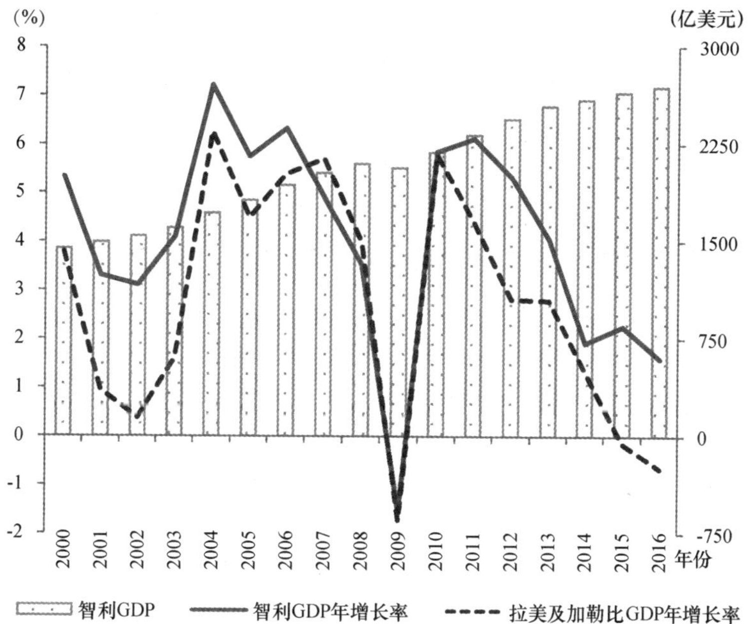

图5—31　2000—2016年智利GDP（2010年不变价美元）及其年增长率

资料来源：世界银行数据库。

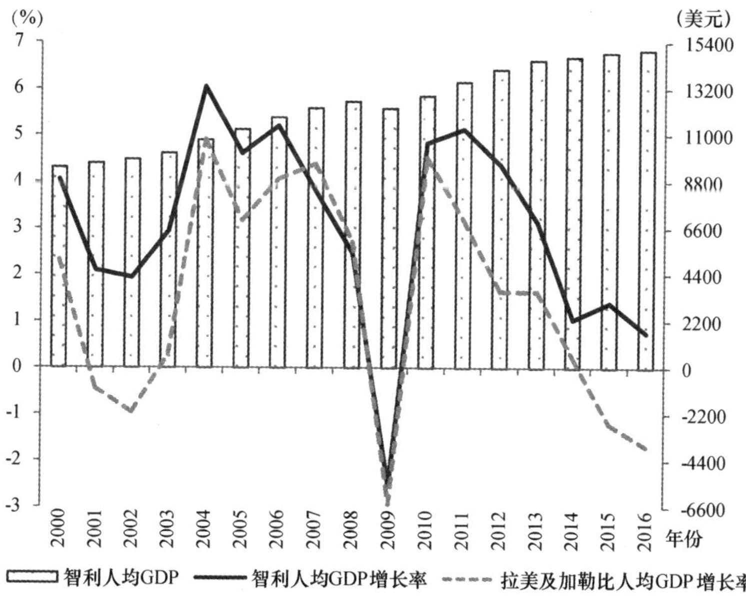

图5—32　2000—2016年智利人均GDP（2010年不变价美元）及其年增长率

资料来源：世界银行数据库。

从2011年以来总需求结构变化看，居民消费支出和政府支出是推动智利经济增长的两大重要动力，而投资需求和出口需求持续下降则显著拉低了智利经济增长率。2011—2016年，一般政府最终消费支出基本保持着加速增长趋势，反映了智利政府在不断加大宏观经济调控力度。智利居民最终消费支出的增长速度虽然从2010年开始出现了持续下降态势，但总体上仍然保持着2%以上的增长率，这对智利宏观经济稳定具有重要作用。最近三年来，固定资本形成总额持续负增长，这无疑对智利经济增长产生了很大的消极影响。当然，货物和服务出口在过去两年里连续负增长，这是导致智利经济增长乏力的关键因素（如图5—33所示）。

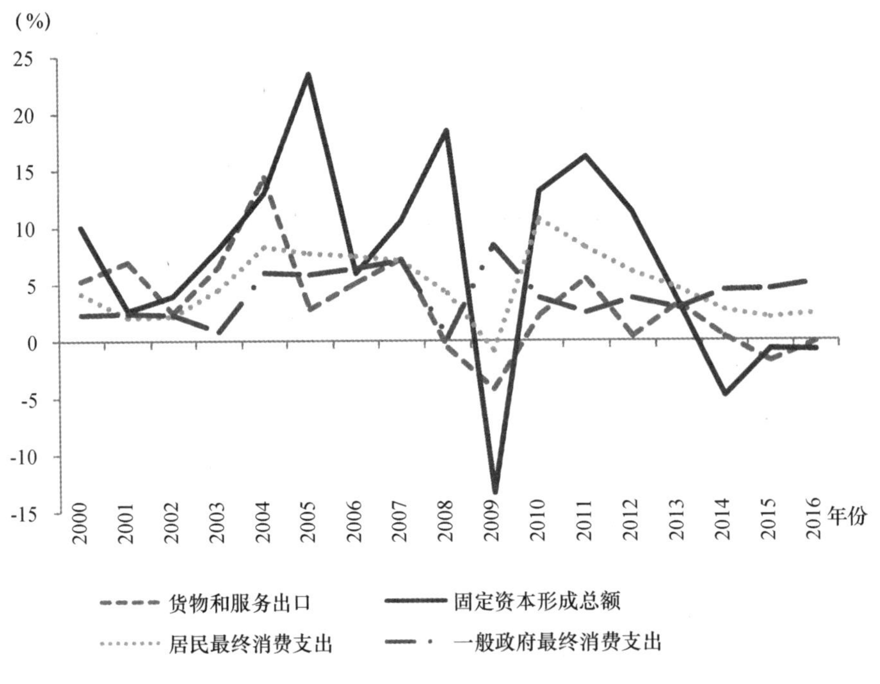

图5—33 2000—2016年智利各项支出需求年增长率

资料来源：世界银行数据库。

从不同产业增长情况看，农业和服务业的发展保持着增长趋势，而工业发展则处于衰退状态。2015年、2016年智利农业增加值分别增长6.7%和3.7%，农产品及其加工产品出口增长发挥了关键作用。服务业在智利经济总产出中占有半壁江山，尽管自2011年以来出现了增长速度回落的趋势，但过去三年里仍然保持着年均 2.7% 的增长速度，这对智利经济与就业的稳定贡献很大。比较而言，智利的工业增加值不仅增长速度连年下降，2016 年甚至负增长 0.71%，这与制造业严重衰退有很大关系。2016 年智利制造业增加值不仅衰退了 0.93%，而且失业人数高达百万，制造业失业人数占同期全国失业总人数的 20% 左右（如图 5—34 所示）。

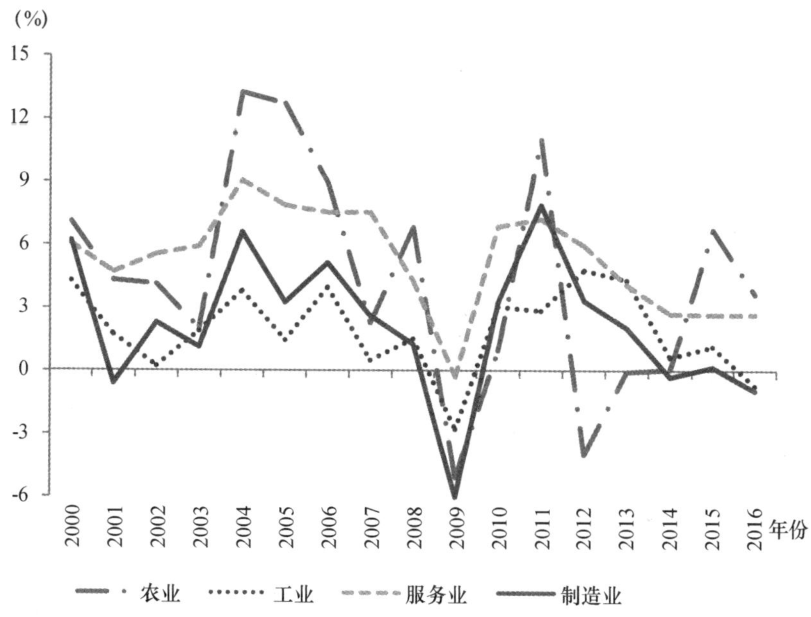

图 5—34　2000—2016 年智利农业、工业、服务业和制造业的增加值年增长率

资料来源：世界银行数据库。

二　通货膨胀：总体物价低，结构差异大

通货膨胀率是衡量一个国家宏观经济运行状况的重要指标，而智利则是对通货膨胀控制最有效的拉美国家之一。智利中央银行目标是将以居民消费价格指数（CPI，或 INPC）衡量的通货膨胀率控制在 3% ±1% 范围区间内。智利出口以铜矿或铜产品出口为主，而国际大宗商品价格周期性波动幅度较大，这对智利央行的货币政策目标构成了持续挑战。尽管面对如此困难，智利仍然以其有效的货币政策和坚定的政策执行力很好地实现了其目标。2000 年以来，除少数年份外，智利 CPI 基本上稳定在目标区域，没有发生任何严重的通货膨胀问题。以 GDP 平减指数来

看，智利的通货膨胀率比 CPI 略高些，但仍然处于合理区间，且在绝大多数年份都比其他拉美经济大国更低些，这也为智利创造了一个良好且相当稳定的宏观经济环境（如图 5—35、图 5—36 所示）。

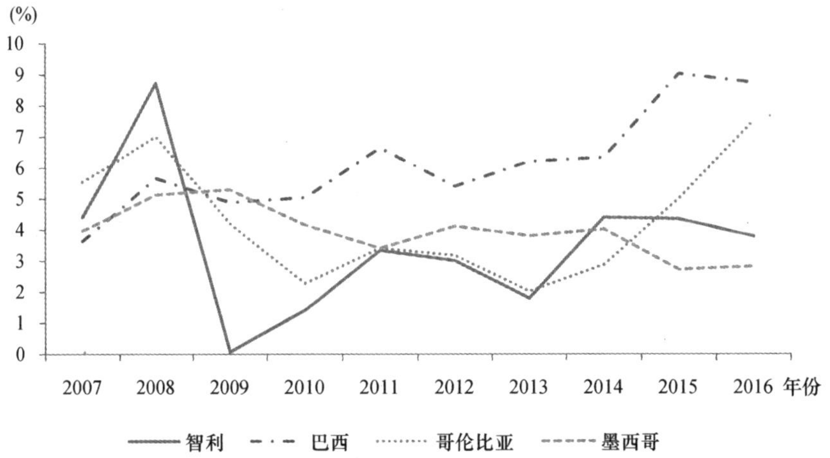

图 5—35　2007—2016 年拉美主要国家通货膨胀率（以 CPI 衡量）

资料来源：世界银行数据库。

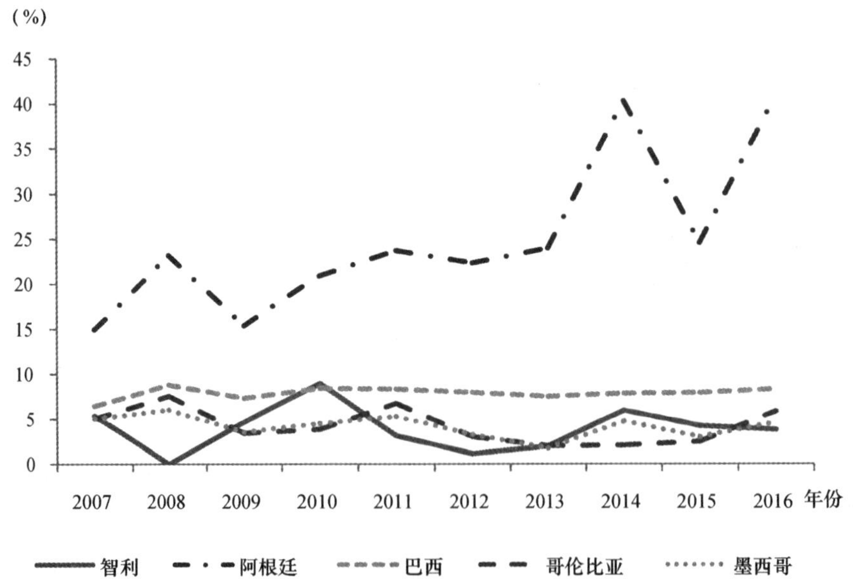

图 5—36　2007—2016 年拉美主要国家通货膨胀率（以 GDP 平减指数衡量）

资料来源：世界银行数据库。

从 2013 年以来智利不同类型商品 CPI 变化看，食品、饮料、酒、烟草、餐饮、酒店等价格上涨幅度较大，文化娱乐和交通运输行业价格涨幅不大，衣物、鞋类和通信等甚至出现了价格下降现象。这显示智利民众的基本生活成本正在持续上升，而娱乐、旅游等奢侈性消费需求可能在减少（如图 5—37 所示）。

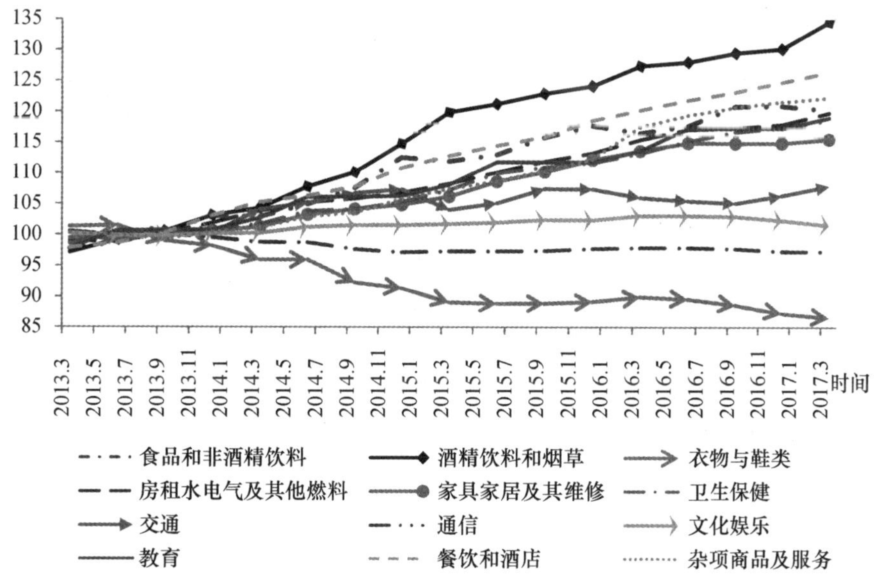

图 5—37　2013—2017 年各季度分商品类别的 CPI 变化（2013 年 = 100）

资料来源：智利中央银行。

三　汇率：波动不大，稳中有升

因为智利在控制通货膨胀方面成效显著，所以其货币汇率长期以来处于相对稳定状态。从智利央行汇率统计数据看，在 2014 年 10 月至 2017 年 4 月，月度实际汇率指数（1986 年 = 100）连续 13 个月波动幅度都没有超过 8%，这在拉美国家中是非常难能可贵的。即使面临 2016 年 11 月至 2017 年年初特朗普当选美国总统带来的强烈外部冲击，智利比索的实际汇率指数波动幅度也始终保持在 2% 以内（如表 5—1、图 5—38 所示）。

表 5—1　　2007—2016 年 1 美元兑智利比索的汇率年度数据

年份	2007	2008	2009	2010	2011	2012	2013	2014	2015	2016
汇率（比索/美元）	522. 47	522. 46	559. 61	510. 25	483. 67	486. 49	495. 31	570. 37	654. 07	676. 94

资料来源：智利中央银行。

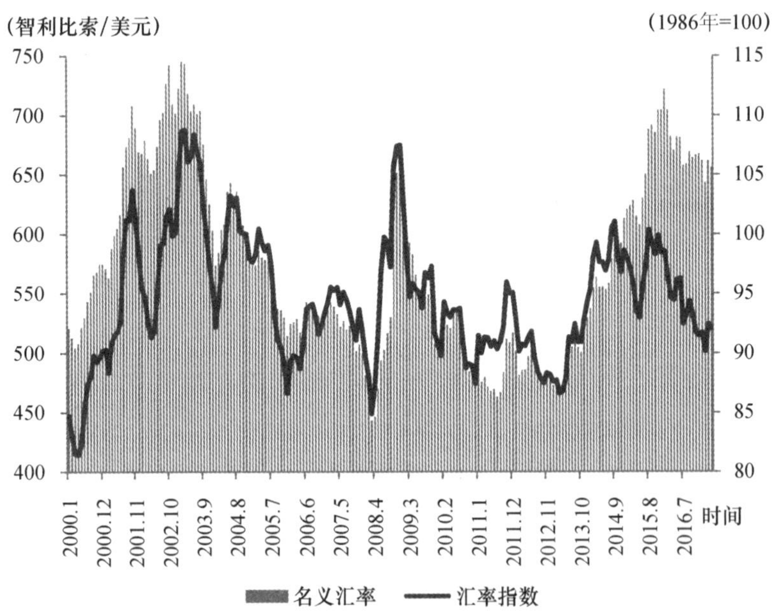

图 5—38　2000 年 1 月—2016 年 7 月 1 美元兑智利比索月度平均汇率变化

资料来源：智利中央银行。

四　外商直接投资（FDI）净流入：总额恢复增长，来源结构有变化

智利不仅是拉美地区经济发展水平最高的国家之一，而且宏观经济长期保持良好与稳定状态，其国内营商环境在拉美地区名列前茅，因此智利是外国直接投资所偏爱的拉美国家之一。自 2014 年以后，智利吸纳外国直接投资的数额有很大幅度减少。2016 年智利吸纳外国直接投资净额略超过 51 亿美元，比 2014 年减少了 61 亿美元，但比 2015 年增加了近 14 亿美元。2016 年智利吸纳外国直接投资净额约占其 GDP 的 5%，比 2012 年下降了近 6. 5 个百分点。

全球金融危机对欧美国家影响深远，这是智利吸纳外国直接投资额下降的根本原因。2009—2012 年，西班牙对智利直接投资最多，其次是美国，两国投资额分别占到智利吸纳外国直接投资总额的 12.9% 和 10.5%。在这个时期里，在债务危机持续打击之下，西班牙等欧洲国家的资本输出能力被严重削弱，其对智利投资也急剧减少。2012 年美国成为对智利直接投资最多的国家，约占当年外国直接投资总额的 14.7%。现阶段智利吸纳的外国直接投资存量主要还是来自美国、西班牙、加拿大、日本、荷兰等国家。近几年来，中国对智利直接投资也在迅速增长，目前中国在智利投资存量大约为 18 亿美元（如图 5—39 所示）。

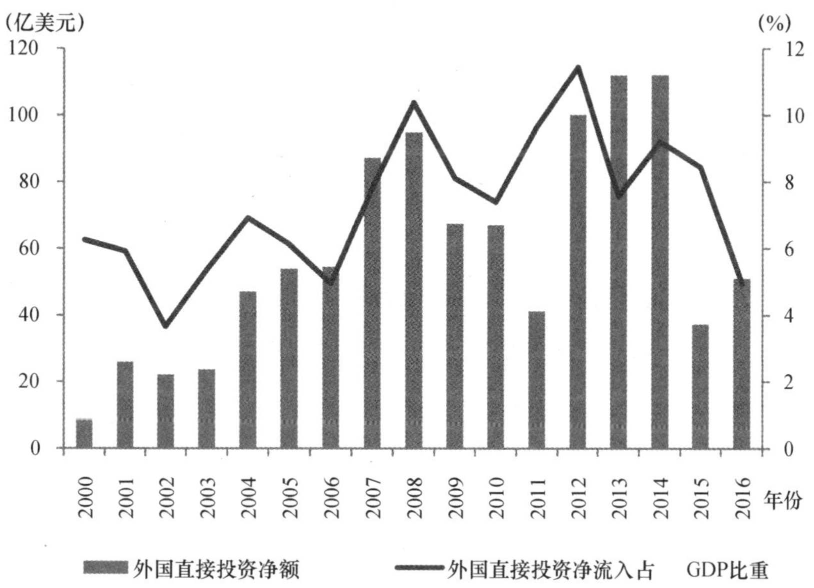

图 5—39　2000—2016 年智利外国直接投资净额（亿美元，BoP，现价美元）及其占 GDP 比重

资料来源：世界银行数据库。

五　进出口贸易：贸易减少，顺差增加

长期以来，智利是一个依靠外贸、外资和外债等外部资源发展的国家，对外贸易历来在智利经济发展中占有重要地位。根据世界银行数据，

2016年智利进出口贸易总额为1643亿美元，比上年下降了0.8%，这已是智利对外贸易额连续第三年下降。其中，出口887亿美元，比上年下降0.12%；进口756亿美元，比上年下降1.61%。

尽管对外贸易总额呈现持续下降趋势，但智利进出口贸易始终保持顺差状态，顺差额在2012年以来的五年中持续上升，2016年贸易顺差额已超过131亿美元。智利对外贸易顺差逐年增加：一是因为国际市场上铜价出现了回升态势，出口收入有所增加；二是居民消费需求增速回落，投资需求甚至出现了负增长，消费和投资进口需求双双减少。

根据智利外交部2017年2月发布的对外贸易情况报告，2016年智利外贸出口额同比下降3.7%，这主要缘于铜出口额的下滑；而非铜产品出口成绩较好，为323.60亿美元，占全部出口的54%，同比增长1.2%。2016年农林渔业出口达到史上最高水平，出口额为58.10亿美元，同比增长11%，其中对美国和中国的出口涨幅最大，这两个国家是智利出口促进局（ProChile）和企业界推广活动频繁的市场。樱桃、牛油果、莓类、核果、柑橘和榛子等产品的出口，2016年也创新高。另一有亮眼表现的领域是制造业，木板的出口额从2015年的1.24亿美元上升至2.40亿美元，木门的出口额从2015年的0.41亿美元增加到2016年的0.45亿美元。服务业也有好消息，信息和通信技术出口额增加了8%，2015年为2.56亿美元，2016年达到2.77亿美元（如图5—40所示）。

据智利海关统计，2016年智利货物进出口额为1110.8亿美元，比上年（下同）下降6.7%。其中，出口577.4亿美元，下降6.9%；进口533.4亿美元，下降6.4%。贸易顺差43.9亿美元，下降13.5%。分国别（地区）看，中国、美国和日本是智利的前三大出口市场，2016年智利对三国出口分别为163.0亿美元、81.6亿美元和50.4亿美元，分别下降0.5%、1.5%和8.3%，占智利出口总额的28.2%、14.1%和8.7%。2016年智利对印度出口出现较大回落，降幅为31.0%。中国、美国和巴西是智利的前三大进口市场，2016年从以上三国分别进口124.6亿美元、94.3亿美元和47.3亿美元，降幅分别为3.8%、12.6%和3.4%，占智利进口总额的23.4%、17.7%和8.9%。2016年智利从韩国的进口出现较大降幅，降幅为13.6%。智利的前三大逆差来源地依次是巴西、阿根廷和德国，2016年逆差额分别为18.4亿美元、17.0亿美元和15.5亿美元。

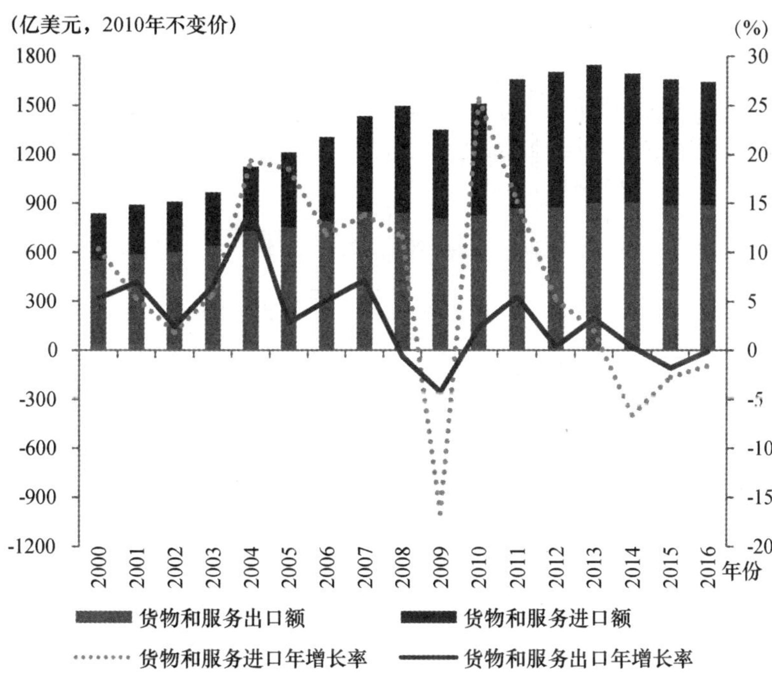

图 5—40　2000—2016 年智利货物和服务进出口额及其年增长率

资料来源：世界银行数据库。

贸易顺差主要来自中国、日本和韩国，2016 年顺差额分别为 38.4 亿美元、34.6 亿美元和 24.2 亿美元（如表 5—2 所示）。

表 5—2　　2016 年智利对主要贸易伙伴国　　单位：百万美元;%

国家和地区	出口贸易			国家和地区	进口贸易			国家和地区	贸易余额		
	金额	同比	占比		金额	同比	占比		金额	上年同期	同比
总值	57738	-6.9	100.0	总值	53344	-6.4	100.0	总值	4394	5078	-13.5
中国	16299	-0.5	28.2	中国	12461	-3.8	23.4	主要顺差来源			
美国	8161	-1.5	14.1	美国	9433	-12.6	17.7	中国	3838	3425	12.0
日本	5035	-8.3	8.7	巴西	4731	-3.4	8.9	日本	3457	3849	-10.2
韩国	4047	-1.4	7.0	阿根廷	2524	-5.4	4.7	韩国	2421	2223	8.9

续表

国家和地区	出口贸易			国家和地区	进口贸易			国家和地区	贸易余额		
	金额	同比	占比		金额	同比	占比		金额	上年同期	同比
巴西	2891	-7.6	5.0	德国	2227	-4.7	4.2	荷兰	1106	1243	-11.0
荷兰	1579	-1.3	2.7	墨西哥	1890	-7.3	3.5	中国台湾地区	832	1164	-28.6
秘鲁	1480	-4.4	2.6	韩国	1625	-13.6	3.1	印度	698	1341	-48.0
印度	1399	-31.0	2.4	日本	1578	-3.9	3.0	秘鲁	532	513	3.8
西班牙	1326	7.1	2.3	西班牙	1484	-0.7	2.8	俄罗斯	455	521	-12.7
墨西哥	1216	-7.3	2.1	法国	1102	9.9	2.1	主要逆差来源			
中国台湾地区	1073	-25.1	1.9	意大利	1067	-7.7	2.0	巴西	-1840	-1767	4.1
加拿大	959	-25.0	1.7	厄瓜多尔	995	-17.9	1.9	阿根廷	-1695	-1757	-3.5
意大利	854	-26.7	1.5	秘鲁	947	-8.5	1.8	德国	-1553	-1455	6.7
哥伦比亚	836	-4.2	1.5	哥伦比亚	789	-4.2	1.5	美国	-1272	-2502	-49.1
阿根廷	828	-9.1	1.4	印度	701	2.2	1.3	墨西哥	-674	-726	-7.3

资料来源：中华人民共和国商务部：《国别贸易报告·智利》2017年第1期。

分商品看，贱金属及其制品、矿产品和植物产品是智利的主要出口商品，2016年出口额分别为159.3亿美元、138.2亿美元和58.2亿美元，贱金属及其制品、矿产品分别下降14.3%、10.3%，植物产品增长5.3%；分别占智利出口总额的27.6%、23.9%和10.1%。机电产品、矿产品和运输设备是智利进口的前三大类商品，2016年进口额分别为133.1亿美元、79.6亿美元和64.2亿美元，机电产品、矿产品分别下降5.5%、13.3%，运输设备增长3.5%，分别占智利进口总额的25.0%、14.9%和12.0%（如表5—3所示）。

表 5—3　　**2016 年智利主要进出口商品构成**　　单位：百万美元；%

商品类别	出口贸易				商品类别	进口贸易			
	金额	上年同期	同比	占比		金额	上年同期	同比	占比
总值	57738	62042	-6.9	100.0	总值	53344	56964	-6.4	100.0
贱金属及制品	15934	18590	-14.3	27.6	机电产品	13311	14078	-5.5	25.0
矿产品	13819	15403	-10.3	23.9	矿产品	7956	9171	-13.3	14.9
植物产品	5818	5525	5.3	10.1	运输设备	6421	6202	3.5	12.0
活动物；动物产品	5487	5183	5.9	9.5	化工产品	5240	5877	-10.8	9.8
食品、饮料、烟草	3891	4038	-3.6	6.7	贱金属及制品	3030	3612	-16.1	5.7
纤维素浆；纸张	2905	3106	-6.5	5.0	塑料、橡胶	2951	3277	-10.0	5.5
化工产品	2743	2632	4.3	4.8	纺织品及原料	2935	3024	-3.0	5.5
木及制品	2291	2263	1.2	4.0	食品、饮料、烟草	2528	2663	-5.1	4.7
贵金属及制品	1024	955	7.2	1.8	活动物；动物产品	1486	1330	11.7	2.8
机电产品	881	908	-3.0	1.5	家具、玩具、杂项制品	1379	1303	5.8	2.6
塑料、橡胶	701	851	-17.7	1.2	光学、钟表、医疗设备	1264	1273	-0.7	2.4
运输设备	335	389	-13.8	0.6	植物产品	1255	1383	-9.2	2.4
动植物油脂	191	233	-17.7	0.3	鞋靴、伞等轻工产品	944	922	2.4	1.8
纺织品及原料	104	121	-14.0	0.2	纤维素浆；纸张	875	933	-6.2	1.6
陶瓷；玻璃	61	74	-18.0	0.1	陶瓷；玻璃	628	663	-5.2	1.2
其他	1552	1772	-12.4	2.7	其他	1144	1254	-8.8	2.1

资料来源：中华人民共和国商务部；《国别贸易报告 · 智利》2017 年第 1 期。

六 人口与就业

（一）人口概况：城市化率高，老年化趋势明显，移民净流入量增长

1. 人口规模

智利是个城市化程度较高的国家，2017 年城市人口占比达到 87.43%，高于拉丁美洲及加勒比地区城市化平均水平。智利人均受教育年限为 10 年，文盲率仅为 3.9%，是南美洲最低的国家之一（如图 5—41、图 5—42 所示）。

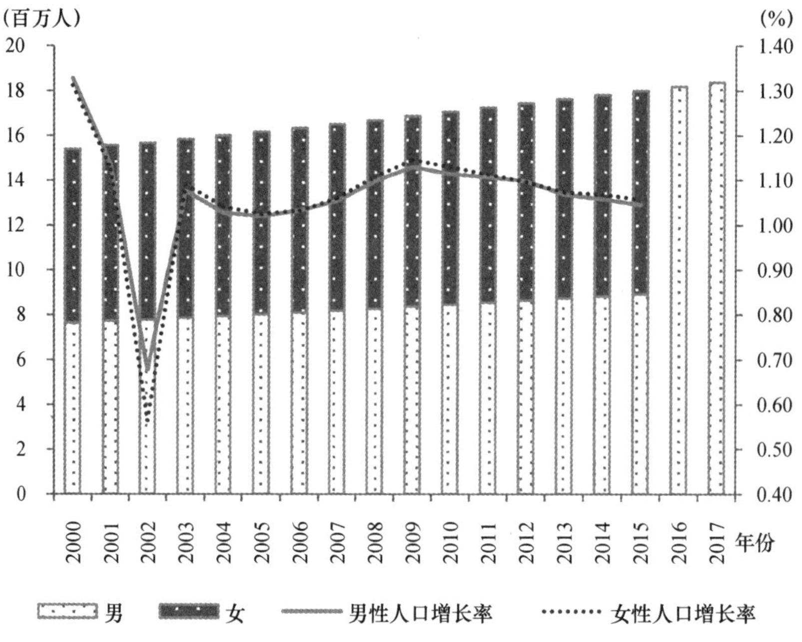

图 5—41 2000—2017 年智利人口数量变化及男女性人口增长率

注：2016—2017 年只有人口总数，无分男女性别的人口数及其增长率。

资料来源：智利国家统计局和智利中央银行。

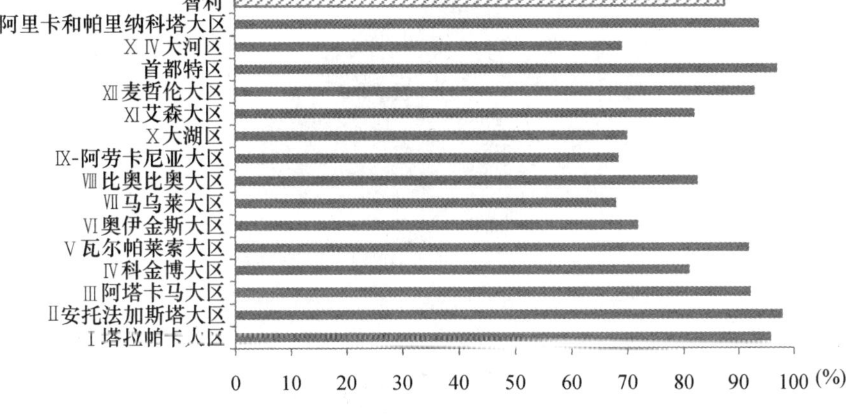

图 5—42 2017 年智利及其各大区城市化率

注：2017 年新设立第 16 大区暂无数据。

资料来源：智利国家统计局。

2. 人口地区分布与年龄结构

从各地区人口结构数据看，智利人口分布极不均衡。2013 年智利全国平均人口密度约为 25 人/平方公里。① 圣地亚哥首都联邦区人口密度为每平方公里 396.2 人，是全国人口密度最大的地区。安托法加斯塔、阿塔卡马、艾森和麦哲伦等几个大区却人烟稀少，其人口密度每平方公里分别为 3.7、3.6、0.9 和 1.2 人。② 从科皮亚波到康塞普西翁的中部地区集中了全国 90% 以上的居民，而 60% 以上的国土却人烟稀少。北部矿区占智利国土面积的 1/3，但居民只占全国人口的 7%，且集中在矿区、港口城市及绿洲地带。南部地区占智利国土面积的 30.2%，而居民仅占总人口数的 2% 左右。从 2017 年人口数据看，圣地亚哥首都联邦区人口数占全国总人口数比例为 40.72%，比奥比奥大区和瓦尔帕莱索大区占比分别为 11.65% 和 10.12%，而艾森大区和麦哲伦大区占比分别仅为 0.6% 和 0.9%（如图 5—43 所示）。

---

① 资料来源：《智利人口数量 2014—2015 年》，世界人口网，2014 年 12 月 17 日。

② 陈国青等：《掠影智利》，清华大学出版社 2012 年版，第 65 页。

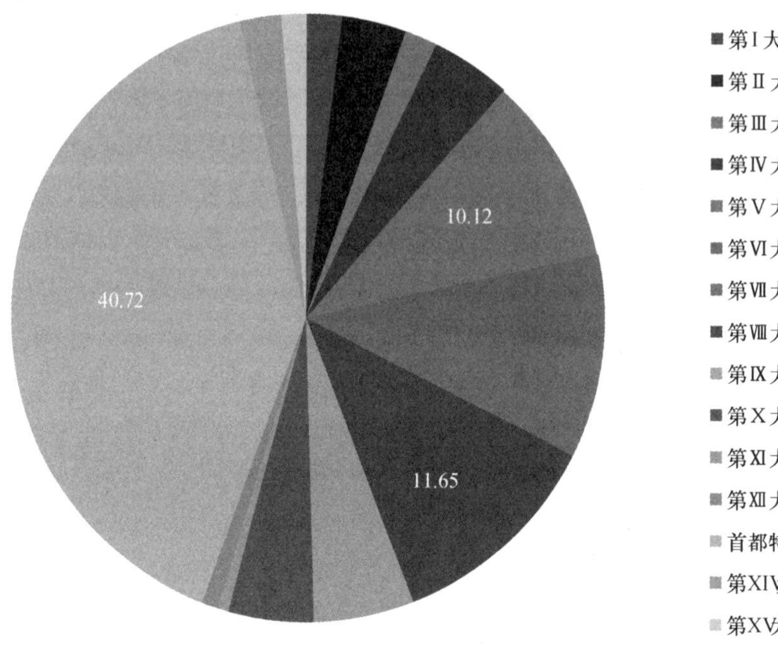

图 5—43 2017 年智利各大区人口分布状况

资料来源：智利国家统计局。

2017 年智利 60 岁及以上老人数量为 2899621 人，占总人口数的 15.78%；15 岁以下孩子数量为 3681023 人，占总人口数的 20%；人口抚养率为 55.8%。智利国家统计局数据显示，智利正在向老龄化方向发展，人口抚养率正处于持续上升阶段。智利 15 岁以下人口数占比较 2002 年的 26.3% 有所下降，预计 2020 年将降为 19.7%；60 岁以上老人的占比较 2002 年的 10.8% 有所上升，预计 2020 年将达 17.3%。从 2005—2017 年不同年龄段人口的增长趋势看，15 岁以下人口数前十年连续负增长，近三年每年增长率也接近于 0 的极低水平；60 岁及以上人口数年增长率基本都在 3.5% 以上，2017 年甚至超过了 4%；正因如此，15—59 岁人口数年增长率则出现了持续回落趋势（如图 5—44、图 5—45 所示）。

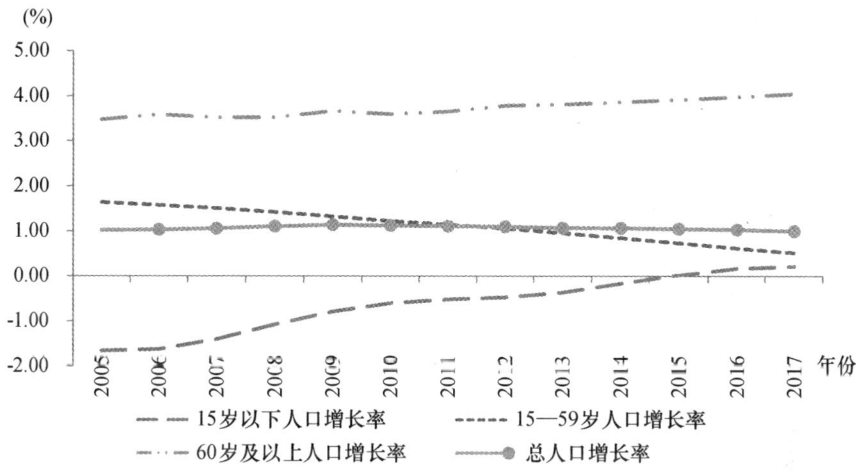

图 5—44　2005—2017 年智利不同年龄人口增长率

资料来源：智利国家统计局。

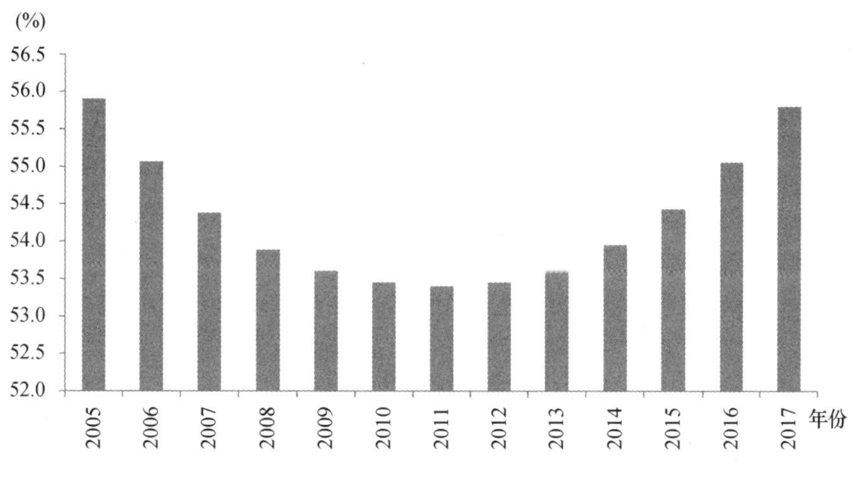

图 5—45　2005—2017 年智利人口抚养率变化

注：人口抚养率百分比 = 100% ×（15 岁以下人口数 +60 岁及以上人口数）/（15—59 岁人口数）。

资料来源：智利国家统计局。

3. 移民问题

长期以来，智利经济发展状况良好，既是拉美地区最受欢迎的移民目的地国家之一，也是国际移民过渡到其他目的地国家的理想中转国。在拉丁美洲及加勒比地区，绝大多数国家都是移民净流出国家，智利是极少几个净移民率为正的国家之一。2010—2015 年智利移民净流入数新增约 5.2 万人，2015 年流入移民人口规模已达 49.6 万人（如表 5—4、图 5—46 所示）。

表 5—4　　2005—2020 年智利及拉美地区净移民率　　单位:%

国家和地区	2005—2010 年	2010—2015 年	2015—2020 年
阿根廷	-0.2	0.1	0.1
玻利维亚	-1.7	-1.1	-0.9
巴西	0.0	0.0	0.0
智利	0.7	0.9	0.9
哥伦比亚	-0.6	-0.6	-0.6
墨西哥	-0.4	-0.9	-0.9
秘鲁	-3.4	-1.6	-1.1
委内瑞拉	-0.2	-0.5	-0.4
拉丁美洲及加勒比	-0.9	-0.7	-0.6
拉丁美洲	-0.8	-0.6	-0.5
加勒比	-3.6	-2.7	-2.7

资料来源：拉丁美洲经济委员会。

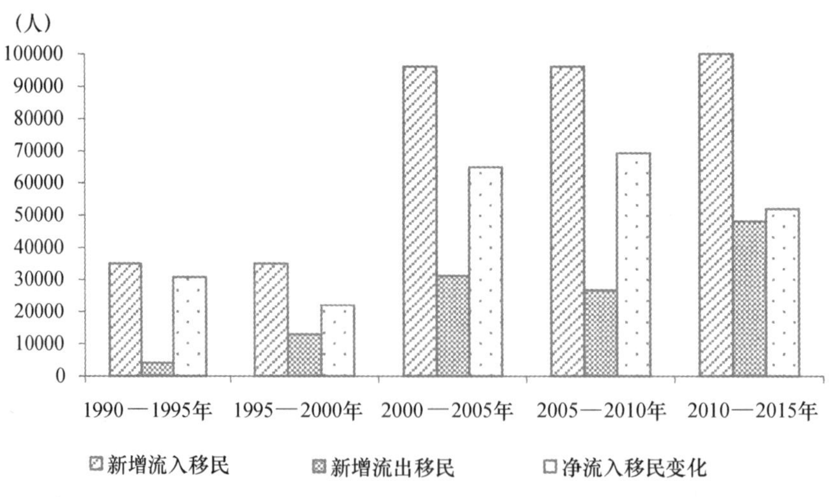

图 5—46　1990—2015 年智利移民变化人数

资料来源：根据联合国人口署移民数据计算得出。

从移民来源看，秘鲁、阿根廷、玻利维亚等周边国家是智利移民的主要来源国。2015 年来自这三个国家的移民人数占智利移民总数的比例分别为 38%、15% 和 8%。欧洲发达国家进入智利的移民数量也在迅速增加，2015 年英、德两国进入智利的移民数量已分别达到 1.8 万人和 1.2 万人。近年来，智利的中国移民数量增长较快，2015 年达到 9439 人。从移民流出目的地国家来看，绝大多数智利人更倾向于移民到语言文化相近且经济发展水平较好的阿根廷和西班牙，美国、澳大利亚、加拿大、德国等经济发达国家也是智利人喜欢的移民目的地国家（如表 5—5、5—6所示）

表 5—5　　1990—2015 年智利流入移民主要来源国家　　单位：人

国别＼年份	1990	1995	2000	2005	2010	2015
秘鲁	7052	21256	35460	94114	152768	178385
阿根廷	32696	39233	45770	57003	68235	70415
玻利维亚	7277	8923	10568	19148	27728	37554
哥伦比亚	1554	2734	3913	9898	15882	23471
厄瓜多尔	2163	5510	8857	15437	22016	23471
南非	134	189	244	6345	12446	20457
巴西	4332	5609	6886	8993	11100	18243
英国	1428	1537	1646	6328	11049	18161
德国	5379	5369	5359	6382	7404	12169
中国	1124	1691	2258	4001	5743	9439

资料来源：联合国人口署，表中移民人数为历年存量数据。

表 5—6　　1990—2015 年智利外流移民主要流向国家　　单位：人

国别＼年份	1990	1995	2000	2005	2010	2015
阿根廷	223528	214736	205945	195316	184687	213119
美国	55681	66875	80804	85360	90964	97901

续表

年份 国别	1990	1995	2000	2005	2010	2015
西班牙	11887	14194	22607	49390	64296	54640
澳大利亚	29145	27782	26100	26900	28270	30963
加拿大	21945	23182	24970	24756	26030	29090
瑞典	21091	25029	26842	27811	28378	28853
巴西	22243	19708	17172	16352	15298	18422
德国	6888	6584	6279	10845	15411	15942
委内瑞拉	22198	18675	15733	15347	14945	15263
法国	13207	13634	14060	13011	13314	14402

资料来源：联合国人口署，表中移民人数为历年存量数据。

尽管移民问题最近成为公开讨论的热点问题，但涌入智利的外国移民仍然越来越多。根据智利移民局统计数据，近两年来智利收到申请移民的签证上升了27%，从2014年的13.7万人上升到2016年的17.5万人，其中来自委内瑞拉和海地的移民签证申请出现了100%的增长，主要原因是这两个国家出现了政治和经济危机。另外，值得关注的是，智利北部申请移民签证的外国人有下降的趋势，主要是因为受到铜矿业低迷的影响，外国移民目前更倾向于往南部地区迁移。2016年圣地亚哥首都大区集中了68%的移民签证，以致出现了推迟颁发相关签证的情况。

（二）就业：就业人数增长，失业率基本稳定

2011年年底以来，智利就业人数逐渐增长，失业率基本保持稳定。比较来说，智利失业率基本低于阿根廷、巴西和哥伦比亚等几个拉美主要国家，但略高于墨西哥。根据智利中央银行统计数据显示，2016年年底就业人数比2015年年底增加了80.5万人，失业人数比2015年年底减少了30.4万人，但失业率却比上年略增长了0.3个百分点（如图5—47、图5—48、图5—49所示）。

从2016年年底智利各行业就业分布来看，商业贸易领域吸纳了超过1/5的就业劳动力，其次是制造业吸纳了11.14%，再次是农林渔牧业吸纳了9.84%。从失业人数分布来看，商业贸易、建筑业和制造业是失业人数最

多的三大产业，这主要是近几年智利经济衰退的结果（如表5—7所示）。

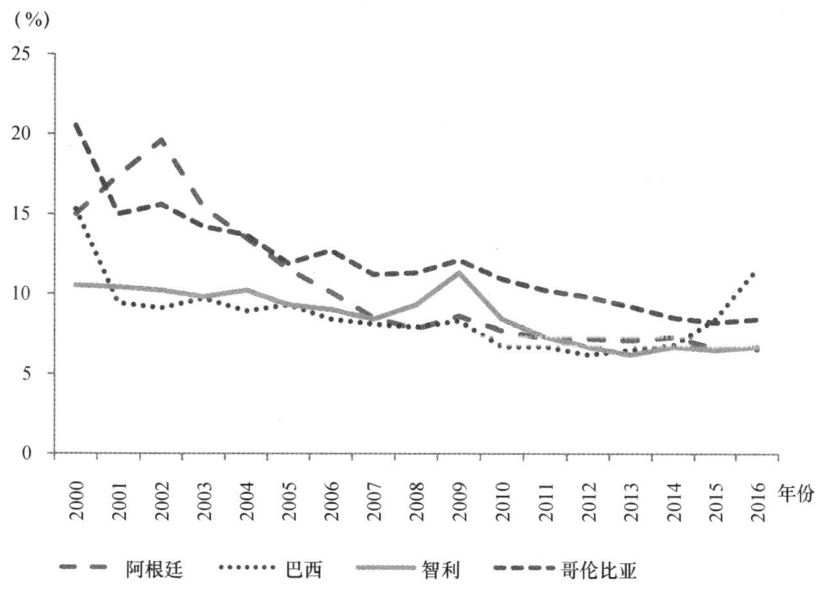

图5—47　2000—2016年拉美主要国家失业率

资料来源：世界银行数据库。

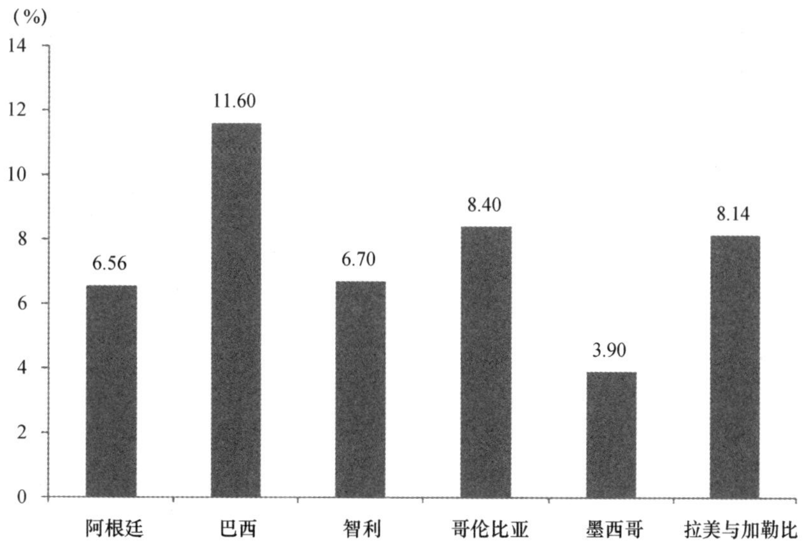

图5—48　2016年拉美主要国家（地区）失业率

资料来源：世界银行数据库。

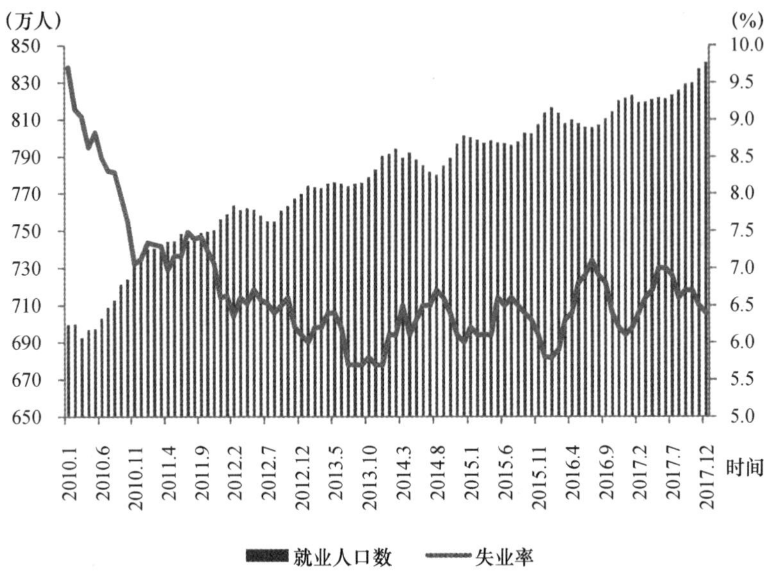

图 5—49　2010 年 1 月—2017 年 12 月智利就业人口数及失业率

资料来源：智利中央银行。

表 5—7　　2016 年第四季度智利就业与失业人数在各产业分布状况

经济活动	就业		失业	
	人数（万人）	比重（%）	人数（万人）	比重（%）
农业、畜牧业、狩猎和林业	74. 29	9. 04	3. 36	7. 06
渔业	6. 55	0. 80	0. 14	0. 30
矿业	20. 02	2. 44	1. 99	4. 19
制造业	91. 57	11. 14	4. 53	9. 50
水电气供应	6. 76	0. 82	0. 49	1. 03
建筑业	69. 04	8. 40	7. 24	15. 20
商业贸易	166. 00	20. 20	9. 12	19. 15
酒店和餐饮	33. 77	4. 11	3. 21	6. 73
交通运输与通信	62. 51	7. 61	3. 27	6. 87
金融中介	15. 64	1. 90	1. 18	2. 47
房地产	49. 77	6. 06	3. 81	8. 01
公共管理和国防	44. 49	5. 41	1. 79	3. 75
教育	67. 57	8. 22	2. 49	5. 24
医疗卫生服务	41. 62	5. 07	1. 69	3. 56

续表

经济活动	就业		失业	
	人数（万人）	比重（%）	人数（万人）	比重（%）
其他社区服务	27.45	3.34	1.33	2.79
家政服务	44.58	5.43	1.97	4.14
外国组织和机构	0.06	0.01	0.00	0
合计	821.69	100	47.62	100

资料来源：智利中央银行。

第四节　智利与中国经贸关系

智利是与新中国建立正式外交关系最早的南美洲国家，1999 年智利率先支持中国加入世界贸易组织，2005 年两国签署了中国的第一个自由贸易协定，两国已经建立起全面战略合作伙伴关系，双方始终保持着长期友好的全方位合作关系，双边经贸关系也非常紧密。2017 年 11 月 11 日中国与智利又在越南岘港市 APEC 峰会期间签署了中智两国自由贸易协定升级议定书，即《中华人民共和国政府与智利共和国政府关于修订〈自由贸易协定〉及〈自由贸易协定关于服务贸易的补充协定〉的议定书》。中国是智利第一大出口和进口贸易伙伴国，也是智利第一大贸易顺差来源国。最近几年里，中国对智利投资也开始增长，但在智利外商投资来源中所占份额很少。

一　双边贸易

（一）贸易规模：贸易额略有下降，贸易量平稳增长

在 20 世纪 90 年代以前，中国与智利双边贸易发展缓慢，1998 年双边贸易额为 10.4 亿美元。进入 21 世纪以后，中智贸易迅猛发展，2000 年和 2004 年还出现了 67% 和 51% 的惊人增长速度。在中智自贸协定签署后，双边贸易额再次出现飞跃式增长，2007 年和 2012 年增长速度分别达 66% 和 45% 。即使在 2015 年和 2016 年中智贸易连续两年出现负增长的情况下，2000—2016 年双边贸易年均增长速度仍然高达 17.69% 。

根据智利外交部 2017 年 2 月发布的对外贸易数据显示，2016 年中智

两国贸易额为 312.17 亿美元，占智利贸易总额的 26.29%。其中，智利对华出口 170.68 亿美元，进口 141.49 亿美元。从智利海关统计的贸易余额看，智利长期保持较大的对华贸易顺差，2016 年虽然贸易总额有所下降，但贸易顺差仍达到44 亿美元（如图 5—50 所示）。

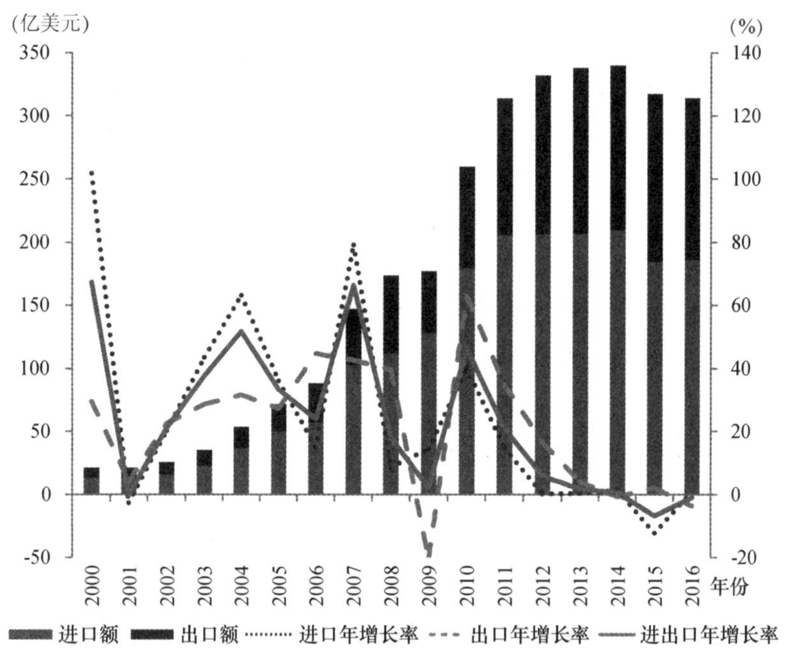

图 5—50 2000—2016 年中国与智利进出口贸易总额及其增长速度

资料来源：2016 年数据来自中华人民共和国商务部，其他数据来自中华人民共和国国家统计局。

在过去两年里，中智进出口贸易额下降的主要原因是受国际市场上大宗商品（尤其是铜矿）价格下滑的影响，尽管如此，可双边商品贸易数量下降幅度并不大。从智利对华出口铜矿及其精矿产品来看，2008—2016 年出口量基本保持增长趋势，但出口额在 2013—2015 年出现了下降趋势。2016 年智利铜矿产品对华出口额虽然出现了恢复性增长，但仍然低于 2013 年。中国是智利第一大贸易伙伴，2016 年中国是智利非铜出口的第二大目的国（如图 5—51 所示）。

（二）贸易结构：进出口产品结构集中度高，贸易多元化改善有成效

从 2016 年智利对华进出口贸易的产品结构来看，贱金属及制品和矿

产品两类产品出口额占2016年对华出口总额的比重约为80%，机电产品、纺织品及原料、贱金属及其制品三类产品进口额占进口总额比重约为65%，进出口产品结构集中度较高（如表5—8所示）。

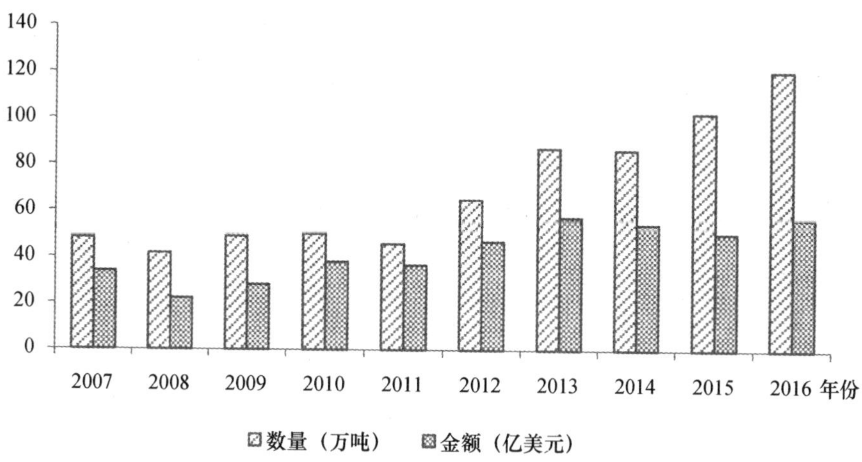

图5—51 2007—2016年智利对华出口铜矿及其精矿数量与金额

资料来源：联合国商品贸易数据库（Uncomtrade）。

表5—8 **2016年智利对华进出口主要商品** 单位：百万美元；%

商品类别	对华出口				商品类别	对华进口			
	金额	上年同期	同比	占比		金额	上年同期	同比	占比
总值	16299	16374	-0.5	100.0	总值	12461	12948	-3.8	100.0
贱金属及制品	7309	7993	-8.6	44.8	机电产品	4863	4831	0.7	39.0
矿产品	5640	5572	1.2	34.6	纺织品及原料	1895	2009	-5.7	15.2
纤维；素浆；纸张	1165	1056	10.3	7.2	贱金属及制品	1321	1584	-16.6	10.6
植物产品	886	645	37.4	5.4	家具、玩具、杂项制品	885	820	7.9	7.1

续表

商品类别	对华出口				商品类别	对华进口			
	金额	上年同期	同比	占比		金额	上年同期	同比	占比
活动物；动物产品	444	322	38.0	2.7	塑料、橡胶	655	673	-2.7	5.3
食品、饮料、烟草	351	343	2.3	2.2	化工产品	620	771	-19.6	5.0
木及制品	274	198	38.8	1.7	鞋靴、伞等轻工产品	604	627	-3.8	4.9
化工产品	190	189	0.5	1.2	运输设备	581	591	-1.7	4.7
皮革制品；箱包	11	19	-38.8	0.1	陶瓷；玻璃	260	257	1.0	2.1
机电产品	8	6	29.8	0.1	光学、钟表、医疗设备	195	193	1.0	1.6
纺织品及原料	7	16	-55.4	0.0	皮革制品；箱包	152	165	-7.9	1.2
塑料、橡胶	6	5	8.9	0.0	食品、饮料、烟草	104	105	-0.8	0.8
动植物油脂	2	3	-23.5	0.0	纤维素浆；纸张	87	77	13.9	0.7
家具、玩具、杂项制品	1	0	608.5	0.0	木及制品	68	74	-9.0	0.5

续表

商品类别	对华出口				商品类别	对华进口			
	金额	上年同期	同比	占比		金额	上年同期	同比	占比
光学、钟表、医疗设备	1	0	116.0	0.0	植物产品	64	66	-3.7	0.5
其他	3	6	-54.3	0.0	其他	109	106	3.0	0.9

资料来源：中华人民共和国商务部：《国别贸易报告·智利》2017 年第 1 期。

为了改善对华出口产品结构单一的问题，近年来智利也在努力推进出口产品多元化，并取得了明显成效。2010—2016 年，食品和活动物、饮料（主要是葡萄酒）和非食用原料（不含燃料和矿产）三大类产品对华出口额之和占智利对华出口总额比重上升了 12.75 个百分点。在十多年前智利对华出口主要是铜矿，现在智利出口到中国的产品多种多样，其中包括水果、葡萄酒、三文鱼等。目前智利已成为中国第二大鲜果进口国，第三大葡萄酒进口国，以及第七大海产品进口国（如图 5—52 所示）。

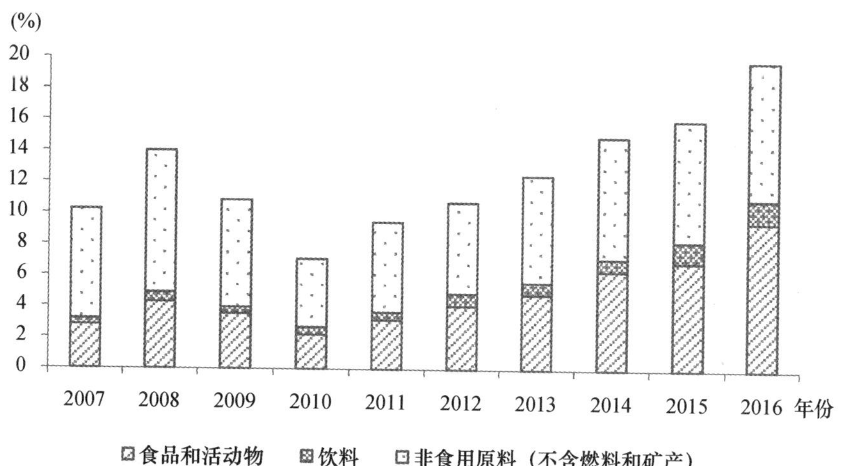

图 5—52　2007—2016 年智利非矿产品对华出口额占出口总额比重

资料来源：联合国商品贸易数据库（Uncomtrade）。

二 双边投资处于起步阶段

尽管拉美已是中国在亚洲之后的第二大对外直接投资目的地，智利在拉美地区是宏观经济稳定的楷模，与中国经贸关系也非常紧密，双边贸易增长迅速，但两国相互投资额度都不大。据智利外国投资委员会统计，从1974年到2014年年末中国对智利直接投资存量仅有1.17亿美元，中国对智利的投资在十个拉美国家中排名第九，前三位是巴西、秘鲁和阿根廷（如表5—9所示）。

表5—9 1997—2015年智利与中国相互投资与经济合作 单位：万美元

年份	中国实际利用智利外商直接投资金额	中国对智利承包工程完成营业额	中国对智利直接投资金额
1997	557	—	—
1998	483	180	8077.4
1999	208	150	180.2
2000	44	180	0
2001	133	—	0
2002	1189	203	0
2003	801	437	0
2004	339	2893	0
2005	636	2734	0
2006	560	2955	0
2007	719	4620	196.1
2008	466	2961	0
2009	323	8218	83
2010	146	6888	37.6
2011	1679	19471	975.4
2012	2075	11467	918.7
2013	2094	11125	1233.6
2014	625	11219	42
2015	526	19620	18422.9

注：1998年中国对智利直接投资金额实际为1974—1998年合计数据。

资料来源：中国实际利用智利外商直接投资金额和中国对智利承包工程完成营业额来自中华人民共和国国家统计局，中国对智利直接投资金额来自智利外商投资委员会。

2015 年以后，中国企业在智利投资规模开始扩大，领域也不断拓宽。其中，从事矿产资源勘探开发的企业数量增长较快，投资额不断增加；在葡萄酒生产和水果种植等农业领域也开展了较大规模的投资；一些有实力的企业开始探索在智利通过特许经营方式参与投资基础设施建设项目。2015 年中国建设银行在智利投资 1.8 亿美元，设立了智利圣地亚哥分行，并于 2016 年正式营业，这是目前中国在智利单项额度最大的直接投资项目。

据中国国家发改委官员介绍，截至 2017 年 8 月，中国在智利投资额累计已达 18 亿美元。2016 年 1 月国家电力投资集团公司（国家电投）海外公司收购了澳大利亚太平洋水电公司 100% 的股权，从而通过太平洋水电公司项目在智利拥有了总装机容量为 507 兆瓦的 5 个水电站，成为智利第三大水电运营商，其水电装机规模占智利水电市场的 8%，这是迄今为止中国在智利的第一大投资项目。按照预订计划，国家电投海外公司未来在智利投资的水电项目规模将翻 3 倍。2017 年 5 月底，张裕集团在智利投资 4000 万美元，控股了魔狮葡萄酒公司 85% 的股权。联想控股旗下企业佳沃集团也在智利投资了 5 家农场（合计占地约 2 万亩），主要生产葡萄、猕猴桃、核桃等高质量水果，每到采摘季节可以雇用当地员工数千人。这些中国企业在智利的重大投资项目，均是在最近几年里实施的。

第五节　智利经济发展前景展望

展望 2017 年经济发展形势，尽管全球经济形势依然严峻，但智利经济前景可能将略好于 2016 年，经济增长预期将延续 2015 年低速增长态势，对外贸易会随国际铜价上涨而有所增长，通货膨胀率和失业率则将继续稳定在低水平，总体经济形势不会进一步恶化，甚至可能比 2015 年更好。根据世界银行 2017 年 6 月初发布的报告预测，由于国际金属价格回升对智利形成利好，铜矿企业工人罢工结束后铜产量应能恢复，因此预计智利经济 2017 年增速将增至 1.8%，2018 年达到 2%。

尽管 2017 年罢工运动导致智利铜矿业上半年产量下降了 9.7%，但国际铜价的逐步回升仍然加快了智利对外贸易额的增长速度。据智利海关统计，2017 年 1—6 月智利货物进出口额为 591.9 亿美元，比上年同期（下同）增长 8.5%。其中，出口 308.9 亿美元，增长 5.0%；进口 283 亿美元，增长 12.7%；贸易顺差 25.8 亿美元，下降 39.7%。尤其值得关注的是，2017 年上半年智利矿产品出口额增长了 14.4%。随着矿业劳资纠纷结束，2017 年下半年矿业产量将会加快增长，可以预期矿产品出口增速也会加快。

虽然对外贸易形势明显好转，但智利国内经济形势仍然很严峻。智利央行报告数据显示，智利 2017 年 6 月经济活动月度指数较去年同期增长 1.4%，上半年经济活动增长 0.5%，这是自 2009 年次贷危机以来的最低水平。智利央行分析称，该结果主要受建筑业和制造业的下降所拖累，预计将实现 1.5% 的年增长率目标。智利市场分析师预计，下半年经济活动将复苏，增长数据有望转好，全年国内生产总值（GDP）将增长 1.6%，2018 年将增长 2.5%。

根据智利国家统计局数据，7 月居民消费价格指数上升 0.2%，食品，饮料和服务领域增长水平高于预期。在通货膨胀方面，5 月的消费者价格指数上升 0.1%，低于 4 月的 0.2%。智利央行专家预计，2017 年通货膨胀率将控制在 2.9% 左右，预期 2018 年通货膨胀为 3%，这符合智利央行货币政策的目标要求。关于比索汇率，智利专家认为未来两个月内美元兑换比索汇率将保持在 1∶670 左右，有可能在 11 个月后变至 1∶675。

参考文献

1. 陈国青、张进、钱小军、姜朋主编：《掠影智利》，清华大学出版社 2012 年版，第 3、65、176、205—206 页。

2. 王晓燕：《列国志·智利》，社会科学文献出版社 2011 年版，第 10 页。

3. 中国驻智利大使馆经商参赞处：《(智利）地理》，2003 年 3 月 13 日，http：//cl.mofcom.gov.cn/article/ddgk/zwdili/200303/20030300074565.shtml。

4. 中国驻智利大使馆经商参赞处：《智利矿业投资指南》，载《资源再生》2007 年第 6 期。

5. 中国银行股份有限公司、社会科学文献出版社编：《智利》，社会科学文献出版社 2016 年版，第 11 页。

6. 中华人民共和国商务部：《对外投资合作国别（地区）指南·智利》（2016 年

版），第 5 页，中华人民共和国商务部网站，http：//fec. mofcom. gov. cn/article/gbdqzn/upload/zhili. pdf。

7. 中华人民共和国商务部：《智利主要产业》，2012 年 5 月 8 日，http：//www. mofcom. gov. cn/aarticle/i/dxfw/nbgz/201205/20120508110350. html。

第六章

哥伦比亚经济发展分析与展望

严复雷[①]

摘要：哥伦比亚是仅次于巴西、墨西哥和阿根廷的拉美第四大经济体。据国际货币基金组织（IMF）公布的数据，2016年哥伦比亚实现名义GDP为2825亿美元，人均名义GDP约为5828美元。根据联合国拉美和加勒比经济委员会最新公布报告，预计2017年、2018年哥伦比亚经济增长速度分别为1.8%和2.6%。哥伦比亚共和国在政治和平进程中取得历史性成就，哥伦比亚政府与境内最大反政府武装“哥伦比亚革命武装力量”（简称FARC）签署和平协议，结束了长达半个多世纪的内战，从而为经济发展提供了良好的社会政治环境。哥伦比亚自然资源丰富，农产品具有很强的国际竞争力。2016年因受到本国货币贬值、周边市场需求疲软以及国际能源价格持续走低等不利因素的影响，哥伦比亚共和国以美元计价的名义GDP明显下降。但哥伦比亚政府通过开源节流、税收调控等措施遏制了政府债务的攀升势头，保障了社会项目以及基础设施建设的稳步落实。随着哥伦比亚政治经济形势逐渐转好和世界经济复苏，据世界银行预测，2017年哥伦比亚的通货膨胀率将从2016年的7.5%下降到4.5%左右，但失业率会继续维持在约9.5%的水平。

关键词：哥伦比亚共和国；宏观经济形势；中哥经贸关系；展望

---

① 严复雷，西南科技大学副教授，博士，主要研究方向：国际贸易学、金融学等领域。

引　言

哥伦比亚邻近国际航运大动脉巴拿马运河，是南美洲唯一拥有北太平洋海岸线和加勒比海海岸线的国家，是南美陆路交通的必经门户。哥伦比亚在拉美地区属中等发展水平国家，2000—2015 年哥伦比亚以年均超过 4% 的经济增长速度令众多拉美国家艳羡。在拉美地区，哥伦比亚仅次于巴西、墨西哥和阿根廷，经济总量位居第四。据哥伦比亚统计局公布的数据，2016 年哥伦比亚名义 GDP 为 862.58 万亿比索，同比增长 7.9%，名义增幅比 2015 年回升了 2.3 个百分点。根据 IMF 数据，2016 年哥伦比亚名义 GDP 为 2825 亿美元，经济增长率为 2%，通货膨胀率为 7.5%，失业率为 9.2%，吸引外商直接投资达 135.9 亿美元，同比增长 15.9%，在拉美国家中位列第三，占拉美国家吸引外资总额的 8.1%。哥伦比亚主要出口能源矿产、食品饮料、石化产品和纺织品等，主要进口化工制品和原料、石油精炼品、机械设备、机电产品和汽车及其他交通工具等，主要贸易对象国为美国、中国和墨西哥。据世界贸易组织（WTO）公布的数据，2016 年哥伦比亚进出口额分别为 428.49 亿美元和 310.45 亿美元，同比下降 17% 和 13%，贸易逆差为 118.04 亿美元，同比下降 25.5%。2016 年哥伦比亚经济社会等领域取得较好成绩，受到国际社会的一致认可。IMF 对哥伦比亚 2016 年的经济工作予以充分肯定，认为其面对国内外双重不利的经济局面进行了有效的自我调控，增长速度超过其他拉美国家，并在消除贫困和贫富差距等领域有明显进展，同时认为国内和平协议、税务改革及基础设施建设的红利将得到逐步释放，这都会刺激投资增长并带动 2017 年哥伦比亚经济小幅回暖，贸易壁垒的减少会加快非传统产品出口扩张步伐，促进经济结构的多元化并有助于平衡经常项目赤字。①

2010 年桑托斯总统上任后，主要致力于本国经济发展和推动国内和平进程，为了实现“民主繁荣”的发展目标，桑托斯政府把农业、基础设施、住房、矿业和创新列为拉动哥伦比亚经济增长和繁荣的五大“火

① 官方网站：http://www.mofcom.gov.cn/article/i/jyjl/l/201705/20170502570477.shtml。

车头”。政府还通过矿业权益分配制度改革、税制改革和强化汇市调控等手段，促进哥伦比亚经济社会发展。然而，哥伦比亚发展中也面临不少挑战，个别政府官员深陷腐败丑闻、国内和平进程推进中的不确定风险还没有完全消除，以及社会老龄化导致劳动力成本上升等不利因素将对经济发展、创造就业机会及吸引外资带来一定的挑战。

哥伦比亚与拉美国家保持密切的传统关系，在地区和国际事务中相互支持和理解。哥伦比亚与厄瓜多尔、秘鲁、玻利维亚同属安第斯国家共同体。哥伦比亚与委内瑞拉、智利签有双边自贸区协定。哥伦比亚是拉美太平洋联盟（Pacific Alliance）的重要成员国之一。拉美太平洋联盟于2011年4月在秘鲁成立，2012年6月6日，智利、秘鲁、墨西哥、哥伦比亚四国正式签署太平洋联盟框架协议，2014年2月四国签署了太平洋联盟自由贸易协定，2015年7月20日，太平洋联盟框架协议正式生效，2016年5月1日，框架协议附加议定书正式生效。太平洋联盟建立的目的推动成员国彼此间在货物、服务、资金和人员的自由流动，推动地区一体化发展。智利、哥伦比亚、墨西哥及秘鲁四国合计拥有超过2亿人口，GDP达到1.7万亿美元，约占拉美地区经济总量的35%，组织发展潜力巨大。太平洋联盟是世界第九大经济体，其区域内贸易总额达到了18万亿美元。中国自2014年正式成为太平洋联盟观察员。

第一节　哥伦比亚概况

哥伦比亚全称为哥伦比亚共和国①（英语名称：the Republic of Colombia，西班牙语名称：República de Colombia，文中简称哥伦比亚）。哥伦比亚古代是土著居民奇布查族印第安人的居住地。1501年，西班牙人罗德里格·德·巴斯蒂达斯（Rodrigo de Bastidas）首先到达哥伦比亚北部海岸，1525年建立了圣玛尔塔城。1533年，佩德罗·德·埃雷迪亚（Pedro de Heredia）又建立了卡塔赫纳。1535年，贡萨洛·希门尼斯·德·

---

① 参见百度百科“哥伦比亚”词条［EB/OL］. https://baike.baidu.com/item/哥伦比亚/22034，2017年9月25日。中华人民共和国商务部：《对外投资合作国别（地区）指南——哥伦比亚》（2016年版），http://fec.mofcom.gov.cn/article/gbdqzn/upload/gelunbiya.pdf。

克萨达（Gonzalo Jimenez de Quesada）率西班牙殖民军进入哥伦比亚内地，征服了奇布查人，建立波哥大城，从此哥伦比亚沦为西班牙殖民地。1808 年拿破仑一世入侵西班牙的消息传到哥伦比亚后，该地人民立即掀起了独立运动。1810 年 7 月 20 日脱离西班牙独立，后遭镇压。1819 年，南美解放者西蒙·玻利瓦尔领导的起义军大败西班牙殖民军后，哥伦比亚重获解放。1821 年与现在的厄瓜多尔、委内瑞拉、巴拿马组成大哥伦比亚共和国。1829—1830 年，委、厄先后退出，1830 年 12 月 17 日，玻利瓦尔去世，大哥伦比亚共和国完全解体。1831 年哥伦比亚及巴拿马地区改名为新格拉纳达共和国，1861 年称哥伦比亚合众国，1886 年改称现名（1903 年巴拿马独立）。独立后，自由党和保守党长期轮流执政。2002 年 5 月，独立人士乌里韦当选总统，2006 年连任。乌里韦上台后，采取更强硬的右翼路线，对哥境内最大的反政府武装“哥伦比亚革命武装力量”（以下简称 FARC）大力围剿。2010 年 8 月胡安·曼努埃尔·桑托斯·卡尔德龙（Juan Manuel Santos Calderón）（以下简称桑托斯）就任总统，2014 年连任，因其在哥伦比亚结束长达五十多年内战上做出的突出贡献，2016 年桑托斯总统被授予了诺贝尔和平奖。

（一）地理位置

哥伦比亚共和国国土面积 114.2 万平方千米，居南美洲第四位、拉美第五位。哥伦比亚位于南美洲西北部，东邻委内瑞拉、巴西，南接厄瓜多尔、秘鲁，西北与巴拿马相连，北邻加勒比海，西濒太平洋，海岸线长 2900 多千米。全国地形大致分为西部安第斯山区和东部亚诺斯平原两个部分。哥伦比亚是南美洲唯一拥有北太平洋海岸线和加勒比海海岸线的国家。

（二）气候条件

哥伦比亚陆地跨越 4.2°S 到 12.4°N，部分领土处于赤道气候带。由于受到安第斯山脉、季风和海洋气候等诸多因素影响，哥伦比亚气候区域分布多样。哥伦比亚以热带雨林气候为主，北方多以热带草原以及干燥草原为主，由南向北降水量逐渐减少。首都波哥大年平均气温在 14℃左右。

（三）自然资源

哥伦比亚自然资源丰富，森林覆盖面积约 4923 万公顷。主要的矿藏资源有煤炭、石油、绿宝石。绿宝石储量居世界第一位，每年向世界各地出口的祖母绿占全球市场的一半以上。根据哥伦比亚能矿部发布的数据，截至 2013 年年底，石油储量 24.45 亿桶，已探明的煤炭储量约 70.64 亿吨，居拉美首位，天然气储量 187 亿立方米，铝矾土储量为 1 亿吨，铀储量 4 万吨，此外还有金、银、镍、铂、铁等矿藏。根据《BP 世界能源统计年鉴 2016》数据，截至 2015 年年底，哥伦比亚已探明石油储量 3 亿吨。

（四）行政区划

哥伦比亚全国分 32 个省和波哥大首都区。首都波哥大（西班牙语：Bogotá）是全国政治、经济、文化和教育中心，波哥大是拉美最大、最现代化的城市之一，也是南美洲发展最快的都市之一。麦德林（Medellín）是哥伦比亚第二大城市。历史名城卡塔赫纳坐落于加勒比海南端，它是哥伦比亚北方重要的港口，也是世界闻名遐迩的游览胜地。

（五）人口分布

根据哥伦比亚国家统计局数据，截至 2016 年 6 月 13 日，哥伦比亚人口 4872 万人，居南美洲第二位，拉美地区第三位。波哥大、麦德林、卡利、巴兰基亚和卡塔赫纳五座城市是哥伦比亚人口集中地区，总量约占全国人口的 32%。首都波哥大人口 786 万，约占全国人口的 16%。哥伦比亚的印欧混血种人占 60%，欧洲后裔占 20%，欧非混血种人占 18%，其余为印第安人和非裔。官方语言为西班牙语。全国多数居民信奉罗马天主教，少数人信奉基督教。

（六）政治制度

哥伦比亚现行宪法于 1991 年颁布。宪法规定哥伦比亚为代议制民主政体，立法、行政和司法三权分立，相互独立，相互制衡。哥伦比亚实行总统制，总统为国家元首兼政府首脑，也是武装部队统帅，由直接选举产生，不能连任。2004 年 11 月，哥伦比亚议会通过了总统连选连任法案，2015 年 10 月，宪法法院批准了该法案。该法案规定总统任期 4 年，至多连任一届。议会由参、众两院组成，行使国家立法权，审批国家财政预算，监督政府工作。哥伦比亚现任总统为民族团结社会党人士桑托斯。哥伦比亚司法体系有最高法院、行政法院、宪法法院、高级司法委员会和总检察院组成。最高法院是国家最高司法机关，由 23 名大法官组成。哥伦比亚主要的党派有自由党、保守党、民族团队社会党、民族中心党、激进变革党、绿色联盟、民族选择中心党、公民选择党等。民族团队社会党、民族中心党、保守党、自由党和激进变革党在参、众两院占有绝大部分席位。

第二节　宏观经济政策分析

一　财政政策：适度从紧的财政政策

（一）财政状况分析

财政政策是发展中国家发展经济和解决民生问题最重要的政策手段之一，财政状况的好坏直接关系到政策目标能否实现。2007 年以来，哥伦比亚政府财政收入持续增加，但财政收入占 GDP 的比重却从 2012 年开始逐年下降。2012—2016 年政府财政收入占 GDP 的比重分别为 28.35%、28.13%、27.67%、26.38%和 24.94%，见图 6—1。

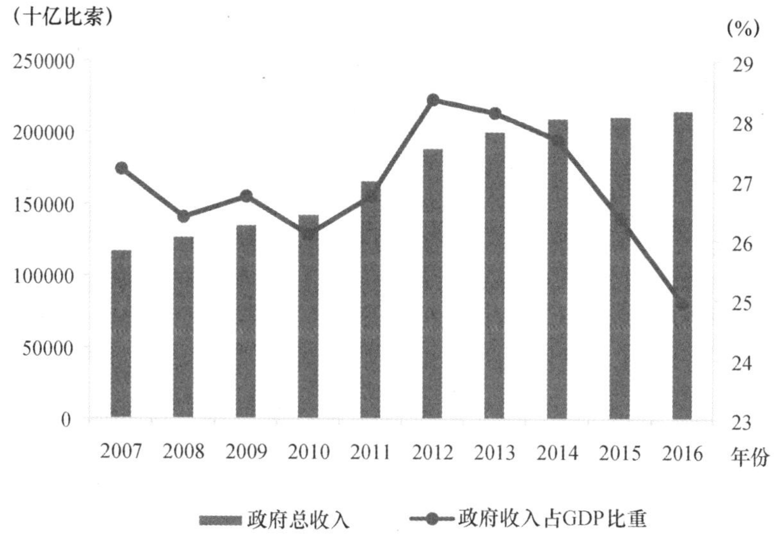

图 6—1　2007—2016 年哥伦比亚政府总收入及收入占 GDP 比重

资料来源：IMF 官网：http：//www. imf. org/external/index. htm。

近年来，哥伦比亚财政支出总体上保持稳定。2007 年以来，哥伦比亚政府财政支出持续增加，但总支出占 GDP 的比重十年间有升有降。2009—2012 年，财政支出占 GDP 的比重逐年下降，2012—2015 年，财政支出占 GDP 的比重逐年上升，2016 年出现下降态势，2016 年财政支出占 GDP 的比重由 2015 年的 29. 85% 下降到 28. 33%，见图 6—2。

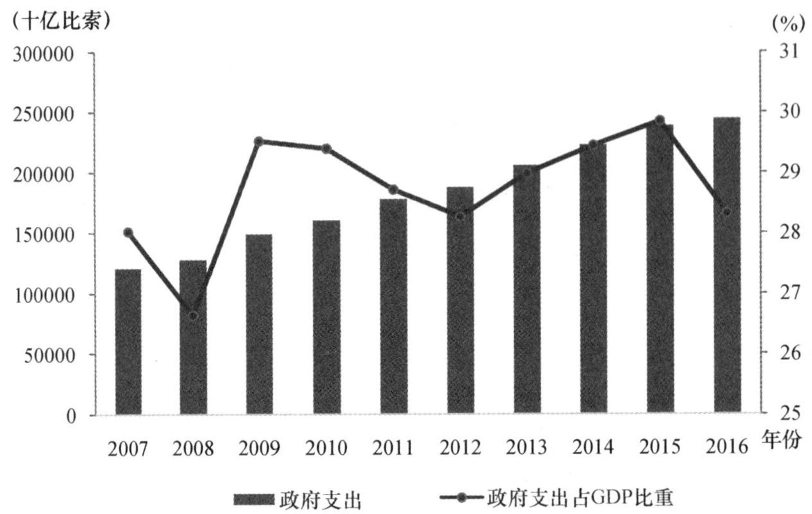

图 6—2　2007—2016 年哥伦比亚政府支出及支出占 GDP 比重

资料来源：国际货币基金组织（IMF）：http：//www. imf. org/external/index. htm。

近年来，哥伦比亚共和国的财政赤字有所上升。除 2008 年、2012 年财政收支保持基本平衡外，2009—2011 年、2013—2016 年均处于赤字状态，2013—2016 年财政赤字逐年增加，但增速趋缓，见图 6—3。

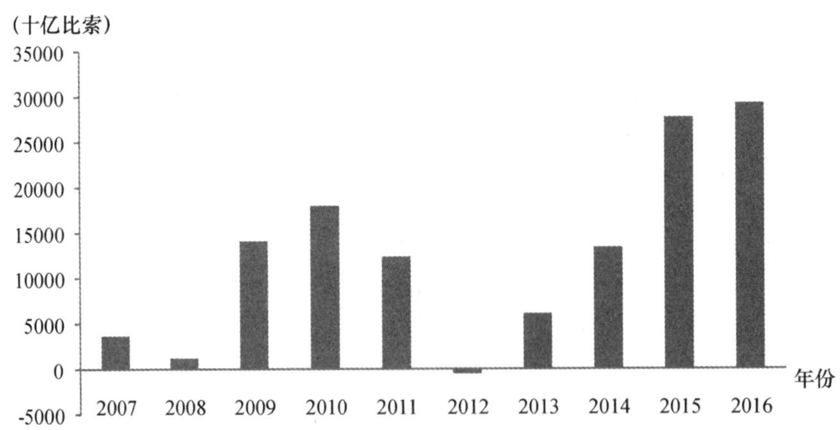

图 6—3　2007—2016 年哥伦比亚政府财政赤字

资料来源：国际货币基金组织（IMF）：http：//www. imf. org/external/index. htm。

近五年来，哥伦比亚政府总债务持续增加，但增速有趋缓迹象。2007—2015 年总债务持续增加，2007—2012 年政府总债务占 GDP 的比重较为稳定，2013—2015 年增速加快，从 2007 年的 32.5% 增长到 2015 年的 50.7%。2016 年增速减缓，占比下降到 47.6%，见图 6—4。

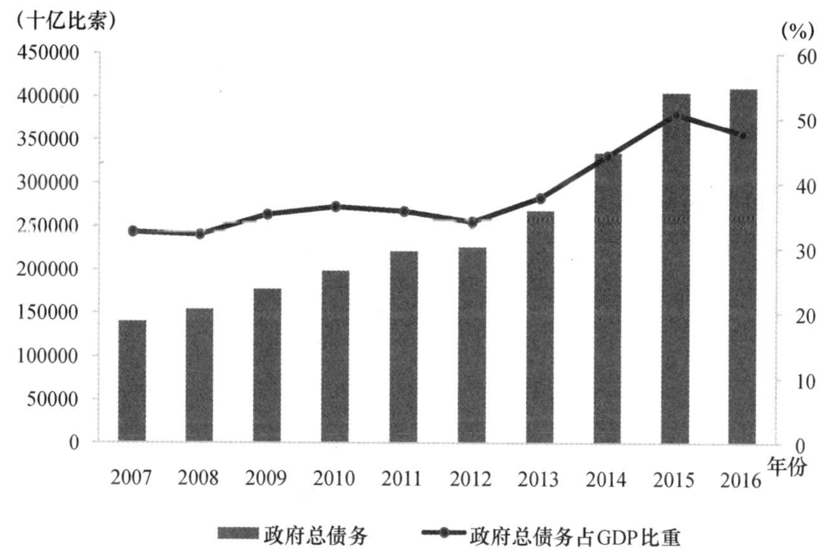

图 6—4　2007—2016 年哥伦比亚政府总债务占 GDP 比重

资料来源：国际货币基金组织（IMF）：http：//www. imf. org/external/index. htm。

（二）哥伦比亚财政政策分析

由于经济增长乏力，失业率一直维持在较高水平，再加上国内局部地区的内战此起彼伏，近年来，哥伦比亚财政收入几乎无增长。由于政府严格管控财政支出，政府总债务占 GDP 的比重没有继续大幅上升，避免了政府债务违约风险。就目前来看，哥伦比亚在实行适度从紧的财政政策，抑制财政赤字的增加，避免债务违约的发生。

二　货币政策：由宽松转向适度从紧

货币政策是中央银行为了实现某些宏观经济目标而采取的手段，其主要目的在于为经济社会发展创造良好的市场环境，货币政策的基本手段包括调整存款准备金率、再贴现率、进行公开市场操作等。近年来，哥伦比亚央行根据国际国内经济形势的变化，主要通过调整基准利率等货币政策工具来实现货币政策目标，但效果并不显著。

（一）2007—2016 年哥伦比亚货币政策分析

过去十年，受到全球金融危机和国内经济形势的影响，哥伦比亚采取了有针对性的货币政策，力图实现经济增长目标。哥伦比亚的货币政策可以分为三个阶段。

第一阶段：2007—2008 年，采取紧缩的货币政策，如图 6—5 所示。2007 年、2008 年的基准利率均为 9.5%，处于较高水平，说明央行尝试通过采取紧缩的货币政策、增加企业或社会资金的运作成本来实现控制通货膨胀的目的。

第二阶段：2009—2013 年，采取较为宽松的货币政策。由于受金融危机的影响，2009 年哥伦比亚 GDP 增速下降很快，在接下来的五年间央行采取了较为宽松的货币政策。由图 6—5 中可以看出，2009 年利率下降最为迅猛，下调幅度达到 6%，2010 年央行基准利率达到 3% 的最低点。2009—2012 年，基准利率有升有降，总体低于 5%。哥伦比亚实行较为宽松的货币政策，表明其政策目标是通过货币政策传导机制来刺激消费和投资，从而增加总需求、带动经济增长。

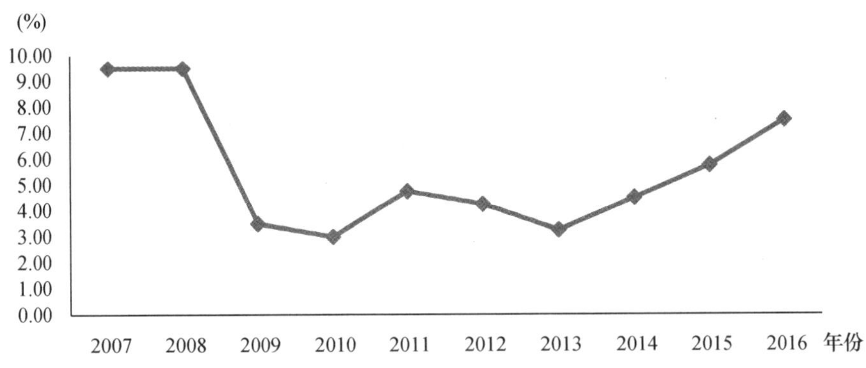

图 6—5 2007—2016 年哥伦比亚中央银行货币政策基准利率

资料来源：国际货币基金组织（IMF）：http：//data. imf. org/regular. aspx? key =61545867。

第三阶段：2014—2016 年，采取适度从紧的货币政策。由于前期央行实行较为宽松的货币政策，导致通货膨胀率显著上升，为了遏制快速上升的通胀率，央行在2013—2016年实行了趋紧的货币政策。由图6—5中可以看出，四年间基准利率一直在上调，从2013年的3.25%上调至2016年的7.5%，由此表明哥伦比亚货币政策目标转向以抑制通胀为主。

（二）哥伦比亚货币政策展望

哥伦比亚的货币政策基本上实现了促进经济增长和控制通货膨胀的双重目标，但稳定汇率的目标却没能实现。由于近两年哥伦比亚比索兑换美元的汇率大幅贬值，哥伦比亚用美元计价的名义GDP严重缩水，经济增速放缓，当前经济面临着滞胀的风险。2015年政府采取紧缩货币政策，有效地管控通货膨胀快速增长势头，2016年通货膨胀率呈现出“前高后低”态势，尽管高达7.5%，但在下半年已经明显下降。所以，为了促进经济增长，在通货膨胀率有效管控的条件下，哥伦比亚央行从2017年可能会进入降息周期，采取适度宽松的货币政策，以实现经济增长和促进就业的目标。

三　产业政策

哥伦比亚拥有丰富的自然资源，森林覆盖面积、已探明的煤炭、石油、天然气和有色金属等矿藏资源储量均位居拉美国家前列，绿宝石出口占全球市场的一半以上。哥伦比亚农业可开发土地广袤，咖啡、花卉、甘蔗和香蕉等特色农产品具有很强的国际竞争力。近年来，哥伦比亚工业发展迅速，目前工业产值占GDP的20%以上，其中轻工业（主要以制糖、咖啡、纺织为主）占工业总产值的70%以上，冶金、机械制造、炼油、石油化工等重工业占比约30%。哥伦比亚的交通运输以公路为主，航空、海运行业也较发达。哥伦比亚具有得天独厚的地理位置、优美的自然风光和悠久的历史古迹，是拉美重要的旅游目的地国之一，近10年来，外国游客年均增长率一直保持在10%左右，带动餐饮、住宿等产业发展，世界上主要的饭店集团在哥伦比亚旅游胜地均有大量投资。2015年哥伦比亚接待入境游客达到445万人次，同比增长22%。哥伦比亚的主要旅游资源集中在波哥大、卡塔赫纳、麦德林等地区。哥伦比亚产业的快速发展得益于哥伦比亚政府根据本国资源禀赋和传统产业优势，采取了一系列积极、有效的产业政策。本章重点介绍其农业政策和油气产业政策。

（一）农业政策

哥伦比亚农业历史悠久，农业是哥伦比亚国民经济基础，对就业贡献很大，从事农业的人口占全国就业人数的近一半，农业对 GDP 的贡献也是很高的。哥伦比亚主要农作物有咖啡、香蕉、鲜花、棉花、甘蔗等。哥伦比亚曾是仅次于巴西的世界第二大咖啡出口国，其品质享誉全球。咖啡是国家财政和外汇收入的重要来源。据哥伦比亚咖啡种植者协会统计，2015 年哥伦比亚咖啡产量约为 1418 万袋（每袋 60 千克），其中 90% 用于出口，出口创汇 27.88 亿美元。2014 年哥伦比亚香蕉出口 155 万吨，创汇 8.4 亿美元。哥伦比亚是世界上仅次于荷兰的第二大鲜花出口国，其产品几乎全部出口欧美等发达国家。哥伦比亚的畜牧业产值仅次于巴西、阿根廷和墨西哥，排在拉美第四位，其养牛业尤其发达，牛肉、鲜奶品质深受拉美国家和美国消费者的喜爱。

哥伦比亚农业作为国民经济发展支柱，发展较为迅速。农业的发展主要得益于哥伦比亚政府积极有效的农业政策，主要表现为以下两个方面：

第一，保护本国农业发展。从 20 世纪 90 年代以来，哥伦比亚积极推行贸易自由化，通过削减关税税率和简化贸易程序等手段促进贸易自由化的发展，它与安第斯国家共同体、太平洋联盟等组织或国家签订自贸区协定，促进区域经济一体化发展。然而，为了保护本国特色农产品产业发展，哥伦比亚对大部分农产品进口均征收较高关税，如对畜产品进口的平均关税率为 24.5%，最高从价税率为 80%；对乳制品进口的平均关税率为 44.3%，最高从价税率为 98%；对咖啡和茶叶进口的平均关税率为 17.9%，最高从价税率为 20%；对水果、蔬菜、植物进口的平均关税率为 15.3%，最高从价税率为 60%。[①] 通过关税措施增加外国农产品进入哥伦比亚的成本，提高本国农产品的比较优势和国际竞争力，促进本国农业快速发展。

第二，重视农业教育和培训。由于农业在哥伦比亚经济中的重要地位，政府非常重视加强农业教育事业，并采取有效措施培养农业技术人

① 资料来源于刘艺卓、黄昕炎《哥伦比亚农业生产、贸易情况分析》，载《世界农业》2012 年第 12 期中引用的《世界贸易组织动态与研究》2011 年第 4 期的数据。

才。一是通过创办地区教育基金会，加强对各级教育的领导，促进基础教育发展。政府通过投资修建农村校舍，组织培养师资，重视农村初级教育等基础性工作，提高国民受教育程度。二是注重农村职业培训。为了专门培养农业技术人员，政府组织开办农村职业技术学校，对来自农村的学生进行长达三年的农业知识教育培训，达到毕业条件的学生取得农业专业职业证书，以此推动农业技术人才素质提升。三是在高校设置农艺、兽医等学科专业，培养农业发展急需的科研技术人才。四是重视非正规教育，对农民进行职业培训。例如，政府在主要农业产区开办农民大学，对农业工人进行短期培训。

（二）油气产业政策

油气产业是哥伦比亚主要能源，也是促进经济增长的重要产业和政府财政收入的来源。哥伦比亚油气资源丰富，石油储量位居拉美第四。哥伦比亚石油主要产区集中在东部平原地区和玛格达莱纳河谷的上游和中游。平原地区石油产量占总产量的 75%。[①] 20 世纪 90 年代中期以来，哥伦比亚石油开采量大幅增加，成为国家经济收入的主要来源，随着开采量的不断增加和没有新增新探明油气田，2001 年石油业开始下滑，为了遏制下滑趋势，哥伦比亚政府通过改革油气管理体制和设置专门机构负责油气产业发展。2003 年哥伦比亚政府设立了石油天然气管理局（ANH），主要职责为制定国家油气政策和负责勘探开发项目招标。随着油气产业政策优化和投资环境改善，众多中外资石油公司进入哥伦比亚进行油气开发，油气产量迅速增加。伊拉克战争以来，国际油价保持高企，世界主要产油国赚得盆满钵满，于是纷纷加大石油供给，世界油气产量不断增加，同时，随着新能源在主要发达经济体的能源消费中的比重上升和国际地缘政治等众多因素影响，国际油价从 2014 年 6 月之后直线下降，国际原油价格持续低迷，哥伦比亚的油气产业也进入整理期。另外，除国际油气价格低迷外，哥伦比亚油气产业发展进入整理期在很大程度上受到不稳定的社会治安的影响。由国防部数据显示，针对输油管线的袭击事件层出不穷，2013 年达到 259 起，同比增长 72%，这也在

---

① 参见郭倩、周吉生、闫聪《哥伦比亚石油合同对比及石油政策趋势研究》，载《中外能源》2015 年第 4 期。

一定程度上影响了油气产业的发展。

哥伦比亚油气产业的发展得益于哥伦比亚政府采取有针对性的产业政策，其产业政策主要表现为以下两个方面：

第一，积极吸引国际资本和先进技术参与油气开发。哥伦比亚政府通过油气管理政策调整，吸引国内外资金积极参与油气开发，在国家油气价格飞涨时代，内外资企业纷纷加入油气产业发展中，油气产量大幅增长，国家经济实力也大幅增强。据统计，2005—2013 年，哥伦比亚参与油气产业开发的外资增长了 35%；2007—2012 年哥伦比亚原油产量增加了 77%；2013 年年底，石油日产量突破 100 万桶，一举成为拉美地区第三大产油国。

第二，政府成立哥伦比亚石油天然气管理局（ANH）。政府在能源矿产部设立 ANH，主要负责油气产业政策制定与落实，负责油气勘探开发项目的招标与管理。ANH 的设立改变了哥伦比亚长期以来的石油合同类型，实现了过去由国家石油公司通过合同制的合作合同向由 ANH 管理的租让制的勘探生产合同的转变，政府职能的转变能够从根本上解决体制上的障碍和政府管理效率低下的问题。哥伦比亚国家石油公司不断发展壮大，成为拉美地区最大的公司之一，在 2015 年《财富》500 强企业中成为唯一入围的哥伦比亚公司。同时，ANH 专业化管理使石油产业能够适应国际市场环境变化，采取及时有效措施，稳定油气产业下滑态势，振兴了油气产业。另外，为了吸引外资参与油气开发，提高原油储备，ANH 理事会在 2016 年通过最新的油田分配制度，采取竞价方式和混合所有权的模式，对油田的分配不设限制，取消对开采经营的价格限制，把油田直接分配给投资者。

第三节　哥伦比亚经济发展成就

哥伦比亚在拉美地区属于中等发展水平国家，2000 年后经济保持着连年增长的良好势头。哥伦比亚的市场化水平较高，国际社会普遍看好哥伦比亚的经济发展。

一　经济增长：稳步增长

过去十多年，哥伦比亚共和国经济持续增长，是拉美地区经济状况较好的国家之一，1999—2008 年经济增长的平均速度为 3.4%，2009—2016 年平均增速为 3.8%，在拉美主要国家中位居前列，在太平洋联盟四国（智利、秘鲁、墨西哥和哥伦比亚）中仅次于秘鲁，排名第二，见表 6—1。特别是 2008 年全球金融危机之后，它是极少数能够一直保持经济稳步增长的拉美国家之一。

表 6—1　　1999—2016 年拉美主要国家 GDP 平均增速一览表　　单位：%

国家	1999—2008 年	2009 年	2010 年	2011 年	2012 年	2013 年	2014 年	2015 年	2016 年	平均增速
哥伦比亚	3.4	1.7	4.0	6.6	4.0	4.9	4.4	3.1	2.0	3.8
智利	4.3	-1.6	5.8	6.1	5.3	4.0	2.0	2.3	1.6	3.3
墨西哥	2.6	-4.7	5.1	4.0	4.0	1.4	2.3	2.6	2.3	2.2
秘鲁	5.1	1.0	8.5	6.5	6.0	5.8	2.4	3.3	3.9	4.7
阿根廷	2.6	-5.9	10.1	6.0	-1.0	2.4	-2.5	2.6	-2.3	1.3
巴西	3.4	-0.1	7.5	4.0	1.9	3.0	0.5	-3.8	-3.6	1.4

资料来源：根据世界银行 World Economic Outlook，April 2017（《2017 年世界经济展望》）整理所得。

2007 年以来，哥伦比亚国内生产总值（GDP）总体呈上升趋势，GDP 由 2007 年的 2074.16 亿美元上升到了 2013 年最高时的 3801.92 亿美元，如图 6—6 所示。然而，由于从 2014 年开始哥伦比亚货币比索兑换美元大幅贬值，导致以美元计价的 GDP 出现明显缩水，2014—2016 年 GDP 分别为 3781.96 亿美元、2915.2 亿美元和 2824.63 亿美元。从经济增长速度来看，2007 年、2011 年 GDP 增长速度超过 5%，其他年份增速均低于 5%。

面对 2012 年经济增速环比下降的形势，哥伦比亚政府加大了公共财政对生产部门的扶持力度，央行也数次降息以提高金融系统的流动性。在积极财政政策和宽松货币政策的双重作用下，哥伦比亚国内、国外投资者的信心得以巩固，国内消费实现较快增长，使2012年下半年以来的经济颓势得以逆转。然而，由于2011年以来国际大宗商品价格持续低迷、世界市场需求疲软等因素，严重依赖资源和劳动密集型产品出口的哥伦比亚经济在2014—2016年再次减速，2016年经济增长速度下降为2%，是近年来的新低。

需要指出的是，虽然2014—2016年哥伦比亚以美元计价的名义GDP有所缩水，但是以哥伦比亚比索计价的GDP仍然保持上涨态势。

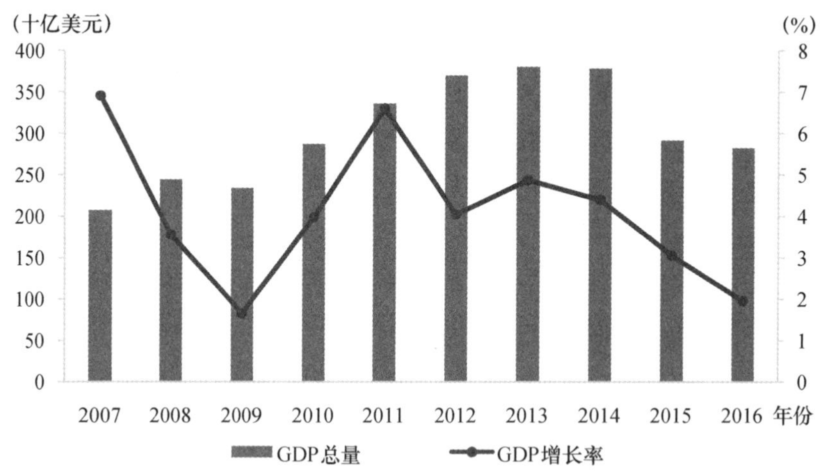

图6—6 2007—2016年哥伦比亚GDP总量及增长率变化

资料来源：国际货币基金组织（IMF）：http：//www. imf. org/external/index. htm。

根据ECLAC最新公布的数据，2017年哥伦比亚的经济增速约为1.8%，预测2018年的经济增速为2.6%，由此可以看出，在严重依赖资源出口的哥伦比亚经济增长在世界经济比较低迷时期经济处于低速增长区间。

二 通货膨胀：温和可控

通货膨胀表现为物价的持续上涨，一般用通货膨胀率来表示。通货膨胀率是指物价平均水平的上升幅度，它反映了一国货币购买力的下降幅度，通常通过居民消费价格指数来计算。近年来，哥伦比亚的通货膨胀率一直温和上涨，但上涨幅度不断加大，尽管如此，它在拉美国家中是相对较低的。根据 IMF 公布的数据，如果以 2010 年的居民消费价格指数（CPI）为基准 100，哥伦比亚各年度的数据见图 6—7，由图 6—7 可知，2007—2016 年哥伦比亚的居民消费价格指数（CPI）呈现逐年攀升趋势，由此可以计算出 2007—2016 年哥伦比亚的通货膨胀率，见图 6—8。

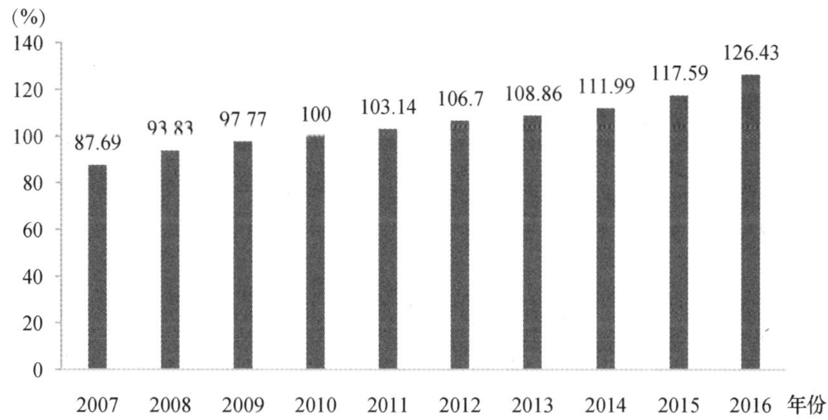

图 6—7　2007—2016 年哥伦比亚的消费物价指数（CPI）变化趋势

资料来源：IMF 官网：http：//www. imf. org/external/index. htm。

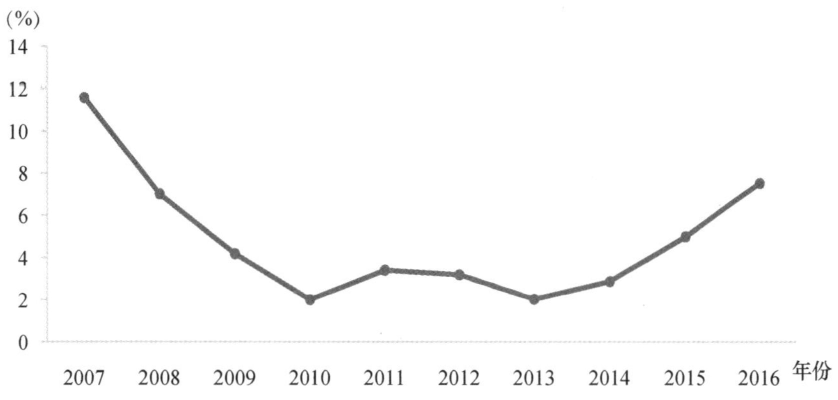

图 6—8　2007—2016 年哥伦比亚通货膨胀率（以 CPI 计量）变化情况

资料来源：国际货币基金组织（IMF）：http：//www. imf. org/external/index. htm。

根据 IMF 公布的数据，1999—2007 年哥伦比亚的平均通胀率为

6.9%。从2007—2016年，除了2007年、2008年、2015年和2016年的通胀率高于5%，其他年份都低于5%。由此可见，哥伦比亚总体上一直处于温和的通货膨胀率区间，这与众多新兴经济体和发展中国家的情况极为相似，见图6—8。

2015年快速上升的通货膨胀率引起了政府的高度关注，哥伦比亚政府连续七次上调存款利率，增加资金使用成本，并通过减少流通中货币量来控制通货膨胀，目前已经取得明显效果。

根据ECLAC最新公布的数据，2017年哥伦比亚的通货膨胀率小幅回落，约为4%，说明哥政府在2015年开始宏观调控措施效果明显。

三 汇率：贬值趋缓

汇率是本国货币兑换外国货币的比率，它一般会受到一国利率政策、对外贸易状况和世界上主要国家货币政策等因素的影响。保持汇率稳定是一国开展对外贸易的重要基础，汇率的急剧波动会让外贸企业承担很大的汇率风险，直接影响外贸企业的收益，不利于对外贸易的发展。近年来，哥伦比亚汇率的大幅波动直接影响了其经济增长。2007—2014年哥伦比亚货币比索兑换美元的汇率总体上相对稳定，几乎一直保持在1美元兑换2000哥伦比亚比索。但从2015年开始，随着美国经济逐渐好转，美国量化宽松的货币政策逐渐退出，再加上国际原油价格低迷、国际大宗商品价格低位徘徊等因素影响，哥伦比亚经济增长动力不足，经济低迷，本国货币比索快速贬值。2015年哥伦比亚比索对美元贬值幅度达36.9%，2016年进一步贬值11.38%，但贬值速度有趋缓迹象，见图6—9。据ECLAC最新公布的数据，截至2017年年底，哥伦比亚比索贬值约为0.2%，说明哥伦比亚货币在短期内基本处于一个币值较为稳定状态，这非常有利于其开展对外经贸活动。

四 就业：逐年改善

提高就业率是世界各国政府宏观调控政策的主要目标之一，提高就业水平既有利于国民收入增长、改善生产生活条件，又有利于维持社会稳定和促进经济增长。哥伦比亚曾是南美洲失业率最高的国家之一，近年来失业率仍然维持在高位。2007—2009年哥伦比亚失业率在11%左右徘徊，处于较高水平。从 2009 年开始政府出台一系列政策创造就业机会，特别是 2010 年桑托斯总统就任后，采取各种措施刺激经济增长，促进就业，提高就业水平，2010 年失业率开始下降，到 2016 年失业率已降低到 8.62%，见图 6—10。但由于受到不利的国内外经济形势的影响，再加上社会文化传统等因素，在短期内快速降低失业率的难度很大，只要把失业率控制在 9.5% 以内并逐年改善就有助于哥伦比亚经济社会的进一步发展。

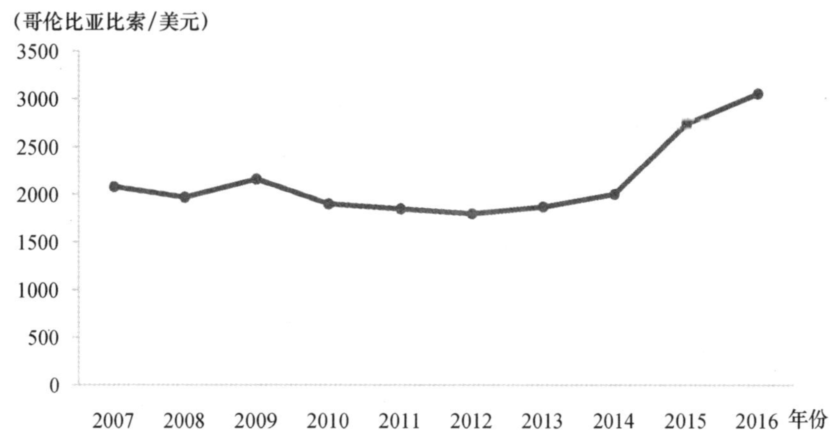

图 6—9　2007—2016 年哥伦比亚汇率变化情况

资料来源：国际货币基金组织（IMF）：http：//www. imf. org/external/index. htm。

据 ECLAC 最新公布的数据，2017 年哥伦比亚的城镇人口失业率约为 10.6%，比 2016 年的 10.3% 略有上升，说明解决就业问题仍是哥伦比亚政府短期的重要任务。由于哥伦比亚经济发展严重依赖农产品和矿产资源出口，所以国际市场行情的变化直接影响了本国的就业，所以只有积极转变经济发展方式，提高制造业在国民经济中的比重，通过增加居民收入，扩大国内消费才能从根本上解决失业率较高的问题。

通过积极吸引大量外资来促进本国经济增长、促进就业、提高生产技术水平和企业管理水平是第二次世界大战后众多发展中国家发展经济的重要经验之一。近年来，哥伦比亚采取各种措施加大吸引外资的力度，FDI 流入呈现稳中有升的态势，见图 6—11。但在 2008 年全球金融危机爆发后，哥伦比亚和世界上绝大多数发展中国家一样，吸收外资出现一定幅度的下滑。2010 年桑托斯政府进行了卓有成效的经济改革，从 2011 年开始外资流入量快速上升，呈现出平稳增长态势。2015 年，受本国货币大幅贬值和国际石油价格下滑等因素影响，哥伦比亚的外资流入再次出现较大幅度的下滑，但 2016 年再度回升，达到 135.93 亿美元。

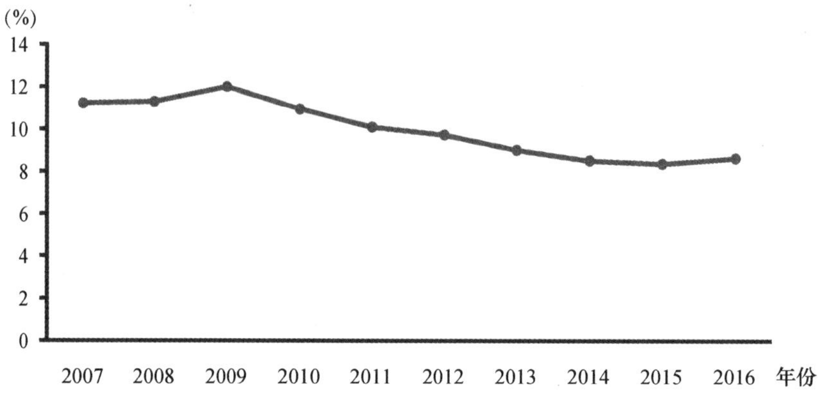

图 6—10　2007—2016 年哥伦比亚失业率变化情况

资料来源：国际货币基金组织（IMF）：http：//www. imf. org/external/index. htm。

五　外商直接投资（FDI）：稳中有升

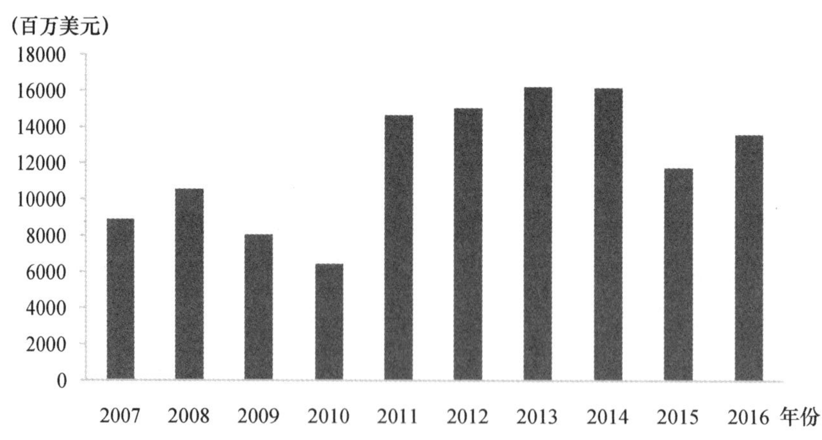

图 6—11　2007—2016 年哥伦比亚 FDI 变化情况

资料来源：联合国贸易与发展会议（UNCTAD）：http：//unctad. org/en/Pages/Home. aspx。

六　对外贸易：探底回升

消费、投资和对外贸易是推动经济增长的“三驾马车”。尤其对发展中国家来讲，大力发展对外贸易是增加外汇储备、促进经济增长的重要途径。哥伦比亚具有得天独厚的港口和便利的交通条件，通过发展对外贸易来促进经济增长是国家战略，然而不足的是，哥伦比亚的出口产品主要是农产品和油气资源类产品，所以哥伦比亚对外贸易很容易受到国际大宗商品市场价格变动的影响。2008 年全球金融危机爆发前，哥伦比亚国进出口贸易额逐年增加，金融危机爆发后，受到全球市场需求疲软、主要发达国家经济不景气等不利因素影响，进出口总额明显下滑。2010 年随着世界经济逐步回暖和桑托斯政府新经济政策的实施，哥伦比亚进出口贸易明显回升，对外贸易额逐年上升，2011—2014 年对外贸易额保持相对稳定。根据 WTO 公布的数据，哥伦比亚 2014 年对外贸易额高达 1188.48 亿美元，2015 年、2016 年因受哥伦比亚比索大幅贬值等因素的影响，以美元计价的对外贸易额缩水严重，2015 年、2016 年对外贸易额分别为 896.64 亿美元和 758.75 亿美元，见图 6—12。但若以本国货币哥伦比亚比索计价，对外贸易额还是逐年上升的。

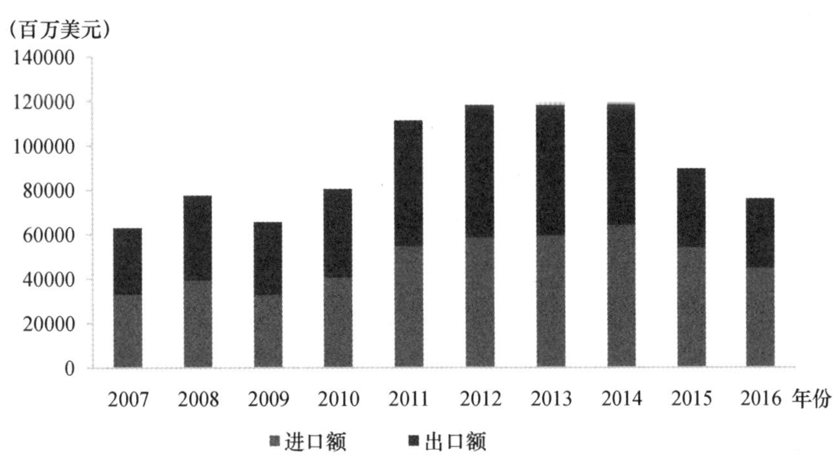

图 6—12　2007—2016 年哥伦比亚进出口额变化情况

资料来源：联合国贸易与发展会议（UNCTAD）：http：//www. imf. org/external/index. htm。

七 特色产业：别具一格

（一）花卉

得天独厚的自然条件，充足廉价的熟练花卉产业劳动力，便利的海上交通，专业化的生产与服务，政府的扶持和帮助，以及科学管理和多元化营销手段等众多原因造就了哥伦比亚最具特色的产业——花卉业。在不到半个世纪的时间里，哥伦比亚的花卉产业取得了世界花卉业的举世瞩目的成绩，并拿下世界最大的花卉进口市场——美国，美国花卉进口量的80%来自哥伦比亚。哥伦比亚也成为仅次于荷兰的世界第二大花卉出口国。据统计，2014年鲜花出口创汇13.8亿美元，美国、俄罗斯、日本、英国、加拿大等国都是其花卉重点出口国。

（二）矿业

哥伦比亚境内地层复杂，地貌多样，地质条件优越，地下蕴藏了丰富的矿产资源。哥伦比亚拥有的固体矿产包括铝土矿（其中铝矾土储量约为1亿吨）、铀矿（约为4万吨）、铁矿（超过4000万吨）、金矿（超过1000吨）、铜矿、镍矿（约为160万吨）、磷矿（约3000万吨）和宝石。哥伦比亚绿宝石储量与产量均居世界第一位。哥伦比亚是顶级祖母绿的代名词。哥伦比亚拥有的能源矿产包括煤炭（探明储量70亿吨，位居拉美之首）、石油（探明储量25亿桶）、天然气（探明储量190亿立方米）。①

（三）咖啡

哥伦比亚曾是仅次于巴西的世界第二大咖啡出口国，其咖啡品质享誉全球。2015年咖啡产量约为1418万袋，同比增长16.8%，其中90%用于出口，创汇27.88亿美元。近年来，由于气候的改变和植株的变化，使哥伦比亚的咖啡产量锐减，一度被越南等新兴咖啡生产国超越。根据咖啡协会统计，2013—2014年，哥伦比亚咖啡排在巴西、印度尼西亚、越南之后，位于世界第四，其主要出口目的国为美国、日本、比利时和加拿大。

---

① 参见唐尧、王英林《哥伦比亚矿产资源及矿业管理概况》，载《中国国土资源经济》2013年第11期。

第四节　与中国的经贸关系

中华人民共和国与哥伦比亚共和国于1980年2月7日建立外交关系，1981年7月两国签署了政府贸易协定。自贸易协定签署以来，两国在经贸、文化、教育领域的交流不断深入，双边关系取得长足进步。中国和哥伦比亚在经贸领域优势互补，具有广阔的合作空间。为了指导和落实双边贸易合作，推进双边贸易持续快速发展，双方建立了经贸混委会对话机制。中哥两国政府于1986年6月在北京召开了第一届经贸混委会，2015年李克强总理应邀访问哥伦比亚共和国，双方召开了经贸混委会会议。中哥两国本着互利共赢的理念，积极合作，不断取得丰硕成果。中哥两国的贸易额在建交时仅为2200多万美元，2000年中哥两国贸易额达到1.88亿美元，2014年增长到175.45亿美元，2014年是1980年的近800倍，是2000年的93倍。由于受到世界经济形势影响，特别是受到哥伦比亚比索大幅贬值的影响，2015年、2016年中哥双边贸易额分别为111.29亿美元和97.58亿美元。截至2016年，中国已成为哥伦比亚第二大贸易伙伴，哥伦比亚是中国在拉丁美洲的第八大贸易伙伴。在吸引中国资本方面，哥伦比亚政府推出了诸多优惠政策，使越来越多的中国企业进入哥伦比亚，谋求海外业务拓展。

一　中哥贸易概况

（一）贸易规模

进入21世纪以来，中国与哥伦比亚双边货物贸易发展迅猛。据Trade Map数据库统计，1999年中哥双边贸易总额仅为1.25亿美元，2004年中哥双边贸易超过10亿美元；2007年双边贸易超过40亿美元；2011年双边贸易首次突破100亿美元，2014年双方贸易总额创下了历史最高的175.45亿美元，这一数字是1999年的140多倍，1999—2014年，中哥双边贸易额年均增长率高达35.08%，如图6—13所示。然而，2015年、2016年因受国际大宗商品价格下滑和哥伦比亚比索大幅贬值等因素的影响，中哥双边贸易额连续负增长，增长率分别为－29.92%、－20.80%。

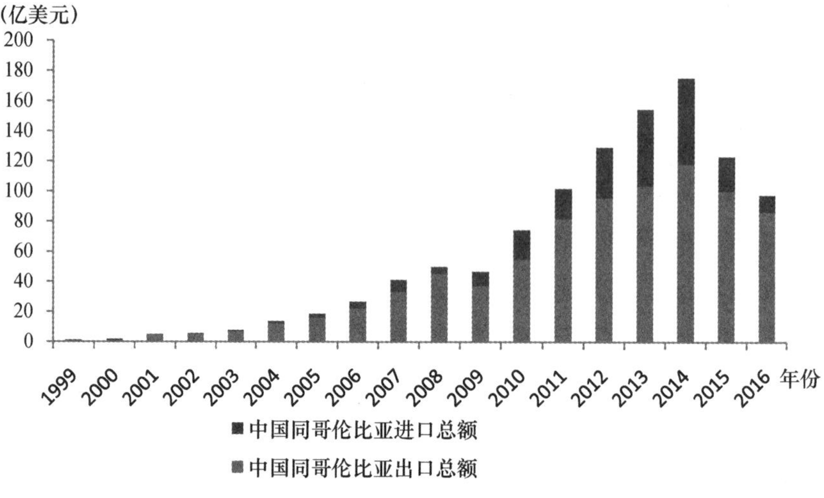

图6—13 中哥双边进出口贸易总额

资料来源：Trade Map 数据库，http：//www. trademap. org/Index. aspx。

（二）贸易结构

长期以来，中国与哥伦比亚共和国的贸易互补性强，双方贸易结构较为单一，基本贸易模式为“哥伦比亚对华出口初级产品，中国对哥出口制成品”。中国同哥伦比亚的主要贸易产品相对稳定，双边贸易集中于少数几种特定的商品。哥伦比亚出口中国的前五种商品占其对华出口总额的99%以上，见表6—2。从中国进口的前五种商品占其从中国进口总额的75%以上，见表6—3。哥伦比亚从中国进口的主要商品包括机电产品、纺织品及原料、贱金属制品和化工产品等；哥伦比亚出口中国的主要商品包括矿产品、贱金属原料、皮革制品和植物产品等。哥伦比亚向中国出口最多的商品是矿产品，2016 年出口额达 8. 88 亿美元，占哥伦比亚对华出口总额的 78. 8%；其次是贱金属原料，2016 年哥伦比亚对华出口了 1. 77 亿美元的贱金属原料，占总额的 15. 7%。2016 年哥伦比亚从中国进口了 38. 7 亿美元的机电产品，占其从中国进口总额的 44. 8%；纺织品及原料的进口额为 7. 91 亿美元，占其进口额的 9. 2%；同时，化工产品的进口额为 8. 23 亿美元，占比为 9. 5%。总体来说，中哥两国经济具有高度的互补性，双边经贸往来有助于双边经济增长。

表 6—2　　2012—2016 年哥伦比亚对华出口主要商品贸易额及其占比

单位：百万美元；%

产品	2012 年		2013 年		2014 年		2015 年		2016 年	
	出口额	占比	出口额	占比	出口额	占比	出口额	占比	出口额	占比
矿产品	2610	78.1	4401	86.3	5308	92.2	1829	80.8	888	78.8
贱金属及制品	650	19.4	595	11.7	355	6.2	360	15.9	177	15.7
皮革制品；箱包	39	1.2	51	1	37	0.6	32	1.4	25	2.2
化工产品	14	0.4	16	0.3	12	0.2	15	0.7	14	1.2
植物产品	5	0.1	4	0.1	7	0.1	9	0.4	7	0.6
其他商品	25	0.8	33	0.6	36	0.7	19	0.8	16	1.5
出口额	3343	100	5100	100	5755	100	2264	100	1127	100

资料来源：中华人民共和国商务部数据库，http：//www. mofcom. gov. cn/。

表 6—3　　2012—2016 年哥伦比亚对华进口主要商品贸易额及其占比

单位：百万美元；%

产品	2012 年		2013 年		2014 年		2015 年		2016 年	
	进口额	占比	进口额	占比	进口额	占比	进口额	占比	进口额	占比
机电产品	4228	44.2	4924	47.5	5627	47.7	4736	47.2	3870	44.8
纺织品及原料	943	9.9	910	8.8	1028	8.7	876	8.7	791	9.2
贱金属制品	839	8.8	829	8	1139	9.7	906	9	717	8.3
化工产品	628	6.6	772	7.5	778	6.6	797	8	823	9.5
家具、玩具	543	5.7	535	5.2	607	5.2	499	5	424	4.9
其他商品	2384	24.8	2393	23	2611	22.1	2218	22.1	2006	23.3
进口额	9565	100	10363	100	11790	100	10032	100	8631	100

资料来源：中华人民共和国商务部数据库，http：//www. mofcom. gov. cn/。

（三）双边贸易中存在的主要问题

目前，哥伦比亚与中国双边贸易增长速度很快，但贸易还不平衡。

中哥双边贸易主要存在以下几个问题：

第一，在中哥双边贸易中，中国长期保持贸易顺差。2004 年中国贸易顺差超过 10 亿美元；2015 年中国贸易顺差达 77.68 亿美元，顺差额达到历史最高水平。2000—2016 年中国对哥伦比亚的贸易顺差额累计超过 578.65 亿美元，见图 6—14。中国对哥伦比亚贸易顺差的主要原因在于双边贸易结构上的差异。哥伦比亚对中国出口的大部分产品为初级产品，附加值较低，而中国对哥出口主要以工业制成品为主，附加值较高，由此造成贸易顺差的长期存在。

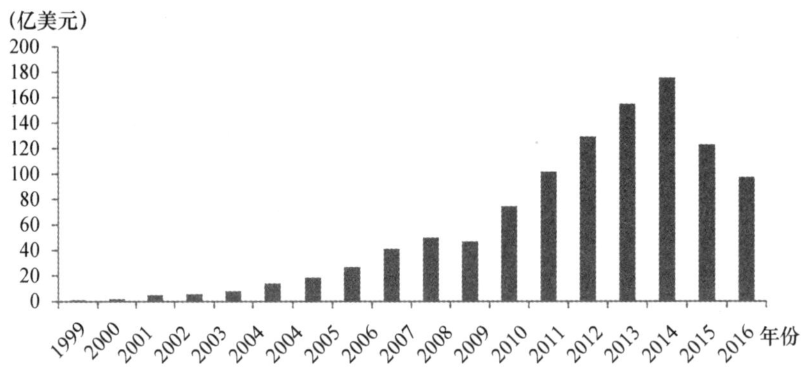

图 6—14 中国对哥伦比亚贸易顺差情况

资料来源：Trade Map 数据库，http：//www. trademap. org/Index. aspx。

第二，双边贸易在彼此对外贸易中的地位不同。对于哥伦比亚而言，截至 2016 年年底，中国是其第二大贸易伙伴、第六大出口市场和第二大进口来源地。对于中国而言，哥伦比亚是中国在拉丁美洲的第八大贸易伙伴。据 Trade Map 数据库统计，2007 年以来，中哥贸易总额占哥伦比亚对外贸易额的 5% 以上，而同期中哥贸易额占中国对外贸易额的比重仅为 0.2% 左右，两方占比相差 25 倍，见图 6—15。这些数据可以说明：尽管中哥双边贸易相当重要，但对于中哥双方的重要性还是有所区别，中国对哥伦比亚的依赖要远远小于哥伦比亚对中国的依赖。对于中方来说，中哥贸易额的占比虽小，但发展长期繁荣的两国经贸关系有利于双边利益和造福两国人民。

第三，中哥自贸区推进中面临的机遇大于挑战。2012 年中哥双方正

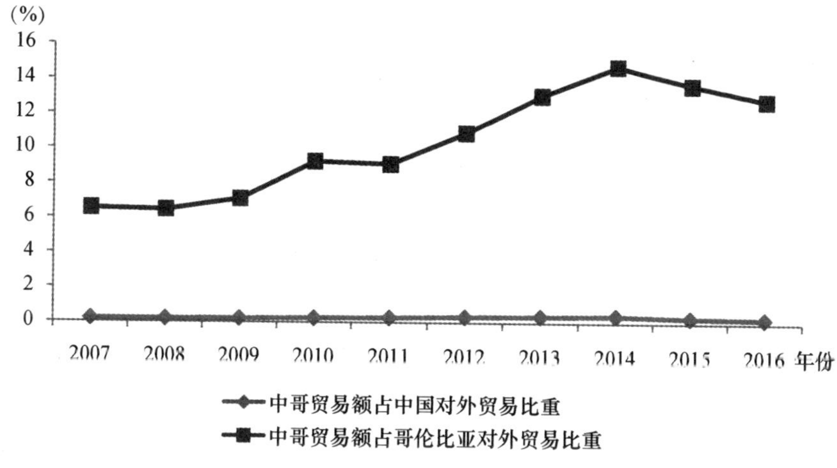

图6—15 中哥双方在对方对外贸易中所占的比重

资料来源：Trade Map 数据库，http：//www. trademap. org/Index. aspx。

式签署谅解备忘录并启动中哥自由贸易区的可行性研究，这为中哥两国实现双边贸易自由化、投资和服务便利化创造了良好的政策环境。同时也能够优势互补、互惠互利，造福于两国人民。然而，在自贸区推进过程中仍然面临不少挑战。首先，中国对哥伦比亚出口产品主要集中在机电产品、贱金属及制成品、纺织品、化工产品等，对于工业基础较差的哥伦比亚来讲，促进本国民族工业的发展是国家强大的基石，而在自贸区环境下大量中国制造品进入哥伦比亚会在短期内对其部分制造业造成较大冲击，不利于本国民族工业发展。其次，尽管哥伦比亚是咖啡生产和出口位居世界第四位的国家，但其咖啡在中国市场的发展速度远远落后于巴西、印度尼西亚等国，哥伦比亚咖啡短期内在中国市场的地位和利益还不能实现实质性突破，所以双边互惠互利的发展目标在短期内还不能完全体现出来，这也会影响哥伦比亚开放本国市场的信心。最后，哥伦比亚本国货币汇率不稳定，中国市场经济国家地位尚未得到完全解决，以及哥伦比亚国内不稳定的政治生态等问题，也是中哥自贸区推进所必须面临的一系列障碍。总体来说，中哥自贸区的推进与发展，需要双方更大的合作诚意，双方要在贸易商品结构上更加优化，在进出口贸易额上要更加趋于平衡。总之，推动双方自贸区建设是机遇大于挑战，有利于双边互惠互利、共同发展。

二 中哥双边投资概况

作为经济总量全球排名前30名的经济体，再加上投资环境较好，哥伦比亚对中国企业颇具吸引力。根据联合国贸易与发展署发布的报告，2014—2016年哥伦比亚在吸引国外直接投资方面一直位于全球前20名之列。世界银行2015年发布的《营商环境报告》显示，哥伦比亚已成为最适合投资的国家之一，并为投资者提供了最好的保护。同时，风险评估公司穆迪基于哥伦比亚经济增长活力以及基础设施项目的施行和稳健的财政管理，将其评定为积极的Baa2。标准普尔、惠誉评级公司，长期给予哥伦比亚BBB的评级。尽管相对于中哥双边贸易而言，中哥双边投资起步较晚。但近年来双边投资发展迅速并取得很大进展，特别是中资企业以各种形式参与到对哥伦比亚的投资进程之中。

（一）起步较晚，但发展迅速

近年来，随着哥伦比亚展示出其巨大的发展潜力以及政府众多优惠投资政策的出台，中国企业越来越热衷于到哥伦比亚投资，哥伦比亚已成为中国企业在拉美投资的主要目的地。据中华人民共和国商务部统计，2001—2015年中国在哥伦比亚投资额逐年增加，2008年投资增速不断加快。2015年中国企业对哥伦比亚投资额370万美元，截至2015年年底，中国在哥伦比亚实际直接投资存量为5.54亿美元，投资企业包括华为、中兴、中石化、中化、迈瑞、山东科瑞石油装备等公司，投资领域主要集中在通信、机械和矿产资源开发等。2008年中哥两国签署了《相互促进和保护投资协定》。2011年哥伦比亚通过了《中国贸易促进及保护法案》，这项法案对中国在哥伦比亚的投资提供了一定的制度性保障。2012年5月，中哥双方正式签署谅解备忘录并启动自由贸易区的可行性研究。2015年5月两国签署《产能和基础设施合作协议》《中华人民共和国商务部和哥伦比亚共和国政府关于加强中哥基础设施建设合作的谅解备忘录》《中国国家开发银行与哥伦比亚国家发展金融公司关于基础设施合作的谅解备忘录》，这些合作协议和谅解备忘录的签署对双边经贸合作奠定了坚实的基础。目前，中哥两国新签的大型工程承包项目包括哥伦比亚的马道斯PPP项目、华为技术有限公司承建的哥伦比亚电信、上海振华重工集团股份有限公司承建的ZP2306哥伦比亚岸桥等。据中国统计局统计，2011—2015年，中国对哥伦比亚承包工程完成营业额累计为14.4亿美元，每年大约有2.8亿美元的工程承包完成额。由此可见，虽然中哥两国的投资起步较晚，但两国投资增长迅速，发展空间大。

（二）投资领域趋向多样化

中国企业对哥伦比亚的投资由单一化逐步向多元化发展。最初的投资主要集中于石油、能源等少数领域，以中石化为代表的国有企业以及中外合资企业大量投资哥伦比亚的能源开发及相关项目。比如中印合资圣湖能源项目、中石化收购美国HUPECOL公司石油区块项目、中化与哥伦比亚公司的石油开发项目等。近年来，除了中石化等国有企业外，中国民营企业如华为、中兴和瑞斯康达科技发展有限公司也在积极开拓并投资哥伦比亚的电信领域；同时，江苏苏美达集团和东方电机有限公司在机械制造领域也纷纷加大投资力度，在哥伦比亚建厂、设立研究中心。中资企业在哥伦比亚的多样化投资，不仅开拓了企业的海外市场，而且有助于改善哥伦比亚相关领域的就业情况并提升哥伦比亚相关产业的综合竞争力。

（三）汇率风险和安全风险影响双边投资

中国企业在哥伦比亚投资除了要重视一般海外投资需关注的政策风险、劳资风险外，还应特别重视汇率风险和人身安全风险。一是汇率风险。哥伦比亚实行浮动汇率制，汇率的大起大落会直接影响投资效益。据IMF统计，2012—2016年，美元兑哥伦比亚比索的间接汇率快速上升，哥伦比亚比索贬值速度加快。2012年1美元兑换1796.9哥伦比亚比索（均值），2016年1美元兑换3054.12哥伦比亚比索（均值），四年间哥伦比亚比索的贬值幅度接近70%，哥伦比亚比索币值不稳定显然不利于中资企业在哥伦比亚的投资活动。二是人身安全风险。在哥伦比亚的投资环境中，和平进程是最重要的议题之一。哥伦比亚农村地区存在反政府游击队、贩毒团伙等非法武装组织，安全形势较为严峻。2016年哥伦比亚政府与境内最大的反政府武装“哥伦比亚革命武装力量”（简称“FARC”）签署和平协议，结束了长达半个多世纪的内战，为经济发展提供了较好的政治环境，但协议的执行情况将继续深刻地影响哥伦比亚的投资环境。

三　中哥经贸关系前景展望

目前，中哥双边贸易已经进入平稳增长期，随着中哥自贸区的建立以及双边投资的快速增长，中哥两国经贸关系将由贸易驱动转向贸易、投资双驱动的发展格局。

(一) 双边贸易的前景展望：结构逐渐优化

哥伦比亚和中国同为区域强国和世界大国，经济上各有特点。哥伦比亚国土面积辽阔，自然资源丰富，作为拉美第四大经济体、地理位置优越，是南美洲唯一的两洋国家，市场潜力巨大。哥伦比亚是中国在拉美地区最重要的矿产品、贱金属原料、皮革制品、花卉等进口来源国，也是最有潜力的石油进口来源国。但哥伦比亚工业生产能力不足，对中国生产的机电产品、机械设备、纺织品等需求量大且逐年增加。预计未来中哥双边贸易还会继续扩大，有望在农业、花卉、咖啡、石油能源产业等哥伦比亚优势产业和电信、制造、纺织、化工等中国优势产业上继续扩大双方的贸易往来，双边贸易还有很大潜力可挖。未来，基于两国经济的互补性和两国庞大的消费市场，双边贸易基本面将保持稳定，贸易额将稳步增长。双边贸易有望从现在的单一结构向更为多元的贸易结构转变。

(二) 双边投资：合作领域前景广阔

中哥双边投资合作除了中资企业涉足较多的能源、电信和纺织加工业以外，以下三个产业的投资合作前景广阔：

1. 农业

双边农产品贸易额将持续增长。农业是哥伦比亚传统支柱产业和出口大户。哥伦比亚的咖啡、鲜花、香蕉、棕榈油、甘蔗、棉花等特色农产品尽管目前重点出口市场在欧美国家，但随着国际物流业的发展以及中国老百姓对拉丁美洲的全面深入了解，在不远的将来中国市场将会成为哥伦比亚特色农产品出口最多的国家之一。哥伦比亚可用土地辽阔，农业种植天然优势突出，本国熟练劳动力多，到哥伦比亚投资农业的中国企业将会逐渐增加。中国和哥伦比亚因气候条件差异使双方的优势产品互补性强，哥伦比亚的许多热带农产品可以丰富中国市场。目前，哥伦比亚政府也大力欢迎中国企业投资哥伦比亚农业。哥伦比亚政府希望中资企业直接投资、承运或以合资形式参与到农业的全产业链之中，以帮助哥伦比亚农业升级，提高附加值。中国企业特别是农牧企业通过投资哥伦比亚企业，可以将自身的资本和经验带到哥伦比亚，实现互利共赢。

2. 基础设施建设领域

同大多数拉美国家一样，哥伦比亚基础设施较为落后，严重制约经济发展，特别是外向型经济的发展。根据世界银行编制的2014年物流指数（LPI），哥伦比亚在全部160个国家或地区中排名第97位，在拉美地区排名第5位。基础设施的落后是其物流指数偏低的主要原因。哥伦比亚的公路网络分布广泛，但一级公路比例不足全部公路里程的10%；铁路建设比较落后，与周边国家还没有全部连通，除了第二大城市麦德林有城市轨道交通外，包括首都波哥大在内的城市没有地铁等轨道交通；空运和水运还较为发达，能够基本满足市场需要。目前，哥伦比亚政府正在推进第二个国家发展四年规划（2014—2018年），计划投资500亿美元于交通基础设施建设，包括公路、铁路，港口设施以及首都波哥大机场扩建计划。中国企业在基础设施建设上经验丰富、技术成熟、资本雄厚，积极参与哥伦比亚铁路、港口设备等基础设施建设是中国企业国际化战略的一条重要途径，也是一片蓝海。与哥伦比亚在这一领域的合作将成为两国经贸合作的新增长点。2008年以来，中哥两国签订了多项投资合作协议，《中哥相互促进和保护投资协定》《中哥基础设施领域的合作谅解备忘录》等都以促进双边合作为目的。2012年双方启动的自由贸易区可行性研究，客观上对中国在哥国基础设施领域的投资起到了一定的促进作用。哥伦比亚政府优先欢迎中国企业在哥伦比亚基础设施和物流领域投资，希望中国企业参与联邦政府公布的相关项目投标，帮助哥伦比亚提高基础设施和物流行业的现代化程度。

3. 装备制造业

近年来，中哥双方高层往来互访增多，体现了两国政府对双边关系和经贸合作进一步发展的共同愿景。2015年5月，李克强总理访问哥伦比亚，提出要创新中哥两国合作模式，变资源优势为产业优势，重点开拓产能和装备制造业，在促进合作转型升级的同时，减少产品竞争和贸易摩擦。目前中国经济进入“新常态”，中国应推进产能合作，以技术和装备为基础，把本国的优势产业整体输出到哥伦比亚，帮助他们建立更加完整的工业体系，提升制造能力。此外，哥方也希望通过建立中哥产能合作基金，来探讨双边融资的合作模式，为两国产能、装备合作提供融资支持，帮助哥方优化产业结构，推进工业化进程，这将是中哥两国经贸合作关系发展的一个重要增长点。

第五节　哥伦比亚经济发展展望

作为拉美第四大经济体，哥伦比亚的经济社会等领域发展有目共睹。近10年经济保持连年增长，通胀率总体上较为温和，失业率控制在10%以下。优越的地理位置、丰富的自然资源和良好的贸易与投资环境，使国际社会对哥伦比亚经济社会的发展持乐观态度。

一　经济增长：仍将保持稳步增长

尽管哥伦比亚在2013年后经济增速出现下滑，但在拉美国家中仍保持较高的增长水平。国内和平进程的推进、通胀率与失业率的降低、央行降息空间的加大等因素都为经济增长提供了一个较好的内部环境。同时，哥伦比亚优越的地理位置、多样化的产品、优惠的税收政策和广泛的旅游服务都使其经济发展前景光明。未来的哥伦比亚将全面利用外资，加强基础设施建设，优化产业升级，促进经济稳定增长。2007—2016年，哥伦比亚经济持续增长，平均增速高达4.3%，世界银行在《2017年世界经济展望》中对哥伦比亚2017年、2018年的经济增长速度预测值为2.3%和3.0%，这表明世界银行对哥伦比亚经济增长预期良好。

二　对外经贸：出口商品竞争力增强，吸引外资将加快

2017年国际市场大宗商品价格普遍上涨，作为世界上重要的矿产品出口国，哥伦比亚将从中受益明显。同时，哥伦比亚比索贬值幅度加大，这有利于加大哥伦比亚出口商品的价格优势，出口商品竞争力增强。随着国内和平进程的推进和国内经济形势的好转，将会吸引更多外资注入哥伦比亚基础设施、农业、制造业等领域，从而有助于哥伦比亚经济实现较快增长。

三　通货膨胀：进入温和通货膨胀区间

2010 年桑托斯政府上台后为促进经济增长采取了适度宽松的货币政策，通货膨胀率逐年上升，2015 年哥伦比亚采取从紧的货币政策，2016 年通胀率被控制到 7.5%，目前通货膨胀下降态势明显，逐渐进入温和通货膨胀区间内，这为激发经济活力和提高经济增长速度留下了良好的货币政策空间。世界银行在《2017 年世界经济展望》中对哥伦比亚 2017 年、2018 年的消费物价指数预测值为 4.5% 和 3.2%，表明世界银行对哥伦比亚政府控制通货膨胀的能力和效果予以高度认可，温和的通货膨胀有助于政府财政货币政策工具的充分使用，必然有利于经济增长。

四　就业：失业率较高，但逐年改善

受益于国际经济形势好转和哥伦比亚政府采取的一系列振兴经济的举措，哥伦比亚就业情况似乎有改善的迹象。根据世界银行数据，2016 年哥伦比亚失业率为 9.2%。哥伦比亚政府力求在保持经济增长、控制通货膨胀的同时，大力刺激国内经济，积极吸引外资，加大进行基础设施建设，为本国居民提供更多的工作岗位。世界银行在《2017 年世界经济展望》中对哥伦比亚 2017 年、2018 年失业率的预测值分别为 9.5% 和 9.3%，这表明哥伦比亚与拉美众多国家一样，都普遍存在着高失业率。在此大环境下，哥伦比亚政府短期内解决高失业率的难度较大。

总之，在世界经济逐渐复苏、哥伦比亚和平进程稳步推进、对外开放不断深入的背景下，哥伦比亚经济发展将释放巨大活力，哥伦比亚的经济社会发展形势会越来越好，经济发展水平会不断提高，国民收入也将稳步增长。

参考文献

1. 百度百科“哥伦比亚”词条［EB］/［OL］，https：//baike.baidu.com/item/哥伦比亚/22034，2017 年 9 月 25 日。

2. 中华人民共和国商务部：《对外投资合作国别（地区）指南——哥伦比亚》（2016 年版），http：//fec.mofcom.gov.cn/article/gbdqzn/upload/gelunbiya.pdf。

3. Maria Claudia Lacouture Pine：《哥伦比亚：多领域期待中国投资》，载《海外投

资》2015 年第 9 期。

4. 柴瑜、岳云霞、张伯伟、陈迎春、周丹：《“中国—哥伦比亚自由贸易协定”研究》，载《拉丁美洲研究》2012 年第 4 期。

5. 李紫莹：《哥伦比亚投资环境与中国企业投资策略》，载《跨国经营》2017 年第 1 期。

6. 李紫莹：《哥伦比亚外资趋势分析与中国企业战略选择》，载《国际贸易》2016 年第 6 期。

7. 刘艺卓、黄昕炎 ：《哥伦比亚农业生产、贸易情况分析》，载《世界农业》2012 年第 12 期。

8. 缪崑、王雁：《哥伦比亚花卉产业成功崛起经验分析》，载《世界林业研究》2006 年第 6 期。

9. 瑞健：《巧妇难为“无米之炊”——哥伦比亚油气产业巅峰过后迎来落寞》，载《石油知识》2016 年第 6 期。

10. 唐尧、王英林：《哥伦比亚矿产资源及矿业管理概况》，载《中国国土资源经济》2013 年第 11 期。

11. 闫世刚：《中国和哥伦比亚贸易关系及对策研究》，载《现代管理科学》2017 年第 3 期。

第七章

秘鲁经济发展分析与展望

陈文君[1]

摘要： 秘鲁经济最近的一次萎缩发生在1998年，自2007年以来，其经济发展速度一直高于拉美地区平均水平，2008年其GDP增速高达9.1%，为近20年最高。2010年之后，尽管出现持续回落趋势，但是一直保持增长势头。本章首先在回顾2016年秘鲁整体宏观经济形势的基础上，对近十多年秘鲁的宏观经济政策进行了剖析。其次，本章总结了秘鲁21世纪以来在经济社会发展各方面取得的巨大成就。第三部分分析了中秘经贸往来取得的成就和存在的问题，对中秘双边经贸关系进行了展望。最后，本章预测了秘鲁2017年经济形势。通过对各种资料的分析，我们判断秘鲁2017年的经济增长率会在2016年的基础上进一步降低，情况不容乐观。外贸方面，预计2017年秘鲁的进出口总额会出现大幅增长。有关2017年的通货膨胀率，预计将实现秘鲁中央储备银行制定的2.2%的愿景。由于秘鲁经济总体上低迷，因此预计2017年秘鲁的失业率会比2016年有所上升，估计会在7%以上。就业形势依然严峻，短期内改善无望。

关键词： 秘鲁；宏观经济形势；经济发展成就；中秘经贸关系

① 陈文君，西南科技大学教授，博士，主要研究方向：产业经济、环境经济、技术创新。

引 言

经济增速可能放缓。根据拉丁美洲和加勒比经济委员会（CEPAL，以下简称拉美经委会）官网上发布的统计数据，2016 年秘鲁以不变价格美元计算的国内生产总值（以下简称 GDP）增长率为 3.9%，与 2015 年 GDP 增长率 3.3% 相比，增幅提高了 0.6 个百分点。秘鲁经济自 2010 年达到 GDP 增长率 8.3% 这个高潮后，持续四年增长率持续回落。在 2014 年 GDP 增长率回落到 2.4% 的低速后，2015 年和 2016 年终于出现连续两年的较快增长，增速分别为 3.3% 和 3.9%。2016 年，秘鲁以不变价格美元计算的人均 GDP 增长率为 2.6%。与 2015 年人均 GDP 1.9% 的增长率相比，增幅扩大了 0.7 个百分点。由于奥德布雷希特公司（ODEBRECHT）腐败丑闻给秘鲁经济造成的负面影响，以及 2017 年第一季度厄尔尼诺现象引发的洪水和泥石流灾害对农业等行业造成的不利影响，秘鲁经济呈现出了开局不利的状况。国际货币基金（IMF）组织将秘鲁 2017 年经济增长预期下调至 2.5%—2.7%。《拉美和加勒比经济调查 2017》也预计秘鲁 2017 年 GDP 将增长 2.5%。秘鲁央行预计 2017 年本国 GDP 增长率在 2.0%—2.2%。从综合各种信息来源来看，2017 年秘鲁经济增长放缓趋势明显，但仍将是拉美地区经济形势较好国家之一。

失业率有所上升。2007—2009 年这三年，秘鲁的失业率都稳定在 8.4% 的水平。2010—2013 年，失业率出现连续下降，分别为 7.9%、7.7%、6.8% 和 5.9%。2014 年维持在 5.9% 的水平，2015 年又上升到 6.5% 的水平。良好的经济发展形势使秘鲁失业率将继续维持在较低水平。

通货膨胀率较低。根据秘鲁中央储备银行最新一期报告显示，截至 2017 年 6 月，最近 12 个月的通货膨胀率降至 2.73%，回到中央储备银行 1%—3% 的目标区域，并达到近三年最低，与 2014 年的 2.69% 基本持平。秘鲁的年通货膨胀率近几个月出现下降趋势，2017 年 3—5 月分别为 3.97%、3.69% 和 3.04%。估计秘鲁 2017 年的通货膨胀率能保持在 2.2%。

公共债务总额继续扩大。2011—2015 年，秘鲁外债总额占 GDP 的比重分别为27.9%、30.8%、30.2%、34.4%和38.7%，不是很高但也呈现出稳中有升的趋势。其中，秘鲁中央政府债务总额占GDP的比重从2007年25.8%下降到2012年17.3%，此后又出现连续上升，到2016年达到21.7%。

财政赤字逐步增加。2012—2016年秘鲁中央政府收入占GDP的比重分别为22.4%、22.4%、22.5%、20.5%和19.1%，处于下降趋势。与此同时，秘鲁实施的是较为宽松的财政政策，财政支出在逐步增加。2012—2016年中央政府支出占GDP的百分比分别为20.3%、21.7%、22.8%、22.7%和21.5%。这就使得秘鲁中央政府财政平衡状况由结余转为最近连续三年的赤字。2012—2016年秘鲁政府财政赤字率（财政赤字占GDP的比重）分别为-2.1%、-0.7%、0.3%、2.2%和2.4%，可见财政赤字在逐步增加。

对外贸易连续下滑后回升乏力。2002年秘鲁进出口总额仅为150.65亿美元，2003—2008年大幅增长，2008年达到611.9亿美元。由于受到2008年全球金融危机的影响，2009年下滑到484亿美元。但从2010年起恢复增长势头，并在2012年达到880.44亿美元的顶峰。之后，2013—2015年陆续下滑，2016年有所回升但幅度较小。2016年，秘鲁进出口总额为722.88亿美元，同比上涨1.03%。其中，出口额为360.33亿美元，同比上涨7.28%；进口额为362.55亿美元，同比下降4.5%。2011年秘鲁进出口总额占GDP的比重达到51%，但2012—2016年，连续五年下滑，降到了44.8%。

第一节　秘鲁概况

秘鲁，全称为秘鲁共和国（西班牙语：República del Perú），是南美洲西部的一个国家，北邻厄瓜多尔和哥伦比亚，东与巴西和玻利维亚接壤，南接智利，西濒太平洋，是太平洋联盟（又名拉美太平洋联盟）以及南美国家联盟的成员国。公元11世纪，印第安人以库斯科城为首府，在高原地区建立了“印加帝国”。13世纪，属于奇楚亚的印加部落自库斯科盆地向外扩张，1438年占领整个秘鲁和附近一些地区，建立以库斯科为首府的印加帝国。1531年弗兰斯西科·皮萨罗（Francisco Pizarro）率西班牙远征队侵入印加帝国，1533年秘鲁沦为西班牙殖民地。1542年西班牙王室在利马设总督府，建立秘鲁总督区，成为西班牙在南美殖民统治的中心。1821 年 7 月 28 日宣布独立，建立秘鲁共和国。秘鲁现任总统是佩德罗·巴勃罗·库琴斯基·戈达尔（Pedro Pablo Kuczynski Godard），2016 年 7 月 28 日起开始执政。

地理位置

秘鲁位于南美洲西部，面积为 1285216 平方千米，居拉美第四位。北邻厄瓜多尔和哥伦比亚，东接巴西，南接智利，东南与玻利维亚毗连，西濒太平洋。海岸线长 2254 千米。

气候条件

秘鲁全境从西向东分为热带沙漠、高原和热带雨林气候。秘鲁西部属热带沙漠、草原气候，干燥而温和，年平均气温 12—32℃；中部气温变化大，年平均气温 1—14℃；东部属热带雨林气候，年平均气温 24—35℃。首都利马平均气温 15—25℃。年降水量西部不足 50 毫米，中部 200—1000 毫米，东部在 2000 毫米以上。

行政区划

全国划分为 24 个省和 1 个直属区（卡亚俄区，Callao）。各省名称如下：亚马孙省（Amazonas）、安卡什省（Ancash）、阿普里马克省（Apurimac）、阿雷基帕省（Arequipa）、阿亚库乔省（Ayacucho）、卡哈马卡省（Cajamarca）、库斯科省（Cusco）、万卡维利卡省（Huancavelica）、瓦努科省（Huánuco）、伊卡省（Ica）、胡宁省（Junín）、拉利伯塔德省（La Libertad）、兰巴耶克省（Lambayeque）、利马省（Lima）、洛雷托省（Loreto）、马德雷·德迪奥斯省（Madre de Díos）、莫克瓜省（Moquegua）、帕斯科省（Pasco）、皮乌拉省（Piura）、普诺省（Puno）、圣马丁省（San Martín）、塔克纳省（Tacna）、通贝斯省（Tumbes）、乌卡亚利省（Ucayali）。首都利马（Lima），人口 889 万（2016 年），年平均气温 18.7℃，被誉为“世界不雨城”。

人口分布

秘鲁人口 3081 万，居拉美第五位。民族包括印第安原住民、欧洲人、非洲人和亚洲人。其中印第安人占 45%，印欧混血种人占 37%，欧洲人后裔占 15%，其他人种占 3%。官方语言为西班牙语，一些地区通用克丘亚语、阿伊马拉语和其他 30 多种印第安语。96% 的居民信奉天主教。①

政治制度

秘鲁是总统制议会民主共和国，实行多党制，政治体制为三权分立。总统是国家元首、武装部队和国民警察的最高统帅，由全民直接选举产生，任期 5 年，可连选连任一届。2011 年 7 月 28 日至 2016 年 7 月 28 日，秘鲁总统是奥良塔·乌马拉（Ollanta Moisés Humala Tasso）。2016 年 7 月 28 日至今，总统是佩德罗·巴勃罗·库琴斯基·戈达尔（Pedro Pablo Kuczynski Godard）。主要政党有秘鲁民族主义党（Partido Nacionalista Peruano）、秘鲁阿普拉党（Partido Aprista Peruano）、“2011 力量”党（现在改名为人民力量党，Partido de Puerza Popular）、基督教人民党（Partido Popular Cristiano）、人民行动党（Partido de Accion Nacional）、秘鲁可行党（Peru Posible）。另外，现任总统所在的党派为“为了变革秘鲁人”党（Partido de Peruanos Por el Kambio，PPK）。

第二节　宏观经济政策分析

一　财政政策：较为宽松

2014 年 4 月，秘鲁经济财政部长路易斯·卡斯蒂亚（Luis Castilla）称政府正在采取宽松的财政政策，期望以此抵消全球大国经济增速放缓带来的不利影响。从货币政策角度来看，央行正在下调存款准备金率，但也同时会带来通货膨胀超出 3% 的上限目标的风险。他与秘央行行长胡里奥·维拉尔德（Julio Velarde Flores）一致认为，中国经济减速将会影响秘鲁经济发展，因此有必要加速推进有关政策来促进经济增长。这些政策包括采取各类投资便利化措施和消除阻碍投资的“瓶颈”问题。2012—2016 年秘鲁中央政府的收入增幅不大，支出却在缓慢增加，致使财政平衡状况由结余转为赤字。

中央政府收入减少。2011—2014 年秘鲁中央政府财政收入缓慢增长，但 2015 年以后出现了下降趋势。2012—2016 年中央政府收入占 GDP 的比

① 中国经济网：《秘鲁国家概况》，2016 年 11 月 14 日，http://www.ce.cn/xwzx/gnsz/gdxw/201611/14/t20161114_17778953.shtml，2017 年 9 月 28 日。

重分别为22.4%、22.4%、22.5%、20.5%和19.1%。同期，中央政府的税收收入也在下降，2012—2016年中央政府税收收入占GDP的比重分别为19%、19%、19.3%、17.7%和16.6%（见图7—1）。

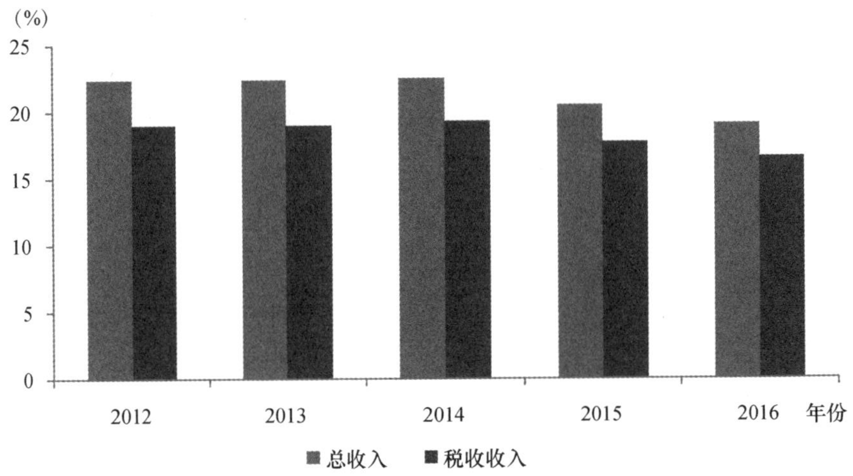

图7—1 2012—2016年秘鲁中央政府收入占GDP的百分比

资料来源：ECLAC:《2017拉丁美洲和加勒比地区经济调查》(*Economic Survey of Latin America and the Caribbean* 2017)。

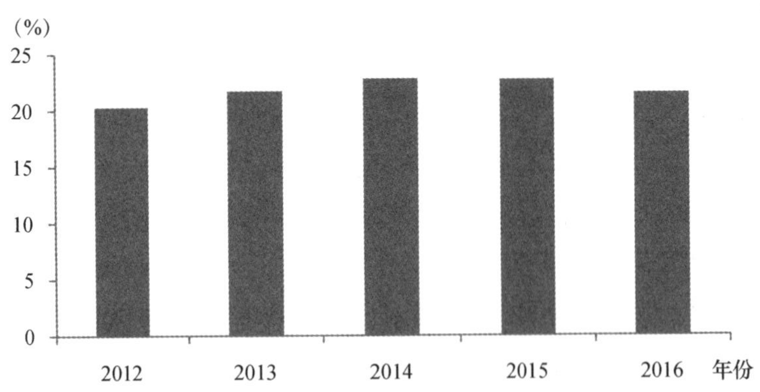

图7—2 2012—2016年秘鲁中央政府支出占GDP的百分比

资料来源：ECLAC:《2017拉丁美洲和加勒比地区经济调查》(*Economic Survey of Latin America and the Caribbean* 2017)。

财政支出增加。正如前面的资料所说，秘鲁实施的是较为宽松的财政政策，主要目标是增加支出，2012—2016 年中央政府支出占 GDP 的百分比分别为 20. 3%、21. 7%、22. 8%、22. 7% 和 21. 5%（见图 7—2）。

财政平衡状况由结余转为赤字，且赤字率增加较多。中央政府收入增长乏力，而支出却在不断增加，使秘鲁中央政府财政平衡状况由结余转为连续三年的赤字。2012—2016 年秘鲁政府财政赤字率（财政赤字占 GDP 的比重）分别为 -2. 1%、-0. 7%、0. 3%、2. 2% 和 2. 4%。

公共债务平稳增加。秘鲁中央政府债务总额占 GDP 的比重已经从 2007 年的 25. 8% 下降到 2012 年的 17. 3%，之后继续上升，到 2016 年达到 21. 7%（见图 7—3）。

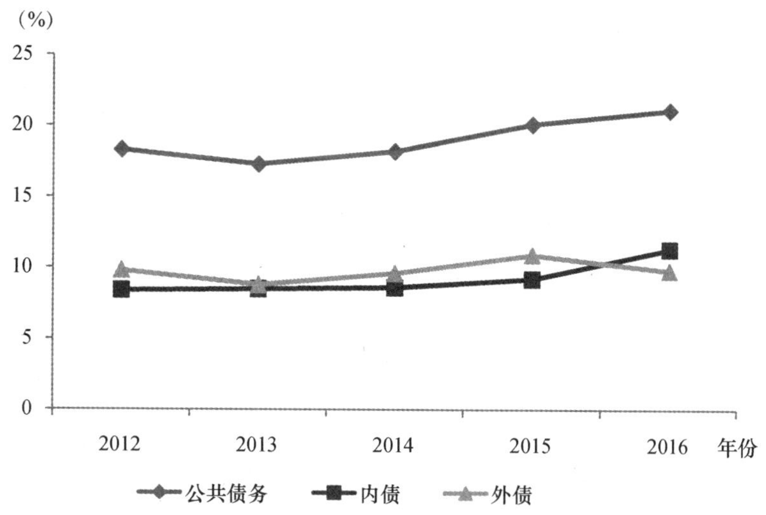

图 7—3　2012—2016 年秘鲁中央政府债务占 GDP 的百分比

资料来源：ECLAC：《2017 拉丁美洲和加勒比地区经济调查》（2017 *Economic Survey of Latin America and the Caribbean* 2017）。

二　货币政策：适度宽松到适度紧缩

2012—2014 年，秘鲁经济增长率出现下滑。2015—2016 年两年才出现增长率回升的迹象。为了刺激经济，2012—2015 年，秘鲁实施了适度宽松的货币政策，将货币政策利率不断调低。到了 2016 年，经济复苏后，为了控制通货膨胀，才又适度提高了货币政策利率，采取适度紧缩的货币政策（见图7—4)。货币政策利率与GDP增长率的走势大致一致。

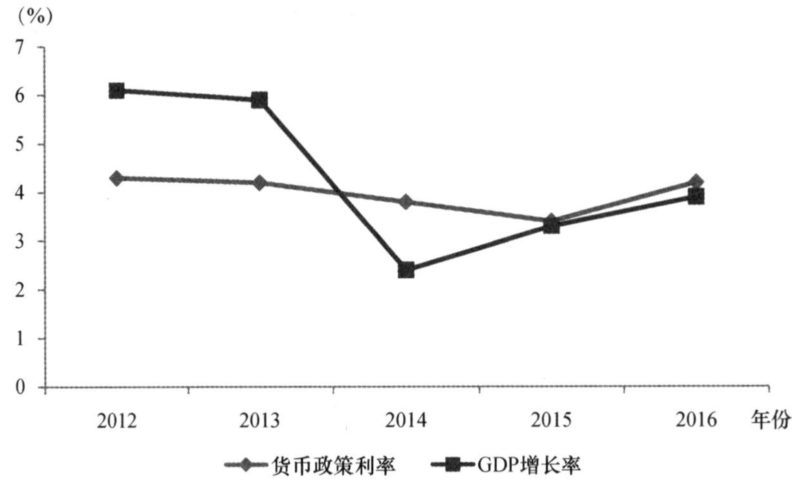

图7—4 2012—2016年秘鲁货币政策利率与GDP增长率的关系

资料来源：拉美经委会（CEPAL）官方统计数据库：ECLAC-CEPALSTAT。

2016年，由于供应冲击和其他导致通货膨胀超出区间上限的因素，货币政策的重点是引导通胀预期回到目标区间。在2016年1月将货币政策利率提高至4%，2016年2月将货币政策利率上调至4.25%后，央行在2016年余下时间内保持稳定。2017年5月，由于内需疲软，通货膨胀放缓，中央银行将基准利率下调至4.0%。同一个月，作为额外的流动性措施，中央银行降低了秘鲁金融系统交易的借贷利率。①

为完成货币政策目标，秘鲁央行有针对性地控制货币发行速度。M_0、M_1、M_2的发行增长速度及相互关系见图7—5，除了2013年M_0发行量大幅减少以外，其他年份三者的趋势一致。

① 联合国拉丁美洲和加勒比经济委员会：《2017拉丁美洲和加勒比地区经济调查》，2017年8月7日，http://www.economyworld.net:9091/economyworld/detail/init?infoId=323616，2017年9月28日。

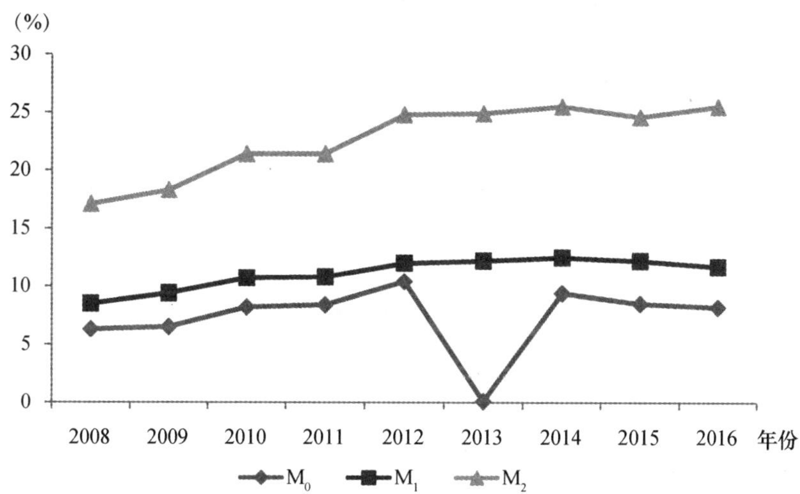

图 7—5 2008—2016 年秘鲁货币指标相对于前一年的变动百分比

资料来源：ECLAC：《2017 拉丁美洲和加勒比地区经济调查》（*Economic Survey of Latin America and the Caribbean* 2017）。

第三节 秘鲁经济发展成就

一 经济增长：速度放缓

21 世纪以来，秘鲁丰富的资源使得其经济一直持续增长，但最近两年出现放缓趋势。从总量来看，以现价美元计算的 GDP 从 2000 年的 517.45 亿美元上升到 2013 年最高时的 2012.18 亿美元，增长了 288.9%（见图 7—6）。

从人均 GDP 来看，以现价美元计算的秘鲁人均 GDP 也从 2000 年的 1996.7 亿美元上升到 2013 年最高时的 6583.1 亿美元，增长了 229.7%（见图 7—7）。

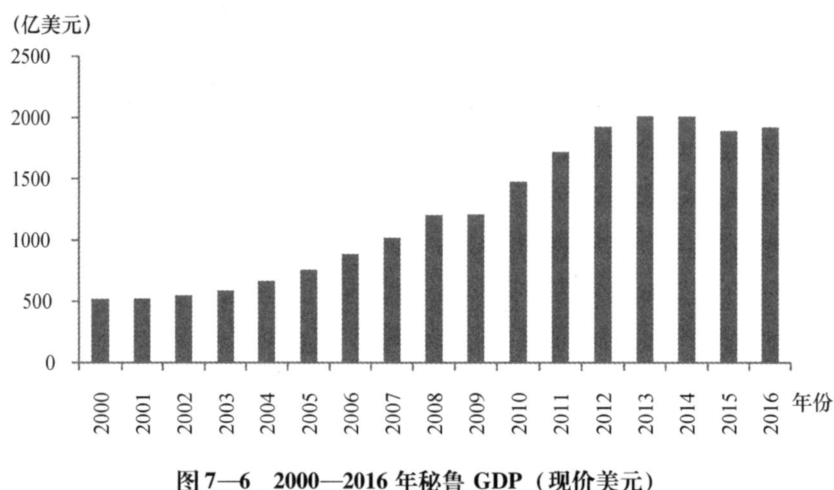

图 7—6　2000—2016 年秘鲁 GDP（现价美元）

资料来源：世界银行数据库，https：//data. worldbank. org/country/peru？ view = chart。

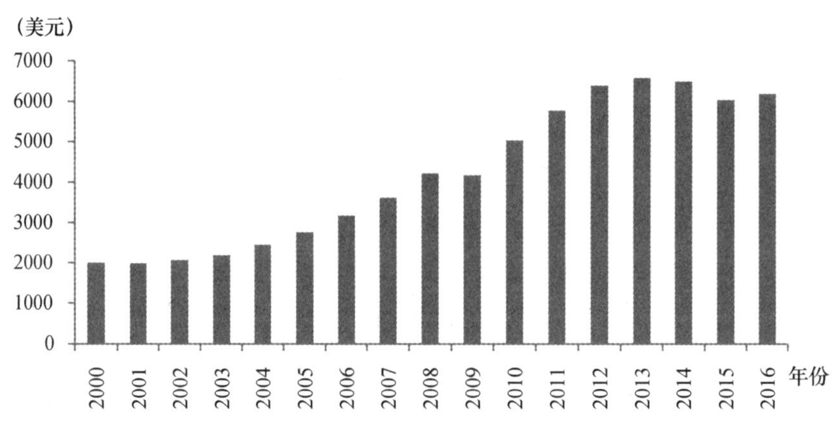

图 7—7　2000—2016 年秘鲁人均 GDP（现价美元）

资料来源：世界银行数据库，http：//databank. worldbank. org/data/home. aspx。

从增长率来看，根据 CEPAL 数据，2016 年秘鲁以 2010 年不变价格计算的国内生产总值（以下简称 GDP）增长率为 3.9%，与 2015 年 3.3%的 GDP 增长率相比，增幅提高了 0.6 个百分点。2010 年秘鲁 GDP 增长率达到 8.3%，此后连续四年呈回落态势。2014 年 GDP 增长率回落到 2.4%，2015 年起又出现连续两年的增长。2016 年，秘鲁以不变价格美元计算的人均 GDP 增长率为 2.6%。与 2015 年 1.9% 的增长率相比，增幅提高了 0.7 个百分点（图 7—8）。

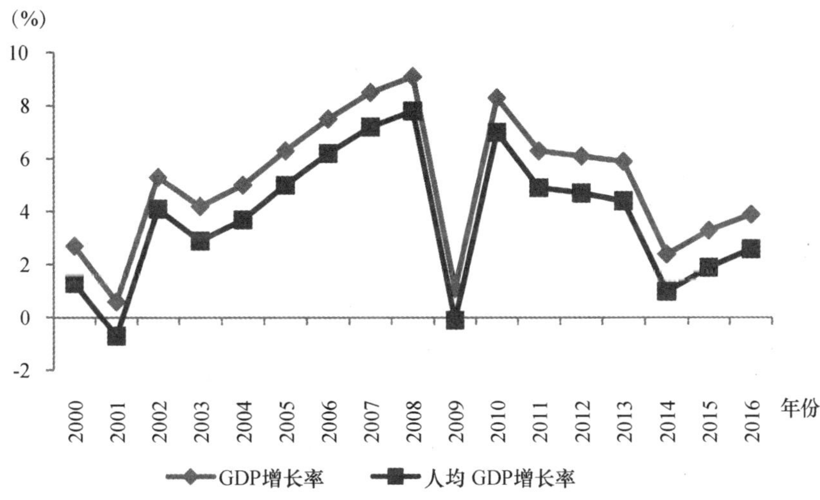

图 7—8　2000—2016 年秘鲁 GDP 和人均 GDP 增长率

（按 2010 年不变价格计算）

资料来源：拉美经委会官方网站，http：//statistics. eclac. org。

虽然 2014 年秘鲁经济总量和人均 GDP 均出现下滑，但 2015—2016 年两年经济发展逐步恢复活力。整体来看，21 世纪秘鲁经济处于增长状态。

二　通货膨胀：低水平

秘鲁 2000—2015 年的平均通货膨胀率为 2.95%，其中最高的为 2006 年的 7.7%，最低的为 2002 年的 0.1%。虽然表面上看，通货膨胀率波动频繁，波动幅度较大，但通货膨胀率整体上处于较低水平，处于可控区间（见图 7—9）。2012—2016 年秘鲁通货膨胀率水平都在其中央银行货币政策控制目标范围（3%）之内。与同期的巴西相比（巴西 2000—2015 年的平均通货膨胀率为 8.06%，其中最高的为 2003 年的 14.1%，最低的为 2007 年的 6.4%），秘鲁的通货膨胀率相对稳定。

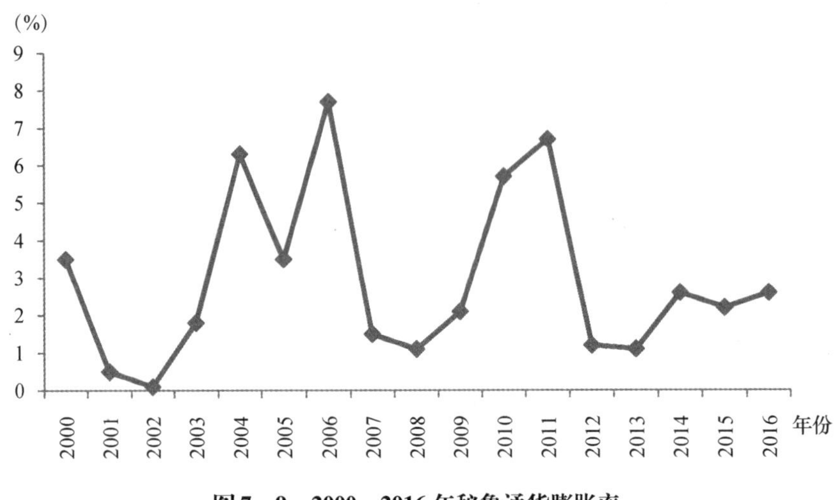

图7—9 2000—2016年秘鲁通货膨胀率

资料来源：世界银行数据库，http：//databank. worldbank. org/data/home. aspx。

三 汇率：出现升值趋势

21世纪以来，秘鲁货币索尔对美元汇率走势经历了三个阶段。第一阶段（2002—2012年），索尔大幅升值，这主要是国际大宗商品繁荣引发秘鲁净出口盈余持续增长的结果。2002年时1美元兑换3.52索尔，此后索尔一路升值，到2012年升值到1美元兑换2.64索尔，累计升值率为25%。第二阶段（2013—2016年），索尔贬值，这个时期全球经济危机影响逐步扩散，并使秘鲁净出口盈余减少。2013—2014年，索尔以较低的速度贬值，2015—2016年贬值幅度加大，2016年达到1美元兑换3.38索尔，累计贬值率为28%。第三阶段（2017年至今），索尔开始升值，这是秘鲁摆脱全球经济危机影响而恢复增长的结果。根据最新统计数据，2016年第四季度1美元兑换3.36索尔，2017年第一季度1美元兑换3.25索尔，索尔升值3.3%（见图7—10）。另外，最新出版的《拉美及加勒比经济调查2017》也认为从2017年起索尔会出现升值趋势。

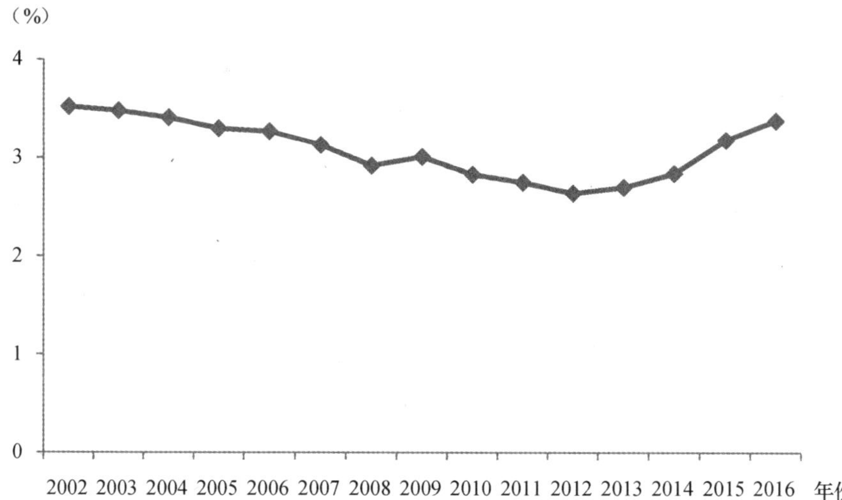

图7—10　2002—2016年美元对秘鲁货币索尔的汇率

资料来源：国际货币基金组织官方网站，http：//data. imf. org/（数据为期间内平均数）。

四　外商直接投资（FDI）净流入：近年减少

秘鲁资源丰富，在矿业、渔业、农产品加工业、纺织品加工业、旅游业等行业都为外国投资者提供了投资机会。1991年通过的外国投资促进法是秘鲁吸收外资的法律依据，也奠定了将私人投资作为经济发展发动机的基础。①

2000年以来，外国投资者在秘鲁的投资逐年增多。2000年，秘鲁的外商直接投资（FDI）净流入仅仅为8.1亿美元，到2012年增加到了117.1亿美元，达到最高峰。2013年降为96.6亿美元，2014年更是大幅减少为36.4亿美元。2015年回升到81.4亿美元后，2016年又下滑到65.6亿美元（见图7—11）。这主要是因为全球经济危机对美国、欧洲及日韩等地区和国家影响较大，使传统发达国家及其企业的对外投资能力被严重削弱，所以秘鲁从美欧日韩所吸引的FDI减少较多。

---

① 中华人民共和国商务部网站：《秘鲁投资指南》，2005年3月30日，http：//www. mofcom. gov. cn/article/i/jyjl/l/200503/20050300031386. shtml，2017年12月5日。

为了进一步吸引外资，促进国家经济发展，秘鲁积极组织和参与投资洽谈会，中国等新兴市场国家及其企业正在成为秘鲁重要的外国投资者。比如，2016 年 5 月 10 日，“中国—秘鲁投资商务论坛”在杭州举行。秘鲁驻上海经济商务参赞介绍了秘鲁鼓励外商投资的新举措，重点向与会的中国企业介绍了纺织、渔业、食品、金银制品等行业的投资机会，表达了希望吸引更多中国优秀企业到秘鲁投资的愿望。与会的中国企业代表也现场咨询了投资政策、税收优惠、劳工管理、出口制度等热点问题。此次论坛增进了中国企业对秘鲁的全方位了解，有利于更好地把握投资机会。

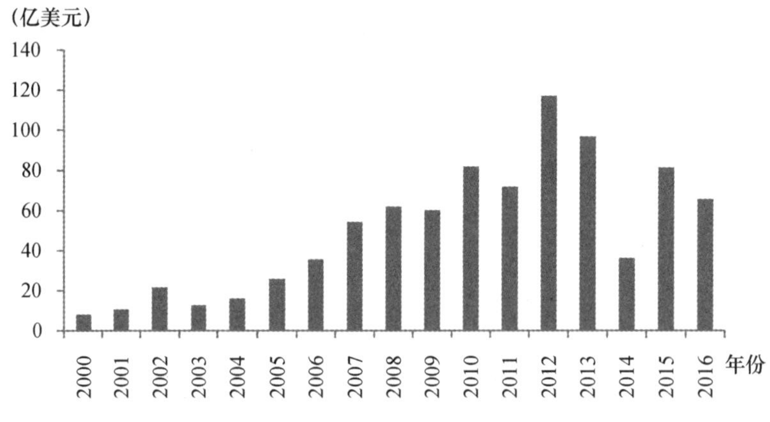

图 7—11 2000—2016 年秘鲁 FDI 净流入

资料来源：拉美经委会官方网站，http：//statistics. eclac. org。

五 外贸：地位重要、缓慢回升

从长期来看，秘鲁对外贸易深受国际大宗商品繁荣周期影响。2002 年秘鲁进出口总额仅为 150. 65 亿美元，2003—2008 年大幅增长，2008 年达到 611. 9 亿美元。在全球金融危机全面而深刻的影响下，2009 年秘鲁进出口贸易额迅速下滑到 484 亿美元。在中国等新兴市场国家需求拉动下，2010 年起秘鲁进出口贸易很快又恢复了增长势头，并在 2012 年达到 880. 44 亿美元的顶峰。之后，2013—2015 年陆续下滑，2016 年有所回升但幅度较小。2002—2014 年秘鲁对外贸易年均增长率为 25. 3% 。

具体来看，2002 年秘鲁出口总额为 75. 65 亿美元，2008 年达到

312.08 亿美元，2009 年下滑至 265.35 亿美元。接下来两年迅速增长，2011 年达到 458.6 亿美元的高峰。之后一路下滑，仅 2016 年有小幅反弹。2002—2016 年出口额年均增长率为 25.1%。2002 年进口总额为 75.01 亿美元，2008 年达到 299.82 亿美元，2009 年下滑至 218.64 亿美元。从 2010 年起大幅反弹，并在 2013 年达到新的顶点，为 436.7 亿美元。之后的 2014—2016 年持续走低，目前还没有反弹的迹象。2000—2014 年进口额年均增长率为 25.6%（见图 7—12）。

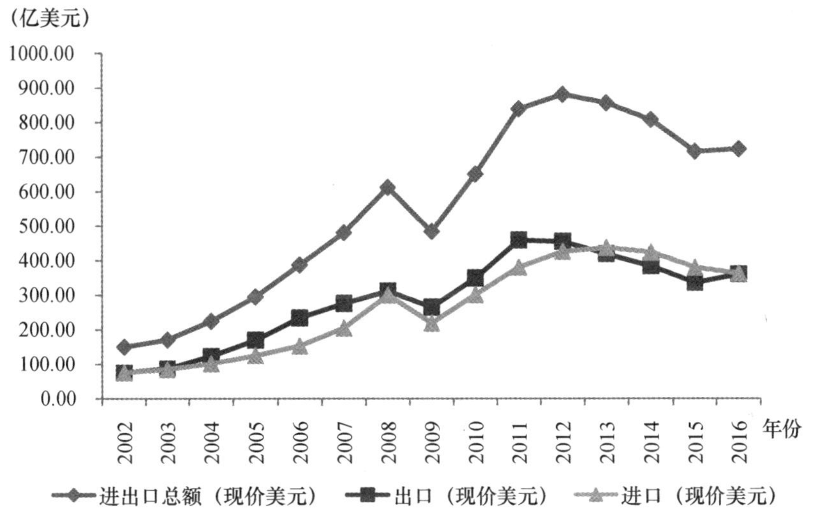

图 7—12　2002—2016 年秘鲁进出口总额

资料来源：国别报告网，https：//countryreport. mofcom. gov. cn/。

2000—2008 年，秘鲁进出口总额占 GDP 的比重逐年上升，由 2000 年的 27.3% 上升到 2008 年的 57.4%。受全球金融危机的影响，2009 年大幅降至 43.1%。经过两年的恢复，2011 年上升到 51%，但没有回到 2008 年的最高位。2012—2016 年，进出口总额占 GDP 比重连续五年下滑，2016 年降至 44.8%（见图 7—13）。

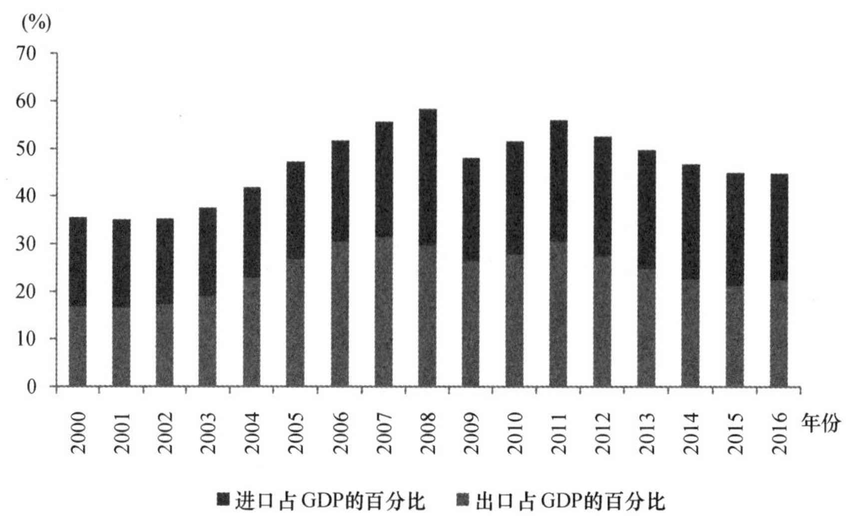

图7—13 2000—2016年秘鲁进出口贸易占GDP的百分比

资料来源：世界银行数据库，http：//databank. worldbank. org/data/home. aspx。

从进口来源国和出口目的国来看，2016年秘鲁前五位出口目的国依次为中国、美国、瑞士、加拿大和韩国；秘鲁前五位进口来源国依次为中国、美国、巴西、墨西哥和韩国。从表7—1中可以看出，中国和美国是秘鲁最大的两家贸易伙伴，无论是出口还是进口，其份额之和都超过了40%。

表7—1 2016年秘鲁进出口主要贸易伙伴（前五位） 单位：亿美;%

出口总额：360. 33			进口总额：362. 55		
国家	金额	所占比例	国家	金额	所占比例
中国	84. 54	23. 5	中国	82. 50	22. 8
美国	61. 87	17. 2	美国	71. 03	19. 6
瑞士	25. 56	7. 1	巴西	21. 30	5. 9
加拿大	16. 85	4. 7	墨西哥	16. 77	4. 6
韩国	13. 93	3. 9	韩国	13. 13	3. 6

资料来源：国别报告网，https：//countryreport. mofcom. gov. cn/。

从进出口内容来看，2016年秘鲁出口的主要商品是：矿产品、贵金属及其制品、植物产品、贱金属及其制品、食品饮料烟草；进口的主要商品有：机电产品、矿产品、化工产品、运输设备、贱金属及其制品（见表7—2）。

表7—2　　2016年秘鲁进出口主要商品构成（前五位）　　单位：亿美;%

出口			进口		
商品类别	金额	所占比例	商品类别	金额	所占比例
矿产品	149.26	41.4	机电产品	91.74	25.3
贵金属及制品	68.258	18.9	矿产品	42.87	11.8
植物产品	39.21	10.9	化工产品	39.16	10.8
贱金属及制品	29.42	8.2	运输设备	39.10	10.8
食品、饮料、烟草	26.57	7.4	贱金属及制品	27.61	7.6

资料来源：国别报告网，https：//countryreport. mofcom. gov. cn/。

六　就业：失业率回升、就业以工业服务业为主

2000年秘鲁失业率为7.8%，2001—2005年一直在9%以上，在2005年达到9.6%的最高水平。2006—2014年逐年降低，并在2013年、2014年两年达到5.9%的最低水平。2015年开始回升到6.5%（见图7—14）。

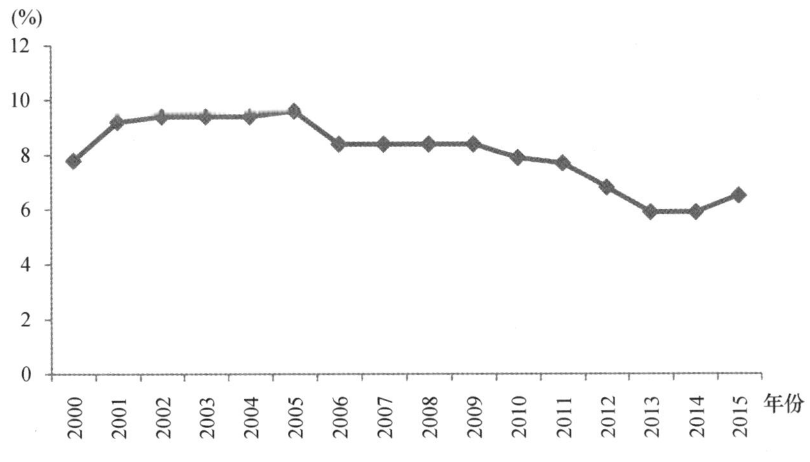

图7—14　2000—2015年秘鲁失业率

资料来源：拉美经委会官方网站，http：//statistics. eclac. org。

从三大产业的就业情况来看，秘鲁农业、工业和服务业的就业比重比较稳定。三者之间的比例，一些年份大概为1∶3∶6（比如2000—2004年、2009年及2013—2015年），一些年份大概为1∶4∶5（比如2005—2008年、2010—2012年）。可见，秘鲁的就业以工业和服务业为主（见图7—15）。

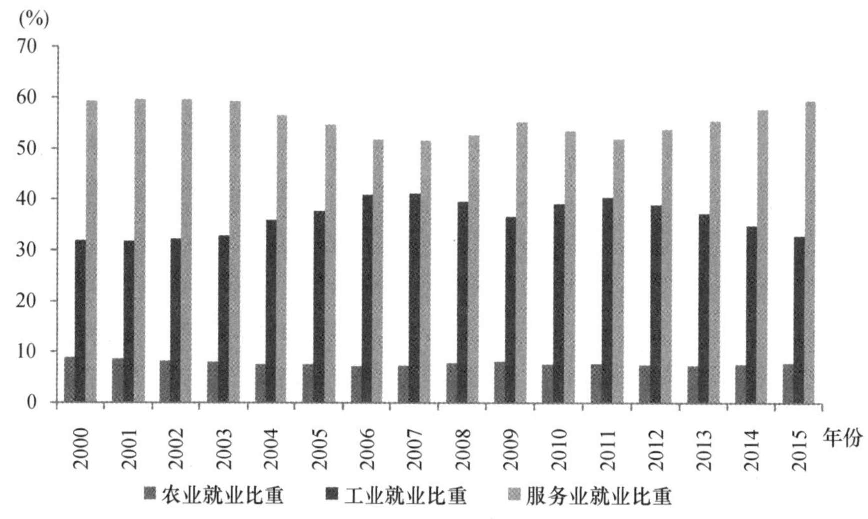

图7—15　2000—2015年秘鲁三大产业就业比重

资料来源：世界银行数据库，http：//databank. worldbank. org/data/home. aspx。

七　贫困人口：减贫效果显著、比率持续下降

21世纪以来，一方面，由于秘鲁经济稳定增长，收入持续提高；另一方面，秘鲁政府一直致力于减贫活动，先后实施了有效的扶贫发展计划、JUNTOS有条件现金转移支付计划，并拓宽了综合医疗险的覆盖范围。[①] 由于减贫措施得力，执行效果好，因此减贫效果显著：2004年以来国家贫困线以下的贫困人口占总人口的比例直线下降（见图7—16）。2014年，时任秘鲁经济财政部长赛古拉（Alfonso Arturo Segura Vasi）宣布，在社会融合的政策指导下2013年秘鲁贫困水平成功降至23.9%。乌

① 李婕：《秘鲁贫困状况变化特点及原因分析（2001—2010年）》，载《拉丁美洲研究》2014年第4期。

马拉政府（2011—2016 年）的一项重要执政目标便是降低贫困，为此采取大量措施并取得了显著成果。赛古拉提到，这些措施显著降低了儿童的营养不良率，使他们的学习、阅读、算数能力有了显著提高。通过政府努力，秘鲁贫困率下降了 3.9%。农村地区在减贫方面的成效最为显著，贫困率下降 8%，达到 48%。赛古拉称："这是十分重要的成功，同时也为结构性和多部门的工作奠定了基础，为继续减贫提供保障。"①2014—2015 年，秘鲁的贫困人口比率继续下降为 22.7% 和 21.8%。

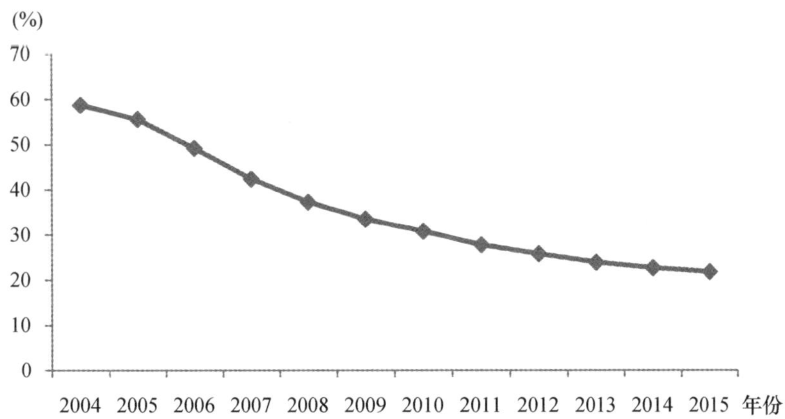

图 7—16　2004—2015 年秘鲁国家贫困线下的贫困人口占总人口的百分比

资料来源：世界银行数据库，http：//databank. worldbank. org/data/home. aspx。

八　特色产业：矿业和文化旅游业

（一）矿业

秘鲁矿产资源丰富，石油自给有余，采矿和冶炼在秘鲁国民经济中也占据重要地位。秘鲁的矿产品主要是金、铜、锌、锡、银，这些矿产品的储量在拉美地区和全球的排位都很靠前（见表 7—3）。2012 年起，秘鲁矿业部门投资超过 220 亿美元，用于金属矿产投资项目。目前该国有待开发的项目达 200 个，正在开发项目 30 个。另外，秘鲁政府还投资 80

① 中华人民共和国商务部网站：《秘鲁现任政府令贫穷率降至 23.9%》，2015 年 3 月 17 日，http：//www. mofcom. gov. cn/article/i/jyjl/l/201503/20150300911157. shtml，2017 年 9 月 28 日。

亿美元左右用于石油天然气项目。①

表 7—3　　秘鲁矿产资源情况

金属矿产品名称	在世界排位	在拉美排位
银	2	2
锡	2	1
铅	4	1
锌	3	1
铜	5	2
金	7	1

资料来源：USGS（2004 年 1 月），转引自《秘鲁投资指南》，中华人民共和国商务部网站，2005 年 3 月 30 日。

2016 年秘鲁共生产铜矿产品 235 万吨，一举超过中国（174 万吨）成为全球第二大铜矿产品生产国。矿业是秘鲁的重要支柱产业之一，产值占 GDP 总值的 12%，出口额占总出口的 59%。② 在矿业领域内，除金属冶炼外，秘鲁还效仿其他矿业国家如加拿大、澳大利亚等发展矿业服务业。③

在拉美国家中，秘鲁是石油产业起步最早的国家之一，也是拉美大陆重要的石油生产国和出口国之一。19 世纪末至 20 世纪中期的半个多世纪里，秘鲁一直在开发西北部的塔拉拉油田。20 世纪 50 年代，这片油田曾由美资国际公司开采。1968 年，秘鲁军政府宣布征收该公司，并组建国营秘鲁石油公司，负责石油勘探和开采，并且垄断了石油冶炼、销售。

① 网易新闻：《立足秘鲁投资南美》，2012 年 3 月 5 日，http：//news.163.com/12/0305/11/7RR2GNV300014AED.html，2017 年 9 月 28 日。

② 中华人民共和国商务部网站：《秘鲁成为世界第二大铜矿产品生产国》，2017 年 3 月 8 日，http：//www.mofcom.gov.cn/article/i/jyjl/l/201703/20170302530031.shtml，2017 年 9 月 28 日。

③ 中华人民共和国商务部网站：《秘鲁产业多元化计划已进入实施阶段》，2014 年 8 月 4 日，http：//www.mofcom.gov.cn/article/i/jyjl/l/201408/20140800685754.shtml，2017 年 9 月 28 日。

20 世纪 90 年代后期，根据滕森政府制定的市场经济政策，国家退出经济活动，将企业转给私人部门经营，秘鲁石油公司在分解成 9 家有经营自主权的企业后进行了私有化。

20 世纪 60 年代，秘鲁又在林区发现了特龙佩特罗斯、卡皮罗纳和帕瓦亚库等新的油田。现在秘鲁主要石油开采公司有美国西部石油公司、阿根廷特奇石油公司、阿根廷普鲁斯石油公司和佩雷斯・孔潘克公司；主要炼油厂有塔拉拉炼油厂、伊基托斯炼油厂、普卡尔帕炼油厂、拉潘皮利亚炼油厂、昆昌炼油厂和马尔塞利亚炼油厂。①

截至 2013 年，秘鲁石油探明储量为 5.792 亿桶，天然气 12.7 亿立方，液态天然气 6.27 亿桶。随着秘鲁经济的发展，石油及天然气开采力度逐渐加大，当地以出口能源为主，推动了当地石油及天然气市场的发展。2005—2013 年，秘鲁探明石油储量平稳增长，2014—2015 年有所下滑（见图 7—17）。

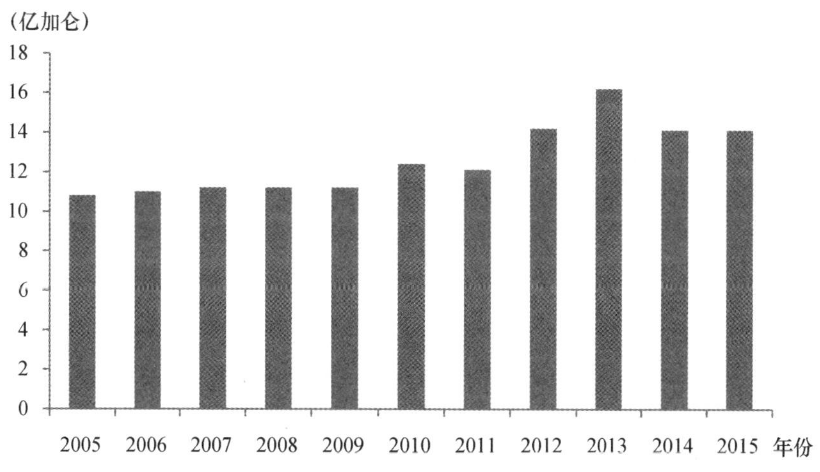

图 7—17 2005—2015 年秘鲁石油储量走势

资料来源：历年《BP 世界能源统计年鉴》。

① 白凤森：《秘鲁》，社会科学文献出版社 2006 年版，第 179 页。

(二) 文化旅游产业

秘鲁拥有11处世界自然文化遗产，是一个旅游资源非常丰富的国家。其中最著名的旅游景点有:

1. 马丘比丘古城

秘鲁最著名的游览胜地是位于该国南部的古印加帝国遗址——马丘比丘古城。1983年被联合国教科文组织列入世界人类文化遗产。西班牙人在长达300多年的殖民统治期间对它一无所知，秘鲁独立后的近百年里也无人涉足。1911年，被美国耶鲁大学南美历史学教授海勒·宾加曼发现。马丘比丘古城面积13平方千米，海拔2280米，下临湍急的乌鲁班巴河，两侧为600米悬崖峭壁。

2. 库斯科城

秘鲁南部著名古城、旅游胜地，以印加古迹闻名。库斯科城曾是古印加帝国的首都，现为库斯科省的省会。位于比尔加诺塔河上游，安第斯山高原盆地，海拔3410米。居高临下，四周皆崇山峻岭，林木葱郁，气候凉爽，秘鲁人称它为“安第斯山王冠上的明珠”。1983年被联合国教科文组织列入世界人类文化遗产。

3. 利马古城

利马位于太平洋边上，有着便利的海港，1535年起成为秘鲁首都。1988年被联合国教科文组织列入世界文化遗产。在西班牙殖民时期，利马一直是南美洲最重要的政治、商业中心。

4. 查文考古遗址

查文文化系秘鲁安第斯山区高原文化之一，可追溯至公元前1500—前300年。查文城内有纵横交错的长廊、高大的庙宇和金字塔以及众多的石碑雕刻。大型石头建筑及兽形装饰物极富特色。1985年被联合国教科文组织列入世界人类文化遗产。

5. 纳斯卡地画

1939年由美国人保罗·科索科发现。利马以南300多千米，众多深几十厘米、长几百米到几千米不等的巨大线条，散布于250平方千米干燥的沙质地表上。以笔直的直线和箭头型为主，也有其他几何图形和动物图案，如蜂鸟、卷尾猴等。1994年被联合国教科文组织列入世界人类文化遗产。

6. 阿雷基帕城

秘鲁第三大城，南部阿雷基帕省首府，秘鲁最古老城市之一。位于米斯蒂火山山麓、海拔2300米的山谷中。始建于1540年，老城区融合了巴洛克与安第斯本土风格，建筑大多由白色光滑的火山岩方石垒筑而成，享有“白城”的美誉。2000年被联合国教科文组织列入世界人类文化遗产。①

秘鲁文化旅游业在整个经济发展中的重要性可以通过以下数据反映出来。2013年，秘鲁接待了320万国际游客，同比增长11.2%。游客支出共30.09亿美元，比2012年增长23.2%，上述指标的增幅居拉美国家首位。拉美旅游业2013年接待游客8390万人次，增长2.6%，旅游支出737.93亿美元，同比增长3.4%。②

此外，利马商会经济及企业发展研究中心的统计数据表明，2016年秘鲁入境游客为460万人，同比增长8.4%，旅游业外汇收入达43.03亿美元，同比增长3.9%。上述收入中，35.01亿美元系外国游客在秘鲁的消费，8.02亿美元为交通方面的创收。最近四年，秘鲁旅游业的外汇收入已经累计增长超过40%。③

第四节　秘鲁与中国的经贸关系

1971年11月2日，新中国和秘鲁正式建立外交关系，两国经贸关系从此翻开了新的篇章。目前秘鲁是中国在拉丁美洲最重要的经贸伙伴之一，双边经贸关系发展顺利，2009年两国签署了双边自由贸易协定，进一步推动双方经贸合作迈向成熟稳定发展阶段。

---

① 中华人民共和国驻秘鲁大使馆网站：《秘鲁自然文化遗产简介》，2012年8月3日，http：//www.fmprc.gov.cn/ce/cepe/chn/mlgk/t957827.htm，2017年12月6日。

② 环球网：《秘鲁2013年旅游业增长速度居拉美领先水平》，2014年8月8日，http：//china.huanqiu.com/News/mofcom/2014—08/5100647.html，2017年9月28日。

③ 中华人民共和国商务部网站：《2016年秘鲁旅游业外汇收入再创新高》，2017年5月10日，http：//www.mofcom.gov.cn/article/i/jyjl/l/201705/20170502572332.shtml，2017年9月28日。

一 双边贸易

(一) 贸易总额:平稳增长

进入21世纪以来,全球经历了大宗商品持续繁荣的时期,中秘贸易也因此出现了高速发展阶段。2001—2012年,中秘双边商品贸易额增长了19倍,年均增长速度高达35%。随着大宗商品贸易进入低谷时期,资源类商品贸易深受影响,近几年里中秘双边商品贸易额增速回落。2012—2016年仅累计增长6.65%(见图7—18)。

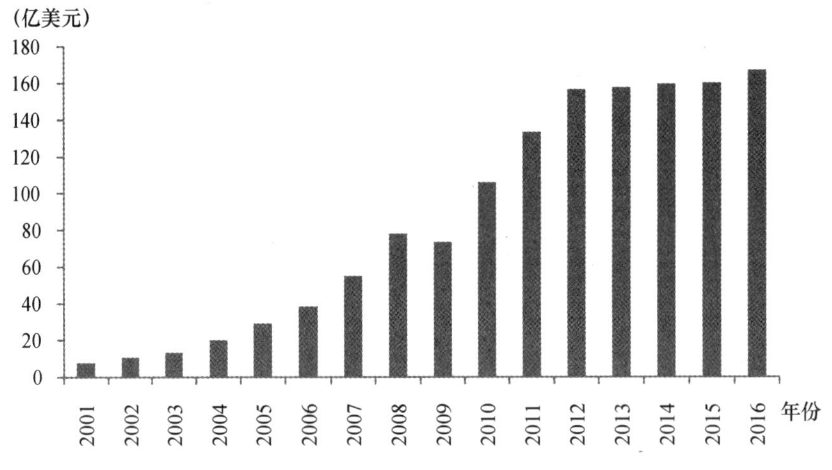

图7—18 2001—2016年中秘双边贸易总额

资料来源:联合国商品贸易统计数据库(UNCOMTRADE),https://comtrade.un.org。

2001—2012年,秘鲁长期保持对华贸易顺差,累计顺差额超过了43亿美元(其间仅在2008年出现了逆差)。而2013—2015年,秘鲁对华贸易非常罕见地出现了连续三年逆差,累计逆差额超过42亿美元(见图7—19)。2016年才又实现2亿美元的顺差。

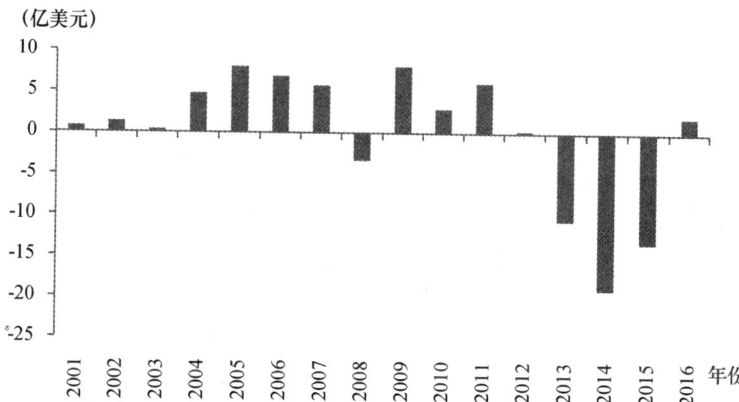

图7—19　2001—2016年秘鲁对中国双边贸易的顺差情况

资料来源：联合国商品贸易数据库（UNCOMTRADE），https：//comtrade. un. org。

对于秘鲁而言，中国是其最大的贸易伙伴、第一大出口市场和第一大进口来源地。但对于中国而言，秘鲁排在十名开外。2015年，对中贸易占秘鲁对外贸易的比重就达22.36%，而同年中国同秘鲁贸易占中国对外贸易的比重仅为1.8%（见图7—20）。这说明中秘双边贸易对双方的重要性是极不平衡的。

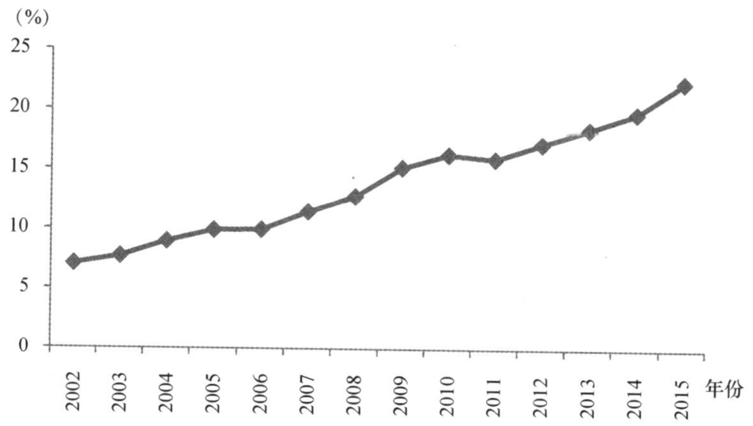

图7—20　2002—2015年对中贸易占秘鲁对外贸易的比重

资料来源：国别报告网，https：//countryreport. mofcom. gov. cn/；联合国商品贸易统计数据库（UNCOMTRADE），https：//comtrade. un. org。

(二) 贸易结构：出口初级产品，进口制成品

中秘贸易结构既受两国各自资源禀赋优势及其演变的决定性影响，也受到两国经济贸易合作关系不断发展的深刻影响。

从秘鲁对华进口商品结构来看（见表7—4），因近年来中国需求激增而使第3部门商品（矿物燃料、润滑油及有关原料）进口比重急剧减少，其他部门商品进口占比则基本保持稳定或者略有提升。尤其值得注意的是，第6部门商品第66、67、69类（主要是金属原料制成品）和第7部门商品（机械及运输设备）的进口占比上升显著，这反映了中国产业技术升级以及对秘鲁投资增加对秘鲁资本品进口发挥的带动作用。第6部门商品第62、65类（橡胶、纺织物等原料制成品）、第8部门商品（服装、鞋类等杂项制品）的进口虽有所增长，但其进口占比现已处于回落阶段，对秘鲁劳动密集型产业发展的冲击也正在减弱。

表7—4　2000—2015年秘鲁对华进口商品结构

（按SITC分类，占进口总额%）

年份	第0部	第1部	第2部	第3部	第4部	第5部	第6部	第7部	第8部
2000	0.487	0.003	4.080	4.959	0.023	6.745	17.959	31.368	34.377
2001	0.473	0.009	0.203	2.523	0.021	9.231	17.890	31.213	38.437
2002	0.524	0.011	0.534	2.941	0.020	8.255	17.376	32.447	37.893
2003	0.556	0.006	0.567	1.756	0.020	9.088	16.000	39.247	32.760
2004	0.580	0.016	0.375	0.562	0.017	8.379	18.121	48.305	23.646
2005	0.551	0.029	0.348	0.635	0.012	9.059	18.932	47.363	23.071
2006	0.545	0.052	0.584	0.620	0.012	8.982	23.051	45.494	20.660
2007	0.540	0.040	0.694	0.552	0.008	9.385	22.619	41.764	16.354
2008	0.414	0.015	0.672	0.421	0.013	8.479	25.604	48.352	16.022
2009	0.547	0.022	0.707	0.378	0.014	8.072	19.032	52.444	18.785
2010	0.549	0.005	0.709	0.286	0.019	7.419	24.164	49.609	17.240
2011	0.628	0.006	0.768	0.178	0.016	6.602	23.416	49.715	18.672
2012	0.574	0.004	0.514	0.176	0.016	6.322	25.054	49.075	18.263

续表

年份	第0部	第1部	第2部	第3部	第4部	第5部	第6部	第7部	第8部
2013	0.576	0.004	0.434	0.150	0.013	7.613	21.914	49.415	19.881
2014	0.603	0.005	0.531	0.127	0.015	7.769	23.466	48.428	19.055
2015	0.616	0.005	0.428	0.151	0.012	8.670	24.102	47.221	18.792

资料来源：联合国商品贸易统计数据库（UNCOMTRADE），https：//comtrade. un. org。

从秘鲁对华出口商品结构看（见表7—5），第0部门商品（食品和活动物）和第2部门第26类商品（纺织纤维等）出口占比下降幅度大，但在非矿产品出口中所占比重仍然不小；第2部门商品第24、29类（木材和动植物原料等）和第6部门第65、68类商品（纺织品和有色金属等）出口增长较快；第2部门第28类商品（金属矿及金属屑）出口占秘鲁对华出口的比重长期一枝独大的格局未有明显改善，尤其是2004年以来始终占比超过50%，2007年甚至达到了77%。秘鲁对华出口结构的形成与其在矿产领域具有的资源优势不无关系，工业化程度不高也影响了秘鲁对华制成品出口的增长。

表7—5　　2000—2015年秘鲁对华出口商品结构
（按SITC分类，占出口总额%）

年份	第0部	第1部	第2部	第3部	第4部	第5部	第6部	第7部	第8部
2000	73.659	0.001	22.176	0.037	1.033	0.120	2.929	0.039	0.006
2001	55.037	—	35.612	0.004	—	0.073	9.005	0.266	0.004
2002	54.586	0.033	36.223	0.013	0.042	0.064	8.889	0.149	0.000
2003	42.249	0.000	46.037	0.003	0.163	0.199	11.270	0.076	0.003
2004	36.569	0.000	54.680	0.007	0.073	0.398	8.268	0.004	0.001
2005	32.689	0.000	56.605	0.917	0.130	0.490	9.138	0.026	0.005
2006	21.276	0.000	69.091	4.398	0.444	0.441	4.320	0.028	0.002
2007	18.582	0.001	78.815	1.211	0.137	0.503	0.723	0.024	0.004
2008	22.499	0.000	72.840	1.540	0.229	0.402	2.440	0.043	0.006
2009	17.928	—	67.596	4.561	0.747	0.611	8.544	0.005	0.008

续表

年份	第0部	第1部	第2部	第3部	第4部	第5部	第6部	第7部	第8部
2010	17.086	0.000	66.823	1.808	0.494	0.693	13.068	0.021	0.008
2011	17.476	0.001	67.969	1.421	0.390	0.600	12.091	0.033	0.010
2012	13.618	0.003	72.521	—	0.339	0.409	13.089	0.005	0.005
2013	14.178	0.000	68.160	0.790	0.375	0.445	16.022	0.017	0.014
2014	13.922	0.001	71.357	0.001	0.415	0.348	13.932	0.017	0.007
2015	14.807	0.000	71.799	0.799	0.275	0.153	12.135	0.012	0.020

资料来源：联合国商品贸易统计数据库（UNCOMTRADE），https：//comtrade. un. org。

从表7—4和表7—5中数据可以看出，2015年秘鲁从中国进口的商品主要是制成品（机械及运输设备、金属制成品、服装鞋类等），秘鲁向中国出口的商品主要是矿物（铜、铅、锌、铁等金属）、纺织品、食品等。中秘之间的贸易结构和秘鲁在全球的贸易结构是大致一致的。2015年，秘鲁所有的进出口贸易中，出口商品排前三位的是：矿物和金属（48.7%）、食品（26.2%）、制成品（14.9%）；进口商品排在前三位的是：制成品（76.1%）、食品（11.2%）、燃料（10.4%）。

（三）对现阶段中秘贸易结构的再认识

长期以来，拉美国家对中国出口商品中初级产品占比过高的问题受到了拉美各界广泛关注，这个问题在中秘贸易中尤其突出。在2000—2015年秘鲁对华出口中，食品和活动物、金属矿及金属屑、有色金属这三大类产品占比之和始终保持在92%以上。虽然秘鲁在这三类产品上对华出口都在持续增长，但金属矿及金属屑、有色金属两大类产品的出口占比都在持续上升，近几年已超过了80%，而食品和活动物的出口占比则出现了相对下降趋势。

针对拉美国家对中国出口中初级产品占比过高的问题，拉美学者及政府官员基本都持批评态度。比如，2016年9月初在圣地亚哥召开的中国与拉美经贸关系研讨会上，联合国拉美经委会官员表示，以初级产品贸易为主导的中拉经贸关系是不可持续的。库钦斯基总统自当选以来多次强调要推进秘鲁工业化进程，旨在改变以初级产品出口为主导的秘鲁经济结构。

拉美国家对中国出口中初级产品占比过高的问题之所以受到拉美各界的广泛批评，大致原因有三点：①这种状况与历史上拉美殖民地与欧洲宗主国之间的贸易结构相似，结果拉美经济不仅没有实现繁荣，反而更为落后。②很多拉美学者认为在当前中拉贸易中中国进口初级产品、出口工业品的贸易模式对拉美各国来说存在贸易不公平的问题，历史事实似乎已经“证明”了这种贸易模式是对拉美国家的“剥削”行为。③不少拉美学者认为当前这种中拉贸易结构会对拉美国家的工业化进程产生消极影响。

事实上，用这种简单的历史相似性来评价当前中拉贸易关系（尤其是中秘经贸关系）严重地违背了基本的分析逻辑。首先，欧洲殖民者最初到达美洲大陆的数百年里，他们与美洲之间都不是纯粹的贸易关系，而是赤裸裸的掠夺关系。无论是库斯科的黄金还是波多西的白银，也不论是安第斯山脉的铜矿还是南太平洋岸边的鸟粪和硝石，这些资源都曾遭到欧洲殖民者的长期暴力掠夺，美洲人在这些资源“贸易”中究竟所获几何呢？被切开了血管的拉丁美洲可能在如此残酷的掠夺之下发达起来吗？对于这个问题，秘鲁的发展史可以充分印证。反观当前中拉和中秘经贸关系，没有欺诈、欺压和暴力掠夺，中国在拉美所获得的任何一丁点资源产品都完全建立在平等的市场交易基础之上，与当年欧洲殖民者的行为有着根本差异。

其次，双边贸易中，一方以工业品出口为主、一方以初级产品出口为主的贸易模式并不必然导致贸易不公平，拉美国家对英美等国出口初级产品之所以遭遇不公平问题，关键是因为西方国家以政治、军事、市场、传媒等手段掌控了全球资源市场交易体系，尤其是控制了资源产品定价权。中国从拉美地区大规模进口资源类产品不过二十年左右时间，尽管如今已是世界上资源产品的需求大国，但尚无能力主动影响国际资源产品价格。资源产品定价权迄今为止仍然掌控在西方发达国家手中，中国仅仅是价格的接受者，从而也是不公平价格的一个受害者。在目前尚未完全结束的大宗商品繁荣周期里，中国在全球资源产品市场上的贸易条件远不如秘鲁、巴西等资源出口大国。从贸易利益分配角度看，尽管拉美对中国贸易显示出“出口初级产品、进口工业品”的特点，但中国绝非中拉贸易中的所谓“剥削者”，而是贸易利益分配中的“奉献者”，是过去二十年全球资源产品不公平价格体系下的真正受损者。当然，拉美各国也并非这个不公平的资源产品价格体系的受益者。

最后，当前多数拉美国家形成的以初级产品出口为导向的经济结构，既是各国正常发挥资源禀赋优势的结果，也与很多国家未能构建起良好的工业基础关系极大。在过去二十多年里，拉美国家如果拒绝回到基于自身资源禀赋优势的发展轨道上来，那么它们能否在进口替代工业化道路上取得成功呢？历史已经回答了拉美各国民众，坚守自由贸易的基本原则，坚持以自身资源禀赋优势来推动本国经济发展，这也许是更好的选择。

从拉美各国实现工业化的条件来看，可持续增长能力不足是个很大的问题。一是拉美各国国内储蓄率太低，难以为工业化积累足够的资本。2015 年秘鲁国内储蓄率为 23%，同期中国接近 50%。较高的社会福利水平和大量贫困人口又削弱了秘鲁公共积累能力。二是劳动力受教育程度不高，难以为工业化提供足够的熟练工人。目前秘鲁成人识字率为 94%，接受过中等教育和高等教育的劳动力人口占比分别为 19.5% 和 1.1%，这与东亚国家以及发达国家相比都存在差距。三是基础设施落后，尚难以支撑工业化发展的需要。秘鲁国土面积为 128.5 万平方千米，海岸线长达 2200 多千米，但铁路总里程数仅有 2020 千米，2014 年货柜吞吐量为 223 万 TEU，尚不及智利同期的 60%。2012 年秘鲁通电人口比率为 91.2%，2015 年每百人互联网用户为 40.9 个，这样的基础设施状况显然不能为秘鲁工业化的发展提供很好的支持。

二 双边投资

（一）秘鲁投资环境

秘鲁营商氛围良好、对外资态度友好、宏观经济稳定，贸易自由度较高，使秘鲁成为拉美最具投资吸引力的国家之一。《2017 年全球营商环境报告》中，秘鲁在拉美地区排名第三。近十年来，秘鲁的全球营商环境排名从 2006 年的第 71 名最高上升到第 50 名，是拉美地区营商环境改善最快的国家。为了吸引外资，秘鲁政府一方面继续坚持自由开放的外资政策，另一方面制定了一系列鼓励和保障外国投资的法律和政策，简化了手续，并设立了促进投资的专门机构。秘鲁平均的经济增长率最近十年保持在6%左右，在拉美处于较高的水平。秘鲁政府力图将本国打造成南美地区的物流枢纽和金融中心。此外，秘鲁有较低的人力成本和地产价格，还具有免征增值税的服务输出，投资风险指数较低。1998年11月，秘鲁正式加入亚太经济合作组织（APEC），更提升了其贸易自由度。①

（二）中国在秘鲁的主要投资项目

1. 首钢秘鲁铁矿股份有限公司

1992年首钢集团以1.18亿美元收购了秘鲁铁矿公司（Hierro），开启了中国企业投资拉美矿业的大幕。2004年以6120万美元的价格，出让首钢所持股权的60%给香港的矿产公司荣丰公司。但后来双方在合同的执行过程中发生分歧，虽通过多次法律仲裁，至今仍未尘埃落定。②

2. 紫金矿业的白河铜钼矿项目

2007年2月紫金矿业以9460万英镑的价格通过收购英国蒙特瑞科（Monterrico Metals）公司90%的股份而拥有了秘鲁北部的白河（Rio Blanco）铜钼矿的开发经营权；白河铜钼矿，是世界级超大型铜钼矿床。该项目原定2010—2011年投产，但因种种原因进展缓慢。2016年以来，库琴斯基政府已多次对白河项目表示了明确支持。2016年11月20日，秘鲁能源和矿业矿部部长塔玛约与紫金矿业集团董事长陈景河签署了白河项目《矿业及冶炼活动发展推进协议》，这将有力推动项目开发进入新阶段。③

3. 中国铝业的特罗莫克（Toromocho）铜矿

2007年8月，中国铝业公司以35亿美元的价格成功收购了在加拿大、纽约、利马三地上市的秘鲁铜业公司（PCI）及其拥有的核心资产——特罗莫克铜矿项目。该铜矿为千万吨级世界特大型铜矿，拥有当

① 王文：《中国企业投资秘鲁迎来最佳期》，2016年11月17日，新浪财经：http://finance.sina.com.cn/zl/china/2016-11-17/zl-ifxxwrwh4510144.shtml，2017年9月28日。

② 中国经济网：《首钢秘鲁铁矿转让利益博弈10年：拒履行合同或因卖亏》，2014年6月30日，http://www.ce.cn/cysc/newmain/jdpd/yj/201406/30/t20140630_3067373.shtml，2017年9月28日。

③ 中国铝业网：《紫金矿业秘鲁白河项目取得重大进展》，2016年11月23日，https://www.alu.cn/aluNews/NewsDisplay_1004542.html，2017年9月28日。

量铜金属资源量约1200万吨，约占我国国内铜资源总量的19%。[①]

4. 中国五矿和江西铜业的铜矿项目

2008年年初，五矿有色金属股份有限公司与江西铜业以4.55亿加元的价格收购了加拿大北秘鲁铜业公司，获得了加莱诺（Galeno）铜金矿、伊洛里克（Hilorico）金矿、帕西帕普（Pashpap）铜钼矿三个项目。

5. 中国五矿的拉斯邦巴斯（Las Bambas）铜矿项目

2014年8月，中国五矿联合体以70亿美元的价格买下了秘鲁的邦巴斯铜矿，铜矿面积3.5万公顷。该铜矿是目前世界上在建的最大铜矿。[②]

此外，中秘双方还达成了一些矿业与能源的合作协议，具体情况见表7—6。

表7—6　　中秘双方达成的其他多项矿业与能源合作协议

主要标的	合同内容
位于阿雷基帕的铁矿	投资15亿美元，双方合作建设一座地下铁矿
托罗莫乔铜矿	投资13亿美元，提升托罗莫乔铜矿的开采和加工能力
皮乌拉地区一处盆地水电项目	水电项目的可行性研究
水电资源项目	中国三峡集团，水电资源开发
石油天然气开采项目	中国石油天然气集团公司，对双方2014年签署的一项石油天然气开采投资协议进行补充

资料来源：《紫金矿业秘鲁白河项目取得重大进展》，2016年11月23日，中国铝业网，http://www.alu.cn。

据统计，目前在秘中资企业超过170家，涵盖矿业、能源、制造业、通信、渔业、基础设施建设等多个领域。除上述企业以外，比较知名的企业还有中国冶金地质总局、华为技术有限公司、中兴通讯股份有限公司、中国航空技术进出口总公司、中工国际有限公司、中水电对外公司、

① 凤凰财经：《中国铝业秘鲁项目投运，为中国海外最大铜矿》，2013年12月12日，http://finance.ifeng.com/a/20131212/11258877_0.shtml，2017年9月28日。

② 凤凰财经：《中国五矿联合体正式接手全球最大在建铜矿》，2014年8月1日，http://finance.ifeng.com/a/20140801/12844001_0.shtml，2017年9月28日。

国家开发银行、中国银行、万新集团等。①

（三）中国在秘鲁投资的主要风险

秘鲁的投资环境在不断改善，外资面临的政策风险不大。此外，相比其他一些拉美国家，秘鲁货币索尔相对美元汇率最近几年比较平稳，没有大起大落。通过已经在秘鲁多年的中资企业经营实践的经验和教训来看，在秘鲁投资的中国企业目前面临的主要风险可能主要集中在劳工关系、社区冲突、环境保护方面。

1. 劳工关系

劳工关系是指现代经济社会组织与其雇员之间的关系，它主要受政策法律、薪酬协议、工会组织、社会思潮、工作环境、管理制度与组织文化等因素影响。中国与拉美国家之间在法律、政治、社会、文化等方面都存在巨大差异，因此中国企业进入拉美首先就不得不面对拉美地区复杂的劳工关系问题。中国特殊的政治体制和文化环境，劳工相对企业而言始终处于弱势地位，法律对劳工保护也较弱，所以企业较少遭遇劳工关系问题，也缺乏处理复杂劳工问题的经验和能力。长期以来，秘鲁工会势力强大，任何可能影响劳工利益的事情都会被工人或者工会视为压榨剥削工人阶级的不公平行为，并遭到他们的强烈反抗。劳资谈判、劳资纠纷，甚至罢工，在秘鲁的企业中司空见惯。因此，中资企业需要相互交流学习，不断总结早期进入秘鲁的中资企业在这方面的教训，努力提升解决劳工关系问题的能力。

2. 社区关系

社区关系主要由企业与项目原址居民以及周边区域居民的关系构成。中资企业需要购买项目原址居民的土地产权，需要建设好相应的住房、学校、医院、道路等公共设施，让居民生活和福利状况比过去有较大改善和提高，还要尽可能为他们提供就业机会。除此之外，企业要开发某个项目（尤其是矿产项目），原址居民会受到影响，而项目周边区域居民也会受到一定影响，如交通、环境等方面。中资企业在给予原址居民利益补偿时，也会给予项目周边区域居民相对较低的补偿。但周边区域居

① 网易新闻：《立足秘鲁投资南美》，2012 年 3 月 5 日，http：//news. 163. com/12/0305/11/7RR2GNV300014AED. html，2017 年 9 月 28 日。

民往往会觉得补偿不公平，进而提出更高的补偿要求。因此，企业与项目原址居民以及周边区域居民之间，容易产生矛盾，最终导致项目的搬迁安置成本可能比较高，甚至超出预期。

3. 环保问题

在秘鲁，中资企业必须尊重当地文化传统，高度重视环境保护及可持续发展，逐步适应当地法规和环保要求，重视履行社会责任。如果企业不注重环保，很容易遭到当地人的抵制或抗议，从而给企业带来损失。首钢秘铁、紫金矿业、中国铝业、中国五矿，都曾面临这个问题并付出了代价。20 世纪 90 年代，首钢成为首家进入秘鲁的中国矿业公司。但在随后 20 年里，首钢因违反当地环保法规受到四次罚款。2014 年 3 月，秘鲁官方称中国铝业在生产中破坏当地环境，一处铜矿的开采被叫停。2015 年 9 月，秘鲁阿普里马克（Apurimac）区域发生约 15000 人参与的针对中国五矿的抗议活动，导致当地警察与抗议者发生严重冲突。抗议者要求中国五矿集团下属的五矿资源公司（MMG）修改环保计划。①

三 加强中秘经贸合作的建议措施

秘鲁自然条件好，矿产、能源、森林、渔业、水资源丰富，具有较好的经济发展基础。因此，秘鲁经济发展快，其发言权和影响力在拉美地区也正在日益扩大。同时，秘鲁海运发达，并积极参与全球多双边贸易机制。截至 2013 年年底，秘鲁对外签署的自贸协定及类似协议已达 19 个，辐射美洲、亚洲、欧洲。近年来秘鲁积极推进矿产、油气、水电资源开发和基础设施建设。中国需要拓展其能源矿产资源、农产品的进口来源，以解决国内日益严重的资源环境约束问题。同时，制造业、基础设施建设是中国具有比较优势的领域，一些大型企业在基础设施领域的工程技术、装备水平方面也具有较强竞争力。中国已成为秘鲁矿业领域最大的投资来源国，秘鲁也是中国在拉美的第二大投资对象国。可见，双方进一步加强合作有着良好的空间和基础。

① 中国贸易金融网：《中国矿企在秘鲁的麻烦有多大：多次因冲突被迫停产》，2015 年 10 月 14 日，http://www.sinotf.com/GB/Risk/1131/2015-10-14/wMMDAwMDE5MzcwMw.html，2017 年 9 月 28 日。

（一）基础设施合作

中资企业可以积极参与秘鲁基础设施项目建设，发挥自身在资金、装备技术、施工能力等方面的优势。秘鲁政府2016年推出的执政计划中，涉及很多基础设施建设，比如铁路、公路、港口、机场、住房、通信等多个领域；此外，中国、巴西、秘鲁三国共同倡议的两洋铁路项目也正在进行可行性基础研究。① 可见，中秘在基础设施领域的合作，会很有前景。

（二）资源领域合作

如前所述，秘鲁对外国投资持欢迎态度，尤其鼓励外资对生物燃料、电力、石油、石油化工、农业等资源领域的投资。未来双方除了继续在勘探和开采等上游环节合作外，在初级产品加工、物流、市场分销等下游环节也要增进合作，以延长产业链，增加产品附加价值。

（三）服务业合作

秘鲁旅游资源丰富，同时随着秘鲁近年来经济的快速发展，秘鲁房地产、电信、金融业发展迅速，未来双方可以在服务业加强合作。

（四）制造业合作

秘鲁工业以矿产加工和装配业为主，制造业主要是纺织和服装业，整体技术水平较低。我国企业可以与秘鲁开展技术层次较高的制造业合作，一方面可改善当前中秘贸易产品结构不平衡的格局，减少贸易摩擦；另一方面也可推动我国制造业产品借助秘鲁绕开其他国家和地区对我国设置的贸易壁垒，进入全球市场。②

第五节　秘鲁经济发展展望

由于奥德布莱施特公司腐败丑闻给秘鲁经济造成的负面影响，以及2017年第一季度厄尔尼诺现象造成的洪水和泥石流灾害对农业等行业造

① 凤凰资讯：《中国秘鲁经贸合作根深叶茂，前景广阔》，2016年11月22日，http://news.ifeng.com/a/20161122/50298203_0.shtml，2017年12月6日。

② 赵硕刚：《秘鲁经济形势及中秘合作建议》，国家信息中心，2016年3月4日，http://www.sic.gov.cn/News/456/6039.htm，2017年9月28日。

成的不利影响，2017 年秘鲁经济呈现出开局不利的状况。通过对各种资料的分析，本章认为秘鲁 2017 年的经济增长率很可能会在 2016 年的基础上放缓。外贸方面，由于 2017 年 1—6 月秘鲁货物进出口额为 382.1 亿美元，比 2015 年同期增长 15.5%，预计 2017 年秘鲁的进出口总额应该会出现大幅增长。2017 年上半年通货膨胀率较低，估计秘鲁中央储备银行希望将 2017 年的通货膨胀率保持在 2.2% 的愿望能够实现。最后，由于秘鲁经济总体上低迷不振，因此，预计 2017 年秘鲁的失业率会比 2016 年有所上升，估计会在 7% 以上。就业形势依然严峻，短期内改善无望。

一 经济增长：2017 年增长率可能会放缓

2016 年，秘鲁的 GDP 增长了 3.9%，而 2016 年同期为 3.3%，主要是因为拉斯班巴斯和塞罗维尔德等矿山的铜产量增加了 16.3%，出口增长了 9.7%。2016 年，私人消费增长 3.4%，与 2015 年同期一样，而 2016 年公共消费则下降 0.5%，主要是由于第四季度大幅放缓。同时，矿产项目完成后，国内私人固定资产投资总额下降 6.1%，固定公共投资收缩 0.5%。

2017 年第一季度 GDP 增幅较 2016 年第一季度上升 2.1%，出口大幅上涨（12.2%）是 GDP 增幅上升的主要原因。私人消费增长则放缓到 2.2%，同时，公共消费下降 9.5%。私人投资下降 5.6%，公共投资下降 16%。值得注意的是，2017 年第一季度遭受的暴雨和滑坡会对农业等行业造成不利影响，从而抑制经济增长。

秘鲁《经营报》2017 年 1 月 26 日报道，时任秘鲁经济财政部长索恩（Alfredo Eduardo Thorne Vetter）日前表示，巴西奥德布莱施特（Obrecht）公司腐败丑闻给秘鲁经济造成的影响犹如秘鲁近期频发的泥石流一样严重，导致秘鲁 2017 年经济增长难以达到之前预计的 4.8% 的目标，仅止于 3.8%。国际货币基金组织更是将秘鲁 2017 年经济增长预期下调至 2.5%—2.7%。《拉美和加勒比经济调查 2017》也预计秘鲁 2017 年 GDP 将增长 2.5%。秘鲁央行预计 2017 年本国 GDP 增长率在 2.0%—2.2%。以上各种信息都表明，秘鲁 2017 年的经济增长率很可能会出现增速放缓的局面。

二　对外贸易：2017 年可能出现大幅度增长

秘鲁 2016 年出口总额为 360.33 亿美元，比 2015 年的 335.89 亿美元增长了 7.3%。铜出口量的增加是秘鲁出口总额增长的主要原因。2016 年塞罗维尔德和拉斯班巴斯矿山生产状况良好，铜出口量增长 24.5%。尽管在 2016 年大部分时间里铜的平均价格都在下降，但第四季度却开始反弹。此外，黄金的平均价格和出口量都有所增加，这是导致出口总额增长的又一个因素。气候因素导致了渔业出口下降。鱼粉及鱼油出口量分别下跌 9.3% 和 20%。农产品出口上涨，主要是咖啡出口量增长了 30%。2016 年进口总额为 362.55 亿美元，比 2015 年的 379.37 亿美元下降了 4.4%。进口总额下降主要是由于资本品进口价值下降 7.4%。特别是在制造业方面，投资项目完成带来的投入品进口减少，特别是制造原料进口减少，私人投资放缓。消费品进口下降 1.6%。

根据秘鲁海关最新统计，2017 年 1—6 月，秘鲁货物进出口额为 382.1 亿美元，比 2015 年同期（下同）增长 15.5%。其中，出口 194.5 亿美元，增长 23.0%；进口 187.7 亿美元，增长 8.6%。贸易顺差为 6.8 亿美元，而 2015 年同期为逆差。2017 年 1—6 月，中秘双边货物进出口额为 94.3 亿美元，增长 27.2%。其中，秘鲁对中国出口 53.0 亿美元，增长 50.7%，占秘鲁出口总额的 27.3%，提高 5.1 个百分点；秘鲁自中国进口 41.3 亿美元，增长 6.1%，占秘鲁进口总额的 22.0%，降低 0.5 个百分点。2017 年 1—6 月，秘鲁与中国的贸易顺差 11.7 亿美元，而 2015 年同期为逆差。截至 2017 年 6 月，中国仍然是秘鲁第一大出口市场和第一大进口来源地。如果继续保持这个势头，2017 年秘鲁的进出口总额应该会出现大幅增长。

三　通货膨胀：逐步下降

2016 年秘鲁货币政策的重点是让通货膨胀预期回到 1%—3% 的目标范围。中央储备银行在 2016 年 1 月将货币政策利率提高至 4%，2016 年 2 月将货币政策利率上调至 4.25%，在 2016 年余下时间内货币政策利率一直保持稳定。

根据秘鲁中央储备银行最新一期报告显示，截至 2017 年 6 月，最近

12 个月的通货膨胀率降至 2.73%，回到中央储备银行 1%—3% 的目标区域，为近三年最低，与 2014 年的 2.69% 基本持平。秘鲁的通货膨胀率近几个月出现下降趋势，3—5 月分别为 3.97%、3.69% 和 3.04%。中央储备银行希望 2017 年的通货膨胀率能保持在 2.2%，这意味着将在上一年 2.6% 的基础上下降 0.4 个百分点，秘鲁通货膨胀率将处于较低水平。

四　就业：短期内改善无望

2005 年秘鲁失业率达到 2000 年以来的最高点（9.6%），此后一直处于下降趋势，并在 2013 年、2014 年达到 5.9% 的最低点。但 2015 年的失业率又上升到 6.5%。利马 2015 年、2016 年的失业率分别为 6.5%、6.7%。失业率上升对年轻劳动力会产生较大影响，青年失业率从 2015 年的平均 14.8%，上升到 2016 年的 15.8%。2017 年第一季度，失业率约为 7.7%，高于 2016 年同期的 7.2%，反映了经济下滑的势头。由于秘鲁经济总体上低迷不振，因此，预计 2017 年秘鲁的失业率会比 2016 年有所上升，估计会在 7% 以上。就业形势依然严峻，短期内改善无望。

备注：由于本章使用数据较多，不便逐一给出注释。凡未标明来源的数据均出自：

1. 拉美经委会（CEPAL）官方统计数据库，http://statistics.eclac.org/cepalstat;
2. 秘鲁国家统计协会，http://www.inei.gob.pe/;
3. 秘鲁中央储备银行网站，http://www.bcrp.gob.pe/;
4. 世界银行数据库，https://data.worldbank.org/;
5. 国际货币基金组织官方网站，http://data.imf.org/;
6. 国别报告网，https://countryreport.mofcom.gov.cn;
7. 联合国商品贸易统计数据库（UNCOMTRADE），https://comtrade.un.org。

参考文献

1. 白凤森：《秘鲁》，社会科学文献出版社 2006 年版，第 179 页。

2. 凤凰财经：《秘鲁全国可以打造41个优势产业群》，2014年8月9日，http：//finance. ifeng. com/a/20140809/12891468_ 0. shtml，2017年9月28日。

3. 凤凰财经：《中国铝业秘鲁项目投运，为中国海外最大铜矿》，2013年12月12日，http：//finance. ifeng. com/a/20131212/11258877_ 0. shtml，2017年9月28日。

4. 凤凰财经：《中国五矿联合体正式接手全球最大在建铜矿》，2014年8月1日，http：//finance. ifeng. com/a/20140801/12844001_ 0. shtml，2017年9月28日。

5. 凤凰资讯：《中国秘鲁经贸合作根深叶茂，前景广阔》，2016年11月22日，http：//news. ifeng. com/a/20161122/50298203_ 0. shtml，2017年12月6日。

6. 环球网：《秘鲁2013年旅游业增长速度居拉美领先水平》，2014年8月8日，http：//china. huanqiu. com/News/mofcom/2014－08/5100647. html，2017年9月28日。

7. 李婕：《秘鲁贫困状况变化特点及原因分析（2001—2010年）》，载《拉丁美洲研究》2014年第4期。

8. 联合国拉丁美洲和加勒比经济委员会：《2017拉丁美洲和加勒比地区经济调查》，2017年8月7日，http：//www. economyworld. net：9091/economyworld/detail/init？infoId＝323616，2017年9月28日。

9. 马智贤：《秘鲁经济状况及投资环境浅析》，载《商情》2015年第34期。

10. 中华人民共和国商务部网站：《2016年秘鲁旅游业外汇收入再创新高》，2017年5月10日，http：//www. mofcom. gov. cn/article/i/jyjl/l/201705/20170502572332. shtml，2017年9月28日。

11. 网易新闻：《立足秘鲁投资南美》，2012年3月5日，http：//news. 163. com/12/0305/11/7RR2GNV300014AED. html，2017年9月28日。

12. 王文：《中国企业投资秘鲁迎来最佳期》，新浪财经意见领袖（微信公众号kopleader），2016年11月17日，http：//finance. sina. com. cn/zl/china/2016－11－17/zl-ifxxwrwh4510144. shtml，2017年9月28日。

13. 赵硕刚：《秘鲁经济形势及中秘合作建议》，国家信息中心，2016年3月4日，http：//www. sic. gov. cn/News/456/6039. htm，2017年9月28日。

14. 中国经济网：《秘鲁国家概况》，2016年11月14日，http：//www. ce. cn/xwzx/gnsz/gdxw/201611/14/t20161114_ 17778953. shtml，2017年9月28日。

15. 中国经济网：《首钢秘鲁铁矿转让利益博弈10年：拒履行合同或因卖亏》，2014年6月30日，http：//www. ce. cn/cysc/newmain/jdpd/yj/201406/30/t20140630_ 3067373. shtml，2017年9月28日。

16. 中国铝业网：《紫金矿业秘鲁白河项目取得重大进展》，2016年11月23日，https：//www. alu. cn/aluNews/NewsDisplay_ 1004542. html，2017年9月28日。

17. 中华人民共和国商务部网站：《秘鲁现任政府令贫穷率降至 23.9%》，2015 年 3 月 17 日，http：//www.mofcom.gov.cn/article/i/jyjl/l/201503/20150300911157.shtml，2017 年 9 月 28 日。

18. 中华人民共和国商务部网站：《秘鲁成为世界第二大铜矿产品生产国》，2017 年 3 月 8 日，http：//www.mofcom.gov.cn/article/i/jyjl/l/201703/20170302530031.shtml，2017 年 9 月 28 日。

19. 中国贸易金融网：《中国矿企在秘鲁的麻烦有多大：多次因冲突被迫停产》，2015 年 10 月 14 日，http：//www.sinotf.com/GB/Risk/1131/2015 - 10 - 14/wMMDAwMDE5MzcwMw.html，2017 年 9 月 28 日。

20. 中华人民共和国驻秘鲁大使馆网站：《秘鲁自然文化遗产简介》，2012 年 8 月 3 日，http：//www.fmprc.gov.cn/ce/cepe/chn/mlgk/t957827.htm，2017 年 12 月 6 日。

21. 中华人民共和国商务部网站：《秘鲁产业多元化计划已进入实施阶段》，2014 年 8 月 4 日，http：//www.mofcom.gov.cn/article/i/jyjl/l/201408/20140800685754.shtml，2017 年 9 月 28 日。

第八章

委内瑞拉经济发展分析与展望

许　丰[①]

摘要：在国际油价持续低迷的严重冲击之下，2014—2017 年委内瑞拉经济持续衰退。商品极度短缺、通货膨胀严重、货币持续贬值是委内瑞拉经济面临的突出问题。虽然马杜罗政府采取了一系列经济调整措施，但收效甚微。短期内，委内瑞拉经济实现好转颇有难度。本章首先回顾了2017 年委内瑞拉整体经济形势，然后对马杜罗政府的经济政策进行了介绍，并分析了近几年委内瑞拉经济的具体表现，最后对委内瑞拉经济发展趋势与中委经贸关系前景进行了展望。

关键词：委内瑞拉；经济形势；经济政策；经济展望

引　言

委内瑞拉出口收入的绝大部分来自石油，粮食和生活用品严重依赖进口，由于国际油价走低，长期依赖石油出口的委内瑞拉在过去四年中发生了极为严重的经济衰退，2016—2017 年更是陷入全方位经济危机。

经济持续负增长。根据联合国拉美和加勒比经济委员会（CEPAL）

---

① 许丰，西南科技大学讲师，博士，主要研究方向：拉美政治、经济。

发布的《2017 年拉丁美洲和加勒比经济初步概述》，2017 年委内瑞拉 GDP（2010 年不变价美元）增长率为 -9.5%，与 2016 年（-9.7%）相比并无明显改善。[①] 在 2014 年开始的国际油价下跌背景下，2014—2017 年委内瑞拉经济严重恶化，这是自 20 世纪 50 年代末以来委内瑞拉出现的第八次经济衰退，也是最严重的一次经济衰退。[②] 在拉丁美洲和加勒比三十三个国家和地区中，2017 年委内瑞拉经济表现最为糟糕[③]，远低于拉美地区整体经济增长率（1.2%），更低于 2017 年世界经济平均增长幅度（3.6%）。[④] 同时，委内瑞拉人均 GDP 也连续五年大幅下滑，2017 年人均 GDP 增长率为 -13.13%[⑤]，2013—2016 年分别为 -0.07%、-5.1%、-6.9%、-10.8%。[⑥]

通货膨胀极度恶化。经济大幅衰退的同时是通货膨胀率的飙升，失控的通货膨胀是委内瑞拉经济面临的最突出的问题。从 2013 年开始，委内瑞拉成为拉美地区通货膨胀最严重的国家。根据国际货币基金组织（IMF）数据，按照平均消费价格指数衡量，委内瑞拉 2017 年通货膨胀率高达 652.67%，是其自 20 世纪 50 年代末以来通货膨胀率最高的年份，在拉美各国中也名列首位。

失业率上升。经济的大幅萎缩也反映在劳动力市场上，根据国际货币基金组织的数据，2017 年委内瑞拉失业率为 26.4%，比 2016 年提高了 5.76 个百分点。

---

① Preliminary Overview of the Economies of Latin America and the Caribbean 2017, p. 97, http://www.cepal.org/en/publications/list/, 2017 年 12 月 20 日。

② 自 20 世纪 50 年代末蓬托菲霍体系确立以来，委内瑞拉经济经历了 1980—1983 年、1989 年、1994 年、1996 年、1999 年、2002—2003 年、2009—2010 年、2014 年至今八次经济衰退，经济萎缩幅度分别为 10.25%、8.56%、2.35%、0.20%、5.97%、15.92%、4.64%、33.74%（最近一次经济衰退仍在持续之中，衰退幅度计算时间范围是 2014—2017 年）。前七次衰退幅度是作者根据世界银行数据计算得出，最后一次衰退幅度是根据国际货币基金组织估算数据计算得出。

③ 实际上从 2014—2017 年，委内瑞拉一直是拉丁美洲和加勒比地区表现最为糟糕的经济体。

④ World Economic Outlook April 2017, pp. 247、271, http://www.imf.org/en/publications, 2017 年 12 月 20 日。

⑤ 根据国际货币基金组织数据计算得出。

⑥ Preliminary Overview of the Economies of Latin America and the Caribbean 2016, p. 89, http://www.cepal.org/en/publications/list/, 2017 年 11 月 13 日。

第一节　委内瑞拉概况

委内瑞拉玻利瓦尔共和国（La República Bolivariana de Venezuela），简称委内瑞拉，原为印第安人阿拉瓦克族和加勒比族的居住地。1498 年哥伦布航行美洲时到此，1567 年沦为西班牙殖民地，1811 年 7 月 5 日宣告独立，1819—1829 年同现在的哥伦比亚、巴拿马和厄瓜多尔组成“大哥伦比亚共和国”。1830 年建立委内瑞拉联邦共和国。1958 年实行宪政，建立文人政权。此后，民主行动党和基督教社会党交替执政。1974 年 6 月 28 日同中国建交。1998 年 12 月，总统候选人查韦斯赢得大选，打破了两大传统政党长期交替执政的政治格局。1999 年委内瑞拉新宪法将国名定为“委内瑞拉玻利瓦尔共和国”，用来纪念被视为开国英雄的西蒙·玻利瓦尔。官方语言为西班牙语，首都加拉加斯。①

地理位置

委内瑞拉位于南美洲北部，北临加勒比海，西与哥伦比亚相邻，南与巴西交界，东与圭亚那接壤，国土面积 91. 205 万平方千米，在南美各国中排名第六位，海岸线总长 2813 千米。

气候条件

委内瑞拉基本上属热带草原气候，气温随降水量和地势高低不同而变化。山地温和，低地炎热。年均气温为 26—28℃。年均降水量从北部沿海往南由 500 毫米递增至 3000 毫米左右。降水最多的奥里诺科河上游盆地，年均降水量达 3000 毫米以上。最干燥地区在北部沿海，拉瓜伊拉港和马拉凯等地的年均降水量仅 550 毫米左右。全境 6 月至 11 月为雨季，12 月至次年 5 月为旱季。

人口组成

委内瑞拉有人口 31108083 人。混血种人占 51. 6%，欧洲人后裔占 43. 6%，非洲人后裔占 3. 6%，印第安人占 3. 2%。居民中 98% 信奉天主教，1. 5% 信奉基督教。

---

① “Venezuela”, https：//es. wikipedia. org/wiki/Venezuela.

经济模式

委内瑞拉自然禀赋优越，能源资源丰富，石油（含重油）探明储量为2977亿桶（约合465亿吨），居世界第一。委内瑞拉为石油输出国组织成员，是世界主要石油生产与出口国之一。石油工业为委内瑞拉国民经济命脉。近年来，国际油价下滑对委经济造成严重冲击。

政治制度

委内瑞拉实行总统制，总统是国家元首、政府首脑和武装部队统帅，由选民直接选举产生，每届任期6年，可连选连任；总统只向选民负责，不对议会负责；副总统和内阁部长由总统任命，对总统负责。全国代表大会（全代会）是全国最高立法机构，实行一院制；主要职能为制定法律、修改宪法、依法监督政府和公共管理部门、宣布大赦和审批国家预算等；全代会代表由直接选举产生，任期6年；全代会主席任期1年，可连选连任。总统定期向全国代表大会做政府工作报告；总统对全代会通过的法案有否决权，但无权解散全代会。最高法院为全国最高司法机构，由院长、2名副院长和32名大法官组成；院长任期2年，可连选连任一次；大法官由司法推选委员会推荐，由全国代表大会任命，任期12年，不得连任。国家结构上，委内瑞拉实行联邦制。全国划分为21个州、2个边疆地区、1个首都区和1个联邦属地。

当前状况

委内瑞拉当前执政党为前总统乌戈·查韦斯创立的统一社会主义党，该党主张反对资本主义和帝国主义，奉行社会主义、人道主义和国际主义，捍卫玻利瓦尔革命果实，维护劳动阶级和人民的利益，致力于建设公平、自由、人道的“21世纪社会主义”。当前政府于2013年4月成立，现总统为尼古拉斯·马杜罗·莫罗斯。马杜罗就职以来，继续推行前任总统查韦斯的内外政策，加之国际油价下跌，委内瑞拉经济陷入严重危机之中，物品短缺，通货膨胀全球最高，民生恶化，腐败严重。政治共识薄弱，冲突激烈。2015年12月6日，反对派“民主团结联盟”（MUD）赢得国会选举，这是近十六年来反对派首次掌控国会，反对派最高立法机关与街头政治并用，标志着委内瑞拉政治冲突进入了一个新阶段，执政集团与反对派阵营围绕总统罢免、国会职权、地方选举等议题展开了激烈斗争。2017年5月，总统马杜罗提出以启动制宪大会重新制定宪法的方式来解决国内政治危机，8 月初，制宪大会正式成立，马杜罗政府重新修宪的动议与步骤遭到反对派的强烈抵制和抗议，是否重新制宪成为执政集团与反对派斗争的核心议题。

第二节　宏观经济政策分析

随着 2014 年以来国际油价的下跌，委内瑞拉经济陷入严重衰退，物品极度短缺、通货膨胀恶化、货币持续贬值成为委内瑞拉经济最突出的问题。2014 年、2015 年，委内瑞拉 GDP 增长率分别为 -3.9%、-5.7%；同期人均 GDP 增长率分别为 -5.1%、-6.9%。[①] 由于进口锐减、国内生产萎缩以及货币供给大量增加，委内瑞拉通货膨胀形势严重恶化。按照平均消费价格指数衡量，2014 年通货膨胀率为 62.17%，2015 年高达 121.74%。为摆脱经济困境，扭转商品短缺、通胀恶化与货币贬值并行的局面，缓解执政压力，马杜罗政府出台了一系列经济调整措施。

一　财政政策

2013—2016 年国际进口原油价格跌幅达 61.73%，其中 2014—2015 年跌幅最大，为 48.36%。[②] 油价暴跌对委内瑞拉出口创汇能力产生了严重冲击，公共财政受到重创。关于非石油税收，与 2014 年相比，2015 年名义上增加了 145.8%。考虑到通货膨胀的因素，非石油税收实际上萎缩了 15.8%。2015 年所得税实际下降 31.8%，关税实际下降 25.8%。委内瑞拉偿债负担沉重，2015 年偿还债务的支出占据了政府支出的很大比重，根据委内瑞拉中央银行数据，2015 年委内瑞拉政府偿还了 119.72 亿美元外债，其中 73.33 亿美元为本金，46.89 亿美元为利息。这意味着，2015 年前三季度出口总收入的 40.5% 都被用于偿还外债。[③] 如何开源节流以缓

---

① Preliminary Overview of the Economies of Latin America and the Caribbean 2016，pp. 83、89，http：//www. cepal. org/en/publications/list/，2017 年 11 月 13 日。

② 美国能源信息署数据，https：//www. eia. gov/outlooks/steo/realprices/，2017 年 11 月 13 日。

③ Economic Survey of Latin America and the Caribbean 2016，http：//www. cepal. org/en/publications/list/，2017 年 11 月 13 日。

解财政压力成为委内瑞拉财政政策要解决的核心问题。

为缓解财政压力，马杜罗政府采取了一系列措施。包括大量使用外部资产、寻求国际援助、重视黄金的开采与销售、税制改革、债务重组与置换、进行数额巨大的货币融资等。

委内瑞拉尝试利用各种外部资产，并寻求其参与的各种国际组织的财政援助。2015 年委内瑞拉政府与牙买加和多米尼加共和国签署了协议，这两个国家将分别以 50% 和 52% 的折扣提前偿还因加勒比石油计划所产生的对委债务。这可使委内瑞拉政府从牙买加和多米尼加分别获得 15 亿美元和 19. 33 亿美元的收入。2015 年委内瑞拉从国际货币基金组织撤回 23. 43 亿美元。① 2016 年 7 月 25 日，拉丁美洲储备基金组织（LARF）发表声明，同意向委内瑞拉央行发放一笔多达 4. 825 亿美元的三年期贷款。②

面对财政紧张，委内瑞拉政府更为重视国内黄金的开采与销售。2015 年 11 月 9 日，委内瑞拉石油和矿业部宣布正在研究与私营部门共同设立合资企业的可行性，以恢复黄金生产。政府将参照本国石油公司与跨国公司成立合资企业开发奥里诺科重油带的做法，将黄金矿区分为依靠国有力量开采和联合私营部门开采两种区域，最终目的是为国家增加收入来源。③ 注重黄金开采的同时，委内瑞拉政府还大量出售黄金换取外汇或进行黄金抵押以获得融资。

税收是政府收入中最主要的部分，2014—2016 年，委内瑞拉总税率（占商业利润的百分比）分别为 65. 4%、65% 和 64. 7%，利润税率（占商业利润的百分比）分别为 10. 2%、9. 9% 和 9. 5%。可以看出，2014 年以后，委内瑞拉税率有所下降（但如下文所述，相对于多数拉美国家和世界其他地区，委内瑞拉税率仍然较高）。在高通胀环境下，委内瑞拉国内经济活动萧条，在财政紧张的情况下连续降低税率，也可能含有刺激

① Economic Survey of Latin America and the Caribbean 2016，http：//www. cepal. org/en/publications/list/，2017 年 11 月 13 日。

② 巴拿马中讯网：《委内瑞拉迎来新曙光　拉美储备基金同意借款 4 亿多美元》，http：//china507. com/2016/07/28/noticia-venezuela-7/，2017 年 11 月 13 日。

③ 环球网：《委内瑞拉拟允许设立合资企业开采黄金》，http：//china. huanqiu. com/News/mofcom/2015—11/7946128. html，2017 年 11 月 13 日。

国内经济活动的远期考虑。马杜罗政府还调高了税收单位、增设税种，为减少偷税漏税而推行电子发票体系。此外，委内瑞拉通过债务置换和重组，减轻了偿债压力，成功避免了违约风险。①

虽然财政负担沉重，委内瑞拉政府却一如既往地重视社会性支出。2014 年 10 月 21 日，委内瑞拉主管经济的部长理事会副主席在国会宣布，2015 年将继续增加社会投入，消除贫困。② 2016 年 12 月 29 日，总统马杜罗在总结 2016 年施政成绩时表示，2016 年社会民生项目投资占政府总开支的 74. 1% 。③

委内瑞拉政府的各项财政政策并没能扭转财政紧张的局面。2014 年、2015 年、2016 年委内瑞拉政府收入分别为 18. 13、10. 77 和 6. 77（十亿玻利瓦尔，1997 年不变价格），增长率分别为 11. 7% 、 - 40. 6% 和 - 37. 08，政府支出分别为 28. 2、20. 63 和 13. 48（十亿玻利瓦尔，1997 年不变价格），增长率分别为 12. 11% 、 - 26. 85% 和 - 34. 67% 。可见看出，近几年由于经济困境，政府收入和支出都产生了大幅削减，但是支出仍然远远超过政府收入，2014—2016 年，委内瑞拉财政赤字占 GDP 比重分别为 16. 84% 、17. 58% 和 14. 57% 。持续出现的财政赤字必然导致公共债务上升。2014—2016 年，委内瑞拉中央政府公共债务占 GDP 比重分别为 28. 5% 、38. 0% 和 41. 1% ，虽然这一比例在拉美国家中仅属中等偏高水平，但它反映了近几年委内瑞拉中央政府债务负担的加重。委中央银行黄金储备在 2015 年大幅下滑，实质下降超过 32 亿美元。④

① 中华人民共和国驻委内瑞拉玻利瓦尔共和国大使馆：《马杜罗总统成立“国家防卫委员会”并设立常务会议机制》，http：//ve. chineseembassy. org/chn/ddxw/dk82924/，2017 年 11 月 13 日。

② 环球网：《委内瑞拉 2015 年财政预算为 7417. 08 亿玻币》，http：//china. huanqiu. com/News/mofcom/2014 - 10/5184944. html，2017 年 11 月 13 日。

③ 中华人民共和国驻委内瑞拉玻利瓦尔共和国大使馆：《2016 年施政成绩、延长百元面额纸币使用期限、税收、石油、南共市轮值主席》，http：//ve. china-embassy. org/chn/ddxw/ddyw20170102/，2017 年 11 月 13 日。

④ Economic Survey of Latin America and the Caribbean 2016，http：//www. cepal. org/en/publications/list/，2017 年 11 月 13 日。

二 货币政策

近年来委内瑞拉政府持续实行极具扩张性的货币政策，货币增长速度远远高于其他拉美国家。2010—2016 年，委内瑞拉狭义货币（M_1）增幅为 2489.68%，广义货币（M_2）增幅为 2277.05%，远远超过拉美其他国家同期信用扩张幅度。(见表 8—1)

表 8—1　　2010—2016 年拉美主要国家 M_1、M_2 增长率（%）

M_1		M_2	
委内瑞拉	2489.68	委内瑞拉	2277.05
阿根廷	353.98	阿根廷	368.94
哥斯达黎加	115.76	哥斯达黎加	85.85
墨西哥	111.11	墨西哥	84.59
厄瓜多尔	110.99	厄瓜多尔	107.88
秘鲁	86.04	秘鲁	100.08
哥伦比亚	84.29	哥伦比亚	119.33
智利	77.93	智利	92.19
巴拿马	74.67	巴拿马	63.45
多米尼加	60.11	多米尼加	40.97
危地马拉	54.05	危地马拉	72.43
巴西	23.02	巴西	86.51

注：各国 M_1、M_2 增长率均根据拉美经委会数据计算得出，2010 年、2016 年数据均取当年八月数值。

资料来源：拉美经委会数据库。

信用急剧扩张的主要原因是中央政府支出的增加以及中央银行对非金融实体——特别是国家石油公司——融资的增长。2014 年，委内瑞拉中央银行向国家石油公司的贷款占到了基础货币扩张额的 84.9%，2015 年这一比例为 27.7%。① 如此高的货币增发速度虽然有利于暂时满足政府

① Economic Survey of Latin America and the Caribbean 2016，http：//www. cepal. org/en/publications/list/，2017 年 11 月 13 日。

财政支出需求，但在国内物资极度短缺的背景下，过量的货币增发直接导致了物价在短期内大幅上涨。虽然委内瑞拉央行为缓解通胀压力，曾一再试图通过公开市场操作吸收流动性①，但由于这一做法无法从根本上解决信用剧烈扩张的问题，故收效甚微。

增加的信用大部分流入了国有部门，私营部门获益很少。2013 年，私营部门信贷名义上增长了 62%，但实际上仅从 2012 年 12 月的 25.2% 上升到 2013 年 12 月的 29.7%②，这一增幅与国家信用的扩张幅度相比显得极为微小。2015 年，私营部门贷款名义上增长了 109.5%，但考虑到通货膨胀的因素，实际贷款萎缩了 20%。③

2016 年底，马杜罗政府启动币制改革，宣布为保障民众合法收入、打击货币走私犯罪，将废除该国最大面值纸币（100 玻利瓦尔），改为发行最大面值达 2 万玻利瓦尔的 6 种新纸币和 3 种新硬币。④ 但由于进展不顺，马杜罗政府不得不数次延长百元面额纸币的使用期限。失控的通货膨胀是马杜罗政府货币改革的真正原因。虽然大面额纸币会在一定程度上缓解现金消费和取款的困难，但通过这种方法便利货币结算只有短期效应。由于导致恶性通货膨胀的因素依然存在，所以长期而言此办法抑制通货膨胀的作用并不明显，而且还容易让民众产生通胀加剧的预期。这次币值改革也显示出马杜罗政府政策上的仓促。一方面，政府低估了国内 100 玻利瓦尔面额纸币的流通量，仓促废钞引发了一定的经济混乱。民众的恐慌情绪、电子交易途径的缺乏、购买力的限制等，直接影响到日常经济与民生。另一方面，委内瑞拉国内的印钞能力也存在问题，需要国外的造币商来辅助供应。这些因素综合起来，导致马杜罗这次货币改革进展缓慢。

2014 年后委内瑞拉政府开始适当调高存贷款利率。一般而言，调高

① 中华人民共和国驻委内瑞拉玻利瓦尔共和国大使馆：《朝野对话及民调有关情况》，http：//ve.chineseembassy.org/chn/ddxw/t1332980.htm，2017 年 11 月 13 日。

② Economic Survey of Latin America and the Caribbean 2014，http：//www.cepal.org/en/publications/list/，2017 年 11 月 13 日。

③ Economic Survey of Latin America and the Caribbean 2016，http：//www.cepal.org/en/publications/list/，2017 年 11 月 13 日。

④ 人民网：《委内瑞拉废止最大面值纸币　发行万元大钞抵抗本币贬值》，http：//hlj.people.com.cn/GB/n2/2016/1213/c369794-29455133.html，2017 年 11 月 13 日。

存贷款利率有助于给经济活动降温、缓解通货膨胀，但是对于委内瑞拉这种经济滞涨局面而言，如此做法却并非对症之药。结合 2011—2016 年按照平均消费价格衡量的通货膨胀率来看，这一时期委内瑞拉实际存贷款利率均为负值，而且负利率趋势明显加剧（见图 8—1）。

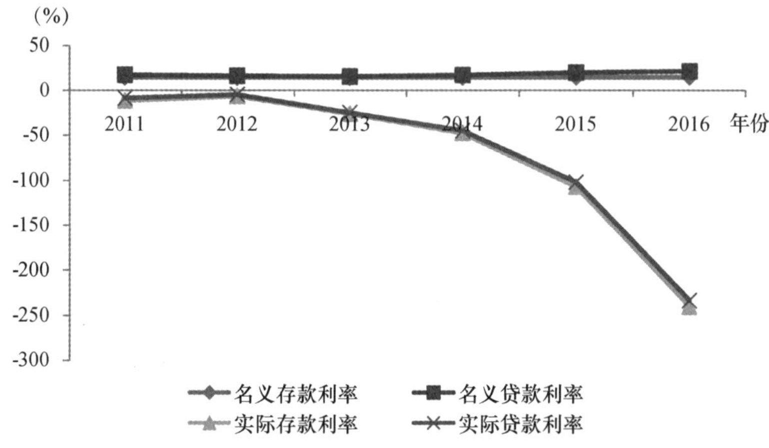

图 8—1 2011—2016 年委内瑞拉存贷款利率

资料来源：拉美经委会数据库、国际货币基金组织数据库。

极端的负利率环境不仅无法遏制信用极具扩张的势头，反而将强烈诱使国民储蓄从银行体系流出，刺激消费，成为导致通货膨胀进一步恶化的因素。根据国际货币基金组织的预测，今后几年，委内瑞拉国民储蓄占 GDP 比重将处于 20 世纪末以来的最低水平。一国货币的实际利率与该国货币的信用度密切相关，委内瑞拉货币的实际利率状况说明该国货币的信誉度正面临史上最严峻的挑战。

三 汇率政策

2014 年以后国际油价的大幅下跌导致委内瑞拉出口创汇能力受到重创，外汇储备压力倍增。因此，委内瑞拉政府汇率政策的核心目标在于最大限度地限制购汇，减缓外汇储备的流失。为此，近年来委内瑞拉汇率制度几经改变。

2003 年，金融当局实施汇率管制，限制委内瑞拉与世界其他地区之间的金融和商业交易，通过制定多重汇率来反映政府在对外贸易方面的优先性差异。然而，多重官方汇率都存在被高估的情况，这刺激了进口，但对非石油部门的出口产生了消极影响。①

2013 年，以外币计价的证券交易系统（SITME）被另一种外汇系统——外汇管理配套系统（SICAD）取代。由行政部门和中央银行发行的第 25 号汇率协定规定，从 2014 年 1 月 24 日起，大多数私营部门的交易汇率都将使用外汇管理配套系统（SICAD），多数商品和服务进口所使用的汇率将从 2013 年的 6.3 上升到 11.30。②

2014 年 3 月，委内瑞拉政府实施了第三种外汇制度——替代性外汇系统（SICAD Ⅱ），这一系统实行浮动汇率。替代性外汇系统（SICAD Ⅱ）的推出得益于非法货币交易法案的废除和新货币管理制度和非法货币交易法的生效。至此，在官方汇率层面，委内瑞拉有三种汇率系统并行：6.30 玻利瓦尔兑换 1 美元的官方汇率仅仅覆盖那些最基本的需求，如药品、食物、住房、教育。SICAD Ⅰ 系统没有特别的优先领域，这意味着政府可以根据需要改变其适用范围。剩余的经济部门和个人换汇业务均适用于 SICAD Ⅱ系统。③

2015 年 2 月，委内瑞拉宣布设立外围汇率，简称 SIMAD Ⅰ。委内瑞拉依然存在三种合法汇率：一是官方汇率，1 美元兑 6.3 玻币，适用于食品、医药、工农业基本原材料等，由国家外贸公司分配，涵盖全国 70% 的用汇。二是由 2013 年、2014 年先后设立的两种补充汇率合并而成一种补充汇率，仍简称 SICAD，由委内瑞拉央行拍卖，适用于一般性生产领域，目前定价为 1 美元兑换 12 玻币，今后将视市场情况逐步上调，涵盖全国 30% 的用汇。三是新成立的外围汇率 SIMAD Ⅰ，将由全国 3792 个证券交易点、外汇兑换处和银行营业网点受理，外汇来源为石油出口收入、旅游业外汇收入、外国企业投资、侨汇等国外汇款、个人持汇，卖出量不设上限；购买外汇的法人和自然人必须在国内银行开设外汇账号，

---

① Economic Survey of Latin America and the Caribbean 2016，http：//www.cepal.org/en/publications/list/，2017 年 11 月 13 日。

② Economic Survey of Latin America and the Caribbean 2014，http：//www.cepal.org/en/publications/list/，2017 年 11 月 13 日。

③ Ibid.

自然人每天每人兑换美元现钞上限为300美元，汇价由买卖双方自由议定，银行交易则不设金额限制，可网上交易。①

鉴于2015年外汇储备的显著下降和外债的增加，2016年3月，委内瑞拉政府再次进行汇率制度改革，宣布新汇改设立两种汇率标准：第一种称为保护汇率（DIPRO），1美元兑换10玻币，用于进口食品、药品和生产原材料等重要物资，支付境外留学费用和境外公民退休金和养老金，以及卫生、文化、体育、科研等领域用汇。第二种汇率称为补充汇率（DICOM），按市场供求关系自由浮动，起始价为1美元兑换206.92玻币，用于出口、国际旅行、外交使团换汇等。②

上述官方汇率外，还存在体现汇率市场真是供求状况的市场汇率（黑市汇率）。近年来，委内瑞拉一直存在官方汇率和市场汇率两种并行的汇率机制。由于信用的高速扩张，市场汇率一路飙升，同时也给官方规定的多重汇率带来越来越大的压力。虽然委内瑞拉政府一直试图通过多种汇率制度对外汇兑换进行严格管控，然而严重的货币超发和资本外流导致本币泛滥和美元稀缺，官方汇率离经济现实越来越远。如下文所述，委内瑞拉政府的外汇管制政策不仅未能稳定其货币的币值，也未能减少外汇储备的流失。

第三节 委内瑞拉经济表现

一 国内各经济部门

一系列经济政策的实施没能遏制委内瑞拉经济下滑的趋势。受国际油价低迷、进出口萎缩、通货膨胀恶化、投资下降等因素的影响，2014—2017年，委内瑞拉经济再次陷入困境。与2013年相比，2017年委内瑞拉GDP萎缩了33.74%，同期委内瑞拉人均GDP也出现了37.2%的

---

① 中华人民共和国驻委内瑞拉玻利瓦尔共和国大使馆经济商务参赞处：《委内瑞拉设立第三种合法汇率》，http://ve.mofcom.gov.cn/article/ztdy/201502/20150200896200.shtml，2017年11月13日。

② 中华人民共和国驻委内瑞拉玻利瓦尔共和国大使馆经济商务参赞处：《委内瑞拉汇制改革设立保护汇率和补充汇率》，http://ve.mofcom.gov.cn/article/ztdy/201603/20160301273053.shtml，2017年11月13日。

萎缩幅度。[①] 按照购买力平价计算，委内瑞拉经济在世界经济总量中所占比重从 2013 年的 0.53% 降至 2017 年的 0.31%。

2014 年第一季度委内瑞拉经济出现了 2011 年以来的首次负增长，同比下降 5.2%。资本形成总额和商品与劳务进口额降幅最大，分别同比下降 52%、44.2%。2014 年经济萎缩 3.9%，最终消费支出比 2015 年下降 2.5%，其中私人最终消费支出下降 3.4%。资本形成总额下降 22.9%，其中固定资本形成总额下降 16.9%，存货增加下降 45.8%。商品和劳务出口下降 4.7%，商品和劳务进口下降 18.5%。2014 年，消费、投资、出口、进口对委内瑞拉 GDP 增长的贡献率分别为 -1.8%、-5.6%、-1.2%、-3.8%。2014 年，多数行业出现了不同程度的萎缩，其中，种植业、林业、牧业、渔业总体萎缩 4.7%，采矿业萎缩 4.3%，制造业 6.9%，运输业 7.2%，建筑业 7.0%，批发与零售、维修、餐饮行业 10.2%。上述行业对委内瑞拉 2014 年 GDP 增长的贡献率均为负值，分别为 -0.2%、-1.1%、-0.8%、-0.2%、-0.6%、-1.6%。

2015 年委内瑞拉经济形势进一步恶化，全年经济萎缩 5.7%[②]，最终消费支出比 2015 年下降 6.6%，其中政府最终消费支出下降 6.0%，私人最终消费支出下降 6.8%。资本形成总额下降 2.4%，其中固定资本形成总额下降 2.9%，存货增加上升 0.3%。商品和劳务出口下降 9.4%，商品和劳务进口下降 2.3%，净出口下降 24.8%。2015 年，消费、投资、出口、进口对 GDP 增长的贡献率分别为 -4.7%、-0.5%、-2.4%、-0.4%。

与 2013 年相比，2015 年委内瑞拉最终消费支出占 GDP 的比重从 70.1% 上升至 70.4%，资本形成总额占 GDP 的比重从 24.2% 降为 20.1%。2013 年、2014 年，委内瑞拉资本形成总额年增长率分别为 -13.95%、-22.92%，固定资本形成总额年增长率分别为 -9.03%、-16.91%。2013 年、2014 年、2015 年，委内瑞拉总投资占 GDP 的比重

---

① 根据国际货币基金组织数据计算得出。

② 在 2017 年 6 月发布的世界经济展望中，世界银行将委内瑞拉 2015 年经济增长率从 -5.7% 调低至 -8.2%。

分别为27.27%、24.81%、42.14%，根据国际货币基金组织估算，2016年这一指标剧降为9.02%，且今后几年不会有显著回升，投资不足成为委内瑞拉经济的一个突出问题。

根据国际货币基金组织数据，2016年委内瑞拉经济萎缩幅度达16.5%。联合国拉美经委会数据则显示委内瑞拉2016年经济增长率为-9.7%。世界银行连续两次调低对委内瑞拉2016年经济增长率的估算数据，从2016年6月的-10.1%，到2017年1月的-11.6%，再到2017年6月的-12%。[①] 按支出计算，固定资本形成总额在GDP中所占比重降幅最大，由2015年的17.5%剧降为2016年的4.1%。2016年，消费、投资、出口、进口对委内瑞拉GDP增长的贡献率分别为-7.0%、-14.0%、-6.9%、-5.5%。如引言所述，2017年委内瑞拉经济不仅尚不如2016年的经济表现，也远远低于同年拉美和加勒比地区的平均增长率，是拉美和加勒比地区经济表现最差的国家。与20世纪50年代末以来的委内瑞拉的历次经济衰退相比，2014年以来的这一波经济下滑是相当严重的。(见图8—2)

图8—2 1999—2017年委内瑞拉GDP增长率

资料来源：国际货币基金组织数据库。

---

① Global Economic Prospects June 2016, Global economic prospects January 2017 , Global economic prospects June 2017, http: //www.worldbank.org/en/research, 2017年11月13日。

二　国际收支：经常账户、债务、汇率等

2013—2016 年，委内瑞拉商品与劳务进出口额锐减，这一时期出口和进口额分别萎缩 14.6% 和 63.6%。2013—2015 年，商品和劳务出口额占委内瑞拉 GDP 的比重从 25.5% 降至 24.3%，进口额占 GDP 的比重从 20.5% 降至 18.0%。从商品出口目的地来看，这一时期，向高收入经济体的出口占据了委内瑞拉商品出口总额的一半以上，向拉美和加勒比地区发展中经济体的出口占商品出口总额的将近 10%，向拉美和加勒比地区外发展中经济体的出口占商品出口总额的约 30%。从商品进口来源看，来自高收入经济体的商品进口占委内瑞拉商品进口总额的 1/3 强，从拉美和加勒比地区的发展中经济体的商品进口占商品进口总额的约 30%，从该地区外的发展中经济体的商品进口约占商品进口总额的 1/6。综合来看，高收入经济体和拉美加勒比经济体仍然是委内瑞拉的第一、第二大贸易伙伴。在委内瑞拉商品出口构成中，燃料出口占比在九成以上，制造业、矿石、食品、农业原材料出口占比极小。关于商品进口构成，制造业和食物进口总共占商品进口总额的九成左右。委内瑞拉单一能源出口的经济结构在商品进出口构成状况中得到了明显体现。

2010—2015 年委内瑞拉出口收入分别为 70481 百万美元、97678 百万美元、101810 百万美元、93188 百万美元、78398 百万美元、39675 百万美元①，从中可以看出 2013 年以来委内瑞拉出口收入下降迅速。出口额连年下降反映了国际油价下跌对委内瑞拉出口贸易产生的消极影响。出口持续萎缩不仅增加了委内瑞拉外债偿付的难度，加大了货币贬值压力，而且直接影响到委内瑞拉的进口能力，进而对委内瑞拉国内生产和消费产生冲击，成为导致通货膨胀进一步恶化的又一个因素，对委内瑞拉经济造成更为恶劣的影响。2010—2015 年委内瑞拉经常账户余额分别为 55.85 亿美元、163.42 亿美元、25.86 亿美元、46.04 亿美元、35.98 亿美元、－203.6 亿美元。从 2014 年第四季度到 2015 年第四季度，委内瑞拉季度经常项目余额均为负值。将委内瑞拉与其他拉美主要国家进行横

---

① International Debt Statistics 2017，http：//blogs. worldbank. org/opendata/2017-edition-international-debt-statistics-out，2017 年 11 月 13 日。

向比较，2015 年委内瑞拉经常项目余额占 GDP 比重为 -7.83%，经常项目余额对 GDP 的消极影响要大于巴西、墨西哥、阿根廷、智利、哥伦比亚、秘鲁等国家（上述巴西等国 2015 年经常项目余额占 GDP 比重分别为 -3.27%、-2.90%、-2.66%、-1.93%、-6.44%、-4.89%）。（见图 8—3）从绝对数量上看，2016 年委内瑞拉经常项目逆差额仅少于巴西、墨西哥、阿根廷、哥伦比亚四个拉美大国，贸易赤字额在拉美和加勒比地区排名第五。在委内瑞拉这样经济运行严重依赖进出口的国家，严重的国际收支逆差会导致外汇储备流失、本币贬值、进口能力下降，进而导致资本外逃，加剧国家债务负担，对国家经济状况产生显著的负面影响。

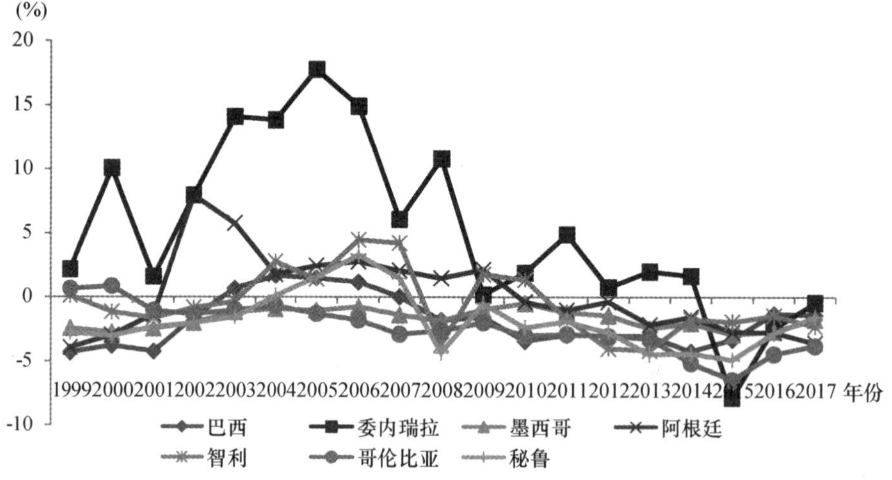

图 8—3 1999—2017 年拉美主要国家经常项目余额占 GDP 比重

资料来源：国际货币基金组织数据库。

近年来委内瑞拉外商直接投资呈明显下降趋势，资本外流显著增加。2011—2015 年外商直接投资分别为 2988 百万美元、2681 百万美元、896 百万美元、1287 百万美元、165 百万美元，资本净流入分别为 -1981 百万美元、-1849 百万美元、-6630 百万美元、-10831 百万美元、-11709百万美元、-14657 百万美元。①

① International Debt Statistics 2017，http：//blogs.worldbank.org/opendata/2017-edition-international-debt-statistics-out，2017 年 11 月 13 日。

2010—2015 年委内瑞拉外债总额分别为 101766 百万美元、118172 百万美元、130630 百万美元、132346 百万美元、135748 百万美元、123666 百万美元。可见，2013 年以来委内瑞拉外债总额基本处于历史最高水平。2011—2015 年委内瑞拉外债总额与出口收入比分别为 121.0%、128.3%、142.0%、173.2%、311.7%[①]，外债利息支付占商品服务出口收入的百分比分别为 7.3%、8.47%、9.18%、11.03%、19.7%。2010—2015 年，委内瑞拉国际储备从 131.37 亿美元减少为 63.24 亿美元，降幅为 51.86%，其中 2014—2015 年降幅为 15.19%。国际储备占外债总额比率也从 2010 年的 12.9% 降为 2015 年的 5.1%，这一比值在拉美主要国家中处于最低行列。上述一系列数据都反映出委内瑞拉偿债负担的加重和主权风险的增加。

2011—2016 年，委内瑞拉货币对美元的名义汇率分别为 4.29、4.29、6.05、6.28、6.28、9.11，实际有效汇率指数（2010 = 100）分别为 71.78、86.85、84.76、128.33、319.75、721.34。由于政府对名义汇率的规定明显背离汇率市场实际供需状况，因此造成实际汇率与名义汇率之间相去甚远。

三　价格、就业与收入

严重的通货膨胀是委内瑞拉经济面临的最突出的问题。20 世纪 50 年代末民主化以来，委内瑞拉第一次比较严重的通货膨胀出现在 20 世纪 70 年代中后期，不过 70 年代末之前，通货膨胀率总体上被控制在个位数。从 20 世纪 70 年代末开始，两位数的通货膨胀率成为常态。最近十年，委内瑞拉成为拉美地区通货膨胀最严重的国家。2014 年以来，委内瑞拉通货膨胀加速恶化，通胀率达到三位数，远远超出其他拉美国家。除为弥补财政赤字而进行的大规模纸币超发外，出口萎缩所导致的进口能力不足、经济环境恶化导致的生产下降也是诱发委内瑞拉通货膨胀急剧恶化的重要因素。

长期以来委内瑞拉经济都是一种以石油出口为主的单一经济模式，

---

① International Debt Statistics 2017, http://blogs.worldbank.org/opendata/2017-edition-international-debt-statistics-out，2017 年 11 月 13 日。

用石油出口收入进口食品和工业制成品以满足国内需求是委内瑞拉经济的主要运行模式。2014 年以来，低迷的国际油价大大削弱了委内瑞拉出口能力，进口也随之萎缩。这对委内瑞拉国内生产和日常生活产生了极大冲击。进口能力不足直接导致物资匮乏，成为国内通货膨胀的重要原因。

良好经济环境的形成和维护需要各参与方尊重市场经济规律，但从前总统查韦斯执政至今，委内瑞拉政府极力推行经济国有化政策，动辄采用非市场手段对市场实施干预，导致了委内瑞拉经济环境的不断恶化。查韦斯执政期间，委内瑞拉私营部门参与的电信、能源投资总体均呈明显下降趋势。税率是衡量营商环境优劣的重要指标，从 2005—2016 年，委内瑞拉总税率整体呈明显上升趋势，2013—2016 年均在 65% 左右徘徊，这与拉美加勒比地区总税率和世界平均总税率所呈现出来的稳定下降趋势截然相反。(见图 8—4)

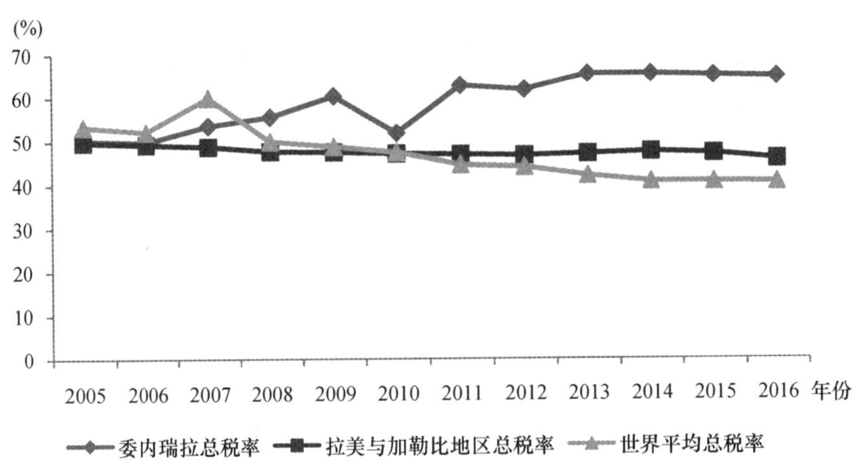

图 8—4 2005—2016 年委内瑞拉、拉美与加勒比地区、世界平均总税率

资料来源：世界银行数据库。

从 2006 年以来世界银行发布的年度营商环境报告可以看出，查韦斯执政中后期委内瑞拉已经成为拉美地区乃至全世界最不适宜经商的国家之一，十多年来委内瑞拉营商环境总体上呈恶化趋势。(见表 8—2)

表8—2　　2006—2016年拉美主要国家营商便利度排名及排名位置

年份	排名/排名位置							被评估国家总数
	智利	墨西哥	秘鲁	哥伦比亚	阿根廷	巴西	委内瑞拉	
2006	25/0.16	73/0.47	71/0.46	66/0.43	77/0.50	119/0.77	120/0.77	155
2007	28/0.16	43/0.25	65/0.37	79/0.45	101/0.58	121/0.69	164/0.94	175
2008	33/0.19	44/0.25	57/0.32	66/0.37	109/0.61	122/0.69	172/0.97	178
2009	40/0.22	56/0.31	62/0.34	53/0.29	113/0.62	125/0.69	174/0.96	181
2010	49/0.27	51/0.28	56/0.31	37/0.20	118/0.64	129/0.70	177/0.97	183
2011	43/0.23	35/0.19	36/0.20	39/0.21	115/0.63	127/0.69	172/0.94	183
2012	39/0.21	53/0.29	41/0.22	42/0.23	113/0.62	126/0.69	177/0.97	183
2013	37/0.2	48/0.26	43/0.23	45/0.24	124/0.67	130/0.70	180/0.97	185
2014	34/0.18	53/0.28	42/0.22	43/0.23	126/0.67	116/0.61	181/0.96	189
2015	41/0.22	39/0.21	35/0.19	34/0.18	124/0.66	120/0.63	182/0.96	189
2016	48/0.25	38/0.20	50/0.26	54/0.29	121/0.64	116/0.61	186/0.98	189

注：由于2006—2016年被评估国家总数不尽一致，因此仅仅从国家排名上难以准确看出一国在被评估国家中所处位置的变动。为相对准确地反映一国营商便利度在所有被评估国家中所处位置，本章使用“排名位置”概念。“排名位置”的计算方式为一国某年度营商便利度排名除以当年被评估国家总数。因此，“排名位置”数值区间为0—1（不包括0）。“排名位置”数值越接近0，表示该国营商便利度排名在被评估国家中越靠前，“排名位置”数值越接近1，表示该国营商便利度排名在被评估国家中越靠后。

资料来源：世界银行《全球营商环境报告》（2006—2016），http://www.doingbusiness.org/data。

查韦斯、马杜罗执政时期，私营部门在委内瑞拉经济中的地位大大降低了。政府将最重要的经济权力掌握在自己手中，对私人投资进行严格的监管与限制，政府没收无处不在。① 委内瑞拉经济政治的现实状况，以及领导人对全球化的强烈质疑、对市场规则的公开批评，引发了国内外投资者对委内瑞拉投资环境的担忧。对国家经济资源掌控的加强为政府大规模社会性支出提供了财政支持，但与此同时，政府对经济的过度干预造成了国有经济的过度膨胀与无效率、私营部门生存环境的恶化，

① 查韦斯执政时期委内瑞拉政府对私有财产没收相关情况，参见［英］洛里·卡洛尔《你好，总统——吴戈·查韦斯与他的委内瑞拉》，徐天鹏译，中国电力出版社2014年版。

这成为查韦斯、马杜罗执政时期委内瑞拉经济的重要特征之一，不利于委内瑞拉经济的健康发展。按 GDP 平减指数衡量，2011—2016 年委内瑞拉年通货膨胀率分别为 28.1%、14.1%、35.5%、40.4%、112.0%、470.8%；按照平均消费价格衡量，2011—2016 年委内瑞拉年通货膨胀率分别为 26.1%、21.1%、40.6%、62.2%、121.7%、254.9%；按照这一时期末消费价格衡量，这一时期年通货膨胀率则分别为 27.6%、20.1%、56.2%、68.5%、180.9%、274.4%。可见，近几年委内瑞拉通货膨胀率急剧上升，并已转变为恶性通货膨胀。以年均食品消费价格指数衡量，委内瑞拉 2011—2015 年通胀率分别为 29.9%、24.8%、54.2%、86.7%、218.7%，远高于同期拉美和加勒比地区平均水平。按照购买力平价计算，2016 年委内瑞拉货币购买力尚不足 2013 年购买力的 1/16。（见图 8—5）如前所述，针对不断恶化的通货膨胀，委内瑞拉政府采取了一系列措施，最主要的是限价政策和物品的直接调配，试图以此来保证基本供给、遏制通货膨胀。然而，限价政策和直接调配政策并没有改变国内供给严重不足的事实，这些政策的实施是与商品的极度短缺并行的，长期而言，它们不仅不能有效地遏制通货膨胀，反而会导致国内生产进一步凋零，使物资更为短缺，从而成为通货膨胀新的催生因素。

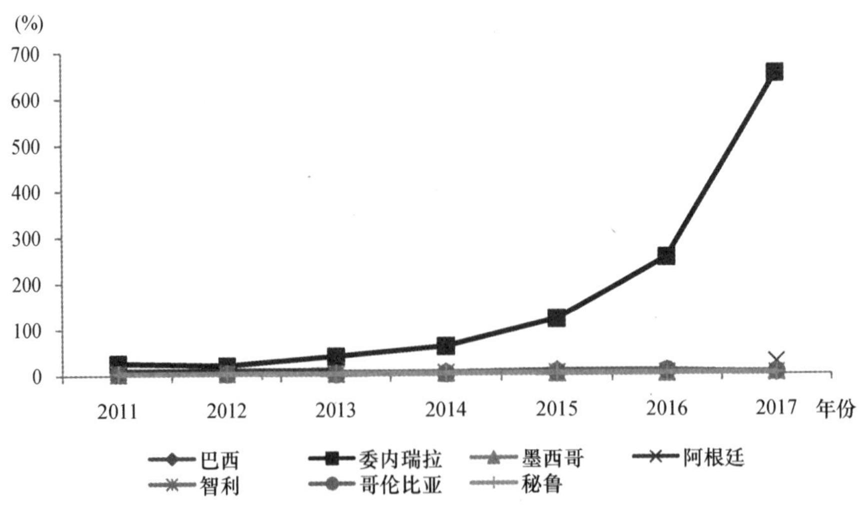

图 8—5 2011—2017 年拉美主要国家通货膨胀率

资料来源：国际货币基金组织数据库。

委内瑞拉经济的不景气也反映在劳动力市场上，2014—2016 年委内瑞拉失业率明显上升。根据国际货币基金组织的估算，委内瑞拉 2014 年失业率为 6.7%，2015 年比 2014 年上升 0.7 个百分点，为 7.4%，2016 年剧增为 21.2%。2014—2016 年，按购买力平价计算的委内瑞拉人均 GDP 增长率分别为 -3.53%、-6.49%、-18.02%。2013 年，委内瑞拉就业人口人均 GDP 为 41890 国际美元（2011 年不变购买力平价），2014 下降 7.2%，为 38869 国际美元，2015 年、2016 年又分别下降 8%、11.48%。

2013 年、2014 年人均国民总收入增长率分别为 -0.42%、-3.4%。2014 年，委内瑞拉居民最终消费支出增长率为 -3.36%，人均居民最终消费支出增长率为 -4.67%，二者均为 2011 年以来首次出现负增长。虽然委内瑞拉政府屡次采取提高最低工资等民生措施，但是恶化的通货膨胀严重冲击着工资的购买力。

由于物资的极度短缺、价格飞涨，2014 年以来，委内瑞拉社会状况严重恶化，按委内瑞拉国家贫困线衡量，委贫困人口比例从 2013 年的 29.4% 增加到 2015 年的 33.1%。而根据国际货币基金组织的估计，2016 年委内瑞拉贫困率为 82%，其中 50% 为极端贫困人口。缺乏药物和卫生系统的崩溃使情况进一步恶化。① 根据约翰霍普金斯大学经济学教授斯蒂夫·H. 汉克（Steve H. Hanke）的统计，2013 年、2014 年、2015 年、2016 年委内瑞拉痛苦指数均在被统计国家中排名第一，分别为 79.4、106.03、214.9、573.4②，从中可以看出近年来委内瑞拉民众生存状况的不断恶化。

---

① World Economic and Financial Surveys-Regional Economic Outlook-Western Hemisphere April 2017，http：//www.imf.org/en/publications，2017 年 11 月 13 日。

② Steve H. Hanke："Measuring Misery around the World"，https：//www.cato.org/publications/commentary/measuring-misery-around-world，2017 年 11 月 13 日；Steve H. Hanke："The World Misery Index：108 Countries"，https：//www.cato.org/blog/world-misery-index-108-countries，2017 年 11 月 13 日；Rebeca Morla："Venezuela Is Still the Most Miserable Country on the Planet"，https：//panampost.com/rebeca-morla/2016/01/12/venezuela-is-still-the-most-miserable-country-on-the-planet/，2017 年 11 月 13 日；Steve H. Hanke："The World's Most - And Least - Miserable Countries in 2016"，http：//www.zerohedge.com/news/2017-01-16/world's-most-and-least-miserable-countries-2016，2017 年 11 月 13 日。

第四节 委内瑞拉经济展望

20世纪末以来，工业制成品出口额占委内瑞拉总出口额的比重呈明显下降趋势，从1998年的18.5%降为2013年的1.8%，而初级产品出口额占总出口额的比重却从1998年的81.5%上升为2013年的98.2%，初级产品出口以原油出口为主，原油出口额占出口总额的比重从1998年的46.4%上升为2013年的85.1%。从中可以看出，20世纪末以来的近二十年中，委内瑞拉经济对原油出口的依赖不仅没有缓解，反而更加严重。(见图8—6)

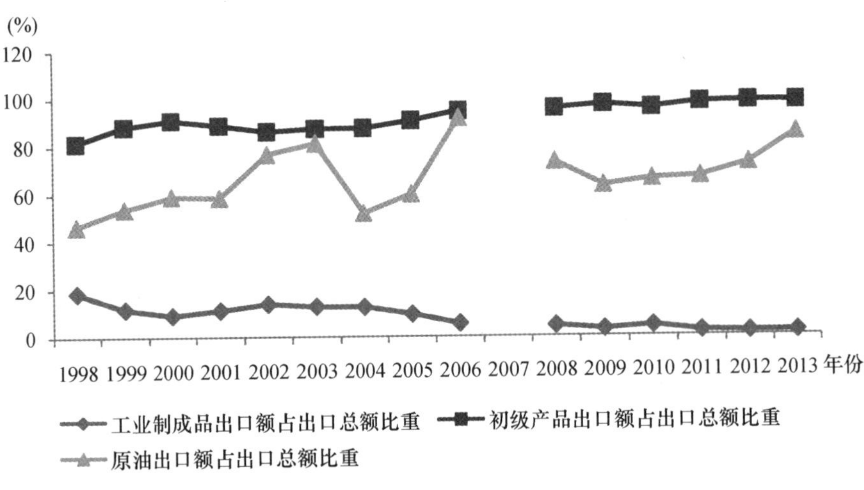

图8—6 1998—2013年委内瑞拉出口商品构成

资料来源：拉美经委会数据库。

严重依赖石油出口的经济模式，使委内瑞拉经济状况直接受制于国际原油价格走势。根据美国能源信息署的预测，国际油价下行趋势将在2017年发生改变，2017年国际进口原油价格预计为45.55美元/桶，与2016年相比将有小幅回升。2018年国际进口原油价格预计为45.21美元/

桶，与 2017 年相比有 0.75% 的降幅，但仍高于 2016 年进口原油价格。[①]但是总体而言，2017—2018 年国际油价仍然在低位徘徊，油价小幅回升所带来的经济受益远不足以使委内瑞拉走出经济困境。

除国际油价外，可能对委内瑞拉经济状况产生重要影响的另一个因素是其日益衰退的原油生产能力。20 世纪末以来，为保障民生，委内瑞拉政府将大量资源用于社会性支出，这种做法一方面虽有利于改善民生状况，另一方面却挤压了用于固定资产维修和更新的资金，长期而言对委内瑞拉生产能力造成了不利影响。当前的国际油价低迷也会影响国外投资者的投资决策，外国投资的减少也不利于委内瑞拉石油生产能力的回升。（见图 8—7）

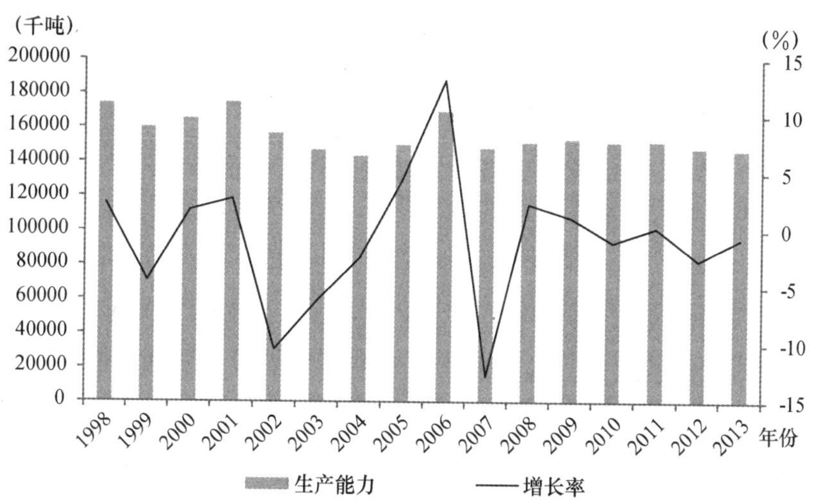

图 8—7　1998—2013 年委内瑞拉原油生产能力及其增长率

资料来源：拉美经委会数据库。

在国际油价低位徘徊、石油生产能力日益衰退等因素的共同作用下，委内瑞拉经济前景并不乐观。2017 年 1 月和 2017 年 6 月，世界银行连续两次调低了对委内瑞拉经济预期，对 2017 年、2018 年委内瑞拉经济增长率，从 2016 年 6 月预测的 –3.4%、1.6%，调低至 2017 年 1 月的 –4.3%、0.5%，再次调低至 2017 年 6 月的 –7.7%、–1.2%，远低于世界银行 2017

① 美国能源信息署数据，https：//www.eia.gov/outlooks/steo/realprices/，2017 年 11 月 13 日。

年6月对拉美和加勒比地区同期经济增长水平的预期（0.8%、2.1%）。[①]

国际货币基金组织也多次调低对委内瑞拉经济增长的预期。2016年10月，国际货币基金组织预测委内瑞拉2017年经济增长率为-4.5%，2017年4月预测2017年、2018年委内瑞拉GDP将分别萎缩7.4%、4.1%[②]，人均GDP增长率分别为-8.59%、-5.3%。[③] 2017年10月，国际货币基金组织预测2017年、2018年委内瑞拉GDP增长率将分别为-12%、-6%。[④]（见图8—8）国际货币基金组织认为，由于极度的财政失衡、深度的价格扭曲以及进口严重受限，委内瑞拉经济将继续处于严重衰退之中，其通货膨胀将持续恶化。委内瑞拉延续近二十年的经济政策没有体现出任何改变的迹象，为应对巨额财政赤字所进行的货币大量超发、商品的极度短缺以及对现行货币信心的缺乏，将继续导致通货膨胀的飙升，2017年、2018年，以年平均消费者价格指数衡量的通货膨胀率将分别高达720.5%、2068.5%，若以年末消费者价格指数衡量，2017年、2018年通货膨胀率更是将分别高达1133.8%、2529.6%。2017年、2018年，委内瑞拉失业率将分别高达25.3%、28.2%。2017年经常项目赤字预计为81.8亿美元，约占GDP的3.3%，2018年经常项目赤字约占GDP的2.1%。2017年、2018年，委内瑞拉失业率将分别达25.3%、28.2%。[⑤] 2017年，委内瑞拉国际储备预计将降至60亿美元，约为2015年国际储备水平的1/3。根据国际货币基金组织的预测，短时间内委内瑞拉不会摆脱经济衰退的局面。[⑥]

此外，根据联合国拉美经委会的预测，2017年委内瑞拉经济将会出

---

① Global Economic Prospects June 2016，Global economic prospects January 2017，Global economic prospects June 2017，http：//www. worldbank. org/en/research，2017年11月13日。

② 国际货币基金组织：《世界经济展望》（2016. 10）、世界经济展望（2017. 4），http：//www. imf. org/en/publications，2017年11月13日。

③ 根据国际货币基金组织数据计算得出。

④ 国际货币基金组织：《世界经济展望》（2017. 10），http：//www. imf. org/en/publications，2017年11月13日。

⑤ 国际货币基金组织：《世界经济展望》（2017. 4），http：//www. imf. org/en/publications，2017年11月13日。

⑥ World Economic and Financial Surveys-Regional Economic Outlook-Western Hemisphere April 2017，http：//www. imf. org/en/publications，2017年11月13日。

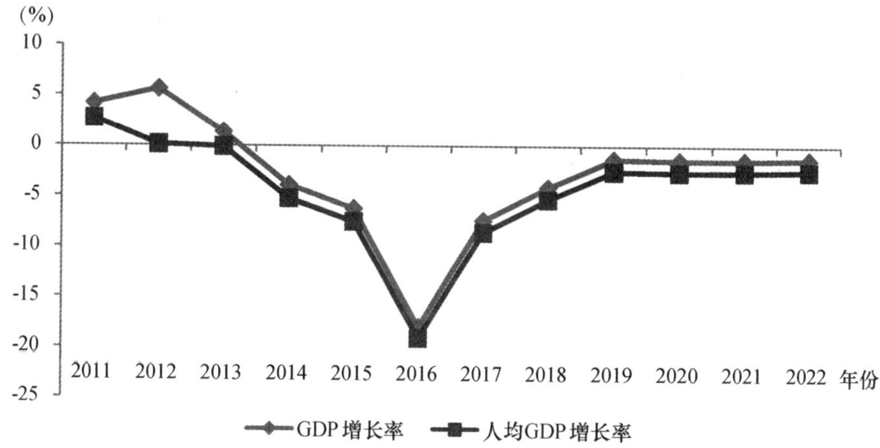

图 8—8　2011—2022 年委内瑞拉 GDP、人均 GDP 增长率预测值

资料来源：国际货币基金组织数据库。

现 7.2% 的负增长。① 总之，世界经济不振、国际油价低迷，国内经济结构单一、过度依赖石油出口、国内冲突剧烈、高通胀与货币持续贬值等因素并行。而通胀高企、玻利瓦尔贬值与委内瑞拉经济结构单一、过度依赖石油收入紧密相连，如果不能改变过度依赖石油出口的经济模式，如果不能缓解国内政治冲突，达成基本共识，经济形势的好转几无可能。当前国际经济环境下，减少对石油的依赖对委内瑞拉而言变得愈加重要，政策制定者需要重新审视内外政策，改善国内经济环境，提高私人部门在创造急需的就业和维持长期增长中的作用，为本地区经济发展创造新的动力。短期内，委内瑞拉经济好转颇有难度，从长期来看关键还在于国家经济模式的转变。

从 20 世纪二三十年代石油经济模式确立以来，委内瑞拉的每次经济危机均由国际油价下跌引发，而每次经济衰退都会引发不同程度的社会危机与政治动荡，动荡的程度从示威游行、政变，到政府更换、政治模式的更替。在 20 世纪 40 年代中期到 50 年代末的三次政权更迭中国际油

① Updated Projections for Latin America and the Caribbean，2017，http：//www. cepal. org/en/about，2017 年 11 月 13 日。

价下跌引发的经济危机均起到了关键作用；20 世纪 60 年代前期的经济困境所导致的社会支出的降低是 60 年代反政府武装斗争兴起与长期持续的重要原因；20 世纪八九十年代的长期经济低迷彻底摧毁了蓬托菲霍体系的物质支柱，成为以查韦斯为代表的左派势力上台的经济背景。2014 年到现在的委内瑞拉经济萎缩是自 20 世纪 50 年代末以来最严重的一次经济衰退，如果马杜罗政府应对不当，这次经济危机很有可能会彻底摧毁查韦斯—马杜罗执政模式的合法性，成为终结这一模式的关键因素。

第五节　委中经贸关系回顾与展望

一　委中经贸关系回顾

1974 年建交以来，中国与委内瑞拉一致存在双边经贸关系，但在查韦斯担任总统前的二十多年间，中国和委内瑞拉之间的贸易总额增长比较缓慢，一直都没有超过 2 亿美元。2001 年 4 月，中委两国建立“共同发展的战略伙伴关系”，成立中委高级混合委员会，协调规划两国在政治、经贸、人文等领域的合作。随着两国高层交往的加深，两国经贸关系逐渐进入发展的快车道。2004 年，委方宣布承认中国完全市场经济地位。2001—2013 年间，委内瑞拉和中国签署了 400 多个协议，双方在能源和矿产、金融、农业、基础设施、高科技等领域开展了实质性合作，委内瑞拉已成为中国在拉美地区重要的贸易伙伴和投资对象国。中委双边贸易在 2005 年后开始出现显著增长，2008 年双边贸易额达到 99.32 亿美元，受全球经济危机的影响，2009 年双边贸易额出现回落，但随后又快速飙升，2012 年达 238.47 亿美元。2014 年以后，受国际油价下跌和委内瑞拉经济低迷的影响，中委双边贸易持续萎缩。2015 年中委贸易总额 120.92 亿美元，其中中方出口 53.16 亿美元，进口 67.78 亿美元，同比分别下降 28.77%、6.04%、40.13%。2016 年双边贸易额为 80.4 亿美元，其中中方出口 25.2 亿美元，进口 55.2 亿美元，同比分别增长 -34%、-52.6%、-19.7%。2013—2016 年，委内瑞拉对华出口额衰退幅度达 57.93%。(见图 8—9)

双边贸易中，中方主要出口机电产品、高新技术产品、工业机械和

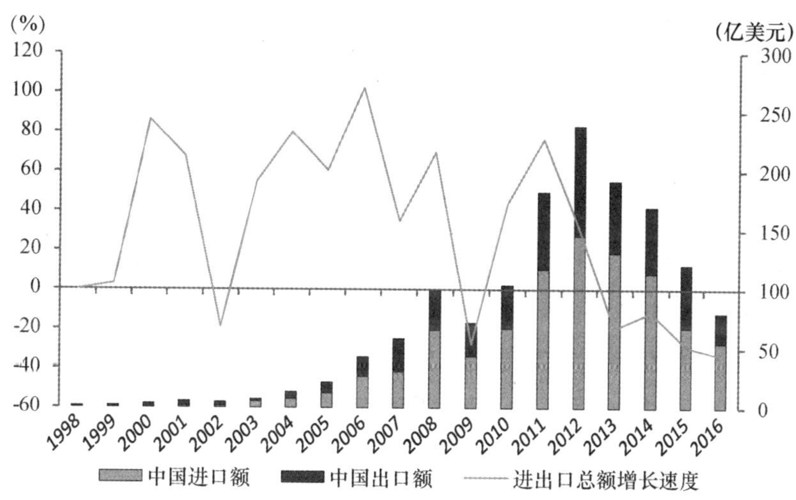

图8—9　1998—2016年中委进出口贸易额及其增长速度

资料来源：2016年数据来源于中华人民共和国外交部网站，其他数据均来源于中华人民共和国国家统计局数据。

设备等，进口原油、成品油、钢铁、矿砂等。① 从2015年委内瑞拉对华出口的主要产品构成来看，原油占73.9%；除原油外的石油或沥青矿物占21.7%；铁矿石和非凝集精矿占4.1%；镍铁占0.2%；皮革占0.04%。以上产品总和占2015年委内瑞拉对华出口总额的99.9%。② 可见，委内瑞拉对华出口集中于原油及石油产品、原材料方面，制造业的参与度极为有限。

2010年之前，中国对委内瑞拉直接投资额非常小，1990—2009年，中国对委直接投资总额仅为2.4亿美元。从2010年开始，中国对委投资开始迅速增长，到2013年达到近年来的最高点，为24.45亿美元。2010—2013年间，与中国对拉美整体投资发展趋势相比，中国对委内瑞拉投资增幅明显。2014年以来，随着国际能源与原材料价格的下降，中

① 中华人民共和国商务部美大司：《中国与委内瑞拉经贸关系简况》，http://mds.mofcom.gov.cn/article/Nocategory/200812/20081205968707.shtml，2017年11月13日。

② 《拉丁美洲和加勒比地区与中国之间的经济关系——机会与挑战》，http://www.cepal.org/en/publications，2017年11月13日。

国对委直接投资额也出现了回落，2014 年仅为 10 亿美元，降幅达 59.1%。[①]

从中国的角度来看，委内瑞拉主要是原材料生产者，这也体现在中国对委内瑞拉直接投资的结构上，中国对委内瑞拉的直接投资集中于采掘业，尤其是对中国具有战略意义的石油行业，中国的石油公司是委内瑞拉石油业的头号外国投资者。截至 2015 年，委在华投资项目累计 119 个，实际投资 3416 万美元，主要涉及房地产开发经营等领域。[②]

2010 年以来，委内瑞拉一直是中国在拉美地区最大的工程承包市场，涉及的领域主要有能源、电力、农业、矿业、冶金、基础设施、住房、电信等。从 1998—2015 年，中国对委内瑞拉承包工程累计完成营业额 319.4 亿美元。[③]

二 委中经贸关系展望

中委两国经贸合作互补优势明显。当前中国正处在发展的关键时期，对海外原材料和市场的需求极大。委内瑞拉是一个拉美大国，虽然近几年经济下行明显，但仍然是拉丁美洲的一个中大型经济体。委内瑞拉拥有丰富的石油、天然气、铝土、铁、煤、黄金、金刚石等自然资源，其中石油探明储量居世界首位。中国企业的技术水平和装备水平通过近年来在委成功实施的各类合作项目得到了委内瑞拉各界的普遍认可，中国金融企业实力的不断增强也引起了委方的高度关注。就当前两国经贸状况来看，中委双边贸易还存在很大的发展空间。

中委经贸合作的发展不仅是出于双方经济互补性的自然选择，而且两国扩大经贸交往也有利于双方的经济安全。拿中国来说，在石油这一战略能源进口的问题上，要减轻对中东、俄罗斯、中亚石油的依赖，就必须寻找新的石油进口来源国。对委内瑞拉而言，要减轻对美国市场的依赖，也必须寻找新的稳定的海外市场，实现石油出口市场的多元化。

---

① Chinese Investments in Latin America: Opportunities for growth and diversification,, http://www.cepal.org/en/publications, 2017 年 11 月 13 日。

② 中华人民共和国商务部美大司：《中国与委内瑞拉经贸关系简况》，http://mds.mofcom.gov.cn/article/Nocategory/200812/20081205968707.shtml, 2017 年 11 月 13 日。

③ 根据中华人民共和国国家统计局数据计算所得。

双方经济安全上的一致性为两国经贸关系的发展提供了契机。中委两国在经济链条中的强烈互补性以及在经济安全方面的契合意味着中委能源贸易可能迈上新的台阶。

此外，中委两国有着相同的被殖民的历史，有着相同的寻求国家发展和人民幸福的目标。在国际政治层面，在维护国家主权、安全，推动建立国际政治新秩序等方面也有广泛的共同话题，有条件进行更加深入的合作与互助。两国相似的历史经历与使命以及政治上的紧密关系也为经贸关系发展提供了有利环境。

然而，当前委内瑞拉国内经济、政治形势也使中委经贸关系的发展面临一些障碍。其一，查韦斯、马杜罗执政时期实施的大规模国有化和对私营经济的打压、对市场经济规律的违背和质疑，降低了委内瑞拉经济的效率，恶化了委内瑞拉的经济环境。查韦斯、马杜罗政府那种不顾经济实力的竭泽而渔式的对民生项目的投入，透支了国家经济的长期发展能力。这些都不利于委内瑞拉经济的健康发展，对中委两国经贸关系的发展也会产生负面作用。其二，由于委内瑞拉执政阵营和反对派在国家发展道路和发展模式上无法达成共识，在查韦斯、马杜罗执政的大部分时间内，激烈的冲突与对抗成为委内瑞拉政治的突出特征。大规模、高频率的政治冲突与动荡自然会影响委内瑞拉的经济发展，政权的不稳定也会恶化委内瑞拉投资环境，为外国投资者增加投资难度。

不过总体而言，中委两国经贸合作有着一定的基础、巨大的潜力和广阔的前景，积极开展各领域经贸合作符合中委两国的长远利益。希望在中委两国政府和各界人士的共同努力下，中委双边经贸合作在平等互利的基础上实现长期与可持续的发展。

备注：由于本章使用数据较多，不便逐一给出注释。凡未标明来源的数据均出自：

1. 拉美经委会数据，https：//www. cepal. org/en；
2. 世界银行数据，https：//data. worldbank. org. cn；
3. 国际货币基金组织数据，http：//www. imf. org/external/index. htm。

参考文献

1. Chinese Investments in Latin America：Opportunities for growth and diversification，，http：//www. cepal. org/en/publications.

2. Economic Survey of Latin America and the Caribbean 2014，http：//www. cepal. org/en/publications/list/.

3. Economic Survey of Latin America and the Caribbean 2016，http：//www. cepal. org/en/publications/list/.

4. Global Economic Prospects June 2016，Global economic prospects January 2017 ，Global economic prospects June 2017，http：//www. worldbank. org/en/research.

5. International Debt Statistics 2017，http：//blogs. worldbank. org/opendata/2017-edition-international-debt-statistics-out.

6. Preliminary Overview of the Economies of Latin America and the Caribbean 2016，http：//www. cepal. org/en/publications/list/.

7. Rebeca Morla，"Venezuela Is Still the Most Miserable Country on the Planet"，https：//panampost. com/rebeca-morla/2016/01/12/venezuela-is-still-the-most-miserable-country-on-the-planet/.

8. Rory Carroll，Comandante：myth and reality in Hugo Chávez's Venezuela，The Penguin Press，New York，2013.

9. Steve H. Hanke，"Measuring Misery around the World"，https：//www. cato. org/publications/commentary/measuring-misery-around-world.

10. Steve H. Hanke，"The World Misery Index：108 Countries"，https：//www. cato. org/blog/world-misery-index-108-countries.

11. Steve H. Hanke， "The World's Most – And Least – Miserable Countries in 2016"，http：//www. zerohedge. com/news/2017 – 01 – 16/world's-most-and-least-miserable-countries-2016.

12. Updated Projections for Latin America and the Caribbean，2017，http：//www. cepal. org/en/about.

13. World Economic and Financial Surveys-Regional Economic Outlook-Western Hemisphere April 2017，http：//www. imf. org/en/publications.

14. World Economic Outlook Database April 2017，http：//www. imf. org/external/ns/cs. aspx? id =28.

15. World Economic Outlook April 2017，http：//www. imf. org/en/publications.

第九章

南美四国经济发展分析与展望

刘　明[①]

摘要： 南美四国（玻利维亚、厄瓜多尔、巴拉圭、乌拉圭）是拉美地区的中等国家，尽管四国经济发展水平各异，但其国民经济发展都高度依赖对外贸易，以出口农牧业产品和矿产品为主。它们在充分获取出口繁荣所带来的收益的同时，经济发展的脆弱性也表现得较为明显。南美四国是近些年本地区经济活力较大的国家，经济总体而言保持较高的增长速度。旅游业、水产品以及鲜花等产业成为这些国家经济发展新的增长点，传统的石油、香蕉、锡矿等产业也得到了一定程度的发展。在对外贸易方面，与发达经济体和拉美地区的贸易占据这些国家对外贸易份额的最大部分，但与东亚和太平洋地区的经贸往来基本上呈稳步上升趋势。中国是这些国家十分重要的贸易伙伴，在这些国家的出口经济发展中占据越来越重要的地位。另外，中国也投资这些国家的基础设施、汽车以及农业技术等领域，以促进中拉务实合作和拉美国家的长久可持续发展。

关键词： 农业；出口；经济增长率；投资；旅游业

第一节　玻利维亚

玻利维亚是拉丁美洲的内陆国家，经济发展相对落后。国民经济增

---

① 刘明，湖北大学历史文化学院讲师、拉美研究院院长助理，主要研究方向：拉美外交和经济、拉丁美洲史、拉美边界和海洋问题等领域。

长主要依靠矿产品的出口。近些年，玻利维亚推行扩张性的货币政策，以扩大国内需求，加快经济增长。政府通过增加外债的办法来为公共投资提供充足的资金支持。在产业政策方面，玻利维亚政府致力于将资源工业化作为支撑经济增长的引擎，同时大力鼓励锂矿资源的开发。在水电站建设、家电产业发展、以两洋铁路为代表的基础设施建设等方面，玻利维亚也力图有所作为。尽管近些年玻利维亚的经济增长速度有所下降，但依然是拉美地区经济增长最快、最具活力的经济体之一。拉美和发达经济体依然是该国对外贸易的主要对象，但以中国为代表的东亚和太平洋地区在玻利维亚对外贸易中所占的比重逐年增多。在未来几年，拉美地区、发达经济体以及东亚地区将会成为玻利维亚对外贸易的主要市场。以锡矿和锂矿的出口为代表的能源产业依然会是该国经济增长的重要引擎。但是，玻利维亚经济严重依赖出口和举借外债，从而为该国经济的健康可持续发展带来一定的风险和隐忧。中国与玻利维亚的经贸关系近些年逐渐加强，玻利维亚对参与两洋铁路修建以及申请加入亚投行十分积极，同时也给中国企业提供一些政策优惠待遇。

一 玻利维亚概况

玻利维亚是拉美地区的内陆国家，与巴西、智利、阿根廷、秘鲁和巴拉圭毗邻。苏克雷为法定首都，但实际上的政府所在地为拉巴斯。该国地形以高原为主，拉巴斯海拔 3600 多米，是世界上海拔最高的首都。国土面积 1098581 平方千米，居美洲第八位。主要河流有贝尼河、马莫雷河和圣米格尔河。与秘鲁交界线上有的的喀喀湖，为世界最高的大淡水湖，可终年通航，是两国的交通要道和南美洲古文化的发祥地。

玻利维亚历史悠久，公元 13 世纪处于印加帝国统治之下，1538 年沦为西班牙殖民地，史称上秘鲁，隶属于西班牙拉普拉塔总督辖区。1825 年 8 月 6 日宣布从西班牙独立，为纪念解放者玻利瓦尔取名玻利瓦尔共和国，后改为现名。玻利维亚矿产资源十分丰富，主要有锡、锑、钨、银、锌、铅、铜、镍、铁、黄金等，尤其是锡的储量和出口量长期位居世界前列，是该国经济的比较优势所在。锂的储量也十分乐观，位居世界第一。该国的石油、天然气、林业资源、水能等也十分丰富。

玻利维亚的工业不发达，国民经济支柱是矿产品出口。尽管畜牧业发展较好，可以满足国内需求，但粮食仍需大量进口。古柯种植在该国十分广泛，在玻利维亚经济中占有重要地位。另外，近些年藜麦产量逐年提升，在国民经济中的重要性有所增加，并得到国外资金的大力支持。现任总统莫拉莱斯大力推动油气资源国有化，提高油气出口价格，实行土地改革。在政府的努力下，通货膨胀问题得到一定程度的解决。

玻利维亚对外贸发展十分重视，鼓励具有比较优势的产品出口以拉动经济增长。玻利维亚积极参与拉美一体化进程，与多数拉美国家签有经济互补协定。该国大力开拓天然气出口市场，并制定了旨在成为南方共同市场能源供应地的战略。

二　玻利维亚经济政策

1. 货币政策

玻利维亚推行扩张性的货币政策，使国内需求成为经济增长的引擎。自 2014 年以来，玻利维亚政府一直保持货币政策的扩张性，加强货币流通。但在 2017 年上半年，由于居民购买主权债券的增加，导致国内货币流通量急剧下降。为了抵制货币流通下降给经济发展带来的不利影响，政府对货币政策进行了调整，降低存款准备金率。同时，自 2012 年以来，政府有效调节利率水平，使贷款能够继续向私营部门扩张。（见表 9—1）

表 9—1　　2011—2016 年玻利维亚的实际利率水平　　单位：%

年份	2011	2012	2013	2014	2015	2016
实际利率	-3.22	3.77	4.77	7.49	13.3	9.87

资料来源：http：//data. worldbank. org. cn/country/bolivia。

此外，玻利维亚政府下大力度稳定汇率，加强本国货币地位，以使通货膨胀保持在较低水平，减少对本国经济发展的冲击。（见表 9—2）

表 9—2　　2010—2016 年玻利维亚的官方汇率（相对于一美元的本币单位，时期平均值）　　单位:%

年份	2010	2011	2012	2013	2014	2015	2016
官方利率	7.02	6.94	6.91	6.91	6.91	6.91	6.91

资料来源：http：//data.worldbank.org.cn/country/bolivia。

从表 9—2 中数据不难看出，自 2012 年以来，玻利维亚政府已经将汇率稳定在一个十分稳定的水平上，从而有效规避金融风险，维持本国货币的安全。

2. 财政政策

玻利维亚政府通过就业支援计划来减少失业率，2010 年该国的失业率达到近些年最高，为 6%。从 2011 年开始，政府开始下大力度进行调节，以减少失业率。不过，在 2017 年失业率又有较小幅度回升，但总体而言比较平稳。（见表 9—3）另外，2017 年 5 月，政府下调最低工资水平。另外，自 2006 年开始，政府逐渐增加外债数量，到 2016 年已经达到一个较高的水平，从而为公共投资提供相对充足的资金来源，并维持社会支出计划的有序进行。（见表 9—4）

表 9—3　　2010—2017 年总失业人数占劳动力总数的比例　　单位:%

年份	2010	2011	2012	2013	2014	2015	2016	2017
失业比例	6	2.7	2.3	2.9	3.5	3.0	3.3	3.5

资料来源：http：//data.worldbank.org.cn/country/bolivia。

表 9—4　　2006—2016 年玻利维亚应付未付外债总额（按现值美元计算）　　单位：亿美元

年份	2006	2008	2010	2012	2014	2015	2016
外债总额	10.6	18.7	28.8	34.5	34.7	38.4	50.5

资料来源：http：//data.worldbank.org.cn/country/bolivia。

从表9—4中不难看出，玻利维亚的外债总额基本上出现逐年递增的趋势（个别年份除外，如2013年为35.7亿美元，但不会影响总的趋势）。数量巨大的外债在刺激国内相关产业发展的同时，也为国家财政带来负担，并增加了债务违约的风险和对外经济依附性，不利于国家经济可持续发展。

3. 产业政策

（1）能源开发。玻利维亚十分注重能源产业的发展。该国政府宣布，截至2019年年底国家将在矿业领域投入约15亿美元，主要用于加强矿业发展和开发盐湖资源。玻利维亚致力将资源工业化作为支撑经济增长的引擎。目前，玻利维亚政府正在落实氨和尿素工厂建设、锂矿工厂、聚乙烯和聚丙烯工厂及穆通钢铁厂等资源工业化项目。

玻利维亚是世界最重要的锂矿出口国之一，加强并优化锂矿资源的开发是2017年玻利维亚政府的主要任务。在玻利维亚盐湖锂矿资源的工业化方面，政府计划采取三步走战略，即先搭设试验性工厂，再拓展氯化钾和碳酸锂生产工业园区，最后实现锂电池生产。政府还积极吸引外国投资锂矿开采和工业化，包括加拿大、德国、俄罗斯、澳大利亚等多国财团都向玻利维亚政府表达了参与锂矿工业化投资的意向，玻利维亚当局目前正在对有意实施锂矿资源开发的外国企业进行评估。为了进一步提升锂矿的出口创汇能力，玻利维亚政府还努力提升锂资源的附加值，而非简单的初级产品原料出口。

对此，玻利维亚政府组建独立的能源部，以强化电力及新能源开发战略，新能源部将承担起电力开发及输变电能力建设、电力出口，锂资源及核电开发的任务，使玻利维亚成为拉美地区的能源中心。

除了矿产资源，玻利维亚政府也重视水能的开发。玻利维亚总统埃沃·莫拉莱斯宣布，政府将在近期签署伊比利苏水电站建设合同，预计投资5.5亿美元。该项目位于该国科恰班巴省，计划由玻利维亚国家电力公司负责设计，内容包括建设两座功率分别为180兆瓦和74兆瓦的梯级电站。

（2）家电产业发展。2017年2月，玻利维亚政府颁布第3069号法令，宣布对通信电子设备、家用电器进口增收5%—10%的关税。玻利维亚经济部解释该举措旨在鼓励在玻当地家电组装产业发展，但实际上，政府的这些举措主要旨在增加税收，并要重点关注该举措对商品价格和消费者购买力的冲击，同时加大对商品走私的打击。①

（3）基础设施建设。2017 年玻利维亚政府也努力致力于本国的基础设施建设。在两洋铁路的修建方面，政府在“两洋铁路项目小组”第二轮视频会议上提议，将以公私合作方式建设南美两洋铁路，相关国别公共及私人机构都能参与到该项目中。②

三 当前发展状况

1. 经济增长率

玻利维亚最近几年国内生产总值（GDP）增长率有所下降，但下降幅度不大，且仍是拉美地区经济增长最快、最具发展活力的经济体之一。（见表 9—5）人均 GDP 有所降低（见表 9—6），但与其他拉美国家相比仍有较大增长幅度。总的来说，玻利维亚的国民经济发展仍比较迅速，其中能源产业和基础设施等行业有力地拉动了经济增长。

表 9—5　　2011—2016 年国内生产总值增长率　　单位:%

年份	2011	2012	2013	2014	2015	2016
增长率	5.2	5.1	6.8	5.5	4.9	4.3

资料来源：http：//data. worldbank. org. cn/country/bolivia。

表 9—6　　2011—2016 年人均国内生产总值增长　　单位:%

年份	2011	2012	2013	2014	2015	2016
增长率	3.53	3.47	5.14	3.84	3.27	2.70

资料来源：http：//data. worldbank. org. cn/country/bolivia。

---

① 中华人民共和国商务部：《玻政府颁布法令宣布提高家电产品进口关税》，2017 年 2 月 9 日，http：//bo. mofcom. gov. cn/article/jmxw/201702/20170202512790. shtml。

② 中华人民共和国商务部：《玻政府推动以公私合作形式建设南美两洋铁路》，2017 年 6 月 13 日，http：//bo. mofcom. gov. cn/article/jmxw/201706/20170602592167. shtml。

2. 能源价格

2017 年，玻利维亚的主要出口产品天然气价格出现下降，从而影响到了对外贸易，减少了政府税收。不过在 2017 年前 9 个月，碳氢化合物和矿产资源价格回升，部分抵消了天然气出口量下降带来的不利影响。与 2016 年相比，出口额增加了 8.8%，进口也有所回升。

3. 进出口状况

对外贸易是玻利维亚的重要经济部门。就出口而言，对拉美和加勒比地区的出口虽然近些年在玻利维亚对外贸易中所占的比重明显下降，但与其他地区相比仍占有最重要的地位。（见表 9—7）

表 9—7　2011—2016 年玻利维亚向拉美和加勒比地区的商品出口占商品出口总额的百分比

单位：%

年份	2011	2012	2013	2014	2015	2016
百分比	58.14	63.13	67.41	61.49	57.41	46.47

资料来源：http：//data. worldbank. org. cn/country/bolivia。

从表 9—7 中可以看出，自 2014 年以来，拉美和加勒比地区在该国出口中所占的比重逐年下降，但仍占据半壁江山，其重要性不可低估。向东亚和太平洋地区的出口增长最快，其比重从 2012 年的 2.75% 增至 2016 年的 7.23%。[①]其他地区也有较快的增长，但幅度相对较小。向高收入经济体国家和地区的出口增长幅度仅次于东亚和太平洋地区，其所占比例略小于拉美和加勒比地区。

在进口方面，拉美和加勒比地区也是玻利维亚最重要的进口来源地，东亚和太平洋地区也是增长最快的地区。值得一提的是，玻利维亚从东亚和太平洋地区的进口占进口总额的比重比出口方面更为显著。（见表 9—8）从表 9—8 中不难看出，东亚和太平洋地区所占的比重逐年增多，到了 2016 年这个数字已经超过了拉美和加勒比地区的一半。尤其是玻利维亚从中国、韩国等国家的进口更是发展迅猛。从撒哈拉以南非洲

① http：//data. worldbank. org. cn/country/bolivia.

地区的进口近些年出现下降趋势，且比例一直很小。从南亚、中东等地区的进口比例时升时降，比例也较少。来自高收入经济体的进口仅次于拉美和加勒比地区，但从 2013 年开始比例有所下降。

表 9—8 2011—2016 年玻利维亚从东亚和太平洋地区发展中经济体的商品进口占进口总额的百分比

单位：%

年份	2011	2012	2013	2014	2015	2016
百分比	16. 74	18. 09	18. 59	22. 30	22. 65	24. 76

资料来源：http：//data. worldbank. org. cn/country/bolivia。

表 9—7、表 9—8 中的数据和相关分析表明，拉美地区和发达经济体依然是玻利维亚进出口贸易的主要对象，但东亚和拉美地区发展势头迅猛，在该国经济和对外贸易中占有愈加重要的地位。与其他地区的进出口贸易相对不占有重要地位，且经常出现波动。

4. 工业部门

玻利维亚的工业部门以矿产品加工等部门为主。工业就业人员也一直保持在十分稳定的水平，从 2007—2017 年，工业就业人员占就业人数的百分比一直在 21% 左右。工业增加值占国内生产总值的百分比从 2011 年开始逐年下降，由 2011 年的 38. 90% 降至 2016 年的 30. 95% 。

四 玻利维亚经济发展展望

玻利维亚作为深居内陆的拉美国家，由于地理条件的限制和历史等因素，其贸易和经济的开放性受到很大的限制，同时也决定了该国对外贸易的主要对象仍是拉美和加勒比地区以及发达国家。但是，玻利维亚与世界其他地区的经贸往来会进一步加强，尤其是以中国、东盟、韩国等为代表的东亚和太平洋地区。而非洲、中东等发展中国家和地区在玻利维亚对外贸易中的地位仍有一定发展，但比重不会很大，且存在一些不确定因素。

能源产业依然是该国的主打产业，尤其是近些年来锂矿资源的开发和出口为该国经济增长注入了强心剂。重视矿产品的加工，提升附加值进而提高本国的出口创汇能力依然是玻利维亚政府为之奋斗的重要目标。

不过，由于常年大量举借外债，导致国家经济发展严重依赖外部资本市场，增大了市场风险。同时玻利维亚严重依赖矿产品出口，也在很大程度上增加了经济发展的脆弱性，这很可能会在相当长一段时间内困扰玻利维亚的发展。

五　玻利维亚与中国经贸关系

玻利维亚是近些年拉美地区中与我国经贸关系发展最为迅速的国家之一。在中国对外直接投资中，玻利维亚虽然不占有重要地位，但得到的投资数量却逐年提升（2012 年除外），体现出我国更加重视拉美市场尤其是对拉美不发达国家的投资。（见表 9—9）

表 9—9　　2011—2016 年中国对玻利维亚直接投资流量表

单位：万美元

年份	2011	2012	2013	2014	2015	2016
金额	867	4321	1440	2453	3432	5538

资料来源：中华人民共和国商务部、中华人民共和国国家统计局、中华人民共和国国家外汇管理局：《2016 年度中国对外直接投资统计公报》，第 48 页。

玻利维亚不仅积极参与到中国、巴西和秘鲁所倡导修建的两洋铁路的计划当中，还积极寻求加入亚洲基础设施投资银行。2017 年，玻利维亚外交部部长费尔南多·瓦纳库尼在访问中国后表示，玻利维亚将在 2017 年年底前成为亚洲基础设施投资银行正式成员国，目前尚需完成法务程序并缴纳入会储备金。[①]瓦纳库尼表示，亚投行现已成为世界上最重要的银行之一，玻利维亚成为该机构成员国，将有利于获得更多贷款支持。

2017 年，玻利维亚海关向华为公司提供进出口优待待遇。玻利维亚

① 中华人民共和国商务部驻玻利维亚经济商务参赞处：《玻利维亚希望获得亚洲基础设施投资银行融资支持》，http：//bo. mofcom. gov. cn/article/jmxw/201708/20170802632960. shtml。

海关授权包括中国华为技术有限公司在内的五家企业成为玻海关可信赖经营者（OEA），获得其颁发的优待证书。截至目前，全国共有 14 家企业获得上述优待证书，该资格将使企业获得玻海关管辖下的优先权，在清关手续上得到更大程度的便利，利于企业在玻开展进出口业务。值得一提的是，华为技术有限公司是唯一一家获得玻利维亚海关 OEA 优待证书的亚洲企业。

第二节 厄瓜多尔

厄瓜多尔是世界上主要的香蕉、可可和海产品出口国，同时也是拉美地区重要的石油输出国。2017 年，该国政府实行了一系列政策以调节该国经济发展，主要表现在：第一，厄瓜多尔政府尽力让通货膨胀率降低，消除其对经济发展的不利影响；第二，征收较高数额的海关服务费，并实行税收改革；第三，加大对教育和医疗等领域的财政支持力度。在产业政策方面，2017 年 10 月，政府出台了增加石油收入的政策，以刺激中小企业的发展。其主要做法是提高石油税的征收。政府同时积极促进咖啡、软件、旅游等产业的发展，尤其是旅游业。厄瓜多尔政府不仅在全世界范围内积极推广该国旅游，同时大力完善旅游基础设施建设等，提升其接待能力。在加强本国经济发展的同时，厄瓜多尔也积极推动拉美一体化进程。加强拉美和加勒比共同体、南美洲国家联盟在地区事务中所发挥的作用。

尽管 2016 年受到自然灾害的不利影响，但是 2017 年厄瓜多尔经济增长仍比较快，是拉美地区比较活跃的经济体之一。石油价格提升有利于该国经济发展，但失业率升高也为该国经济发展带来一些负面效果。2017 年是厄瓜多尔对外贸易增长较为显著的一年。不仅石油价格上涨助推经济增长，而且非石油类商品的出口额也有明显增长，尤其是大虾的出口。

厄瓜多尔在 2018 年将采取财政紧缩的政策，但可能会对民生领域加大投入。旅游业仍将是厄瓜多尔经济发展的主要增长点，政府也会进一步加大投入力度。水产品以及鲜花产业将会进一步做大，成为未来该国经济的比较优势所在。关于中国与厄瓜多尔的贸易，石油依然是合作重点，中国的电动车也会进一步扩大在该国的市场以有助于该国基础设施建设的改善。此外，中国与厄瓜多尔在医疗和教育等方面的合作也会进一步加强。

一　厄瓜多尔概况

厄瓜多尔位于南美洲西北部太平洋沿岸，首都基多，最大城市为瓜亚基尔。与哥伦比亚和秘鲁毗邻。国土面积为 28 万多平方千米，另辖有距厄瓜多尔本土 1000 千米的加拉帕戈斯群岛（也称科隆群岛）。厄瓜多尔分西部沿海、中部山区、东部亚马孙河流域和加拉帕戈斯群岛四中地区，气候条件多样。该国矿产资源以石油为主，主要分布在沿海的瓜亚基尔湾一带，在亚马孙地区也发现有油田。金、银和铜分布于马查奇、萨鲁马和马查奇等地。科隆群岛上还产有硫黄矿。此外还有铁、铅等。森林面积约占全国面积的 68%，大部分分布在东部地区，盛产贵重木材，如红木和香膏木（或称巴尔萨木）。沿海盛产金枪鱼和虾类。科隆岛上多巨龟和大蜥蜴。

瓜亚基尔港是该国的最大港口，也是拉美太平洋沿岸的重要港口。厄瓜多尔的香蕉、咖啡、可可和棉花等产品都在这里集散。在中国与厄瓜多尔的贸易中，瓜亚基尔占有重要地位。早在 18 世纪，中国的服装、纺织等物品就是通过瓜亚基尔运往厄瓜多尔各个城市的。

厄瓜多尔是世界上重要的香蕉出口国。农业是该国具有比较优势的传统产业，香蕉、咖啡、可可是该国最重要的出口农产品。另外，池虾的养殖和出口在近些年逐渐兴盛。在工业方面，主要有石油和采矿业、制造业、建筑和电力工业等。厄瓜多尔的旅游业也十分发达，外国游客主要来自美国、哥伦比亚、秘鲁和西班牙，中国游客也呈逐年增多的趋势。在对外贸易方面，该国奉行出口商品和市场多样化、保护和发展民族工业以及鼓励工业制成品和半制成品出口等发展战略。主张同世界上不同制度和意识形态的国家发展贸易并进一步寻求新市场。厄瓜多尔也十分重视吸引外国资本以发展本国经济，1997 年，厄瓜多尔颁布了《促进与保障投资法》，规定除在国防、安全、广播电视、新闻等领域不接受外商直接投资以外，在其他领域外国与本国投资享受同等待遇。不过，考虑到国家经济安全等因素，2008 年该国颁布了一项新宪法，其中规定国内资本优先于外资，外资为本国资本的补充。

在对外政策上，独立和平自主的外交政策是该国的外交准则。厄瓜多尔是不结盟运动的成员国，历史上曾与其他拉美国家一道为实现200海里海洋权而做出巨大贡献。该国强调外交要为国家的经济建设服务，主张全面裁军，减少核武器，拉美应成为真正的无核区。要求建立国际经济、金融和货币新秩序。在外债问题方面，认为债权国与债务国有着共同的责任，通过政治手段解决债务问题。厄瓜多尔还主张加强联合国的作用，积极推动拉美一体化进程，尊重捍卫人权，并积极发展同亚太地区国家的政治与经贸关系。

二　厄瓜多尔经济政策

1. 货币政策

厄瓜多尔政府在2017年尽力将通货膨胀率降低，以消除高通胀对经济发展带来的不利影响。根据厄瓜多尔统计和普查局最新数据显示，2017年10月，厄瓜多尔当月通货膨胀率为－0.14%，全年通胀率－0.09%。近十三个月中，有6个月的单月通胀率均为负数，2017年6—10月更是连续5个月通胀率为负，分别为－0.58%、－0.14%、－0.01%、－0.14%和－0.14%。10月通胀率最低的前三位城市分别为圣多明各（－0.33%）、瓜亚基尔（－0.28%）和安巴托（－0.25%）。价格降幅最大的商品主要有面条（－14.21%）以及树蕉（－8.7%）、洋葱（－4.33%）、西红柿（－4%）等果蔬。

由于厄瓜多尔8月通胀率趋近于零，因此是否确实出现通胀紧缩有待商榷，然而专家基本认定，2017年剩余两个月厄通胀率也将为负，因此可能出现11年来首次年末通胀率为负的情况。但这种情况对国家经济并不是好事，因为这会导致企业销售的商品减少，利润变低，纳税金额下降，国家经济活力减退。

2. 财政政策

2017年，厄瓜多尔政府的财政政策主要涉及海关服务费、税收改革以及加大对教育医疗等部门的投入等。

（1）海关服务费的征收。厄瓜多尔从2017年11月13日起开始对进口产品征收海关服务费。莫雷诺总统宣布对超过400美元或4公斤的进口产品按每计量单位加收 10 美分海关服务费。该国企业界对此均表示不满。这项措施意味着，即使从亚马逊和阿里巴巴采购的商品，只要价格超过 400 美元或者 4 公斤，也同样要多缴这笔费用。该措施会使水果、蔬菜等消费品价格上涨，相关的费用是由最终消费者承担。

（2）税收改革。2017 年 11 月，厄瓜多尔政府将《推动经济重振法》草案提交议会，该法重点关注税收政策改革：

①取消对利润和分红再投资的税收优惠。厄政府早前对公司重新再投资的利润和分红收入，实行所得税率降低 10%。根据最新的改革内容，公司将不再享受此类税收优惠。

②有条件免除外汇汇出税。根据法案草案规定，患有重大疾病、疑难杂症的病人在治疗过程中产生的海外费用、国内公司购买生产所需原材料、生产设备等产生的海外费用均免缴外汇汇出税。

③新增银行取款手续费。政府拟对银行储户的每笔提款增收 0. 5%—2% 不等的手续费，具体费率根据具体提款数额确定。政府将把此项收入用于补贴居民重大疾病医疗费。

④企业、财产继承人和自然人在成本与开支、工资收入、第十三个月和第十四个月工资收入、社会保险自缴或公司代缴部分产生的费用不再为预缴所得税征税范围。用于创造就业岗位的支出同样免征预缴所得税。

⑤针对未向厄税务局申报海外遗产的继承者，政府根据其从遗产中每月获取收入的金额，收取最高不超过月收入 1% 的罚款。

（3）对相关领域的财政支持。厄瓜多尔政府在 2017 年加大了对教育和医疗领域的财政支持。教育、医疗、社会保险和福利住房是政府投入最多的领域。2017 年在教育领域预算约 51. 98 亿美元，同比增长 17. 3%，2017 年 1—7 月已实际投入 23. 98 亿美元，完成预算的 46%；政府在医疗领域预算约 27. 79 亿美元，同比增长 15%，1—7 月预算执行率为 50%；政府在社会保险领域预算约 10. 48 亿美元，与 2016 年基本持平；而作为莫雷诺政府工作重点的福利住房项目投入同比增长 30%，由 2016 年的 8. 15 亿美元增至 11. 57 亿美元，但项目执行较为缓慢，2017 年 1—7 月，仅完成预算的 26. 7%。不过，政府却削减了大型基础设施投资项目的公共投资，目前，新政府已取消了 6 个协调部，节约财政支出 4270 万美元，优化了人员结构，还减少不必要的出差、对外宣传等费用。

3．产业政策

（1）石油政策。石油产业是厄瓜多尔的支柱产业，政府十分重视该产业发展，以增加石油收入。2017 年 10 月，政府出台了增加石油收入的政策，以刺激中小企业的发展。政府规定，对那些大型石油公司额外征收 23%—25% 的税，以增加石油收入。[①] 2017 年 12 月，厄瓜多尔石油部对外宣布，根据上届政府与中国和泰国石油公司所达成的石油预售协议，2018 年厄瓜多尔可用于出口的 1.2 亿桶原油将全部偿付预售款。因此，厄瓜多尔无法以更优的价格在国际市场开展新交易。目前，厄瓜多尔石油部和国家石油公司希望与中、泰两国石油公司重谈预售协议。没有原油可以在国际市场自由交易意味着厄瓜多尔政府除了预售款外，无法获得额外的资金。

（2）提高进口产品的技术门槛。2017 年 12 月，厄瓜多尔工业部以提高进口商品质量，以与国际标准接轨的名义，宣布更新 232 项进口商品质量要求，纺织品、鞋子、玩具、陶瓷制品和汽车等必须满足更加严苛的技术规定。根据最新规定，地砖等陶瓷制品在进入厄瓜多尔之前，必须通过相关检验，确保不含铅、镉等重金属。进口商必须承担更高的检验成本。

（3）扶持咖啡产业发展。近些年，由于受到来自哥伦比亚和巴西等国优质咖啡的竞争，厄瓜多尔的咖啡产业受到较大冲击。另外，在科雷亚执政时期，政府对咖啡产业的扶持力度不够，资金短缺，削弱了咖啡产业在国际上的竞争力。对此，厄瓜多尔新政府加大对咖啡产业的扶持力度，从品种、技术、品牌营销等多方面进行改进，以争取重现咖啡行业往日的辉煌。

（4）软件行业成为经济新增长点。2016 年，厄瓜多尔软件行业产值同比增长 17%，成为该国经济发展新的增长点。目前，厄瓜多尔从事软件开发相关服务的公司有 700 余家，创造了万余就业岗位，在国内的销售额达 5 亿美元。在全球软件市场繁荣的背景下，厄瓜多尔着力推动软件

---

① ComisiónEconómica para América Latina y el Caribe（CEPAL），Balance Preliminar de las Economías de América Latina y el Caribe，Ecuador，2017.

等高端服务行业发展，有利于厄瓜多尔改变经济发展模式，将成为该国经济新的增长点。

（5）积极推动拉美地区一体化进程。2017 年 10 月 29 日，智利总统巴切莱特抵达厄瓜多尔加拉帕戈斯群岛，开始对厄正式访问。厄瓜多尔总统莫雷诺与巴切莱特进行双边会晤，双方发表联合声明，一致同意继续推动拉美区域一体化，加强拉美和加勒比共同体、南美洲国家联盟在地区事务中所发挥的作用。此外，莫雷诺与巴切莱特代表两国政府签署三项合作协定及 2018—2019 年体育合作议程。签署的这三项合作协定涉及国防、民生、矿业和电力领域。

（6）大力发展旅游业。由于受到 2016 年厄瓜多尔地震的影响，该国旅游产业受到不利影响，据该国旅游部最新数据显示，2016 年，厄瓜多尔共吸引外国游客 141.3 万人次，较 2015 年的 154.4 万人次下降约 8%。基于此，政府为了重振旅游业，提升旅游业收入，政府加大力度在全球加强厄瓜多尔旅游推广、开展旅游接待能力培训和继续完善旅游基础设施。此外，莫雷诺总统提出将研究制定名为“1∶1”的政策，即争取每年的旅游人数与其人口数量相当（厄总人口约 1600 万）。为达成上述目标，莫雷诺承诺将拿出 5 亿美元建立专项基金用于支持旅游业、农业工业化和农业生态建设。

除此之外，厄瓜多尔政府还加强电力供给服务。2017 年，政府努力加强电力供应，减少通电延误时间，使全年的通电延误天数只有 18 天，[①] 基本上保证了电力供应。此外，由于近些年国际市场对虾类食品需求逐渐增长，政府开始大力支持该产业，推进虾类养殖和贸易，以为国家经济发展赚取更多外汇。

三　当前发展状况

1. 经济增长率

总的来说，厄瓜多尔是拉美地区经济增长率相对较快的国家，不过由于受到近些年国际大宗商品价格下降的不利影响，厄瓜多尔的经济受到一定冲击。（见表 9—10）

---

① 资料来源：http：//data. worldbank. org. cn/country/Ecuador。

表 9—10　2011—2016 年厄瓜多尔国内生产总值增长率　单位:%

年份	2011	2012	2013	2014	2015	2016
增长率	7.87	5.64	4.95	3.79	0.10	-1.5

资料来源：http：//data. worldbank. org. cn/country/ecuador。

从表 9—10 中可以看出，最近几年厄瓜多尔的国内生产总值增长率一直呈下降趋势，尤其是 2016 年受到地震等自然灾害等不利因素的影响后降为负值。厄瓜多尔经济从 2017 年第二季度开始复苏，拉美经委会估计，全年经济增长率为 1.0%。这种复苏是由私人消费引起的，其次是依靠政府支出的增多以及和出口的加大。

2. 财政状况

厄瓜多尔 2017 年财政赤字率达到 6.8%。截至 2017 年 10 月 31 日，该国 2017 年财政预算收入 154.27 亿美元，支出 184.73 亿美元，财政赤字约 30.47 亿美元。2017 年前 10 个月，财政收入较 2016 年同期增加 7600 万美元，税收依旧是财政收入的最主要来源，达到 116.63 亿美元，占总收入的 75.6%，各种行政费用 13.7 亿美元，占比 8.9%，石油收入 13.3 亿美元，占比 8.6%。财政支出方面，工资支出和公共项目投资共计 131.77 亿美元，占总支出的 71%，尽管自 2017 年 9 月起，政府宣布削减高级别公务员工资，但收效并不明显，2017 年前 10 个月工资总支出甚至较 2016 年反而增加 2 亿美元。与此同时，长期以来外国融资贷款纷纷到了还款期，压力较大，截至目前，支付的债务利息高达 19.18 亿美元，同比增长 31%。外界质疑政府无法有效削减财政支出，因而继续采取发放债券等传统方式维持国内资金正常流动，但这难以从根本上解决财政困难，而且会导致财政赤字不断增长。

2017 年 1—8 月，非金融公共部门的总收入上升 13.7%，而开支上升 7.3%。受油价上涨（9 月同比上涨 20%）的推动，石油收入增长 14.4%，非石油收入受惠于内部需求的回升，同比增长 9%。

国际原油价格 2017 年 10 月增长 4.7%，有利于缓解厄瓜多尔的财政困难。油价走高的第一个原因是主要产油国有望继续延长减产协议。2017 年 11 月 30 日，欧佩克成员国与俄罗斯等非成员国将在维也纳举办新一轮谈判，就是否将减产协议再次延长9个月进行讨论，目前多数欧佩克成员国对此持积极态度，俄罗斯也表示愿继续维护国际市场供需平衡，保持油价稳定。油价走高的第二个原因是，中东局势动荡导致部分国家原油供应不稳定。作为欧佩克最小的成员国，厄瓜多尔对原油收入依赖度较高。

3．就业状况

2017年，厄瓜多尔的失业率有所升高，达到了自2009年以来的最高值（见表9—11）。就业方面，服务业就业人数占总就业人数的比例一直保持在55%左右，工业为19%左右，农业为26%左右，波动都不大。

表9—11　　2009—2017年厄瓜多尔总失业人数占劳动力总数的比例

单位:%

年份	2009	2010	2011	2012	2013	2014	2015	2016	2017
失业率	6.5	5	4.2	4.1	4.2	3.8	4.8	4.7	5.2

资料来源：http：//data. worldbank. org. cn/country/ecuador。

4．对外贸易

2017年是厄瓜多尔对外贸易增长较为显著的一年。不仅石油价格上涨助推经济增长，而且非石油类商品的出口额也有明显增长。据厄瓜多尔海关统计，2017年1—8月，该国非石油类商品进口同比增长22%，共缴纳关税22.82亿美元，同比增长15%。2017年6月初取消进口商品特别关税，是进口大幅增长的重要原因，仅6—8月进口便同比增长了35%。厄瓜多尔大虾超越香蕉，成为2017年前10个月最主要的非石油类出口商品，出口额达25.36亿美元。而作为非石油类商品出口传统霸主的香蕉，同期出口额为24.7亿美元，位居第二。另外，可可也有望进一步打入日本等国市场，前景一片看好。（见表9—12）

表9—12　　厄瓜多尔非石油类食品进口情况　　单位：亿美元

月份 年份	1	4	6	8
2016	11.09	10.05	10.1	12.74
2017	11.2	11.64	14.82	15.93
同比幅度（%）	0.01	15.85	46.7	25

资料来源：中华人民共和国商务部驻厄瓜多尔经济商务参赞处：《厄瓜多尔1—8月进口同比增长22%》，2017年9月6日，http：//ec. mofcom. gov. cn/article/jmxw/201709/20170902638995. shtml。

在所有出口目的地中，发达经济体占有厄瓜多尔出口总额的最大比例，在2016年达到60.5%，不过这一比例自2013年起已经逐年下降。向东亚和太平洋地区的出口份额虽然在2016年只有11.4%，但比例却在逐年增多，[①] 这也反映出以中国为代表的亚洲地区对厄瓜多尔产品的巨大需求。其他地区所占比例变化不明显，尤其是撒哈拉以南非洲和南亚地区，不仅所占比例很小，而且波动性较大。

除此之外，厄瓜多尔还积极与其他经济体签署贸易协定，以增加出口。2017年1月1日起，厄瓜多尔与欧盟签署的贸易协定正式生效，2017年1—8月，厄瓜多尔对欧盟出口的塑料、咖啡、药品、纺织品、挂毯、鞋履、种子、水果等9类商品，出口额同比显著增长，其中芒果、鳄梨、菠萝出口增长30%，柑橘类水果增长41%，草莓等各类莓果增长80%。[②] 在2017年双边经贸协定生效后，厄方生产的上述产品享受到关税优惠，获得更具竞争力的价格，因此更加受到欧洲市场的欢迎。厄瓜多尔与欧盟签署的经贸协定已生效近一年。2017年前三季度，厄欧贸易额已达35亿美元，若保持增长势头，将有可能在年末超过2016年43亿美元的金额。厄瓜多尔对欧盟出口的产品中，香蕉出口同比增长12%，芒果、鳄梨和菠萝增长30%，金枪鱼罐头增长50%；欧盟对厄瓜多尔出

① 从世界银行网站数据总结得出，http：//data. worldbank. org. cn/country/ecuador。

② 中华人民共和国商务部驻厄瓜多尔经济商务参赞处：《厄瓜多尔受益于与欧盟贸易协定，非传统商品出口明显增长》，2017年12月19日，http：//ec. mofcom. gov. cn/article/jmxw/201712/20171202686797. shtml。

口的产品中，燃料和矿物油出口增长22%，汽车增长113%，酒精类饮料增幅最高，达到300%。

在进口方面，2016年从发达经济体的进口占进口总额的比重为49.7%。虽然高居首位，但所占比重却逐年下降。从拉美和加勒比地区的进口有所增长，比例为29.2%。东亚和太平洋地区的比例虽有所增长，但增长比较缓慢，到了2016年这个比例为17.7%。

四　厄瓜多尔经济发展展望

厄瓜多尔政府2018年将继续采取财政紧缩政策，削减10亿美元公共开支。财政收入预计增加15亿美元，其中11亿美元通过对300余种进口商品增税以及收取10美分进口商品海关费用获得。若排除外债可能给经济发展带来的不确定因素和消极影响，厄瓜多尔的经济仍将保持较快的增长。

在建筑业方面，政府的一些政策会对该产业造成不良影响。以陶瓷为例，国产陶瓷最多只能满足国内70%的需求，政府增加对进口地砖的技术限制，不仅会增加建筑业的成本，而且可能造成供应短缺，不利于建筑业走出衰退。截至2017年，厄瓜多尔建筑业已经连续四年负增长。

在水产品行业方面，水产品行业最近几年呈现出快速发展势头，其中尤以虾类产品出口最为明显。虾类出口已经超过香蕉等传统部门，位居非石油类出口商品第一。2018—2021年政府将投入2亿美元帮助大虾养殖户进行电力设施改造，将原本由柴油发电厂供电的相关设备转由水电站供电。这不仅会大力推动水产养殖的发展，同时也会加强厄瓜多尔的电力供应能力。

在民生项目方面，厄瓜多尔政府将在2018年继续加大民生项目投入。2017年11月6日，厄瓜多尔财政部长德拉托雷出席2018年中央财政预算政策解读会，表示政府将在2018年继续加大民生项目投入，重点包括最低生活保障金（Bono de Desarrollo Humano）上调、“相伴一生”扶幼养老项目和“居者有其屋”社会保障房项目。政府计划为最低保障金投入3.83亿美元，较2017年增加8900万美元，增幅为30%。提高最低保障金是莫雷诺的竞选承诺，目前，全国领取低保金的家庭约12.5万户，有5岁以下子女的单亲妈妈、家庭负担严重的一家之主均是保障金发放对象。政府表示，低保金将在2017年12月起逐步上涨，但具体金额将根据各家各户实际情况确定。“相伴一生”和“居者有其屋”项目也分别获得10亿美元和32亿美元的财政预算支持。

在旅游业方面，在未来一段时间内，厄瓜多尔政府积极扶植旅游业发展的政策不会改变。旅游业可以创造更多外汇，弥补因国际油价下跌而造成的国家收入损失。政府将会完善旅游保险制度；在热门旅游目的地增派警力，保证游客安全；在各大国际机场、埃斯梅拉达斯、圣塔罗沙、普纳岛等地重新开设合法赌场；充分利用瓜亚斯河水道和自然风光，在瓜亚基尔开展游轮和游艇旅游；打击各种行业内不正规操作；改善加拉帕戈斯岛互联网条件和陆地交通；为旅游行业设立专项优惠贷款等。

在鲜花行业方面，鲜花行业将会成为该国经济增长的一个重要领域。政府将会与美国、俄罗斯、加拿大等国家签署贸易协定、规范物流公司运输、实施出口退税等建议，以提高厄瓜多尔鲜花在国际市场的竞争力。

五 厄瓜多尔与中国经贸关系

近些年，中国对厄瓜多尔的直接投资出现逐年减少的态势。（见表9—13）从表9—13中可以得知，自2013年开始，中国对厄瓜多尔的投资连年下降，说明中国投资该国的风险依然存在，厄瓜多尔方面需为中国提供更为便利的条件和政策环境，才能更好地吸引中国投资，促进双边贸易健康持续稳定发展。

表9—13 2011—2016年中国对厄瓜多尔的直接投资

单位：万美元

年份	2011	2012	2013	2014	2015	2016
金额	-3506	31139	47060	13781	11811	7789

资料来源：中华人民共和国商务部、中华人民共和国国家统计局、中华人民共和国国家外汇管理局：《2016年度中国对外直接投资统计公报》，第48页。

石油领域的合作是中国与厄瓜多尔合作的重点。厄瓜多尔石油部代理部长拉雷亚对与中国和泰国重谈油贸协定表示乐观。据他透露，部长佩雷斯将就此事访问中国。厄瓜多尔新增海关服务费对来自中国和安第斯共同体国家商品影响较大。

中国的电动汽车也会进一步走进厄瓜多尔市场。比亚迪电动汽车进军厄瓜多尔最大城市公交系统。2017 年 11 月 14 日，首台比亚迪纯电动公交车在瓜亚基尔试运行。根据 Saucinc 公交公司与比亚迪达成的初步协议，该公司将采购 20 台比亚迪 K9G 型号电动公交车，在 2018 年中旬完成对第 89 路公交专线柴油公交车的替换。公司负责人表示，使用电动公交车是出于节能环保的考虑，也是为了顺应未来公共交通的发展趋势。比亚迪厄瓜多尔分公司还与厄瓜多尔国家理工学院签署战略合作协议。通过此协议，双方将在电动车方面加强合作，促进技术人员的专业培训，并为厄瓜多尔电动车领域培养更多的维修保养等专业技术人员。除了比亚迪，中国其他汽车品牌的表现也十分抢眼，纷纷进入厄瓜多尔市场。目前，该国市面可见的中国汽车品牌包括长城、奇瑞、众泰和比亚迪等。

另外，中国和厄瓜多尔两国政府签署经济技术合作协定和项目换文等重要文件。此次签署新的三项重要文件，将大大提高灾区医疗卫生和教育水平。

第三节　巴拉圭

巴拉圭是拉美内陆国家，农牧业（尤其是大豆、马黛茶等）在国民经济中占有重要位置，工业不发达，现有工业以轻工业和农牧产品加工业为主。巴拉圭政府在 2017 年实行扩张性的货币政策，通货膨胀率也有所下降。巴拉圭政府继续实行之前的遏制经常性资本支出的政策，从而使财政赤字得到有效控制。与其他拉美国家相比，2017 年该国国内生产总值（GDP）的增长较快，外商直接投资也较往年多一些。在对外贸易方面，由于巴拉圭相对闭塞，导致拉美和加勒比地区依然是该国最大的贸易伙伴，而东亚与太平洋地区所占比例很小。尽管中国尚未与巴拉圭建立正式外交关系，但两国在农业、汽车等领域的合作也会给未来两国经贸关系发展带来美好前景。

一　巴拉圭概况

巴拉圭是南美内陆国家，与巴西、玻利维亚、阿根廷等国毗邻。境内有巴拉圭河和巴拉那河，其中巴拉那河是通往外界的重要水道。首都亚松森，曾是西班牙殖民统治时期的重要政治中心。除了亚松森，主要城市还有恩卡纳西翁、东方市等。

巴拉圭经济以农牧业为主，尤其是大豆和马黛茶，工业基础薄弱，是拉美地区经济较为落后的国家。首都亚松森和东方市是该国的经济中心。工业基础薄弱，以轻工业和农牧产品加工业为主，主要产品有肉类罐头、面粉、饮料、烟草、柴油、石脑油等。工厂一般规模较小，大部分工业品由家庭作坊生产。巴拉圭水力资源丰富，电力自给有余。1973年，同巴西达成协议，合建世界第二大水电站（第一大水电站是中国三峡水利枢纽）伊泰普水电站，1992 年全部建成。旅游业不发达。交通运输以公路为主。另外，畜牧业在经济中占有重要地位。国际市场对肉类需求增加，巴拉圭肉类出口大幅上升。

虽然巴拉圭的石油需要进口，但在靠近玻利维亚的查科地区储存着大量天然气，而且巴拉圭水力资源丰富，已与巴西共同建成伊泰普水电站，装机容量1400 万千瓦，与阿根廷共同建设亚西雷塔—阿皮培水电站，装机总量300 万千瓦。旅游业也是该国外汇的主要来源之一，但由于经常受到政治动荡等不利因素影响，阻碍了旅游业的健康发展。而且游客多来自邻国，仍需进一步对外开放。

巴拉圭政府积极引进外资。1991 年制定《国内外投资法》，对外资实行特别优惠政策，规定5 年内免缴95%的盈利税。外资主要来源于美国、巴西、阿根廷，投资集中在食品、纺织和化工行业。由于巴拉圭政局持续动荡，投资环境不佳，外资净流入额明显下降。目前，巴拉圭的主要贸易对象国为巴西、乌拉圭、智利、阿根廷、美国、日本、荷兰、意大利等。主要出口产品为粮食、植物油、肉类等。目前尚未与我国建立正式外交关系。

二　巴拉圭经济政策

1. 货币政策

自 2011 年开始，巴拉圭的通货膨胀一直持续。但在 2017 年，由于政府实行扩张性的货币政策，导致2017年上半年通货膨胀增长缓慢，甚至在2017年年初出现一定程度的下降，从4.5%降至4%。在政府扩张性货币政策的影响下，巴拉圭经济的通货膨胀率进一步下降，到10月降到了3.2%，从而有效稳定了该国经济。但与此同时，政府将利率下调，在8月将利率降至5.25%，到了2017年年底，根据巴拉圭中央银行（BCP）的统计数据，利率为3.8%，[①] 这种情况导致2017年下半年巴拉圭一些公共服务和耐用品消费价格的上涨。

2. 财政政策

2017年，巴拉圭政府继续实行之前的遏制经常性资本支出的政策，从而使赤字控制在国内生产总值总量的1.5%左右，这个数字实际上是在巴拉圭所颁布的“财政责任法”所规定的范围内的，说明政府对财政支出的控制相对合理。在支出类型方面，政府将工资报酬支出适度增长，同时增加资本支持。截至2017年10月，巴拉圭的年度总收入与2016年同期相比略有增加，这主要拜外汇收入增加所赐。[②] 在税收方面，政府提高增值税水平，对烟草等部门加收消费税，但减免个人所得税以增加人民收入。

3. 产业政策

自2000年以来，巴拉圭开始实施“加工出口法”，旨在复制墨西哥边境加工或制造工厂的成功的运作。货物可以免税进口组装，然后在本地出售或以仅征收1%的增值税的方式出口。自2013年以来，巴拉圭实行积极的营销政策，并鼓励外国到巴拉圭投资。目前，巴西等国已经对该项目有着十分浓厚的兴趣。

巴拉圭公共工程和交通部计划在巴拉圭卡梅洛·佩拉尔塔（Carmelo Peralta）和洛马普拉塔（Loma Plata）之间修建一条227公里长的公路，目前已收到四份标书。该项目是西部地区生物海洋走廊计划的一部分，预计将耗资4亿美元。据悉，公共工程和交通部预计将用时两个月对技

① ComisiónEconómica para América Latina y el Caribe（CEPAL）, Balance Preliminar de las Economías de América Latina y el Caribe, Paraguay, 2017.

② ComisiónEconómica para América Latina y el Caribe（CEPAL）, Balance Preliminar de las Economías de América Latina y el Caribe, Paraguay, 2017.

术标和经济标进行评估，并于2017年年末颁发项目合同。

三 当前发展状况

1. 经济增长率

拉丁美洲和加勒比经济委员会（CEPAL）估计，巴拉圭2017年的国内生产总值增长率将达到4%，与2016年相同，高于地区平均水平。第一季度国内生产总值（6.6%）同比显著增长后，第二季度出现适度增长（0.9%）。预计2017年下半年将出现反弹，服务业和制造业将出现增长。

2. 外商直接投资

根据新的估计，外商直接投资余额在2016年为3.2亿美元，虽然比2014年的3.057亿美元多出一些，但却少于2015年的4.12亿美元，这些外资来源主要国家有美国、巴西和西班牙。2017年上半年，外商直接投资达到2.23亿美元，[①] 按照正常预期，2017年全年的外商直接投资总额将会超越前几年，从而为该国经济发展提供大量资金支持。

3. 农业部门

农业部门是巴拉圭经济的重要部门，是该国出口创汇的重要来源。不过农业就业人员占就业总人数的比例在近些年逐年下降（见表9—14），到了2017年只占到19.6%的比例。与此同时，农业占国内生产总值的百分比在最近几年也出现下降，从2011年的22.7%降至2016年的20%。在耕地面积上，最近几年该国耕地占土地总面积的百分比有所增长（见表9—15）。

表9—14 2012—2017年巴拉圭农业就业人员占就业总人数的百分比 单位:%

年份	2012	2013	2014	2015	2016	2017
百分比	27.2	23.4	22.8	20.1	19.8	19.6

资料来源：http：//data. worldbank. org. cn/country/paraguay。

① http：//data. worldbank. org. cn/country/paraguay.

表9—15　　2011—2015年巴拉圭耕地面积占土地总面积的百分比　　单位:%

年份	2011	2012	2013	2014	2015
百分比	10.8	11.1	11.58	12.08	12.08

资料来源：http：//data. worldbank. org. cn/country/paraguay。

4. 工业部门

巴拉圭的工业基础较弱，尽管在20世纪曾进行过进口替代工业化的尝试，但工业发展依然滞后。目前以轻工业和农牧产品加工业为主。工业就业人员占就业总人数的比重在最近几年处于相对稳定的状态，大约在19.5%。[①]工业增加值占国内生产总值的百分比在近些年比较稳定，在30%左右徘徊。（见表9—16）

表9—16　2011—2016年巴拉圭工业增加值占国内生产总值的百分比　单位:%

年份	2011	2012	2013	2014	2015	2016
百分比	29.3	30.4	28.3	28.8	29.6	30.3

资料来源：http：//data. worldbank. org. cn/country/paraguay。

5. 对外贸易

巴拉圭是拉美内陆国家，对外贸易受到地理条件和国家经济发展水平的严重制约。不过，最近几年该国的对外贸易还是出现了比较喜人的态势。在出口方面，拉美和加勒比地区在该国出口中所占比例最大，比例在50%左右徘徊。排在第二位的是对发达经济体的出口，比例为27.7%。东亚和太平洋地区所占的比例很小，2016年只有1.1%左右，且最近几年呈下降趋势。（见表9—17）

① http：//data. worldbank. org. cn/country/paraguay.

表9—17　　东亚和太平洋地区在巴拉圭商品出口总额中的百分比　　（单位:%）

年份	2012	2013	2014	2015	2016
百分比	2.7	3.2	3.5	2.7	1.1

资料来源：http：//data. worldbank. org. cn/country/paraguay。

在进口方面，拉美和加勒比地区在该国进口总量中所占的比重依然最高，但最近几年基本呈下降趋势，到2016年已经降至41.83%。从发达经济体与东亚和太平洋地区的进口紧随其后，前者2016年的数据为28.4%，后者为24%。①

四　巴拉圭经济发展展望

巴拉圭是一个以农牧业为主要经济基础的国家，大豆和马黛茶等农产品是其最重要的出口创汇产品，因此，在未来该国仍将继续重视这些主要农产品的出口。与此同时，该国也会更加重视水力资源和基础设施等方面的建设。天然气和旅游业将来会成为该国经济发展的新的增长点，同时政府也会大力吸引外资，使其外资来源地多元化。

在对外贸易上，巴拉圭仍将以大豆、马黛茶等代表性农牧产业为主导，积极打入世界市场。由于地理环境闭塞，拉美和加勒比地区仍将是该国对外贸易的主要对象。欧美日等发达国家也将占有很大比重。东亚和太平洋地区虽然在该国对外贸易中所占比例很小，但由于这些地区对大豆等农产品的大力需求，他们和巴拉圭的贸易在未来应该呈现快速增长的态势。

五　巴拉圭与中国经贸关系

中国重汽巴拉圭SKD工厂开业，助力海外重汽再造发展工程。中国重汽愿意与经销商一起共同发展SKD工厂，在取得政府政策和税收支持的前景下设立CKD工厂，支持巴拉圭当地汽车工业的发展。当地官员表示，政府大力支持中国重汽在巴拉圭项目，对中国重汽实施海外再造战

① http：//data. worldbank. org. cn/country/paraguay.

略表示肯定。①

中国是世界上主要的大豆消费国和进口国，而巴拉圭是世界第四大大豆出口国，尽管两国尚未建立正式外交关系，但两国今后在农产品贸易尤其是大豆贸易等方面还是有很大发展空间的。

第四节　乌拉圭

乌拉圭是拉美地区重要的农牧业出口国，出口经济在国民经济中占有最为重要的位置。乌拉圭政府在 2017 年全力降低通货膨胀率，并实行了一系列财政政策，如减小财政赤字、增收个人所得税和收入税、提高关税水平、改革社会保障体制以及加强基础设施建设等。2017 年乌拉圭的产业政策主要体现在对企业电费价格的优惠方面。

2017 年乌拉圭经济发展总体情况良好，实现了较快的经济增长，电信、餐饮等行业有力地拉动了经济增长，但制造业和建筑业发展不容乐观，失业率持续走高。在外贸方面，2017 年大豆生产状况喜人，加之世界市场大豆价格上涨，从而为乌拉圭赚取了大量收入。就地区而言，以巴西、中国、阿根廷等为代表的发展中国家和地区是乌拉圭对外贸易的主要对象，发达经济体紧随其后。此外，2017 年服务行业发展势头迅猛，尤其是旅游业已经成为该国的主要产业。

对外贸易在今后依然是乌拉圭发展的重要支撑，尤其是与中国的贸易。在中乌双边贸易中，牛肉和大豆占有至关重要的位置。中国已经成为乌拉圭牛肉的最大买家。基于中国市场对于乌拉圭牛肉产业的重要地位，乌拉圭将以差异化战略继续开拓中国的牛肉市场。另外，中国与乌拉圭之间在建立航空联系以及农业技术合作等方面也取得了可喜的成就。

一　乌拉圭概况

乌拉圭位于南美洲东南部，与巴西、阿根廷相邻，拉普拉塔河东岸，南邻大西洋，与南极洲遥遥相望。乌拉圭属于温带气候，地势以平原为

---

① 中国工程机械商贸网：《中国重汽巴拉圭 SKD 工厂开业，助力海外重汽再造发展工程》，2017 年 9 月 25 日，http：//news. 21 - sun. com/detail/2017/09/20170925/0175952. shtml。

主，自然条件十分优越。首都在蒙得维的亚。该国无论在经济、社会稳定度以及政治清廉度等各方面都位居拉美前列。

乌拉圭经济以农牧业出口为主，国民经济规模较小，产业结构比较单一，依赖农牧产品出口，同时能源依赖进口。农牧业较发达，主要生产并出口肉类、羊毛、水产品、皮革和稻米等。工业以农牧产品加工业为主。服务业占国民经济比重较高，以金融、旅游、物流、交通业为主。乌拉圭实行自由市场经济政策，积极参与地区经济一体化。自穆希卡政府执政以来，政府注意保持宏观经济政策的延续性，重视宏观调控，控制财政支出，加强金融监管，优化债务结构，着力加强服务业，打造物流中心，使乌拉圭经济得以平稳增长。乌政府重视发展旅游业，旅游业比较发达。境外游客主要来自阿根廷、巴西、巴拉圭和智利等周边国家。埃斯特角和首都蒙得维的亚是主要旅游地。对外贸易在该国经济中占有重要地位。主要贸易对象是中国、美国、巴西、阿根廷以及委内瑞拉等。目前正在大力拓展亚太和北美市场。

外交方面，乌拉圭奉行独立自主的外交政策，强调不以政治制度或意识形态为标准，主张世界多极化和国际关系民主化，加强南南合作。乌拉圭一方面大力推动拉美地区一体化进程，以南方共同市场为优先方向，维护区域经济稳定；另一方面重视与美国和欧盟的传统关系。在对华关系上，双方贸易发展迅速，合作领域不断扩大，两国之间存在着较强的经济互补性为未来双边关系发展奠定了坚实的基础。

二 乌拉圭经济政策

1. 货币政策

乌拉圭政府在2017年全力降低通货膨胀率，全年通货膨胀率同比下降7%，处于央行目标范围（3%—7%）之内。本国货币兑美元的比例在2017年保持相对稳定，每美元约为29比索。[①] 与此同时，乌拉圭的比索和世界其他地区货币的汇率也没有显著变化。

2. 财政政策

2017年乌拉圭政府的财政支持主要包括以下几个方面：第一，尽力

---

① ComisiónEconómica para América Latina y el Caribe（CEPAL），Balance Preliminar de las Economías de América Latina y el Caribe，Uruguay，2017.

减小财政赤字，使2017年9月底达到国民生产总值（GDP）的3.6%。第二，政府增大了个人所得税和征收力度。第三，增加进口货物的进口关税，其中南方共同市场从2%增加到3%，世界其他地方则为5%。第四，增收收入税，并加强对自主投资实体的管控力度。第五，就社会保障改革问题进行积极磋商，一是要解决自1996年以来养老金改革所造成的工人的转型问题，二是旨在改革退休人员和军人的养老金服务。第六，为了解决政府赤字的融资问题，乌拉圭政府向全世界发放了长达5年的全球债券，年利率高达9.785%。第七，政府投入大量资金用于刺激生产增长，并加大基础设施所需资金的投入力度。

3. 产业政策

2017年乌拉圭的产业政策主要体现在对企业电费价格的优惠上。据乌拉圭《观察家报》5月8日报道，乌工业、能源和矿业部近日发表公告，凡是能够维持或扩大实体生产的工业企业或是能源消耗方面满足一定标准的企业，将有机会享受最高25%的电费优惠政策。为了享受这一优惠，企业必须扩大生产规模，并在2017年5月15日—6月30日向该部提交必要的文件。

三 当前发展状况

1. 经济增长情况

2017年乌拉圭的经济增长率达到3%，摆脱了自2015年以来经济增长的颓势（见表9—18）。这种增长主要得益于外界对该国的商品和服务等方面的需求得以增加，主要产品出口增加，世界金融环境趋于好转以及消费者信心的恢复等。国内生产总值增长的特点是外部需求和消费回升。

表9—18　　2012—2016年乌拉圭GDP增长率　　单位:%

年份	2012	2013	2014	2015	2016
增长率	3.53	4.63	3.23	0.37	1.45

资料来源：http：//data. worldbank. org. cn/country/uruguay。

电信行业对经济增长的贡献最大。促进GDP增长的其他部门是商业，如餐饮、酒店以及其他主要部门。另外，制造业、能源和建筑业的发展不容乐观。在制造业方面，主要表现在一些炼油厂在2017年关闭，导致国内生产总值增长下降了大约0.5个百分点。

2017年乌拉圭财政赤字持续走高，而且劳动力市场相关指标恶化。劳动力市场的主要指标并未伴随近期经济增长而加速。事实上，就业率略低于2016年的水平。失业率仍维持在8%左右。(见表9—19)

表9—19　2011—2017年巴拉圭总失业人数占劳动力总数的比例　单位:%

年份	2011	2012	2013	2014	2015	2016	2017
比例	6.3	6.4	6.4	6.5	7.5	7.8	8.3

资料来源：http：//data. worldbank. org. cn/country/uruguay。

从表9—19中可知，自2011年以来，乌拉圭的失业率一直呈上升态势，到了2017年达到最高值8.3%，且最近几年失业率增长速度加快。这种情况主要由于受到国内制造业、建筑业以及能源等基础产业发展萎靡的不利影响。同时，也与周围邻国如巴西等国的经济危机所带来的地区间贸易下降有一定关系。

2. 对外贸易方面

根据乌拉圭21世纪协会发布的数据，乌拉圭2017年11月出口总值达到7.87亿美元（含保税区数据），同比增长15.1%。其中，纸浆出口增加21%，达到1.49亿美元。乳制品出口增加43%，达到7600万美元。汽车出口增长80%，达到900万美元。值得一提的是该国的大豆生产状况。在2017年前十个月，大豆价格上涨。另外，由于风调雨顺的有利气候条件，乌拉圭大豆喜获丰收：根据目前已收获区块的单位面积产量推算，2017年乌拉圭全国大豆产量有望达到350万吨，将创造历史新高。不同来源的数据显示，乌拉圭2017年度的大豆种植面积约为100万—120万公顷，而在乌大豆主产区SORIANO地区，此前已经收割的大豆每公顷的平均产量已经轻松突破3000公斤。大豆贸易成交量也有所上升，导致大豆出口较2016年上升了10%。中国依然是出口的主要目的地。乳制品行业约占出口额的5%，但由于生产难度加大，导致盈利减少。总的来说，2017 年 1—11 月，乌拉圭累计出口达到 83.79 亿美元，增长 10.2%，增长势头最强劲的产品分别是大豆、木材和牛肉。

在出口方面，2016 年，乌拉圭向地区外的发展中经济体的商品出口占有该国出口水平总额的半数以上。向拉美和加勒比地区的出口紧随其后。向东亚和太平洋地区的出口位列第三，但与前两者相比差距较大。其他地区所占比例较小，且增长势头也不容乐观。（见表 9—20）

表 9—20　　2016 年乌拉圭向各主要经济体的商品出口占商品出口总额的百分比

单位：%

主要经济体	拉美和加勒比	欧洲和中亚	东亚和太平洋地区	地区外的发展中经济体	高收入经济体
百分比	32.5	4.7	14.3	54.6	26.4

资料来源：http：//data.worldbank.org.cn/country/uruguay。

在所有的出口对象中，乌拉圭向中国的出口增长很快，有力地拉动了乌拉圭出口经济快速增长。另外，由于欧盟奶制品的生产和出口过程受到高度保护和补贴，乌拉圭政府呼吁南共市各国在与欧盟进行谈判时，将奶制品从欧盟—南共市谈判商品清单中剔除出去。乌拉圭国家奶制品协会主席 Ricardo de Izaguirre 表示，尽管乌拉圭与巴西在双方奶制品贸易问题上立场有所不同，但面对欧盟奶制品可能带来的冲击，两国应同其他南共市成员国一起，为保护地区奶制品产业而努力。

在进口方面，2016 年，乌拉圭从地区外的发展中经济体的商品进口占有该国进口水平总额的 2/3。从拉美和加勒比以及东亚和太平洋地区的进口紧随其后。（见表 9—21）

表 9—21　　2016 年乌拉圭从各主要经济体的商品进口占商品进口总额的百分比

单位：%

主要经济体	拉美和加勒比	欧洲和中亚	东亚和太平洋地区	地区外的发展中经济体	高收入经济体
百分比	36.5	1.4	20.6	67.6	31.7

资料来源：http：//data.worldbank.org.cn/country/uruguay。

3. 服务业

旅游业是2017年乌拉圭所有服务行业中发展备受瞩目的。2017年乌拉圭旅游收入将超过25亿美元，首次成为经济主要出口部门。在电信产业方面，根据由电信业服务商和设备制造商组成的非营利组织5G美洲组织近期发布的一份报告，乌拉圭全国居民中已有79.6%享受到4G移动网络服务，远远超过拉美4G服务覆盖率22.5%的平均水平，继续领跑地区诸国。其他拉美国家中4G服务覆盖率较高的还有：阿根廷36%、智利30.8%、巴西28.9%、墨西哥21%、哥伦比亚18.7%、巴拿马16%和厄瓜多尔15.6%。该报告同时还肯定了乌拉圭在4.5G等新技术应用方面的前景，认为乌拉圭消费者有较高的使用新型通信技术的意愿，且乌拉圭电信设施已具备较高水平，在支持4.5G等电信新技术大规模商业化运作方面具备较好基础。

四 乌拉圭经济发展展望

乌拉圭是拉美地区相对发达的经济体，根据世界银行的说法，该国目前已经成为高收入经济体。乌拉圭经济对外贸的依赖度较大，所以在今后相当长一段时间，对外贸易仍将是该国经济发展的重要引擎，其中与巴西、阿根廷等南美邻国以及中国、美国等世界大国的贸易依然是该国获取外汇收入的主要来源。随着中国的强势崛起以及巴西等邻国经济的逐渐回暖，乌拉圭与这些国家之间的贸易关系将会进一步加强。但是，乌拉圭过于依赖对外贸易，尤其是出口农产品和初级产品等，导致该国经济发展的脆弱性依然存在，很容易受到外部市场的不利影响。

旅游业和电信产业是乌拉圭近些年新的经济增长点，尤其是电信产业，其广泛的覆盖率、相对完善的基础设施建设以及消费者使用和消费意识的提升，将会给该产业的发展和转型升级带来更大的机遇。

五 乌拉圭与中国经贸关系

中国是乌拉圭主要的贸易伙伴。2017年，中国与乌拉圭贸易进展迅速，尤其是11月中国对乌拉圭出口的积极影响最为显著。当月，乌拉圭向中国出口达到1.22亿美元，同比增长69%，1—11月，乌拉圭累计向中国出口 16.52 亿美元，同比增长 57%，占出口总值的 26%。在所有的对华出口产品中，牛肉占出口总值的 56%，中国已经成为乌拉圭牛肉的最大买家。基于中国市场对于乌拉圭牛肉产业的重要地位，乌拉圭将以差异化战略继续开拓中国的牛肉市场。乌拉圭通过增强出口肉类可追溯性、参与新的认证机制等方法，继续开拓中国牛肉市场，增加乌拉圭输华牛肉的附加值。与此同时，中国继续保持着乌拉圭羊毛最大出口市场的地位。乌拉圭民众对中国形象和中乌贸易关系也普遍持高度认可态度：在所有受访民众中，有 63% 的受访民众对中国的印象为积极或正常，对华好感度仅次于对智利和欧盟好感度。①双边贸易的迅速发展以及民众的支持有助于中乌关系的健康发展。

在近些年中国对乌拉圭的直接投资方面，自 2012 年以来，中国对乌拉圭的投资呈现飞速增长的态势。（见表 9—22）从表 9—22 中可知，除了个别年份（如 2014 年）外，中国对该国的投资均呈快速上升趋势，其中基础设施建设以及农牧业投资是其主要原因。

表 9—22　　2011—2016 年中国对乌拉圭的直接投资　　单位：万美元

年份	2011	2012	2013	2014	2015	2016
金额	36	950	967	108	3615	4927

资料来源：中华人民共和国商务部、中华人民共和国国家统计局、中华人民共和国国家外汇管理局：《2016 年度中国对外直接投资统计公报》，第 49 页。

中国与乌拉圭之间在就建立航空联系方面也取得了一定进展。2017 年 9 月 14—15 日，中国民用航空局局长冯正霖率中国民航代表团访问乌拉圭，与乌拉圭民航代表团举行了双边航空会谈，就商签两国政府间航空运输协定及相关航权安排进行了磋商。双方就航线表、运力额度、第五业务权、代号共享等航权安排达成一致，并同意尽快就协定文本开展进一步磋商。冯正霖局长与乌拉圭交通和公共工程部长罗西及乌拉圭国

① 中华人民共和国商务部驻乌拉圭经济商务参赞处：《乌拉圭民众高度认可中国形象和中乌双边贸易》，2017 年 12 月 7 日，http：//uy.mofcom.gov.cn/article/jmxw/201712/20171202682129.shtml。

防部长梅嫩德斯共同签署了谅解备忘录。此次会谈旨在落实 2016 年中乌两国关于建立战略伙伴关系联合声明的相关内容，为未来双方空运企业开展商务合作和两国建立航空联系奠定法律基础。

在农业科技合作方面，乌拉圭与中国间大豆遗传物质交流取得可喜的进展。中国农业科学院目前已经向乌拉圭国家农牧业研究院提供了 5 种供人食用的非转基因大豆品种的遗传物质。与乌目前大规模对华出口的主要用于榨油和动物饲料的转基因大豆不同，这 5 种大豆的蛋白质含量较高，是中国消费者直接食用或用来制作豆腐的品种。乌拉圭国家农牧业研究院将对上述大豆遗传物质进行复制，并对在乌拉圭种植相关品种的可能性进行评估。

总的来说，中国与乌拉圭之间的经贸关系发展迅速，两国在大豆和牛肉贸易、航空以及农业科技等领域的合作不仅发展迅速，而且有着较为广阔的发展空间，这些有利条件为推动双方在其他方面的务实合作和中拉贸易的迅速发展奠定了坚实的基础。

参考文献

1. ComisiónEconómica para América Latina y el Caribe（CEPAL），Balance Preliminar de las Economías de América Latina y el Caribe，Uruguay，2017.

2. 中华人民共和国商务部：《玻政府颁布法令宣布提高家电产品进口关税》，2017 年 2 月 9 日，http：//bo. mofcom. gov. cn/article/jmxw/201702/20170202512790. shtml。

3. 中华人民共和国商务部：《玻政府推动以公私合作形式建设南美两洋铁路》，2017 年 6 月 13 日，http：//bo. mofcom. gov. cn/article/jmxw/201706/20170602592167. shtml。

4. 中华人民共和国商务部驻玻利维亚经济商务参赞处：《玻利维亚希望获得亚洲基础设施投资银行融资支持》，http：//bo. mofcom. gov. cn/article/jmxw/201708/20170802632960. shtml。

5. 中华人民共和国商务部驻玻利维亚经济商务参赞处：《厄瓜多尔受益于与欧盟贸易协定，非传统商品出口明显增长》，2017 年 12 月 19 日，http：//ec. mofcom. gov. cn/article/jmxw/201712/20171202686797. shtml。

6. 中华人民共和国商务部驻玻利维亚经济商务参赞处：《乌拉圭民众高度认可中国形象和中乌双边贸易》，2017 年 12 月 7 日，http：//uy. mofcom. gov. cn/article/jmxw/201712/20171202682129. shtml。

第 十 章

墨西哥经济发展分析与展望

廖传惠[①]

摘要：受全球经济复苏乏力、拉美地区政治经济变化：国内结构调整、美国大选等国内外因素影响，2016 年墨西哥经济增速减缓。本章回顾了 2016 年墨西哥宏观经济形势和特点，对近 10 年来的墨西哥宏观经济政策进行了回溯分析，总结了 21 世纪以来墨西哥经济所取得的成就，对 2017 年墨西哥经济政策与经济形势进行了展望并分析了中墨经贸关系的现状、问题与前景。本章认为，2017 年将是墨西哥经济面临巨大不确定性的一年，墨西哥在出口、外资引进、侨汇收入和通货膨胀等领域将面临较大的挑战与压力。墨西哥政府应该在原有的增收节支和能源改革的基础上，推动实施更多实质性的改革措施。

关键词：墨西哥；宏观经济形势；宏观经济成就；经贸关系；展望

引 言

在全球经济温和增长和贸易停滞不前的环境下，2016 年墨西哥经济发展主要呈现如下特征：

---

① 廖传惠，西南科技大学经管学院副教授，硕士，主要研究方向：投融资创新、拉美经济。

经济增速减缓。2016年墨西哥经济增长减速，以现价美元计算的国内生产总值（GDP）总量为1.24万亿美元，年增长2.3%，与2015年2.6%的增长率相比小幅收窄0.3%，不过仍远高于拉美地区经济增长的平均水平（-2.3%）。2016年墨西哥经济增长率高于巴西（-3.6%）、阿根廷（-2.3%）、智利（1.6%）等拉美经济强国，低于多米尼加（6.4%）、巴拿马（5.2%）和尼加拉瓜（4.8%）等拉美小国。其2.3%的增长水平，也略高于同期发达国家1.7%的GDP平均增长率和美国经济1.6%的增长率。墨西哥2016年经济增长几乎完全由私人消费带动，低通货膨胀、侨汇收入、信贷扩张、更高的实际工资和正规部门增加的就业机会是推动经济增长的主要因素。

供需总体稳步增长，私人消费快速增长。2016年，实际总供给增长2.1%，国内生产总值（GDP）和商品及劳务进口分别增长2.3%和1.1%。一方面，以美元计价的商品和资本品进口额分别下降2.1%和3.8%；另一方面，2016年总消费增长2.6%，其中，私人领域消费增长达到2.8%，公共领域消费增长1.1%，实现了私人领域消费自2012年以来的最大增幅。私人消费中，增长较大的是耐用消费品，增幅达5.6%，其中，国内汽车销售160万辆，环比增长18.6%。服务消费总计增长了4.2%，总固定资本增长0.4%，其中机器设备购买增长1.2%，而建筑业投资则下降0.1%。

经常项目赤字减少。2016年经常项目赤字减少55亿美元，总额为271亿美元（占国内生产总值的2.7%），赤字减少主要是由于进口下降和海外移民汇款大幅增加。据墨西哥经济部统计，2016年墨西哥货物进出口总额为7609.7亿美元，同比下降1.9%。其中，出口3739.0亿美元，下降1.8%，进口3870.6亿美元，下降2.1%。总贸易逆差131.6亿美元，下降8.9%。分国别（地区）看，墨西哥依赖美国的贸易格局没有改变，对美出口占墨总出口的80.9%，自美进口占墨总进口的46.4%，对美贸易顺差额为1230.6亿美元。与此同时，墨西哥逐步加强与其他国家和地区的贸易往来。中国、日本和韩国是墨西哥贸易逆差的主要来源国，金额分别为641.2亿美元、139.8亿美元和111.1亿美元。2016年全年实际商品和服务出口增长1.2%，但因货币比索贬值导致出口金额下降1.8%。其中，石油出口金额下降19.1%，非石油产品出口金额下降

0.6%，汽车出口和非石油产品出口分别减少1%和0.4%。2016年墨西哥吸引外资260亿美元，比2015年的330亿美元下降21%。外商直接投资的激增使经常项目赤字状况得到缓解，从而减少了对组合资本流动的依赖①。

公共部门基本实现赤字目标。2016年联邦政府继续实施扩张型财政政策，但力度小于2015年，2016年财政赤字占国内生产总值的2.9%。2016年，墨西哥税收收入增长13.9%，达到历史新高，税收收入占GDP比重达1.0%。自2012年以来，税收收入占GDP比重超过5.5%，同期石油收入的GDP占比则由8.9%降至4%。稳定的非石油税收收入不仅弥补了油价下跌导致的石油收入的净减少，而且为财政支出的增加提供了保证。

在支出方面，社会公共总支出占GDP的27.4%，比2015年高出6.2个百分点。支出增长的主要部分，是支付给墨西哥石油公司、国家电力公司和“石油收入稳定基金”的补贴等款项，达到321.81亿美元。与上述之处形成对照的是，联邦政府真正能够掌控的财政开支（扣除财政投资、利息支出和养老金之外的剩余部分）比2015年实现了3.7%的下降，达到GDP的15.7%。这部分净支出的减少，主要是因为联邦政府调整了90亿美元的支出。同年，联邦财政的利息费用上升12.7%，这主要是由比索贬值造成的。但是，总的来看，联邦资产因收入的增加总体比2015年增加了7.2%。最后，公共财政达到了GDP的50.2%。

侨汇收入创新高。2016年，墨西哥侨汇收入总额达270亿美元，同比上升8.8%，总量和增长率分列拉美和加勒比地区的第一位和第四位。自2012年以来，墨西哥的侨汇收入增长迅猛，从2012年的不足1%发展到2016年的8.8%。近几年来，墨西哥移民数量变化不大，侨汇主要来源于在美墨西哥工人的汇款。2016年，超过66%的墨西哥移民汇款回国，远高于2006年的50%。2014年、2015年侨汇收入占GDP的比重分别达

① World bank. Mexico overview，http：//www.worldbank.org/en/country/mexico/overview，2017年4月2日。

到1.9%和2.3%，侨汇收入成为墨西哥的主要资金来源之一①。

金融储蓄增长，信贷扩张。墨西哥国内金融储蓄2016年超过7000亿美元，实现5.1%的增长，占GDP的62.2%。截至2016年年底，商业银行向私人部门贷款余额超过2万亿美元，实际增长10.6%。商业组合贷款、消费贷款和住房贷款分别增加12.9%、8.7%和6.7%。消费信贷的扩张，促进了墨西哥国内消费特别是汽车类耐用品消费。

正规部门就业和工资水平上升。2016年墨西哥经济活跃人口中失业人口为1911万，失业率达到3.36%，比2016年同期8.3%的失业率有大幅度降低，实现了自2009年以来最好的就业状况。失业率的降低主要源于"稳定正规就业项目"的实施。非正规部门就业率降低0.5个百分点达到57.3%。这一政策的利好持续至今，2017年2月，墨西哥失业率为3.4%，低于2016年同期的4.15%和市场预期的3.65%。劳动人口工资持续上升，2016年，就业工资为人均331.43比索，达到近十年来最高水平。最低名义工资上升4.2%达到73比索/天，温和的通胀水平使实际合同工资上升1.2个百分点。总体而言，就业状况和工资水平持续向好。

除石油日产量减少和油价剧跌外，墨西哥近年来经济发展受阻还和全球经济整体形势，尤其是美国的发展和经济政策高度相关。全球经济有很多不确定性，而不确定性即意味着风险。墨西哥在很大程度上依赖于美国经济，这意味着两个国家的命运不可避免地联系在一起。在美国总统选举过程中以及结果出来后，墨西哥比索一直处于动荡之中。培尼亚·涅托政府推动的结构改革以及宏观经济政策调控初见成效，给经济带来更大的灵活性，这有利于墨西哥经济的恢复。改革的继续进行对经济的长期发展与社会经济不平等状况的改善至关重要。然而，由于最近几年经济增长乏力，人们对于改革的支持度已经有所下降。改革成效虽然已部分显现，如电信价格、工业用电价格的降低，但其最终成效可能需要数年才能完全显现出来。特朗普在竞选期间和就职后发表的针对墨

① he Dialogue, Remittances to Latin America and the Caribbean in 2016, p. 4. http://www.thedialogue.org/wp-content/uploads/2017/02/Remittances-2016-FINAL-DRAFT-1.pdf，2017年8月1日。

西哥的系列言论，加强了民粹主义在墨西哥的影响力，民粹主义者主张减少全球互动，这给墨西哥 2017 年经济形势和 2018 年总统大选的前景蒙上阴影。

第一节　墨西哥概况[①]

地理位置

墨西哥合众国，简称墨西哥，国土面积达 1964375 平方公里，其中陆地面积 1959248 平方公里，岛屿面积 5127 平方公里。墨西哥位于北美洲南部，北邻美国，南接危地马拉和伯利兹，东邻墨西哥湾和加勒比海，西南濒太平洋，海岸线总长 11122 公里，其中太平洋海岸 7828 公里，墨西哥湾、加勒比海岸 3294 公里。东、西、南三面为马德雷山脉所环绕，中央为墨西哥高原，东南为地势平坦的尤卡坦半岛，沿海多狭长平原[②]。

气候条件

墨西哥气候复杂多样，由于多高原和山地，垂直气候特点明显。高原大部分地区气候比较温和，平均气温为 10—26℃；西北内陆为大陆性气候；沿海和东南部平原属热带气候。大部分地区全年分旱、雨两季，10 月至次年 4 月为旱季，5 月至 9 月为雨季，雨季集中了全年 75% 的降水量。每年最旱月份为 2 月，降水量仅 5 毫米，降水最多月份为 7 月，降水量约 170 毫米。70% 的地方气候干燥。西北地区年平均降水量不足 250 毫米，内地为 750—1000 毫米，墨西哥湾沿岸中部与太平洋沿岸南部为 1000—2000 毫米[③]。

首都墨西哥城（Ciudad de México）。面积 1525 平方公里，人口约 2200 万（含卫星城），海拔 2240 米。

---

① 中华人民共和国外交部：http：//www. fmprc. gov. cn/web/gjhdq_ 676201/gj_ 676203/bmz_ 679954/1206_ 680604/1206x0_ 680606/ 2017 年 10 月 10 日。

② 中国领事服务网：http：//cs. mfa. gov. cn/zggmcg/ljmdd/bmz_ 655327/mxg_ 657021/ 2017 年 10 月 11 日。

③ 中华人民共和国驻墨西哥合众国大使馆：http：//www. fmprc. gov. cn/web/gjhdq_ 676201/gj_ 676203/bmz_ 679954/1206_ 680604/1206x0_ 680606/ 2017 年 9 月 1 日。

行政区划

全国划分为31个州和1个联邦区（墨西哥城），州下设市（镇）和村。首都墨西哥城是墨西哥的政治中心，蒙特雷是墨西哥主要的经济、金融中心。

政治制度

墨西哥实行议会制民主政体，总统是国家元首和政府首脑，任期6年，终身不得再任。现任总统是革命制度党人培尼亚，任期至2018年12月。联邦议会分为参众两院，行使立法权。内阁为国家行政机关，内阁成员由总统任命。主要党派有革命制度党、国家行动党、国家复兴运动党和民主革命党等。

人口分布

墨西哥有人口1.2亿（2015年年底），印欧混血人和印第安人占总人口的90%以上。官方语言为西班牙语，88%的居民信奉天主教，5.2%信奉基督教新教①。

第二节　宏观经济政策分析

近年来，墨西哥施行的宏观经济政策调控和结构性改革初见成效，墨西哥经济的恢复力得到一定的增强。一方面，2013—2016年墨西哥国内生产总值增长率分别为1.4%、2.2%、2.6%和2.3%，人均国内生产总值增长率分别为0%、0.9%、1.3%和1%。经济的恢复为增加就业、打击犯罪以及消除贫困提供了有效的支撑。自2010年以来，墨西哥失业率不断下降，从2010年的5.9%到2013年的5.4%，再到2016年的3.36%，“正规部门就业计划”不仅使失业率逐步下降，同时带动了工资水平的上涨，进而带来了2016年国内消费的强劲上升。另一方面，墨西哥经济也面临巨大的不确定性。由于对美国经济的强依赖关系，美国大选、特朗普政府的保守贸易倾向以及英国脱欧等外部环境给墨西哥经济发展带来巨大的不确定性和风险。墨西哥需要进一步加强宏观经济政策

① 中华人民共和国驻墨西哥合众国大使馆：http：//www，fmprc. gov. cn/web/gjhdq_676201/gj_ 676203/bmz_ 679954/1206_ 680604/1206x0_ 680606/2017年9月1日。

调控和推行结构性改革，保持经济的平稳发展。

一　财政政策：扩大收入和控制赤字

财政政策是国家在一定时期内，为实现社会经济持续稳定发展，综合运用各种财政调节手段，对宏观经济进行调节的政策，主要由税收政策、财政政策和预算政策组成。近年来，墨西哥财政政策的主要目的是加强公共财政和财政责任作为确保宏观经济稳定的支柱作用。自 2008 年墨西哥政府首次提出“财政盈余”计划以来，坚持调整支出和缩小赤字政策，坚守不增税项和税率的承诺，取得了一定的效果，增强了墨西哥经济的恢复能力。

（一）财政状况分析

税收总收入良性增加。2007—2016 年，政府财政收入占 GDP 的比重平稳上升，从 2007 年的 15.1% 增加到 2016 年的 24.8%，同期税收收入占 GDP 比重也从 8.8% 上升到 13.9%，财政收入特别是税收收入的持续增加，为经济和社会发展奠定了较为坚实的经济基础。墨西哥财政收入的增加，主要得力于以下因素：墨西哥政府自 2008 年以来施行“财政盈余计划”。2014 年 2 月，墨西哥政府宣布了一项“税务确定协议”，承诺在现任总统执政期间当局保持税收制度不变。具体来讲，2015—2018 年，既不会新增税种也不会提高现行税率，并且保证不削减或消除现有的税收优惠或豁免。这就意味着政府不会对所得税或增值税等税种及税率做出调整。税务确定性协议的签署是现任总统继 2014 年税收改革条款完成后，对墨西哥税收制度的细化，影响了企业和个人纳税人。改革包括墨西哥公司向墨西哥居民和外国居民（个人或公司）派发红利派息时采用 10% 的预扣税。税务确定性协议的执行，加强了税制的稳定性，从而对经济增长起到激励作用，并有助于墨西哥提升有效财务计划。自 2014 年以来，墨西哥政府信守“税收稳定承诺”，税收收入占 GDP 比重不断得到提升，从 2014 年的 10.5% 增加到 2016 年的 13.9%，达到了促进税收稳定国家收入的目的。（见图 10—1）

严格支出，避免巨量赤字。在支出方面，墨西哥政府坚持控制支出，避免出现巨量赤字。2014—2016 年，公共财政总支出占 GDP 的比重分别为 19.26%、20.6% 和 27.4%，呈现出逐年上升的趋势。2016 年墨西哥

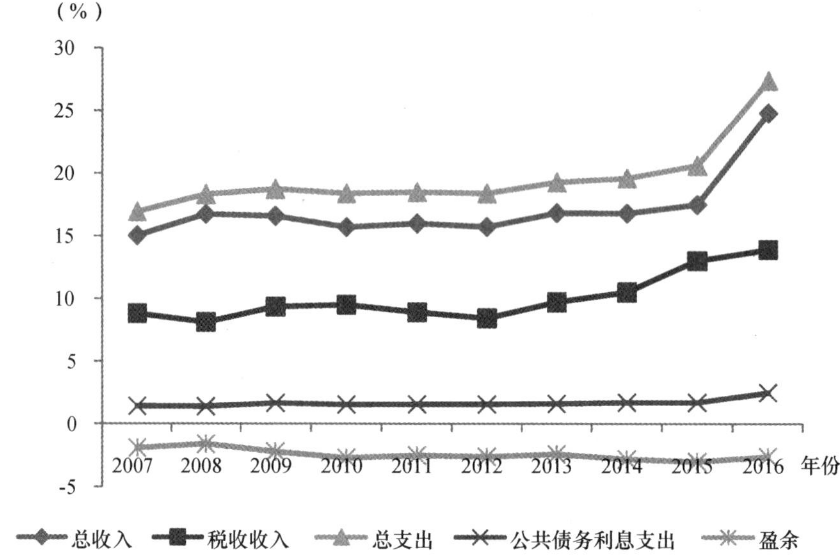

图10—1 墨西哥2007—2016年联邦政府收入、支出和财政盈余占GDP的百分比

资料来源：拉美经委会（CEPAL）官方统计数据库：ECLAC-CEPALSTAT。

联邦政府最重要的财政支出措施主要包括6个：（1）两次调整政府支出，调减金额达90亿美元。首次调减发生在2月，共计调减72美元。其后在该年6月，为确保墨西哥在英国脱欧后不稳定的国际金融市场中保持宏观经济的稳定，再次削减金额为18亿美元的公共支出，上述削减不涉及墨西哥石油公司（PEMEX），仅针对联邦。削减预算68亿比索。2015年年初在讨论2016年预算期间，减少预算53亿比索，由于墨石油公司收入没有好转迹象，此后，再次宣布削减预算72.7亿比索。另外，2017年预算将削减公共支出1751亿比索。至此，墨政府2015年、2016年和2017年累计削减预算总额已达到5600亿比索，占国内生产总值的3%①。（2）根据已经建立的联邦预算与财政责任法（LFPRH），有效地使用墨西

① 中国国际贸易促进委员会驻墨西哥代表处：《墨西哥政府削减预算总额超过5000亿比索》，http://www.ccpit.org/Contents/Channel_3947/2016/0630/664865/content_664865.htm，2017年6月10日。

哥银行对冲基金（ROBM）资金共131亿美元。（3）转移支付给墨西哥石油公司和国家电力公司的养老金共计190亿美元，用于弥补其养老金缺口。这是继2015年拨付27亿美元给墨西哥国家石油公司后的第二次拨付。（4）支付墨西哥石油公司40亿美元，用于加强其财务状况，减少流动负债的水平。（5）建立石油对冲基金。（6）实施墨西哥石油公司商务计划（2017—2021年），力争2017年实现顺差，2019年达到财务平衡。上述措施，连同收入和支出上的调整，经由修改公共财政需求预算执行，占到了2016年GDP的3%。

尽管墨西哥联邦政府的收入和支出均处于持续增加的态势，但是墨西哥联邦政府总的公共债务不断小幅攀升。联邦政府的公共债务占GDP的百分比已经从2007年的20.6%上升到2016年的36.7%，仅在2010年出现了0.1%的降幅。其中，内部债务从2007年的16.6%上升到2016年的27.7%，同期外部债务从4%上升到9%。尽管世界主要评级机构已经调低其级别，但总体而言，墨西哥联邦政府的债务水平好于拉美和加勒比其他地区。

（二）墨西哥政府拟采取的财政政策分析

目前来看，墨西哥将会进一步实施财政支出控制和税收确定计划。在财政支出控制方面，一方面会通过对国家石油公司、国家电力公司注入资金，稳定其收支状况，减少流动性风险，与此同时，敦促国家石油公司与他国开展联合勘探、联合开采等措施，提高国家石油公司经营的活力。另一方面将会进一步削减联邦财政支出数，根据墨西哥“2017财年经济政策措施”中提出的“财政盈余”达GDP的0.1%的目标，为实现该目标，2017年财政支出不能超过2016年GDP的1.2%。在财政收入方面，墨西哥将继续实行“税收确定协议”，预计2017年财政收入达43095亿比索，较2016年增长0.4%；预计2017财年实际税收收入增长9.7%；受油价和产量影响，预计2017财年石油收入下降15.7%。在联邦公共债务方面，为有效避免债务水平攀高，拟对“已列项支出”进行调整，不增加新税项，不增加现有税率承诺得以保证①。（见图10—2）

① 中华人民共和国商务部：《墨西哥“2017财年经济政策措施》，http://www.mofcom.gov.cn/article/i/dxfw/nbgz/201609/20160901399502.shtml。

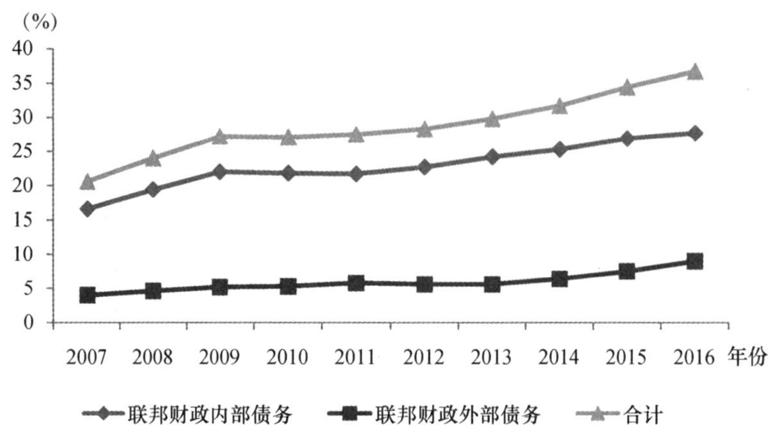

图 10—2 墨西哥联邦政府内部、外部债务及总债务占 GDP 的百分比

资料来源：CEPAL 在官方数字的基础上整理得出，2016 年来源于 IMF。

二 货币政策：主动干预与适度缩紧

（一）过去十年墨西哥货币政策分析

货币政策是指各国央行运用各种工具调节货币供应量来调节市场利率，通过市场利率的变化来影响民间的资本投资，从而通过影响总需求来影响宏观经济运行的各种方针措施。中央银行是一国货币政策的执行机构，其目标可涵盖稳定的低通货膨胀、低的失业率、快速的经济增长、协调财政政策、稳定的汇率等，各国根据所处的经济环境和自身目标设定和执行相关政策。2015 年以来，墨西哥经济较为稳定，其基准利率一直维持在 3% 左右。但自 2016 年以来，为了应对国际油价下跌、英国“脱欧”、美国大选以及墨西哥预期通胀，墨西哥央行分别在 2016 年 2 月 17 日、6 月 30 日、9 月 29 日和 11 月 17 日四次调高基准利率 50 个基点，总计提高至 5.25%。2016 年年初至 11 月 30 日年底，墨西哥比索兑美元汇率贬值达 18.9%，源于应对美国选举、国际油价下滑、全球金融不确定性和全球经济疲软。除了两次削减公共开支和调整基准利率外，墨西哥外汇管理局决定在 2016 年 2 月立即推迟美元拍卖，自行决定介入市场的时机。截至 2016 年 11 月 25 日，中央银行报告的储备金为 17.078 亿美元，比2015年年底下降了1.5%。国际货币基金组织的灵活信贷额度（FCL）保持890亿美元，保持活跃。墨西哥CPI自2008年达到历史最高的6.5%以后，呈现出波动态势，2011年CPI达历史最低的1.9%。截至2016年，年均CPI为2.82%。与此同时，GDP增长率在2009年受金融危机的影响下跌至-6.3%之后，逐步回升，呈波浪式发展，2016年GDP增长率收于2.3%。货币政策利率自2008年的最高位7.9%一路下调至2015年的3%，但自2016年以来，复杂的国际环境导致货币政策利率调高至4.2%。（见图10—3）

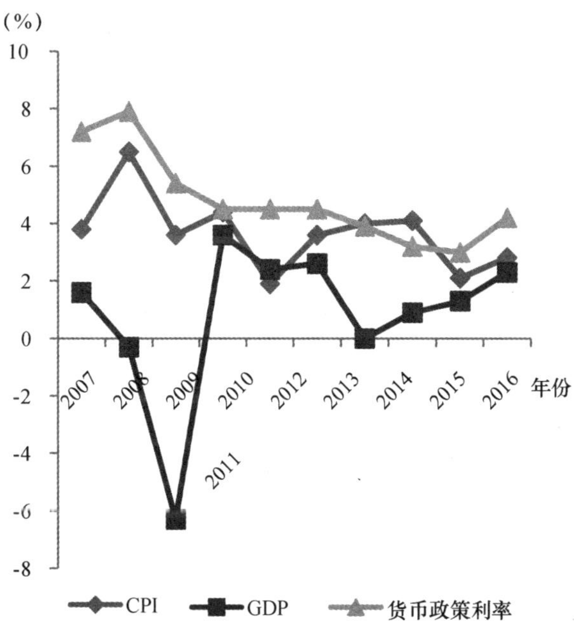

图10—3　2007—2016年墨西哥货币政策利率与CPI和GDP增长率的关系

资料来源：拉美经委会（CEPAL）官方统计数据库：ECLAC-CEPALSTAT。

为了配合完成货币政策目标，墨西哥央行有针对性地控制货币发行速度。在2008年金融危机之后，为了稳定经济发展，墨西哥放慢了货币发行的速度，2009—2013年其M_1、M_2、M_3的年均增长率大多数指标在10%以下。而在2014—2015年，为了促进经济增长，墨西哥央行有意地加大了货币发行速度。M_1、M_2、M_3的发行速度小幅上升，年均增长率大多增加到15%以内的水平。如图10—4所示，在2009—2013年，墨西哥央行通过降低货币发行速度来抑制通货膨胀；而在2013—2015年，墨西哥央行有意通过提高货币发行速度来促进经济稳步增长。

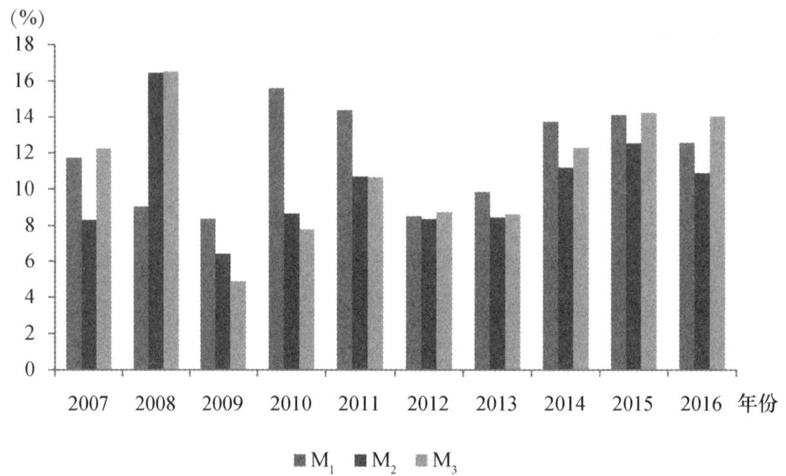

图10—4 货币指标（相对于前一年的变动百分比）

资料来源：拉美经委会（CEPAL）官方统计数据库：ECLAC-CEPALSTAT。

（二）当前货币政策分析与展望

进入2017年，墨西哥经济仍面临巨大的不确定性，经济持续增长受到较大的阻力。特别是美联储货币政策正常化，其溢出效应将继续对墨西哥比索产生持续性的影响，进而影响到墨西哥的通货膨胀。正如墨西哥央行2017年2月发表声明，央行可能会紧跟美联储提息的步伐增加墨西哥基准利率，以保卫墨西哥比索，控制通货膨胀。实际上，自2016年以来，截至2017年3月，墨西哥央行已经7次提高基准利率达到6.5%。

三 产业政策：促进出口与石油改革

产业政策是政府为了实现一定的经济和社会目标而对产业的形成和发展进行干预的各种政策的总和。墨西哥作为拉美地区第二大经济体和全球第十六大经济体，建立了比较完备的工业体系，其中汽车制造、电子设备、石化等产业在全世界都比较有名。服务业比较发达，是其吸收就业的主要所在，2016 年墨西哥 60% 的就业集中于服务业。

（一）汽车产业政策

汽车产业是墨西哥最大的制造业部门和最活跃的支柱性产业之一，目前墨西哥是全球第七大汽车生产商和第四大出口商。出口市场主要集中于美国，在拉美地区所占份额也逐年增大。

墨西哥汽车产业从 1921 年别克赴墨西哥设厂开始，其发展主要经历了以下几个阶段：（1）萌芽时期，20 世纪 20—60 年代，开始在美墨边境上建立汽车加工厂，主要从事来料加工工业。（2）零部件国产化阶段，20 世纪 60—80 年代，墨西哥政府既提供优惠又实行保护主义，严格禁止汽车进口，促进了墨西哥汽车工业的发展。（3）大工业形成阶段。经过多次修订“汽车工业法”，墨西哥的汽车工业格局逐步形成，整车生产能力得到极大提高。特别是在墨西哥加入北美自由贸易协定以后，墨西哥汽车产业迅速发展。

墨西哥汽车产业发展，主要源于以下几个因素：首先，墨西哥人力成本在北美最低。人口红利是墨西哥绝大部分产业发展的传统红利，汽车产业受惠颇多。墨西哥汽车工厂工人的平均时薪约为 8 美元，而福特等公司支付美国劳工的费用却达 60 美元；其次，墨西哥占据得天独厚的地缘优势，可辐射整个美洲市场。墨既是北美自由贸易区成员国，还与全世界 46 个国家签订了自由贸易协定，为出口提供了便利①。2016 年墨西哥汽车生产和出口在拉美地区排名第一，领跑拉美汽车行业发展。2016 年全年汽车生产 345 万辆，其中出口 276 万辆，国内销售量达 160 万辆，生产、出口和内销全部破历史纪录。在产品档次提升上，2016 年也是墨西哥开始生产高科技和高档次汽车的一年，宝马、英菲尼迪、奥迪等 5 家新厂宣布在墨落户，投资总额达 76 亿美元。

墨西哥政府产业政策对巴西汽车产业的发展起到了非常关键的作用。其中，比较重要的包括②：

---

① 中华人民共和国商务部美大司：《墨西哥汽车产业发展状况及原因》，http：//www. mofcom. gov. cn/article/i/jyjl/l/201407/20140700677515. shtml，2017 年 6 月 10 日。

② 中华人民共和国驻墨西哥合众国大使馆经济商务参赞处，http：//mx. mofcom. gov. cn/article/ddfg/qita/201408/20140800714458. shtml。

1. 优惠关税政策

墨西哥根据经济技术的发展，不断修订“产业促进计划”（PROSEC），针对包括汽车产业在内的24类支柱型产业，允许符合条件的企业以优惠关税或零关税进口所需材料，加快产业发展，提高其在国际市场竞争力，使之成为墨西哥出口和经济发展的主要动力。墨西哥政府主管机关有权在审批出口加工企业项目时，同时批准其为PROSEC框架下企业。根据PROSEC的有关规定，某些特定产品的生产企业，可以优惠关税进口各种其特定产品生产过程中所需的原料或物项，无论其产品最终是面向出口还是国内市场。一般来说，这些原料或物项的进口关税水平在13%—23%左右，而PROSEC企业可享受不超过7%的优惠进口关税水平①。对于已在PROSEC行业项目下登记的企业，如满足提升行业竞争力、吸引新投资和填补国内空白三个条件的，还给予在海关税号98020019项下以零关税进口原料、物料及零部件的优惠。

2. 专设汽车产业法令助推产业发展

2003年12月，墨西哥通过了《关于支持汽车工业竞争力、推动国内汽车市场发展的法案》，通过授予各项鼓励措施，促进国内外资本对墨西哥轻型车辆制造业的投资。墨西哥对汽车产业采取开放性产业政策，鼓励国外汽车生产企业投资建厂。专门制定了墨西哥汽车法案，规定重点投资范围，在新建扩建厂房、技术培训、投融资等方面提供各种优惠政策。实施相关投资的企业可以被视为符合该产业发展规划框架，从而获得享受海关优惠政策的权利。

3. 政产学银共推汽车产业升级换代

2014年12月，墨西哥政府与汽车产业界共同推出《促进产业发展计划》，由国家金融银行、外贸银行、经济部、投资促进局、企业部门和科技委等从融资、创新、促进外国投资和开拓新市场等方面提供支持，促进墨西哥汽车配件供应，特别是二级和三级产业发展，延长和完善汽车产业链，增强汽车产业自主研发能力，提高汽车产业增加值。

---

① 中华人民共和国驻墨西哥合众国大使馆经济商务参赞处：《墨西哥部分产业优惠政策》，http：//mx. mofcom. gov. cn/article/ddfg/qita/201408/20140800714458. shtml，2017年6月12日。

（二）石油产业政策

墨西哥是世界第九和西半球第二大原油储藏国，80%左右的石油出口到美国。作为墨西哥最大的国企之一，墨西哥国家石油公司（PEMEX）的收入是墨西哥财政的主要来源，提供墨西哥政府1/3的财政支出。然而，随着美国页岩油技术的发展，美国逐步转变为石油净出口国，墨西哥对美国石油出口大幅减少。加之墨西哥国家石油公司需要将其收入的60%用于政府财政支出，缺乏资金和技术对国内石油资源进行充分勘探和开发，在最大的油田——坎塔雷利油田产油量大幅降低之后，石油产销量每况愈下，反而需要大量从美国进口汽油。针对墨西哥国家石油公司面临的困境，墨政府提出并实施了新的石油产业政策①。

1. 实施能源改革方案

为了解决墨西哥国家石油公司面临的内外困境，墨西哥政府决定在能源领域开展改革，结束墨西哥国家石油公司75年的垄断历史。2013年8月，墨西哥政府向国会递交了能源改革方案并获得批准。其后，通过了“对《墨西哥合众国宪法》有关能源领域若干规定进行修改和补充的法令”以扫清改革的法律障碍。其后，在2014年8月通过了能源改革二级法案，确定了吸引外国和私有资本进入墨西哥能源领域，特别是油气领域和电力领域，通过多渠道资金注入和技术引进，促进国有企业吸收和发展现代化技术，刺激墨西哥能源产业和经济发展。

2. 开展石油区块拍卖，引资引技促油气发展

截至2016年年底，墨西哥官方进行了两个浅水区、一个深水区和一个陆上项目的招标，引进数十家新的运营商，吸引了大量投资和引进国外先进的勘探和开采技术。首轮深水石油区块拍卖活动成功率达到80%，中国中海油首次中标墨西哥深水石油2个区块的勘探和开采权。为鼓励外国油气和能源公司积极投标，墨西哥政府为竞拍方提供了期限长达30年的产量分成合同，并表示如果涉及的区块到期仍在生产，合同可再延长10年。在引进外资的同时，墨西哥并未放松石油开采的环境要求，将对工人安全以及环境清洁生产作为合同的必要条款。根据墨西哥《国家

---

① 中华人民共和国商务部，http：//www. mofcom. gov. cn/article/i/dxfw/nbgz/201408/2014080 0712963. shtml。

能源战略 2014—2028》，随着能源改革在投资、生产和技术开发等领域的深入，计划到 2018 年能源改革将推动国内生产总值增长 1%，到 2025 年，将再提升 1 个百分点①。

（三）家电产业政策

墨西哥是世界重要的家电生产国，2005—2014 年，墨西哥家电行业吸引外资达 14.99 亿美元，有家电企业 261 家，就业人口达 6.3 万人。2014 年墨西哥家电产业的总产值接近 72 亿美元，出口额达到了 69.71 亿美元，成为全球第五大家电出口国。墨西哥在家电领域的主要优势来源于：大量的工程技术专业的毕业生提供了人才优势；美洲运营成本最低的成本优势；邻近北美市场的物流和市场优势以及成熟的家电配套产业链优势。

为促进墨西哥家电产业的发展，政府提出了积极的产业政策，包括：

1. 进口关税优惠政策

根据修订多次的《产业促进计划》，对于家电产业这样的支柱产业，允许符合该计划规定条件的企业以优惠关税或零关税进口所需材料，加快产业发展。对于符合第八条原则的企业，可以在海关税号 98020019 项下以零关税进口原料、物料及零部件。专门制定针对保税加工出口工厂的各项投资优惠政策，如对其进口元器件免征关税，保税工厂可申请内销，对于全部产品用于出口的墨西哥企业，也可申请保税加工工厂认证。其他类似的计划或专项还包括“临时加工出口计划”“外贸公司计划”等。

2. 家电招商引资优惠政策

墨西哥各级政府均为电子电机等产业提供产业和职工培训的政策优惠。在首都墨西哥城联邦区，对工业区在土地税、所得税和不动产税等方面提供减免。同时，在厂区建设等方面提供特殊建筑批准、给予排水、用电等方面的便利和优惠。而在其他各州，则可经州议会决定给予企业某些地方税费的减免，或者在土地出售和租赁、基础设施建设等方面提供便利。

3. 职工培训的促进政策

为改善用工环境，墨西哥各级政府还为企业提供职工培训支持。墨西哥联邦政府提供多项特别资金以支持和发展劳工技能。其中最为主要

① 李慧墨：《西哥能源改革步履维艰》，载《中国能源报》2014 年 5 月 12 日，第 7 版。

的是“劳工素质提高及现代化”（CIMO）项目，它是劳动部对提高劳工技能给予专项资金支持的训练计划之一，目的是支持中小型企业改善工作条件、发展人力资源，并促进增加工作机会。同时，外资设厂所在的当地政府也充分关注外商厂家的需求，根据各外资公司的要求定制人员培训项目，对人员进行培训，以达到外资企业的要求。大量的技术院校和各州的职业技能学校也纷纷地开展与民间的合作，培训符合劳动力市场需求的技能和素质。

4. 银行分担投资开发风险

墨西哥国家外贸银行通过参与本国公司的股份，改善本国公司的财务状况以促成与外国公司合资开发的可能性。

第三节　墨西哥经济发展成就

墨西哥是拉美经济大国，也是世界最开放的经济体之一，同46个国家签署了自贸协定。近年来，墨西哥在国际社会得到了越来越多的关注，2010年《联合国气候变化框架公约》坎昆大会、2012年的G20峰会、2016年国际足联代表大会等重大国际活动均选择在墨召开。墨西哥能获得这些重要活动的主办权，与其近年来在经济、环保、减贫等方面做出的努力和取得的成绩是密不可分的。作为拉美地区经济开放度最高的国度，墨西哥在经济领域取得了一系列成果。

一　经济增长

21世纪以来，开放型的墨西哥经济在世界经济起伏中波动不断。1994—2016年GDP年均增长率2.59%，但是1994年和2008年的两次金融危机，使墨西哥的经济增长出现大震荡，整个经济增长从2008年1.4%的增长率暴跌至2009年的-6.3%。随着世界经济环境缓和，以及墨西哥政府实施的各类产业促进计划和加强公共财政计划，墨西哥经济在金融危机后得到了长足发展。国内生产总值从2009年的9980亿美元增长到2016年的1.24万亿美元。（见图10—5）

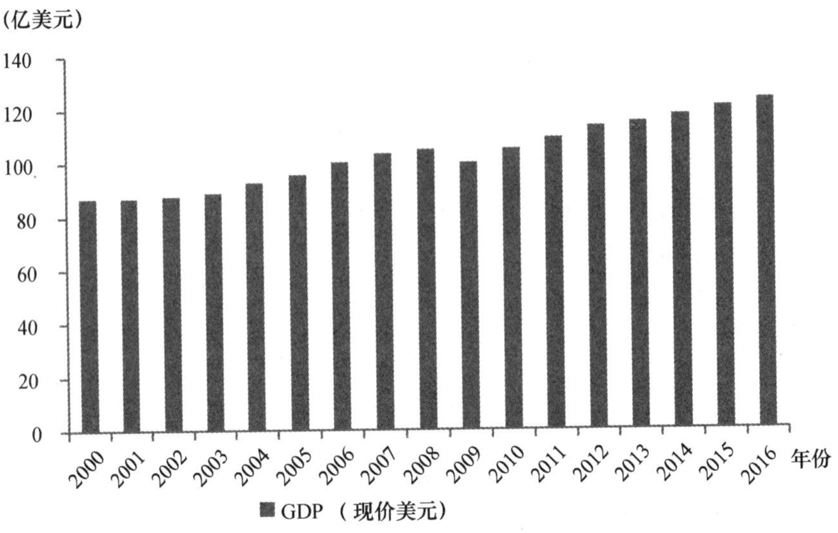

图 10—5　2000—2016 年墨西哥 GDP

资料来源：拉美经委会（CEPAL）官方统计数据库：ECLAC-CEPALSTAT。

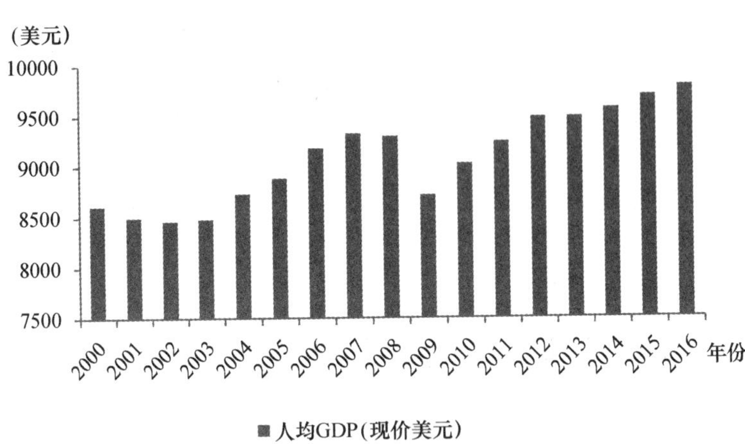

图 10—6　2000—2016 年墨西哥人均 GDP

资料来源：拉美经委会（CEPAL）官方统计数据库：ECLAC-CEPALSTAT。

从增长率来看，分为三个波段。金融危机后的 2009—2010 年，GDP 一跃增长 11.5 个百分点，其后保持小幅波动，在 2013 年 GDP 出现零增长。截至2016年，墨西哥人均GDP达到9792美元（见图10—6）。尽管墨西哥还算不上发达国家，但因其长期持续增长，使无论是从总量还是从人均分量而言，墨西哥经济都取得了显著的增长，已经步入中高等收入国家的行列。(见图10—7)

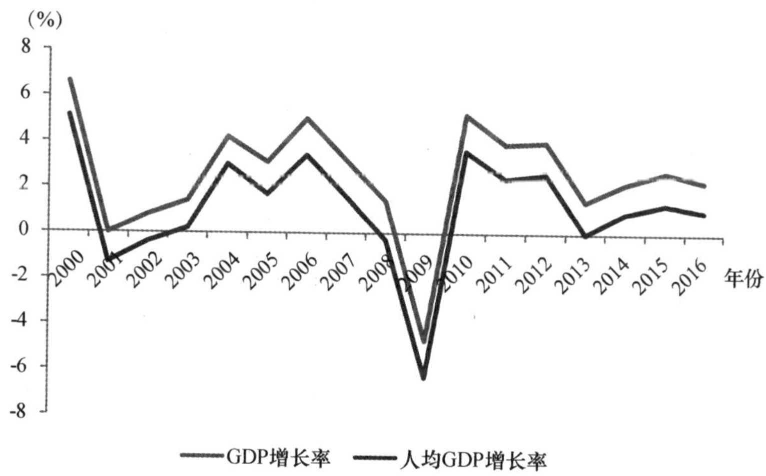

图10—7　2000—2016年墨西哥GDP和人均GDP增长率

资料来源：拉美经委会（CEPAL）官方统计数据库：ECLAC-CEPALSTAT。

二　通货膨胀

自2012年以来，拉美地区的通货膨胀压力逐年加大，2016年拉美地区大部分国家通货膨胀较2015年出现不同程度的上涨。墨西哥坚持对通货膨胀进行控制，通货膨胀一直处于可控区间，即使是在2008年金融危机期间，通货膨胀也仅升至最高的6.5%。金融危机后，随着墨西哥经济的复苏，通货膨胀一直控制在4%左右的水平，2016年稳定在3.4%。2017年，面对美国大选和美国新政的不确定性，以及遏制不断上涨的通胀，墨西哥央行多次调整基准利率，截至2017年3月31日，墨西哥的银行同业隔夜利率上升至6.5%，达到2009年3月以来的最高水平。(见图10—8)

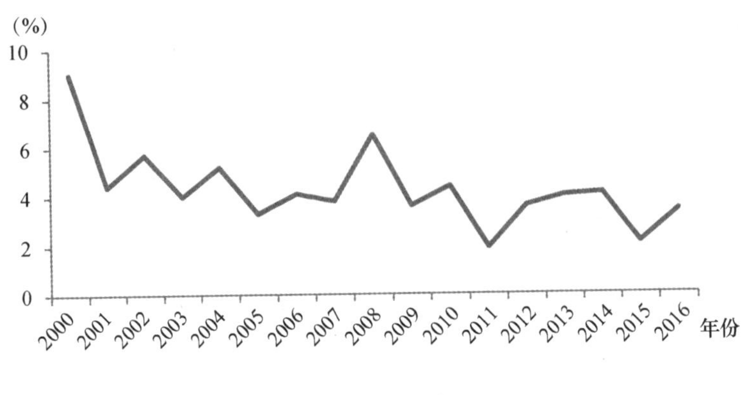

图 10—8 2000—2016 年墨西哥通货膨胀率

资料来源：拉美经委会（CEPAL）官方统计数据库：ECLAC-CEPALSTAT。

三 汇率

作为新兴市场流动性最大的货币之一，墨西哥比索常被用来在其他市场对冲风险，在全球经济前景不佳或处于较高不确定性的情况下，比索的汇率变动较大。墨西哥比索的汇率自 2007 年以来，一路拉升，从 10.9 上升至 2017 年 3 月底的 18.7% 左右。特别是在美国大选的 2016 年，墨西哥比索更是经历了如过山车般的升跌，自特朗普当选至 2016 年年底，墨西哥比索累计贬值幅度超过 14%。同期，由于墨西哥国际收支发生了结构性变化，经常账户的赤字变得更高，也导致汇率上升。鉴于美联储货币政策正常化，其溢出效应将继续对墨西哥比索产生持续影响。墨西哥央行 2017 年 2 月发表声明显示，该行通过增加利息、减少外汇储备抛售等手段，积极保卫了该国货币。（见图 10—9）

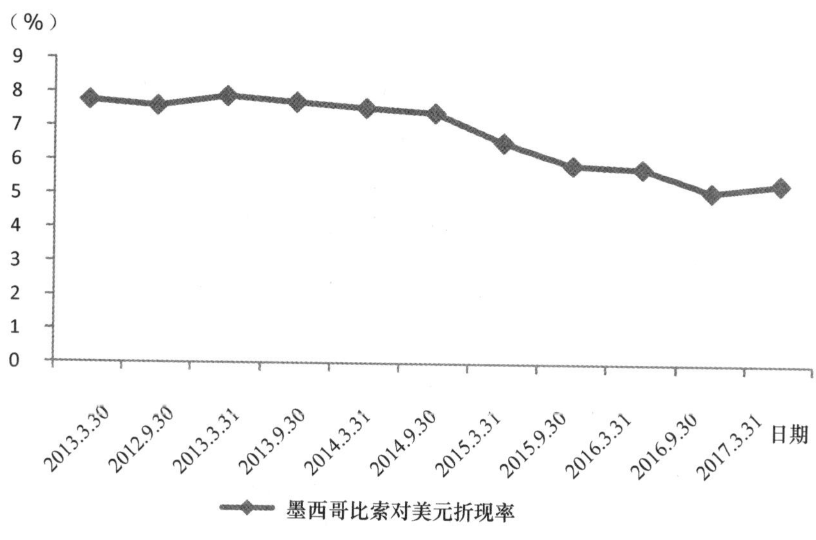

图 10—9　墨西哥货币比索对美元汇率

资料来源：中华人民共和国国家外汇管理局，http：//www. safe. gov. cn/wps/portal/sy/tjsj。

四　外商直接投资（FDI）

墨西哥幅员辽阔，不仅自然资源丰富，还建立了拉美地区首屈一指的工业基础，因此，对国际投资具有较大的吸引力。作为典型的开放经济国家，墨西哥在吸引外资上力度不断加大。政府多次修订《产业促进计划》，并针对外资提供在税收、金融、土地使用、人力资源培训等诸多方面的优惠政策，以吸引其 24 个支柱产业的外商投资，外国投资规模不断扩大。其外国投资规模与本国经济基本呈现出同步的趋势，在 2008 年金融危机前后，FDI 净流入跌至十年来的历史最低，为 181 亿现价美元，其后，随着整体经济的波动，FDI 也逐步变动。近年来，墨西哥央行管理汇率政策、货币政策的透明方式，给国内外投资者以强大的保证，外国投资也逐年升高。从 1994—2012 年墨西哥平均每年吸引外资 190 亿美元，2013 年达到历史最高的 475 亿美元，其后小幅波动，收于 2016 年的 267 亿美元。FDI 净流出则一直处于较大的波动中，自 2000 年的 4 亿美元波动攀升至 2012 年的 220 亿美元，但在 2016 年，FDI 净流出收于 －8 亿美元。（见图 10—10）

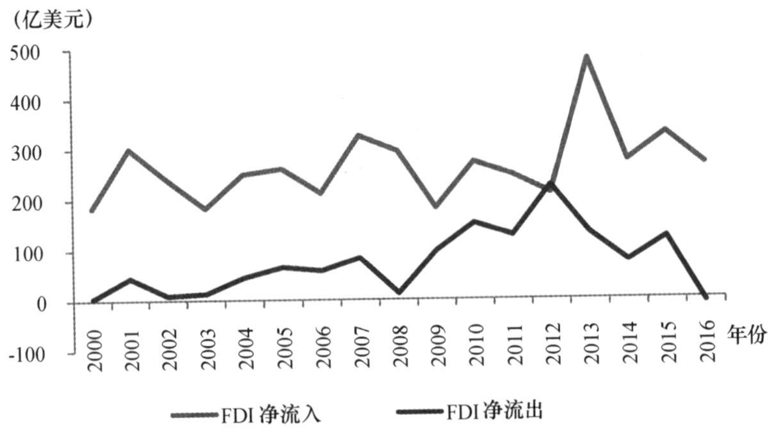

图 10—10 2000—2016 年墨西哥 FDI 净流入和净流出

资料来源：世界银行数据库，http：//databank. worldbank. org/data/home. aspx。

五 进出口贸易

墨西哥是世界典型的开放经济之国，墨政府通过产业促进计划等系列改革推动了墨西哥外向经济的发展。21 世纪以来，出口规模不断扩大，货物和服务出口额从 2010 年的 1799 亿美元，增长到 2016 年的 3729 亿美元。在出口方面，也相应地从 2010 年的 1798 亿美元增长到 2016 年的 3739 亿美元，并于 2014 年达到峰值 3977 亿美元。但是，商品和服务占 GDP 的比重呈现出上升的趋势，从 2001 年的 25% 一路上升至 2016 年 40% 。从贸易平衡的角度来看，墨西哥长期处于贸易逆差的状态。由于墨西哥主要从事的是加工装配业，支柱产业汽车、电子设备等所需的原材料和零配件等均需从国外进口，与此同时，近年来墨西哥油田产油量大幅缩减，加之美国页岩油开采规模化，墨西哥大量从美国进口汽油，2000 年到现在，墨西哥的贸易一直处于逆差，到 2016 年，墨西哥贸易逆差达到 131 亿美元。因此，近年来墨西哥制造业致力于构建全产业链，而非仅仅是来料加工和来件装配业务而已。(见图 10—11 、图 10—12)

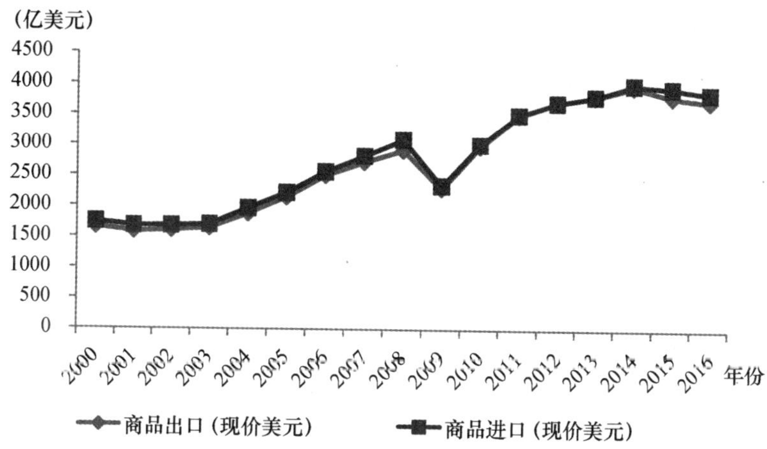

图 10—11　2000—2016 年墨西哥商品和服务进出口总额

资料来源：世界银行数据库，http：//databank. worldbank. org/data/home. aspx。

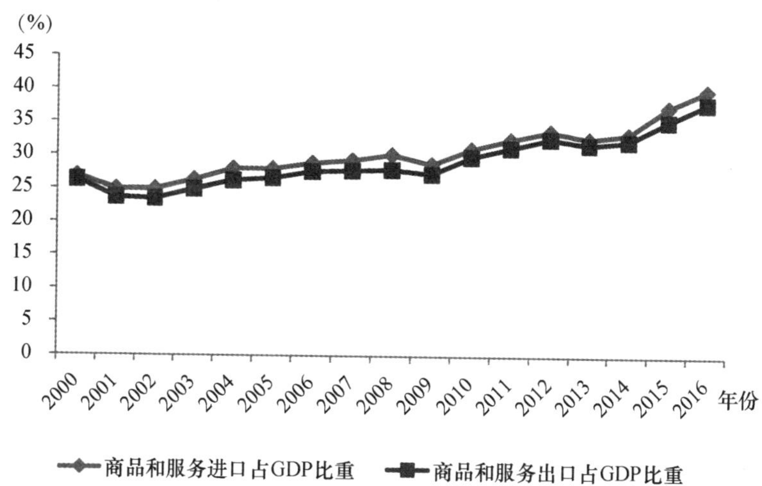

图 10—12　2000—2016 年墨西哥进出口贸易占 GDP 的百分比

资料来源：世界银行数据库，http：//databank. worldbank. org/data/home. aspx。

从国别（地区）来看，墨西哥推进进出口贸易的多样化，逐步加强与其他国家和地区的贸易联系。美国仍然是墨西哥最大贸易伙伴。2016 年，墨西哥对美国出口 3026. 4 亿美元，占墨西哥总出口的 80. 9%，自美国进口 1795. 8 亿美元，占墨西哥总进口的 46. 4%。墨西哥的贸易顺差主要来源于美国，2016 年计 1230.6 亿美元，而逆差则来源于中国、日本和韩国等国，三国 2016 年逆差分别达到 641.2 亿美元、139.8 亿美元和 111.1 亿美元。从出口的产品构成来看，墨西哥出口仍集中于机电产品、运输设备和矿产品，2016 年三类产品分别占出口总额的 36.9%、24.7% 和 6%。进口列前三位的是机电产品、运输设备和贱金属及其制品，产业内贸易现象突出。

六 就业情况

2000—2008 年，墨西哥的失业率一直保持在 3.6% 以下，但是自 2009 年以来，多个年份突破 5%，在 2010 年、2014 年达到峰值的 5.3%。2016 年，墨西哥政府实施了“稳定正规岗位就业计划”，全国新增就业岗位 224 万个，失业率得到了有效的控制，下降至 3.9%。(见图 10—13)

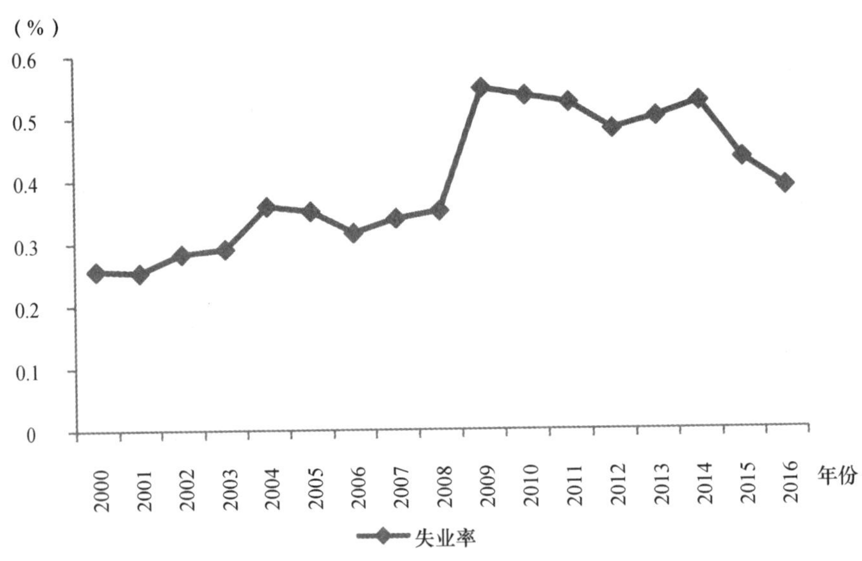

图 10—13 2000—2016 年墨西哥失业率

资料来源：世界银行数据库，http://databank.worldbank.org/data/home.aspx。

从三大产业就业情况来看，三大产业的就业比重保持稳定，农业、工业和服务业就业人数的比例大概为 3∶5∶12，墨西哥的服务业是吸纳劳动力的主要领域。工业领域的就业一直保持在 25% 左右，2016 年工业领域就业率达 25. 3%；农业领域的就业率一直在 13. 5% 以下，波动较小；服务业是主要的就业领域，一直保持 60% 以上的比例。（见图 10—14）

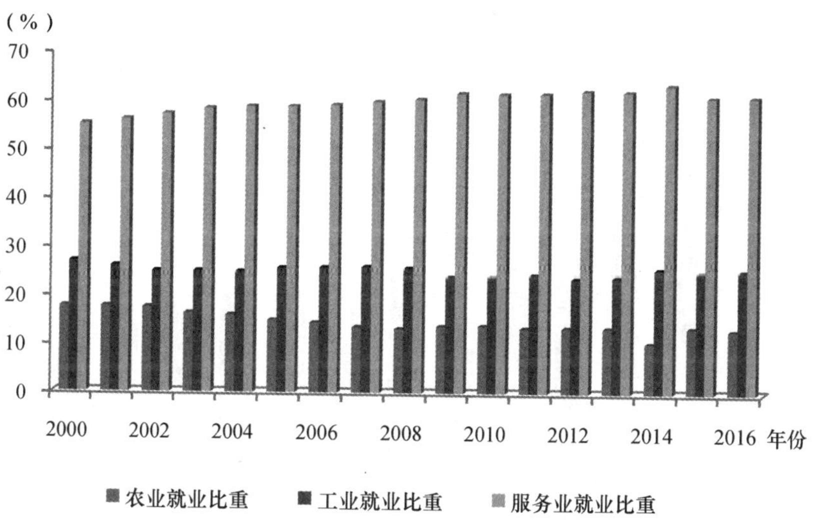

图 10—14　2000—2016 墨西哥三大产业就业比重

资料来源：世界银行数据库，http：//databank. worldbank. org/data/home. aspx。

七　特色产业

墨西哥有两大主要产业：一是石油产业，二是汽车产业。

（一）石油产业

石油产业是墨西哥的支柱产业，墨西哥石油公司是该国最大的国有企业，其收入的 60% 用于墨西哥政府的财政支出。但自 2004 年以来，墨西哥最大的油田坎塔雷利油田产油量下降后，加上世界油价持续下跌，墨西哥石油产量和营收受到了重创。墨西哥石油日产量从 2005 年的 376 万桶下降到 2015 年的 258 万桶，同期出口量也由 187 万桶降至 119 万桶（见图 10—15）。墨西哥石油公司不仅没有足够的收入进行新的油田勘探和开发，也无力进行相关的技术研发和提升，同时，还需要墨西哥财政支付高额的补贴以维持其养老金账户的运营。2015 年以来，墨西哥政府多次注入资金，以缓解墨西哥石油公司的养老金和债务风险。2013 年，墨西哥总统签署了《石油改革法案》，标志着该国石油行业结束了长达 75 年的国有垄断，正式向私人投资者和外国投资者开放。在已经进行的几轮深海和浅海区块拍卖中，包括澳大利亚必和必拓、BP 公司、中海油、法国道达尔、挪威石油公司等世界著名能源公司单独或组团参与竞标。在 2016 年年底举行的深水石油区块招标中，8 个中标区块合计总投资约 410 亿美元，预计将为墨西哥带来先进的勘探和开采技术，提高原油产量，带来大量的就业岗位①。

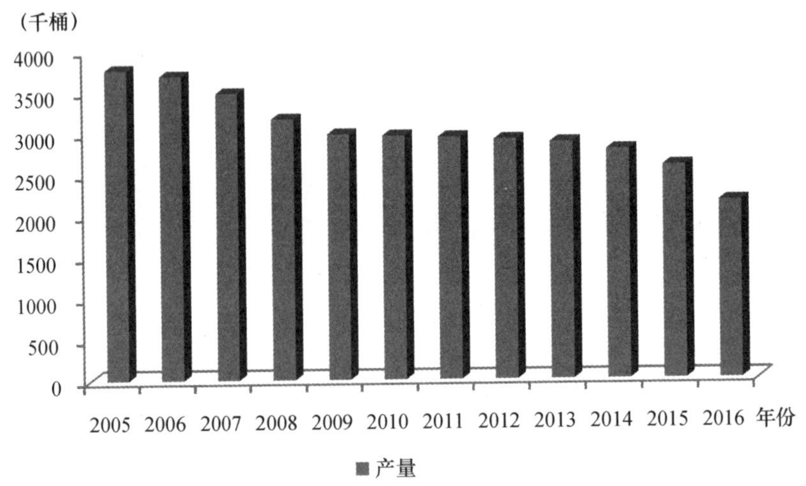

图 10—15 2005—2016 年墨西哥石油日产量

注：包括原油、页岩油、油砂与天然气液（从天然气中单独开采的液体产品）。不包括其他来源的液体产品，例如生物质油和其他煤制或天然气制油。墨西哥主要为原油。

资料来源：历年《BP 世界能源统计年鉴》。

（二）汽车产业

自 1994 年加入北美自贸协定后，墨西哥借助地缘优势，很快成为美国海外汽车、电子等产品的重要制造基地，制造业的发展轨迹与美国经济周期高度同步。墨西哥是拉美地区工业化程度较高的国家，制造业是墨西哥支柱产业，目前，制造业在墨西哥总贸易量中占比超过 70%，占 GDP 比重 17%—18%。制造业中，主要包括汽车制造、电子电器产品的生产。墨西哥是拉美重要的汽车生产和出口国，产量从 2007 年的 200 万

---

① 中国石油新闻中心：《必和必拓、中海油中标墨西哥深水石油区块》，http://news.cnpc.com.cn/system/2016/12/07/001624461.shtml，2017 年 7 月 10 日。

辆跃升到 2016 年的 346.5 万辆，十年间净增 73%，2016 年汽车出口量达 276.8 万辆，产量、出口量均创历史新高（见图 10—16）。墨西哥汽车生产主要集中在阿瓜斯卡连特斯、下加利福尼亚（Baja California）、普埃布拉（Puebla）、克雷塔罗（Querétaro）、瓜纳华托（Guanajuato）等州，汽车出口市场则主要是美国（72.2%）、加拿大（10.5%）、德国（2.9%）。近年来，墨西哥国内汽车市场也逐步开拓，2015 年，墨西哥国内市场汽车销售达 135 万辆，创历史新高。

墨西哥将汽车制造业列为优先发展的支柱性产业，在进口关税、引进外资、人力资源培训等方面给予了大量的优惠政策和支持。国际主要汽车制造商尼桑、通用、FCA（菲亚特克莱斯勒）、大众等纷纷在墨投资建厂，利用墨西哥廉价的劳动力和比邻美国的地缘优势，发展汽车制造业。

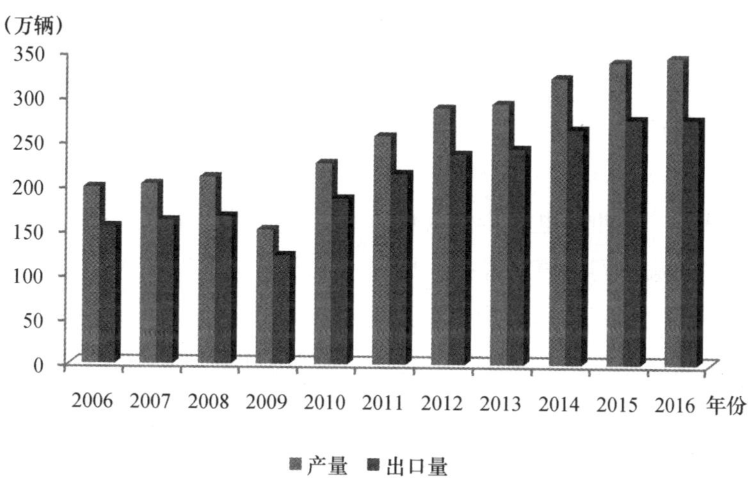

图 10—16　2006—2016 年墨西哥汽车产量和出口量

资料来源：根据墨西哥汽车行业协会公布数据整理，http：//www.amia.com.mx。

特朗普当选美国总统以来，提出“美国优先”的经济政策，屡次施压美国、德国、日本等汽车制造商，声称如果这些公司在墨生产汽车出口美国的话，将被课以超过 20% 的惩罚性关税。此举导致福特公司取消了在墨投资建厂的计划，而克莱斯勒、丰田等公司也准备在美投资设厂。

尽管2017年第一季度墨西哥汽车产量达94.3万辆，出口75万辆，双双达到历史新高，但是征收惩罚性关税和游说外国公司转移投资到美国的不确定性，将对墨西哥汽车产业未来的发展造成较大的冲击。（见图10—16）

第四节 墨西哥与中国的经贸关系

墨西哥与中国建交于1972年，2003年两国建立战略伙伴关系，2008年两国建立中墨战略对话机制，2013年提升为全面战略伙伴关系。经过四十五年的发展，两国签订了87份合作协议和备忘录，在经贸、教育、科技、金融、司法等领域展开合作。

一 中墨经贸发展现状

（一）成就

中墨双方经贸关系经过几十年长足的发展，2006—2016年，中墨贸易规模不断扩大，从2006年的114亿美元发展到2016年的749.15亿美元，年均增长逾20%（如图10—17所示）。目前，中国是墨西哥的第二大贸易伙伴，墨西哥也逐步成为中国在拉美的第二大贸易伙伴，2016年双方贸易总额达到峰值。根据中国海关总署统计，2016年，中墨贸易额749.15亿美元，其中中方出口墨西哥695亿美元，自墨方进口54.1亿美元，中方贸易顺差达640.9亿美元[①]。中国出口墨西哥产品集中于计算机与通信技术产品、服装、电器及电子产品、机械设备等，进口产品主要为计算机与通信技术产品、电子技术产品、自动数据处理设备零部件、集成电路及微电子组件和汽车零配件等。中墨在贸易结构上相似度较高，未来需要开拓新的领域，促进双边贸易的发展。

（二）存在的问题

目前，墨西哥和中国双边贸易存在较为严重的不对称问题，主要表现在以下三个方面：

---

① 中华人民共和国商务部，https://countryreport.mofcom.gov.cn/new/view110209.asp?news_id=53245。

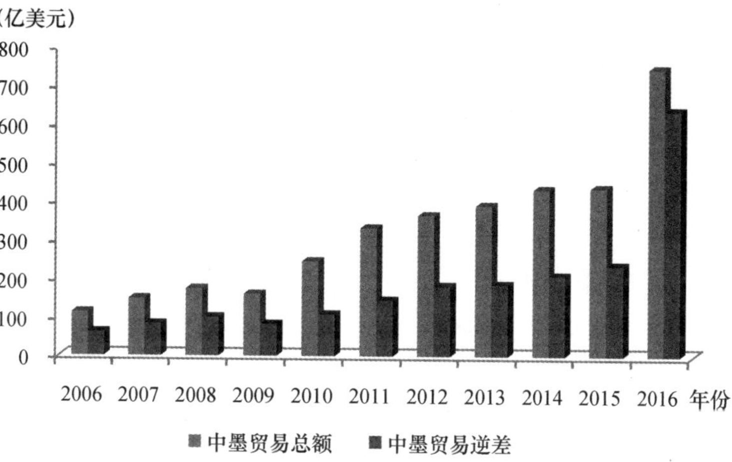

图 10—17 墨西哥同中国贸易总额和贸易逆差

资料来源：中华人民共和国国家统计局，http：//data. stats. gov. cn/。

1. 墨西哥与中国双边贸易长期保持顺差。如图 10—18 所示，中国一直以来对墨西哥保持顺差，顺差额从 2006 年的 62 亿美元扩大到 2016 年的 640 亿美元，十一年间贸易总额增加了 9. 3 倍，但顺差额增长更快，同期达到 9. 3 倍。与巴西、秘鲁等拉美国家保持对中国贸易顺差相比，墨西哥表现为逆差主要是因为墨西哥以美国和加拿大为主要的出口去向国，而且中墨间贸易结构较为相似，又缺乏矿产等资源型产品的交易，因而逆差额不断增大。

2. 双方贸易结构相似度高。中墨双方进出口产品中，主要的计算机通讯、电子产品、集成电路微电子组件等重合度高，产业内贸易明显。而对于中方来讲，对墨出口商品与其全球出口结构相似，而对墨西哥而言，其主要出口商品汽车则未能大量出口中国。

3. 双方在对方对外贸易中的重要性不同。中国是墨西哥第二大进口来源地，而墨西哥却仅仅是中国在拉美的第二大出口市场，说明尽管墨西哥和中国的双边贸易比较重要，但是对中墨双方而言重要性还是有较大区别的。2006—2016 年，对墨贸易占中国对外贸易总额从 0. 69% 上升到 1. 95%，而对中贸易占墨西哥对外贸易总额的比重却从 2. 25% 上升到 9. 85%，双方差距进一步拉大（图 10—18）。如何提高互补性和增加产业内贸易的比例，将成为双方未来贸易往来的方向。

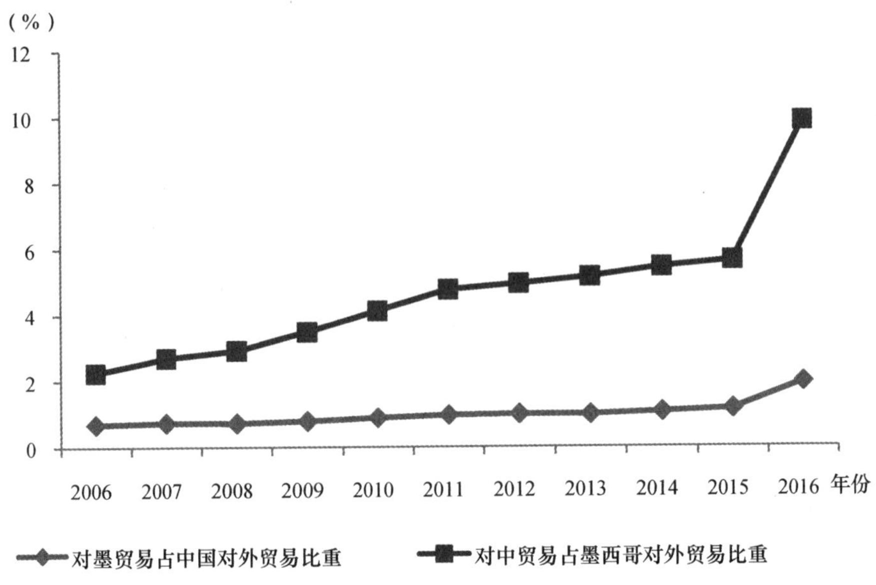

图 10—18 中墨双方在对方对外贸易中所占的比重

资料来源：墨西哥进出口总额来自世界银行数据库，http：//databank. worldbank. org/data/home. aspx。墨西哥对中国进出口贸易总额、中国进出口总额来自中华人民共和国国家统计局，http：//data. stats. gov. cn/. http：//data. stats. gov. cn/search. htm？ s = 墨西哥。

二 中墨双边投资

中墨双方在投资方面出现了较大的波动。相对于中墨双边贸易而言，墨西哥和中国相互投资相对较晚，规模也较小。中国对墨西哥直接投资从 2007 年的 1716 万美元，一路下行到 2009 年的 82 万美元，其后在 2012 年和 2014 年上升至 1 亿美元后，又较大幅度地下滑至 2015 年的 -628 万美元。同样的，墨西哥对中国的直接投资也经历了两个波幅，从 2006 年的 1234 万美元逐步下降到 2009 年的 91 万美元，2013 年上升至历史最高的 1580 万美元后，大幅跌落至 2014 年的 319 万美元和 2015 年的 731 万美元（图 10—19）。近几年来，中墨间高层互访不断，并于 2013 年 9 月建立两国投资高层工作组，由墨西哥财政与公共信贷部长与中国发改委主任共同领导，以促进双方的投资，但是成效仍然不是很明显。随着墨西哥结构性改革，特别是能源改革的深入进行，相信中墨之间的投资将会有更为广阔的空间。

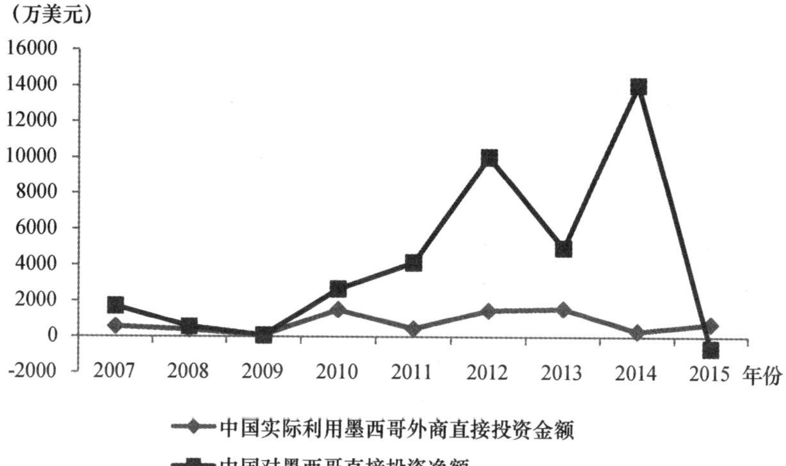

图 10—19　2007—2015 年中墨双方投资

资料来源：中华人民共和国国家统计局，http：//data. stats. gov. cn/。

三　中墨经贸合作前景

（一）稳中有升的经贸往来

墨西哥是拉美地区第二大经济体，中国是全球第二大经济体，两国间的贸易规模增长明显。新时期，面对变化的国际市场和国际政经关系，特别是贸易保护主义在国际上的抬头，墨西哥需要实现贸易和投资的多元化，以降低其对美国的依赖。目前，墨西哥自中国进口的主要集中于机电产品，2016 年进口额达到了 451.0 亿美元，占墨西哥自中国进口总额的 64.9% 左右。在机电产品竞争方面，中国的主要竞争对手集中在美、韩、日、德等国家。中国出口到墨西哥的光学和医疗设备以及塑料橡胶等商品，仅次于美国。未来，两国可能在农产品和石油贸易上有进一步拓展的空间，双边贸易在保持稳定的基础上，将会有小幅增长。未来，墨西哥对中国进口产品的依赖将进一步增加，特别是中间产品和资本品的增幅明显。但是需要注意的是，自 1995—2015 年，墨西哥对中国发起的反倾销调查和仲裁日渐增多，中国成为墨西哥反倾销的首要目标国，如何加强沟通和应对，善用价格承诺等措施进行化解，成为保证和推动

中墨经贸发展的重要因素[①]。(见图 10—20)

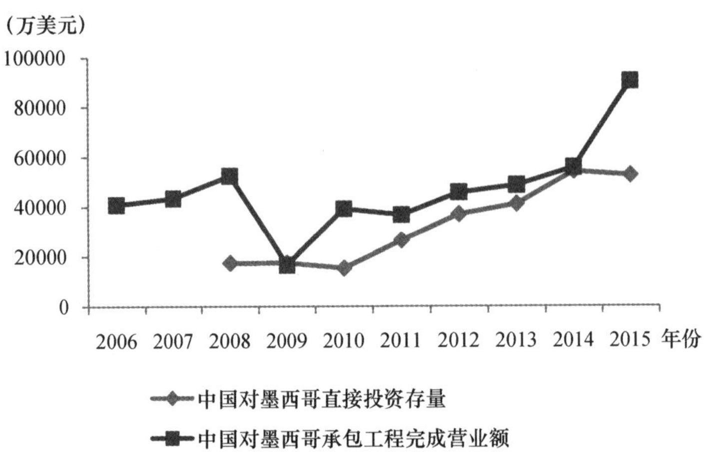

图 10—20 中国对墨西哥投资存量和承包工程完成营业额

资料来源：中华人民共和国国家统计局，http：//data. stats. gov. cn/。

(二) 前景广阔的双边投资

相较于因出口贸易结构相似而决定的中墨双边贸易而言，未来中墨双边投资将有更大的潜力可挖，主要领域集中在能源领域和制造业。

在能源领域，墨西哥正在推行的能源改革，打破了墨西哥国家石油公司的垄断经营权，开放墨西哥能源市场，将开启中墨在能源领域投资合作的新篇章。根据墨西哥政府发布的《国家能源战略 2014—2018》，能源改革将为墨西哥在投资、生产和技术开发领域带来好处，到 2018 年，能源改革可能推动国内生产总值额外增长 1%，新创造 50 万个就业岗位，墨西哥有望从世界第九大石油生产国跃居前五[②]。同时，随着天然气发电规模效应显现，电力市场价格自由化将带来未来电价大幅度降低。根据

① 宋利芳：《WTO 框架下的墨西哥对华反倾销及中国的对策》，载《拉丁美洲研究》2017 年第 2 期。

② 中华人民共和国商务部，http：//www. mofcom. gov. cn/article/i/dxfw/nbgz/201408/20140800712967. shtml。

墨西哥《2014—2018 国家基础设施规划》[①]，能源领域的 124 个项目将为墨西哥带来近 3000 亿美元的投资。中国在石油勘探、开采和发电等领域已有成熟的国际投资经验和较为先进的管理、技术和经营能力，积极参与墨西哥能源改革，将是中国扩大投资的有效途径。2016 年，墨西哥对其石油资源实行全球招标，共成功完成 39 个项目的招标任务，中海油中标墨西哥深水石油区块拍卖中的两个区块，将对墨西哥进行大量的投资和向墨西哥政府缴纳丰厚的开采权收益。

在制造领域，美国新政府“产业回迁”和“美国优先”政策的逐步出台，外国车企或持观望态度，或终止在墨新投资，墨西哥吸引外资受到较大的影响，但是，中国企业在这一变革中看到了商机。在各国汽车制造商被美国胁迫至美国投资的时刻，2017 年 2 月，中国江淮汽车投资墨西哥组建江淮 SUV 生产线，总投资额将达 2.12 亿美元，为当地带来 1000 多个直接就业岗位和 4000 多个间接就业岗位[②]。家电行业在墨投资也取得了较好的进展，在墨经营的海信收购了夏普投资的家电生产商，希望借此开拓北美市场。未来，随着墨西哥 11 项结构性改革的深入推进，中国对墨投资有望掀起新的高潮。

第五节　2017 年墨西哥经济发展展望

一　经济增长：面临较大阻力，增速进一步放缓

2017 年，墨西哥经济面临外部政治和经济环境的不确定性和不稳定性加剧，经济增长形势严峻。一方面，美国特朗普政府提出的政治和经济纲领将会极大地影响墨西哥的经济发展。“美国优先”纲领和保护贸易政策以及重启北美自由贸易协定谈判将会阻碍墨西哥的国际贸易和外资吸引，“产业回迁”政策则会降低墨西哥对外资的吸引能力并同时影响在墨投资工厂的生产和出口计划；墨西哥在美移民的遣返不仅影响两国的政治关系，还将极大地影响到墨西哥的汇付收入。另一方面，墨西哥政

---

① DiarioOficial de la Federación. http：//www. dof. gob. mx/nota _ detalle. php? codigo = 5342546&fecha = 29/04/2014.

② 王骁波：《中国车企在墨西哥崭露头角》，载《人民日报》2017 年 2 月 3 日，第 21 版。

府制订和实施的税收确定计划、财政稳定计划、经济刺激计划和系列改革计划等将在一定程度上缓和不确定性对墨西哥的冲击。财政方面，继续坚持削减经常性支出和“税收稳定计划”承诺的不增税种不加税率，避免债务水平攀高，提高财政收支的稳定性和效率；产业方面，墨西哥将继续坚持贸易开放，实施《墨西哥联邦经济特区法》，通过增值税免除、所得税优惠、健全配套设施以及“一站式”服务等措施促进墨西哥产业集聚和升级换代；加大全球产业链一体化构建，鼓励和扶持创新技术的研发和应用。继续落实和推动系列结构性改革，特别是在能源改革领域，加大石油区块国际招标和合作，引进外资和外国先进技术共同开发石油资源，推行汽油和柴油市场价格自由化，促进能源市场开发与开放。2017 年，墨西哥经济延续了 2016 年年底的走势，主要经济活动增长了 12.8%，制造和电力产业分别增长 4.3 个和 1.0 个百分点，服务业务增长 4%。特别是 2017 年 1—3 月墨西哥汽车产量同比分别增长 4.1%、9.7% 和 36.2%，出口量也在 3 月刷新历史最高纪录，同比增长 32.7%，达 297571 辆。但是由于美国关于北美自由贸易协定谈判、美国汇付政策和美国贸易政策等政策尚未出台，墨西哥面临较大的不确定性。2016 年下半年至 2017 年第一季度，世界银行、经济合作与发展组织、国际货币基金组织等纷纷下调其对墨西哥经济增长的预期。2017 年 3 月，墨西哥中央银行宣布，鉴于企业延缓投资计划，加上美国贸易和税收政策的保护主义、侨汇降低等因素，第四次将墨西哥 2017 年经济增长预期从原来的 1.5%—2.5% 调减至 1.3%—2.3%。总体来看，墨西哥经济增长将在 2016 年的基础上进一步放缓。

二 对外经贸：面临长期的调整

受限于全球经济不振和自身出口结构单一，特别是美国保守贸易政策的影响，墨西哥对外贸易在 2017 年将面临极大的挑战。一方面，由于墨西哥对美国贸易依存度高达 80% 以上，拉美地区出口额仅占 5.2%，美国单方面征收惩罚性进口关税将迫使在墨投资的外国厂商调整年度生产和出口策略，墨西哥现有的产能在短期内很难找到出口替代国。2016 年墨西哥汽车出口 881 亿美元，占全部出口的 23.6%，电子机械和设备 764 亿美元，占比 20.4%，这部分产能仅靠墨西哥国内消费是很难消化的。

尽管近期墨西哥已经积极转向拉美其他国家寻求发展机会，倡议拉美各国抱团取暖，并得到包括阿根廷、巴西等拉美国家的支持，但拉美地区经济本身就处于下行趋势，购买力将很有限。在加强地区合作的同时，墨西哥还与其欧洲、亚洲的双边贸易协定伙伴国加强沟通以缓解特朗普新政带来的不利影响。除了扩大各国的政治、经济合作，墨西哥还努力调整出口产业结构，力推食品和农产品的出口，仅 2017 年前两个月墨西哥出口分别同比增长 5.4% 和 8%。总体而言，北美自由贸易区谈判结果将决定 2017 年墨西哥的对外经贸发展，预计出口和投资都将放缓。

三　通货膨胀：微幅上升

2016 年墨西哥通货膨胀微幅上升，由 2015 年的 2.7% 升至 3.36%，与墨西哥政府规定的通胀率管理目标基本一致。2017 年，墨西哥面临较为严峻的通货膨胀风险，一方面墨西哥放开石油和柴油价格，导致燃料价格大幅上涨，其中汽油、柴油价格分别上涨 20.1% 和 16.5%，汽油定价市场化导致通货膨胀压力贯穿整个 2017 年，并带动商品价格的上涨。2016 年，墨西哥加息 5 次共 225 个基点，主要就是为了将控制通货膨胀保持在 4% 以内。但是 2017 年以来，由于汽油和柴油价格的上涨，通货膨胀以超出墨西哥央行加息步伐的速度一路飙升，由年初的 3% 迅速上升至 4.7%，墨西哥央行 2 月 1 日公布的调查结果显示，预计 2017 年 1 月通胀年率将达到 5.25%，远超央行通胀目标 2%—4%。3 月 31 日，墨西哥周度通胀年率升至 5.3%，刷新了自 2009 年 7 月以来的高位。央行 2017 年两次将银行间同业拆借利率在原有的基础上提高 75 个基点，利率从 5.75% 升至 6.5%。由于墨西哥经济周期与美国同步，美联储货币政策正常化对墨西哥货币政策以及汇率形成较大的冲击。2017 年以来美国经济强劲增长，美联储在 2016 年 12 月加息 25 个基点并预计 2017 年将加息三次，为追随美联储政策，控制通胀，墨西哥央行连续 5 次加息，达 225 个基点。IFM 指出，特朗普的贸易政策到目前还只是影响到了墨西哥的经济增长预测，而墨西哥经济面临的问题将主要在于美国贸易政策和高利率的渗透影响，而这将引导墨西哥央行提高基准利率以应对可能出现的更高的通胀问题。总体而言，2017 年墨西哥通货膨胀将有较大的升幅，预计在 5%—6%。

四 就业水平：面临较大挑战

墨西哥自2009年年底以来失业率在逐步降低，2016年失业率为3.36%，低于OECD平均6.5%的失业率。2017年，面对世界经济不确定性和不稳定性加剧，特别是面对美国政府经济、移民政策调整的不确定性，墨西哥整体就业水平面临较大的挑战。在就业数量方面，一方面，美国要求在墨投资的美资甚至其他国家的汽车企业回迁、投资美国，将会减少墨西哥汽车相关产业的就业人数，如果美国对墨出口工业制成品特别是汽车、电子、机械等产品征收高额关税，又将会影响已在墨投资企业的生产和出口安排，从而影响工人的就业。与此同时，美国政府正在将墨西哥非法移民遣返，被遣返回国的移民将增加墨西哥就业安置的难度。另一方面，墨西哥劳动和社会福利部制定的“正规就业解决方案”被认为是美洲开发银行成员中最优秀的就业解决计划，实施效果明显。2017年墨西哥将在恰帕斯州、米却肯州、韦拉克鲁斯州、瓦哈卡州4个州实施经济特区政策，成为墨西哥经济社会发展相对滞后的地区吸引外资的途径。墨西哥对经济特区的建设提供土地、金融、人力资源培训等多方面的扶持政策，预计在实施的10年间，墨4个经济特区将新增就业岗位28万个，相当于4个州过去15年正式就业总数的60%①。在就业质量方面，墨西哥正式岗位就业人员工资略有上涨。但是墨西哥劳动力市场在就业质量和就业公平方面，在OECD国家均处于较低的水平。根据2017年墨西哥下加州蒂华纳市的报告，该市创造的正式就业机会居全国第二（仅次于新莱昂市），但工人薪酬较低，每周仅1200—1500比索，难以支撑日常生活所需。据统计，31.9%的工人仅领取基本工资，薪酬水平偏低。同时，墨西哥统计局的数据显示，2017年3月，墨西哥超过237万家政服务人员中97.6%为非正规就业，将会导致劳工权利无法保障。为了提高就业率和解决非正规就业问题，墨西哥政府特别设置全国生产力委员会，由企业家、职工和教育界代表共同参与，大力发展教育

---

① 中华人民共和国驻墨西哥大使馆经济商务参赞处：《墨西哥经济特区政策目标之一：增加就业》，http：//www.mofcom.gov.cn/article/i/jyjl/l/201701/20170102496171.shtml，2017年8月10日。

和职业技能培训，以期提高就业率和就业质量。2017 开年 1 月和 2 月，墨西哥失业率分别为 3.6% 和 3.44%，连创 11 年来最低。据 OECD 估计，随着美国政府在北美自由贸易协定谈判、进口税和移民政策等方面政策逐渐明朗，墨西哥的失业率预计会有所上升，将达到 4.1% 的水平①，甚至最高可升至 5%。

备注：由于本章使用数据较多，不便逐一给出注释。凡未标明来源的数据均出自：

1. 拉美经委会（CEPAL）官方统计数据库：ECLAC-CEPALSTAT；

2. CEPAL. *Preliminary Overview of the Economies of Latin America and the Caribbean*. http：//chetd. cn/bDW2.

参考文献

1. 曹廷：《墨西哥能源改革及其影响》，载《国际研究参考》2017 年第 2 期。

2. 郭德琳：《中资企业在墨西哥经营的问题与对策》，载《国际经济合作》2013 年第 5 期。

3. 刘学东：《北美自由贸易区前景与中墨双边经贸关系展望》，载《拉丁美洲研究》2017 年第 2 期。

4. 全国汽车标准化技术委员会：《赴墨西哥、智利、阿根廷考察汽车市场报告》，中国汽车工业协会，2011 年 3 月 3 日，http：//www. caam. org. cn/biaozhuidongtai/20110 303/1105078996. html。

5. 中华人民共和国驻墨西哥大使馆经济商务参赞处：《墨西哥“2017 财年经济政策措施”》，2016 年 9 月 22 日。

6. 宋利芳：《WTO 框架下的墨西哥对华反倾销及中国的对策》，载《拉丁美洲研究》2017 年第 1 期。

7. 吴国平、王飞：《经济衰退下的拉美金融》，载《中国金融》2016 年第 2 期。

8. 张日：《中企分羹墨汽车市场有风险》，载《国际商报》2017 年 4 月 14 日。

9. 张盈华：《拉美制造业的下滑与回归——以巴西、墨西哥和阿根廷为例》，载《西南科技大学学报》（哲学社会科学版）2015 年第 6 期。

10. 环球网：《注资 14.5 亿元　江淮确认联姻墨西哥车企海外建厂》，http：//au-

① OECD Economics Surveys Mexico，2017 年 8 月 11 日。

to. huanqiu. com/news/2017—02/10085778. html - 06 - 03, 2017 年 4 月 10 日。

11. 中华人民共和国商务部:《墨西哥:联邦经济特区法》, 2016 年 6 月 3 日, http: //www. mofcom. gov. cn/article/i/jyjl/l/201606/20160601331905. shtml。

12. 《中华人民共和国商务部墨西哥经济特区政策目标之一:增加就业》, 2017 年 1 月 5 日, http: //www. mofcom. gov. cn/article/i/jyjl/l/201701/20170102496171. shtml。

13. OECDEmployment Outlook 2017. https: //www. oecd. org/mexico/Employment-Outlook-Mexico-EN. pdf.

14. Secretaria de hacienda y créditopúblico, Documentorelativo al cumplimiento de las disposicionescontenidasen el articulo 42, Fraccion I, de la ley federal de presupuesto, 2017.

15. The Dialogue, Remittances to Latin America and the Caribbean in 2016. http: // www. thedialogue. org/wp-content/uploads/2017/02/Remittances - 2016 - FINAL - DRAFT - 1. pdf, 2017 年 5 月 1 日。

第十一章

中美洲经济体经济发展分析与展望

李进兵[①]

摘要：中美洲拥有独特的地理区位，历史上曾经出现过短暂的统一国家——中美洲联邦共和国，包括了当今的哥斯达黎加、萨尔瓦多、危地马拉、洪都拉斯、尼加拉瓜、巴拿马和伯利兹等国家。这些国家的工业化进程整体较为缓慢，大多以农业为主，农产品是主要出口产品，并表现为长年的贸易逆差。区域内的哥斯达黎加、巴拿马拥有较好的投资环境，也是经济发展前景和经济活力相对突出的国家，其经济具有较强的外向性特征，在经济全球化和贸易自由化可能出现回潮的情形下，中美洲国家的经济难免会受到较大的冲击。

关键词：中美洲；工业化；贸易逆差；农业

中美洲是指墨西哥以南、哥伦比亚以北的美洲大陆中部地区。该地区东临加勒比海，西濒太平洋，是连接南美洲和北美洲的狭长陆地，世界著名的巴拿马运河则将太平洋和大西洋连接。该地区包括哥斯达黎加、

① 李进兵，西南科技大学副教授，博士，主要研究方向：区域产业创新。

萨尔瓦多、危地马拉、洪都拉斯、尼加拉瓜、巴拿马6个国家或地区。[①] 中美洲的经济整体以农业为主，尤以供出口的香蕉、咖啡、甘蔗等热带经济作物最为重要，此外还产烟草、可可、棉花、剑麻、谷物等。工业以轻工业特别是食品工业为主，多为小型企业；还有采矿、建筑材料、塑料、金属加工、冶金等部门。近年来，该地区旅游业发展较快，成为国际游客选择的重要旅游目的地之一。政局的稳定、区域一体化进程以及产业结构的调整在很大程度上决定该地区发展的前景。[②]

第一节 哥斯达黎加

哥斯达黎加是中美洲国土面积最大的国家。2007年以来，该国经济保持了长期持续增长，年平均增长速度3.16%。尽管2008年全球金融危机给该国经济发展造成了重大影响，致使其经济出现负增长，但该国很快实现了经济的复苏，这一方面得益于政府有效的经济政策，特别是货币政策和投资政策；另一方面也得益于其合理的产业结构。近五年来，哥斯达黎加的经济增长速度放缓，这给该国经济持续增长的实现带来了一些新的挑战，特别是在美国贸易政策倾向于保守这一国际经济背景之下。

一 哥斯达黎加概况

哥斯达黎加，位于中美洲地峡，东临加勒比海，西靠北太平洋，有着1290千米的海岸线（加勒比海海岸线长212千米，太平洋海岸线长1016千米）。哥斯达黎加北部与尼加拉瓜接壤，东南偏南与巴拿马接壤，领土50660平方千米，领海440平方千米。

哥斯达黎加东、西海岸边均是平原，中部为山地。该国主要属热带和亚热带，每年4月到12月为雨季，降雨多；12月底到次年4月为旱

① 拉丁美洲和加勒比地区经济委员会在对拉美和加勒比国家的划分中，既使用了地域标准，同时又照顾了文化因素。根据拉美经委会的划分，中美洲由伯利兹、哥斯达黎加、萨尔瓦多、危地马拉、洪都拉斯、尼加拉瓜和巴拿马七国组成，以英语为官方用语的伯利兹并不在中美洲国家之列。本章写作中以拉美经委会的划分为依据。

② 江时学:《影响中美洲国家发展前景的若干因素》，载《拉丁美洲研究》2007年第4期，第34—40页。

季。首都圣何塞的年平均气温最低为15℃，最高为26℃；沿海地区的气温相对较高，加勒比海地区的夜平均温度为21℃，日平均温度为30℃。

哥斯达黎加2013年全国总人口466.7万人，主要集中在圣何塞、阿拉胡埃拉、德桑姆帕拉多等城市。白人和印欧混血种人占95%，非裔占3%，印第安土著居民约0.5%，其他民族占1.5%，华人约5万，主要分布在圣何塞、瓜那卡斯特、蓬塔雷纳斯、利蒙等省份。首都圣何塞市人口达140万（见图11—1）。

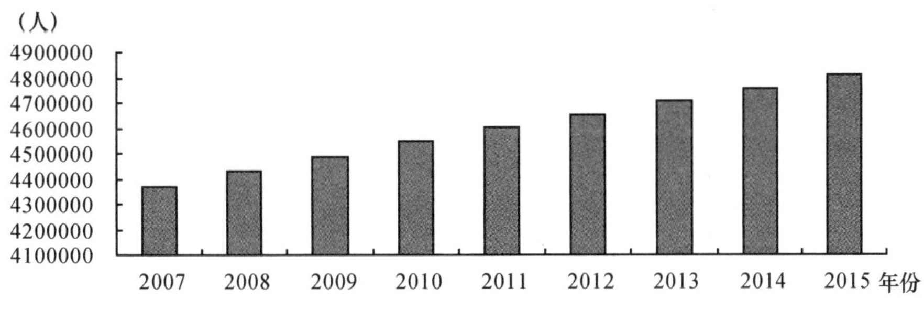

图11—1　2007—2015年哥斯达黎加人口总量

资料来源：http：//data. worldbank. org. cn/country/costarica。

哥斯达黎加自然资源丰富。其国土面积仅占世界陆地面积的0.03%，但拥有全球近4%的物种，是世界上生物物种最丰富的国家之一。国家公园或自然保护区占国土面积的26%，森林覆盖率为52%。矿产资源主要有铁、锰、水银、铝土、金、银等，其中铝矾土、铁、煤的蕴藏量分别达1.5亿吨、4亿吨、5000万吨。哥斯达黎加高度重视环境保护，自然资源开发受到严格限制。

二　哥斯达黎加的经济政策

1. 货币政策

近年来，哥斯达黎加货币政策的目标旨在维持一个较低并且稳定的通胀水平。2005年中央银行董事会决定通过渐进且有序的手段使国家过渡到一个名为“通货膨胀目标制”① 的货币政策上来，这一政策至今尚在进行中。简言之，“通货膨胀目标制”明确了通货膨胀率的区间值，因此，这一目标值可以指导一个国家货币政策的制定与执行。其主要手段是进行短期的利率调整，这一政策的执行主要通过央行对货币市场进行干预，调整货币政策的自由裁量空间（见图 11—2、图 11—3）。

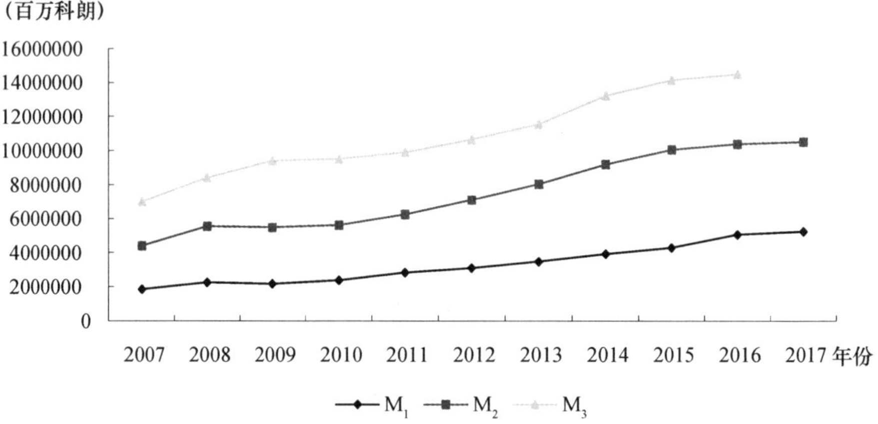

图 11—2　2007—2017 年哥斯达黎加货币供应量 M_1、M_2、M_3

资料来源：中美洲货币委员会，http：//www. secmca. org/simafir. html。

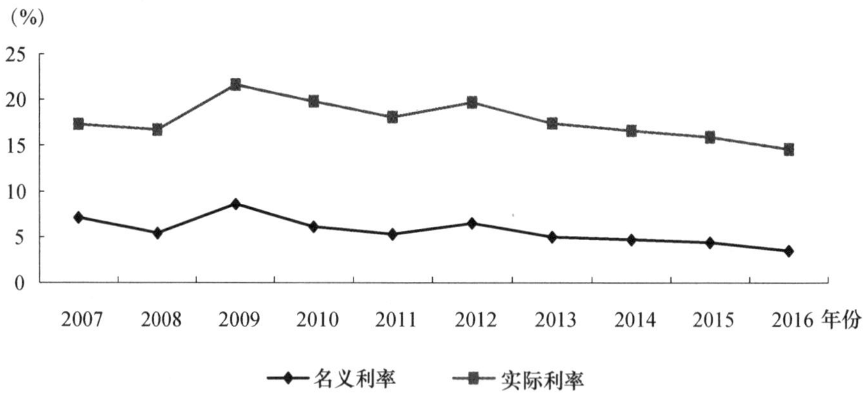

图 11—3　2007—2016 年哥斯达黎加名义利率与实际利率

资料来源：拉丁美洲和加勒比经济委员会，http：//estadisticas. cepal. org。

① 哥斯达黎加中央银行，http：//www. bccr. fi. cr/politica_ monetaria/。

2. 财政政策

观察期内，无论从财政收入与支出（见图 11—4），还是从政府公共债务总额的规模（见图 11—5）来看，哥斯达黎加整体上实施了较为积极的财政政策。

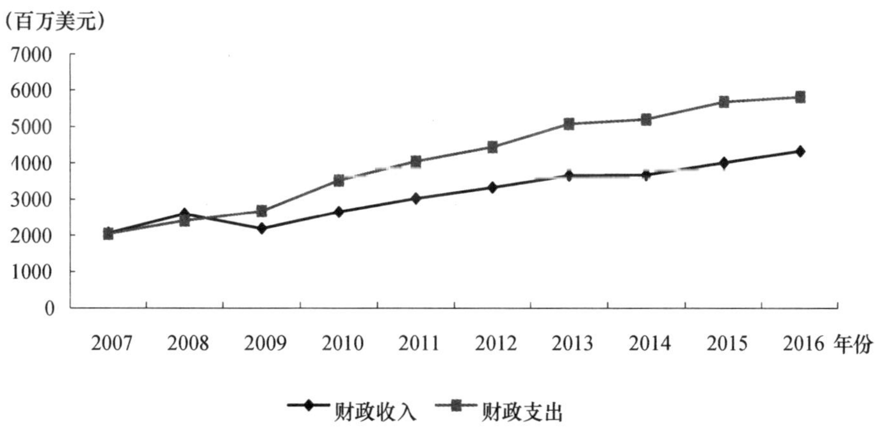

图 11—4　2007—2016 年哥斯达黎加财政总收入与总支出

资料来源：中美洲货币委员会，http：//www. secmca. org/simafir. html。

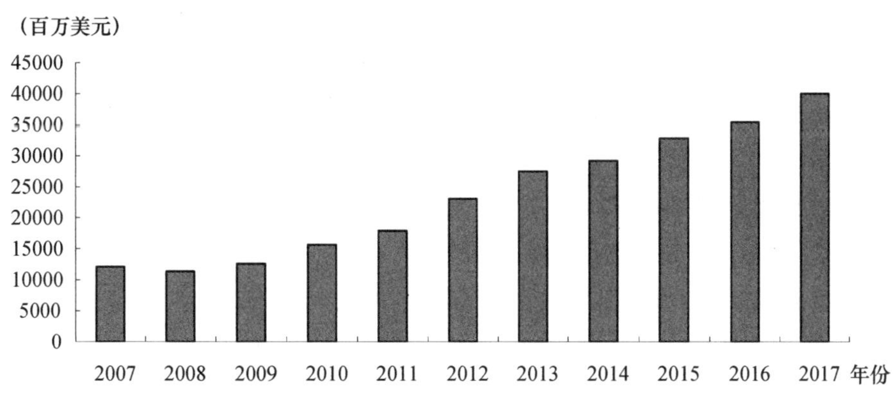

图 11—5　2007—2017 年哥斯达黎加公共债务总额

资料来源：中美洲货币委员会，http：//www. secmca. org/simafir. html。

3. 产业政策

政府对促进产业的发展提出了一项七年的高科技发展计划。在该国投资免税，并且该国国民教育状况很好，哥斯达黎加也因此成为投资家的乐园，很多跨国高科技公司已经开始出口产品。

工业方面，2016 年 55% 的被调查的企业生产率增长，26.3% 增加就业，62.7% 保持现状。相比之下，在 2015 年 57% 的受访企业表示，工业生产将增长，23% 的企业会增加就业，62.4% 的企业会保持现状。也有研究表明，1980—2013 年，哥斯达黎加经济的增长得益于其出口导向的工业发展战略。①

制造业将保持持续增长或跟 2016 年相似，医疗器械领域有望保持增长势头，非自由领域活动会因利率的增长受到影响。与此相关，制造业的 GDP 将在 2017 年的基础上增长大约 4.5%，但是预计就业率将不会有明显的增长。

三 哥斯达黎加的经济成就

1. 国内生产总值（GDP）

从 2007—2017 年，哥斯达黎加 GDP 呈不断上涨的趋势（见图 11—6）。在这 10 年间，哥斯达黎加的 GDP 年增长率维持在 3.16% 左右，保持了一个较高的增长水平，这说明该国经济从 2007—2017 年持续发展并取得了显著的经济成果。通过观察 GDP 年变化率可以看出，2007—2017 年，该国的 GDP 年增长率呈现出下降的趋势，表明该国经济发展进入一个疲软期，需要政府宏观调控，出台必要的货币及财政政策，以刺激该国的经济。一些研究表明，哥斯达黎加经济增速已很难达到 2013—2014 年的较高增长速度。② 图 11—6 中出现了一个显著的异常波动，在 2008—2009 年，该国的 GDP 年增长率猛然下降了接近 8 个百分点，这是 2008 年全球金融危机导致的结果，该国在 2008—2009 年经济蒙受了巨大的损失。但是在这 11 年间，哥斯达黎加 GDP 年增长率一直维持着正的增长率，表明该国经济发展具有巨大的潜力。

---

① Korhan K. Gokmenoglu, Zehra Sehnaz, "Nigar Taspinar. The Export-Led Growth: A Case Study of Costa Rica". *Procedia Economics and Finance*, 2015 (25): 471 - 477.

② The PRS Group, Inc., Costa Rica Country Report, 2016.

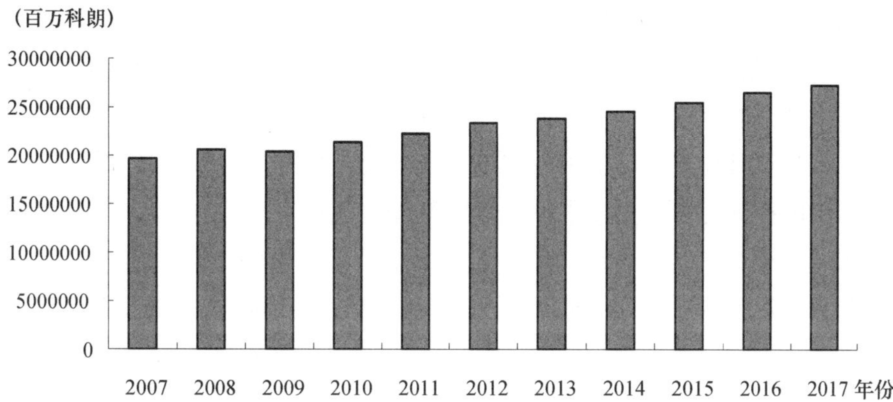

图 11—6　2007—2017 年哥斯达黎加国内生产总值（当地货币，不变价格）

资料来源：中美洲货币委员会，http：//www. secmca. org/simafir. html。

2. 消费物价指数（CPI）

整体上看，2002—2017 年，哥斯达黎加的消费物价指数呈现温和上涨趋势，十年内总的上涨幅度近 40%。根据经济学经典理论，适度的通货膨胀有利于宏观经济的增长和充分就业的实现，这对于哥斯达黎加在此期间经济持续较高水平的增长是一个较好的解释（见图 11—7）。

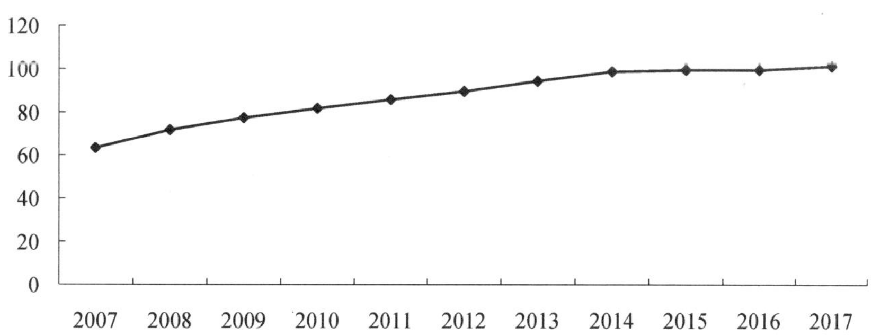

图 11—7　2007—2017 年哥斯达黎加消费物价指数（基期 2006 年 =100）

资料来源：拉丁美洲和加勒比经济委员会，http：//estadisticas. cepal. org。

3. 汇率（Exchange Rate）

2007—2016 年，该国的汇率总体上有波动，但是波动幅度不大，维持在一个正常区间内，表明该国经济发展较为稳健，货币政策较为稳定，有利于本国企业对外发展和外国企业对内投资。统观数据，从 2007—2016 年该国汇率呈现轻微上涨幅度，表明该国货币有贬值的倾向。最近三年来货币汇率较为稳定，该国经济进入了一个正常的发展阶段，预计接下来几年财政政策和货币政策不会发生太大的改变，对于该国企业或者在该国投资的外商企业来说，需要把握住这几年政策平稳发展阶段的机遇。在 2008—2009 年，该国的汇率发生了巨大的变动，增加了 8.9 个百分点，货币急剧贬值，对该国经济产生了巨大的影响（见图 11—8）。

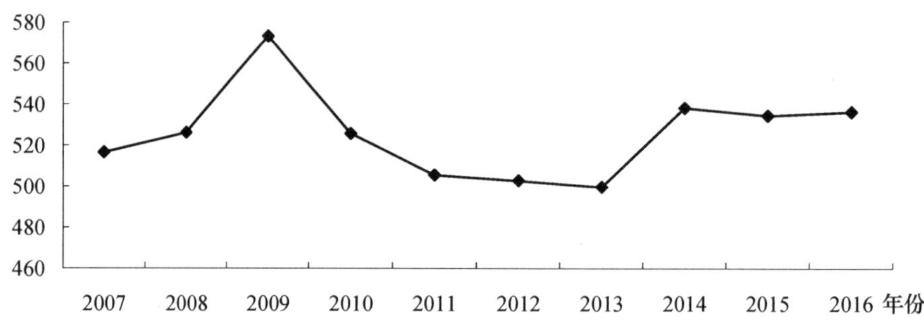

图 11—8　2007—2016 年哥斯达黎加本国货币兑美元汇率

资料来源：中美洲货币委员会，http：//www. secmca. org/simafir. html。

4. 外商直接投资（FDI）

从图 11—9 中的数据可以看出，2007—2015 年，哥斯达黎加 FDI 有了显著的增长，表明该国投资环境良好，投资机遇巨大，我们可以通过 FDI 的逐年增长来推断出哥斯达黎加政府政策的偏向。同时，2009 年以来该国 FDI 的持续增长也促进了该国进出口贸易的增长（见图 11—9）。

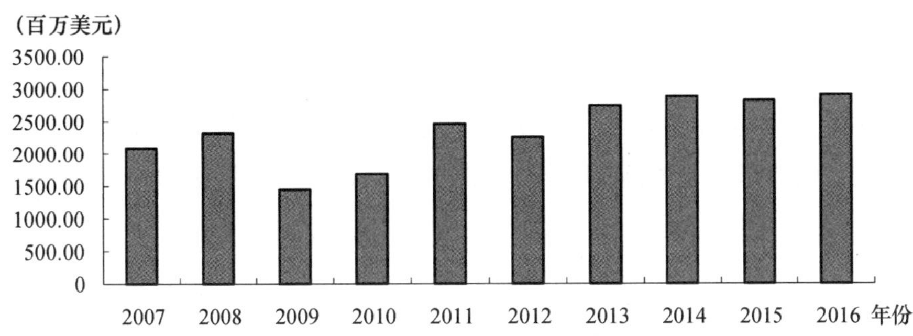

图 11—9　2007—2016 年哥斯达黎加吸收外商直接投资

资料来源：中美洲货币委员会，http：//www. secmca. org/simafir. html 。

5. 进出口商品贸易额

2007—2017 年，哥斯达黎加出口总量呈现上涨的趋势，且上涨的幅度较大。这表明该国的经济在这几年有了持续的发展，产品数量增多，产品质量提升。在进出口贸易方面，哥斯达黎加一直处于贸易逆差状态。这是因为该国出口主要以初级加工品或者农产品以及加工贸易为主，而进口的以工业零件和高科技产品为主，两者在利润方面相差太大，造成了哥斯达黎加在观察期内长期处于贸易逆差状态（见图 11—10）。

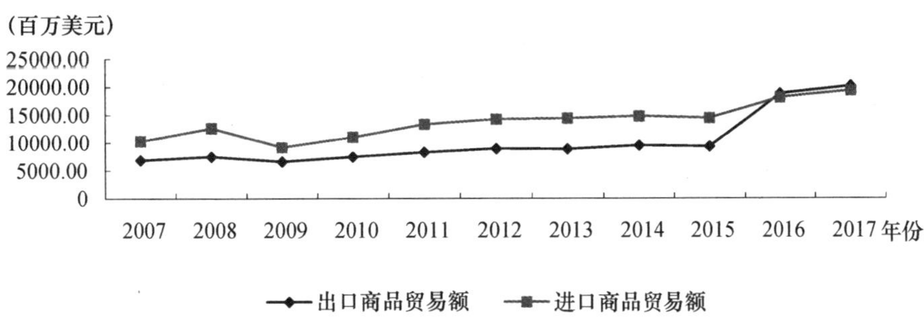

图 11—10　2007—2017 年哥斯达黎加进出口商品贸易额

资料来源：中美洲货币委员会，http：//www. secmca. org/simafir. html。

6. 就业

哥斯达黎加就业形势严峻，在男女平等方面处于明显的劣势。许多指标都说明了这一点。比如，根据 ECE 的数据分析，与男性的 8% 相比，妇女就业不足的比例达到了 13%。与此同时，哥斯达黎加 31% 的就业妇女没有医疗保险，这方面比男性多了约 10 个百分点（见图 11—11）。

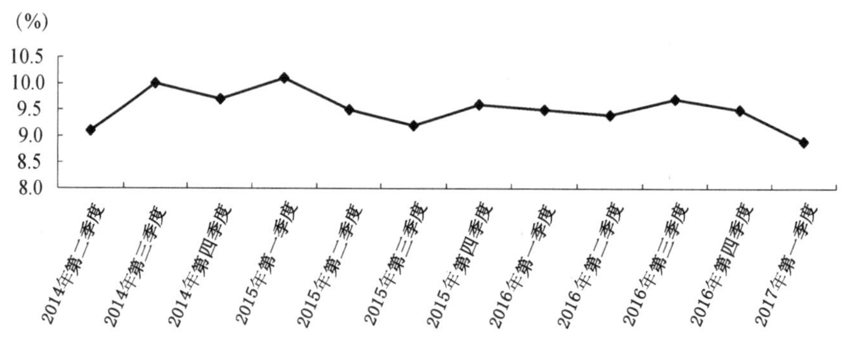

图 11—11　2014—2017 年哥斯达黎加季度失业率

资料来源：哥斯达黎加财经网，http：//www. elfinancierocr. com/economia。

7. 特色产业

哥斯达黎加最具有特色的产业是旅游业。哥斯达黎加的生态旅游一直受到外国游客的推崇（游览全国各地的国家公园和保护区）。哥斯达黎加是生态旅游的先驱之一，被认为是为数不多的生态旅游选择之一。在 2008 年的旅行和旅游竞争力指数排名中，哥斯达黎加排到了第 44 名，被评为拉美之首。拥有在人力、文化资源和自然资源领域发展旅游企业的竞争优势使哥斯达黎加排到了全世界第 24 名，当只考虑自然资源的因素，则排在第 7 位。哥斯达黎加在西班牙语中意为“富庶的海洋”。旅游收入是哥外汇收入主要来源之一。自 20 世纪 90 年代以来，旅游业已成为哥最有活力的产业。旅游胜地有伊拉苏、波阿斯火山和西班牙殖民文化遗址等。

四　哥斯达黎加经济发展展望

在 2016 年中，哥斯达黎加行业商会提出了促进本国经济发展的 8 个竞争力因素。8个因素分别是：电力、燃料、对外贸易和物流、创新和中小企业的支持、质量和管理提升、人力资源、环境与社会责任和宏观经济政策。可以预见，在之后的5年或者更长时期内，哥斯达黎加的政策将主要偏向于这些产业，同时，国家财政对这些产业发展的扶持力度将会更大。

在2016年经济发展过程中，也出现了许多亟待解决的问题。例如电费成本过高，边境口岸的现代化进程缓慢，创新机构较少，缺乏策略简化程序和管理改进的执行力。这些问题是阻碍哥斯达黎加2016年度GDP发展速度的主要因素，在2017年，政府应该会在这些方面打出组合拳，用行政力量强制整改。

对于2017年该国宏观经济的预期，估计会和2016年一样保持低通货膨胀率，汇率也不会出现明显的波动变化，将维持在一个稳定的区间。

五　哥斯达黎加与中国的经贸关系

中国是哥斯达黎加第二大贸易伙伴。2010年4月，两国签署自由贸易协定。2011年8月，该协定正式生效。中国与哥斯达黎加自由贸易协定涵盖的范围包括货物贸易、服务贸易、投资合作、知识产权等领域，为中哥两国经贸投资关系的良好发展创造了有利的条件，同时也为中国和其他拉美国家签订自由贸易协定提供了范例。① 据中国海关统计②，2012年双边贸易总额为61.73亿美元，其中中方出口9.02亿美元，进口52.71亿美元，同比分别增长30.5%、2%、37.1%。2015年双边贸易总额下降为21.57亿美元，其中中方出口13.31亿美元，中方进口8.26亿美元。双方进出口总额的下降主要受中方进口额数量下降的影响。从产品结构来看，中国主要出口电器及电子产品、运输工具、机械设备、棉纺织品和塑料制品等；进口电器及电子产品、电子技术、集成电路及微电子组件、计算机与通信技术、电子零配件等。

---

① 宋锡祥：《中国与哥斯达黎加双边自贸协定若干问题探讨》，载《武汉大学学报》（哲学社会科学版）2014年第2期，第64—68页。

② 中华人民共和国国家统计局，http：//data. stats. gov. cn/easyquery. htm? cn = C01。

第二节 萨尔瓦多

萨尔瓦多是中美洲中面积最小、人口最稠密的国家。经济以农业为主，主要盛产咖啡和棉花，矿产资源丰富。20世纪末，作为萨尔瓦多非正规经济重要组成部分的微型企业得到了快速的发展。[①] 近10年来，萨尔瓦多经济整体呈现持续小幅增长的态势，尽管2008年全球金融危机对该国经济造成了一定的负面影响，特别是对出口贸易的影响，但该国很快扭转了经济下行的态势。近10年来，萨尔瓦多消费物价指数稳定，保持年平均1.5%左右的适度上涨。适度的物价上涨和小幅持续的经济增长有利于萨尔瓦多国内就业市场的稳定，近10年来，该国失业率一直处于6%—7%。由于投资区位优势的不足，该国在吸收外商直接投资方面总体处于较低水平。

一 萨尔瓦多概况

萨尔瓦多（El Salvador）位于中美洲北部，是中美洲唯一一个不靠大西洋的国家，全国面积21393平方千米。该国西北邻接危地马拉，东北与洪都拉斯交界，西面濒临太平洋，东南邻近丰塞卡湾（Golfo de Fonseca），首都圣萨尔瓦多（San Salvador）。萨尔瓦多境内70%为岩溶高原和山地，平均海拔约610米。除南部沿海狭长平原外，国内其余为山地高原，境内多火山，被称为“火山之国”。其中，最负盛名的火山有绿色小丘（Cerro Verde）、伊萨克山（Izalco）和圣安娜火山（Santa Ana）等，海拔2381米的圣安娜火山为全国最高峰。该国沿海和低地气候湿热，山地气候凉爽，大部分地区全年平均气温在17—25℃。

萨尔瓦多经济以农业为主，主要盛产咖啡和棉花。矿产资源方面主要有金、银、硫黄和石油等，纺织、植物油加工、香烟、啤酒制造等小型轻工业主要集中于圣萨尔瓦多市和附近地区。

萨尔瓦多总人口约670万，其中印欧混血种人占90%。另外，白人

---

① 枫林：《萨尔瓦多微型企业的发展与有关政策建议》，载《拉丁美洲研究》2001年第5期。

占9%，其余1%为当地土著。首都圣萨尔瓦多为全国人口最多的城市，居住了210万人，住在乡间的人口约占总人口的42%。图11—12列示了该国人口总量的变化，其人口整体上保持较为温和的持续增长。

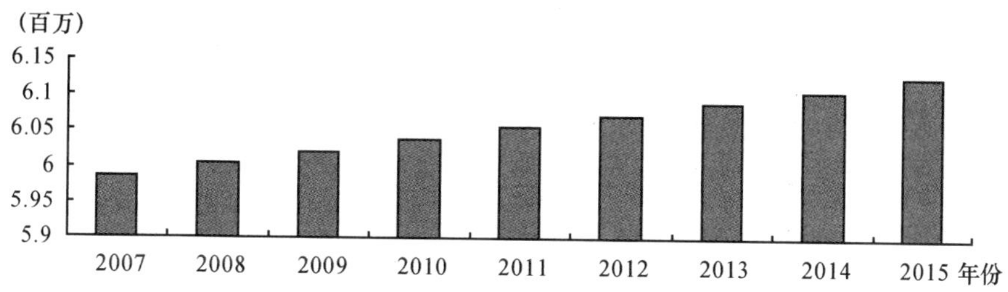

图11—12　2007—2015年萨尔瓦多全国人口总数

资料来源：http：//data.worldbank.org.cn/country/salvador。

二　萨尔瓦多经济政策

1. 货币政策

自2001年以来，萨尔瓦多将美元作为法定货币，这是该国实施开放经济的最重要政策之一。图11—13列示了近年来该国广义货币供应量M_2的变化。近10年来，相比于同期该国国内生产总值，大部分年份保持适当的比例，2015年以来，该国M_2的增速明显高于往年，与GDP的比值也明显上升，可以形成的一个基本判断是该国货币政策的宽松倾向，但还需要进一步观察。

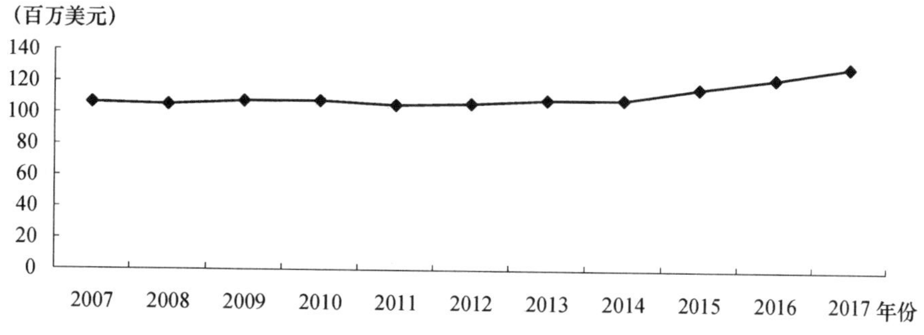

图11—13　2007—2017年萨尔瓦多广义货币M_2供应量

资料来源：http：//data.worldbank.org.cn/country/salvador；拉美经委会（CEPAL）官方统计数据库ECLAC-CEPALSTAT。

2. 财政政策

从图 11—14 中来看，萨尔瓦多税收占其国内生产总值的比重总体稳定，观察期内处于 13%—15%，相比于世界上其他国家，这一比例处于较低的水平，这一定程度上表明了该国税收政策在经济发展中并没有起到大的作用。另外，从图 11—15 中来看，在 2007—2017 年的最终消费中，政府支出占 GDP 比重也大致在 9%—12%，与其同期的税收占 GDP 比重相比略低，这表明其税收中的绝大部分用于政府的公共消费支出。

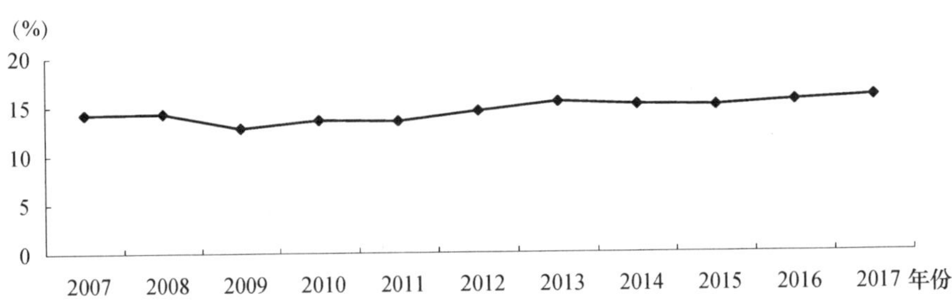

图 11—14 2007—2017 年萨尔瓦多税收占 GDP 比重

资料来源：http：//data. worldbank. org. cn/country/salvador。

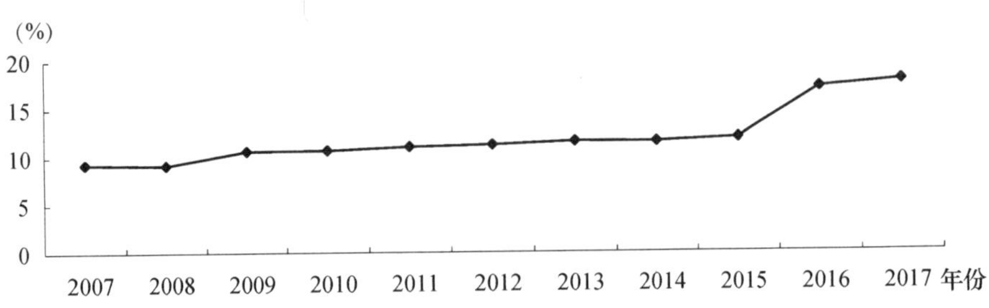

图 11—15 2007—2017 年萨尔瓦多最终消费政府支出占 GDP 比重

资料来源：http：//data. worldbank. org. cn/country/salvador。

3. 产业政策

萨尔瓦多是中美洲较为贫困的地区，国内产业主要集中于传统农业和矿业，为典型的初级农产品经济和资源经济。近年来，该国吸引对外投资的产业政策主要集中在低素质人力资源、廉价劳动力和自然资源开采领域，由于地理位置相比于区域内的其他国家并没有优势，该国吸收外资在中美洲地区处于较低水平。

三　萨尔瓦多经济成就

1. 国内生产总值（GDP）

2007—2017年，萨尔瓦多国内生产总值整体呈现小幅度的增长，受2008年全球金融危机的影响，当年经济呈现出较为明显的下降，这一影响直到2011年才得以消除，经济开始逐步复苏，但总体增长有限（见图11—16）。

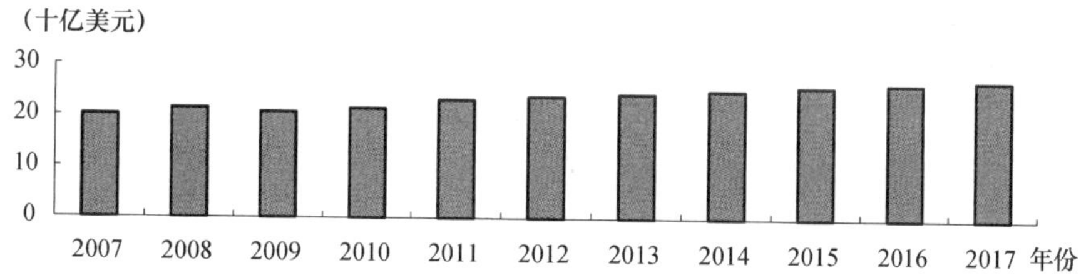

图11—16　2007—2017年萨尔瓦多国内生产总值

资料来源：http：//data. worldbank. org. cn/country/salvador。

2. 消费物价指数（CPI）

2007—2015年，该国消费物价指数分为两个明显的阶段，2011年之前，物价增幅明显；2011年后，消费物价指数整体变化幅度不大，比较稳定（见图11—17）。

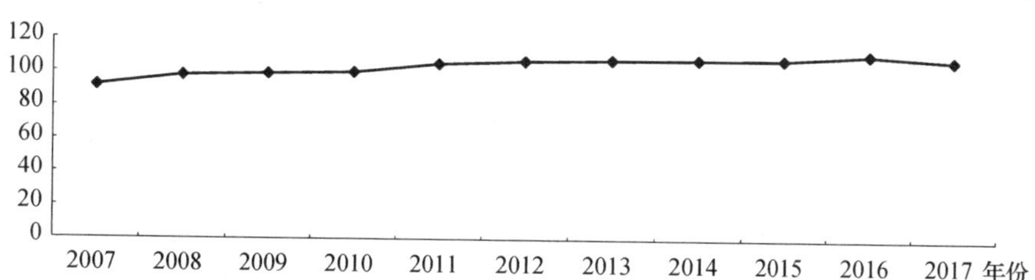

图11—17　2007—2017年萨尔瓦多消费物价指数（基期2010年=100）

注：2014年数据缺损，取2013年与2015年算术平均值。

资料来源：http：//data. worldbank. org. cn/country/salvador。

3. 外商直接投资（FDI）

在观察期内，萨尔瓦多吸收外商直接投资整体处于较低水平，2007年处于观察期内最高水平，随后连续多年下降，特别是2008年金融危机后，一度表现为净流出。2011年以后，尽管出现了一定程度上的复苏，但总量仍十分有限，远没有恢复到观察期内的最高水平。这反映了国际资本对该国经济发展前景的看淡（见图11—18）。

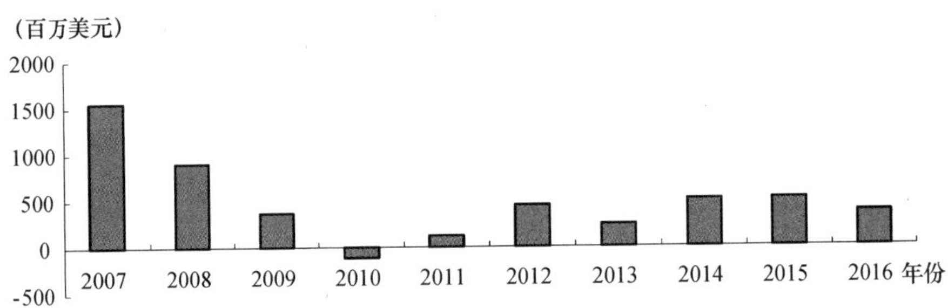

图11—18　2007—2016年萨尔瓦多吸收外商直接投资

资料来源：http：//data. worldbank. org. cn/country/salvador。

4. 商品进出口贸易

2007—2017年，萨尔瓦多商品进出口规模整体较小，且商品进口额高于其出口额，进出口表现为贸易赤字。一方面，表明进出口贸易在该国经济发展中的地位并不突出；另一方面，也表明了该国商品出口竞争力非常不足，该国经济整体表现为一种自给自足的传统经济（见图11—19）。

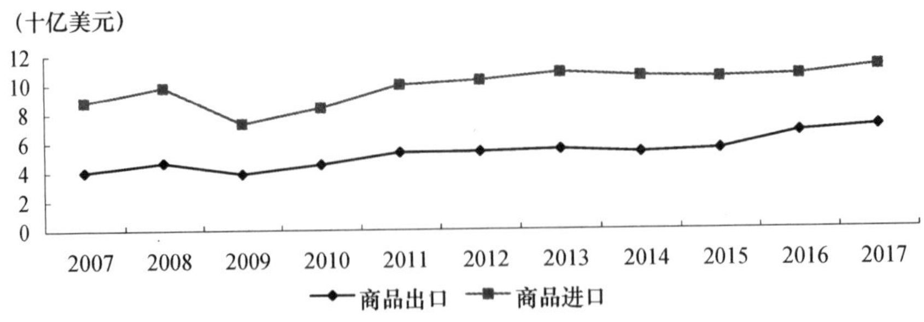

图11—19　2007—2017年萨尔瓦多商品进出口贸易额

资料来源：http：//data. worldbank. org. cn/country/salvador。

5. 就业

观察期内（如图 11—20 所示），该国失业率整体保持在 6%—8%，绝大多数年份略高于 6%。2008 年全球金融危机对该国失业率带来了较为显著的影响。

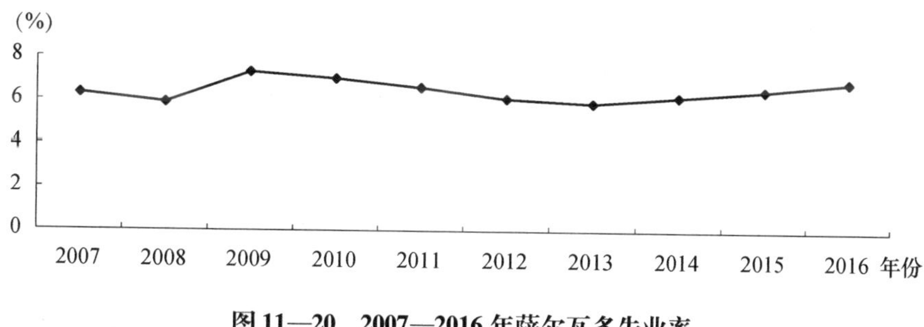

图 11—20　2007—2016 年萨尔瓦多失业率

资料来源：http：//data. worldbank. org. cn/country/salvador。

6. 特色产业

咖啡种植是萨尔瓦多重要的特色产业。19 世纪，咖啡就是萨尔瓦多非常重要的经济作物，政府立法来征税并鼓励居民栽种出口。20 世纪 80 年代后，咖啡有机栽种成为该国咖啡种植业的主要方式，一些有机栽种组织成立，并取得雨林联盟（Rain Forest-Alliance）的 Eco-ok 论证。据萨尔瓦多咖啡委员会（CSC）的报告，该国咖啡主要出口市场为欧美地区，其中美国成为其主要的出口市场。另外，甘蔗种植和蔗糖生产也是该国重要的特色产业，每年蔗糖产业给萨尔瓦多贡献 2.5% 的国内生产总值。

四　萨尔瓦多经济发展展望

由于投资低，居民对外迁移偏高，竞争力较弱，萨尔瓦多的经济增长率远低于邻国。2000—2014 年，萨尔瓦多国内生产总值增长平均仅为 2%，远低于中美洲地区平均水平的 4.5%。由于美国经济稳步增长，对中美洲其他地区出口强劲，以及石油价格下滑的刺激，2015 年萨尔瓦多国内生产总值增长了 2.5%，高于 2014 年的 1.5%。投资也大幅增加。银行业资本充足率大大高于最低法定水平的 12%，配置充足，资产质量持续改善，流动性充足。然而，社会犯罪和暴力成为萨尔瓦多社会发展和经济增长的显著障碍，这使企业经营成本更加昂贵，阻碍了该国投资的增长。①

五 萨尔瓦多与中国的经贸关系

萨尔瓦多与中国还没有建立正式的外交关系。萨尔瓦多与中国在世界组织框架内达成贸易协议，中国给予萨尔瓦多等同于其他世界贸易组织成员的税收优惠。中国是萨尔瓦多蔗糖出口的重要市场之一，中国海关统计表明②，2015 年中国与萨尔瓦多双边贸易总额达 7.95 亿美元。其中，中方出口 7.41 亿美元，中方进口 0.54 亿美元，比 2014 年分别增长 29.78%、23.11%、413.45%。可见，萨尔瓦多与中国的经贸关系仍处于初期发展阶段，其发展前景值得期待。

第三节 危地马拉

危地马拉是中美洲地区最大的经济体，该国工业化进程相对于区域内其他国家和地区处于较高水平。自 20 世纪 80 年代以来，该国通过工业化产业政策的制定和实施以促进产业结构的调整，但整体上来看，传统农业在该国经济发展中仍有着比较重要的作用。工业化为国内居民的充分就业提供了较为充足的岗位保障，这使该国的社会失业率一直稳定在较低的水平。值得注意的是，2008 年全球金融危机之后，危地马拉吸收外商直接投资表现为较长时期的净流出，这也反映了国际资本对该国经济发展的前景近期看淡。

一 危地马拉概况

危地马拉是古代印第安人玛雅文化中心之一。该国位于中美洲北部地区，与墨西哥、伯利兹、洪都拉斯和萨尔瓦多接壤。全境 2/3 为山地和高原，西部有库丘马塔内斯山脉，南部为马德雷山脉。西部和南部为

① Country Watch, Inc., EI Salvador Country Review, 2017, http://www.countrywatch.com.

② 中华人民共和国国家统计局，http://data.stats.gov.cn/easyquery.htm?cn=C01。

火山带，北部是佩滕低地，太平洋沿岸有狭长的沿海平原。该国整体位于热带，北部及东部沿海平原地区属热带雨林气候，南部山地属亚热带气候。盛产桃花心木等贵重木材。矿藏有铅、锌、镍、铜、金、银、石油等。1821 年 9 月 15 日危地马拉摆脱了西班牙殖民统治，宣布独立。1847 年 3 月 21 日宣布建立共和国。

2010 年，危地马拉全国人口 1436 万，一直是中美洲人口最多和土著居民比例最高的国家，其中印第安人占 40%，印欧混血种人占 40%，白人占 16%。语言有玛雅等 23 种土语，西班牙语为官方语言。居民 50%—60% 信奉天主教，40% 信奉基督教新教。图 11—21 列示了危地马拉 2007—2016 年的人口总数，整体来看，该国人口数呈现显著的上升趋势，且增长速度较快。

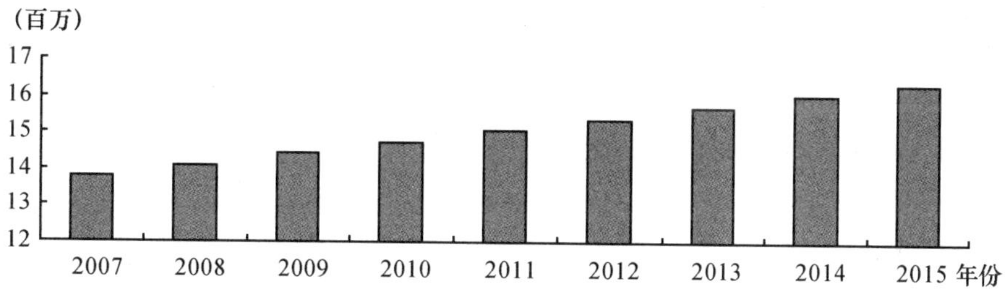

图 11—21　2007—2015 年危地马拉全国人口总数

资料来源：http：//data. worldbank. org. cn/country/guatemala。

二　危地马拉的经济政策

1. 货币政策

2007—2017 年，危地马拉广义货币 M_2 供应量呈现出明显的增加趋势，且增长幅度较快，观察期间其供应量翻了一番，增长速度略高于其同期的国内生产总值增长速度。从该国同期名义利率和实际利率来看，绝大部分年份的实际利率高于其名义利率，这一定程度上表明了该国宽松货币政策的客观存在（见图 11—22、图 11—23）。

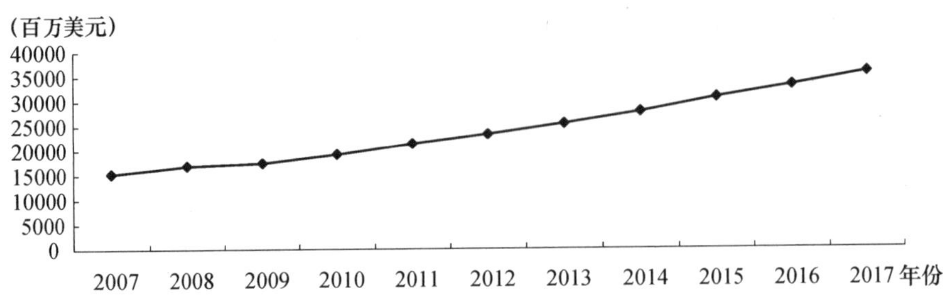

图 11—22 2007—2017 年危地马拉广义货币 M_2 供应量

资料来源：http：//data. worldbank. org. cn/country/guatemala。

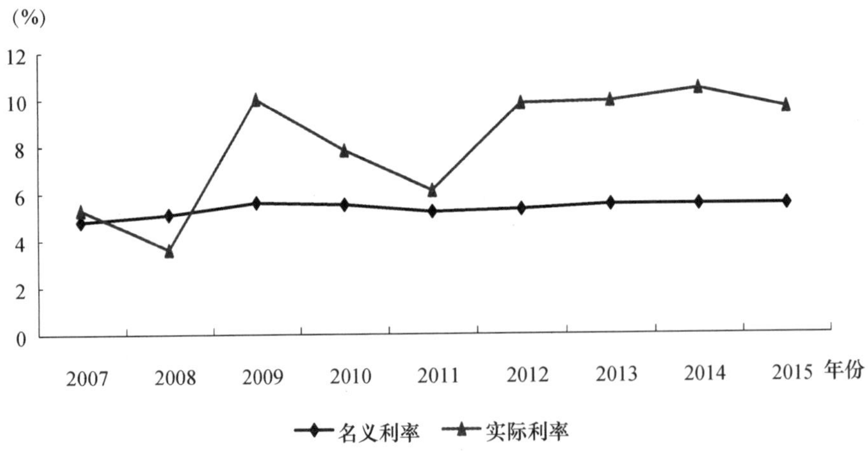

图 11—23 2007—2015 年危地马拉名义利率与实际利率

资料来源：http：//data. worldbank. org. cn/country/guatemala。

2. 财政政策

从危地马拉 2007—2015 年历年的政府消费总支出水平来看，观察期内平缓增长，占同期国内生产总值的比例整体在 10% 左右。可以看出，在政府支出方面，该国的财政政策效应并没有突出的表现。与本地区其他经济发展较为落后的国家或地区相似，危地马拉税收收入占 GDP 的比重整体处于较低水平，根据危地马拉管理局（SAT）提供的数据，2015 年危地马拉税收占 GDP 的比重仅为 10.2%（见图 11—24）。

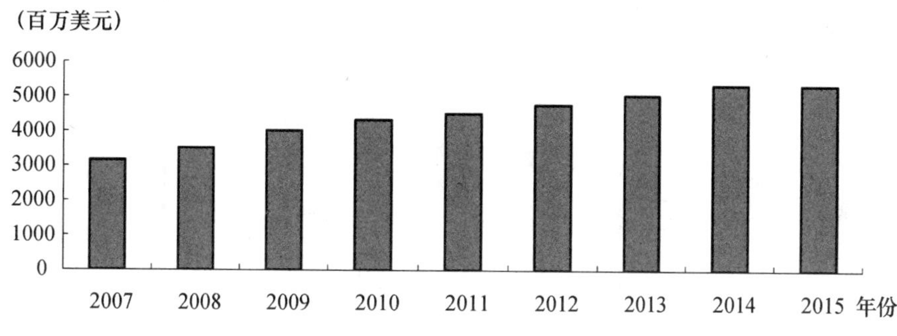

图 11—24　2007—2015 年危地马拉政府消费总支出

资料来源：http：//data. worldbank. org. cn/country/guatemala。

3. 产业政策

20 世纪 80 年代以来，危地马拉通过工业化产业政策的实施，实现了产业结构的升级调整，由原来传统的农业种植业转向轻工业和部分重工业（如钢铁制造等），这也使该国工业化在中美洲地区处于较高水平。近年来，其食用油、饮料、纸制品等产品替代了传统的蔗糖、咖啡、香蕉等产品，成为该国主要的出口产品。

三　危地马拉的经济成就

1. 国内生产总值（GDP）

2007 年以来，危地马拉国内生产总值整体呈现出明显的上升趋势，尽管 2008 年金融危机对该国经济造成了负面影响，但经济很快实现了复苏，2010 年后危地马拉经济继续稳健地增长。2007—2017 年，危地马拉的国内生产总值实现了翻番，表现出了较强劲的增长潜力，这与该国的工业化进程在中美洲的相对领先密切相关（见图 11—25）。

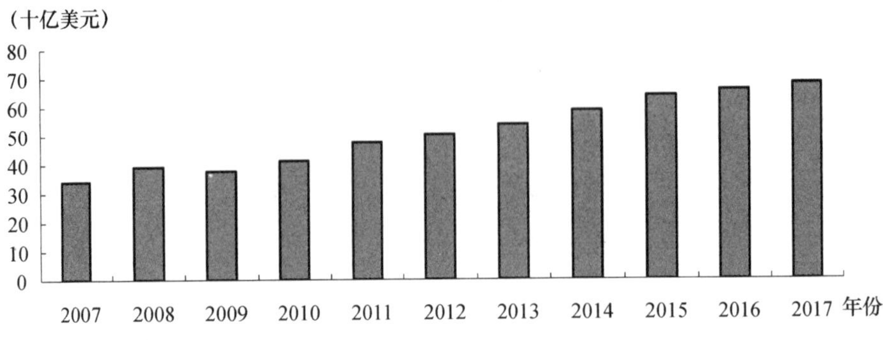

图 11—25 2007—2017 年危地马拉国内生产总值

资料来源：http：//data. worldbank. org. cn/country/guatemala。

2. 消费物价指数（CPI）

2007—2017 年，危地马拉消费物价指数整体缓慢上升，10 年间累计增长幅度约为 50%，物价水平总体比较稳定（见图 11—26）。

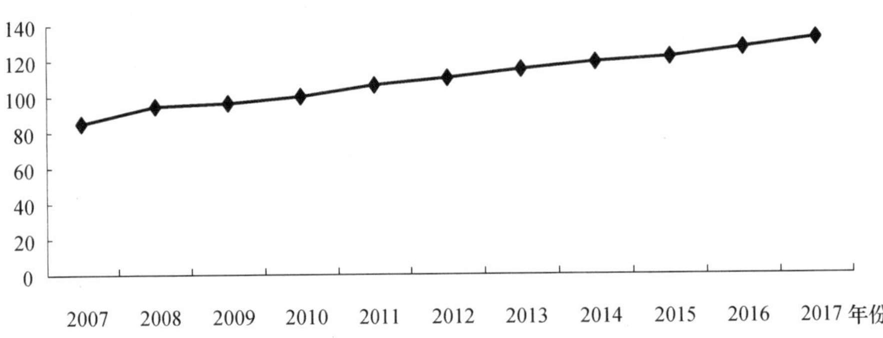

图 11—26 2007—2017 年危地马拉消费物价指数（基期 2010 年 =100）

资料来源：http：//data. worldbank. org. cn/country/guatemala。

3. 汇率

2007 年以来，危地马拉汇率总体表现为先抑后扬。2008 年全球金融危机之后，该国货币相对美元出现显著的贬值，2009 年达到峰值，随后逐年下降，尽管 2013 年出现小幅度贬值，但整体不改变升值走向，至 2015 年，美元对该国货币的比率大致回归到金融危机前的水平（见图 11—27）。

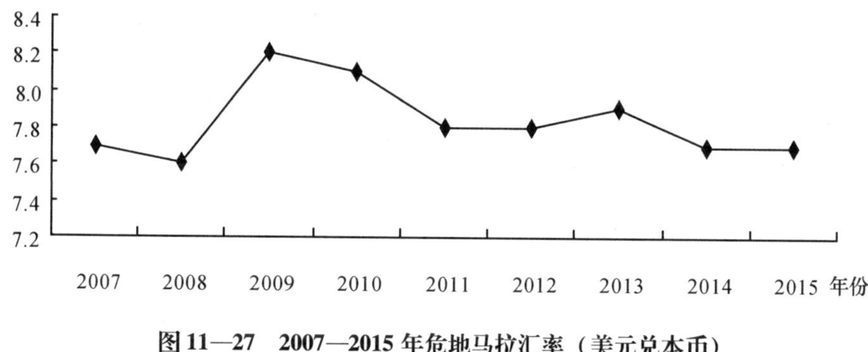

图 11—27　2007—2015 年危地马拉汇率（美元兑本币）

资料来源：http：//data. worldbank. org. cn/country/guatemala。

4. 吸收外商直接投资（FDI）

2007—2017 年，危地马拉吸收外商直接投资表现为净流出，特别是 2008 年全球金融危机爆发后，其外资流出规模进一步加大，到 2014 年出现最高峰值，2015 年以后出现了回升，但这一回升现象是否表现净流出趋势的扭转，仍然需要进一步的观察（见图 11—28）。危地马拉吸收外商直接投资的净流出加大不仅表明了国际资本对该国经济前景的看淡，也在一定程度上反映了该国投资环境和条件的不足。

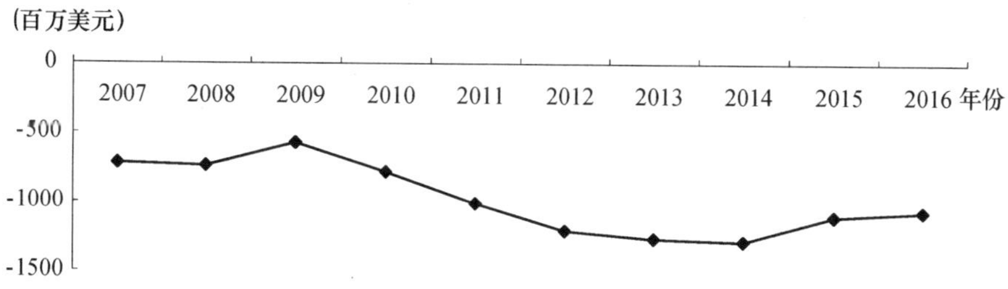

图 11—28　2007—2016 年危地马拉吸收对外投资额

资料来源：http：//data. worldbank. org. cn/country/guatemala。

5. 商品进出口贸易

图 11—29 表明，2007 年以来，商品进出口贸易额整体规模处于较低水平，占同期国内生产总值的比例较低，反映了该国经济的开放程度总体有限。从贸易盈余来看，危地马拉进口商品的规模在观察期内均高于

同期出口商品的规模，完全处于贸易赤字状态，长期的贸易逆差可能会导致该国经济条件不断恶化，这也在一定程度上说明了该国产品在国际市场上的竞争力比较有限。

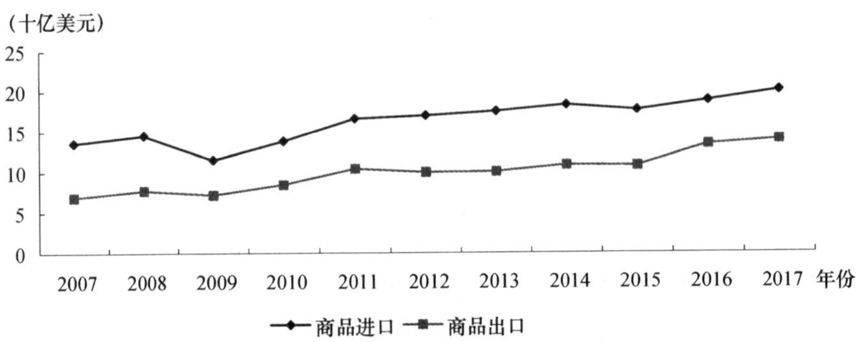

图 11—29　2007—2017 年危地马拉商品进出口贸易额

资料来源：http：//data. worldbank. org. cn/country/guatemala。

6. 就业

从图 11—30 来看，在 2007—2017 年，危地马拉社会失业率整体表现为三个阶段：2011 年之前，失业率逐年上升；2011 年以后，失业率逐年下降；但 2015 年后又呈现出显著上升趋势。但总体上来看，社会失业率大致在 2. 5%—4%，相对中美洲其他国家而言，失业率处于较低水平，社会就业相对充分，这与该国的工业化发展处于相对领先位置密切相关。

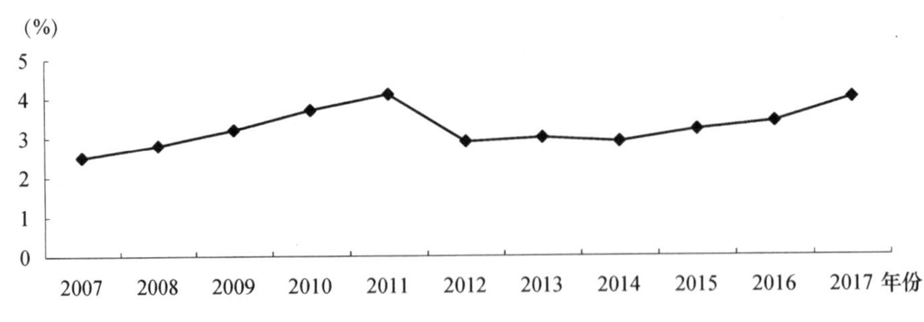

图 11—30　2007—2017 年危地马拉失业率

资料来源：http：//data. worldbank. org. cn/country/guatemala。

7. 特色产业

危地马拉自20世纪80年代以来尽管进行了卓有成效的产业结构调整，工业化方面在本地区处于相对领先地位，但其特色工业并没有形成。该国的特色产业仍然集中于传统的农业种植方面，特别是咖啡的种植。由于产业政策的调整，相比于本地区哥斯达黎加、萨尔瓦多等国家，危地马拉传统的特色农业种植业并不具备竞争优势。

四　危地马拉经济发展展望

作为本地区最大经济体和工业化进程较为领先的国家，危地马拉近年来经济实现了持续增长，在未来其增长潜力和优势依然比较明显。但另外，产业政策的调整也带来了一些问题，传统的特色产业的优势逐步失去，新的产业优势尚未形成。在吸收外商直接投资（FDI）方面，该国的优势并不突出，外资在短期内转变为净流入还需要时日，这给该国经济在开放下的发展带来了不小的困难。

五　危地马拉与中国的经贸关系

危地马拉尚未与中国建立外交关系。始于2007年中国贸促会在危地马拉举办的“危地马拉中华人民共和国贸易展览会”成为推动两国文化经贸交流的重要平台，该展览会先后于2007年、2009年、2011年、2014年在危地马拉举办。中国和危地马拉在基础设施、农牧业、通信、机电、轻工等领域内的合作前景极为广阔。中华人民共和国国家统计局的数据显示[①]，2011年，中国与危地马拉双方进出口总额12.77亿美元，2015年为22.54亿美元，5年间几乎翻番。2015年，中国对危地马拉出口商品20.53亿美元，从对危地马拉进口商品2.01亿美元。可见，双方间贸易额的增长力量主要来源于危地马拉对中国商品的进口需求。

---

① 中华人民共和国国家统计局，http：//data. stats. gov. cn/easyquery. htm？cn = C01。

第四节 洪都拉斯

洪都拉斯是中美洲一个以传统农业发展为主的小型经济体，近 10 年来，该国经济整体保持了稳定持续的增长，年均增长率约 5.2%；社会就业比较充分，绝大部分年份的社会失业率在 3%—4%，仅有个别年份达到 5%。在洪都拉斯传统农业中，咖啡、香蕉、蔗糖等产品具有一定的特色和优势。近年来，受洪都拉斯特色自然旅游资源的吸引，旅游观光业正成为该国的新兴产业部门，并拥有较好的发展潜力。

一 洪都拉斯概况

洪都拉斯（República de Honduras）是中美洲的一个多山国家，与危地马拉、萨尔瓦多和尼加拉瓜接壤，位于太平洋和加勒比海之间。该国矿产资源丰富，有金、银、煤、锑等，其中白银的蕴藏量在中美洲排第 1 位。洪都拉斯是中美洲山脉地形最为显著的国家，全境 3/4 以上为山地和高原，山脉自西向东伸延，内陆为熔岩高原，多山间谷地，沿海有平原，国土面积约 11.2 万平方千米。

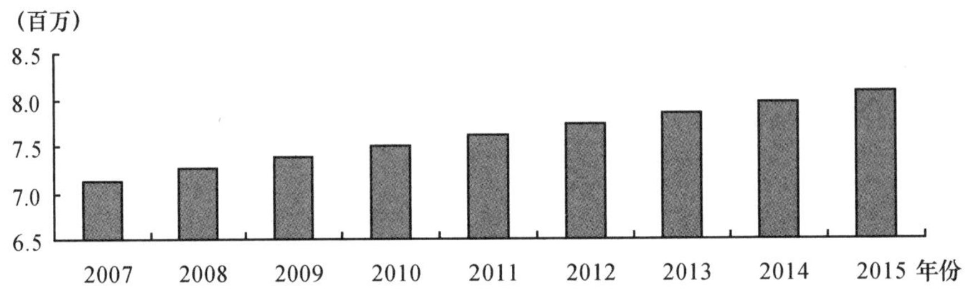

图 11—31 2007—2015 年洪都拉斯全国人口总数

资料来源：http：//data. worldbank. org. cn/country/honduras。

洪都拉斯属于热带气候，沿海平原属热带雨林气候，年平均气温 23℃，雨量充沛；北部滨海地带和山地向风坡年降水量高达 3000 毫米。洪都拉斯官方语言为西班牙语，全国 95.8% 的居民信奉天主教。2011 年，全国总人口 820.1 万人，印欧混血种人占 83%，印第安人占 10%，非裔占 5%，白人占 2%。图 11—31 列示了 2007—2015 年该国人口数量的变化，整体上呈现出缓慢增加趋势。

二　洪都拉斯的经济政策

1. 货币政策

图 11—32 表明，2007—2017 年，洪都拉斯广义货币 M_2 供应量总体呈现平缓增长趋势，2009 年以前，大致保持稳定水平；2009 年以后，保持较低速度的增长。从该国 2007—2015 年实际利率来看（见图 11—33），其变动范围在 10%—18%，整体利率水平较高，且不断上升。2013 年以后，实际利率由观察期内最高水平开始出现下降并至 2015 年。从这两点来看，该国货币政策整体趋紧。

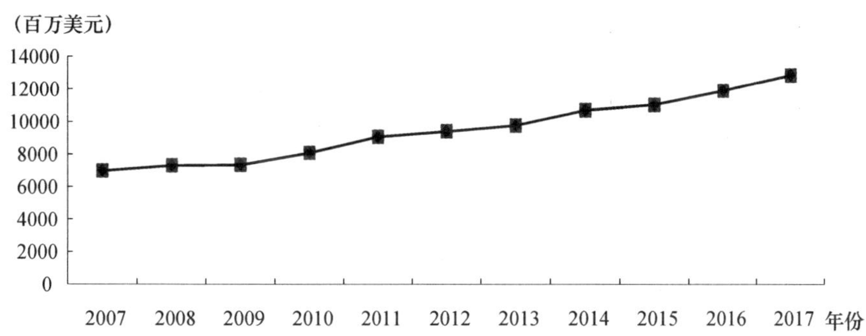

图 11—32　2007—2017 年洪都拉斯广义货币 M_2 供应量

资料来源：http：//data. worldbank. org. cn/country/honduras。

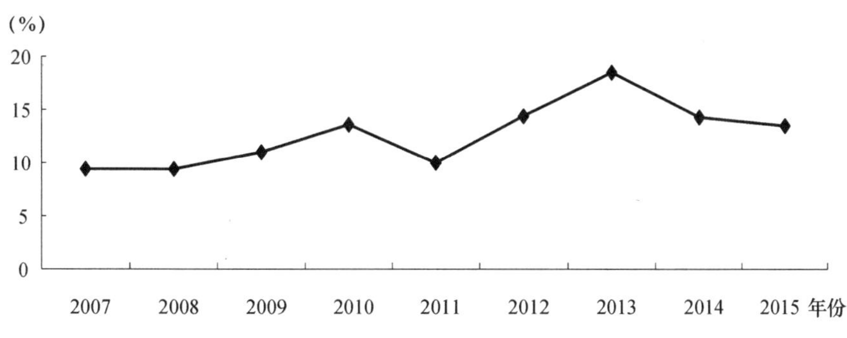

图 11—33　2007—2015 年洪都拉斯实际利率

资料来源：http：//data. worldbank. org. cn/country/honduras。

2. 财政政策

为了减少财政赤字以及提高政府支出，洪都拉斯于2010年4月启动税制改革，提高税收管理水平，严格控制消费支出，增加脱贫计划以及政府投资。从2007—2015年洪都拉斯政府消费总支出的情形来看（见图11—34），政府的消费总支出占同期国内生产总值的比例大致在10%—15%，总体规模自2010年以后大致保持不变，可以看出观察期内洪都拉斯的财政政策整体趋紧。

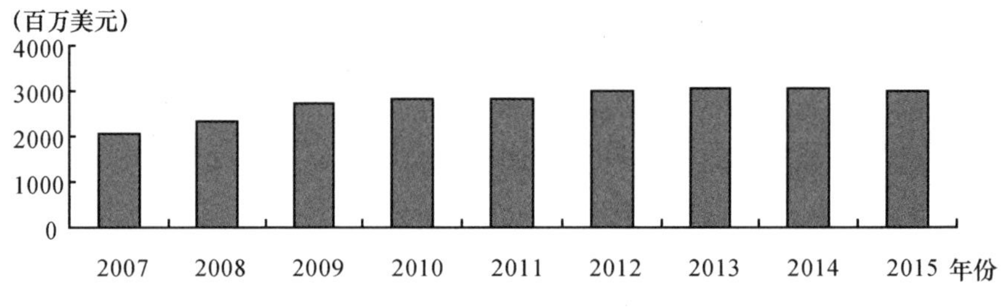

图11—34　2007—2015年洪都拉斯政府消费总支出

资料来源：http：//data. worldbank. org. cn/country/honduras。

3. 产业政策

洪都拉斯经济整体上仍以农业为主，传统的咖啡、香蕉等种植业在国民经济中仍然占有重要的地位。随着国际游客受洪都拉斯特色旅游资源的吸引，旅游观光产业逐渐成为该国重要的新兴产业部门之一。一方面，洪都拉斯政府通过产业政策鼓励传统产业的发展，特别是咖啡产业，洪都拉斯现已是中美洲第二大、世界第十大之咖啡出口国。另一方面，洪都拉斯政府通过优惠的投资政策，吸引国内外投资者投资本国旅游观光业，促进旅游业的发展。

三　洪都拉斯经济成就

1. 国内生产总值（GDP）

自2007年以来，洪都拉斯国内生产总值呈现较为明显的增长趋势，但增长速度整体不高，近十年总增长幅度约为60%，特别是2011年以后，该国经济的增长速度下降明显。值得注意的是，2008年全球金融危机对该国经济的影响不大，2009—2011年，洪都拉斯经济表现出了较高速度的增长，这可能与该国经济整体规模不大密切相关（见图11—35）。

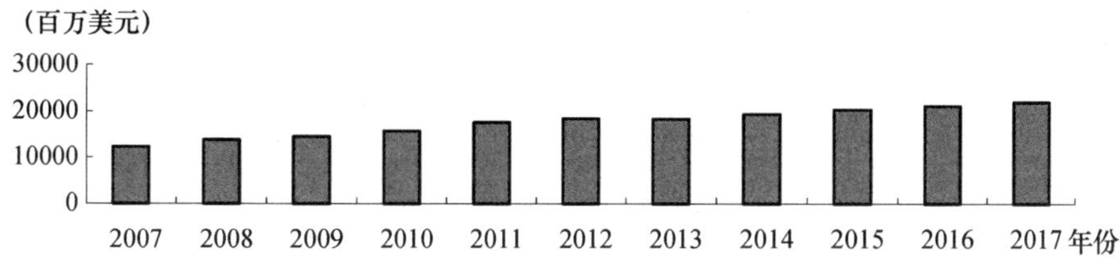

图11—35　2007—2017年洪都拉斯国内生产总值

资料来源：http：//data. worldbank. org. cn/country/honduras。

2. 消费物价指数（CPI）

观察期内，洪都拉斯消费物价指数呈现出较为快速的上涨，2007—2017年，物价指数上涨总幅度在69.49%，年均通货膨胀率约为6%，这一比率对于该国经济的中长期增长无疑存在一定的风险（见图11—36）。

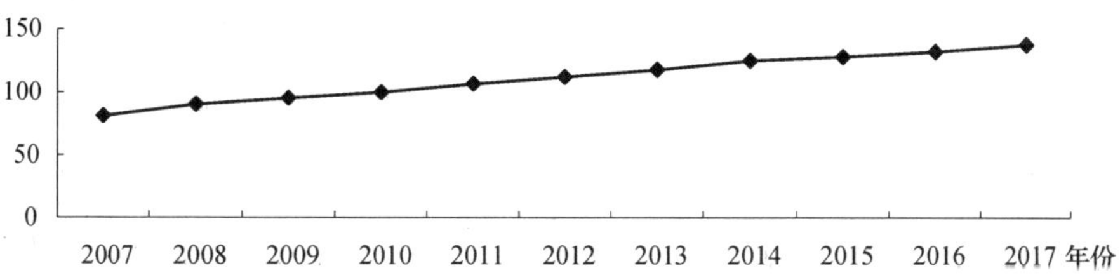

图11—36　2007—2017年洪都拉斯消费物价指数（基期2010年=100）

资料来源：http：//data. worldbank. org. cn/country/honduras。

3. 汇率

总体来看，洪都拉斯本国货币在观察期内相当一段时间保持比较稳定的水平，2014年以后，其货币对美元出现了一定程度的贬值，但2016年以后又出现了回升，是否会回归到前期的币值水平，需要进一步观察（见图11—37）。

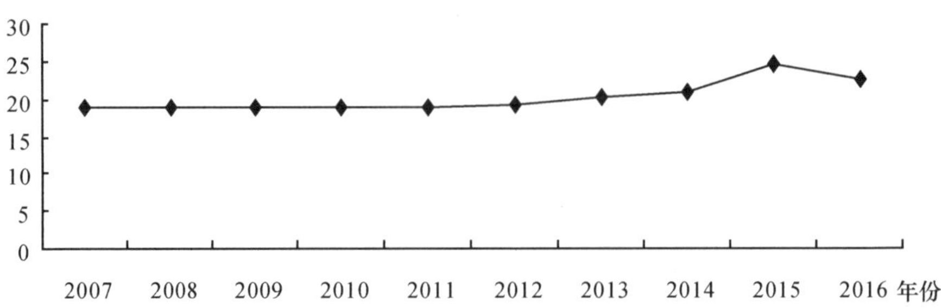

图 11—37 2007—2016 年洪都拉斯汇率（美元兑本币）

资料来源：http：//data. worldbank. org. cn/country/honduras。

4. 外商直接投资（FDI）

自 2007 年以来，洪都拉斯吸收外商直接投资表现为净流出，尽管 2009 年、2012 年净流出幅度有所降低，但总体并没有改变该国外资的净流出趋势，特别是自 2013 年以来，净流出的规模还在不断扩大。这也一定程度上反映了国际资本对该国经济发展前景的看淡（见图 11—38）。

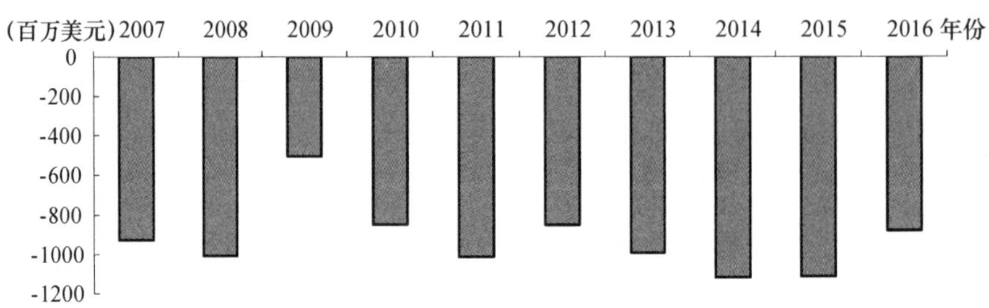

图 11—38 2007—2016 年洪都拉斯吸收外商直接投资

资料来源：http：//data. worldbank. org. cn/country/honduras。

5. 商品进出口贸易

整体上看，观察期内，洪都拉斯商品进出口贸易中，进口商品贸易额大于出口商品贸易额，国际贸易基本表现为贸易赤字。2008 年全球金融危机对该国对外贸易有着较为明显的影响，具体表现为进出口贸易的同时下降，但这一影响持续时间很短，两年之后的 2011 年其商品进出口额均创下新高，但此后其商品进出口贸易额整体保持在一个比较稳定的水平。2017 年，其进出口贸易额均出现了快速增长，这种增长是否具有可持续性需要进一步观察。但观察期内整体可以看出，一方面，作为出口国，洪都拉斯的出口商品并没有突出的竞争优势；另一方面，作为进口国，洪都拉斯对国外产品的需求规模整体比较有限（见图 11—39）。

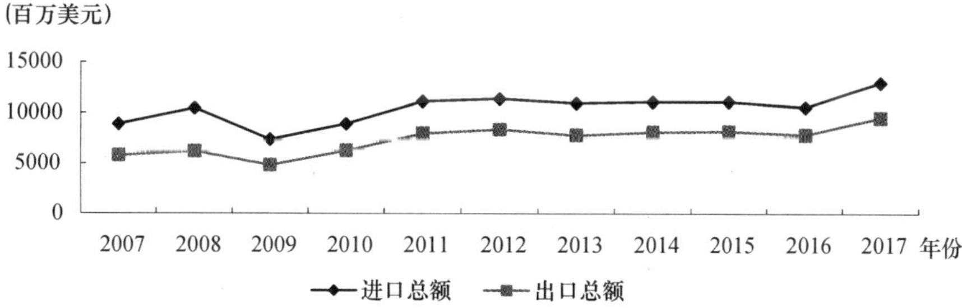

图 11—39　2007—2017 年洪都拉斯商品进出口贸易额

资料来源：http：//data. worldbank. org. cn/country/honduras。

6. 就业

2007—2016 年，洪都拉斯社会失业率大多时间位于 3%—5%，社会就业处于较高水平。2010 年，其社会失业率达到最高峰值，在此前，失业率总体维持在 3% 左右；在此后，其失业率出现回落，但总体维持在 4% 左右（见图 11—40）。

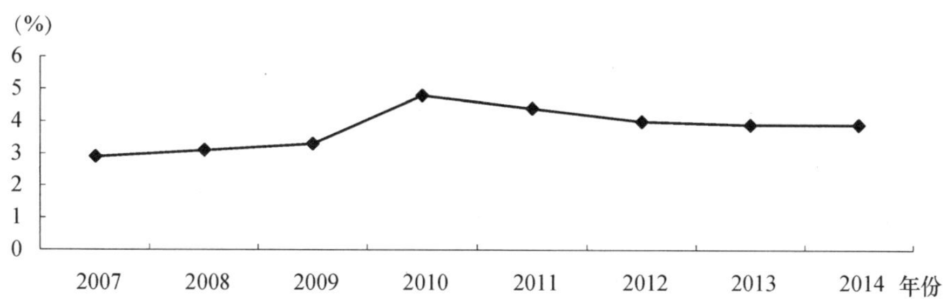

图 11—40　2007—2016 年洪都拉斯失业率

资料来源：http：//data. worldbank. org. cn/country/honduras。

7. 特色产业

洪都拉斯土地总面积为1120万公顷，其中不到170万公顷（约占15%）比较适合农业生产。洪都拉斯经济几乎一直完全依赖农业。洪都拉斯农业生产率总体较低，生产技术没有得到应有重视。香蕉、咖啡和蔗糖是洪都拉斯传统的特色农业产业。由于美国对洪都拉斯关税政策的优惠，服装加工业成为该国21世纪以来新的产业部门。另外，洪都拉斯的玛雅遗址和伊斯拉斯海湾群岛的珊瑚礁吸引了不少国际游客，加之部分山地所拥有丰富的自然旅游资源，旅游业很有可能成为该国未来重要的新兴特色产业。

四　洪都拉斯经济发展展望

洪都拉斯官方公布其2016年经济增长率约为3.6%，与2015年大致相等。2017年，其经济增长率为3.9%。2016年，政府财政赤字占GDP的2.7%，为近4年来最低值；公共债务额为95亿美元，占GDP的46%，同比上升4.2%；通膨率为3.3%，低于预期；截至2016年，国家外汇储备达38.9亿美元，同比增长1.7%。在未来一段时间内，洪都拉斯仍将保持稳健的财政政策，以期缩小国家预算赤字，降低整体债务负担。由于经济整体规模不大，美国贸易政策保守倾向的出现不太可能对该国出口经济产生多大影响，这一点从2008年全球金融危机对洪都拉斯的影响可以看得出来。另外，随着洪都拉斯新兴产业——旅游业的兴起和深入发展，该国经济的持续增长甚至是较高速度的持续增长是完全有可能实现的。

五　洪都拉斯与中国的经贸关系

洪都拉斯尚未与中国建立外交关系。中华人民共和国国家统计局的数据表明①，2011年中国与洪都拉斯双边贸易总额为5.69亿美元，其中，中方出口商品4.22亿美元，中方进口1.47亿美元。到2015年，中国与洪都拉斯双边贸易总额为8.89亿美元，其中，中方出口商品8.54亿美元，中方进口0.35亿美元。中方主要出口塑料制品、化工产品、棉纺织

① 中华人民共和国国家统计局，http://data.stats.gov.cn/easyquery.htm? cn=C01。

品、铝等产品，主要进口咖啡、纺织品等产品。可见，在中国与洪都拉斯双边经贸关系中，中国的贸易出口仍然占主导地位，基本上构成了双方贸易总额的绝大部分，洪都拉斯对中国的商品出口规模较小，这给双边经贸的持续发展提出了一定程度的挑战。

第五节　尼加拉瓜

尼加拉瓜是中美洲经济发展相对落后的经济体之一，以传统农牧业为主的经济结构较大地限制了该国经济的发展速度和潜力，社会平均失业率在中美洲地区一直处于较高水平，国内居民外出务工的情形比较普遍，来自国外居民的侨汇是尼加拉瓜外汇收入的重要组成部分。尼加拉瓜出口产品仍以农牧业产品为主，进口商品以工业制成品和成套机制设备为主，近年来贸易条件不断恶化。

一　尼加拉瓜概况

尼加拉瓜共和国（República de Nicaragua），简称尼加拉瓜，北接洪都拉斯，南连哥斯达黎加，东临加勒比海，西濒太平洋，首都为马那瓜。尼加拉瓜整体包括三个地理区：太平洋低地区、较为湿凉的中部高地区以及加勒比海低地区。

尼加拉瓜的主要经济来源为农业，农业产品占出口总额的60%，每年产值约20亿美元，其农业产值比例为中美洲国家中最高者。居住于外国的尼加拉瓜人每年约汇回国10亿美元，占尼加拉瓜国内生产总值15%以上。由于工业不发达再加上企业经营管理不善，尼加拉瓜仍是中美洲乃至拉美比较贫困的国家之一。

尼加拉瓜2014年人口数量为615万，民族组成为墨斯蒂索人（70%）、白人（16%）、非裔（9%）、美洲原住民（5%），居住于都市的人口约84%。

二 尼加拉瓜经济政策

1. 货币政策

从图 11—41 中可以看出，尼加拉瓜 2007—2017 年，广义货币 M_2 供应量呈现加速上升的趋势，可以较明显地分为 2009—2013 年、2014—2017 年两个阶段，后一阶段的速度在前一阶段的基础上进一步增加。尽管同期尼加拉瓜国内生产总值也呈现增加趋势，但与其广义货币 M_2 供应量相比较，国内生产总值的增长速度较低。由此可见，尼加拉瓜在观察期内的货币政策整体趋于宽松。

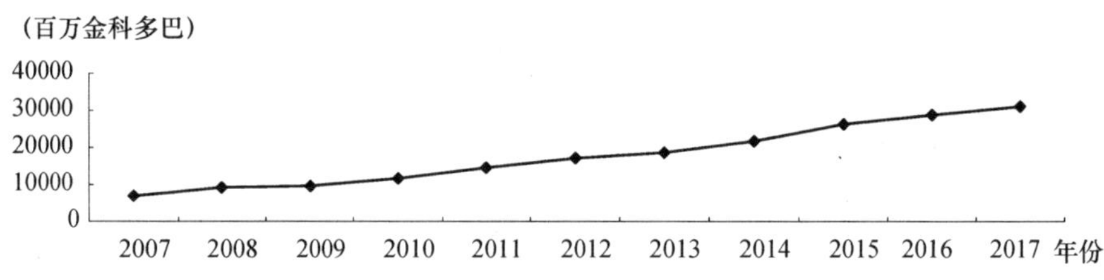

图 11—41 2007—2017 年尼加拉瓜广义货币 M_2 供应量

资料来源：http：//data. worldbank. org. cn/country/nicaragua。

2. 财政政策

总体看来，2009—2015 年，尼加拉瓜财政支出和税收收入占其国内生产总值（GDP）的比例较为稳定，但财政支出所占比例均高于同期税收收入所占比例，因而大致可以判断该国财政政策整体上较为宽松（见图 11—42）。

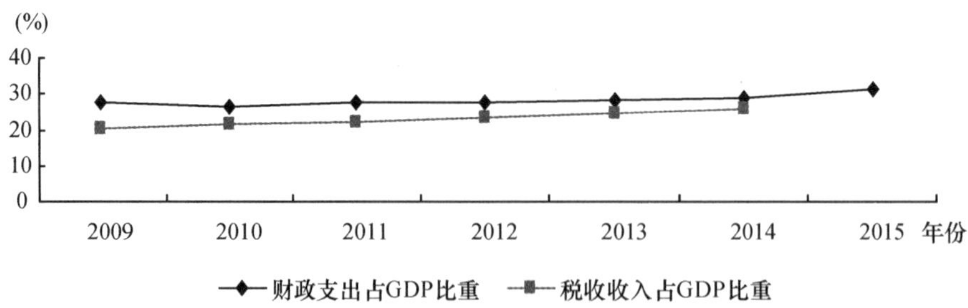

图 11—42 2009—2015 年尼加拉瓜财政支出与税收占 GDP 比重

资料来源：http：//data. worldbank. org. cn/country/nicaragua。

3. 产业政策

作为一个传统农业经济体，尼加拉瓜近年来非常重视工商业的发展，并发布了一项推动中小微型企业发展的政策法规。其主要内容包括确定中小微型企业的经济主体地位，制定相应法律条例，在原料及产品市场、贸易环境、人力资本、科技进步及创新、资本和信贷市场、基础设施及配套服务、产业组织结构及转型、性别平等领域推动本国工商业的发展。具体实施方面，尼加拉瓜通过现代化生产、扩大生产和提高质量来增强现有产业竞争力。增加产品附加值、开发更高技术含量的新产品使工业生产多样化。

三　尼加拉瓜经济成就

1. 国内生产总值（GDP）

观察期内，尼加拉瓜国内生产总值总体增长，但增长速度较为平缓，11 年间总的经济增长幅度约为 42.8%。2008 年全球金融危机对该国经济增长形成了一定的冲击，2011 年其经济才基本恢复增长。这一经济增长和发展趋势反映了该国以传统农业为主的经济结构特征（见图 11—43）。

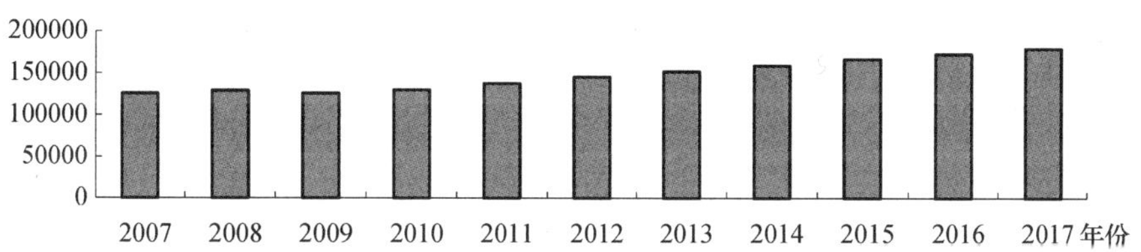

图 11—43　2007—2017 年尼加拉瓜国内生产总值

资料来源：拉美经委会（CEPAL）官方统计数据库：ECLAC-CEPALSTAT。

2. 消费物价指数（CPI）

2007—2015 年，尼加拉瓜消费物价指数整体上升，9 年间总的上涨幅度约为 79.3%，并呈现出较为明显的三阶段特征。2007—2008 年，消费物价指数出现急速上升，通货膨胀率约高达 19.8%。2008—2011 年，消费物价指数增速较前期明显下降，通货膨胀得到有效控制，但整体仍在温和上升。2012—2017 年，消费物价指数的增速较前期又有所回升（见图 11—44）。

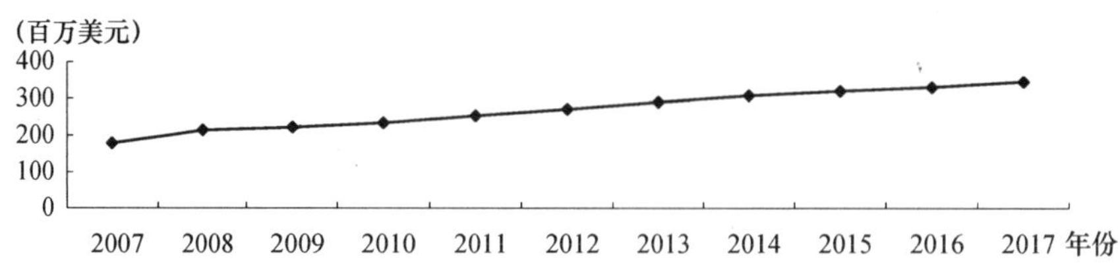

图 11—44　2007—2017 年尼加拉瓜消费物价指数

(基期 1999 年 =100)

资料来源：拉美经委会（CEPAL）官方统计数据库：ECLAC-CEPALSTAT；尼加拉瓜央行，http：//www. bcn. gob. ni/。

3. 汇率

图 11—45 表明，2007—2017 年，尼加拉瓜本国货币币值整体呈现贬值的趋势，但年均贬值幅度不大，观察期内本国货币总的贬值幅度约为 59. 1%。本国货币的贬值有利于产品的出口，这对于一个以传统农牧业产品为主要出口商品的小型经济体来说是一个较好的外汇政策选择。

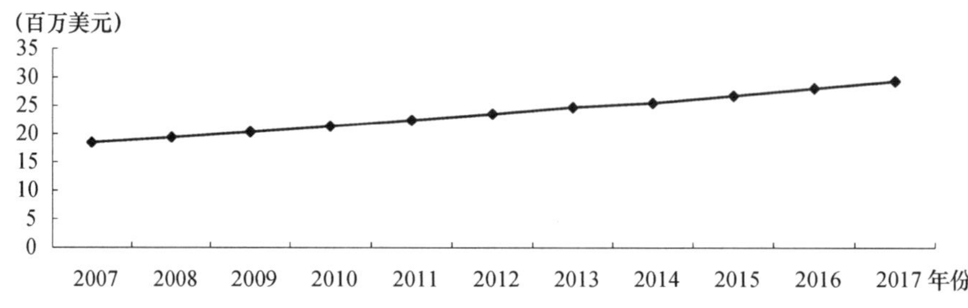

图 11—45　2007—2017 年尼加拉瓜汇率（美元兑换金科多巴）

资料来源：尼加拉瓜中央银行 http：//www. bcn. gob. ni/。

4. 外商直接投资（FDI）

2008 年全球金融危机对尼加拉瓜吸收外商直接投资有一定程度的负面影响，但冲击时间并没有持续太长，2010 年后，吸收外商投资额恢复增长并于 2012 年创下新高，但随后又开始逐年下降。从吸收外商直接投资规模上来看，整体不大，这也在一定程度上反映了尼加拉瓜对国际资本吸引力的不足（见图 11—46）。

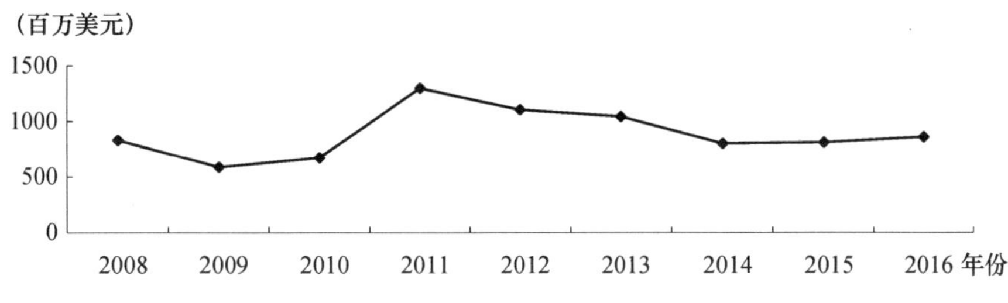

图 11—46　2008—2016 年尼加拉瓜吸收对外直接投资

资料来源：拉美经委会（CEPAL）官方统计数据库：ECLAC-CEPALSTAT。

5. 商品进出口贸易

从图 11—47 中可以看出，尼加拉瓜商品出口额 2012 年以前整体呈现缓慢增长趋势，2012 年以后，商品出口额停滞不前，甚至出现了小幅下滑。进口商品额方面，2008 年全球金融危机对之形成了负面冲击，但影响时间不长，2009 年后进口商品额迅速恢复增长，2012 年后，与该国出口商品额产业化趋势相似，进口商品额也出现了停滞持平现象。比较其进出口商品额，可以看出观察期内尼加拉瓜国际商品贸易余额为贸易赤字，且赤字规模有不断扩大的趋势。

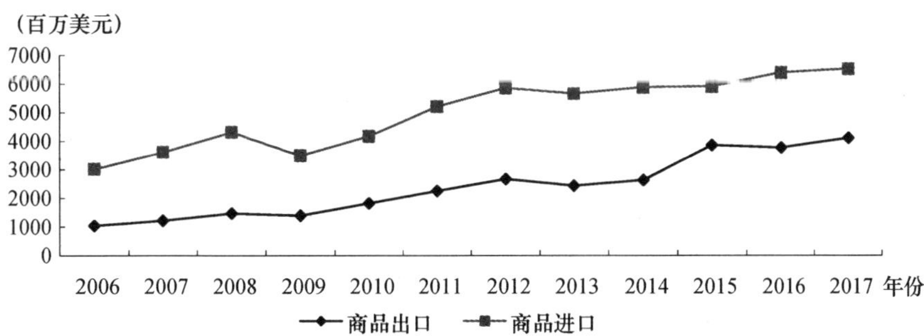

图 11—47　2006—2017 年尼加拉瓜商品进出口贸易额

资料来源：http：//data. worldbank. org. cn/country/nicaragua。

6. 就业

从图 11—48 中可以看出，尼加拉瓜 2007 年以来社会平均失业率呈现出明显的先升后降趋势，2007—2010 年为上升阶段，2011—2014 年为下降阶段。相比中美洲其他国家或地区，尼加拉瓜的社会平均失业率整体处于较高水平。2013 年以后，社会平均失业率得到了较为有效的改善，但仍在 5% 左右的水平，社会就业形势依然不容乐观，这与尼加拉瓜经济发展力量较弱密切相关。

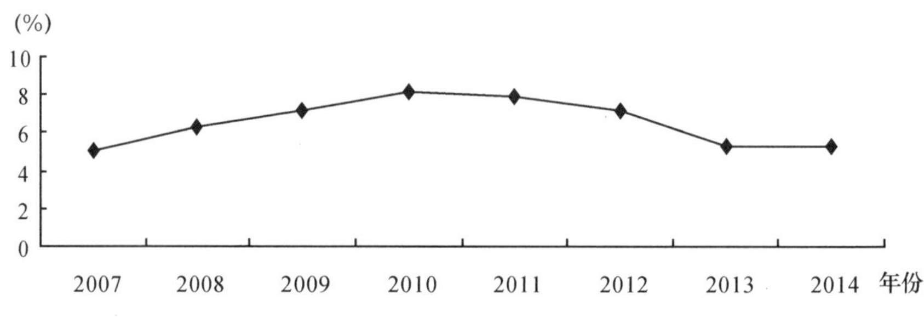

图 11—48　2007—2014 年尼加拉瓜社会平均失业率

资料来源：http：//data. worldbank. org. cn/country/nicaragua。

7. 特色产业

尼加拉瓜是中美洲地区比较贫困的国家之一，其经济结构整体上以传统农渔牧业以及贸易旅游服务业为主，出口贸易商品以农、渔、牧、矿产品为大宗，以 2014 年为例，牛肉是出口的首要产品，占全年度出口总值的 17. 3%，其次为咖啡，占 15%，第 3 位为黄金，占 14. 6%，最后依序为蔗糖、乳制品等。由此可见，传统农牧业是尼加拉瓜重要的特色产业。

四　尼加拉瓜经济发展展望

近年来，尼加拉瓜政府施行了较为宽松的财政政策和货币政策，制定了一系列促进工商业发展的产业政策，这有利于该国宏观经济的稳定、经济的中长期增长和社会减贫。然而，产业结构的调整和工商业的累积发展需要一定的时间，作为中美洲一个传统农业小型经济体，其抵御市场的风险较弱，加之贸易条件的不断恶化，经济发展中的下行风险依然较大。

五 尼加拉瓜与中国的经贸关系

尼加拉瓜尚未与中国建立外交关系。中华人民共和国国家统计局的数据表明①，2011年中国与尼加拉瓜双边贸易总额为4.46亿美元，其中，中方出口商品4.22亿美元，中方进口0.24亿美元。到2015年，中国与尼加拉瓜双边贸易总额为7.01亿美元，其中，中方出口商品6.66亿美元，中方进口0.35亿美元。由此可见，在中国与尼加拉瓜近5年以来的双边经贸关系中，中国的贸易出口占主导地位，构成了双方贸易总额的绝大部分，尼加拉瓜对中国的商品出口规模较小，这给双边经贸的持续发展提出了一定程度的挑战。

第六节 巴拿马

巴拿马具有独特的地理区位优势，连接两大洋的巴拿马运河成为国际贸易海运重要通道。巴拿马依托这一区位优势，大力发展航运业、物流业、金融业和旅游业，成为中美洲地区重要的国际金融与物流中心。随着巴拿马运河扩建工程的顺利完成和投入使用，巴拿马成为中美洲具有良好发展前景和经济活力的小型开放经济体。

一 巴拿马概况

巴拿马东连哥伦比亚，南濒太平洋，西接哥斯达黎加，北临加勒比海，面积7.55万平方千米，海岸线全长2988千米。境内著名的巴拿马运河从北至南沟通大西洋和太平洋。巴拿马地近赤道，属热带海洋性气候，年平均气温23—27℃，全年分旱、雨两季，年均降水量1500—2500毫米。

巴拿马的矿产资源较为丰富，主要矿产有金、银、铜、铁、汞、铝土、锰、盐、石油等，其中，铜矿石储量占世界第四位。巴拿马林业资源丰富，全国70%以上的土地为热带森林所覆盖，主要有红木、雪松、棕榈树、橡胶树等。巴拿马工业基础薄弱，无重工业，主要工业有食品

① 中华人民共和国国家统计局，http：//data.stats.gov.cn/easyquery.htm？cn=C01。

加工、服装加工、造纸、皮革等。水稻、玉米、豆类为主要农作物，香蕉、糖、甘蔗和咖啡为主要经济作物。

巴拿马人口数量为 403 万（2016 年），其中印欧混血种人占 75%，印第安人 12.6%，非裔 9.2%，另有少量白人和亚洲人。巴拿马 85% 的居民信奉天主教，4.7% 的居民信奉基督教新教，4.5% 的居民信奉伊斯兰教。官方语言为西班牙语。

二 巴拿马经济政策

1. 货币政策

从图 11—49 中可以看出，2007—2016 年，巴拿马广义货币 M_1、M_2 的供应量整体不断上升，M_1 供应量的增长速度低于 M_2 供应量的增长速度。M_2 供应量的增长速度分为两个阶段，2007—2014 年的增长速度高于 2014—2017 年的增长速度。由此可见，巴拿马政府的货币政策近年已有适度从紧调整的趋势。

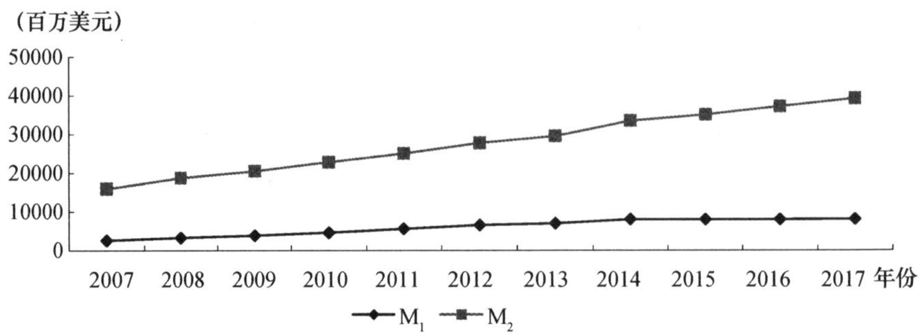

图 11—49 2007—2017 年巴拿马广义货币 M_1、M_2 供应量

资料来源：拉美经委会（CEPAL）官方统计数据库：ECLAC-CEPALSTAT。

2. 财政政策

图 11—50 表明，巴拿马 2007—2017 年的政府财政支出占 GDP 的比例大多处于 20%—39%，且呈现出较为明显的两阶段特征，2007—2011 年为上升期，2011—2017 年为下降期，2012 年后整体保持大致相同的占比。考虑到巴拿马 2011 年以后 GDP 的快速增长，其政府财政支出的绝对额仍在相应增长，因此整体上可以判断巴拿马财政政策整体趋于宽松。

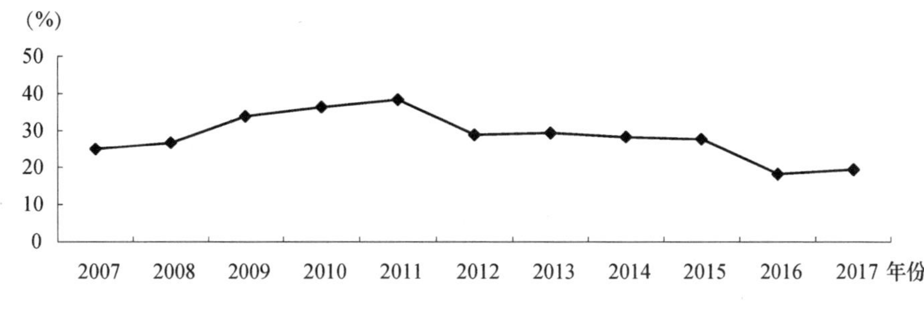

图 11—50　2007—2017 年巴拿马财政支出占 GDP 比重

资料来源：国际货币基金组织 http：//www. imf. org/external/np/sec/pr/2016。

3. 产业政策

作为国际贸易的重要通道，巴拿马政府通过税收政策来吸收国际资本发展本国产业经济。在工业、农工业、海事服务和农林资源开发领域，企业可申请振兴工业证书，并在计算所得税等税收时抵扣投资投入；从事农业活动的公司或个人若毛收入在 25 万美元/年以内，则可免交所得税；从事林业者若处理林产时在国家环境主管机关备案，则可免交所得税。为鼓励旅游业发展，巴拿马法律规定，与政府签订旅游业协定的公司，可享受减免特定旅游业上游产品进口关税及旅游公司财产税的优惠。在外资政策方面，根据跨国公司总部法设立的公司，向同一企业集团内公司提供的服务，如物流、规划和技术支持等，免征增值税；在自由区注册的企业可享受免进口税、所得税、销售税、出口税及特定的消费税等政策。另外，在科隆自由贸易区、太平洋经济特区等自由区内还有特定的税收减免和优惠政策。

三　巴拿马经济成就

1. 国内生产总值（GDP）

2007 年以来，巴拿马经济维持了较高的增长速度，2007—2017 年总的增长幅度约在 150%，尤其从 2011 年开始，增长速度明显高于前期阶段。巴拿马经济的强劲增长得益于其独特的区位地理优势和近年来实施的优惠财政政策和产业政策，这也为该国经济的进一步发展奠定了良好的基础（见图 11—51）。

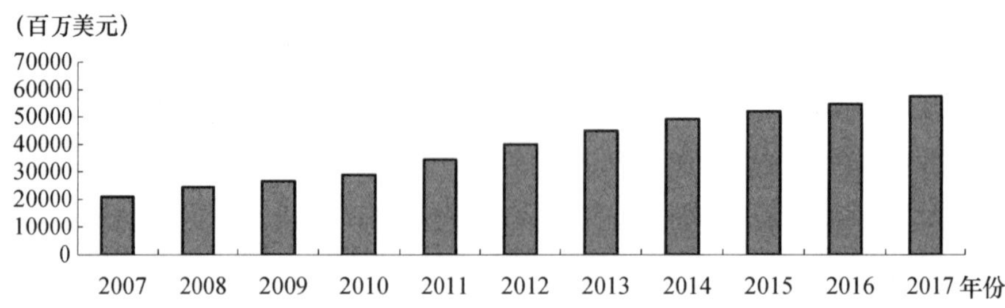

图 11—51 2007—2017 年巴拿马国内生产总值

资料来源：世界银行，http：//data. worldbank. org. cn/country/panama。

2. 消费物价指数（CPI）

总体上看，观察期内，巴拿马消费物价指数呈现出明显的下降趋势，特别是 2011 年以来。2008 年全球金融危机期间，其消费物价指数达到最高峰值，2014 年以后其变化率则低于 2%。消费物价指数的相对稳定对于巴拿马经济的长期增长具有一定的积极作用（见图 11—52）。

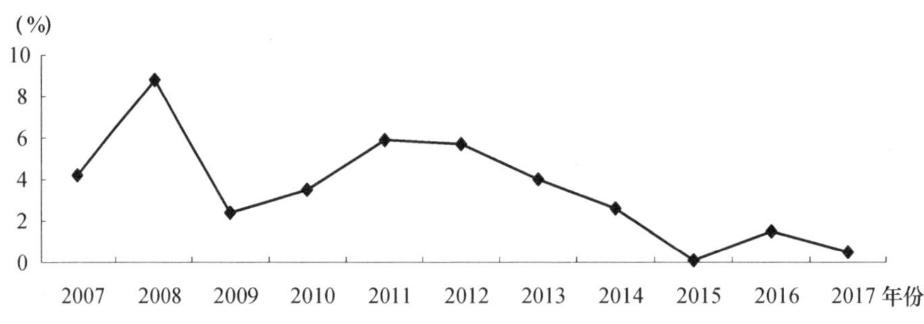

图 11—52 2007—2017 年巴拿马消费物价指数变化率

资料来源：国际货币基金组织，http：//www. imf. org/external/np/sec/pr/2016。

3. 汇率

巴拿马是世界上除美国之外第一个以美元为法定货币的国家，本国货币巴波亚（BOLBOA）仅发行辅币（一美元及以下硬币），与美元等值。

4. 外商直接投资（FDI）

2007 年以来，巴拿马吸收外商直接投资额总体呈现出不断增长的趋势（见图 11—53）。尽管 2008 年全球金融危机形成了一定的冲击，但 2010 年以后，巴拿马吸收外商直接投资额就恢复到金融危机前的水平，且不断创下新高。不断增长的外国投资额反映了国际资本对巴拿马未来经济发展前景和潜力的看好。

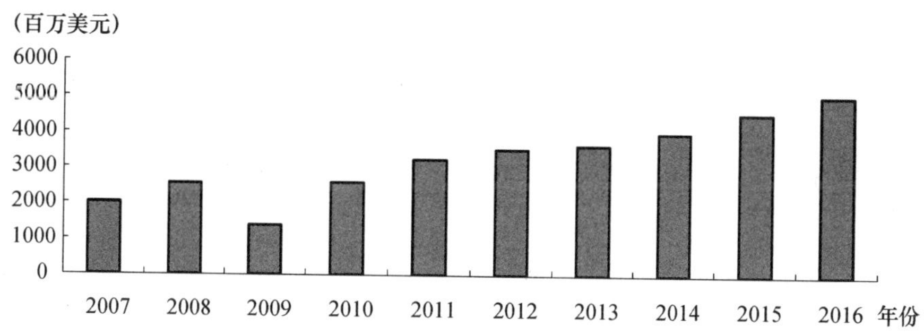

图 11—53　2007—2016 年巴拿马吸收外商直接投资

资料来源：国际货币基金组织，http：//www. imf. org/en/news/articles。

5. 商品进出口贸易

巴拿马利用其独特的地理区位优势，通过产业政策的实施，大力发展加工贸易和转口贸易，其出口商品大多集中于传统的农产品和纺织服装品，其主要出口市场集中于北美。从图 11—54 中可以看出，2008 年全球金融危机对其进口造成了影响，出口则几乎没有冲击。观察期内，巴拿马国际贸易余额均为贸易盈余，但自 2012 年后，贸易盈余的规模在不断下降，持续的贸易盈余有利于改善巴拿马的国际收支状况。

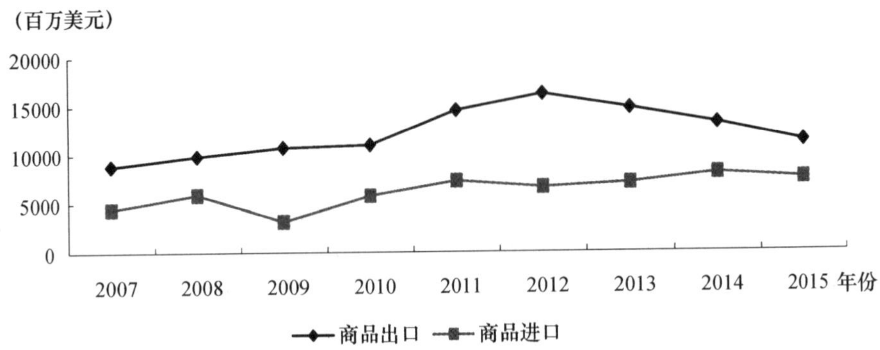

图11—54 2007—2015年巴拿马商品进出口贸易额

资料来源：拉美经委会（CEPAL）官方统计数据库：ECLAC-CEPALSTAT。

6. 就业

2005—2016年，巴拿马社会平均失业率呈现出下降的趋势，特别是2007年以来，其失业率整体在6%左右，但这一失业率在中美洲地区整体处于较高水平。相比于2005年近10%的失业率，社会的就业情况已得到了很大的改善。随着巴拿马经济近年来的快速增长，社会就业率将会得到进一步提升（见图11—55）。

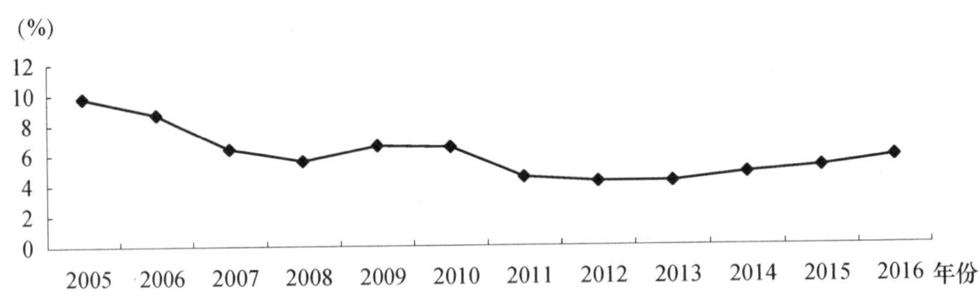

图11—55 2005—2016年巴拿马失业率

资料来源：拉美经委会（CEPAL）官方统计数据库：ECLAC-CEPALSTAT。

7. 特色产业

依托巴拿马在国际航运贸易物流中的重要地位，巴拿马金融保险等高端服务产业比较发达，并成为中美洲及加勒比海区域金融中心，其银行和保险业总资产达979.25亿美元；巴拿马也是国际著名的离岸注册中心。另外，旅游业也是巴拿马重要的特色产业之一，旅游业收汇是其国内外汇收入的主要组成部分，著名的旅游区（点）有巴拿马运河的阶梯式大闸门、孔塔多拉旅游胜地、圣布拉斯群岛、雷岛等。

四　巴拿马经济发展展望

作为世界重要的国际贸易海运通道所在地，巴拿马拥有优越的地理区位优势。随着国际贸易的进一步发展，巴拿马国际贸易与金融服务业必然会对该国经济的长期发展注入持续的动力和活力。近年来，巴拿马政府出台了一系列的政策和商业法律，以吸引国际企业在巴拿马设立办事处，力图将科隆市建设成为世界第二大的自由贸易区，投资者可在该城市享受多种财政优惠和贸易促进政策；将巴拿马太平洋沿岸打造为一个新的特殊经济区，将为投资活动提供大量快捷渠道。① 考虑到巴拿马政府优惠的产业政策和财政政策，在国际经济合作不发生意外的风险下，巴拿马的经济在未来3—5年内仍将保持较高速度的持续增长。作为一个国际贸易和国际金融服务中心，巴拿马经济的增长必然深受国际经济合作发展的影响。

五　巴拿马与中国的经贸关系

2017年6月13日，中国与巴拿马签署了《中华人民共和国和巴拿马共和国关于建立外交关系的联合公报》，两国正式建交，巴拿马成为中美洲第二个和中国建立正式外交关系的国家。早在1995年9月，中巴两国政府谈判并签署《中华人民共和国政府和巴拿马共和国政府关于互设民间商务代表处的协议》；1996年3月和8月，中巴先后在对方首都设商代处。中巴双边经贸关系的发展有着较长的历史。

贸易方面，近年来中国—巴拿马经贸关系继续保持良好发展势头，双边贸易平稳快速发展，双边投资合作也日益活跃。据中国海关统计②，

---

① 陈玉平、王凌峰：《巴拿马运河扩建给中国进出口经贸物流业带来新机遇》，载《观察》2016年第6期。

② 中华人民共和国国家统计局，http：//data. stats. gov. cn/easyquery. htm？cn = C01。

2013年中国—巴拿马双边贸易额110.29亿美元，同比下降28.17%；其中，中国对巴拿马出口109.85亿美元，同比下降28.21%，从巴拿马进口0.44亿美元，同比下降16.91%。2013年巴拿马是中国在拉美地区第七大贸易伙伴和第四大出口目的国家。中巴贸易额中，超过90%是通过科隆自贸区转口到拉美其他国家，中国是科隆自贸区最大供货国和最大贸易伙伴。

2013年，中国对巴拿马主要出口商品为矿物燃料、油、鞋类、船舶设备、服装、家具、床上用品和灯具、机械设备、电器、金属制品、塑料制品、皮革制品、陶瓷产品、玩具、钢材、纺织品、车辆及配件和橡胶及其制品等。2013年，中国从巴拿马主要进口商品为铜及其制品、木材、食品工业废料和动物饲料、电器、钢材、铝及其制品、生皮及皮革和塑料及其制品等。目前，中国是经过巴拿马运河的第二大货物来源国和第二大货物目的国，是仅次于美国的第二大运河用户。2014年，中国共有几百家企业参加了第32届巴拿马国际贸易博览会、拉丁美洲汽配展、拉丁美洲轮胎展等重要地区展会，是参展企业、展位数最多的国家。投资合作方面，近年来中国在巴拿马投资主要集中在海运、贸易、通信、金融等领域，在巴拿马从事投资合作的中资企业有十余家。近年来，越来越多的中资企业来巴拿马考察，投资兴业，驻巴拿马中资企业队伍不断发展壮大。

参考文献

1. 江时学：《影响中美洲国家发展前景的若干因素》，载《拉丁美洲研究》2007年第4期。

2. 宋锡祥：《中国与哥斯达黎加双边自贸协定若干问题探讨》，载《武汉大学学报》（哲学社会科学版）2014年第2期。

3. 枫林：《萨尔瓦多微型企业的发展与有关政策建议》，载《拉丁美洲研究》2001年第5期。

4. 陈玉平、王凌峰：《巴拿马运河扩建给中国进出口经贸物流业带来新机遇》，载《观察》2016年第6期。

5. The PRS Group，Inc.，Costa Rica Country Report，2016.

6. Country Watch，Inc.，EI Salvador Country Review，2017，http：//www. country-

watch. com.

7. Korhan K. Gokmenoglu, Zehra Sehnaz, "Nigar Taspinar. The Export-Led Growth: A Case Study of Costa Rica", *Procedia Economics and Finance*, 2015 (25): 471 –477.

第十二章

加勒比三岛国经济发展分析与展望

庞建刚[1]

摘要：本章在详细介绍加勒比三岛国经济发展现状的基础上，重点分析了三岛国的经济政策和经济发展策略，并对影响三岛国经济发展的主要因素进行分析。最后，分别讨论了三岛国跟中国的经贸关系及未来的发展。主要内容包括海地经济发展面临的经济下行态势、通货膨胀现象明显、失业率高三大困境以及造成三大困境的原因；古巴单一的经济支柱及货币政策等面临的问题；多米尼加在2016年拉丁美洲及加勒比地区经济整体下滑的背景下经济强势增长的原因及其发展优势。

关键词：三岛国；经济困境；货币政策；资源优势

引言

加勒比三岛国包括海地、古巴和多米尼加。海地是一个以农业为主相对落后的国家，其目前国内经济有三大困境：经济呈现下行态势、通货膨胀现象明显、失业率升高。造成三大困境有着各方面的原因，包括多年内乱、基础设施滞后、拉丁美洲及加勒比地区经济疲软的大环境等。古巴经济总量较小，其经济发展支柱产业较为单薄，除旅游业较为发达

① 庞建刚，西南科技大学教授，博士，主要研究方向：管理科学。

外，其余产业发展均比较缓慢。尤其是2016年10月的马特乌飓风给古巴经济造成了巨大的损失，同时，古巴还面临货币制度改革以及各种社会问题的挑战，整体经济发展艰难。2016年拉丁美洲及加勒比地区经济持续下滑，国际社会对该地区经济发展态势持不乐观态度，多米尼加在这样不利的大环境下却保持了经济的较好增长，这主要得益于多米尼加三面环海的地理优势、得天独厚的矿业资源以及相应经济政策的支持。

第一节　海地经济发展分析与展望

一　海地概况①

（一）地理位置

海地是西印度群岛中的岛国，在印第安语中意思是“多山的地方”，其位于拉丁美洲加勒比海北方，伊斯帕尼奥拉岛（La Española，即海地岛，或译为西班牙岛）的西部，总领土面积27797平方千米，全国海岸线长1080多千米。海地东接多米尼加共和国，南临加勒比海，北濒大西洋，西边与海地隔海相望的是牙买加和古巴两国。既是世界上第一个独立的黑人国家，也是世界上最贫困的国家之一以及世界上最不发达的国家之一。海地经济以农业为主，能源匮乏，工业非常落后，失业率很高，海地近2/3的工人没有固定工作，基础设施建设也较为落后。

（二）行政划分

海地行政管理划分按照省—州—县区划体制，首都在太子港（Port au Prince）。在行政上分为10个省，省下设有区。太子港是海地最大的城市，1749年开始建造，1804年，海地宣布独立，将太子港定为首都。因为先后经历过地震、飓风和战火的等灾害的破坏，太子港发展较为缓慢。

（三）地形特征

“海地”这个词语在印第安语中有“多山之国”的意思，山地占了海地领土面积的3/4，一些狭窄的平原仅仅在沿海和沿河才有。拉萨尔山是

---

① 资料来源：中华人民共和国外交部—国家和组织—北美洲—海地共和国国家概况，2017年8月。

海地全国的第一高峰，海拔 2680 米。海地全国最大的岛是面积约 207 平方千米的屿戈纳伊夫岛。海地最大的湖泊是面积大约为 181 平方千米的伊坦沙乌马特湖。海地境内的主要河流是阿蒂博尼特河，海地重要的农业区是河谷地。海地铝矾土的储量较多，约有 1200 万吨。其他主要矿藏有金、银、铜、铁等。海地的植被主要是次生植物，包括热带稀树草原、热带旱生林、热带落叶林、半常绿季雨林、半荒漠热带旱生灌丛、热带雨林等植物。

（四）气候特点

海地的北部地区和南部地区气候分别为热带雨林气候以及热带草原气候。海地北部地区常年盛行来自海洋的湿润的东北信风，地形较高且降雨量非常丰富，海地气候南北差异明显。海地各月的平均气温在 22—28℃之间。海地每年降水量大约有 1000 毫米，在 4—10 月这 7 个月中，除了 7 月之外其余月份都是雨季，较多飓风。整个海地沿海气温高，高原低温低，平均 15℃。海地一年分成两季：3—11 月相对炎热，12 月至次年 2 月较为凉爽。海地国家的地理和气候条件对于农作物的生长非常有利。

（五）人口及语言

海地人口大约 1085 万（2016 年），其中人口分布大致为：非裔约占 95%，而混血人种和欧洲裔加起来能占到 5% 左右，海地的人口密度较大。

海地官方语言有两种：法语和克里奥尔语，使用克里奥尔语的居民占 90%，海地的克里奥尔语源于 18 世纪法国统治时期的法语，随着时间的推移，以及当地人口中族群的扩大及后来外来种族的影响，其逐渐变成了一种独特的语言。在海地当地的居民中有 80% 的人信奉罗马天主教，有 5% 的居民信奉新教，其余居民信奉耶稣教和伏都教，在农村中主要盛行的是伏都教。

二 海地经济政策①

2006—2016 年，海地经济增长缓慢，通货膨胀居高不下。2015 年、2016 年海地 GDP 增长率分别是 -1.14% 和 -8.03%。同期，人均 GDP 增

① 本部分未标注数据源数据来源于拉美经委会官方数据库整理。

长率为 -0.35% 和 -10.83%。作为主要经济部门的农业，基础设施相当滞后，耕作技术非常落后。全国近 2/3 人口从事农业生产。可耕地面积 55.5 万公顷。咖啡、棉花、大米、可可、高粱、玉米、香蕉、甘蔗是海地的主要农业产品。

海地是世界上最贫穷的国家之一，经济严重依赖外援，75% 的人生活在赤贫状态下，2016 年人均 GDP 只有 740 美元。海地在 2009 年加入加勒比经济共同体。

（一）货币政策

近年来，海地的货通货膨胀率居高不下，降低通货膨胀率是海地面临的最严重的问题。自 2006 年以来，海地通货膨胀率高，变化幅度大，其中 2008 年高达 19%，2009 年则为 -4.6%（见图 12—1）。

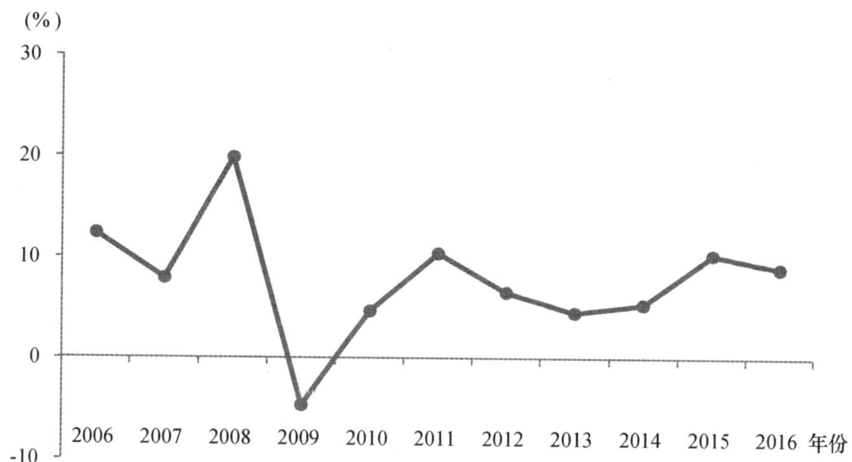

图 12—1　2006—2016 年海地通胀率

资料来源：http：//estadisticas. cepal. org/cepalstoot/Perfil_ Nacional_ Economico. html? pais = HTI & idiorna = english。

（二）财政政策

在政府债务方面，自 2011 年起，海地政府外债增长速度很快（见图 12—2），政府内债同比基本持平。政府允许通过再发债券来偿还旧债。2008 年开始的金融危机和之后拉丁美洲及加勒比地区经济的下行，使海地扩张性财政政策无法持续，海地经济的风险进一步增大。

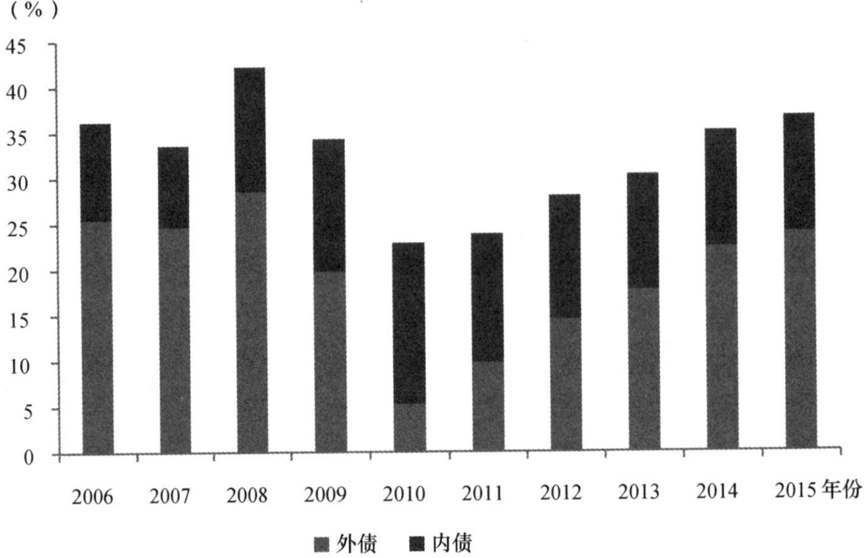

图 12—2 2006—2015 年海地中央政府债务占 GDP 比重

资料来源：http：//estadisticas. cepal. org/cepalstoot/Perfil_ Nacional_ Economico. html? pais = HTI & idiorna = english。

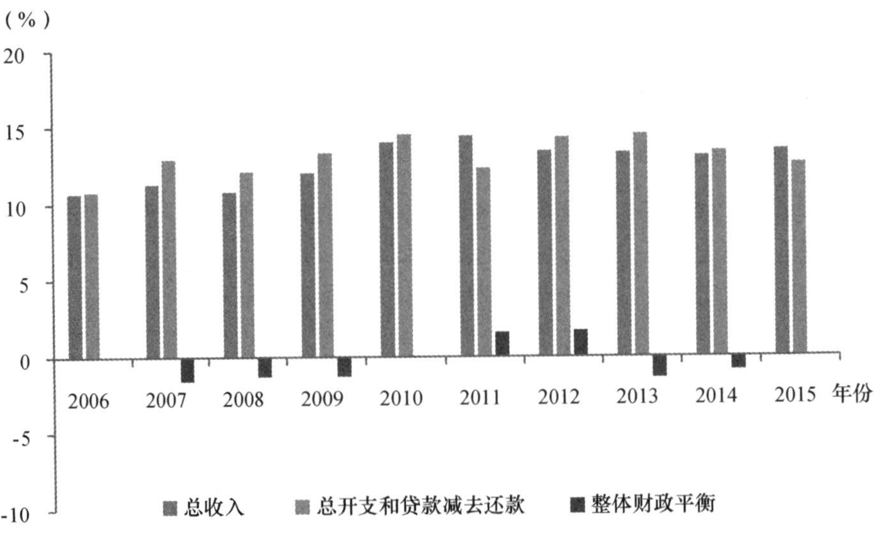

图 12—3 2006—2015 年海地中央政府的收入和支出占 GDP 比重

资料来源：http：//estadisticas. cepal. org/cepalstoot/Perfil_ Nacional_ Economico. html? pais = HTI & idiorna = english。

（三）产业政策——以农业、旅游业为主导

海地是一个自然资源十分有限的国家，海地 2/3 以上人口都从事农业生产。海地的农村大部分是山地，耕地非常缺乏，种植物的产量很低，但是农业仍然是海地这个国家的主要经济支柱。由于海地人口的压力，当地农业生产由经济作物的生产逐渐转向粮食作物的生产，如大米、玉米、高粱、小米和大豆。

海地的外汇收入主要是旅游业收入。1991 年海地危机发生之后，政府在旅游业领域进行了改革，优化旅游规划和设计。2016 年，海地旅游服务出口占服务业总出口的 88.7%。海地旅游景点有拉巴地、雅克梅勒等（见图 12—4）。

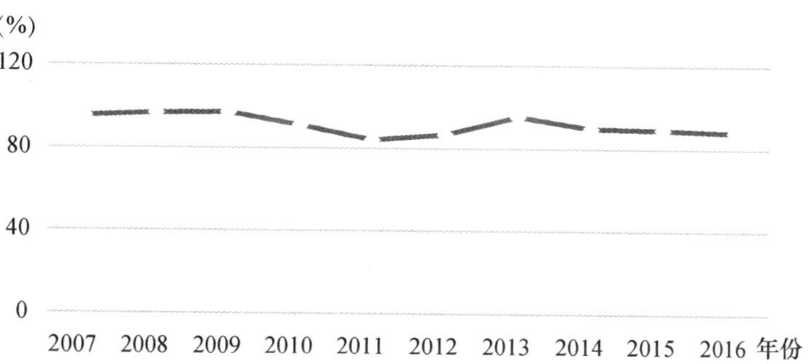

图 12—4　2007—2016 年海地旅游服务出口占商业服务出口比率

资料来源：http：//estadisticas. cepal. org/cepalstoot/Perfil_ Nacional_ Economico. html? pais = HTI & idiorna = english。

三　海地当前发展状况

（一）国内生产总值（GDP）

海地经济以农业为主，整个农业的基础设施建设非常落后。海地能源的匮乏导致工业发展也比较落后，全国 2/3 的工人没有稳定的工作，失业率非常高。2010 年海地发生严重地震，经济遭受严重破坏，经济增长率为 -7%。2011 年海地政府将工作中心调整为灾后重建，并且积极寻求国际合作，经济上呈现复苏态势。但由于灾后重建进展过程不顺利，加上当地政治局面不稳定，经济的增长没有达到预期的目标。虽然之后几年海地的经济有了一定的发展，但是2015年、2016年两年又出现下滑(见图12—5、图12—6)。

如图12—6、图12—7所示，海地2016年GDP总量为80.2亿美元，人均GDP为740美元，属于低收入国家。农业是海地的主要经济支柱，海地的多数居民从事农业生产。海地农业基础设施落后，农业耕作技术非常古老，粮食产量极低，不能自足，每年从世界进口近2亿多美元的粮食。海地的耕地面积只有55.5万公顷，其中可灌溉耕地为12.5万公顷，但是灌溉系统只能满足其一半的需求。海地农业发展的目标主要是增加可灌溉地面积。另外，海地有少数的种植园，这些面积占可耕地面积的10%。海地工业基础十分薄弱。尽管有政府吸引外资的政策，但是，由于国内治安较差，基础设施滞后，吸引外资效果并不理想。

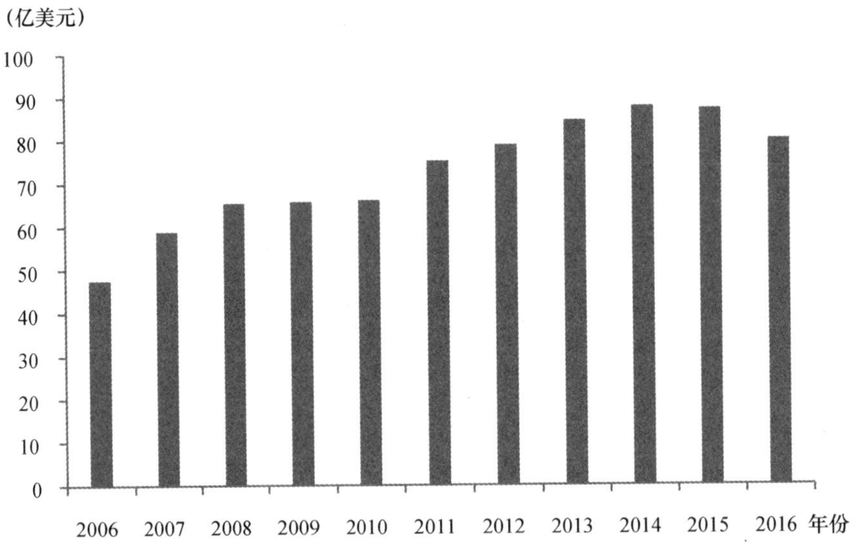

图12—5 2006—2016年海地GDP

资料来源：World Bank：海地GDP，http：//data. worldbank. org. cn/? locatiens = ZJ - HT。

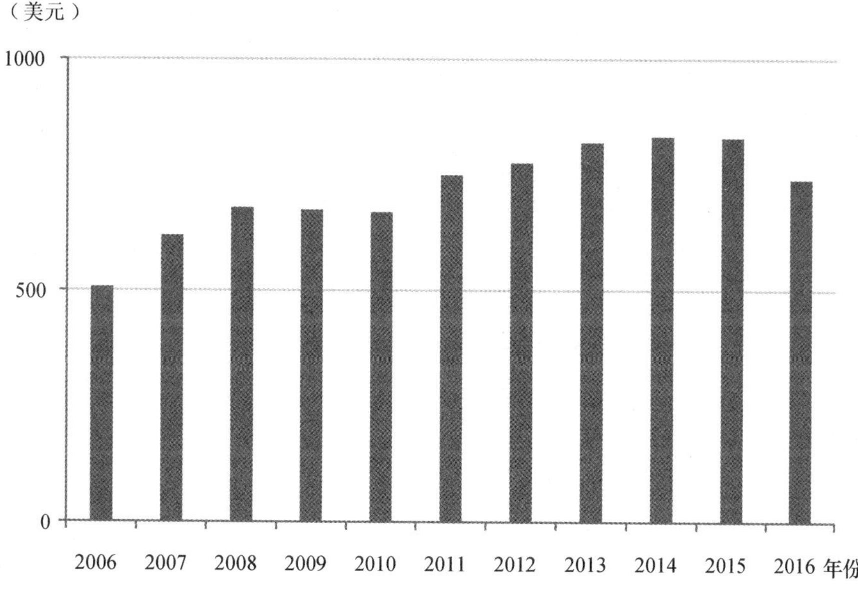

图 12—6　2006—2016 年海地人均 GDP

资料来源：World Bank：海地 GDP，http：//data. worldbank. org. cn/？ locatiens = ZJ - HT。

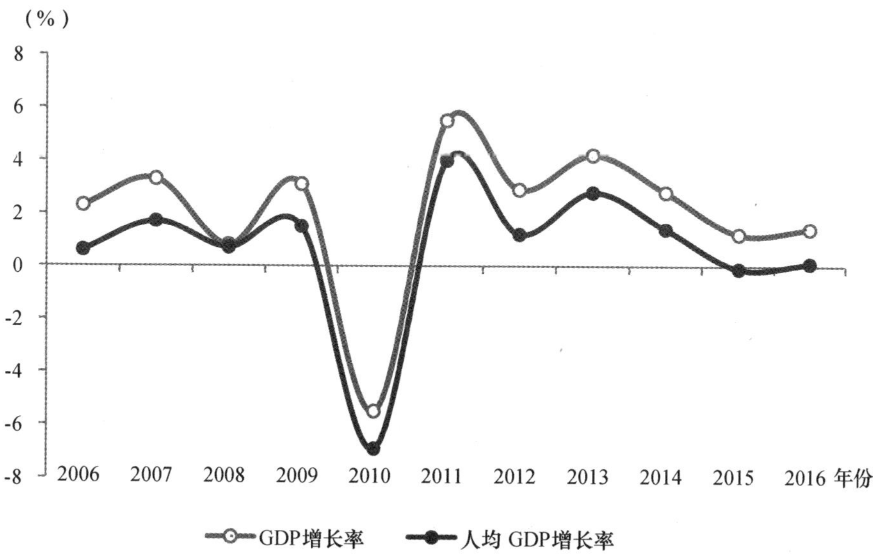

图 12—7　2006—2016 年 GDP、人均 GDP 增长率

资料来源：拉美经委会（CEPAL）官方统计数据库：ECLAC—CEPALSTAT。

（二）CPI

根据官方统计结果，最近十年，海地国内的 CPI 一直处于波动中，最高的2008年高达19%，最低在2009年为-4%左右，这两年反常的通胀率波动可能和2008年海地因为粮食价格暴涨而导致的暴动相关。最近两年，海地通胀率也维持在8%—10%，依然很高。从2007—2016年，CPI的真实水平应该在10%以上。

（三）进出口

海地商品的出口主要是一些农作物，如咖啡、可可、芒果等产品，而进口主要是食品、燃油（成品油）、工业制成品、机械设备、运输设备和生活日用品（见图12—8）。

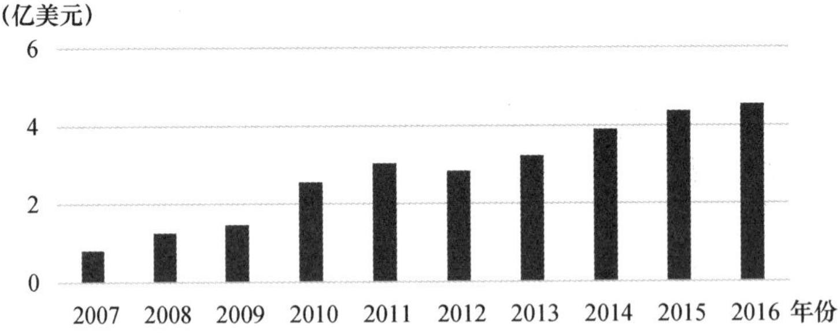

图12—8　2007—2016年海地出口总额

资料来源：前瞻数据库：海地，出口总额，https：//d.qianzhan.com/xdata/details/1a757debeeb8f890.html。

（四）失业率

在就业方面，海地的总体就业情况非常糟糕，从2007—2016年一直保持着超高的失业率，在75%左右。由于海地教育条件有限，海地成人文盲率高达47%，其中城市就业以从事体力劳动为主，人均创造GDP产值的能力并不高，这些因素也同时制约着海地发展。

四　海地经济发展展望

海地未来的发展不乐观，除了面临着发展中国家共有的问题之外，海地还面临着本国矛盾和冲突，社会不稳定。海地经济的发展矛盾和问题较多。

（一）国内经济面临下行的压力

2016 年海地 GDP 总量增长在 -8% 左右，处于近五年的最低水平，经济下行的趋势很明显。海地经济发展严重依赖于农业和服务业，经济产业单调，增长动力不足。如果海地政府不能找到新的经济增长动力，在当前的国内外形势下，国内的经济发展可能面临停滞。

（二）贸易逆差的时代已经开始

美国与欧盟作为海地的主要经贸伙伴国，除了美国经济在缓慢复苏之外，欧盟主要国家现在的经济发展前景堪忧，美国总统特朗普掀起了逆全球化浪潮，在美元进入升值周期之际，能源和大宗商品及贵金属的价格不可能大幅反弹，种种因素都会影响海地的商品出口。

（三）进入通胀时期

近年来，海地通货膨胀率一直较高，2015—2016 年通胀率为 10% 和 8%。这种现象将会持续较长时间。

五　海地与中国的经贸关系

海地和中国没有正式的外交关系，双方之间有经贸往来。双方相互建立有贸易发展办事处，中国政府在海地有维和警察防暴队，来维护当地治安。在双边关系的建设中，中海两国同是发展中国家，经济上互补性较强，都面临着经济发展、改善人民生活条件的共同任务。两国在每个领域都有巨大的合作潜力，特别是在基础设施建设、农业种植、渔业养殖、能源开采等领域的合作已经具备了一定的规模。两国人文交流也逐步开展，民间的自发交流和留学生的派遣工作也取得了新的成果，中国孔子学院在海地 Quisqueya 大学成功开设了汉语课程。

第二节 古巴经济发展分析与展望

一 古巴概况

(一) 地理位置

古巴位于加勒比海西北部墨西哥湾入口。由古巴岛、青年岛等1600多个岛屿组成，是西印度群岛中最大的岛国。全境大部分地区属热带雨林气候，仅西南部沿岸背风坡为热带草原气候，年平均气温25℃。除少数地区外，年降水量在1000毫米以上。①

(二) 地形特征

古巴领土面积109884平方千米，其中包括古巴岛、青年岛（原松树岛）在内的1600多个岛屿，在西印度群岛国家中领土面积最大。平原地形占领土面积的3/4，其中大部分地区地势较为平坦；东部与中部大多是山地，占总领土面积的18%左右；西部多为丘陵与沼泽地，大约占总领土面积的7%。图尔基诺峰海拔为1974米，是古巴的最高峰。

(三) 行政分区

古巴行政分区自2011年1月1日起，共划分为15个省以及1个特别行政区，省下又设有167个市。这15个省分别是：哈瓦那、圣地亚哥、比那德里奥、奥尔金、比亚克拉拉、阿特米萨、拉斯图纳斯、玛雅贝克、格拉玛、马坦萨斯、谢戈德阿维拉、西恩富戈斯、关塔那摩、圣斯皮里图斯、卡马圭。唯一的一个特别行政区是青年岛特别行政区。1898年起成为首都的哈瓦那市位于古巴西北部，也被称为“加勒比海的明珠”。1982年联合国教科文组织将哈瓦那老城列为“世界人类文化遗产”。

(四) 气候特点

古巴气候受到赤道低气压带、来自海洋的东北信风和墨西哥湾暖流各种因素的混合影响，终年高温多雨，属于热带雨林气候。非常湿润，年降水量基本都在2000毫米以上。古巴夏季气温基本上都在25℃以上，但一般不会超过31℃，且年平均气温基本上为25℃，相对湿度是81%。

---

① 中华人民共和国外交部：国家和组织，北美洲，《古巴国家概况》2017年8月。

（五）人口及语言

根据古巴 2017 年的经济和社会统计的概况，其全国总人口为 1142.3 万。古巴人口出生率为 10%，死亡率为 8.4%，全国人口预期寿命为 80 岁。由于古巴人口增长率较低，且古巴育龄妇女生育率下降，在可以预见的将来，古巴的人口老龄化问题将是一个非常严重的问题。

古巴的官方语言是西班牙语，而在商务中通常使用的是英语。古巴大部分地区主要信奉的宗教有非洲教、天主教、古巴教和犹太教等。①

二　古巴经济政策

古巴政府为了推进货币和汇率的经济改革，主动调低 GDP 增长速度。国有经济在古巴经济中占主导地位，民间企业的积极性发挥不足，同时由于美国对古巴的经济制裁，外商对古巴的投资成本较高，使古巴的经济增长率在最近几年来一直在 2.5% 左右。② 古巴政府计划在未来几年经济增长率要保持在 6%—8%，努力把外商的投资占 GDP 的比率提升到 20%—25%。在 2013 年年末，古巴发布了取消货币和汇率体系“双轨制”计划。

（一）货币政策

从 20 世纪 90 年代开始，古巴的货币和汇率体系一直实行“双轨制”。外国人在古巴使用货币与古巴当地居民使用的货币在古巴共同存在。这种措施的优势是让古巴可以通过国际交易得到所需的外汇，同时，也使古巴国家的金融市场稳定，免受外部环境和国际市场的影响。但是，这种体制也有很大的缺点，比如，在进行结算的时候非常麻烦，而且不同的人利用这种体制造成的贫富差距非常大。所以在 2013 年古巴政府为了改变现存的双轨制货币政策带来的不利局面，宣布启动货币及汇率统一进程。

古巴实行固定利率。货币政策主要体现在通货膨胀方面。2006—

① 资料来源：中华人民共和国外交部网站，2017 年 8 月。

② 《美古关系开始正常化　古巴个体户盼美取消经济制裁》，新华网：http://news.xinhuanet.com/world/2015—01/08/c_127366953.htm，2015 年 1 月 8 日。

2016年，初期的通货膨胀率较低，这与古巴初期的货币“双轨制”有关，实行了紧缩的货币政策，使通货膨胀率维持在比较低的一个范围内。从2012年开始增高，2013年达到了顶峰，这与古巴废除“双轨制”有关，在这一阶段为维持货币与汇率的平稳过渡，实行的是较为宽松的货币政策，这也使之后废除“双轨制”的进程非常缓慢，宽松的货币政策导致通货膨胀率维持在较高的水平（见图12—9）。

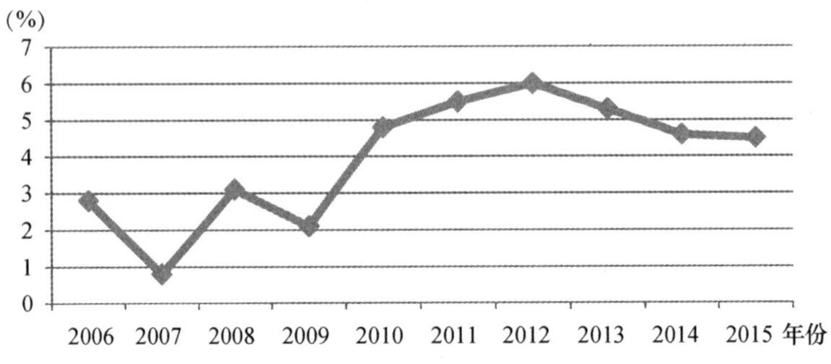

图12—9　2006—2016年古巴通货膨胀率

资料来源：Trading Economics，古巴通货膨胀率，https：//zh. tradingeconomics. com/cuba/inflation-cpi。

（二）财政政策

通过2004—2015年古巴的各项支出占GDP的比重可以看出，古巴在医疗卫生方面的投入远远多于其他公共事业的投入。古巴政府预算有50%都用于教育与医疗，古巴人均寿命较高，全国人均寿命达到了约80岁，这与国家实行免费医疗有很大关系。在古巴国内，实行免费医疗。当妇女怀孕时，她的孩子就开始享受古巴的免费医疗。虽然在这一点上得到了大部分人的认可，可是对其他公共事业的投入远远小于对医疗的投入，这也造成了虽拥有免费医疗的福利，但缺少相应的医疗技术以及医疗人才。虽然对教育投入的比重有所增加，但是相对医疗的投入还是远远不够（见图12—10）。

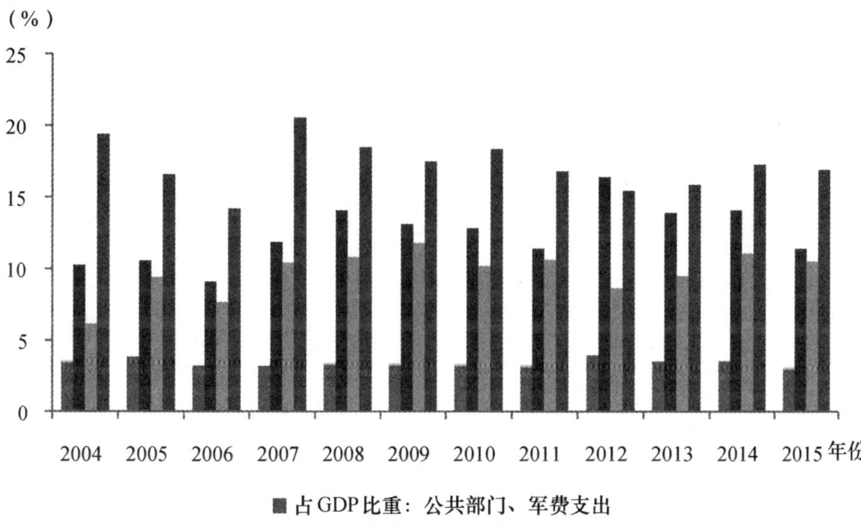

图12—10　2004—2015年古巴各项支出占GDP比重

资料来源：Wind资讯金融终端/宏观/全球宏观经济/古巴/财政政策。

（三）经济增长与减少赤字

近年来，古巴财政政策的主要目标是实现拉美经委会提出的可持续发展目标和减少财政赤字，为此，古巴政府缩减财政支出、控制政府预算，而且将紧缩性的财政政策延续到了2017年。这在一定基础上对经济的稳定创造了条件，也将失业率控制在了一定的范围内。

古巴债务水平总体比较低。根据2016年统计，与拉丁美洲及加勒比地区的其他国家，如巴西（占GDP的70.3%）、阿根廷（占GDP的57.9%）、洪都拉斯（占GDP的46.6%）的债务水平相比，古巴一直实行适度紧缩的财政政策，保持较低的债务水平（见图12—11、图12—12）。

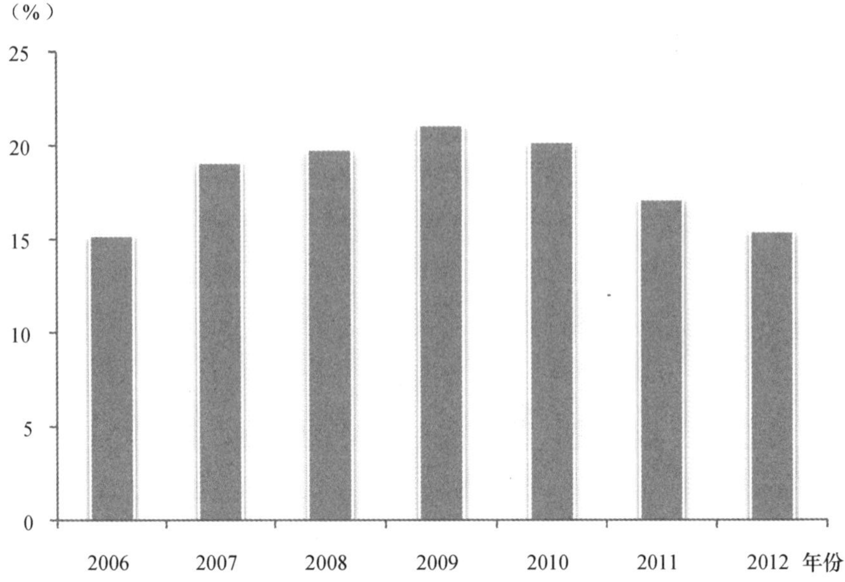

图 12—11 2006—2012 年古巴政府债务占 GDP 比重

资料来源：Trading Economics，古巴政府债务比，https：//zh. tradingeconomics. com/cuba/government-debt-to-gdp。

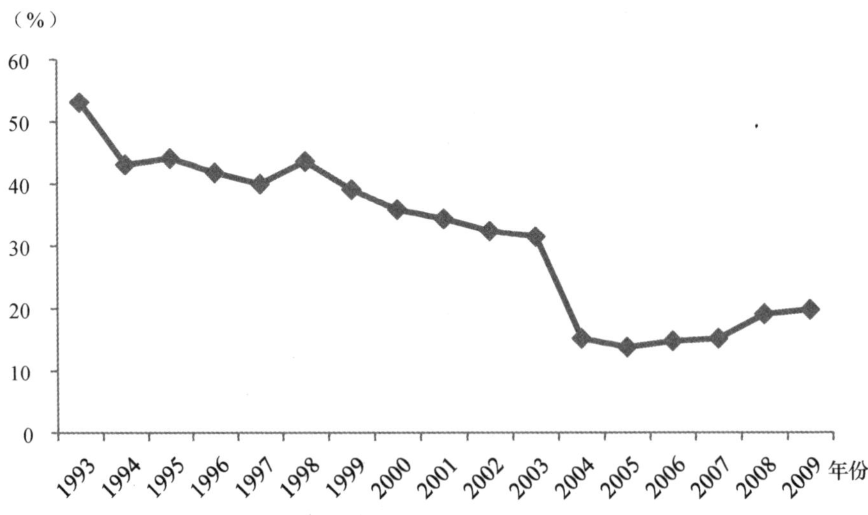

图 12—12 1993—2009 年古巴外部借款总额占 GDP 比重

资料来源：ECLAC，Cuba：NATIONAL NATIONAL ECONOMIC PROFILE，http：//estadisticas. cepal. org/cepalstat/Perfil_ Nacional_ Economico. html? pais = CUB&idioma = english。

（四）以旅游业、蔗糖生产为主导的产业政策

古巴的旅游资源非常丰富，在漫长的海岸线上有几百个风景点，就像一颗颗翡翠一样。这个享有“加勒比明珠”美誉的岛国成为世界一流的旅游和疗养胜地是源于它的阳光、海水和那最著名的白沙滩等风光。这几年，古巴政府大力发展旅游业，使旅游业成为古巴经济的绝对支柱产业。据古巴国家统计局数据显示，古巴的游客人数在2016年年底达到了创纪录的400万人次（见图12—13）。

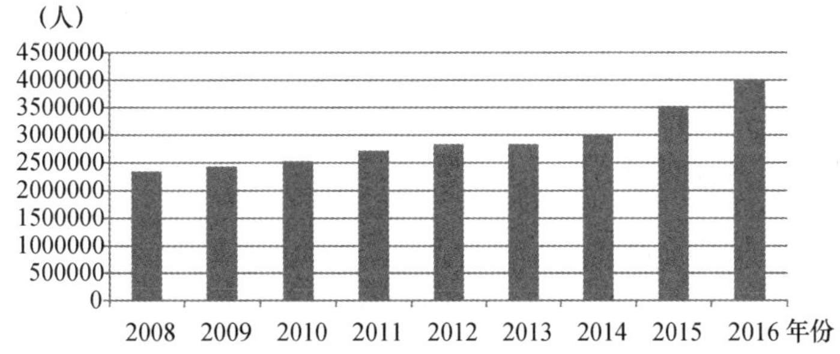

图12—13　2008—2016年古巴旅游人数

资料来源：Trading Economics，古巴旅游人数，https：//zh. tradingeconomics. com/cuba/tourist-arrivals。

除旅游业外，古巴蔗糖生产业也是古巴经济的支柱产业。作为世界主要产糖国之一，被誉为“世界糖罐”。制糖业在古巴的工业中占主导地位，古巴的糖产量占到世界糖产量的7%以上，人均产糖量居世界第一，其中蔗糖的年产值约占国民收入的40%。所以古巴的农业主要是种植产糖的甘蔗，甘蔗的种植面积约是全国耕地面积的一半。水稻、烟草和柑橘也有少量的种植。古巴雪茄烟被称为世界精品。古巴的矿业资源以镍、钴、铬为主，此外还有少量的锰、铜等（见图12—14）。

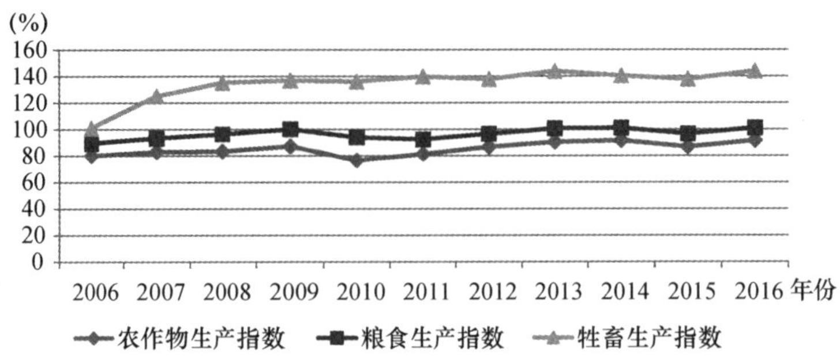

图 12—14 2006—2016 年古巴农业相关生产指数

资料来源：Wind 资讯金融终端/宏观/全球宏观经济/古巴/农业。

三 古巴经济现状

(一) 失业率

在就业方面，2006—2016 年古巴的就业率出现先上升后下降的状况。2012 年失业率达到了最高点 3.5%。古巴从事的主要是旅游业与矿产的开发，所以对于劳动力的受教育程度要求不高。从事高端行业的劳动力较少，而传统行业的持续发展提供了一定的就业岗位，这也解释了即使是在失业率最高的 2012 年所占百分比为 3.5% 的情况下，失业率也低于自然失业率 5% 的原因（见图 12—15）。

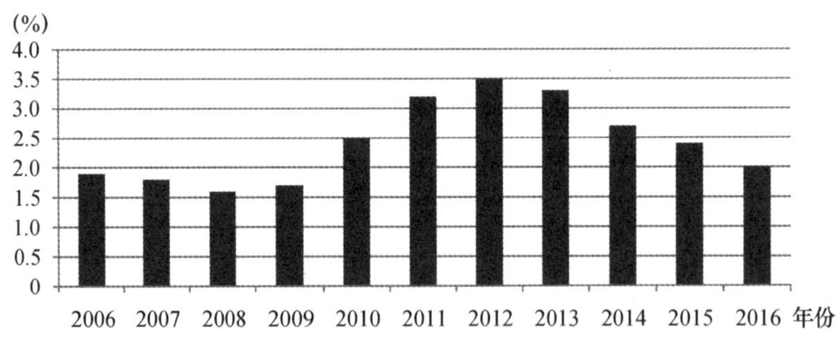

图 12—15 2006—2016 年古巴失业率

资料来源：Trading Economics，古巴失业率，https：//zh. tradingeconomics. com/cuba/unemployment-rate。

（二）进出口

由于受到美国的经济制裁，古巴的进出口贸易规模不大，委内瑞拉、中国、西班牙、加拿大、荷兰等是古巴主要的贸易伙伴国。其中，委内瑞拉已经连续10年占据与古巴贸易额的首位。2011年古巴与委内瑞拉两国签署了涉及教育、卫生、体育、文化等领域的100项合同。近年来，中国与古巴两国保持着非常好的贸易往来。我国已经成为古巴第二大贸易伙伴，同时古巴占据我国在加勒比地区第一大贸易伙伴的地位。

古巴从中国进口的产品主要是粮食、机械设备、化肥、化工产品、家用电器和日用生活品等。古巴主要出口矿物镍、矿物燃料和油、医药、蔗糖、蜂蜜、龙虾及对虾、咖啡、浓缩果汁、酸性水果、雪茄烟、朗姆酒等古巴特色产品。

古巴的进出口分别在2013年和2014年开始出现下滑，从进口来说，古巴政府颁布政策减少从国外进口大米、豆类、奶粉等基本食品，让国内产品代替，应对资金短缺问题。从出口来说，古巴主要出口的产品为矿产等自然资源，受全球矿产资源的价格波动影响，这几年的价格持续走低，使出口减少（见图12—16）。

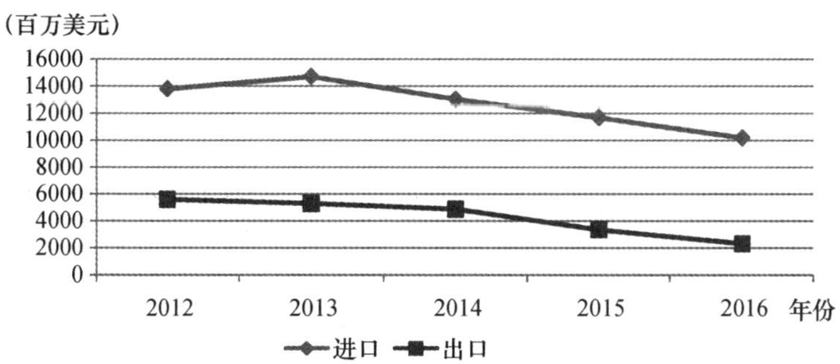

图12—16　2012—2016年古巴进出口总额

资料来源：Trading Economics，古巴出口，https：//zh. tradingeconomics. com/cuba/exports。

古巴的进出口贸易一直处于逆差状态，受整个拉丁美洲及加勒比地区经济不景气的影响，这种逆差会持续（见图 12—17）。

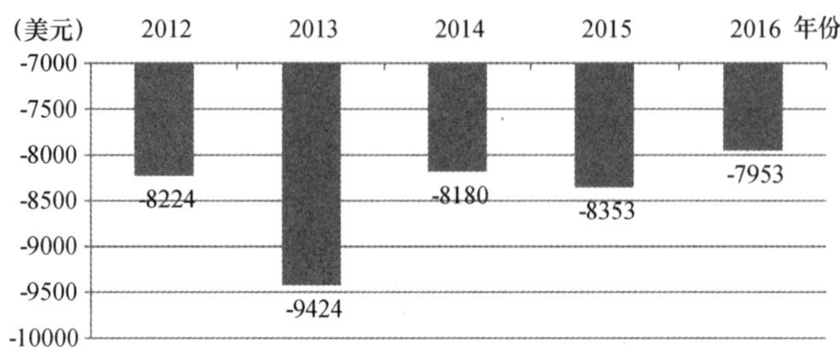

图 12—17　2012—2016 年古巴贸易差额

资料来源：Trading Economics，古巴贸易差额，https：//zh. tradingeconomics. com/cuba/balance-of-trade。

（三）GDP

古巴国家统计局 2017 年 7 月发布的数据显示，2016 年古巴经济下降了 0. 9%，是古巴近 20 年来经济第一次出现负增长态势。根据官方统计，在 2016 年，按照当前价格计算，古巴名义国内生产总值为 896. 887 亿比索，同比增长 2. 9%，可是按照 1997 年不变价格计算，古巴国内生产总值实际为 540. 302 亿比索，同比下降了 0. 9%；国内生产总值平减指数是 166，同比上涨了 3. 8%。根据官方计算，古巴人均国内生产总值名义上达到 7980 美元。

尽管人均生产总值较高，但是古巴依旧面临经济增长下滑的压力。GDP 的增长依赖于政府的经济政策，近两年的出口业务放缓，同时 2013 年以来取消的货币“双轨制”导致经济发展下降（见图 12—18）。

（四）稳定的汇率水平

古巴实行的是货币双轨制，有两套货币系统：一个是可兑换比索（Cuban Convertible Peso，CUC），另一个是古巴比索（Cuban Peso，CUP）。可兑换比索类似外汇券，和美元绑定。通过图 12—19 中可以看出，汇率水平稳定。

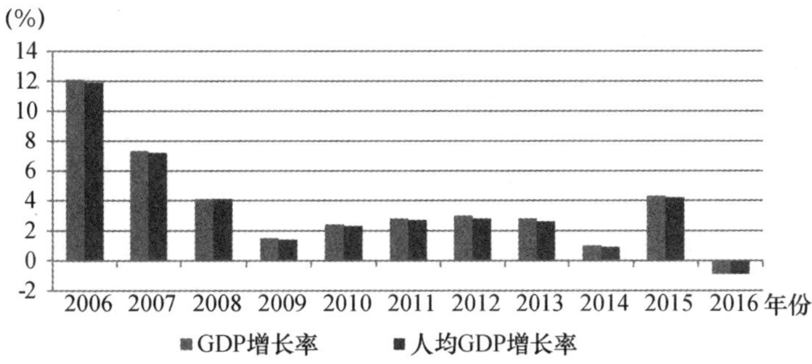

图 12—18　2006　2016 年古巴 GDP 增长率与人均 GDP 增长率

资料来源：Trading Economics，古巴国内生产总值，https：//zh. tradingeconomics. com/cuba/gdp。

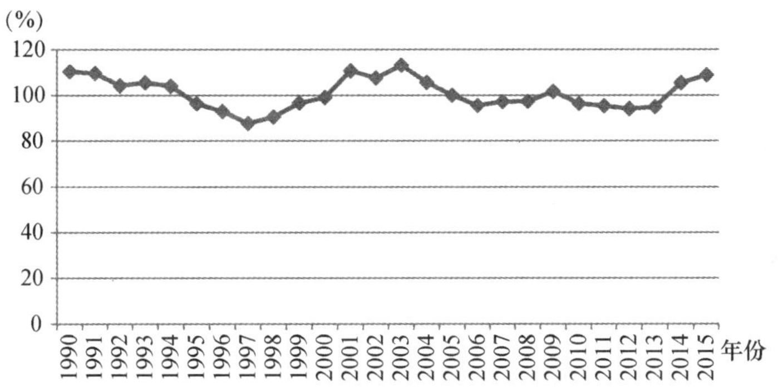

图 12—19　汇率水平

资料来源：ECLAC，Cuba：National Economic Profile，http：//estadisticas. cepal. org/cepalstat/Perfil_ Nacional_ Economico. html？ pais = CUB&idioma = english。

（五）特色产业

古巴的重要支柱产业是旅游业。古巴风景美丽，所以被世界誉为“加勒比明珠”。哈瓦那老城被称为建筑艺术的宝库，1982 年联合国教科文组织将哈瓦那列为“人类文化遗产”。这些年，古巴的旅游业发展很快。作为古巴第二大创汇行业，每年创汇有 25 亿元。医疗服务业是古巴的第一大创汇行业，每年均创汇有 60 亿美元。古巴这个国家有 335 家可住宿的宾馆，一共有 58434 间客房，其中 65% 的客房属于四星和五星级宾馆。

镍矿业也是古巴的支柱产业之一，其收入占全部国民收入的52%，制糖业和附属品占12.9%，烟草业则占6.2%。古巴具有开采价值的重金属有镍、钴、锰、铬等。其中，古巴镍的储量有660万吨，占到世界总储量的42.7%。锰的储量大约有700万吨；铬的储量也较多；铁矿储量丰富，大约有35亿吨，主要分布于尼佩山和巴拉科阿山区，这是世界上储量最大的地方，古巴几乎所有的山脉都蕴藏着大量铜矿。

四 古巴经济发展展望

（一）减少赤字，维持经济稳定

美国财政部在1963年7月8日颁布了《古巴资产管控规定》，从而对古巴进行经济、贸易以及金融的封锁，到目前为止，美国制裁给古巴带来的经济损失约为1210亿美元。2016年，古巴的国家预算支出在GDP中所占的比例为64.1%，与2015年相比提高了0.7个百分点；国家预算收入在GDP中所占的比例为57.2%，与2015年相比降低了0.4个百分点；财政赤字在GDP中所占比例为6.8%，较2015年扩大1.0个百分点。[①] 减少赤字、维持经济稳定成为首要任务。

（二）掌控国内局势，稳定国外局势

虽然2016年古巴的GDP降低了0.9%，但在2017年古巴不仅控制住了经济下滑的势头，还使经济在上半年取得了1.1%的增长。这表明了古巴在重返经济增长这条道路上的预期目标圆满实现：国内局势稳定、双轨制逐步废除、促进分配及再分配机制有效运转。

从国际角度来看，2015年以来，受到物价下跌的影响，大宗产品产量降低，使古巴商品的出口总体上下降了31%。在2016年，古巴商品的出口下降了13.7%，预计在2017年，古巴商品的出口跌幅将会有一定的

① 《古巴历年GDP及人均GDP一览（1970—2016）》，网易博客：http：//xxw3441.blog.163.com/blog/static/753836242017623101644952，2017年7月23日。

回转，约为 8.3%。①

美国和古巴的关系回暖使古巴经济发展有了更多的可能性，仅在2017 年的上半年，游客的数量上涨了 22.5%，达到了 262 万人次，仅半年，旅游业就为古巴带来了 15 亿美元的直接收入，预计到 2017 年年底，旅游业能为古巴带来 27.55 亿美元的收入。

然而，美国总统特朗普于 2017 年 6 月 17 日宣布，在经贸和旅游等方面收紧奥巴马政府的美国对古巴政策，其中具体包括：第一，对美国公民前往古巴旅游的限制进行收紧；第二，禁止美国企业与古巴军方控制的企业有生意往来；第三，继续对古巴执行经济、金融封锁和贸易禁运的政策。因为古巴大多数旅游业均为政府或者国营背景，故这一禁令可能会大幅减少赴古巴旅游的美国游客数量，这可以说是对古巴的进出口贸易和旅游业的双重打击。

五　古巴与中国的经贸关系

古巴主席卡斯特罗在 1960 年 9 月 2 日和中国台湾地区中断了所谓的外交关系，并向中国表达了建立外交关系的愿望。1960 年 9 月 28 日，中国与古巴两国政府一起发表了联合建交公告，从此正式确认两国建交。自中古建交以来，两国始终保持着“好同志、好朋友、好兄弟”的紧密关系，且双方经贸往来也在近些年不断有着新的进展。2015 年，中古两国间的经贸交流大幅加强，年贸易总额超过 20 亿美元。目前，中国是古巴的第二大贸易国。据我国海关统计，2016 年，中古贸易的总额达 20.6 亿美元，其中中方进口额为 2.8 亿美元，中方出口额为 17.8 亿美元，与 2015 年相比分别下降了 7.2%、5.5% 和 17.1%。我国主要进口产品为镍、食糖、酒类等，主要出口产品有机电产品、钢材、高新技术产品、汽车等。

---

① 古巴贸易通：《古巴经济：顺 2016 之形势，窥 2017 之发展》，http://www.cclycs.com/a162828.html，2017 年 8 月 13 日。

第三节 多米尼加经济发展分析与展望

一 多米尼加概况①

(一) 地理位置

多米尼加共和国在北回归线以南地区，具体为17°36′N—19°56′N，和海地共享加勒比海的伊斯帕尼奥拉岛，东边隔莫纳海峡与波多黎各相望，南靠加勒比海，北接大西洋，总领土面积为4.87万平方千米，全国海岸线全长1350千米。拥有加勒比地区最为丰富的地形与地貌，中部的杜阿尔特峰（Pico Duarte）是加勒比的最高峰，海拔3175米。西南地区的恩里基略湖（Lago Enriquillo）是加勒比最大的咸水湖，为拉丁美洲及加勒比地区陆地最低点，湖面在海平面以下44米。东南地区是大片的平原，中北地区的锡瓦奥谷地（El Cibao）是多米尼加重要农业区，西部地区有干旱沙漠。

(二) 地形地貌

多米尼加外海之中有几个小岛和沙洲，其中最大的两个小岛分别是位于西南地区的贝亚他岛和位于东南方向外海的沙翁纳岛；在距北部100公里和200公里外海处有三个范围比较大的沙洲。多米尼加共和国一共有四座主要山脉：北边的山脉是从西北地区海地边界的基度山城往西，呈平行线的走势延伸到东北地区的山美纳半岛；中部山脉是从西部的海地延伸到西班牙岛的中部，其偏向南边后逐步变平缓；南边有内瓦（Neiba）山脉和巴奥鲁科（Bahoruc）山脉。

(三) 气候条件

多米尼加共和国属于热带气候，每年的天气情况变化较小，年平均温度在25（海岸区）—21℃（山区）之间。中科迪勒拉山区（Central Cordillera）的气温相对较低，冬季温度达到0℃以下。每年5—11月是雨季，6—11月是飓风季节。多米尼加共和国每年平均雨量是1346毫米。下雨量主要集中在多米尼加共和国的北部和东部地区，主要是受到山脉

① 本部分内容根据“中华人民共和国外交部：国家和地区多米尼加国家概况”部分数据整理。

地形的影响。由于多米尼加共和国的北面和东面迎东北信风，所以年降水量达1500—2500毫米，属热带海洋性气候，山地森林茂密，背风的西南地区的年降水量达500—1000毫米，干季较长，属热带草原气候。

（四）行政划分

多米尼加全国行政划分成1个国家区（Distrito Nacional，即首都）和31个省，在省行政区下设立市行政区及乡行政区。主要城市有圣多明各（Santo Domingo）、圣地亚哥（Santiago de los Caballeros）、银港（Puerto Plata）、罗马纳（La Romana）和圣彼德（San Pedro de Marcoris）等城市。

（五）人口及语言

截至2016年年底，多米尼加共和国共有1065万人口，人口的年增长率为1.1%。其中混血人种最多，占比73%，欧洲裔和非洲裔的人口次之，分别占全国人口的16%和11%。多米尼加虽是西班牙语系国家，但是受到非洲移民、加勒比海和美国文化的影响，多米尼加本土化的西班牙语和真正的西班牙语存在一些差异。①

二　多米尼加的经济形势

多米尼加共和国近些年来社会和谐、政治稳定、市场潜力足、经济增长空间大，再加上地理位置优越，因而投资环境优势明显。2016年，位于加勒比地区的多米尼加共和国是该地区吸引外来投资最多的国家。2016—2017年的达沃斯世界论坛全球竞争力报告中，多米尼加在138个经济体中的排名为第92位，2017年营商环境报告（由世界银行发布）将多米尼加在190个国家和地区中排在了第103位（见表12—1、图12—20）。

表12—1　　2012—2015年经济发展

年份	经济总量GDP（亿美元）	增长率（%）	人均GDP（美元）
2012	572	2.79	5631
2013	599	4.74	5825

① 资料来源：中华人民共和国外交部网站，2017年8月。

续表

年份	经济总量 GDP（亿美元）	增长率（%）	人均 GDP（美元）
2014	645	7.61	6194
2015	690	7.04	6553

资料来源：由世界银行公布数据整理。

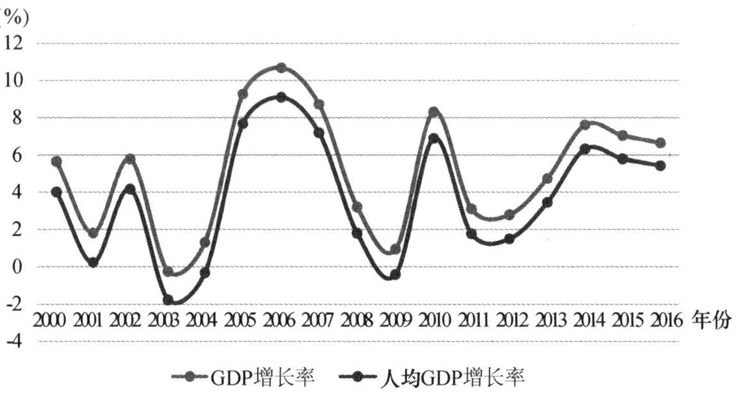

图 12—20　2000—2016 年多米尼加 GDP 增长率和人均 GDP 增长率

资料来源：世界银行数据，https：//data. worldbank. org. cn/？locations = ZJ-DO。

（一）多米尼加的经济现状

2016 年，多米尼加的经济增长率为 6.6%。GDP 总值达 716 亿美元，人均 GDP 为 6720 美元。年平均通胀率为 1.7%，失业率为 14%。据多米尼加财政部的公共信贷总局所公布出的数据，政府的债务规模共计 267.57 亿美元（截至 2016 年 12 月 31 日），占到当年 GDP 的 37.4%，其中内债是 93.58 亿美元，占到债务总额的 34.7%，外债达到 173.99 亿美元，占债务总额的 65.03%，内债和外债在当年 GDP 中所占比重分别为 13.1% 和 24.3%。2016 年 7 月，多米尼加第一次还清了长达 33 年、规模 17 亿美元的国际货币基金组织的债务。截至 2017 年 3 月 27 日，多米尼加的主权债务等级被标普、惠誉和穆迪等一些金融机构分别确定为 B1、BB - 和 BB -（见图 12—21、图 12—22）。

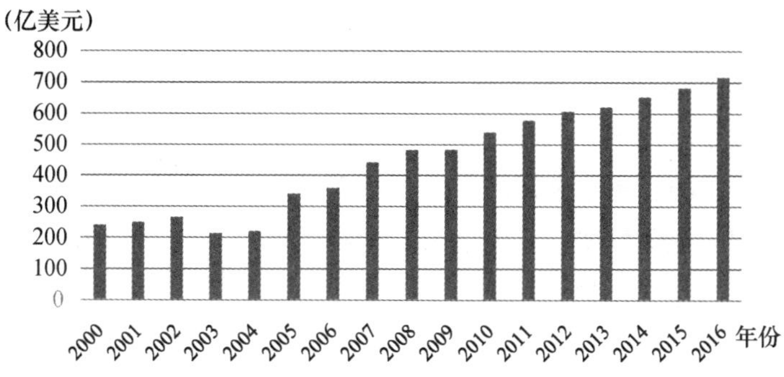

图 12—21 2000—2016 年多米尼加 GDP

资料来源：世界银行数据，https：//data. worldbank. org. cn/？ locations = ZJ-DO。

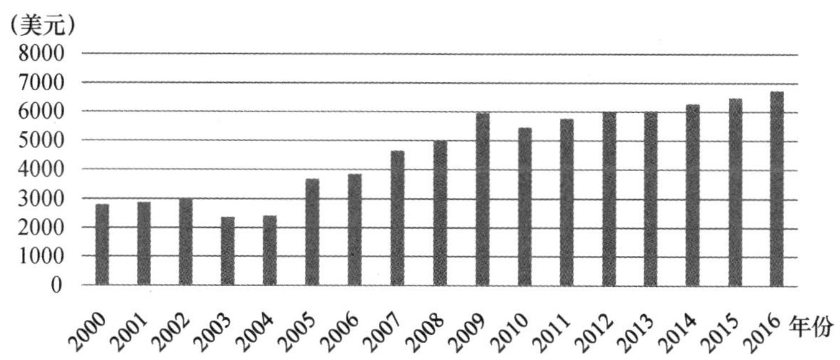

图 12—22 2000—2016 年多米尼加人均 GDP

资料来源：世界银行数据，https：//data. worldbank. org. cn/？ locations = ZJ-DO。

（二）多米尼加的产业结构

对多米尼加 GDP 贡献最大的产业为矿业，其贡献率达 26. 5%。多米尼加主要的金属矿产包括金、银、铜，非金属矿产包括石膏、大理石等。多米尼加矿业的发展为当地提供了大量的就业机会，其中包括直接就业机会 1. 5 万—2 万个以及间接就业机会 4. 5 万—6 万个。主要包括清洁服务、食品加工服务、生产链以及当地物流服务等；矿业部门的就业水平比其他部门要高出 15%。

金融中介业在多米尼加的发展速度非常快，2016 年的行业产值在 GDP 中的占比为 11%。2017 年，多米尼加 15 家银行的总资产为 1473 亿多比索，且最大的三家银行的资产占整个银行系统总资产的 56%。但是多米尼加的银行业规模不大。多米尼加大公司主要通过国际银行来筹措绝大部分的资金，仅有20%—30%的资金会在国内银行筹措。

多米尼加因地理位置原因，其国土面积有大量的热带雨林，还有山区，最高峰达海拔3000余米，没有冰冻，且雨量充沛。领土中，有52%的森林、20%的牧场、26%的耕地以及2%的自然保护区。这些条件极大地促进该国的农业发展，其中蔗糖、咖啡、可可和雪茄烟出口增长很快。但较为奇怪的是多米尼加虽有海洋资源，但其海洋渔业几乎没有，只有水库、湖泊的养殖，其生产的产品也只供旅游者消费。

2016年，多米尼加建筑业在GDP中占比达到了8.8%，多米尼加政府与私人并行，加大对住宅、校内公寓、国家路网建设、旅游综合体以及低成本住房等项目的开发投资。由于多米尼加国内建筑业的技术水平不能建设技术含量较高的工厂、港口、大坝电厂等工程项目，这些项目主要依赖外国公司，且往往由投资方全权负责。本国建筑业主要从事住宅、一般道路以及涵洞工程建筑的建设。

多米尼加得天独厚的地理优势使其旅游业成为支柱产业。2016年，多米尼加吸引了来自美国、欧洲以及南美国家的600多万人次的外国游客，多米尼加现已成为外国游客在加勒比地区的第一目的地。其主要的旅游景点包括拉罗马纳、金色海滩、圣多明各、卡纳港和普拉塔港等。2016年全年的游客旅游业消费额为87亿美元（约4000亿比索），政府旅游业收入为8亿美元（约400亿比索）。旅游业给多米尼加带来了数量众多的就业岗位，旅游业的就业人数合计超过了61万。在2010—2015年，多米尼加旅游业对其GDP的贡献实现了连续6年增长。①

三 多米尼加的经济政策

2016年，多米尼加政府积极推行稳健货币政策与积极的财政政策，同时保持汇率和物价稳定。2016年的固定资本投资占GDP的比重为28.3%，自2015年来，居民消费也持续增加。

---

① 中华人民共和国驻多米尼加共和国贸易发展办事处：《多米尼加2017年经济状况》，2017年5月19日。

（一）债务

多米尼加财政部公共信贷总局的数据显示，截至2016年12月31日，多米尼加政府债务达267.57亿美元，在2016年GDP中占比为37.4%；外汇储备54.33亿美元。2016年，多米尼加发行了18.7亿美元债券。2016年1月29日，全球新兴市场债券指数显示（Emerging Markets Bond Index Global，EMBIG）多米尼加为498，到10月31日，该数值已经下降到386。这一数值的变化体现出，各界对梅迪纳领导下的多米尼加主权债务持乐观态度（见图12—23）。

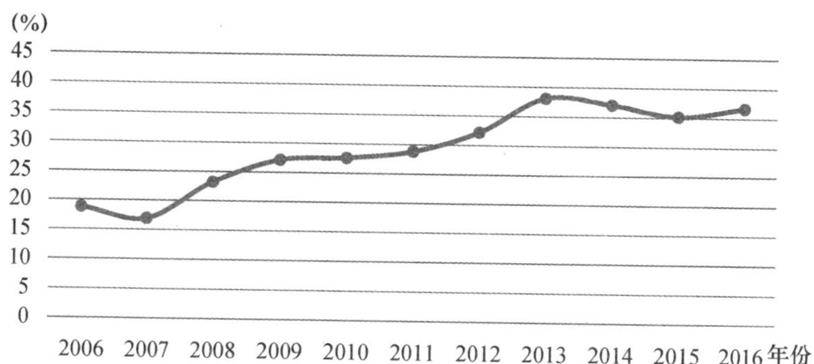

图12—23　2006—2016年多米尼加政府总公共债务占GDP的百分比

资料来源：世界银行数据，https：//data. worldbank. org. cn/？ locations = ZJ-DO。

（二）货币政策与通货膨胀

2015年6月，多米尼加中央银行将基准利率下调至5%，并自此保持稳定。多米尼加汇率在降息的同时也基本保持稳定。2015年年底，汇率为1美元兑换45.55多米尼加比索。到2016年年底，汇率为1美元兑换46.70比索。至2016年10月，多米尼加的通货膨胀率为1.6%，政府预设目标区间下限为3.0%—5.0%，显然，这个数值比政府预期的下限还低。2016年，稳健货币政策与积极的财政政策的执行以及汇率和物价的稳定，在经济方面稳步提升了多米尼加的综合国力以及国家竞争力（见图12—24）。

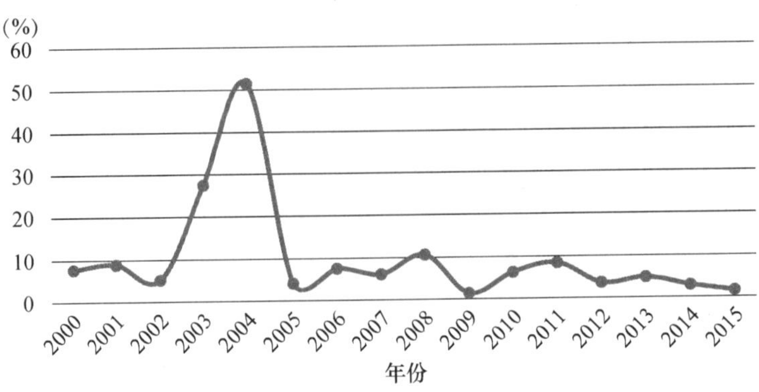

图 12—24　2000—2015 年多米尼加通货膨胀率

资料来源：世界银行数据，https：//data. worldbank. org. cn/？ locations = ZJ-DO。

（三）多米尼加汇率水平

2002—2004 年，多米尼加比索的汇率急速贬值。2004 年 2 月 11 日，世界货币基金组织委员会（Executive Board）完成了对多米尼加共和国 2003 年 8 月 29 日的安排履行情况的第一次审查，并批准了多米尼加共和国不遵守结构履行标准（structural performance criteria）的请求，特别是关于外汇市场统一化、涉及外国欠款累计的持续履行标准、汇率限制和多重货币实物。在 2005—2017 年，多米尼加经济稳步发展，汇率相对稳定（见图 12—25）。

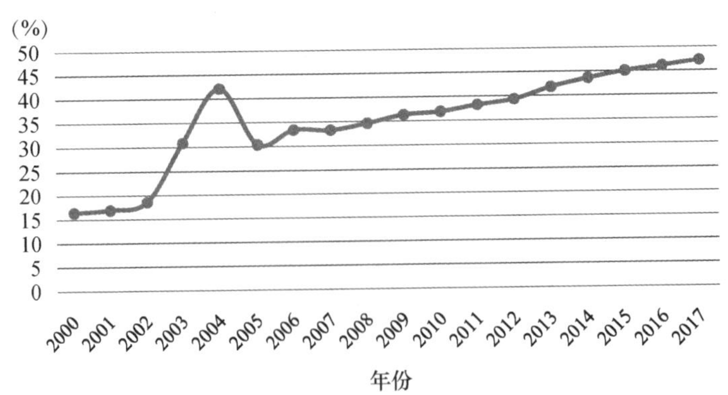

图 12—25　2000—2017 年多米尼加的汇率

资料来源：世界银行数据，https：//data. worldbank. org. cn/？ locations = ZJ-DO。

四　多米尼加经济发展展望

多米尼加的国家竞争力在2016年有明显的提高，根据《国际竞争力报告2016—2017》显示，多米尼加国家竞争力在国际上的排名为第92位，得分为3.94，与2015年相比排名提高了6位。多米尼加经济在近几年实现了连续且稳定的增长。

（一）多米尼加经济增长原因

近几年来，多米尼加能够保持经济连续且稳定的增长，主要原因有以下三个方面：第一，自梅迪纳执政以来的一系列措施（如建设电厂、兴建自贸区、旅游港及物流中心等）使多米尼加建筑业保持一定程度的繁荣；第二，由于美国经济的温和复苏，不但给多米尼加带来了许多侨汇以及投资，更使多米尼加的旅游业迅速地发展起来，仅在2016年的第一季度，美国到多米尼加的游客占多米尼加游客总数的38.5%，2016年美国前往多米尼加旅游的人数更是创下了新高；第三，在一系列自由贸易协定的发布以及国际大宗商品价格下跌的大环境影响下，多米尼加的进口成本大幅下降。①

（二）多米尼加自贸区快速发展

根据多米尼加工业、贸易和中小企业部的官方信息：在2016年，多米尼加自贸区的数量增加到了68个，和2015年相比增长了4.6%；企业入驻自贸区的数量达到645家，与2015年相比增长了2.4%。2016年，多米尼加共投入了14.56亿美元用于自贸区建设，与2015年相比提高了1.5%。

多米尼加自贸区在2016年共提供了16.3万个就业岗位，与2015年相比增长了1.2%。其中4.4万个岗位在纺织业，占总数的26.9%；烟草加工业提供就业岗位2.5万个，占总岗位数的15.6%；服务业提供就业岗位2.4万个，占14.9%；医疗和制药业提供2.2万个岗位，占13.3%；制鞋业提供了1.7万个就业岗位，占10.2%；在地区分布上，位于多米尼加北部的自贸区提供了占总岗位数44.1%的岗位，首都大区和圣多明

① 袁东振主编：《拉丁美洲和加勒比发展报告（2016—2017）》，社会科学文献出版社2017年版，第342—344页。

各省自贸区提供了占总岗位数 20.1% 的岗位，南部自贸区提供了占总岗位数 14.7% 的岗位，东部自贸区提供了占总岗位数 14.1% 的岗位。

多米尼加自贸区在 2016 年的投资总额为 43.27 亿美元，与 2015 年相比上升了 7.0%。出口值为 54.94 亿美元，在其全国当年的出口总值中所占的比重为 55.7%，与 2015 年相比上升了 1.3%。在多米尼加自贸区的总出口值中，有 27.2% 为医疗与药品的出口值，有 19.9% 为纺织服装产品的出口值，有 13.7% 为电器电子产品的出口值，有 12.7% 为烟草制品的出口值，有 7.7% 为鞋类产品的出口值。

五 多米尼加与中国的经贸关系

截至目前，多米尼加与中国并未正式建立外交关系，多米尼加与中国台湾地区当局之间尚存在所谓的“外交关系”。

近些年来，中国与多米尼加之间的经济发展非常迅速。至 2015 年年末，中华人民共和国国家商务部的数据显示，中国对多米尼加投资的存量是 101 万美元。在多米尼加的中资企业包括：中兴通信多米尼加分公司、中国水电建设集团国际工程有限公司多米尼加分公司、华为多米尼加子公司以及中航国际成套设备有限公司代表处等。这些中资企业从事的行业主要包括电信业务、住房建设、基础设施建设以及能源开发等业务。

中华人民共和国国家海关总署的数据显示，2016 年全年，中国与多米尼加的进出口总值达到了 111.92 亿元人民币，与 2015 年相比上升了 2.1%，其中，对多米尼加的出口额为 103.34 亿元人民币，进口额为 8.58 亿元人民币。中国向多米尼加出口的产品主要包括高新技术产品、机电产品、纺织制品、钢材、计算机与通信技术、服装及衣着附件等；中国从多米尼加进口产品主要有医疗仪器及器械、机电产品、铜矿砂及其精矿等。

参考文献

1.《古巴经济：顺 2016 之形势，窥 2017 之发展》，古巴贸易通：http://www.cclycs.com/a162828.html，2017 年 8 月 13 日。

2.《美古关系开始正常化古巴个体户盼美取消经济制裁》，新华网：http://

news. xinhuanet. com/world/2015—01/08/c_ 127366953. htm，2015 年 1 月 8 日。

3. 袁东振主编：《拉丁美洲和加勒比发展报告（2016—2017）》，社会科学文献出版社 2017 年版，第 342—344 页。

4. 中华人民共和国外交部网站，http：//www. fmprc. gov. cn/web/gjhdq_ 676201/gj_ 676203/bmz_ 679954/1206_ 680180/1206x0_ 680182。

5. 中国国际贸易促进委员会：《古巴对外贸易情况》，http：//www. ccpit. org/Contents/Channel_ 3362/2015/0421/457084/content_ 457084. htm，2015 年 4 月 21 日。

6. 中华人民共和国驻多米尼加共和国贸易发展办事处：《多米尼加 2017 年经济状况》，http：//dom. mofcom. gov. cn/，2017 年 5 月 19 日。

第十三章

加勒比地区经济体经济发展分析与展望

陈 才[①]

摘要： 2016年，南美主要经济体增长乏力或负增长，加上飓风的影响，加勒比地区经济体[②]国内生产总值（GDP）和人均GDP均有不同程度下降。尽管2017年，全球经济回暖和加勒比地区部分国家旨在增加税收的改革对经济增长有利，然而飓风之后的重建增加了公共支出，导致平均财政赤字预计上升0.2个百分点。各国政府通过货币政策和汇率政策刺激国内总需求以提振经济，但由于2016年度通胀幅度较大，政策空间有限，2017年该地区GDP预计增长0.1%左右。虽然旅游业回暖，灾后建设项目不断开工，但由于经济总体增长乏力，长期以来严峻的就业形势难以在短期内扭转，平均通货膨胀率小幅上涨。该地区总体经济形势缓慢趋好，但各经济体表现参差不齐。2018年，这一趋势将会持续，但仍受外部经济环境及地区气候状况等不确定因素的影响。

关键词： 加勒比地区经济体；宏观经济形势；宏观经济成就；经济展望

---

① 陈才，西南科技大学教授，硕士，主要研究方向：英美文学、加勒比经济与文化。

② 根据联合国拉美和加勒比经济委员会数据统计划分方式，本章中加勒比地区经济体指牙买加、巴巴多斯、安提瓜和巴布达、格林纳达、圣卢西亚、伯利兹、圣文森特和格林纳丁斯、多米尼克、圣基茨和尼维斯、巴哈马、特立尼达和多巴哥、圭亚那和苏里南等国家和地区。

引　言

加勒比地区位于中美洲，属热带海洋性气候，主要出产甘蔗、棉花、烟草、香蕉、可可、椰子和柑橘等经济作物。旅游业是加勒比地区众多经济体的支柱产业，其收入占国民收入的50%以上（巴哈马和格林纳达甚至高达60%以上）。加勒比地区经济体经济体量较小，产业结构较为单一，自然条件变化和外部经济环境变化对其影响快速直接。受次贷危机冲击下的全球经济恶化的影响，该地区2008—2009年经济状况急剧下滑，多数国家GDP呈负增长（-2%以上）；直到2014年，该地区经济伴随世界经济状况好转缓慢回暖，多数国家GDP呈负增长的局面得以扭转（格林纳达、圣基茨和尼维斯、圭亚那增长达到4%以上）。近十年来，该地区政府负债率、外商直接投资、旅游收入等趋于平稳，但国家之间差异明显；负债率最大差异达100%，旅游收入占比差异最大达60%。加勒比地区从2015年开始经济增长放缓，2016年放缓加剧，但各国表现参差不齐。2016年，主要受南美大多数经济体经济增长放缓的影响，加勒比地区的GDP下降了1.7%，人均GDP下降了2.3%。2017年，全球经济回暖，灾后建设开工，投资项目重启，该地区经济状况逐步改善；这一势头将在2018年持续，但各国间表现不一，同时受诸多内外因素制约，增加了经济走向的不确定性。

第一节　地区概况

加勒比地区通常指加勒比海及其岛屿和周围的海岸，主要位于加勒比海板块上，北邻美国，西接墨西哥湾、墨西哥和中美洲，南临南美洲，东接大西洋；由700多个大小不一的岛屿和珊瑚礁组成，面积2754000平方千米，陆地面积239681平方千米，人口数量43601839人（2016年）。在地缘政治上，加勒比地区通常被视为北美的一个次区域，并被划分为30个主权国家、海外省份和附属地区。

加勒比地区的岛屿一度是葡萄牙、西班牙、英国、荷兰和法国等欧洲国家的殖民地。从1958—1962年，大部分由英国控制的加勒比地区被整合为新的西印度联邦，企图未来建立一个统一的独立国家，但以失败而告终。最后，牙买加（1962 年）、特立尼达和多巴哥（1962 年）、巴巴多斯（1966 年）、巴哈马（1973 年）、格林纳达（1974 年）、多米尼加（1978 年）、圣卢西亚（1979 年）、圣文森特（1979 年）、安提瓜和巴布达（1981 年）、圣基茨和尼维斯（1983 年）等英属加勒比岛屿先后实现了独立，此外，中美洲的英国属洪都拉斯独立为伯利兹（1981 年），荷属圭亚那也成为独立的苏里南（1975 年）。截至 21 世纪初，并非所有加勒比海岛屿都已经独立，仍有一些岛屿继续与欧洲国家或美国维持“联系”。

加勒比地区的地理和气候有所不同：该地区的一些岛屿地形平坦，而另一些却有巨大的山脉。古巴、巴哈马和波多黎各属于热带亚热带地区；温暖潮湿的信风持续不断地吹向多山的岛屿，在那里形成雨林和半荒漠地区域；北部的岛屿在冬季偶尔会受到西北风的影响。该地区全年日照充分，分为“干”“湿”两季；全年水温 22—31℃，气温 20—30℃。这里飓风频发，6—11 月是飓风季节，但在八九月发生得更频繁，尤其在加勒比北部的岛屿。

加勒比地区的岛屿因其动物，菌类和植物的多样性而出名。因陆地和海洋生态系统的多样性——从山地云雾森林到仙人掌丛林，该地区被列为国际保护生物多样性热点地区。该地区还有大约占世界 8%（按面积计）的珊瑚礁和广阔的海草草甸。

该地区的主要人口是非洲人，另外还有欧洲人（主要是西班牙人、荷兰人、英国人、法国人、意大利人和葡萄牙人的后裔）、亚洲人（主要是中国人、印度人和印度尼西亚人的后裔）和混血人种。西班牙语、英语、法语、荷兰语、海地克里奥尔语和帕皮阿门托语是该地区各国主要的官方语言。几乎所有的加勒比国家都有几种独特的克里奥尔语或方言。加勒比印度斯坦语、汉语、印度尼西亚语以及其他非洲、欧洲语言也在这一地区存在。基督教是加勒比地区的主要宗教（84.7%）。

甘蔗、棉花、烟草、香蕉、可可、椰子和柑橘等是加勒比地区常见的经济作物。18 世纪，海地和牙买加是最知名的产糖国；如今，糖是巴巴多斯和牙买加重要的出口产品。香蕉出口为多米尼克、格林纳丁斯、圣卢西亚和圣文森特等国提供了一半的国民收入。糖和香蕉分居牙买加出口产品的前两位。一些岛国拥有较丰富的油气和矿产资源。石油和天然气是特立达和多巴哥最主要的出口产品；牙买加铝土矿储量丰富。此外，这一地区的渔业资源也相当丰富。

旅游业是加勒比地区最具优势的产业，为个别较小的岛国提供了一半，甚至更多的国民收入（见图 13—1）。但该地区的旅游业对其他国家——尤其是美国——的依赖性极强。

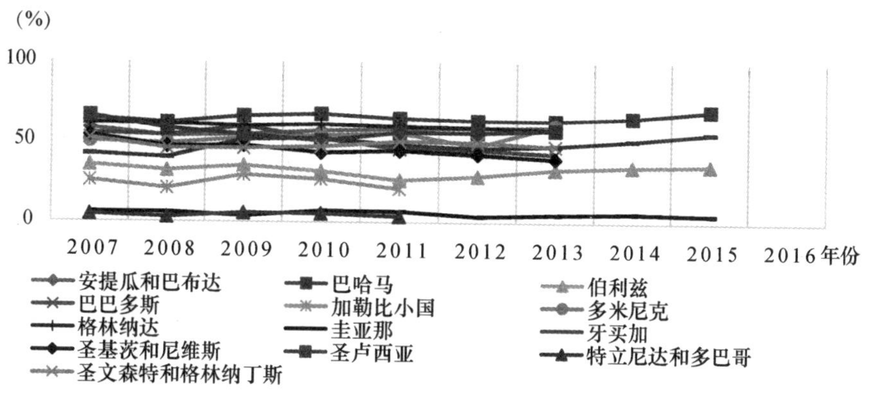

图 13—1　2007—2016 年加勒比地区国际旅游收入占总出口的百分比

资料来源：世界银行，2017 年 7 月。

第二节　经济政策分析

自 2008 年全球金融危机爆发以来，加勒比地区经济体经济状况一蹶不振。各经济体采取积极的经济政策应对危机带来的各种困难和复杂的影响。为此，各经济体在货币政策上，努力控制通胀和维持货币汇率稳定；在财政政策上，开源节流，控制公共债务风险；在产业政策上，进一步发挥优势产业——旅游、农业和矿业——的效应，提升产业质量和规模。

一　财政政策

2016 年 10 月，飓风“马修”对加勒比众多国家造成巨大损失，恢复重建导致公共支出大幅攀升，因此，加勒比地区 2017 年平均财政赤字预计在 2016 年占 GDP 2. 1% 的基础上上升到 2. 3%（这一估计已考虑 GDP

1.1%的增长预期)。

自2007年以来，加勒比地区各国政府总债务占GDP的比值总体平稳，略有增长。圣基茨和尼维斯、格林纳达和牙买加在2012年前后开始较大幅度降低，苏里南则大幅上升（见图13—2）。2017年，该地区国家的中央政府债务在第一季度降低了2个百分点，占GDP的72.7%。在该地区的13个经济体中，只有3个国家的公共债务水平增加。巴巴多斯和牙买加公共债务占GDP的比值持续超过100%。自2014年以来，牙买加一直处于削减债务的国家行列，2016年削减数额占GDP的7%，尽管如此，其债务压力仍然最大，占GDP的比值高达121%。利息支出反映了债务压力，巴巴多斯和牙买加的利息支出约占GDP的8%。加勒比地区国家的平均公共债务成本约占GDP的3.1%。

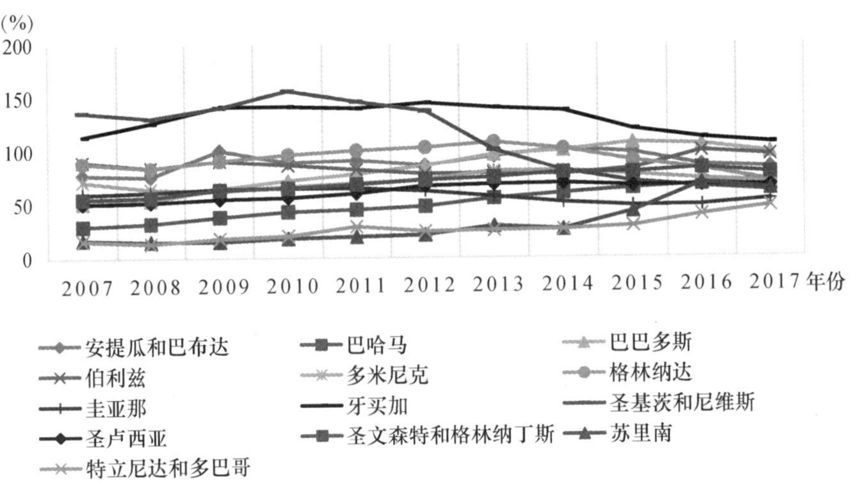

图13—2　2007—2017年加勒比地区政府总债务占GDP百分比

资料来源：国际货币基金组织，2017年10月。

加勒比地区国家2017年公共收入各国表现参差不齐，但总体预计略有增长，从2016年占GDP的27.4%增长到27.7%。由于采取了新的税收手段和新增税种（安提瓜和巴布达征收国际银行收入税），个别国家税收收入增长显著，如安提瓜和巴布达（占GDP的1.9%）和伯利兹（占GDP的1.4%）。由于经济状况持续恶化，苏里南的税收收入将继续减少。

加勒比地区国家2017年公共支出预计会在2016年的基础上小幅增长，从占GDP的29.5%增长到30%，同时在支出结构上有细微调整，这主要是由于2016年10月的飓风对部分国家造成了较大的损失，恢复重建支出占比提高。受圣基茨和尼维斯以及圣卢西亚的带动，2017年资本开支预计从2016年占GDP的3.8%提高到4.3%。同时，受安提瓜和巴布达、巴巴多斯、圣基茨和尼维斯及苏里南等国的影响，当期主要消费预计小幅回落，从2016年占GDP的22.4%下降到22.2%。

二　货币和汇率政策

加勒比地区国家在2008年经历了高通胀和货币较大幅度贬值问题，因此其货币政策以谨慎和稳健为主，遏制通货膨胀和稳定本国货币汇率是最重要的两大货币政策目标。但由于次贷危机以来该地区经济发展乏力，各国政府不得不调整货币政策和汇率政策，尽可能地刺激国内总需求。由于平均通胀率在2016年已有小幅攀升，各国采取措施刺激总需求的空间受到了压缩。另外，经济不景气和未来增长预期不明朗（尤其是南美洲经济）使中央银行在采取刺激国内总需求的措施上不够坚定：一方面抑制了信贷需求的增长，另一方面限制了信贷供应。

2016—2017年，非西语加勒比国家货币总量增长趋势放缓，但国家间差异较大（见表13—1）。一方面，安提瓜和巴布达、伯利兹、圣卢西亚以及特立尼达和多巴哥等国在2017年前的三个月延续了2016年的货币紧缩政策，货币总量持续减少；格林纳达及圣基茨和尼维斯2016的货币总量增长，但在2017年的第一季度供应收紧；多米尼加、牙买加和苏里南等国2016年的货币总量增长，而在2017年的前三个月继续保持增长，且大幅提高。加勒比地区英语国家牙买加2017年第一季度国内私人贷款增长19.9%，而苏里南则缩减了14.5%。

在苏里南，由于石油和黄金价格大幅下挫，铝土矿的开采和生产停滞，加之财政赤字、收支矛盾、经济衰退和通货膨胀等不利因素，苏里南元大幅贬值。苏中央银行在2016年3月进行一系列货币回购之前，于2015年11月对苏里南元贬值，与美元脱钩，并于2016年5月开始实行浮动汇率。这些措施导致苏里南元在2015年12月到2016年12月期间名义上贬值89.17%，同期通货膨胀52.4%。

表 13—1 **2012—2017 年加勒比地区货币指标(相对上一年度百分比变化)**

		2012 年	2013 年	2014 年	2015 年	2016 年				2017 年	
						0.1	0.2	0.3	0.4	0.1	0.2[a]
安提瓜和巴布达	货币基础	29.4	13.2	20.0	14.4	14.5	14.0	8.6	9.3	-13.6[d]	—
	狭义货币(M_1)	-2.1	3.1	11.5	4.4	11.8	11.4	13.7	11.0	11.4[d]	—
	广义货币 M_2	1.7	2.8	3.5	2.5	-0.8	-0.6	0.4	1.5	4.8[d]	—
	外币存款	-12.8	0.9	20.0	17.0	25.6	25.9	21.8	-0.4	8.2[d]	—
巴哈马	货币基础	-7.8	2.2	13.8	-1.8	10.5	19.3	29.0	40.4	—	—
	狭义货币(M_1)	8.6	5.6	8.4	18.7	5.2	2.5	9.7	18.7	—	—
	广义货币 M_2	1.1	-0.6	0.1	1.5	1.3	1.2	2.1	6.2	—	—
	外币存款	11.6	15.8	-1.5	-19.9	-20.6	-4.0	0.9	34.4	—	—
巴巴多斯	货币基础	-0.9	10.6	5.8	31.5	23.4	20.7	26.3	25.6	23.0	—
	狭义货币(M_1)	-20.3	5.5	9.4	14.1	24.0	12.9	13.7	10.6	—	—
	广义货币 M_2	-5.7	3.5	1.5	3.4	7.1	3.4	4.0	2.7	—	—
伯利兹	货币基础	17.5	19.2	18.8	24.6	22.2	17.3	14.6	-1.7	-2.4	—
	狭义货币(M_1)	24.0	13.7	14.0	14.6	16.1	14.9	14.0	-1.9	-2.6[b]	—
多米尼克	货币基础	17.8	0.0	15.0	19.1	21.0	19.1	46.3	72.4	88.3[d]	—
	狭义货币(M_1)	9.8	2.5	2.2	7.8	12.7	18.2	21.1	20.4	9.2[d]	—
	广义货币 M_2	7.0	4.5	6.5	4.3	5.1	6.0	6.7	6.1	5.1[d]	—
	外币存款	25.4	-6.1	13.5	1.3	-14.7	10.7	-10.9	34.2	3.4[d]	—

续表

		2012 年	2013 年	2014 年	2015 年	2016 年				2017 年	
						0.1	0.2	0.3	0.4	0.1	0.2[a]
格林纳达	货币基础	4.7	5.4	21.1	6.1	11.9	0.7	0.7	2.1	0.2	—
	狭义货币（M_1）	2.9	5.4	24.1	20.6	17.1	11.8	9.3	6.7	3.7	—
	广义货币 M_2	1.8	3.0	5.2	3.7	3.0	1.6	1.4	0.9	0.3	—
	外币存款	5.5	-18.8	7.8	17.4	57.3	43.9	31.7	17.2	0.5	—
圭亚那	货币基础	15.2	6.6	2.5	14.3	15.9	14.4	9.4	14.7	12.3	9.1[c]
	狭义货币（M_1）	16.1	6.7	10.1	7.9	4.6	4.4	8.8	10.6	11.1	—
牙买加	货币基础	6.3	6.3	5.9	9.9	15.3	15.7	16.1	14.9	30.9	20.1[c]
	狭义货币（M_1）	4.7	5.9	5.0	15.7	21.7	15.4	26.1	26.0	25.0[d]	—
	广义货币 M_2	3.3	6.4	2.6	9.9	14.6	11.5	17.9	17.6	23.2[d]	—
	外币存款	6.8	28.5	9.2	15.6	17.9	23.8	36.1	31.6	36.1[d]	—
圣基茨和尼维斯	货币基础	13.7	22.2	10.5	-14.5	14.4	18.2	19.4	11.4	-1.7[d]	—
	狭义货币（M_1）	17.3	10.8	1.5	10.8	5.1	1.6	-2.2	-7.1	-7.5[d]	—
	广义货币 M_2	8.6	4.5	6.4	5.9	4.0	1.2	-0.8	-3.5	-4.9[d]	—
	外币存款	15.1	18.4	46.4	16.3	-9.2	-5.8	-5.2	-4.9	-2.5[d]	—
圣卢西亚	货币基础	4.2	8.0	8.0	25.2	6.9	4.8	0.4	-1.9	-5.8[d]	—
	狭义货币（M_1）	3.2	2.2	7.1	3.0	1.2	3.4	10.2	11.3	12.1[d]	—
	广义货币 M_2	3.7	3.5	-1.0	1.6	1.8	2.9	4.2	3.5	3.2[d]	—
	外币存款	14.0	-10.1	45.0	20.1	29.5	16.2	6.7	-4.2	3.0[d]	—

续表

		2012 年	2013 年	2014 年	2015 年	2016 年				2017 年	
						0.1	0.2	0.3	0.4	0.1	0.2[a]
圣文森特和格林纳丁斯	货币基础	11.8	26.2	16.9	8.3	19.4	19.8	10.5	4.6	0.9[d]	—
	狭义货币（M_1）	-0.4	9.6	5.8	8.6	9.3	6.7	10.7	13.4	6.6[d]	—
	广义货币 M_2	1.2	8.6	8.1	5.6	5.7	3.9	3.6	5.1	2.8[d]	—
	外币存款	-7.3	28.9	15.8	17.6	9.2	10.9	13.5	-6.2	-0.2[d]	—
苏里南	货币基础	27.0	13.8	-7.2	-6.2	24.8	43.5	35.4	20.2	23.0	25.7[c]
	狭义货币（M_1）	17.0	11.3	5.4	-5.1	6.4	22.2	20.7	11.8	13.4	—
	广义货币 M_2	20.0	17.7	8.1	-2.8	3.4	15.3	18.2	13.2	13.3	—
	外币存款	13.6	10.8	11.4	9.9	35.3	90.9	119.7	92.6	73.6	—
特立尼达和多巴哥	货币基础	15.4	19.5	8.0	-7.9	-7.0	-5.3	-12.5	-3.9	-5.4[d]	—
	狭义货币（M_1）	15.4	19.2	19.8	0.0	0.1	2.3	-1.4	3.9	-1.4[d]	—
	广义货币 M_2	12.0	11.8	11.6	3.8	2.5	4.1	1.2	3.6	0.6[d]	—
	外币存款	4.7	12.6	-6.8	1.6	3.9	9.6	11.6	4.2	6.5[d]	—

注：a 表示截至 5 月，b 表示截至 1 月，c 表示截至 4 月，d 表示截至 2 月。

资料来源：拉丁美洲和加勒比经济委员会，2017 年 10 月。

第三节　经济成就

一　国内生产总值（GDP）

2016年，主要受南美大多数国家经济增长放缓或收缩的影响，如阿根廷（-2%）、巴西（-3.6%）和厄瓜多尔（-2%），加勒比地区经济活动缺乏活力，增长进一步放缓，但各国之间仍然存在巨大差异（见图13—3）。加勒比地区的GDP在2016年下降了1.7%，人均GDP下降了2.3%。由于国际经济环境好转，尤其2017年全球经济增长预期达2.7%，拉美和加勒比地区GDP预期增长1.1%，多米尼克（3.9%）和圭亚那（3.5%）预计在2017年领跑经济增长，其次是安提瓜和巴布达（2.7%）及圣基茨和尼维斯（2.7%）。苏里南（-3.2%）和特立尼达和多巴哥（-1.2%）是该地区唯一预计负增长的两个国家，尽管如此，苏里南和2016年的情况（-10.5%）相比已有大幅改善（见图13—4）。

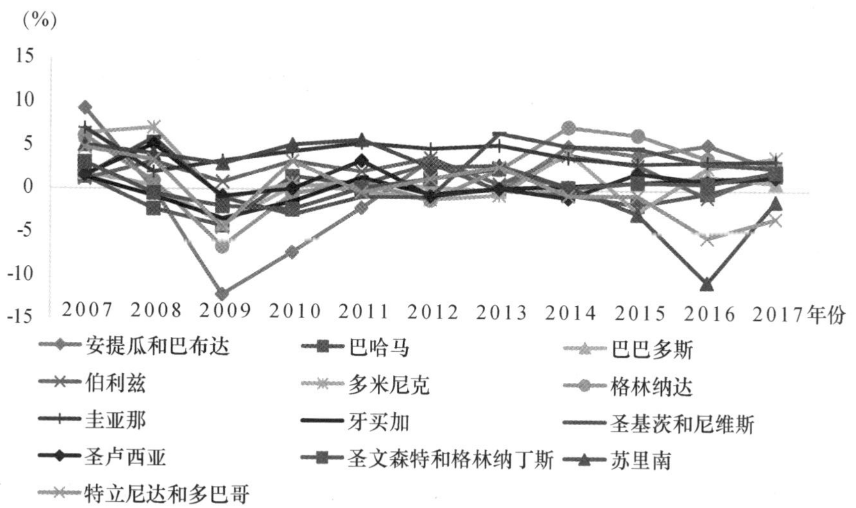

图13—3　2007—2017年加勒比地区实际GDP增长（年度百分比变化）

资料来源：国际货币基金组织，2017年10月。

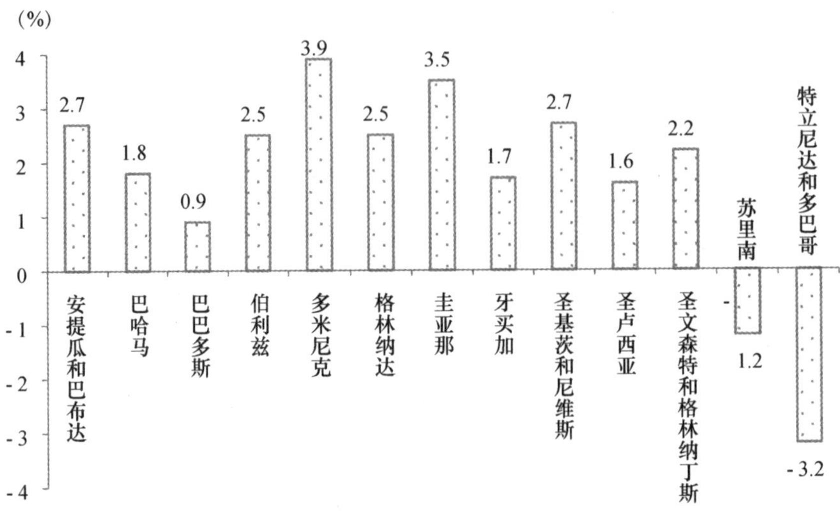

图 13—4 2017 年加勒比地区 GDP 增长预期

资料来源：拉丁美洲和加勒比经济委员会，2017 年 10 月。

二 国内价格

如图 13—5 所示，近十年来，加勒比地区国家通货膨胀率稳中有下降，牙买加与特立尼达和多巴哥处于相对高位，苏里南波动较为明显。2016 年，加勒比地区国家通货膨胀加快，通胀率在 3% 以上的有特立尼达和多巴哥与苏里南。苏里南的通胀率最高（55.5%），为加勒比地区 10 年以来的最高值，从而提高了该地区的平均通胀率。苏里南经历了严重的经济衰退，名义汇率贬值，公共支出急剧上升，大量财政赤字货币化。2017 年，该地区 13 个国家中的 8 个国家预计通货膨胀率高于 2%，苏里南虽较 2016 年有大幅好转，但仍居首位（22.3%）。

2016 年，加勒比是显示不同通货膨胀动态的唯一次区域，服务高于货物，价格分别上涨了 8.7% 和 6.9%。在国家层面，由于苏里南元名义汇率贬值，苏里南的商品价格上涨了 50% 以上，而圣基茨和尼维斯的商品价格则下跌了 10.3%。受公共事业收费上涨的推动，苏里南服务价格上涨超过 40%。在整个加勒比地区，粮食部门的通货膨胀率最高，达 7.4%。

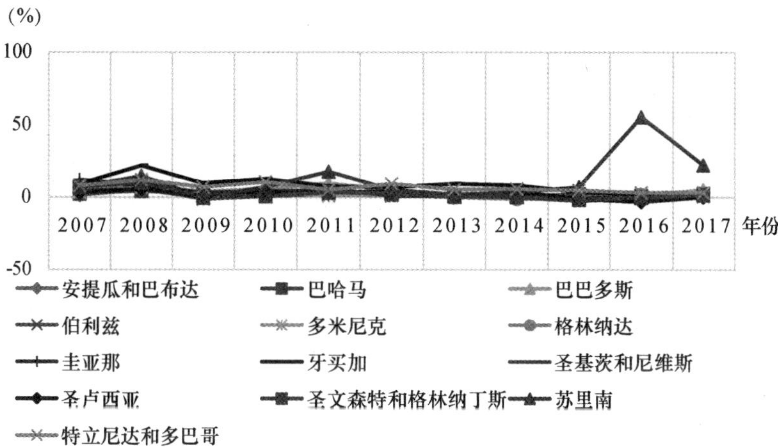

图 13—5　2007—2017 加勒比地区年通货膨胀率，最终消费价格

资料来源：国际货币基金组织，2017 年 10 月。

三　就业

加勒比地区的城市失业率自 2008 年国际金融危机期间激增之后就一直居高不下；巴巴多斯、牙买加、伯利兹和巴哈马等基本都维持在 10% 以上；特立尼达和多巴哥相对较好，一直在 5% 左右呈下降趋势波动（见图 13—6）。2016 年，加勒比地区就业岗位的数量和质量急剧下滑。就业形势在 2017 年没有好转的迹象，GDP 1.1% 的增长预期不足以创造充分的岗位扭转严峻的城市就业局面。

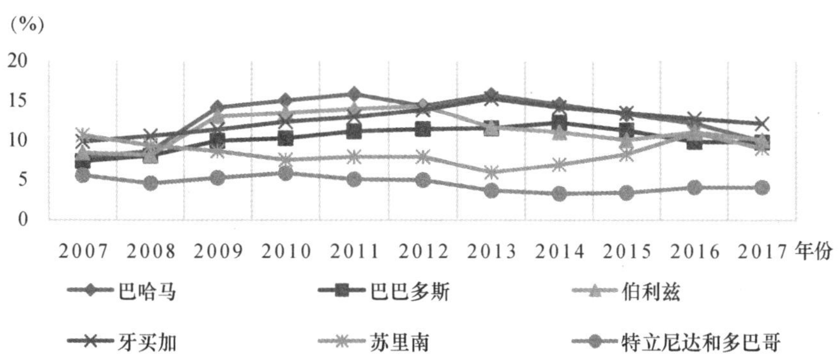

图 13—6　2007—2017 年加勒比地区六国失业率

资料来源：国际货币基金组织，2017 年 10 月。

四 外商直接投资（FDI）

开放投资使加勒比在过去几十年中吸引了大量外商直接投资（FDI）。然而，外商直接投资仍然主要集中在资源密集型产业，如采矿业、旅游业和种植业等，增值相对较低。该地区需要吸引更多的外商直接投资，为出口竞争性产品和一系列服务提供途径。为了实现这一目标，各国政府大力提升人力资源质量和服务管理能力，为外商直接投资营造良好的环境。如图 13—7 所示，牙买加、巴哈马、特立尼达和多巴哥在吸引外商直接投资上成效较好，但自 2008 年始，逐步萎缩，直到 2012 年，牙买加、特立尼达和多巴哥开始出现反弹，而巴哈马却未能扭转萎缩的局势。其他加勒比国家吸引外商直接投资数额小，受外界影响和波动也相对不大。

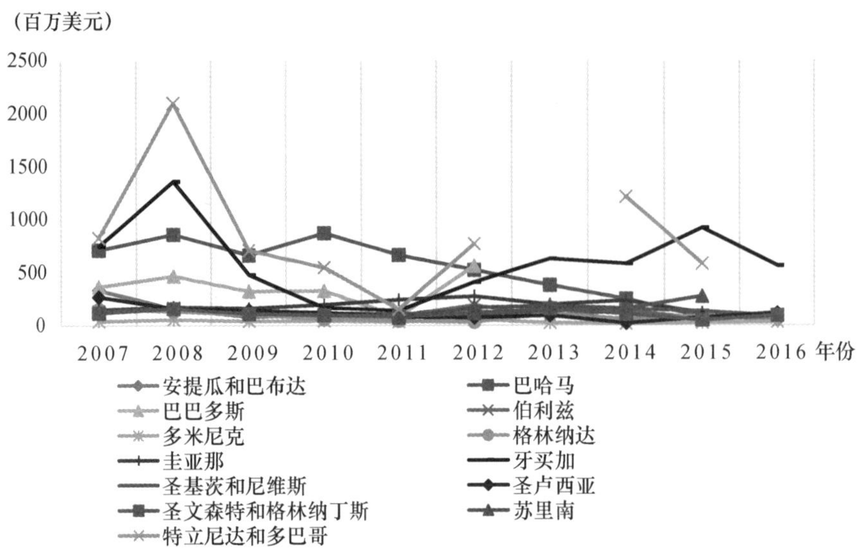

图 13—7 2007—2016 年加勒比地区外商直接投资

资料来源：拉丁美洲和加勒比经济委员会，2017 年 11 月。

五 国际贸易

2015 年，受全球经济不景气影响，加勒比地区经济体的国际贸易进出口总额均出现较大幅度收缩。从表 13—2 中可见，特立尼达和多巴哥国际贸易最活跃，其进出口总额占加勒比地区经济体进出口总额的 50%，其次是苏里南、牙买加和圭亚那。在贸易结构上，商品占比高，服务占比少；牙买加、圭亚那、苏里南与特立尼达和多巴哥商品出口占比高；特立尼达和多巴哥、牙买加、巴哈马与巴巴多斯商品进口占比高；特立尼达和多巴哥、巴哈马与牙买加服务进口占比高。安提瓜和巴布达、巴哈马、多米尼克、格林纳达、圣基茨和尼维斯等商品进口明显高于出口，经济对外依赖性较强。特立尼达和多巴哥货物进出口额度都较大，且数额相当。这主要是因为加勒比地区国家享受美国贸易特殊优惠政策，转口和加工组装贸易发达。

表 13—2　　加勒比地区国际收支差额　　单位：百万美元

	商品出口			服务出口			商品进口			服务进口		
	2014年	2015年	2016[a]年	2014年	2015年	2016[a]年	2014年	2015年	2016[a]年	2014年	2015年	2016[a]年
加勒比	21665	16852	—	12572	12755	—	28378	24951	—	9102	8735	—
安提瓜和巴布达	99	66	78	933	968	955	532	460	503	388	388	424
巴哈马	834	527	444	2716	2737	2930	3316	2953	2594	1725	1271	1702
巴巴多斯	474	483	517	1421	1471	1565	1652	1537	1540	462	494	495
伯利兹	589	538	—	494	496	—	926	961	—	225	221	—
多米尼克	39	34	26	234	234	255	203	188	188	132	126	126
格林纳达	41	41	38	507	537	555	306	327	315	231	238	238
圭亚那	1167	1170	—	181	143	—	1791	1475	—	426	423	—
牙买加	1449	1255	1195	2952	3059	3218	5208	4449	4169	2245	2161	2167
圣基茨和尼维斯	49	49	51	493	482	467	286	302	308	212	216	206
圣卢西亚	164	187	166	822	853	811	552	502	576	296	330	320
圣文森特和格林纳丁斯	50	46	-47	200	233	-239	320	295	-295	121	117	-119
苏里南	2145	1652	—	211	204	—	2012	2028	—	761	674	—
特立尼达和多巴哥	14566	10804	—	1407	1339	—	11276	9474	—	1878	2074	—

注：a 预测数据，b 包含误差和缺省，c 表示储备资产增加。

资料来源：拉丁美洲和加勒比经济委员会，2017 年 11 月。

第四节 加勒比地区经济体与中国的关系

拉美地区 13 个经济体中，除伯利兹、圣基茨和尼维斯、圣文森特和格林纳丁斯以及圣卢西亚外，其余 9 个经济体与中国建立了外交关系。2013 年 5 月 31 日—6 月 6 日，习近平对特立尼达和多巴哥、哥斯达黎加、墨西哥三国进行国事访问。访特期间，习近平与安提瓜和巴布达、巴巴多斯、巴哈马、多米尼克、格林纳达、圭亚那、苏里南、牙买加等加勒比国家领导人举行双边会晤，就进一步加强同这些国家友好合作，推动中加关系发展深入交换了看法。中国和加勒比地区经济体的合作在中拉合作“大棋局”中逐步铺开。

根据中华人民共和国商务部统计，2015 年和 2016 年，中国对拉美非金融类直接投资分别为 214.6 亿美元和 298.4 亿美元，同比分别增长 67.1% 和 39%，中国与拉美地区国家新签承包工程合同额分别为 181.6 亿美元和 191.2 亿美元，同比分别增长 10.3% 和 5.3%。但加勒比地区经济体经济体量小，在中拉贸易和投资总额中的占比较小。中国在加勒比的投资以基础设施，尤其以旅游基础设施为主；贸易以资源型为主。2017 年 4 月 21 日，驻巴哈马大使黄亲国参加巴哈马项目首期开业剪彩仪式。巴哈马项目初始投资 35 亿美元，由中建美国公司总承包，中国进出口银行提供贷款，2011 年 1 月正式启动。该项目首期开业的部分包括凯悦酒店、会展中心和高尔夫球场等项目。

第五节 加勒比地区经济体经济发展前景展望

尽管全球经济缓慢回暖，但形势依然不容乐观。加勒比地区经济体的经济表现和世界经济尤其南美国家经济状况息息相关。由于 2017 年全球经济预增，拉美和加勒比地区经济预增 1.1%。加勒比地区经济体预计在 2018 年延续增长，通货膨胀和失业率会得到适当遏制，财政赤字和债务风险可控。该地区经济增长的主要动力来自传统优势产业的提升和发展，如旅游基础设施的提升和扩容、资源型产业附加值的提高。

第六节 国别分析

一 巴哈马

巴哈马位于美国佛罗里达州以东，古巴和加勒比海以北，由700多个岛屿及2000多个珊瑚礁组成，群岛由西北向东南延伸，长1220千米，宽96千米，总面积为13880平方千米，首都拿骚，人口39.7万，属亚热带气候，年平均气温23.5℃。1492年之后，巴哈马开始沦为欧洲的殖民地，1964年获得内部自治权，1973年成为独立的巴哈马国。第二次世界大战后，巴哈马的旅游业开始起步，并促进了当地经济的繁荣。2013年12月19日，中国与巴哈马在巴首都拿骚签订全面互免签证协定。

最初预计巴哈马的经济将在2016年恢复增长，增幅为0.5%。但2016年10月，飓风（马修）袭击巴哈马，此外，巴哈马度假村继续延迟开放，入境旅客减少，消费和就业受到影响，同时国内私营部门和建筑业活动依然疲软，最终导致巴哈马经济增长为0。2017年，主要由于旅游活动增加和建设投资回升，特别是巴哈马项目可能重启，预计巴哈马经济将会反弹，增长1.0%。

巴哈马在经济政策上侧重于逐步整顿财政政策，实现可持续发展的公共债务，刺激经济复苏。受飓风的影响，巴政府短期支出高于预算。财政整顿工作在2017年度继续进行，赤字进一步缩减至GDP的1.1%。货币政策趋于扩张，巴央行下调政策贴现率0.5个百分点，以刺激关键行业的信贷增长。2016年，由于飓风后的保险流入和燃料支付减少，国际收支经常账户进一步改善，赤字占GDP的比例从2015年的13.6%降至12.2%。

由于数十亿美元的巴哈马项目分阶段实施将大力推动旅游业发展，巴哈马经济预计在2017年小幅增长。此外，度假村的开工、其他几个不同规模的外国投资项目以及飓风后的重建，将短期内改善就业。尽管几个主要原油生产商决定限制产量，导致燃料成本预期有所上涨，但通货膨胀压力仍在可接受的限度之内。巴哈马经济下行的主要风险因素有美国经济增长低于预期、国际燃油价格高于预期，以及巴哈马项目的进一步延迟。

二 巴巴多斯

巴巴多斯位于北大西洋西部，处于主要的大西洋飓风带，长 34 千米，宽 23 千米，面积 430 平方千米，首都布里奇敦，人口 28.6 万（主要是非洲人后裔），属热带海洋性气候，气温通常在 22—32℃之间。巴巴多斯于 1966 年 11 月 30 日独立，是英联邦成员，其名字源于葡萄牙语，指遍地都是野生的无花果树。巴巴多斯的经济以甘蔗种植和加工、朗姆酒、旅游业等为主。巴巴多斯是加勒比海的旅游胜地。

2016 年，由于旅游业的稳健表现及其在建筑和商业领域产生的积极的溢出效应，巴巴多斯经济表现尚佳，GDP 增长了 0.6 个百分点，达到 1.6%。但由于财政赤字高，国际储备低，以及英国“脱欧”背景下英镑贬值造成英国游客减少对旅游业的冲击等因素，经济下行风险依然存在。

巴巴多斯面临的主要挑战是削减财政赤字。由于政府在 2016 年提出了一系列旨在提高收入和减少支出的财政措施，巴巴多斯政府财政赤字从 2015 年占 GDP 的 8.2% 下降到 6.1%。巴巴多斯在 2016—2017 年度预算中列出了一些旨在刺激经济增长，引发外汇流动和刺激就业的重要的中期措施。这些措施包括设立新的免税区，修订“旅游业发展法”，允许具备资格的业主获得多年整修和翻新项目的税收优惠，以及利用工业信贷基金设立专项资金支持融资和贷款，为现有的中小企业和创业企业融资。巴巴多斯国家石油码头有限公司的出售将有助于扩大收入。然而，2017 年第一季度公共部门债务（不含政府债务）仍占 GDP 的 98.5%。2017 年第一季度末，巴巴多斯央行国际储备降至 705.4 万美元，与 2016 年同期相比下降了 25%。因此，国际评级机构“标准普尔”将巴巴多斯债券从 B 降至 B-，视其为负面。

巴巴多斯的旅游和旅游产品持续具有很强的竞争力。《2015 年旅游与旅游竞争力报告》将巴巴多斯的卫生与个人卫生，安全和保障，商业环境，人力资源和与旅游有关的基础设施等级列入发达地区行列。2016 年，受益于来自美国和加勒比地区旅客的强劲增长，巴巴多斯入境游客增长了 6.3%。这一势头一直持续到 2017 年第一季度。由于美国和加拿大游客数量增加，长期游客增长了 4.4%。但是，因英国“脱欧”背景下英镑贬值，来自英国的长期游客数量在 2016 年开始逐步萎缩，2017 年进一步恶化。桑德尔斯皇家度假村等旅游项目的完工促进了建筑业的增长，但仍然有众多旅游项目推进缓慢。布里奇顿港口新增泊位对旅游业的发展起到了助推作用。此外，未来五年 13 亿美元的新酒店建设计划，将使酒店房间容量增加约 40%。由于旅游业和建筑业的持续增长，2017 年巴巴多斯 GDP 的增长预计为 1.5%。

三　伯利兹

伯利兹东临洪都拉斯湾，与洪都拉斯共和国隔湾相望，总面积为 22970 平方千米，首都贝尔莫潘，人口 37.5 万，在中美洲人口密度最低。伯利兹在 16 世纪初沦为西班牙殖民地，1786 年由英国实际管辖，称英属洪都拉斯，1981 年独立。伯利兹因其河流伯利兹河及最大的城市伯利兹市（原首都）得名。英语是伯利兹的官方语言。伯利兹丰富的陆地和海洋物种及其多样性的生态系统使其成为全球重要的中美洲生物走廊的重要一环。伯利兹经济在传统上以农业为主（以糖、柑橘类水果、可可、稻米和烟草等著称），此外，渔业和旅游业也颇为重要。

2016 年，由于涝灾和病害严重影响了农业生产，抵消了旅游部门强劲的增长势头，伯利兹的经济经历了滑铁卢，GDP 增长率由 2015 年的 2.9% 降至 -0.8%。在 2015 年轻度通缩之后，该国 2016 年平均通胀率抬头，达到了 0.7%。在旅游业和其他服务业的支撑下，失业率由 2015 年的 10.1% 降至 2016 年的 9.5%。2016 年，伯利兹政府结合债务重组进行了财政整顿，财政赤字从 2015 年占 GDP 的 7.8% 降到 3.4%。货币政策方面，伯利兹国内信贷增长强劲（主要反映在公共部门，而私营部门则有所放缓）。由于旅游收入及飓风“伯爵”后的保险收入增长，国际收支经常账目赤字微缩 0.5 个百分点至 GDP 的 9.4%。

2017 年，伯利兹经济增长预计恢复到 3.2%，这得益于农业（尤其是糖和香蕉生产）的复苏以及旅游业持续稳定的增长，抵消了第二产业下降——石油产量较低和建筑业萎靡的制约。经济增长来源于主要部门情况好转的推动和服务业增长的支撑。预计主要经济活动增长超过 8.0%——甘蔗产量大幅增加，香蕉产量也将从 2016 年洪涝灾害的影响中恢复过来，虾的产量增幅较大。旅游业的复苏推动了服务业的增长，预计增速在 2.0%。但是，石油、建筑、电力、柑橘汁生产等表现疲软，第二产业预计下降1.9%左右。

2017年，伯利兹的财政状况预计将持续改善，总体赤字从2016年的3.4%下降到1.3%；总收入和赠款增长1.0个百分点至GDP的30.9%；经常账户赤字略微扩大至GDP的9.7%。经济增长的下行风险主要来自包括美国在内的主要市场增长低于预期以及自然灾害的影响。

四 牙买加

牙买加是加勒比海中的一个岛国，面积10990平方千米，人口281.3万，首都金斯敦。牙买加1655年被英国占领，1866年成为英国殖民地，1962年8月6日宣告独立，目前是英联邦成员国之一。该国90%以上的人口是非洲人后裔，人口年轻化突出，约60%的人口年龄在29岁以下。牙买加是一个体育强国，在田径方面非常出色，博尔特是该国最著名的运动员。

2016年，牙买加GDP增长了1.4%。2017年，主要由于农业部门收入持续增长，旅游和汇款流入增加，GDP预期增长1.6%。

牙买加的经济政策将受到政府与国际货币基金组织（IMF）在2016年签署的为期三年价值16.4亿美元的备用安排的影响。牙买加当局表示，备用安排为预防措施，即对国家无法控制的意外经济冲击的保险。2017年，牙买加通胀率为1.7%，低于历史水平。因此，中央银行采取了更为宽松的货币政策，旨在通过降低利率刺激经济增长，为同业拆借创造更多机会。如果通胀率继续维持在较低水平，2017年进一步降息的可能性极大。

牙买加谋求控制公共财政，沉重的债务负担是其面临的主要挑战。截至2016年底，债务占GDP的比值高达121.0%。政府财政政策的当务之急是稳定和减轻债务负担。从2015—2016财政年度来看，财政支出总额低于预算2.5%（约合2.58亿牙买加元），经常性和资本性支出分别低于预算目标的0.2%和26.4%；经常账户赤字收窄至1.03亿美元，相当于2016年GDP的0.8%。

牙买加元名义价格2015年贬值5%，2016年贬值6.7%，结算价格为128.44（牙买加元）:1（美元）。虽然货币贬值可能会提高竞争力（特别在油价下跌的情况下），但继续贬值将导致通货膨胀和经济的不确定性。因此，当汇率出现重大偏差时，政府将予以干涉。2016 年，由于通货膨胀预期大幅度下降（主要原因是价格上涨放缓和国际油价走低），牙买加银行采取了宽松的货币政策，将其 30 天存款准备金率从 5.25% 下调至 5%。

2016 年，牙买加旅游、住宿和餐饮业增长 2.2%，而 2015 年同期增长率为 1.9%。游客的增长主要得益于新航空航运路线的开辟和航空航海项目的开发；同时，新开和翻新的宾馆增加了铺位；另外，游客来源国整体经济水平较高，游客消费力大幅提高。

五　苏里南

苏里南共和国位于南美洲北部，北临大西洋，南邻巴西，东邻法属圭亚那，西邻圭亚那，面积 16.382 万平方千米，人口 55.2 万，首都帕拉马里博，国名源于当地原住民苏里南人。该国旧称荷属圭亚那，1954 年成为荷兰王国海外自治省，1975 年独立。荷兰语为官方语言，另外，汉语中的客家语也是苏里南共和国的法定语言。苏里南是一个种族、语言、宗教上极为多元的国家，穆斯林人口在所有美洲国家中比例最高，占 13%。

2016 年，苏里南经济衰退加深，经济增长为 -10.4%，在拉美和加勒比国家中垫底，远低于 2015 年的 -2.7%。而苏里南过去 10 年的经济平均增长率为 3.8%。苏政府采取措施，努力控制财政和经常性账户赤字，并于 2016 年初与国际货币基金组织签署了 4.81 亿美元的备用安排。

苏里南与国际货币基金组织签订的协议中的某些条件，加上国内采取的一些措施，对部分经济部门产生了影响。固定汇率过渡到浮动汇率和一些补贴的减少导致通货膨胀率高达 50% 以上。商品出口收入下降对政府 2016 年的预算造成了压力。

2016 年，苏政府开始实施节能减排计划，减少电力和水资源补贴，增加关税和燃油税，还计划征收增值税。除了国际货币基金组织的备用安排外，伊斯兰开发银行还将使用 18 亿美元的贷款来资助 2016—2018 年间的基础设施和能源项目。

自 2015 年年底以来，苏中央银行放弃自固定汇率，苏里南元在 2015 年 11 月首次贬值 20.5%。2016 年 3 月，苏里南引入了拍卖外汇分配制度，并于5月实行了完全自由浮动的汇率制度。自此，汇率持续下滑。

主要由于公共行政部门收入大幅下降（38%），批发和零售业的表现不佳（下降了20%），制造业和建筑业表现乏力，苏里南的经济进入衰退期。苏里南元贬值导致通货膨胀激增，消费者的实际收入减少，消费能力削弱。

2017年，苏里南面临的挑战是在执行国际货币基金计划的同时应对国内居民的抗议。根据计划，政府将征收增值税和增加燃油税；但如果不执行计划，政府就会丧失来自其他方面的财政支持。由于经济持续不稳定，2017年经济增长预期为-0.2%。

六 特立尼达和多巴哥

特立尼达和多巴哥位于中美洲加勒比海南部，紧邻委内瑞拉外海，面积5130平方千米，总人口136.9万，首都为西班牙港，官方语言为英语。该国能源产品产值约占国民生产总值的40%，能源出口约占出口总收入的80%，是加勒比地区重要的石油输出国；加工制造业门类较齐全；建筑业、旅游业、金融保险业等行业发展较快。特立尼达和多巴哥已同中国、加拿大、法国、英国、美国等国签署了双边投资协定，与中国、加拿大、丹麦、德国、法国、意大利、挪威、瑞典、瑞士、美国等国签署了避免双重征税协定。

2016年，该国的经济连续第三年出现负增长，为-5.4%；2015年和2014年均为-0.6。这一表现主要在于2014年以来，能源行业不景气，能源（石油和天然气）产量下滑。

虽然2016年上半年石油价格温和上涨，但该国的能源部门受到供应减少的限制。除了成熟油田生产量下降的长期趋势外，两大生产商两个新油田的停产对产量影响巨大。尽管政府已采取若干措施增加其他来源的收入：征收财产税、新的所得税和网上购物税（7%），废除柴油补贴等，但是预计该国2017年财政赤字为国内生产总值的3.9%。

非能源部门将面临五年来的首次下降，预计将缩减1.8%。能源部门业绩不振的影响已经渗透到非能源部门，而政府开支减少限制了对非能源服务的需求。制造业预计收缩5.7%，农业部门收缩6%，服务业增长1.2%。

该国的通货膨胀率在2016年前九个月略有波动，但仍低于4%，2016年1月为2.4%，9月为3.0%。食品类产品通胀幅度最大，4月的通胀率达到9.9%，9月则下降至6.1%。

经济衰退的影响已经在就业上体现出来。失业率由2015年第四季度的3.5%上升至2016年9月的4.0%。劳动力市场统计因行业而异。石油和天然气行业的失业率在2015年第四季度上升至8.3%，2016年第二季度下降至3.1%。根据最新估计，建筑业失业率最高（8.6%），农业部门最低（1.0%）。

参考文献

1. Annual Report and Statement of Accounts of Central Bank of Belize 2016, Central Bank of Belize, July, 7, 2017.

2. Annual Report of the Bank of Guyana 2016, Bank of Guyana, July, 7, 2017.

3. Annual Report of the Bank of Jamaica 2016, Bank of Guyana, July, 7, 2017.

4. Annual Report of the Bank of the Bahamas 2016, the Bank of the Bahamas, July7, 2017.

5. Preliminary Overview of the Economies of Latin America and the Caribbean 2016, United Nations, ECLAC, July, 7, 2017.

6. EconomicSurvey of Latin America and the Caribbean 2017, United Nations, ECLAC, July, 11, 2017.

第十四章

案例研究：重庆粮食集团投资巴西农业项目案例

李仁方

第一节 重庆粮食集团及其巴西农业投资项目

中国是全球最大的大豆及大豆加工产品进口国，但在国际大豆市场上的价格影响力却微不足道。欧美资本控制的四大谷物代理商阿彻丹尼尔米兰公司（ADM）、邦吉、嘉吉和路易达孚在很大程度上影响甚至决定着国际大宗农产品价格，而中国却不得不高度依赖于这四大粮商。打破四大粮商控制农产品国际贸易的旧格局，与粮食生产国直接开展贸易，这是中国各大粮食企业长期以来努力的方向。重庆粮食集团在巴西投资大豆种植加工项目是中国突破传统农产品国际贸易格局的又一次尝试，但迄今为止项目发展并不顺利。

重庆粮食集团成立于 2008 年 2 月，由全市 370 多户国有粮食企业整合而成，经营业务涉及粮食种植、粮食流通、粮食加工、粮食储备等领域。重粮集团注册资金 10 亿元，总资产逾 200 亿元，净资产近 50 亿元，年经营粮油超过 1000 万吨，营业收入近 160 亿元，是重庆市政府控股的国有大型企业集团。[①] 重粮集团自成立起就积极开拓海外市场，并着手对巴西大豆项目进行了长达两年多时间的事前尽职调查，各项前期工作可

---

① 重庆粮食集团官方网页，http：//www. cqgrain. com/。

谓深入细致。

在2010年4月巴西“金砖四国”峰会上，重粮集团对外宣布投资57.5亿元人民币与巴西合作共建300万亩优质大豆基地。[①] 2010年8月，重粮集团巴西大豆投资项目获得国家发改委批准，2011年4月在中国金砖国家峰会上正式签署项目投资协议。媒体消息显示，2011年5月重粮集团开工建设巴西巴伊亚州（Bahia）首期投资项目，计划在一年内建成162万亩大豆种植基地。[②] 项目初期建设较为顺利，2011年国庆前夕重粮集团大豆基地生产的优质大豆即已运抵国内。[③] 2012年11月23日，中国驻巴西大使李金章率团视察了重庆粮油集团巴西格林天地农业有限公司，并高度评价了该公司的各项工作。[④]

第二节　重粮集团对巴西投资项目的风险防控策略

法律与财务是任何企业开展跨国投资都必须审慎面对的两大风险问题。重庆市政府对其所属企业海外投资在这两方面都采取了谨慎的制度安排，明确要求相关企业必须采取“1+3”团队防控模式，即每个到海外投资的企业，背后都有1个国际投行、1个国际律师事务所、1个国际会计师事务所，联合起来为其海外投资保驾护航。重粮集团到巴西实施大豆投资项目也严格遵循了重庆市政府上述规定，并在一定程度上降低了巴西项目的投资风险。

对于投资项目可能面临的各项风险，重粮集团在多方面细致入微地做了前期尽职调查。时任董事长胡君烈2012年曾对外表示，重粮集团在巴西买地之前用了两年多的时间先后六次组团到巴西考察，对在巴西

① 《我市粮食集团57亿建巴西大豆基地》，《重庆晨报》2010年4月21日，第25版。

② 《重庆粮食集团4月正式签约巴西大豆项目》，第一财经网，http://www.yicai.com/news/713189.html，2011年3月22日。

③ 《重庆粮食集团首批巴西大豆油月底入市》，第一财经网，http://www.yicai.com/news/1132962.html，2011年10月12日。

④ 《李金章大使视察重庆粮油集团巴西格林天地公司》，中华人民共和国商务部官方网站，http://www.mofcom.gov.cn/aarticle/i/jyjl/l/201211/20121108450569.html，2012年11月24日。

投资大豆基地项目的相关招商政策、法律法规，乃至土壤气候、风土人情等，都有深入了解，之后还聘请中国国际工程咨询公司对巴西大豆基地建设项目进行可行性论证，并向美国麦肯锡咨询公司做过战略咨询。①

项目进入实施阶段以后，重粮集团首先遭遇了限制外国人买地的新法令障碍。2010 年 8 月 23 日，巴西国会刚刚通过了《外资限购限租土地令》（*Parecer no LA* 01），该法令规定外国人、外国企业或外资控股的巴西企业不得在巴西购买或租赁 50 莫都乐②（modulo）以上的土地，外国人购买 100 公顷土地必须由巴西国会批准通过。之前，由国会批准的限额是 5000 公顷。此外，新法令特别规定，外国人购买土地不能超过每个乡镇可用土地的 25%，同一国籍的外国人不得拥有超过所在市面积 10% 以上的土地。面对如此困局，重粮集团与中巴两国法律专家积极深入研究该项新法令，并根据巴西现行法律采取与巴西农场主合作，收购农场主农场土地不动产 49% 的股权，同时以合同约定将对方 51% 的经营权交由粮食集团经营。经过此番周折之后，重粮集团总算获得了 300 万亩土地 100% 的永久性经营权。

重粮集团获得巴西土地经营权的单价虽然仅为 3 元/平方米，但这些土地大多数都是未开垦的荒地，土壤养分与优质大豆种植要求相去甚远，其垦殖难度不下于当年开垦北大荒，前期需要投入的资金量依然巨大。具体来说，要想建设好这个大豆种植基地，需要首先建设农场、平整土地、改良耕地；要投资 20 多亿元建设仓储、港口物流系统，主要是建设阿拉杜、桑托斯、依塔克、伊利乌斯四个港口，最终形成 150 万吨规模的集运仓、3 个 10 万吨级泊位、1 个 6 万吨级泊位；要投资 10 多亿元建设大豆加工和食品工业园，包括大豆加工压榨厂、精炼厂等；还要组建农业贷款和农业生产资料投资公司。粗略计算，从买地开荒，到建设农场、粮食仓储、港口物流等一系列配套设施，所有项目所需资金累计超过 162

---

① 《重粮 170 亿元巴西种粮计划停滞》，《经济观察报》2015 年 8 月 8 日，http://www.eeo.com.cn/2015/0808/278690.shtml。

② “莫都乐”是巴西土地买卖的面积单位，指没有确定用途的土地。根据土地的地理位置不同，1 个莫都乐相当于 5 公顷至 100 公顷不等。

亿元，而且需要三年多时间才能完成在整个大豆基地的规划建设。①

面对如此巨大的投资，重粮集团在人力和资金上都存在较大困难，很难独立完成项目投资，其财务融资难题骤然凸显。按照中国的相关政策，国家开发银行能为重粮集团巴西大豆基地项目提供65%的贷款支持②，但信用贷款不能根本解决农业投资类项目长期发展所面临的融资难题。为解决长期融资问题，重粮集团又向重庆市国资委请示，积极邀请重庆大型企业集团“抱团出海”，共建巴西项目。重粮集团虽然努力寻求合适的融资策略，并取得了一定成效，但项目融资难题始终未曾根本解决，给后期建设发展带来了潜在障碍。

虽然“1+3”团队防控策略很大程度上降低了重粮集团巴西大豆项目面临的短期风险，其国际律师团队帮助解决了新法令对土地交易的限制问题，短期财务融资难题也有所缓解，但51%的土地股权仅以合同约定来获得经营权的制度安排在长期内依然留下了法律上的隐患，以信用贷款为主的融资安排同样没有从根本上解决农业类项目长期发展所面临的财务压力。也就是说，重粮集团巴西大豆项目有效地控制了两大常规问题的短期风险，但仍未从根本上解决项目发展所面临的长期风险。

第三节　重粮集团巴西投资项目近期进展

尽管重庆市政府强制实施“1+3”团队防控策略，在一定程度上帮助重粮集团巴西大豆项目在短期内控制了预期之中的法律风险和财务风险，大型农业类项目员工雇佣量少且稳定的特点在很大程度上规避了雇工方面可能存在的隐患，但重粮集团仍不可避免地面临诸多未预期风险，并在多方面影响了其大豆项目的近期发展。

据报道，巴伊亚州（Bahia）巴莱接斯市（Barreiras）市长朱丝玛丽·奥利韦拉（Jusmari Oliveira）对重粮集团的投资态度积极，在重粮集

① 《在巴西建300万亩大豆基地　粮食集团为重庆百姓“油瓶子”加油》，《重庆日报》（农村版）2012年9月21日，第10版。

② 《重粮170亿元巴西种粮计划停滞》，《经济观察报》2015年8月8日，http://www.eeo.com.cn/2015/0808/278690.shtml。

团明确表示将投入上亿资金建设食品工业园区的项目后，市政府决定直接赠送园区用地100公顷。[①] 2014年4月路透社记者调查显示，重粮集团巴伊亚州农场仍然一片荒芜，早先为建设大豆压榨厂和食品工业园区而平整好的约100公顷土地，因项目计划延迟又开始杂草丛生了。[②] 2016年7月，笔者在巴西实地调查了解到，重粮集团巴西大豆项目建设已经基本陷入停滞状态，目前正在寻求新的问题解决思路。不仅仅是巴西投资项目遇阻，2012年重粮集团在阿根廷投资的大豆产业项目也同样陷入了困境。为什么重粮集团会接连遭遇如此多问题呢?

第一，重粮集团在巴西高调投资行为在东道国（尤其是东道国国民中）产生了不友好的印象，并引发了不少负面效应，反映出中国企业在拉美投资资源类项目缺乏足够的经验。也许为了凸显领导的政绩，或者想在全球媒体面前树立良好的企业形象，重粮集团首次对外发布巴西大豆投资项目是在2010年4月巴西利亚召开的“金砖四国”峰会上，时任董事长胡君烈还代表中国企业发言；项目正式投资协议签署又选择在2011年4月中国三亚召开的“金砖四国”峰会上。2011年10月首批巴西大豆产品运抵中国之时，重粮集团再次以胜利者姿态在各大媒体上进行了高调报道。

重粮集团巴西大豆项目从开始就将其海外购买资源类资产的行为毫无顾忌地曝光在全球媒体的聚光灯之下，巴西人也因此从项目开始就知道有重庆人要来“抢夺”他们的资源。华盛顿智囊机构美洲国家对话组织（Inter-American Dialogue）的中国和拉美项目主管玛格丽特·梅尔（Margaret Myers）表示，重庆粮食集团的这个项目被普遍认为是“掠夺土地”。[③] 2015年10月19日晨，巴西“无地农业工人运动”（the Landless Rural Workers' Movement，MST）400多家无地农民家庭占领了重粮集团在巴西南大河州（Rio Grande do Sul）购买的索尔·阿格里科拉（Sol Agricola）农场，他们谴责巴西土地“外国化”（土地被卖给外国人），使国

① Barreiras/BA tera maior esmagadora de soja do Brasil，2011年2月6日，http://agrolink.com.br/noticias/Barreiras-ba-ter-225-maior-esmagadora-de-soja-do-brasil_ 131153.html。

② 《中国进军巴西农业　但美好愿望遭遇冷酷现实》，路透中文网，http://finance.sina.com.cn/360desktop/stock/usstock/c/20140407/175318726323.shtml，2014年4月7日。

③ 同上。

家主权处于风险之中。①

从日韩在拉美投资的成功经验来看，任何购买资源类产品都要尽可能低调，尽可能避免诱发拉美人内心沉寂已久但随时可能爆发的反殖民主义社会情绪。事实上，日本和韩国也在巴西建设大豆基地，但整个实施行动都非常低调，也基本不采取买地、种地的做法，而是通过与多个跨国公司相互参股的方式，以降低海外投资的政治和社会风险。像日本三井物产集团就是与美国的CHS、巴西的PMG贸易公司合作，联合成立了一家名叫多谷物（Multigrain）的合资公司，这样逐步渗透至控制巴西大豆生产的各个环节。② 在其他资源类投资项目上日韩企业也同样保持着相当低调的态度，比如2014年7月，韩国三星公司在智利投资7000万美元的铜矿潘帕·卡马龙尼斯（PAMPA CAMARONES）正式进入开采阶段才在国际媒体上曝光③，其实三星公司早已获得该项目矿产投资权，但低调到该项目前期运作10年而不为世人所知。

第二，重粮集团严重低估了四大国际粮商在巴西深耕多年形成的强大势力，对非市场竞争因素有所忽视。当前国际农产品贸易格局已形成大半个世纪，四大粮商对巴西农产品贸易控制力度不容小觑。早在重粮集团到巴西买地种粮之前，中粮集团就曾有意在巴西购买土地，后因四大国际粮商联合抵制而失败。多名业内人士也公开表示并不看好重粮集团去巴西买地种豆，他们普遍认为重粮集团即便资金实力雄厚也很难撼动四大粮商对巴西农产品市场的控制。④ 在巴伊亚州政府多年争取之下，重粮集团可能高估了巴西地方政府可提供的项目支持能力，以及自身“1＋3”团队防控策略的风险控制能力，反而低估了四大粮商在巴西社会、政治、经济各领域多年深耕而构筑起来的行业及市场控制能力。

如前所述，2010年4月重粮集团正式对外宣布投资57.5亿元建设巴

---

① 《巴西无地农民占领长期撂荒重庆粮食集团在巴西购买土地》，陈一文顾问的博客，http：//blog. sina. com. cn/s/blog_ 4bb17e9d0102vz6e. html，2015年10月23日。

② 《在巴西建300万亩大豆基地　粮食集团为重庆百姓“油瓶子”加油》，《重庆日报》（农村版）2012年9月21日，第10版。

③ 《韩国三星公司在智利铜矿正式进入开采阶段》，中华人民共和国商务部网站，http：//www. mofcom. gov. cn/article/i/jyjl/l/201408/20140800706594. shtml，2014年8月22日。

④ 《重粮170亿元巴西种粮计划停滞》，《经济观察报》2015年8月8日，http：//www. eeo. com. cn/2015/0808/278690. shtml。

西大豆基地，同年8月23日巴西国会通过限制外国人买地的新法令——有巴西官员私下表示，此举主要针对中国。[①] 虽然新法令未能阻止重粮集团完成巴西土地交易，但两者之间在时间上如此巧合绝非偶然。与巴西情况非常类似，重粮集团决定在阿根廷购买300万亩土地建立新的海外大豆基地，在项目交割后两天（2011年12月22日），阿根廷议会同样通过了限制外国人购买土地的新法令（Ley 26.737）。该法令规定，外国机构和个人在阿根廷购买的耕地面积不得超过该国农地面积的15%，来自同一国家的自然人和法人在阿根廷购买的农地不能超过允许外国人购买土地总量的30%，每个外国自然人或法人在阿根廷拥有农地面积不得超过1000公顷，拥有大量水资源的土地不得出售给外国人，外国人在阿根廷购置土地将不再视为投资行为。

重粮集团在巴西完成各项买地的法律手续后，当地政府方面又相继出台了多项限制土地买卖的法律法规，对国外企业在巴西投资建厂的环境评估也变得极为严厉，再加上当地政府在审批环节设置的重重障碍，重粮集团在巴西的大豆基地建设一直没能拿到相关批文和环境评估许可证，该项目2/3的工程被长期延误，或将难以完工。笔者调查了解到，重粮集团巴西大豆项目运营状况目前尚未有重大改观。媒体将主要原因归结为巴西恶名在外的官僚体系，这显然不是问题的全部。重粮集团2010年就计划在巴伊亚州农场附近建一座大豆压榨工厂，但是在4年之后巴伊亚州农业部发言人何塞特·阿尔维斯（Josalto Alves）还在对媒体说“它还处在复杂的审批程序中”，该工厂需要地方自治政府同意，并取得环境许可。考虑到欧美贸易公司在巴西从事压榨和大豆经纪业务已有几十年，嘉吉和邦吉在巴伊亚州西部的工厂也都已和当地生产商订立了收购大豆的协议，重粮集团现在遭遇的状况是可以预期的。巴西植物油行业协会（ABIOVE）负责人卡洛·拉夫特伊（Carlo Lovatelli）说出了实话——“行业运作早已确立，很难容得下新来者，即便是像中国人那么坚持不懈的亦然。”

大豆压榨厂计划建设地所在的巴莱拉斯（Barreiras）市市长办公室发

① 《中国进军巴西农业　但美好愿望遭遇冷酷现实》，路透中文网，http://finance.sina.com.cn/360desktop/stock/usstock/c/20140407/175318726323.shtml，2014年4月7日。

言人阿道尔图·索尔斯（Adalto Soares）在2014年4月曾表示，该工厂将考虑与当地一个新工业区计划整合，并纳入一座深水港和铁路——任何铁路项目在巴西都要面临漫长的争议和讨论。事实上，虽然巴西基础设施并不好，但不是完全没有，否则四大粮商的大豆及其加工产品必将无法向外运输。与大豆生产及其加工产品相关的基础设施基本都被四大粮商所控制，重粮集团无法借助于已有的基础设施体系，因而不得不建立自己的配套设施，但建立这些配套设施面临的困难可谓非常巨大。

尽管巴西的官僚主义、经济减速及其国民对中国四处购买土地和大宗商品心存疑虑，这些原因对重粮集团巴西大豆项目建设有影响，但我们不可忽视这些因素背后晃动着的相关利益集团的影子，也许他们才是中国企业更需要关注的焦点。试想建设一座大豆压榨厂，官方审批长达6年多时间，仍不知最终结果如何，这已不是官僚主义所能解释的现象。那些国会议员和行业协会背后的鼓动者和支持者也许可以给予更好的解释。

第三，重粮集团过度自信地高估了自身解决巴西项目配套设施的能力。四大国际粮商控制南美大豆产业有一个共同点，即不买地、种地，而是以订单农业的模式向巴西农民采购大豆，在物流环节、购销环节上大做文章，获取巨额收益。这样企业不仅消除了海外买地带来的争议，也规避了种植大豆所带来的自然风险，同时还给当地农民留下了更多生存和发展的空间。简单地说，物流环节和购销环节是四大粮商控制巴西大豆及其加工产品贸易的关键所在，也是其获取巨额利益的主导环节。正因为如此，四大粮商对巴西大豆产业链的物流、仓储、码头及加工厂布局等都是严格控制，且不会与任何竞争对手分享。

对于巴西大豆市场而言，重粮集团显然是个新来者，目前尚处于与巴西农民直接竞争的大豆种植业者地位，但无疑是四大国际粮商明确的未来潜在竞争对手。因此，重粮集团只能重新建设自身所需的各项配套设施，而绝不可能有机会分享到当前巴西大豆产业链上已有的物流、仓储、码头等基础设施。如前所述，从买地开荒到建设农场、粮食仓储、港口物流等系列配套设施，重粮集团对这些项目不仅需要投入高达170亿元资金，而且在各项审批都顺利的情况下也要至少耗费3年多时间才能建成。这对于本身就投资额大、回收期长的农业项目而言，重粮集团在财务安排（尤其是长期融资）上面临巨大困难是不言而喻的。与此同时，在潜在竞争对手一系列打压策略以及巴西政府本身严重的官僚主义影响之下，重粮集团短期内完成这些项目配套设施建设几乎不可能。从目前重粮集团所面临的各项实际困难来看，即使未来三五年内建设好这些项目配套设施也算非常幸运了。

正是因为看到了中国农业企业在海外投资面临物流环节和购销环节上的“瓶颈”，有些专家建议鼓励相关企业向农产品的加工、物流、仓储、码头等领域投资，但实际运作同样困难重重。重粮集团也计划建设港口、码头、仓储等物流系统设施，但巨额的投资、烦琐的审批和竞争对手的干扰等都给预期目标的实现带来了巨大障碍，短期内尚难以形成竞争力。

第四，重粮集团忽略了习惯或传统土地权属可能引发的社会责任风险。[①] 土地权属包括官方认可的正式土地权属和习惯或传统土地权属，后者既不违法也未被法律认可。部分拉美国家土著居民占据的土地通常存在习惯权属，其权利和义务由社群自身来界定。两种和多种土地权属形式并存的状况，可能会给海外农业类投资项目带来潜在风险。比较典型的风险是，一个企业获得了某块土地的使用权，但该区域内有部分土地是土著居民的活动点，若企业未与习惯权属的土地使用者沟通而贸然动工，则可能引起土地纠纷和当地社区的抗议。此外，非政府组织也可以根据保障土著居民权利的国际性文书，如世界粮食安全委员会 2012 年通过的《国家粮食安全框架下土地、渔业及森林权属负责任治理自愿准则》，要求企业调整决策或做出补偿。因为土地问题很敏感，容易牵扯到政治问题，东道国往往为回避某些政治难题而限制企业活动，这就可能损害企业在海外投资农业的权益。

2015 年 10 月 19 日重粮集团索尔·阿格里科拉（Sol Agricola）农场被占领事件就是因为习惯土地权属问题，“巴西无地农民工人运动”实施了此次维护土著居民权利的抗议行动。MST 曾获得联合国儿童基金会（UNICEF）颁发的教育奖，该组织成立 20 多年来从无间断地进行教育、

① 《风险地图助查海外投资“隐形地雷”——海外投资如何识别、评估、预防和管理社会责任风险》，《21 世纪经济报道》2016 年 9 月 7 日，第 20 版。

组织工作，并采取直接行动以促使土地改革及实现支持家庭农业的经济政策。近些年来，“巴西无地农民工人运动”也开始关注全球一体化及贸易的课题，诸如基因改造种子的出入口及国际贸易条约等。MST组织这次占领活动旨在谴责当地政府的“卖地”行径，认为土地被外国公司收购后发挥不了更多的社会功能，而这些土地却是当地无地农民赖以获取健康食品和居住的根本。但是，“巴西无地农民工人运动”发起的这次占领活动显然伤及了重粮集团利益，可能在某种程度上会延缓相关项目的建设进度，而且类似占领活动今后可能还会重演。

巴西是拉美地区土著居民较多的国家，中国企业在涉及土著居民问题的国家和地区投资农业项目，有效防范和控制因习惯土地权属问题引发的相关社会责任风险，这也是非常值得注意的重要问题之一。重粮集团在巴西因习惯土地权属问题而遭遇非政府组织发起占领事件，其短期影响尚在掌控之中，但对企业形象造成长期影响仍不容忽视。

第四节 应对拉美农业投资风险的几点建议

第一，重粮集团在巴西大豆投资项目中采取的“1+3”风险防控策略是值得其他相关企业深入学习的，该策略有助于在短期内帮助投资者防控财务和法律两大常规风险。

第二，中国企业海外投资项目力求做到“商业的归商业政治的归政治”，尽可能减少国家领导见证下签署商业合同的政绩工程做法，尤其是农业、能源和矿产等资源类投资项目更加要务求低调，不可诱发拉美民众内心世界里对任何外国投资者都存在的浓厚的反殖民主义思潮，进而避免引发东道国民众的不满情绪。

第三，在四大国际粮商影响力很大的拉美国家投资农业经营项目，务必要谨慎采取有效竞争策略，第一要务就是突破这些国际粮商在物流环节和购销环节的严格控制。中国投资者可以多考虑与东道国农业企业和农产品加工企业合作或合资经营，如此可以避免因不熟悉东道国市场环境而引发的多种风险，也可以减少投资可能面临的潜在政治风险和社会风险。

第四，要尽可能考虑到如何规避土地权属等问题可能诱发的社会责任风险。中国企业在国内绝大多数情况下都不曾经历过严重的社会责任风险，因此往往缺乏处理相关问题的经验。土著居民问题在拉美国家都较为普遍地存在，土地又常常是农业投资难以回避的问题，所以中国企业对拉美地区投资农业项目需要解决好土地权属问题可能引发的潜在风险。

第五，不可将农业资源国际化简单化为购买耕地或农场。中国是全球最大农产品进口国，因此实现农产品供给国际化非常重要，但农产品供给国际化并不意味着必须在海外购买农场或耕地。欧美日韩农业企业的海外投资经验，以及中国农业企业的海外投资教训，都明确地显示购买海外农场或耕地只是可选择的策略之一，但并不一定是稳定本国农产品国际供给的上上之策。

第六，中国农业企业“走出去”还要加强管理团队建设，力求建立起适应国际化发展所需的人才队伍。中国农业企业开拓国际投资市场的历史并不长，从人才到管理经验都还很欠缺，尤其是懂得西班牙语或葡萄牙语的专业人才非常匮乏，因此，加强面向拉美农业投资市场的专业人才培养非常迫切。

参考文献

1.《我市粮食集团 57 亿建巴西大豆基地》，《重庆晨报》2010 年 4 月 21 日，第 25 版。

2.《重庆粮食集团 4 月正式签约巴西大豆项目》，第一财经网，http：//www. yicai. com/news/713189. html，2011 年 3 月 22 日。

3.《重庆粮食集团首批巴西大豆油月底入市》，第一财经网，http：//www. yicai. com/news/1132962. html，2011 年 10 月 12 日。

4.《李金章大使视察重庆粮油集团巴西格林天地公司》，中华人民共和国商务部官方网站，http：//www. mofcom. gov. cn/aarticle/i/jyjl/l/201211/20121108450569. html，2012 年 11 月 24 日。

5.《重粮 170 亿元巴西种粮计划停滞》，《经济观察报》2015 年 8 月 8 日，http：//www. eeo. com. cn/2015/0808/278690. shtml。

6.《在巴西建 300 万亩大豆基地　粮食集团为重庆百姓“油瓶子”加油》，《重庆日报》（农村版）2012 年 9 月 21 日，第 10 版。

7. Barreiras/BA tera maior esmagadora de soja do Brasil，http：//agrolink. com. br/noti-

cias/Barreiras-ba-ter-225-maior-esmagadora-de-soja-do-brasil_ 131153. html，2011 年 2 月 6 日。

8.《中国进军巴西农业　但美好愿望遭遇冷酷现实》，路透中文网，http：//finance. sina. com. cn/360desktop/stock/usstock/c/20140407/175318726323. shtml，2014 年4 月 7 日。

9.《巴西无地农民占领长期撂荒重庆粮食集团在巴西购买土地》，陈一文顾问的博客，http：//blog. sina. com. cn/s/blog_ 4bb17e9d0102vz6e. html，2015 年 10 月 23 日。

10.《韩国三星公司在智利铜矿正式进入开采阶段》，中华人民共和国商务部网站，http：//www. mofcom. gov. cn/article/i/jyjl/l/201408/20140800 706594. shtml，2014 午 8 月 22 日。

11.《风险地图助查海外投资“隐形地雷”——海外投资如何识别、评估、预防和管理社会责任风险》，《21 世纪经济报道》2016 年 9 月 7 日，第 20 版。

附　录

相关数据

陈朝先[①]　张　宇

附表 1　**2008—2017 年拉丁美洲和加勒比：GDP 及人均 GDP 年均增长率**　单位：%

	GDP 年均增长率										人均 GDP 年均增长率									
	2008 年	2009 年	2010 年	2011 年	2012 年	2013 年	2014 年	2015 年	2016 年	2017[a] 年	2008 年	2009 年	2010 年	2011 年	2012 年	2013 年	2014 年	2015 年	2016 年	2017[a] 年
拉丁美洲和加勒比地区[b]	4.0	-1.8	6.2	4.4	2.8	2.9	1.2	-0.2	-0.8	1.3	2.7	-3.0	4.9	3.2	1.6	1.7	0.1	-1.3	-1.9	0.3
拉丁美洲	4.0	-1.8	6.3	4.5	2.9	2.9	1.1	-0.3	-0.9	1.3	2.7	-3.0	4.9	3.2	1.6	1.7	0.1	-1.3	-1.9	0.2

① 数据整理人：陈朝先，四川苍溪人，西南科技大学副校长，西南财经大学博士，教授。

续表

	GDP 年均增长率										人均 GDP 年均增长率									
	2008 年	2009 年	2010 年	2011 年	2012 年	2013 年	2014 年	2015 年	2016 年	2017[a] 年	2008 年	2009 年	2010 年	2011 年	2012 年	2013 年	2014 年	2015 年	2016 年	2017[a] 年
阿根廷	4.1	-5.9	10.1	6.0	-1.0	2.4	-2.5	2.6	-2.2	2.9	3.0	-6.9	9.0	4.9	-2.1	1.3	-3.5	1.6	-3.2	2.0
玻利维亚	6.1	3.4	4.1	5.2	5.1	6.8	5.5	4.9	4.3	3.9	4.3	1.6	2.4	3.5	3.4	5.1	3.8	3.2	2.7	2.4
巴西	5.1	-0.1	7.5	4.0	1.9	3.0	0.5	-3.5	-3.5	0.9	3.9	-1.2	6.4	2.9	0.9	2.0	-0.4	-4.4	-4.3	0.1
智利	3.7	-1.0	5.8	5.8	5.5	4.0	1.9	2.3	1.6	1.5	2.5	-2.1	4.6	4.7	4.3	2.9	0.8	1.2	0.5	0.5
哥伦比亚	3.5	1.7	4.0	6.6	4.0	4.9	4.4	3.1	2.0	1.8	2.3	0.5	2.8	5.5	3.0	3.8	3.4	2.1	1.1	1.0
哥斯达黎加	2.7	-1.0	5.0	4.5	5.2	2.3	3.5	3.6	4.5	3.9	1.3	-2.3	3.6	3.2	3.9	1.1	2.4	2.5	3.5	2.9
古巴	4.1	1.5	2.4	2.8	3.0	2.8	1.0	4.3	0.0	0.5	4.1	1.4	2.3	2.7	2.8	2.6	0.9	4.2	0.0	-0.5
多米尼加	3.2	0.9	8.3	3.1	2.8	4.7	7.6	7.0	6.6	4.9	1.8	-0.4	6.9	1.8	1.5	3.5	6.3	5.8	5.4	3.8
厄瓜多尔	6.4	0.6	3.5	7.9	5.6	4.9	4.0	0.2	-1.5	1.0	4.6	-1.1	1.8	6.2	4.0	3.3	2.4	-1.3	-2.9	-0.5
萨尔瓦多	1.3	-3.1	1.4	2.2	1.9	1.8	1.4	2.3	2.4	2.4	0.9	-3.5	1.0	1.8	1.5	1.4	1.0	1.9	1.9	2.0
危地马拉	3.3	0.5	2.9	4.2	3.0	3.7	4.2	4.1	3.1	3.2	1.0	-1.6	0.7	2.0	0.8	1.6	2.1	2.1	1.1	1.3
海地	0.8	3.1	-5.5	5.5	2.9	4.2	2.8	1.2	1.4	1.3	-0.7	1.5	-6.9	4.0	1.4	2.8	1.4	-0.1	0.1	0.0
洪都拉斯	4.2	-2.4	3.7	3.8	4.1	2.8	3.1	3.6	3.6	3.9	2.4	-4.1	2.1	2.2	2.6	1.3	1.6	2.2	2.2	2.6
墨西哥	1.1	-5.3	5.1	3.7	3.6	1.4	2.8	3.3	2.9	2.2	-0.5	-6.8	3.5	2.2	2.2	0.0	1.5	1.9	1.6	0.9

续表

	GDP 年均增长率										人均 GDP 年均增长率									
	2008年	2009年	2010年	2011年	2012年	2013年	2014年	2015年	2016年	2017[a]年	2008年	2009年	2010年	2011年	2012年	2013年	2014年	2015年	2016年	2017[a]年
尼加拉瓜	3.4	-3.3	4.4	6.3	6.5	4.9	4.8	4.9	4.7	4.9	2.1	-4.5	3.1	5.0	5.2	3.7	3.6	3.7	3.6	3.8
巴拿马	8.6	1.6	5.8	11.8	9.2	6.6	6.1	5.8	4.9	5.3	6.7	-0.1	4.0	9.9	7.4	4.9	4.4	4.1	3.2	3.7
巴拉圭	6.4	-4.0	13.1	4.3	-1.2	14.0	4.7	3.0	4.0	4.0	4.9	-5.2	11.6	2.9	-2.6	12.5	3.3	1.6	2.8	2.8
秘鲁	9.1	1.1	8.3	6.3	6.1	5.9	2.4	3.3	4.0	2.5	7.8	-0.1	7.0	4.9	4.7	4.4	1.0	1.9	2.7	1.3
乌拉圭	7.2	4.2	7.8	5.2	3.5	4.6	3.2	0.4	1.5	3.0	6.8	3.9	7.5	4.8	3.2	4.3	2.9	0.0	1.1	2.6
委内瑞拉	5.3	-3.2	-1.5	4.2	5.6	1.3	-3.9	-5.7	-9.7	—	3.6	-4.7	-2.9	2.7	4.2	0.0	-5.1	-6.9	-10.8	—
加勒比	1.2	-3.5	1.4	1.0	1.4	1.0	0.4	0.6	-1.6	0.1	0.5	-4.2	0.7	0.4	0.8	0.4	-0.2	0.0	-2.2	-0.4
安提瓜和巴布达	0.0	-12.1	-7.2	-2.1	3.5	-0.1	5.1	4.1	5.3	4.5	-1.1	-13.1	-8.2	-3.1	2.4	-1.1	4.0	3.0	4.3	3.5
巴哈马	-2.3	-4.2	1.5	0.6	3.1	-0.6	-1.2	-3.1	0.2	1.2	-4.1	-5.8	-0.2	-1.0	1.5	-2.0	-2.6	-4.3	-1.0	0.1
巴巴多斯	0.1	-4.0	0.3	0.7	0.3	0.0	0.0	0.9	2.0	1.5	-0.3	-4.4	-0.1	0.3	-0.1	-0.3	-0.3	0.6	1.7	1.2
伯利兹	3.2	0.8	3.3	2.1	3.7	0.7	4.0	3.8	-0.5	2.5	0.6	-1.7	0.9	-0.3	1.4	-1.5	1.8	1.6	-2.6	0.4
多米尼克	7.1	-1.2	0.7	-0.2	-1.1	-0.6	4.4	-2.5	2.6	-8.3	7.0	-1.3	0.4	-0.6	-1.5	-1.0	3.9	-3.0	2.2	-8.7
格林纳达	1.0	-6.6	-0.4	0.7	-1.2	2.3	7.3	6.5	3.7	3.5	0.6	-7.0	-0.8	0.3	-1.6	1.8	6.9	6.0	3.2	3.0
圭亚那	2.0	3.3	4.4	5.4	4.8	5.2	3.8	3.2	3.3	2.9	1.6	3.0	4.0	5.1	4.5	4.9	3.5	2.7	2.8	2.4
牙买加	-0.8	-4.3	-1.5	1.7	-0.6	0.5	0.7	1.0	1.4	1.2	-1.3	-4.8	-1.9	1.3	-1.0	0.1	0.3	0.6	1.0	0.8

续表

	GDP 年均增长率										人均 GDP 年均增长率									
	2008 年	2009 年	2010 年	2011 年	2012 年	2013 年	2014 年	2015 年	2016 年	2017[a] 年	2008 年	2009 年	2010 年	2011 年	2012 年	2013 年	2014 年	2015 年	2016 年	2017[a] 年
圣基茨和尼维斯	6.3	-3.0	-2.2	2.4	-0.6	6.2	6.0	4.0	2.2	2.1	5.0	-4.2	-3.4	1.2	-1.8	4.9	4.7	2.8	1.1	1.0
圣文森特和格林纳丁斯	1.6	-2.1	-3.4	-0.4	1.4	1.8	1.0	1.8	1.3	0.8	1.5	-2.2	-3.4	-0.4	1.4	1.8	1.0	1.7	1.1	0.6
圣卢西亚	5.7	1.2	-1.6	0.6	0.2	3.4	-0.2	2.0	1.7	2.8	4.1	-0.2	-2.8	-0.4	-0.7	2.6	-0.9	1.2	0.9	2.1
苏里南	4.1	3.0	5.2	5.3	3.3	2.9	0.3	-2.6	-5.1	-0.7	3.0	1.8	4.0	4.2	2.3	2.0	-0.6	-3.4	-6.0	-1.5
特立尼达和多巴哥	3.4	-4.4	3.3	-0.3	1.3	1.0	-0.3	1.5	-6.0	-2.3	2.9	-4.8	2.8	-0.8	0.8	0.5	-0.7	1.1	-6.3	-2.6

注：a 表示初步数据；b 表示以 2010 年美元价格为基础核算。

资料来源：拉丁美洲和加勒比经济委员会，官方数据。[Economic Commission for Latin America and the Caribbean (ECLAC), on the basis of official figures.]

附表 2

2014—2016 年拉美地区 GDP 与人均 GDP

单位：%

	人均 GDP(美元，当前美元价格)			GDP(亿美元，当前美元价格)		
	2014 年	2015 年	2016 年	2014 年	2015 年	2016 年
安提瓜和巴布达	14019	14764	15626	12.7	13.6	14.5
阿根廷	13226	14643	12479	5670.5	6340.2	5454.8
巴哈马	22497	22817	22657	86.2	88.5	89.0

续表

	人均 GDP(美元,当前美元价格)			GDP(亿美元,当前美元价格)		
	2014 年	2015 年	2016 年	2014 年	2015 年	2016 年
巴巴多斯	15352	15145	15148	43.5	43.0	43.2
伯利兹	4852	4850	—	17.1	17.4	17.7[a]
玻利维亚	3121	3073	3100	330.0	330.0	338.1
巴西	11922	8682	8571	24553.9	18036.5	17956.0
智利	14581	13407	13516	2609.9	2425.2	2470.3
哥伦比亚	7913	6045	5806	3782.0	2915.2	2824.6
哥斯达黎加	10619	11376	11794	506.6	548.4	574.4
古巴	7069	7149	7097	806.6	816.6	810.9
多米尼克	7301	7116	7196	5.3	5.2	5.3
厄瓜多尔	6432	6205	5969	1022.9	1001.8	978.0
萨尔瓦多	3994	4136	4237	250.5	260.5	268.0
格林纳达	8571	9212	9468	9.1	9.8	10.2
危地马拉	3657	3893	4117	587.2	637.7	687.6
圭亚那	4040	4127	4394	30.9	31.7	33.9
海地	816	777	702	86.6	83.5	76.5
洪都拉斯	2420	2533	2555	192.7	204.5	209.1

续表

	人均 GDP(美元,当前美元价格)			GDP(亿美元,当前美元价格)		
	2014 年	2015 年	2016 年	2014 年	2015 年	2016 年
牙买加	4993	5106	4878	139. 0	142. 6	136. 8
墨西哥	10532	9224	8293	12952. 6	11493. 8	10469. 3
尼加拉瓜	1959	2086	2141	117. 9	126. 9	131. 7
巴拿马	12714	13268	13827	491. 7	521. 3	551. 9
巴拉圭	4711	4109	4082	308. 8	272. 8	274. 4
秘鲁	6489	6029	—	2010. 5	1892. 1	1920. 9[a]
圣基茨和尼维斯	15430	15772	16320	8. 5	8. 8	9. 2
圣文森特和格林纳丁斯	6656	6739	6941	7. 3	7. 4	7. 6
圣卢西亚	7548	7736	7397	13. 9	14. 3	13. 8
苏里南	9684	9496	7053	52. 1	51. 6	38. 6
特立尼达和多巴哥	19325	19314	17939	261. 8	262. 7	244. 9
乌拉圭	16744	15531	15226	572. 4	532. 7	524. 2
委内瑞拉	15991	40668	68940	4823. 9	12425. 6	21326. 8
拉丁美洲和加勒比地区	10171	9939	11201	63016. 6	62243. 0	67289. 0
拉丁美洲	10177	9940	11220	62329. 4	61546. 4	66642. 2
加勒比	9713	9788	9525	687. 2	696. 6	646. 7

资源来源:拉美经委会(CEPAL)。

附表 3

2008—2017 年拉丁美洲和加勒比地区:固定资本形成总额

单位:GDP 百分比

	2008 年	2009 年	2010 年	2011 年	2012 年	2013 年	2014 年	2015 年	2016 年	2017[a]年
拉丁美洲和加勒比地区[b]	20.3	19.1	20.2	21.1	21.3	21.3	20.7	19.5	18.7	17.9
阿根廷	17.6	14.5	16.6	18.4	17.3	17.3	16.5	16.7	16.2	16.7
巴哈马	28.1	26.4	26.2	27.6	30.1	27.0	28.8	23.8	25.1	—
伯利兹	24.9	20.1	15.3	14.9	15.7	18.3	20.2	23.8	25.1	—
玻利维亚	16.1	16.1	16.6	19.5	19.0	19.9	20.7	20.7	20.6	20.3
巴西	19.1	18.7	20.5	21.1	20.9	21.4	20.4	18.2	16.9	16.6
智利	23.3	20.7	21.9	23.7	25.1	24.7	23.1	22.4	21.9	21.7
哥伦比亚	22.3	21.7	21.9	24.4	24.6	25.0	26.3	26.0	24.6	24.6
哥斯达黎加	22.1	19.9	20.0	20.8	21.4	20.8	20.8	20.6	19.8	19.5
多米尼加	24.1	23.1	24.6	26.1	27.3	28.7	28.7	27.0	25.2	25.9
厄瓜多尔	15.8	13.2	13.3	14.8	14.3	15.4	14.2	15.0	14.6	14.5
萨尔瓦多	18.0	15.6	14.8	15.2	15.3	15.0	15.0	15.3	15.2	16.3
危地马拉	25.6	25.7	25.4	—	—	—	—	—	—	—
海地	33.3	22.1	21.6	24.3	24.2	23.1	22.5	24.4	21.8	21.7
洪都拉斯	23.2	21.7	21.6	22.5	22.7	21.7	21.7	22.1	21.7	21.5

续表

	2008 年	2009 年	2010 年	2011 年	2012 年	2013 年	2014 年	2015 年	2016 年	2017[a]年
墨西哥	26.4	20.6	21.2	24.3	27.5	27.6	27.3	31.2	31.2	31.3
尼加拉瓜	29.5	28.2	30.2	33.7	37.3	42.2	43.7	—	—	—
巴拿马	15.2	14.7	15.9	16.9	15.8	15.5	16.1	16.0	16.5	16.9
巴拉圭	21.9	20.9	23.5	24.3	26.3	26.2	25.1	22.7	21.0	20.3
秘鲁	27.6	23.3	25.1	23.7	23.0	22.4	23.3	26.3	27.4	27.2
乌拉圭	19.6	17.7	19.1	19.4	22.1	22.0	21.8	19.7	19.6	19.3
委内瑞拉	20.7	19.6	18.7	18.7	21.9	19.6	17.0	17.5	19.3	—

注:a 表示初步数据;b 表示以 2010 年美元价格为基础核算。

资料来源:拉丁美洲和加勒比经济委员会,官方数据。[Economic Commission for Latin America and the Caribbean (ECLAC), on the basis of official figures.]

附表 4—1

2015—2017 年拉丁美洲和加勒比:国际收支

单位:百万美元

	货物出口额(FOB)			服务出口额			货物进口额(FOB)			服务进口额		
	2015 年	2016 年	2017[a]年	2015 年	2016 年	2017[a]年	2015 年	2016 年	2017[a]年	2015 年	2016 年	2017[a]年
拉丁美洲和加勒比地区	926951	865465	—	153765	152283	—	984239	872283	—	209375	187918	—
拉丁美洲[b]	909789	852984	948533	141156	142991	152778	960160	853001	928956	200436	180811	195372
阿根廷	56813	57784	58922	13219	12812	14134	57176	53243	63610	19005	20956	23680

续表

	货物出口额(FOB)			服务出口额			货物进口额(FOB)			服务进口额		
	2015年	2016年	2017[a]年	2015年	2016年	2017[a]年	2015年	2016年	2017[a]年	2015年	2016年	2017[a]年
玻利维亚	8684	7000	7840	1243	1245	1307	9004	7888	8573	2835	2841	2898
巴西	190092	184453	215810	33778	33300	34632	172422	139416	150569	70696	63747	68209
智利	62183	60597	67599	9636	9500	10070	58718	55341	60875	13054	12638	13270
哥伦比亚	38263	33382	37967	7424	8012	8334	52051	43239	46266	12193	11171	11898
哥斯达黎加	9432	10166	10936	7693	8648	9218	14059	14587	15317	3085	3533	4035
多米尼加	9442	9860	10346	7542	8305	8886	16907	17484	18183	3174	3344	3503
厄瓜多尔	19049	17425	19888	2391	2140	2172	20699	15858	19236	3197	3194	3276
萨尔瓦多	4381	4186	4463	2337	2477	2570	9384	8823	9352	1532	1721	1787
危地马拉	10824	10581	11114	2823	2784	2840	16381	15767	16871	3162	3026	3193
海地	1024	995	988	724	607	613	3449	3183	3693	1042	1013	1044
洪都拉斯	8188	7841	8317	1104	1181	1217	11097	10559	11142	1794	1791	1827
墨西哥	380976	374296	409734	22903	24597	26566	395573	387369	417825	32657	33549	37910
尼加拉瓜	3859	3772	4111	1254	1394	1506	6405	6384	6518	1021	1148	1056
巴拿马	12765	11705	12641	14337	14613	16065	22487	20513	22564	4758	4423	4738
巴拉圭	10898	11155	11754	860	883	895	10317	9789	11649	1104	1104	1181
秘鲁	34414	37020	44424	6236	6312	7070	37331	35132	38118	8276	8287	8508

续表

	货物出口额(FOB)			服务出口额			货物进口额(FOB)			服务进口额		
	2015年	2016年	2017[a]年	2015年	2016年	2017[a]年	2015年	2016年	2017[a]年	2015年	2016年	2017[a]年
乌拉圭	11145	10766	11680	4488	4181	4683	9801	8427	8595	4077	3325	3358
委内瑞拉	37357	—	—	1163	—	—	36901	—	—	13774	—	—
加勒比	17162	12481	—	12609	9292	—	24079	19281	—	8939	7107	—
安提瓜和巴布达	66	78	—	968	955	—	460	503	—	388	424	—
巴哈马	527	—	—	2737	—	—	2953	—	—	1271	—	—
巴巴多斯	483	517	—	1471	1565	—	1537	1540	—	494	495	—
伯利兹	538	—	—	496	—	—	961	—	—	221	—	—
多米尼克	34	26	—	234	255	—	188	188	—	126	126	—
格林纳达	41	38	—	537	555	—	327	315	—	238	238	—
圭亚那	1170	—	—	143	—	—	1475	—	—	423	—	—
牙买加	1255	1195	1222	3059	3218	2900	4449	4169	4200	2161	2167	2200
圣基茨和尼维斯	49	51	—	482	467	—	302	308	—	216	206	—
圣文森特和格林纳丁斯	46	47	—	233	239	—	295	295	—	117	119	—
圣卢西亚	187	166	—	853	811	—	502	576	—	330	320	—
苏里南	1652	2149	—	204	203	—	2028	1966	—	674	803	—
特立尼达和多巴哥	11114	8214	—	1192	1025	—	8602	9422	—	2277	2210	—

附表 4—2

	贸易余额			收益余额			经常转移余额			经常项目余额		
	2015 年	2016 年	2017[a]年	2015 年	2016 年	2017[a]年	2015 年	2016 年	2017[a]年	2015 年	2016 年	2017[a]年
拉丁美洲和加勒比地区	-112897	-42452	—	-131808	-124372	—	69763	75366	—	-174943	-89090	—
拉丁美洲[b]	-109651	-37837	-18971	-129861	-123367	-141052	66908	72772	77746	-172604	-88432	-86322
阿根廷	-6148	-3603	-14235	-12105	-12105	-13710	1083	1176	1092	-17170	-14533	-26853
玻利维亚	-1911	-2485	0	-1127	-616	-900	1171	1194	1253	-1868	-1907	-1971
巴西	-19249	14590	31664	-42910	-41080	-46000	2724	2960	2398	-59434	-23530	-11938
智利	47	2119	3524	-6576	-7117	-10249	1858	1424	2300	-4670	-3574	-4425
哥伦比亚	-18557	-13016	-11862	-5650	-5113	-6400	5430	5823	6118	-18777	-12305	-12144
哥斯达黎加	-19	694	803	-2380	-2864	-3099	457	473	488	-1942	-1698	-1809
多米尼加	-3097	-2663	-2454	-2936	-3364	-3900	4753	5049	5454	-1280	-978	-901
厄瓜多尔	-2455	513	-453	-1731	-1856	-2290	2078	2780	2836	-2108	1438	92
萨尔瓦多	-4198	-3881	-4107	-1091	-1225	-1287	4363	4576	5066	-926	-531	-328
危地马拉	-5896	-5428	-6110	-1399	-1507	-1550	7199	7959	8914	-96	1023	1254
海地	-2743	-2595	-3136	41	48	50	2437	2464	2830	-266	-83	-256
洪都拉斯	-3598	-3328	-3434	-1380	-1491	-1614	3835	4009	4473	-1144	-810	-575
墨西哥	-24351	-22025	-19435	-29268	-27152	-30000	24131	26527	28192	-29489	-22650	-21243
尼加拉瓜	-2313	-2366	-236	-345	-354	-394	1515	1586	1665	-1144	-1133	-685
巴拿马	-143	1382	1404	-4025	-4385	-4245	-106	-157	-116	-4274	-3160	-2958

续表

	贸易余额			收益余额			经常转移余额			经常项目余额		
	2015 年	2016 年	2017[a]年	2015 年	2016 年	2017[a]年	2015 年	2016 年	2017[a]年	2015 年	2016 年	2017[a]年
巴拉圭	337	1146	-131	-1311	-1506	-1490	672	775	869	-301	415	-802
秘鲁	-4956	-86	4867	-7544	-9184	-11021	3331	3967	3712	-9169	-5303	-2441
乌拉圭	1755	3195	4410	-2327	-2494	-2953	176	187	204	-395	888	1661
委内瑞拉	-12155	—	—	-5798	—	—	-197	—	—	-18150	—	—
加勒比	-3246	-4614	-2278	-1947	-1006	-280	2854	2594	2200	-2340	-658	—
安提瓜和巴布达	185	106	—	-81	-98	—	-11	-7	—	93	2	—
巴哈马	-960	—	—	-403	47	—	-46	47	—	-1409	47	—
巴巴多斯	-78	47	—	-213	-221	—	2	-33	—	-289	-207	—
伯利兹	-149	—	—	-95	47	—	70	47	—	-175	47	—
多米尼克	-47	-33	—	-19	-20	—	55	57	—	-10	5	—
格林纳达	13	40	—	-58	-61	—	7	-12	—	-38	-34	—
圭亚那	-585	—	—	25	—	—	417	0	—	-144	0	—
牙买加	-2296	-1922	-2278	-440	-570	-280	2306	2389	2200	-430	-103	-358
圣基茨和尼维斯	13	4	—	-81	-81	—	-17	-26	—	-85	-102	—
圣文森特和格林纳丁斯	-132	-127	—	-14	-25	—	33	30	—	-113	-122	—
圣卢西亚	208	81	—	-111	-118	—	15	6	—	112	-31	—
苏里南	-846	-417	—	-27	47	—	65	47	—	-808	47	—
特立尼达和多巴哥	1428	-2392	—	-429	47	—	-42	47	—	957	-207	-

附表 4—3

	资本和金融项目余额[c]			国际收支余额			储备资产变化[d]			其他融资项目		
	2015 年	2016 年	2017[a]年	2015 年	2016 年	2017[a]年	2015 年	2016 年	2017[a]年	2015 年	2016 年	2017[a]年
拉丁美洲和加勒比地区	149132	116052	—	-27489	26459	—	23685	-26491	—	681	-117	—
拉丁美洲[b]	146759	114820	115820	-25845	26388	28562	25212	-26187	-29464	638	-201	—
阿根廷	12264	28844	39965	-4906	14311	13112	4906	-14311	-13112	0	0	—
玻利维亚	248	-1138	1961	-1620	-3046	-9	1620	3046	9	0	0	—
巴西	61003	32767	27105	1569	9237	15167	-1569	-9237	-15167	0	0	—
智利	4881	5379	1802	211	1805	-2623	-211	-1805	2623	0	0	—
哥伦比亚	19192	12470	12986	415	165	842	-415	-165	-842	0	0	—
哥斯达黎加	2586	1463	1059	644	-235	-750	-644	235	750	0	0	—
多米尼加	2051	1870	1870	770	892	129	-407	-780	-129	-363	-112	—
厄瓜多尔	620	-231	-231	-1489	1207	-1533	1453	-1763	1533	36	556	—
萨尔瓦多	1039	983	850	113	453	523	-113	-453	-523	0	0	—
危地马拉	572	368	853	475	1392	2107	-475	-1392	-2107	0	0	—
海地	81	164	321	-185	81	65	141	-142	-65	49	61	—
洪都拉斯	1437	864	-575	293	53	597	-303	-66	-597	10	13	—
墨西哥	13822	22515	17704	-15667	-136	-3539	15667	136	3539	0	0	—
尼加拉瓜	1341	1077	1077	197	-57	-57	-197	57	57	0	0	—
巴拿马	3290	4487	2057	-984	1327	-901	78	-609	0	907	-718	—
巴拉圭	-258	543	1632	-560	957	830	560	-957	-830	0	0	—

续表

	资本和金融项目余额[c]			国际收支余额			储备资产变化[d]			其他融资项目		
	2015 年	2016 年	2017^a年	2015 年	2016 年	2017^a年	2015 年	2016 年	2017^a年	2015 年	2016 年	2017^a年
秘鲁	9242	5472	5118	73	168	2677	-73	-168	-2677	0	0	—
乌拉圭	-1281	-3076	255	-1677	-2189	1926	1677	2189	-1926	0	—	—
委内瑞拉	14632	—	—	-3518	—	—	3518	—	—	0	—	—
加勒比	986	1232	—	-1353	71	—	-1818	-304	—	43	84	—
安提瓜和巴布达	-35	-27	—	58	-24	—	-58	24	—	0	0	—
巴哈马	1437	84	—	28	—	—	-28	—	—	0	—	—
巴巴多斯	226	84	—	-63	-123	—	63	123	—	0	—	—
伯利兹	71	84	—	-104	—	—	104	—	—	0	—	—
多米尼克	36	91	—	26	96	—	-26	-96	—	0	0	—
格林纳达	67	44	—	29	10	—	-29	-10	—	0	0	—
圭亚那	169	—	—	25	—	—	-68	—	—	43	—	—
牙买加	870	482	210	440	379	148	-440	-379	-148	0	0	0
圣基茨和尼维斯	47	147	—	-38	44	—	38	-44	—	0	0	—
圣文森特和格林纳丁斯	128	142	—	15	20	—	-15	-20	—	0	0	—
圣卢西亚	-51	18	—	61	-13	—	-61	13	—	0	0	—
苏里南	542	84	—	-266	150	—	266	84	—	0	84	—
特立尼达和多巴哥	-2521	—	—	-1564	-467	—	-1564	—	—	0	—	—

注:a 表示预估数据;b 表示不包括委内瑞拉;c 表示包含错误和遗漏;d 表示负号表示储备资产增加。

资料来源:拉丁美洲和加勒比经济委员会,官方数据。[Economic Commission for Latin America and the Caribbean (ECLAC), on the basis of official figures.]

附表 5—1　　2015—2017 年拉丁美洲和加勒比:国际货物贸易(指数 2010 年 =100)

	货物出口额(FOB)								
	值			量			单位价值		
	2015 年	2016 年	2017[a]年	2015 年	2016 年	2017[a]年	2015 年	2016 年	2017[a]年
拉丁美洲[b]	104.0	105.4	117.4	116.6	122.4	127.6	89.2	86.1	92.0
阿根廷	83.2	84.6	86.3	84.0	89.6	88.7	99.3	94.5	97.3
玻利维亚	135.6	109.3	122.5	141.1	128.9	128.7	94.7	81.7	93.1
巴西	94.4	91.6	107.2	112.1	115.9	121.1	84.2	79.0	88.5
智利	87.5	82.7	95.1	110.5	106.8	108.9	80.0	78.3	88.2
哥伦比亚	93.9	81.9	93.1	143.6	142.7	144.1	65.4	57.4	64.6
哥斯达黎加	125.9	135.7	146.0	132.1	138.1	144.9	93.7	92.2	94.5
多米尼加	138.5	144.7	151.8	141.0	150.4	154.2	92.3	90.3	92.5
厄瓜多尔	105.0	96.1	109.7	119.4	118.2	119.3	83.9	78.0	88.2
萨尔瓦多	126.1	120.5	128.5	121.5	119.9	126.6	106.7	104.5	105.6
危地马拉	126.8	124.0	130.2	143.1	136.7	140.6	86.4	88.6	92.2
海地	176.3	171.3	170.2	170.6	172.7	169.9	103.2	99.4	104.0
洪都拉斯	130.7	125.2	132.8	145.7	140.7	144.4	84.5	84.6	88.0
墨西哥	127.5	125.2	137.1	130.8	134.8	142.5	97.8	93.6	96.9
尼加拉瓜	141.6	138.4	150.8	132.3	136.1	145.3	106.8	101.2	103.3

续表

	货物出口额(FOB)								
	值			量			单位价值		
	2015 年	2016 年	2017[a]年	2015 年	2016 年	2017[a]年	2015 年	2016 年	2017[a]年
巴拿马	100.7	92.3	99.7	98.8	93.2	98.7	101.1	97.7	99.6
巴拉圭	104.0	106.5	112.2	102.6	108.3	112.6	96.4	93.6	94.8
秘鲁	96.1	103.4	124.1	108.2	121.0	132.0	88.8	85.5	94.0
乌拉圭	138.8	134.1	145.4	131.3	135.0	143.1	105.7	99.3	101.6
委内瑞拉	55.8	—	—	83.5	—	—	69.6	59.0	68.7

附表 5—2

	货物进口额(FOB)								
	值			量			单位价值		
	2015 年	2016 年	2017[a]年	2015 年	2016 年	2017[a]年	2015 年	2016 年	2017[a]年
拉丁美洲[b]	116.1	108.6	116.1	114.8	111.8	114.5	101.1	97.2	101.4
阿根廷	105.6	98.3	117.5	107.5	111.7	128.4	98.2	87.9	91.4
玻利维亚	161.1	141.1	153.4	100.3	90.4	94.5	160.6	158.6	165.7
巴西	94.3	76.3	82.4	95.7	85.0	87.6	98.5	89.7	94.0
智利	106.3	100.2	110.2	115.7	113.6	119.0	92.8	88.7	93.3
哥伦比亚	135.5	112.6	120.5	143.3	134.7	140.0	94.5	83.5	86.0

续表

	货物进口额(FOB)								
	值			量			单位价值		
	2015 年	2016 年	2017[a]年	2015 年	2016 年	2017[a]年	2015 年	2016 年	2017[a]年
哥斯达黎加	127.3	132.1	138.7	130.9	135.8	137.0	96.4	95.1	99.0
多米尼加	111.2	114.9	119.5	119.3	125.9	125.9	94.3	91.4	95.0
厄瓜多尔	105.4	80.7	97.9	100.4	81.0	93.7	104.9	103.5	108.4
萨尔瓦多	125.2	117.7	124.8	132.1	130.3	132.8	101.0	96.3	100.1
危地马拉	127.9	123.1	131.7	128.9	125.3	129.7	97.4	94.7	98.0
海地	103.6	95.6	111.0	88.5	83.3	92.9	118.1	115.2	117.0
洪都拉斯	124.6	118.5	125.1	121.1	116.4	118.1	100.0	96.8	100.7
墨西哥	131.1	128.4	138.4	125.5	122.9	127.8	103.5	102.9	106.7
尼加拉瓜	141.9	141.5	144.4	150.8	160.6	157.6	94.3	87.9	91.5
巴拿马	130.6	119.1	131.0	124.3	113.4	121.0	104.1	103.8	107.1
巴拉圭	107.5	102.0	121.4	105.0	100.6	115.4	101.0	99.0	102.7
秘鲁	129.6	121.9	132.3	128.0	124.1	128.6	101.3	98.2	102.9
乌拉圭	114.5	98.5	100.4	124.0	119.8	-117.5	92.4	82.2	85.5
委内瑞拉	87.0	—	—	82.5	—	—	105.8	107.4	110.2

注:a 表示预估数据。

资料来源:拉丁美洲和加勒比经济委员会,官方数据。[Economic Commission for Latin America and the Caribbean (ECLAC), on the basis of official figures.]

附表 6　　2008—2017 年拉丁美洲和加勒比：外国直接投资净额[a]　　单位：百万美元

	2008 年	2009 年	2010 年	2011 年	2012 年	2013 年	2014 年	2015 年	2016 年	2017[a] 年
拉丁美洲和加勒比地区	103847	72774	113546	146131	147726	145700	140732	136874	125847	—
拉丁美洲	98095	69776	111045	144417	147140	144847	138270	134758	124954	—
阿根廷	8335	3306	10368	9352	14269	8932	3145	10884	1474	—
玻利维亚	509	420	651	859	1060	1750	690	495	331	—
巴西	24601	36033	61689	85091	81399	54744	71135	61200	66114	—
智利	7453	6159	6049	3057	7937	9491	9428	4663	0	—
哥伦比亚	7479	4530	947	6227	15646	8557	12265	7414	9210	—
哥斯达黎加	2240	1340	1589	2328	1803	2401	2818	2541	2440	—
多米尼加	2870	2165	2024	2277	3142	1991	2209	2205	2407	—
厄瓜多尔	1057	309	166	644	567	727	772	1322	755	—
萨尔瓦多	824	366	-226	218	484	176	311	399	374	—
危地马拉	738	574	782	1009	1205	1262	1282	1104	1068	—
海地	39	57	186	114	156	162	99	106	105	—
洪都拉斯	1007	505	971	1012	851	992	1315	1113	880	—
墨西哥	28256	8300	12931	11948	-1603	34757	22160	24316	27801	—
尼加拉瓜	608	463	475	929	704	665	790	905	860	—
巴拿马	2196	1259	2363	2956	3254	3612	4130	3966	5041	—
巴拉圭	263	71	462	581	697	245	412	306	320	—
秘鲁	6188	6020	8189	7194	11710	9663	3640	8144	6560	—

续表

	2008 年	2009 年	2010 年	2011 年	2012 年	2013 年	2014 年	2015 年	2016 年	2017[a]年
乌拉圭	2117	1512	2349	2511	2179	2793	2373	842	-784	—
委内瑞拉	1316	-3613	-918	6110	1679	1928	-704	2833	—	—
加勒比	5752	2997	2500	1714	586	853	2462	2115	894	—
安提瓜和巴布达	159	81	97	65	133	95	40	96	42	—
巴哈马	860	664	872	667	526	382	251	76	—	—
巴巴多斯	468	352	329	83	565	-62	—	—	—	—
伯利兹	167	108	95	95	193	92	138	59	—	—
多米尼克	57	42	43	35	59	23	14	23	32	—
格林纳达	135	103	60	43	31	113	58	89	91	—
圭亚那	178	164	198	247	278	201	238	117	—	—
牙买加	1361	480	169	144	411	631	584	921	564	-148
圣基茨和尼维斯	178	131	116	110	108	136	158	132	89	—
圣文森特和格林纳丁斯	159	110	97	86	115	160	108	48	90	—
圣卢西亚	161	146	121	81	74	92	19	75	116	—
苏里南	-231	-93	-248	73	173	188	163	276	-284	—
特立尼达和多巴哥	2101	709	549	-13	-2080	-1197	689	205	153	—

注：a 表示流入一国的外国直接投资减去该国居民的对外直接投资，包括再投资收益。

资料来源：拉丁美洲和加勒比经济委员会，官方数据。[Economic Commission for Latin America and the Caribbean (ECLAC), on the basis of official figures.]

附表 7 2008—2017 年拉丁美洲和加勒比：外债总额[a] 单位：百万美元

		2008 年	2009 年	2010 年	2011 年	2012 年	2013 年	2014 年	2015 年	2016 年	2017 年
拉丁美洲和加勒比地区[b c]		823047	917268	1107491	1238188	1373967	1506024	1681512	1687969	1761323	1811714
拉丁美洲[c]		809488	902907	1090706	1220283	1356029	1486815	1661238	1665716	1737090	1787117
阿根廷	Total	154091	149359	144653	156300	156478	155489	158742	167412	181170	204818
玻利维亚	Total	5930	5801	5875	6298	6625	7756	8543	9445	10717	12036
巴西	Total	289573	333607	452780	516030	570831	621439	712655	665101	676647	667763
智利	Total	63534	72617	86570	100973	122668	136351	152135	157764	163789	173565
哥伦比亚	Total	46436	53779	64792	75622	78784	92073	101404	110502	120153	124770
哥斯达黎加	Total	8827	8276	9527	11286	15381	19629	21671	24030	25470	26232
多米尼加	Public	7219	8215	9947	11625	12872	14919	16074	16029	17567	18819
厄瓜多尔	Total	16900	13514	13914	15210	15913	18788	24112	27720	34181	36151
萨尔瓦多	Total	11143	11307	11399	11858	13353	14035	14800	15217	16253	16405
危地马拉	Total	11163	11248	12026	14021	15339	17826	20031	20885	21651	22267
海地	Public	1917	1278	353	727	1126	1503	1875	1993	2019	2124
洪都拉斯	Total	3499	3365	3785	4208	4861	6709	7184	7456	7506	8392
墨西哥	Total	123626	160427	194766	210713	226492	259977	286624	298398	316194	323423
尼加拉瓜	Public	3512	3661	4068	4263	4481	4724	4796	4804	5042	5341
巴拿马	Public	8477	10150	10439	10858	10782	12231	14352	15648	16689	18273
巴拉圭	Total	3220	3177	3713	3970	4563	4776	6126	6513	7122	7876
秘鲁	Total	34997	35157	43674	47977	59376	60823	69215	73274	74651	80200

续表

		2008 年	2009 年	2010 年	2011 年	2012 年	2013 年	2014 年	2015 年	2016 年	2017 年
乌拉圭	Total	15425	17969	18425	18345	36104	37767	40898	43527	40268	38662
委内瑞拉	Total	66727	84602	88652	103140	113112	112103	117217	120204	—	—
加勒比	Public	13559	14361	16785	17905	17938	19209	20274	22253	24233	24596
安提瓜和巴布达	Public	436	416	432	467	445	577	560	581	590	649
巴哈马	Public	443	767	916	1045	1465	1616	2095	2185	2371	2311
巴巴多斯	Public	1089	1321	1366	1385	1322	1434	1521	1490	1538	1507
伯利兹	Public	958	1017	1021	1032	1029	1083	1127	1177	1202	1234
多米尼克	Public	234	222	232	238	263	273	278	283	270	278
格林纳达	Public	481	512	528	535	535	562	578	602	601	607
圭亚那	Public	834	933	1043	1206	1358	1246	1216	1143	1162	1201
牙买加	Public	6344	6594	8390	8626	8256	8310	8659	10314	10244	10184
圣基茨和尼维斯	Public	312	325	296	320	317	320	280	213	197	189
圣文森特和格林纳丁斯	Public	229	262	313	328	329	354	385	399	465	474
圣卢西亚	Public	364	373	393	417	435	488	526	509	529	555
苏里南	Public	319	269	334	601	707	878	942	1156	1869	1957
特立尼达和多巴哥	Public	1515	1351	1522	1706	1478	2068	2109	2203	3194	3451

注：a 表示初始数据；b 表示外债总额包括 IMF 借款；c 表示不包括委内瑞拉。

资料来源：拉丁美洲和加勒比经济委员会，官方数据。[Economic Commission for Latin America and the Caribbean (ECLAC), on the basis of official figures.]

附表 8 **2008—2017 年拉丁美洲和加勒比：国际储备总额** 单位：百万美元

	2008 年	2009 年	2010 年	2011 年	2012 年	2013 年	2014 年	2015 年	2016 年	2017[a]年
拉丁美洲和加勒比地区	511960	566708	657005	773789	835902	830204	857634	811913	831542	867042
拉丁美洲	498078	552701	641017	756685	820023	813981	839372	795049	814669	850709
阿根廷	46198	47967	52145	46376	43290	30599	31443	25563	38772	54563
玻利维亚	7722	8580	9730	12019	13927	14430	15123	13056	10081	10742
巴西	193783	238520	288575	352012	373147	358808	363551	356464	365016	381056
智利	23162	25373	27864	41979	41650	41094	40447	38643	40483	38033
哥伦比亚	24041	25365	28464	32303	37474	43639	47328	46740	46683	47417[b]
哥斯达黎加	3799	4066	4627	4756	6857	7331	7211	7834	7574	6837
多米尼加	2662	3307	3765	4098	3559	4701	4862	5266	6047	6345
厄瓜多尔[c]	4473	3792	2622	2958	2483	4361	3949	2496	4259	4018
萨尔瓦多	2544	2985	2882	2503	3175	2745	2693	2787	3238	3683[b]
危地马拉[c]	4659	5213	5954	6188	6694	7273	7333	7751	9160	11494[b]
海地	587	733	1284	1344	1337	1690	1153	977	1105	1245[b]
洪都拉斯	2690	2174	2775	2880	2629	3113	3570	3874	4100	4742[d]
墨西哥	95302	99893	120587	149209	167050	180200	195682	177597	178025	176441[b]
尼加拉瓜	1062	1490	1708	1793	1778	1874	2147	2353	2296	2540
巴拿马	2637	3222	2561	2234	2441	2775	3994	3911	4511	3609[e]
巴拉圭	2864	3861	4168	4984	4994	5871	6891	6200	7144	8020
秘鲁	31233	33175	44150	48859	64049	65710	62353	61537	61746	64423[d]

续表

	2008 年	2009 年	2010 年	2011 年	2012 年	2013 年	2014 年	2015 年	2016 年	2017[a] 年
乌拉圭	6360	7987	7656	10302	13605	16290	17555	15634	13436	15734
委内瑞拉	42299	35000	29500	29889	29887	21478	22077	16367	10992	9767
加勒比	13882	14007	15988	17104	15879	16223	18262	16863	16874	16332
安提瓜和巴布达[c]	138	108	136	147	161	202	297	356	330	297
巴哈马	563	816	861	892	812	740	787	808	902	1065[d]
巴巴多斯	523	563	575	587	630	516	467	434	315	253[d]
伯利兹	156	210	216	242	289	402	483	432	371	300
多米尼克[c]	55	64	66	75	92	85	100	125	221	240[f]
格林纳达[c]	104	112	103	106	104	135	158	189	201	207[f]
圭亚那	356	628	780	798	862	777	666	599	616	580[d]
牙买加	1795	1752	2979	2820	1981	1818	2473	2914	3291	3659[b]
圣基茨和尼维斯[c]	110	123	157	233	252	291	318	280	313	327[f]
圣文森特和格林纳丁斯[c]	83	75	111	88	109	133	156	165	191	180[f]
圣卢西亚[c]	140	151	184	192	208	168	235	298	275	296[f]
苏里南	433	659	639	941	1008	779	625	330	381	411[b]
特立尼达和多巴哥[c]	9425	8746	9181	9983	9371	10176	11497	9933	9466	8517[b]

注:a 表示数据截至 11 月;b 表示数据截至 10 月;c 表示净国际储备;d 表示数据截至 9 月;e 表示数据截至 8 月;f 表示数据截至 3 月。

资料来源:拉丁美洲和加勒比经济委员会,官方数据。[Economic Commission for Latin America and the Caribbean (ECLAC), on the basis of official figures.]

附表 9

2007—2016 年居民消费价格年度变化率

单位：%

	2007 年	2008 年	2009 年	2010 年	2011 年	2012 年	2013 年	2014 年	2015 年	2016 年
安提瓜和巴布达	5.2	0.7	2.4	2.9	4.0	1.8	1.1	1.3	0.9	-1.1
阿根廷	8.5	7.2	7.7	10.9	9.5	10.8	10.9	23.9	27.5	38.5
巴哈马	2.8	4.6	1.3	1.4	3.2	0.7	0.8	0.2	2.0	0.8
巴巴多斯	2.8	7.3	4.4	6.5	9.6	2.4	1.1	2.3	-2.5	3.4
伯利兹	4.1	4.4	-0.4	—	2.6	1.3	—	-0.2	-0.6	1.1
玻利维亚	11.7	11.8	0.3	7.2	6.0	4.5	6.5	5.2	3.0	4.0
巴西	4.5	5.9	4.3	5.9	5.4	5.8	5.9	6.4	10.7	6.3
智利	7.8	7.1	-1.4	3.0	3.5	1.5	2.6	4.6	4.4	2.7
哥伦比亚	5.7	7.7	2.0	3.2	3.1	2.4	1.9	3.7	6.8	5.7
哥斯达黎加	10.8	13.9	4.0	5.8	3.5	4.5	3.7	5.1	-0.8	0.8
古巴	10.6	-0.1	-0.1	1.5	0.3	2.0	0.0	2.1	2.4	-3.0
多米尼克	6.0	2.0	3.3	2.3	1.3	2.0	-0.4	0.5	-0.5	1.6
厄瓜多尔	3.3	8.8	4.3	3.3	4.7	4.2	2.7	3.7	3.4	1.1
萨尔瓦多	4.9	5.5	-0.2	2.1	5.1	0.8	0.3	0.5	1.0	-0.9
格林纳达	7.4	5.2	-2.3	4.2	3.5	1.8	-1.2	-0.6	1.1	0.9
危地马拉	8.7	9.4	-0.3	5.4	5.7	3.4	4.4	2.9	3.1	4.2
圭亚那	14.1	6.4	3.6	4.5	3.3	3.4	0.9	1.2	-1.8	1.4
海地	9.3	17.0	2.1	6.2	7.8	7.6	3.4	6.4	12.5	14.3
洪都拉斯	8.9	10.8	3.0	6.5	5.0	5.4	4.9	5.8	2.4	3.3

续表

	2007 年	2008 年	2009 年	2010 年	2011 年	2012 年	2013 年	2014 年	2015 年	2016 年
牙买加	16.8	16.9	10.2	11.8	5.1	8.0	9.7	6.2	3.7	1.7
墨西哥	3.8	6.5	3.6	4.4	1.9	3.6	4.0	4.1	2.1	3.4
尼加拉瓜	16.2	12.7	1.8	9.1	6.1	1.6	5.4	6.4	2.9	3.1
巴拿马	6.4	6.8	1.9	4.9	5.2	4.6	3.7	1.0	0.3	1.5
巴拉圭	6.0	7.5	1.9	7.2	4.2	4.0	3.7	4.2	3.1	3.9
秘鲁	3.9	6.7	0.2	2.1	4.0	2.6	2.9	3.2	4.4	3.2
多米尼加	8.9	4.5	5.7	6.3	7.5	3.9	3.9	1.6	2.3	1.7
圣基茨和尼维斯	2.9	6.5	1.2	5.2	2.9	0.1	0.3	-0.5	-2.4	0.0
圣文森特和格林纳丁斯	6.8	3.4	-3.1	4.2	4.8	1.0	0.0	0.1	-2.6	-3.0
圣卢西亚	8.3	8.7	-1.6	0.7	4.9	5.0	-0.7	3.7	-2.1	1.0
苏里南	8.3	9.4	1.3	10.3	15.3	4.4	0.6	3.9	25.2	49.2
特立尼达和多巴哥	7.6	14.5	1.3	13.4	4.1	7.2	5.6	8.5	1.5	3.1
乌拉圭	8.5	9.2	5.9	6.9	7.4	7.5	8.5	8.3	9.4	8.1
委内瑞拉	22.5	31.9	26.9	27.4	24.0	19.5	56.2	68.5	180.9	—
拉丁美洲和加勒比地区	6.5	8.2	4.6	6.4	5.5	5.5	7.4	9.4	16.4	7.4
拉丁美洲	6.4	8.2	4.6	6.4	5.5	5.5	7.4	9.4	16.4	6.8
加勒比	11.5	12.3	5.0	9.1	5.3	5.7	5.9	5.0	3.4	5.7

资源来源:拉美经委会(CEPAL)。

附表 10—1

2011—2016 年中拉贸易统计

单位：百万美元

	2011 年			2012 年			2013 年		
	进出口额	出口额	进口额	进出口额	出口额	进口额	进出口额	出口额	进口额
全球	3641864. 45	1898380. 88	1743483. 57	3860852. 74	2048714. 44	1812138. 30	4158993. 49	2209004. 01	1949989. 48
拉丁美洲	241387. 50	121719. 30	119668. 20	261287. 85	135215. 21	126072. 65	261390. 25	133961. 30	127428. 95
安提瓜和巴布达	656. 82	656. 77	0. 05	747. 05	746. 98	0. 07	245. 82	245. 48	0. 34
阿根廷	14759. 34	8502. 51	6256. 83	14430. 19	7869. 26	6560. 93	14836. 20	8750. 43	6085. 77
阿鲁巴岛	17. 72	17. 69	0. 03	29. 49	16. 24	13. 24	21. 48	21. 33	0. 16
巴哈马	613. 04	550. 14	62. 90	708. 96	592. 08	116. 89	336. 79	336. 71	0. 08
巴巴多斯	150. 57	143. 86	6. 71	106. 56	96. 11	10. 44	82. 90	70. 21	12. 69
伯利兹	52. 39	49. 49	2. 90	60. 30	52. 51	7. 79	130. 75	122. 37	8. 39
玻利维亚	657. 99	384. 54	273. 45	675. 99	351. 92	324. 08	807. 24	531. 47	275. 77
博内尔	0. 03	0. 03	0. 00	0. 05	0. 05	0. 00	0. 04	0. 04	0. 00
巴西	84231. 12	31836. 63	52394. 49	85748. 96	33419. 56	52329. 40	90194. 59	35895. 47	54299. 12
开曼群岛	29. 63	29. 54	0. 09	113. 70	113. 58	0. 12	11. 45	11. 19	0. 26
智利	31385. 29	10816. 73	20568. 56	33226. 12	12599. 45	20626. 67	33813. 15	13105. 47	20707. 69
哥伦比亚	8233. 61	5838. 84	2394. 77	9386. 50	6229. 25	3157. 25	10446. 31	6826. 04	3620. 27
多米尼克	26. 89	26. 49	0. 40	26. 45	25. 30	1. 15	23. 08	22. 97	0. 11
哥斯达黎加	4728. 55	884. 52	3844. 03	6172. 00	901. 76	5270. 24	5685. 03	926. 98	4758. 05

续表

续表

	2011 年			2012 年			2013 年		
	进出口额	出口额	进口额	进出口额	出口额	进口额	进出口额	出口额	进口额
古巴	1947. 69	1043. 65	904. 05	1742. 75	1173. 58	569. 17	1879. 42	1374. 79	504. 63
库拉索岛	20. 21	20. 09	0. 12	26. 29	26. 15	0. 15	21. 56	20. 10	1. 46
多米尼加	1254. 27	967. 39	286. 88	1439. 60	1029. 93	409. 67	1335. 53	1045. 52	290. 01
厄瓜多尔	2803. 50	2223. 61	579. 89	3552. 32	2614. 00	938. 32	3742. 11	2966. 85	775. 26
法属圭亚那	12. 86	12. 86	0. 00	15. 51	15. 48	0. 03	14. 59	14. 51	0. 08
格林纳达	5. 91	5. 91	0. 00	19. 87	19. 87	0. 00	7. 60	7. 57	0. 03
瓜德罗普岛	38. 40	38. 40	0. 00	34. 32	34. 28	0. 03	30. 52	30. 31	0. 21
危地马拉	1277. 32	1253. 97	23. 34	1352. 17	1283. 67	68. 51	1649. 24	1475. 31	173. 93
圭亚那	147. 14	132. 61	14. 53	225. 60	199. 52	26. 08	181. 27	160. 14	21. 13
海地	311. 01	303. 64	7. 37	293. 68	283. 71	9. 97	338. 5	323. 49	15. 01
洪都拉斯	568. 54	421. 85	146. 68	1307. 7	1056. 65	251. 05	1033. 91	799. 04	234. 87
牙买加	374. 88	370. 91	3. 97	816. 78	786. 1	30. 69	630. 87	627. 06	3. 81
马提尼克岛	27. 58	26. 52	1. 06	22. 38	21. 93	0. 44	23. 7	23. 61	0. 09
墨西哥	33344. 46	23975. 88	9368. 58	36675. 09	27515. 49	9159. 61	39204. 78	28966. 3	10238. 48
蒙特塞拉特岛	0. 1	0. 02	0. 08	0. 05	0. 01	0. 04	0. 17	0. 15	0. 02
尼加拉瓜	446. 4	422. 03	24. 37	582. 64	466. 79	115. 85	614. 74	522. 92	91. 82
巴拿马	14598. 67	14555. 81	42. 86	15359. 04	15306. 04	53	11036. 68	10992. 73	43. 94
巴拉圭	1292. 54	1248. 05	44. 49	1383. 64	1335. 79	47. 84	1417. 17	1356. 5	60. 67

	2011年			2012年			2013年		
	进出口额	出口额	进口额	进出口额	出口额	进口额	进出口额	出口额	进口额
秘鲁	12509.99	4653.28	7856.71	13798.83	5332.48	8466.35	14596.9	6188.84	8408.06
波多黎各	1600.18	557.1	1043.08	1538.6	656.22	882.38	1709.91	657.46	1052.45
萨巴	0.27	0.27	0	0.9	0.9	0	1.23	1.23	0
圣卢西亚	10.44	10.15	0.29	28.91	28.79	0.12	19.91	19.88	0.03
圣马丁岛	3.43	3.43	0	2.19	2.19	0	3.04	3.04	0
圣文森特和格林纳丁斯	77.96	77.94	0.02	29.06	29.06	0	25.23	25.23	0
萨尔瓦多	456.37	449.99	6.38	497.89	490.53	7.37	530.94	521.96	8.99
苏里南	152.08	136.18	15.9	212.47	189.11	23.35	202.12	174.03	28.09
特立尼达和多巴哥	626.67	286.56	340.11	451.84	312.18	139.66	440.89	321.39	119.5
特克斯和凯科斯群岛	0.4	0.4	0	0.3	0.3	0	0.39	0.38	0.01
乌拉圭	3414.95	2001.53	1413.42	4324.49	2413.27	1911.22	4790.02	2323.6	2466.42
委内瑞拉	18260.11	6521.89	11738.22	23847.54	9304.2	14543.34	19184.6	6064.5	13120.1
英属维尔京群岛	155.47	155.44	0.03	153.83	153.82	0.01	11.16	11.07	0.09
圣基茨和尼维斯	4.86	4.38	0.48	2.84	2.71	0.13	15.87	15.59	0.28
荷属安的列斯群岛	99.33	99.25	0.08	115.64	115.64	0	59.53	59.53	0
其他	0.49	0.49	0	0	0	0	1.32	0.54	0.78

附表 10—2

	2014 年			2015 年			2016 年		
	进口额	进出口额	出口额	进口额	进出口额	出口额	进口额	进出口额	出口额
全球	4301527. 35	2342292. 70	1959234. 65	3953032. 72	2273468. 22	1679564. 50	3685557. 41	2097631. 19	1587926. 21
拉丁美洲	263277. 53	136223. 56	127053. 97	235893. 25	132096. 6	103796. 64	217007. 36	113936. 14	103071. 23
安提瓜和巴布达	172. 4	172. 36	0. 04	53. 08	53. 07	0. 01	133. 49	133. 45	0. 04
阿根廷	12926. 77	7679. 83	5246. 94	14522. 58	8805. 11	5717. 48	12321. 80	7203. 70	5118. 10
阿鲁巴岛	237. 86	53. 57	184. 28	48. 28	48. 28	0. 01	25. 67	25. 29	0. 38
巴哈马	743. 06	742. 87	0. 19	1609. 74	1585. 37	24. 37	411. 16	359. 56	51. 60
巴巴多斯	86. 26	71. 46	14. 8	84. 03	65. 2	18. 83	91. 07	72. 43	18. 64
伯利兹	103. 13	95. 86	7. 27	80. 28	78. 5	1. 79	90. 93	89. 99	0. 94
玻利维亚	1198. 51	705. 94	492. 57	1012. 67	568. 85	443. 83	936. 64	610. 55	326. 09
博内尔	47. 43	0. 29	47. 15	0. 35	0. 35	0	0. 67	0. 67	—
巴西	86543. 36	34890. 13	51653. 22	71501. 58	27412. 23	44089. 36	67834. 32	21979. 27	45855. 05
开曼群岛	8. 46	8. 46	0	60. 95	60. 94	0	169. 12	169. 11	0. 02
智利	34003. 38	13017. 5	20985. 88	31729. 29	13290. 32	18438. 96	31411. 71	12806. 74	18604. 96
哥伦比亚	15642. 22	8043. 33	7598. 89	11125. 93	7580. 79	3545. 14	9300. 75	6756. 12	2544. 63
多米尼克	37. 61	37. 04	0. 57	31. 41	30. 76	0. 65	34. 75	33. 77	0. 99
哥斯达黎加	5295. 81	1109. 54	4186. 27	2156. 64	1330. 68	825. 96	2192. 71	1495. 30	697. 41
古巴	1395. 48	1062. 47	333. 02	2216. 38	1886. 37	330	2056. 86	1783. 11	273. 75

续表

	2014 年			2015 年			2016 年		
	进口额	进出口额	出口额	进口额	进出口额	出口额	进口额	进出口额	出口额
库拉索岛	25.65	25.63	0.03	27.75	27.61	0.14	23.15	23.15	0.003
多米尼加	1547.43	1273.63	273.8	1765.44	1557.43	208.01	1697.47	1567.21	130.26
厄瓜多尔	4309.65	3245.14	1064.51	4129.87	2891.42	1238.45	3197.95	2258.03	939.92
法属圭亚那	12.95	12.94	0.01	14.44	14.44	0.01	13.18	13.14	0.05
格林纳达	14.87	14.86	0	9.94	9.93	0.01	7.35	7.34	0.01
瓜德罗普岛	36.53	36.51	0.02	33.17	33.16	0	33.59	33.58	0.01
危地马拉	1918.68	1867.28	51.4	2253.77	2052.66	201.1	1955.67	1855.61	100.07
圭亚那	207.51	167.29	40.22	208.32	158.95	49.37	206.62	178.36	28.26
海地	406.21	391.38	14.83	444.69	434.22	10.47	460.42	454.03	6.39
洪都拉斯	848.2	686.54	161.66	889.28	853.79	35.49	748.52	720.67	27.85
牙买加	560.56	523.04	37.51	656.68	625.37	31.31	521.87	506.14	15.73
马提尼克岛	24.4	24.38	0.01	24.56	24.55	0.01	23.66	23.64	0.02
墨西哥	43428.8	32255.39	11173.42	43819.27	33791.76	10027.52	42692.16	32367.42	10324.74
蒙特塞拉特岛	0.43	0.42	0.01	0.5	0.49	0.01	0.35	0.34	0.01
尼加拉瓜	611.5	568.13	43.37	700.98	666.25	34.73	642.10	624.21	17.89
巴拿马	9434.88	9307.39	127.5	8834.1	8518.88	315.21	6381.74	6344.09	37.65
巴拉圭	1451.87	1396.24	55.63	1309.75	1267.97	41.78	1192.09	1169.71	22.38
秘鲁	14241.72	6100.85	8140.87	14304.89	6354.97	7949.92	15482.37	5991.56	9490.81

续表

	2014 年			2015 年			2016 年		
	进口额	进出口额	出口额	进口额	进出口额	出口额	进口额	进出口额	出口额
波多黎各	2040.22	1036.7	1003.52	1649.33	765.35	883.98	1271.15	596.16	674.99
萨巴	0.1	0.1	0	0.08	0.08	0	0.06	0.06	—
圣卢西亚	29.94	29.9	0.03	18.36	18.29	0.07	16.99	16.95	0.04
圣马丁岛	5.98	5.98	0	12.69	12.69	0	6.82	6.82	—
圣文森特和格林纳丁斯	37.29	37.29	0	37.17	37.12	0.05	17.54	17.48	0.06
萨尔瓦多	612.37	601.89	10.47	780.45	726.69	53.76	818.16	772.33	45.83
苏里南	229.54	176.87	52.67	250.05	199.21	50.85	166.03	136.73	29.29
特立尼达和多巴哥	528.71	427.98	100.73	517.52	478.31	39.21	521.30	346.36	174.94
特克斯和凯科斯群岛	1.1	1.09	0.01	0.75	0.75	0	0.91	0.91	—
乌拉圭	5087.58	2458.49	2629.09	4371.11	1960.57	2410.54	3721.36	1773.25	1948.10
委内瑞拉	16977.48	5657.42	11320.05	12093.49	5315.77	6777.71	8082.36	2519.54	5562.82
英属维尔京群岛	114.98	114.97	0.01	424.19	424.18	0.01	37.14	37.13	0.01
圣基茨和尼维斯	27.09	26.66	0.42	11.19	10.85	0.34	4.65	4.20	0.44
荷属安的列斯群岛	59.89	59.89	0	63.84	63.68	0.16	49.47	49.37	0.10
其他	1.68	0.62	1.06	2.39	2.32	0.07	1.56	1.56	—

资料来源:《中国统计年鉴》(2011—2017),中国统计出版社。